晋城年鉴

（2019）

中共晋城市委党史研究室
晋城市地方志研究室 编

http://www.jcgov.gov.cn/book/jcnj/2019

方志出版社
Publishing House of Local Records

图书在版编目(CIP)数据

晋城年鉴. 2019 / 中共晋城市委党史研究室,晋城市地方志研究室编. --北京:方志出版社, 2019.11

ISBN 978-7-5144-4029-4

I. ①晋… II. ①中… ②晋… III. ①晋城—2019—年鉴 IV. ①Z522.53

中国版本图书馆CIP数据核字(2020)第011748号

晋城年鉴（2019）

编　　者：中共晋城市委党史研究室
　　　　　晋城市地方志研究室
责任编辑：黄　彦

出 版 者：方志出版社
　　地址　北京市朝阳区潘家园东里9号(国家方志馆4层)
　　邮编　100021
　　网址　http://www.fzph.org
发　　行：方志出版社图书经销中心
　　电话（010）67110500
经　　销：各地新华书店
印　　刷：山西智慧景潮包装印刷有限公司

开　　本：889×1194　1/16
印　　张：21.5
字　　数：652千
印　　数：001～800册
版　　次：2019年11月第1版　　2019年11月第1次印刷

ISBN　978-7-5144-4029-4　　定价：320.00元

《晋城年鉴》编纂委员会

办公电话：0356-8981010　8981088

办公地址：山西省晋城市文博路 373 号

市档案馆 7 楼

邮　　编：048026

电子信箱：jcnjbzwyh@126.com

晋城市地图

晋S(2019)004号

上党区
长 治 市
陶清河水库
神农镇
永禄乡
寺庄镇
三甲镇
陈区镇
王村水库
建宁乡
金泉山
杨村镇
秦家庄乡
平城镇
板山
六泉乡
陵川县
崇文镇
礼义镇
高平市
北城街道
野川镇
米山镇
米山水库
西岭山
北诗镇
蚂蚁山
古郊乡
河西镇
石末水库
石末乡
潞城镇
附城镇
北义城镇
巴公镇
高都镇
任庄水库
西河底镇
石门山
夺火乡
马圪当乡
北石店镇
泽州县
金村镇
城区
东街道
晋城市
前岭
柳树口镇
太行山
晋庙铺镇
河南省
马村区
中站区
焦作市
修武县
图 例
市级行政中心
县级行政中心
乡、镇、街道
省 级 界
市 级 界
县 级 界
河流、湖泊
舜王坪 山 峰
比例尺 1：380 000

市委召开七届四次全会暨经济工作会议 瞄准“三大目标”确立未来五年发展思路

2018 年 1 月 22 日至 23 日召开的市委七届四次全会暨经济工作会议，是进入新时代晋城市召开的一次重要会议。会议回顾总结晋城市过去一年及中共十八大以来的工作，科学审视了晋城市发展现状和水平，谋划部署了未来 5 年的发展思路和 2018 年的工作重点。会议确立晋城市未来发展目标是：到 2020 年，与全国、全省同步全面建成小康社会，全面完成“十三五”规划目标任务。到 2022 年，成为转型综改示范区的先行区、能源革命排头兵的领跑者、对外开放新高地的桥头堡，现代化经济体系初步形成，转型发展取得突破性进展。争取通过 5 年的努力，晋城市综合经济实力大幅提升，地区生产总值、一般公共预算收入等主要指标跻身中原经济区“第二方阵”，人均超过全国平均水平，县域经济发展水平走在中原经济区前列，经济运行质量效益持续向好，现代产业体系见到雏形，改革开放氛围更加浓厚，创新驱动能力显著增强，生态环境质量明显改善，人民生活水平不断提高。

此次会议的召开，对晋城市高质量转型发展产生积极深远的影响。2018 年，全市上下以习近平新时代中国特色社会主义思想为指导，围绕会议提出的“山西大发展，晋城要先行”要求，加快建设“先行区”“领跑者”“桥头堡”，心无旁骛谋发展，一心一意抓落实，到年底一举扭转经济指标连续 19 个月增速下滑的局面，实现 U 形反转，回归合理区间。

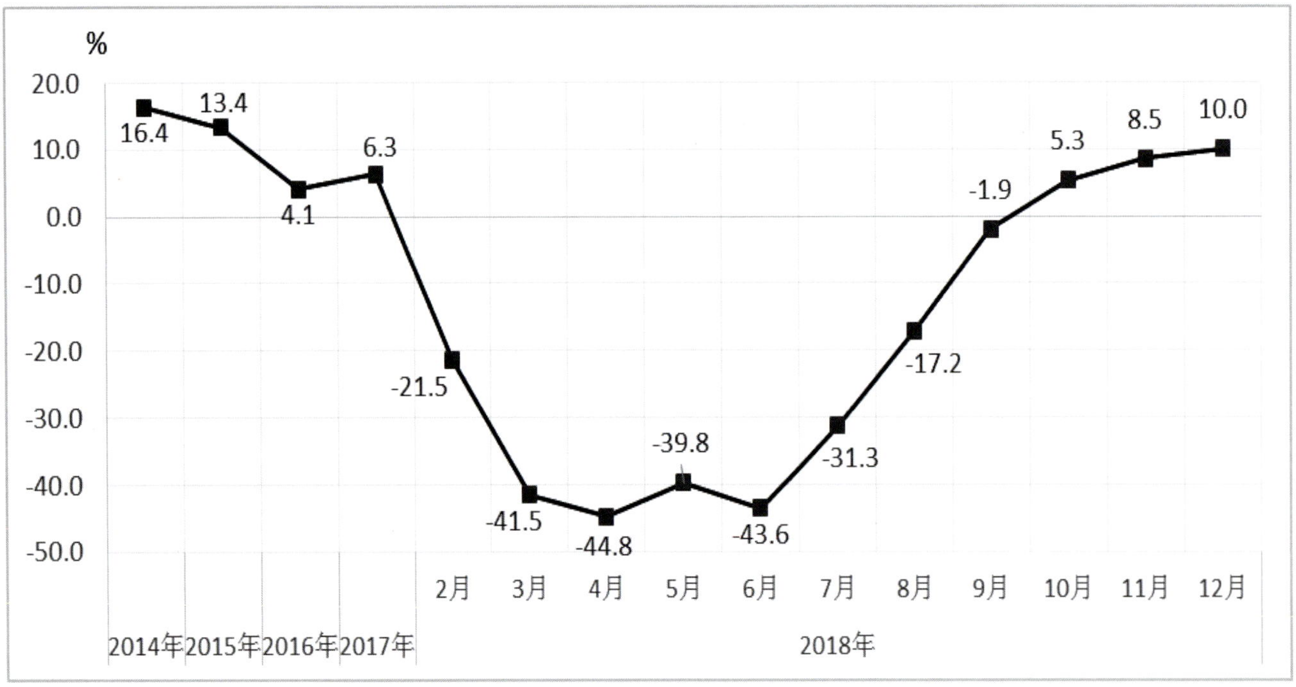

全市经济走出困境，实现 U 形反转，主要指标跻身全省第一方阵

近五年全市固定资产投资增速图

“晋城的事，大家想、大家说、大家干”进一步凝聚共识激发干事创业活力

2018 年 6 月 21 日，“我是党员我带头”演讲大赛举行　（田 飞 摄）

“我们往哪里去？我们该怎么办？”市委新班子上任伊始，即提出用新发展理念审视晋城、定位晋城、谋划晋城的新课题。

从 2018 年 1 月开始，晋城市委组织开展“晋城的事，大家想、大家说、大家干”大讨论，领导干部率先垂范，全市干部群众广泛参与，共同为晋城 2018 年及未来 5 年的发展出谋划策、建言献计。大讨论活动中，市委书记张志川先后主持召开 6 次座谈会，开展 10 多次调研活动，听取意见建议。市委宣传部周密部署，《太行日报》、晋城广播电视台、晋城在线等市级主流媒体相继开设大讨论专栏，提供交流探索平台，刊发各类文章 170 多篇，微信公众号、客户端等新媒体及时跟进。《太行日报》发表系列综述 3 篇，评论员文章 5 篇，唱响主流媒体最强音，营造良好的舆论氛围。

大讨论活动开辟晋城建市以来“五个前所未有”：上下联动、双线并进，干部群众参与之广，前所未有；主动发声、积极作为，媒体引领力度之大，前所未有；刀刃向内、自我革新，引发社会震撼之强，前所未有；开门纳谏、倾听民声，群众讨论热情之高，前所未有；解放思想、先行先试，给全市方方面面的影响之深，前所未有。大讨论活动是一次思想大解放，一次目标大定向，一次力量大凝聚，一次实践大考场；更是一场以人民为中心发展思想的生动实践，是群众路线工作方法的一个典范，是美丽晋城发展的宝贵财富。

“晋城的事，大家想、大家说、大家干”形成全社会共识　（程立胜 摄）

高起点规划美丽晋城高质量发展蓝图
高标准推进老城更新改造和新区建设

2018 年，晋城市城乡建设步伐加快。一年来，市长刘锋亲自挂帅，推进城市设计国家级试点，聘请中国城市规划设计院编制《晋城市城市总体规划（2018-2035 年）》，聘请清华同衡规划设计院编制城市总体设计，完成《晋城市中心城市总体城市规划》《市生态修复城市修补专项规划》《晋城老城更新与保护规划》《开发区“一区四园”总规和起步区控制性详细规划》《全域旅游发展规划》《王莽岭景区总体规划》《乡村振兴战略规划》，以及海绵城市、公厕、环城绿道南线等涉及民生领域的一系列规划，并逐步开始实施。特别是城市设计改革试点经验被住建部作为典型在全国推广。

2018 年 12 月 16 日，市长刘锋（左三）深入泽州县金村镇调研金村新区规划建设情况

（程立胜 摄）

全面启动老城更新与保护工程，坚持“微更新、微循环、微改造”基本原则，2018 年，房屋征收基本完成，回迁安置工作初战告捷，27 条“三通”道路加快建设，18 条建成通车，凤台街、泽州路、黄花街路面改造高标准完成，一批城中村（棚户区）改造的前期工作正式启动。加快推进金村新区建设，完成 10 平方千米核心控制性规划和 5 平方千米城市设计，新开工 5 条骨干道路，6 项公共服务设施项目完成前期。全面改善人居环境，深入开展“双违”整治和“三洗六见一红旗”行动，国家卫生城市和国家森林城市通过复审，推进全国文明城市创建工作。

改造后的凤台街　（田 飞 摄）

丹河湿地　（程立胜 摄）

发挥立法引领推动作用
三部地方性法规颁布实施

2018 年 9 月 30 日，晋城市人大常委会举行《晋城市文明行为促进条例》正式颁布新闻发布会　　（刘云峰 摄）

适应改革发展需要，晋城市精准选择立法项目，坚持针对问题立法、立法解决问题，充分发挥立法工作的引领和推动作用，出台《晋城市文明行为促进条例》《晋城市大气污染防治条例》《晋城市太行古堡群保护条例》3 部地方性法规，突出地方特色，为推动晋城市高质量发展提供有力的法治保障。

《晋城市文明行为促进条例》2018 年 6 月 28 日经市七届人大常委会第 16 次会议通过，9 月 30 日经省十三届人大常委会第 5 次会议批准。共设 5 章 37 条，分别为总则、文明行为基本规范、鼓励与保障、法律责任以及附则。文明行为基本规范即市民需要做到的基本文明行为，条例草案从倡导和禁止两个角度、五个方面作具体规定，包括倡导行为、公共环境、公共秩序、文明出行、“门前三包”等。

《晋城市大气污染防治条例》《晋城市太行古堡群保护条例》2018 年 8 月 31 日经市七届人大常委会第 17 次会议通过，11 月 30 日经省十三届人大常委会第 7 次会议批准，于 2019 年 1 月 1 日起施行。《晋城市大气污染防治条例》结合晋城实际，对重点大气污染物排放总量控制、大气污染防治网格化监管、环境违法信息纳入社会诚信档案、重污染企业关停或者搬迁、机动车限行、集中供热、民用散煤管理等方面作出规定，共 5 章 40 条，包含总则、大气污染防治的监督管理、大气污染防治措施、法律责任、附则。《晋城市太行古堡群保护条例》吸纳外地先进经验，紧密结合晋城市实际，创造性设计具体制度安排，针对性地明确上位法未予明确的执法主体，共 5 章 28 条，包含总则、规划与管理、保护措施、法律责任、附则等内容，彰显地方特色。

精准施策合力攻坚
两县摘帽整市脱贫

产业扶贫 陵川万寿菊种植 （程立胜 摄）

2018 年，陵川、沁水两县达到贫困县退出的相关指标，顺利摘帽。脱贫攻坚战打响以来，晋城市 182 个贫困村有序退出，5.6 万贫困人口稳定脱贫，贫困发生率由精准扶贫之初的 5.3% 降至 0.64%。到 2018 年底，全市仅余建档立卡贫困户 17 户 35 人。

晋城市把脱贫攻坚作为最大政治任务和第一民生工程，持续实施“一把手”分级“双签”脱贫攻坚责任书，切实压实脱贫攻坚主体责任，制定脱贫攻坚专项行动计划，纳入年度考核范围，因地制宜创造出独特的操作模式。一是在两个贫困县将农村老人脱贫与养老相结合，整合脱贫攻坚与农村低保、五保、养老政策，统筹解决贫困留守老人脱贫问题，通过搬迁改造保住房、社会保障保吃穿、医疗服务保就医，确保贫困老人“两不愁两保障”，该做法受到山西省脱贫攻坚领导小组的肯定，并在全省推广。二是对“一方水土养不好一方人”的 32 个深度贫困自然村整体搬迁，统筹解决“人、钱、地、房、树、村、稳”7 个方面问题。三是投入 845 万元解决 845 户建档立卡贫困户危房改造问题。四是市财政出资提高贫困人口医疗保障水平。五是进一步提高贫困人口低保标准，以低保政策衔接扶贫政策为突破，出台《关于推进农村低保制度与扶贫开发政策有效衔接的实施意见》，在实现“应保尽保”前提下，打通低保、五保人口进入建档立卡贫困人口的识别通道，使两类群体对象重合度提高到 47.7%。按照“五个一批”精准扶贫的路径，实施产业就业、基础设施、公共服务、集体经济、内生动力、干部能力“六大提升”工程，坚持普惠政策和特惠政策并举，持续“输血”与稳定“造血”相结合，能力开发与兜底保障相衔接，有力有序推动脱贫攻坚向纵深发展。

2018 年 9 月 20 日，“传承农耕文明，助力乡村振兴”中国农民丰收节在高平举行 （冯慧媛 摄）

光伏发电项目 （程立胜 摄）

开发区改革创新持续提速
“一县一开发区”目标基本实现

2018 年 2 月 11 日，高平经济技术开发区揭牌　（来源：高平市政府网）

2018 年 3 月，阳城经济技术开发区筹备处挂牌成立　（来源：阳城县政府网）

晋城经济技术开发区　（来源：网络）

按照山西省委、省政府“整合、改制、扩区、调规”和“一市一国家级开发区，一县一省级开发区”总体规划，晋城市在现状“一区九园”基础上，高起点整体谋划开发区工作，制定《晋城市开发区改革创新发展实施方案》，并获省政府批复。确定包括“一个国家级开发区”（即晋城经济技术开发区）和 4 个省级开发区（即高平、阳城、沁水、陵川开发区）“1+4”发展格局，规划总面积 230 平方千米，占全市面积的 2.4%。按照“差异化定位、错位式发展”的原则，组织 8 次规划可研的市级论证，确定各开发区主导产业及首位产业，编制了各具特色、错位发展的产业规划。

国家级晋城经济技术开发区整合扩区可研报告获省政府批复，区域面积由 9.8 平方公里扩大为 86.8 平方千米。4 个省级开发区申报工作有序推进，2018 年 2 月 11 日，首家新批省级高平经济技术开发区正式揭牌；10 月 17 日，省政府第 14 次常务会议批准设立沁水经济技术开发区；11 月 21 日，省政府第 17 次常务会议批准设立阳城经济技术开发区。陵川生态文化旅游开发区建设可研报告上报省政府进入待批程序。

为把开发区建成引领全市转型发展的先行区、示范区和经济特区，晋城市在确定各开发区主导产业及首位产业基础上，出台鼓励政策，明确 5 年内开发区财税增量部分市、县两级全部返还，专列市、县开发区发展专项资金用于支持开发区建设。到 2018 年底，全市基本实现“一县一开发区”目标，开发区成为全市转型发展的主战场、主引擎、主力军。

构建“3+5”政策体系
争创民营经济发展改革示范市

立足晋城发展实际，市委、市政府经过广泛调查研究，提出构建“3+5”政策体系，同步出台一系列支持民营经济发展的政策措施，为经济高质量转型发展提供政策支撑。

“3+5”政策包括三大发展政策和五大产业体系，三大发展政策为：企业投资项目承诺制实施细则、大众创业万众创新激发内生动力意见、农林文旅康产业融合发展试点意见；五大产业体系为：装备制造业、铸造业、煤层气、全域旅游、现代服务业。一年来，通过政府引导、政策支持，全市装备制造业加速发展、铸造产业提档升级、煤层气产业动力十足、全域旅游亮点纷呈、现代服务业异军突起，为晋城高质量转型发展注入了新活力。2018 年 7 月，《企业投资项目承诺制实施细则（试行）》《大众创业万众创新激发内生动力意见（试行）》《农林文旅康产业融合发展试点意见（试行）》正式出台。到 2018 年底，委托国家发改委国际合作中心承担的《晋城市五大产业发展思路研究》，经过多轮修改，完成课题报告的送审稿。

2018 年，晋城市采取前所未有的力度支持民营经济发展，贯彻全省支持民营企业发展大会精神，出台《关于贯彻落实省委省政府支持民营经济发展若干意见的决定》《进一步营造企业家健康成长环境弘扬优秀企业家精神更好发挥企业家作用的实施方案》等政策意见，推动构建“亲”“清”新型政商关系，民营经济发展态势发生深刻变化。推进“236”行动计划，确定 107 家入围企业；实施“小升规”计划，兑现奖励资金 1320 万元；安排重点民营企业项目 54 个，总投资达 163.01 亿元。2018 年底，晋城市获批创建全省民营经济发展改革示范市。

金鼎煤机　（程立胜 摄）

煤层气开发利用水平全国领先　（程立胜 摄）

2018 年 4 月 28 日，“夏养晋城”主题产品亮相太行旅游养生体验季

（徐晓慧 摄）

举全市之力打响蓝天保卫战 环保被动局面得到初步扭转

风力发电 （程立胜 摄）

2018 年以来，为彻底扭转晋城市环保工作被动局面，市委、市政府以“做不好环保工作，就对不起全市人民”的态度和决心，贯彻中央、省决策部署，狠抓环保督察整改，坚决打赢污染防治攻坚战。先后出台《晋城市大气环境问题整改攻坚行动实施方案》《关于全面加强生态环境保护，坚决打好污染防治攻坚战的实施意见》《晋城市打赢蓝天保卫战三年行动计划》《晋城市工业企业堆场专项治理方案》《晋城市 2018—2019 年秋冬季大气污染综合治理攻坚行动方案》等政策措施。采取禁煤、供暖、运输、错峰、替代、限行、网格化管理、信息化提升等一系列措施，禁煤区由 41 平方千米扩大到 109 平方千米，区域内全部实现煤改气、煤改电；完成 7.9 万户清洁供暖任务，城区新增供热面积 200 万平方米；新增电动公交车 255 辆；179 家企业实施错峰关停；农村冬季取暖，3 号煤替代劣质煤；2084 个环保网格定区域、定职责、定人员、定任务、定考核，强化人、事对接，全市生态环境质量明显好转。从 9 月份开始，环保指标在“2+26”城市排名从倒数第二、三反转为正数第三、五，11—12 月份，环境空气质量改善幅度连续排名第一，受到生态环境部充分肯定，环保限批解除。

共享单车成为城市交通靓丽风景线 （来源：网络）

阳城陶企全部实现“煤改气” （来源：网络）

五级公交形成体系 机场高铁推进顺利
开放立体交通网络加速建设

2018 年 2 月 11 日，晋郑、晋焦城际公交正式开通 （程立胜 摄）

贯彻习近平总书记“加快构建快速、便捷、高效、安全、大容量、低成本的互联互通综合交通网络”重要指示精神，结合晋城区域经济及交通特点，晋城市致力构建“城市、城际、城乡、镇村、旅游”五级公交体系，在全国率先开通省际公交，在全省率先实现“市域公交一体化”，具备通车条件的建制村全部实现村村通公交。2018 年 2 月 11 日，晋城至郑州、焦作的城际公交正式运营；4 月 23 日，晋城至长治城际公交正式开通。到 2018 年底，市区到皇城相府、蟒河、天官王府、王莽岭、聚寿山等景区的旅游公交相继开通，市区到高平、阳城、陵川、沁水的城际公交也相继开通。

晋城机场列入国家民用运输机场建设“十三五”（2016—2020 年）中期调整规划，向开工建设迈出关键一步。太焦高铁项目 2017 年 6 月开工以来，晋城市境内的三个标段争分夺秒，加速施工。2018 年，黄麓坡隧道、小岗隧道、神农隧道等控制性工程相继贯通，当年，太焦高铁晋城市境内完成投资 20.4 亿元，占年度计划 120%。2019 年下半年太焦高铁晋城境内将全线转入铺轨，预计 2020 年建成通车。

太焦高铁珏山隧道施工现场 （来源：网络）

建设中的太焦高铁（高平跨 207 国道特大桥）（来源：网络）

彩页目录

彩页目录

彩页目录

鸣谢单位

山西兰花煤炭实业集团有限公司

中国邮政集团公司晋城市分公司

总　目

特 载

专 记

2018年晋城市大事记

市情概况

档 案

地方志编纂

政务集中管理

信息中心

超限治理

住房公积金管理

公共资源交易

发展研究

无线电管理

中国人民政治协商会议晋城市委员会

中国共产党晋城市纪律检查委员会 晋城市监察委员会

军 事

法 治

经济管理

工 业

农　业

商业 贸易

财政 税务

财 政

税 务

金 融

金融工作

银行业务

银行监管

银行机构

文化 卫生

文 化

新闻传媒

上党戏剧研究

卫生和计划生育

人　物

区县概览

Commerce Trade

Finance & Tax

Financial

Education Science and Technology

Culture & Hygiene

Social Life

Personage

Brief Introduction of Countries and Districts

Document Collection

Index

解放思想　凝聚共识　先行先试
推动新时代美丽晋城高质量转型发展取得新成果（节选）
——在市委七届六次全会暨经济工作会议上

中共晋城市委书记　张志川

（2019年1月23日）

一、总结经验，把握规律，凝聚起全市“改革开放再出发”的强大力量

今天，我们在新时代美丽晋城高质量转型发展实现良好开局之时，回顾总结我市改革开放的历史，鉴古知今，以史鉴来，对做好我市2019年乃至今后一段时期的各项工作具有重要的现实意义和深远的历史意义。

晋城建市只有34年，完全是一座在改革开放中孕育、建立、成长起来的新兴城市。34年来，全市党员与党同心，广大群众向党归心，200多万人民不畏艰难，应势而动，乘势而上，坚定不移推进改革开放，各项事业焕发空前活力，取得巨大成就，实现了“五个历史性转变”。即：实现了从传统计划经济向社会主义市场经济的历史性转变；实现了从农村改革向全面深化改革的历史性转变；实现了从相对封闭向全方位开放的历史性转变；实现了从人民生活温饱不足向小康富裕的历史性转变；实现了从建设煤炭和煤化工基地向建设转型综改示范区的先行区、能源革命排头兵的领跑者、对外开放新高地的桥头堡的历史性转变。

经过34年的砥砺奋进，我市整体实力和竞争力显著提升，转型发展呈现强劲态势。全市生产总值、固定资产投资、一般公共预算收入三项指标分别由建市之初的13.8亿元、3.7亿元、1.1亿元，提高到2018年的1351.9亿元、473.8亿元、125.3亿元，分别增长了98倍、128倍、114倍。三次产业增加值占GDP比重由20.8∶62.1∶17.1演进为3.6∶53.1∶43.3，工业和服务业成为支撑我市经济发展的两大支柱，经济结构更加合理。

经过34年的砥砺奋进，我市人民生活质量得到显著改善，精神面貌焕发新气象。城镇居民、农村居民人均可支配收入分别由建市之初的508元、369元，提高到2018年的32162元、13566元，分别增长了63倍、37倍。就业、教育、医疗、社保、住房等发生翻天覆地的变化，城市功能不断完善，新区建设日新月异，乡村振兴如火如荼，脱贫攻坚连战连胜，全市建档立卡贫困户只剩下35人。人民生活质量迈上了新的台阶。

经过34年的砥砺奋进，我市全面深化改革向纵深推进，各领域治理体系和能力发生显著变化。国有企业改革深入推进，开发区改革不断深化，农村改革焕发新的生机和活力。教育制度改革、医疗体制改革、审批制度改革、社会治理体系改革等一批改革走在全省前列。非公经济从无到有、发展壮大，占“半壁江山”，社会动员、社会保障和社会抗风险能力显著提高。

经过34年的砥砺奋进，我市对外开放取得重大进展，打造内陆地区对外开放新高地的桥头堡呈现良好态势。区域合作不断深化，融入中原城市群和上党城市群的步伐不断加快；交通条件不断改善，高铁、机场加速推进；对外开放取得重大进展，海关、保税区、开发区、外资企业、国际友好城市等从无到有。外贸进出口总额增长68倍，实际利用外资增长29.8倍，每年有近2万多人次外国游客到访晋城，开放型经济水平大幅提升。

经过34年的砥砺奋进，我市全面从严治党取得重大成果，反腐败斗争取得压倒性胜利，政治生态展现新气象。特别是党的十八大以来，晋城和全省一样，经历了一次极不平常的重大转折，各级党组织和广大干部经历了一次极不平常的政治考验，政治生态由“乱”转“治”，发展由“疲”转“兴”，新时代美丽晋城高质量转型发展迈上新的征程。

34年来，晋城干部群众对改革开放的认识是直接的、生动的、深刻的。我们有过捷足先登的骄傲，也有过慢半拍的迟滞。晋城的发展史告诉我们：晋城发展最大的问题是改革开放不够，根本的原因是思想解放不够。晋城要彻底摆脱煤炭依赖，跟上科技革命和产业变革步伐，缩短同全国发达地区的差距，出路在改革开放，关键在解放思想！这就是市委七届四次、五次、六次全会一直用“解放思想、凝聚共识、先行先试”作为题眼的根本原因。对此，全市党员干部群众决不能有丝毫迟疑懈怠，要更加努力跋山涉水。

二、珍惜成果，认清大势，进一步增强做好当前经济工作的信心和决心

2019年是中华人民共和国成立70周年，是全面建成小康社会的关键之年，是在“两转”基础上全面拓展新局面的攻坚之年，也是推动新时代美丽晋城高质量转型发展取得新成果的重要一年。做好今年经济工作，我们有风险、有挑战，更有机遇、有优势。

从国际国内来看，我国经济发展面临的外部环境发生了深刻变化，在全球经济复苏放缓和经贸摩擦不确定性增加的大背景下，受保护主义和单边主义、美联储加息、国际石油价格大幅波动、地缘政治冲突等多重因素影响，经济风险在加大。总体判断为稳中有变，变中有忧，下行压力增大。但从世界发展的长周期来看，我国发展仍处于并将长期处于重要战略机遇期，加快经济结构优化升级、提升科技创新能力、深化改革开放、加快绿色发展、参与全球治理体系变革带来新的机遇。国家强化逆周期调节的宏观政策、强化体制机制建设的结构性政策、强化兜底保障功能的社会政策，以及较大幅度增加地方政府专项债券、改善货币政策传导机制、提高直接融资比重等举措，将为高质量转型发展提供有力的支持。当今世界面临百年未有之大变局，中国的发展崛起势不可挡！

从全省来看，我省正处于经济转型的窗口期、攻坚期。省委有一个基本判断、三个预期性判断。基本判断是，今年煤炭市场会由紧平衡转向基本平衡，预计煤炭总体仍将保持在合理区间。预期性判断为：一是能源革命步伐会进一步加快；二是市场主体活力会进一步增强；三是全省干事创业能力会进一步提升。随着国家支持我省开展能源革命综合试点，中央和省里实施更大规模的减税降费，随着进一步缓解企业融资难融资贵，扩大有效投资，深化市场化改革等政策落地，我省经济发展健康稳定的基本面没有改变，新旧动能转化的势头只会更强，必将大有可为！

从我市来看，晋城发展可以说是拥天时、占地利、得人和。拥天时，我们进入了一个伟大的新时代。有习近平新时代中国特色社会主义思想指引方向，有习总书记这个核心掌舵领航，我们即将迎来中华民族的伟大复兴。可谓新时代，新气象，新作为。占地利。背倚三晋、俯瞰中原。我们是“综改示范区”的先行区，是“中原城市群”的核心城，山上、山下交往，晋城、上党交融，可谓两翼取势，两手文章。得人和。由乱转治、由疲转兴，干群同心。

一年来在“晋城的事，大家想、大家说、大家干”的浓厚氛围中，全市上下众志成城，共克时艰，实现良好开局。可谓社会思新、人心思变、蓄势待发。

三、聚焦重点，力求突破，全力推动高质量转型发展取得新成果

2019年全市经济工作的总体要求是：以习近平新时代中国特色社会主义思想为指导，全面贯彻党的十九大和十九届二中、三中全会精神，统筹推进“五位一体”总体布局，协调推进“四个全面”战略布局，深入贯彻习近平总书记视察山西重要讲话精神，认真落实中央及省委省政府重大决策部署，进一步加强和改进党对经济工作的领导，坚持稳中求进工作总基调，坚持新发展理念，坚持把供改和综改相结合作为经济工作主线，贯彻“巩固、增强、提升、畅通”八字方针，进一步稳就业、稳金融、稳外贸、稳外资、稳投资、稳预期，瞄准“先行区”“领跑者”“桥头堡”三大目标，继续打好三大攻坚战，解放思想、凝聚共识、先行先试，加快推动新时代美丽晋城高质量转型发展取得新成果，为全面建成小康社会收官打下决定性基础，以优异成绩庆祝中华人民共和国成立70周年。

2019年，我们要举全市之力，集全市资源，主攻三大目标，打赢三大攻坚，补齐三大短板，干好三件大事，守住三条底线。

（一）主攻三大目标

争做转型综改示范区的先行区。晋城转型要两条腿走路。一是培育新兴产业，一是传统产业升级。要瞄准转型战略重点，持续用力抓好五大产业发展。

一抓煤层气。对晋城而言，煤层气既是能源革命的重要内容，又是转型综改的主攻方向。要抓住国家气源紧张的机遇，依托煤层气资源禀赋，将晋城建设成“一区三基地一中心”。5年内将产能由现在的每年35亿立方米增加到200亿立方米。沁水县要抓住国家即将出台支持政策的历史性机遇，提高站位，全县动员，加大工作力度，今年要有实质性进展，抓好总投资152亿元的5个重点项目，产能增加到70亿立方米。煤层气的大发展将为晋城转型提供腾飞的一只翅膀。

二抓制造业。制造业有三大主要方向：光机电、煤机制造、新能源装备。其中以光机电为重，地域依托开发区，企业依托富士康。光机电要抓住富士康由代工厂向自主创造转型的重大机遇，利用好“50+10”亿元的产业基金，利用好开发区优惠政策，调动富士康的积极性。要以战略眼光谋划与富士康的战略合作，实现双赢。在做大做强光机电的同时，要加快装备制造业发展。加快中船重工新能源装备产业园二期、清慧年产5000万件轨道交通新型材料结构件等项目建设，力争早日达产达效。光机电产业和制造业的集聚，将为晋城转型发展提供腾飞的另一只翅膀。

三抓铸造业。我市有2000多年的冶铸历史，铸造业升级是我市转型的又一个重要支点。铸造业升级有两个主要方向：一是高炉，一是园区。其中以高炉为重，地域依托泽州、高平，园区依托晋钢、南村。要清醒地认识到：谁拥有满足环保的高炉，谁就拥有未来市场。国内铸造业大洗牌近在眼前，3万户企业最终有两万多户要被淘汰，时间不等人，市场不等人，环保不等人。泽州、高平要认清形势，立即行动，果断行动，以超常规举措，完成高炉资源优化布局和高炉替代。力争我市更多企业在这场血雨腥风中能存活下来。这里要有担当，要对得起历史和人民！

四抓煤化工。晋城对煤化工有很深的情结。经过几代人的努力，终于把卖原料变成了卖产品。但在最初的煤化工路径中，我们选择了氨和尿素。随着市场需求变化和环保倒逼，原有路径已难以为继，必须实现由传统煤化工向现代煤化工的转型升级。煤化工升级有两个主要方向：造气岛、精细化工。其中以造气岛为重。地域依托巴公、周村，企业依托晋煤、兰花、天泽，设备依托新型锅炉。要下定决心推动传统煤化工向精细煤化工转型。兰花、天泽巴公造气岛项目春节后要正式开工。

五抓全域旅游。第三产业有四个主要方向：全域旅游、物流、大数据、金融。其中以全域旅游为重，景点依托南太行和太行古堡群，交通依托“太行一号国家风景道”，客源依托大中原。要以重点景区为牵引，推进陵川王莽岭、阳城皇城相府、泽州珏

山等景区体制机制改革。抓好华谊兄弟星剧场文旅融合发展项目建设。加快推动太行古堡群申遗。

争做能源革命排头兵的领跑者。能源革命一是煤炭，一是煤层气，一是新能源。煤炭要走“减”“优”“绿”之路。不能不说煤，不能依赖煤。要痛下决心转型，不走老路，不重复昨天的故事。煤层气要走扩张之路，把握机遇，用好政策，主动作为，扩大产能，延伸产业链条。新能源要走稳定之路。用风能市场捆绑和交换企业投资，用财政杠杆促进光伏产业技术进步。

争做对外开放新高地的桥头堡。融入“一带一路”、融入环渤海湾、融入中部崛起、承接长三角珠三角是我们对外开放的方向。其中融入中部崛起最为重要。要清醒地认识到：我市周边150公里内有1000万人口的郑州、700万人口的洛阳、600万人口的新乡，100公里内有350万人口的焦作、长治和70万人口的济源。一小时经济圈内，有3000多万城乡人口，1800多万城市人口，近2.1万亿元GDP！交通条件改善带来的区位优势，将为晋城插上腾飞的翅膀。走下山去，融入中原城市群；巩固后方，加快上党城市群一体化发展，两翼取势，两手文章，这是我们必然的选择、也是唯一的选择。对此，全市上下必须凝聚共识，坚定信念，克服开放带来的阵痛和不适应，迎接开放带来的春风和新红利！

（二）打赢三大攻坚

打赢精准脱贫攻坚战。我市今年建档立卡贫困户只剩35人。脱贫任务不重，但责任不轻。要坚决防止小概率事件颠覆全局。认真做好巩固产业、动态脱贫、兜底保障三项工作。

打赢污染防治攻坚战。环保不好，全局不保。要下决心以环保倒逼转型。要清醒地认识到：20平方公里内1700万吨燃煤才是环保的主要矛盾和矛盾的主要方面，必须集中全部精力予以解决。要下大力气完善网格化治理，下大力气提高环保科学化水平，确保完成中央和省下达的环保任务。

打赢化解风险攻坚战。我市政府债务率较低，还有很大空间。要充分利用好财政资金四两拨千斤的作用，加大政府各种债券的争取力度，为新一轮大发展提供资金支持。同时也要规范管理，堵后门，开前门，查漏洞。

（三）补齐三大短板

补齐交通短板。晋城的区位优势，只有解决交通瓶颈才能发挥。晋城机场要加快前期，外围设施要今年动工。阳城通用机场要今年开工。太焦高铁要做好服务，强力推进。呼南高铁路过晋城方案要争取实施。阳蟒高速年底要实现通车。晋阳八车道高速年内要全线开工。G342、G207改线要加快进度。东南环高速争取年内开工。西南环高速年内完成前期。加快推进“太行一号国家风景道”“四好农村路”建设。

补齐民生短板。要解决入学难问题。年内要开工建设一批公办幼儿园和小学，出台扶持民办幼儿园发展的优惠政策。要解决就医难问题。市医院易址扩建要确保上半年开工。积极推进市中医院、市妇幼院、市儿童医院发展。要解决饮水难问题。第三水厂建设要年内开工。关闭市区70余眼机井，使市民吃上张峰水库的洁净水。同时改善农村供水条件，确保农村饮水安全。要解决供暖难问题。阳城电厂向市区供热工程要年内开工。加快市区配套管网建设，确保居民有暖气、有温度。要解决出行难问题。加快立体化现代交通建设，年内实现城市主要路口立体交通，实现城市立交零突破。要解决乘车难问题。在全省第一家实行市域出行公交化，市到县（市、区）、县到各乡镇、乡镇到村，全部开通公交，实行低票价制。加快新能源公交车辆的替代步伐。要解决停车难问题。统筹公共停车场的规划、建设和使用。机关企事业单位的停车场，在节假日要向社会开放，免费停车。要解决如厕难问题。要在市区合理规划建设一批公厕。机关、企事业单位的厕所，有条件的要向社会免费开放。要解决就业难问题。紧盯高校毕业生、去产能职工、农村劳动力、退役军人、就业困难人员等重点人群，加大技能培训，加强就业指导，确保全市零就业家庭至少有一人稳定就业。

补齐开发区短板。要统筹协调国家级开发区和省级开发区的关系，实行“三化三制”、行政许可、招商引资统筹协调。要利用好口岸、海关、监管区、保税区、自贸区的政策，做到不求所有，但求所用，无中生有。全市开发区大会对开发区的要求，必须不折不扣加以落实。

(四)干好三件大事

一是城区改造。做好老城区保护和改造。老城是晋城人的乡愁。要打造底蕴深厚的历史文化街区和自然优美的景观街区，让老城重新焕发生机与活力。要加快城中村改造。争取国家棚户区改造专项债券，实施“双修”工程，3年投入300亿元，拉动总投资1000亿元—1500亿元，加快完成城市化进程。这对城区是一次难得的机遇，要紧紧抓住。3年左右完成市区城市化进程，在晋城发展史上具有里程碑意义。

二是新区建设。以金村新区建设为龙头，以高铁新区、空港新区建设为重点，力争用三到五年的时间，确保新区建设初具规模，形成城市的另一个增长极。今年要重点推进高铁东站、空港新区相关的开发建设工作，年内开工建设丹河快线“1+3”道路工程。这件事关乎晋城未来城市格局和发展大局，市委高度重视，市政府要拿在手上，泽州要在顾全大局下主动作为并做好配合。

三是乡村振兴。要以农林文旅康为抓手，在一县一个试点乡镇的基础上，今年条件成熟的县市区可以扩大试点。要重点在盘活林地、宅基地、农村建设用地、承包地等生产要素上下功夫、求突破。凡全国已经有地方实施的政策，都可在试点内试行，不需报批和报告。凡法律没有禁止的，都允许先行先试。一切以群众高兴不高兴、满意不满意、答应不答应为根本标准。今年每个县(市、区)都要有典型经验。“三农”工作是全局工作的“压舱石”。各级各部门一定要始终高度重视“三农”工作。近期，我们将专门召开市委农村工作会议，进行专题安排部署。

(五)守住三条底线

一是安全生产。要高度重视机构改革期间的安全生产工作。要毫不放松抓好煤矿、危险化学品、交通运输等重点行业和重点领域的安全生产，坚决杜绝重特大安全生产事故发生。

二是社会稳控。深入推进扫黑除恶专项斗争，有黑扫黑、无黑除恶、无恶治乱，同时把扫黑和“打伞”结合起来，把打击与整治结合起来，把摧毁与重建结合起来，确保社会和谐稳定。确保不发生重大恶性事件，不发生重大群体性事件，不发生非法集体上访。力争实现群众安全感和执法满意度“七连冠”。

三是反腐倡廉。将在市纪委全会上专题安排。

环境宜，万物济；民心齐，泰山移。在市委七届四次全会上我们讲：晋城的历史，由晋城人民书写；晋城的未来，也由晋城人民创造。当前，晋城高质量转型发展的态势正在集聚，只要我们信心不变、方向不变、重点不变、目标不变，我们就一定能把这种态势转化为优势，把优势转化为可以摘下的桃子!

四、改革创新，多措并举，确保完成全年各项重点转型任务

一是解放思想。解放思想是总开关。要扎实开展“不忘初心、牢记使命”主题教育和“改革创新、奋发有为”大讨论，深化拓展“晋城的事，大家想、大家说、大家干”，推动新一轮思想再解放，境界再提高，士气再凝聚。要持续推动干部出太行，大力实施干部素质提升工程。要加强与德国国际合作组织(GIZ)合作。

二是改革开放。坚持先行先试，持续抓好重大改革及项目两个清单，突出抓好重大牵引性改革。一要抓好党政机构改革。按照“先立后破、不立不破，上下对应、执行有力”的原则，确保在三月底前完成机构改革任务。积极稳妥推进事业单位改革工作。二要抓好“放管服效”改革。要抓好“3+5”政策体系的落地。全面推行企业投资项目承诺制和“一个部门、一颗印章”管审批。要研究审批权划转后部门监管服务的问题。三要抓好开发区改革。重构体制机制，激发内生动力。把开发区打造成引领转型发展的主战场、主引擎、主力军。四要抓好国企国资改革。加大国企混改和专业化重组，加快兰花集团转型、天泽集团上市，推动市国投运营公司强身健体。五要抓好金融改革。加快国家级资源型经济转型发展金融改革创新试验区申报步伐，争取年内获批。健全完善小微企业信用互助机

制。领导干部要学金融、懂金融、会金融，用金融的办法破解融资难题。六要抓好区划调整改革。改变“一市一区”现状，加快市域一体化发展。七要持续扩大开放。办好第四届海峡两岸神农炎帝文化旅游招商系列活动，打造具有世界影响力的活动品牌。利用古堡群、六福客栈、李家宗族、友城等平台，加强与世界的交流。要讲好晋城故事，唱响晋城声音，树好晋城品牌。今年要在央视播放晋城旅游宣传形象片。

三是创新驱动。一要大众创业。通过税收奖励返还、房租补贴减免、土地租让结合等举措，鼓励人人创业、全民创业。二要万众创新。围绕光机电、装备制造、煤层气、煤化工、铸造业、全域旅游等产业，支持企业建立研发中心、技术中心，培养集聚领军人才、创新团队。三要集聚人才。以太原科技大学晋城校区和晋城职业技术学院为重点，加大培育本土技能型人才；要制定更加优惠的政策，吸引更多高技能人才来我市就业创业；要继续加大学历教育，让更多农村干部上大学。

四是优化营商环境。大力推进“不见面审批”“最多跑一次”标准化建设，提供全方位、全要素的服务保障，努力实现办事不找关系。大力开展招商引资，坚持产业链招商、专业化招商和精准化招商。公开选拔招商局长，探索推进薪酬管理体制。已签约的招商引资项目，要抓落地建设、抓投产达效。大力支持民营企业发展。坚持把民营企业家当自己人，认真落实好我市支持民营企业发展大会精神，让我省出台的支持民营企业发展“30条”政策在晋城落地、真金白银落袋。

五、转变作风，提升水平，全面加强党对高质量转型发展的领导

一要加强领导。要进一步加强党对经济工作的领导。落实全市党建工作大会四句话要求。“以党建引领发展、把党建融入发展、用党建推动发展、靠发展检验党建”。党政主要负责同志要亲力亲为，以上率下，把“第一要务”抓在手上，切实当好“施工队长”。班子成员要各司其职、各尽其责，形成合力，带动全市党员干部奋发有为、干事创业。

二要鲜明导向。要树立重实干、重实绩、重基层的导向，激励干部比境界、比贡献、比作风，激情干事、精准干事、开拓干事，把符合干事创业、干净担当导向的干部尽快使用起来，用大胆使用干事创业、干净担当的干部实践来强化用人导向，真正让干部有盼头、有劲头、有奔头。要树立“无功就是过，平庸就是错”的理念，既看表态，更看行动，还要看担当、看口碑、看实绩，为担当的干部担当，为负责的干部负责，为英雄的干部论英雄。要树立奖优罚劣的鲜明导向，更加突出增量，更加突出转型，更加注重民生、环保、创新、廉洁，干与不干不一样，干多干少不一样，干好干坏不一样，奖得心跳、罚得脸红，说到做到。

三要锤炼作风。要推行清单工作法、一线工作法、群众工作法。把“向人民承诺、请人民阅卷”活动常态化制度化。年初承诺，年中通报，年底交账，请人民监督。要充分发挥市委联合督查和网格化管理机制，强化人、事对接，实现人、责对应，一竿子插到底。要加强“三基建设”，提升高素质专业化水平，以解决问题来衡量抓落实的成效，以干成事来检验干部的成色，在高质量转型发展主战场识别干部、培养干部、使用干部。

四要强化问责。坚决反对形式主义、官僚主义，坚决整治不担当、不作为、慢作为、假作为。要抓住不落实的事，倒查不落实的人，追究不落实的责。主要领导要不回避、不退缩，不留后路，不怕得罪人，重大关头勇于担责，重大决策敢于拍板。彻底扭转“多干多出事、少干少出事、不干不出事”和“无过就是功”的错误倾向，让改革创新、奋发有为，风清气正、干事创业成为美丽晋城的底色！

晋城市人民代表大会常务委员会工作报告（节选）

——在晋城市第七届人民代表大会第五次会议上

晋城市人大常委会主任　范丽霞

（2019年2月26日）

过去一年的主要工作

2018年，在中共晋城市委的坚强领导下，市人大常委会高举习近平新时代中国特色社会主义思想伟大旗帜，紧紧依靠全体人大代表，依法履行职责，注重工作实效，全年共召开常委会会议8次、主任会议17次，完成3部立法，作出5项重大事项决定，审议18项专项报告，开展2次专题询问，对5部法律法规进行执法检查，任免国家机关工作人员54人次，督办代表建议535件，圆满完成各项目标任务。

一、坚持强化政治统领，确保人大工作正确政治方向

坚持党的领导是做好人大工作的根本保证。常委会始终把加强政治建设作为首要前提，旗帜鲜明讲政治，一以贯之重大局，始终保持正确的政治方向。

深入学习习近平新时代中国特色社会主义思想。坚持把学思践悟习近平新时代中国特色社会主义思想，特别是把习近平总书记关于坚持和完善人民代表大会制度的重要思想摆在首要位置，原原本本学原文、读原著，不折不扣抓落实，坚定不移做忠实信仰者、自觉践行者。按照“全党来一个大学习”的要求，常委会安排专题学习，形成制度。成立“人大机关讲习所”，理论学习每周半天。在全市人大系统召开了“学用习近平总书记关于坚持和完善人民代表大会制度的重要思想”交流会。通过系统学习，进一步树牢了“四个意识”，增强了“四个自信”，坚定做到了“两个维护”。常委会以《学懂做实悟透，在新时代展现人大工作新作为》为题，在省人大学习研讨会上交流了经验。

坚决贯彻落实市委的各项决策部署。常委会旗帜鲜明讲政治，牢牢把握坚持党的领导这个重大政治原则，主动把人大工作置于市委的领导之下，做到重大事项事前向市委请示、重要会议主动向市委汇报、重点工作及时请市委支持。紧紧围绕市委七届四次、五次、六次全会精神谋划推动各项工作。立法工作紧扣市委发展要求，监督工作紧贴市委明确的重点，重大决定体现市委改革要求，人事任免落实市委决策意图，真正把党的领导落实到贯彻执行市委的决议决定部署要求上，落实到不折不扣执行党的各项纪律规矩制度上。全年向市委请示汇报工作28件次。市委高度重视、全面加强对人大工作的领导，市委常委会议多次研究人大工作中的重大问题和重要事项，审议批准了五年立法规划调整方案，出台了学习宣传和贯彻落实宪法实施意见、建立国有资产管理情况报告制度等文件，听取市人大常委会党组工作汇报，批准成立了机关党组，为人大工作顺利开展注入了强大动力、提供了根本保障。

常委会依法行使重大事项决定权，着眼全市改革发展稳定大局，聚焦市委“先行区”“领跑者”“桥头堡”三大目标，着力推动解放思想、凝聚共识、先行先试，出台了《关于全市省级以上开发区行政管理事项的决定》《加强检察机关公益诉讼工作的决定》《批准市“十三五”规划纲要部分指标调整的决议》等。坚持党管干部、充分发扬民主和人大依法任免有机统一，形成了“3+6”工作机制。三会落实：党组会议统一思想、主任会议认真讨论、常委会会议慎重表决；六措保障：任前法律知识考试、供职发言、会议审议、投票表决、颁发任命书、向宪法宣

誓。做到了过程严谨、程序规范、纪律严明。与此同时,进一步加强任后监督,增强了被任命人员的担当精神和责任意识。

切实发挥党组在人大工作中的领导核心作用。常委会党组认真履行政治领导责任,把方向、管大局、保落实,确保一切工作都有利于加强和改善市委对人大工作的领导,有利于保障人民当家做主,有利于保证国家机关协调高效运转。全年召开党组会议14次,坚持把传达学习习近平总书记重要讲话和中央、省委、市委重要会议重要文件精神作为第一议程,深刻理解,准确把握。从习近平总书记关于坚持和完善人民代表大会制度的重要思想中明方向、找方法,围绕省委、市委的决策部署和要求定举措、抓落实。切实履行全面从严治党主体责任,注重加强机关党组织建设,领导带头、以上率下,层层传导压力、压实责任,严格遵守民主集中制原则,严格贯彻中央八项规定精神,严格执行"三重一大"规定,严格落实意识形态工作责任,着力加强党风廉政建设,模范遵守党章党规党纪,营造风清气正、干事创业的良好环境。

二、坚持以良法促善治,引领推动法治晋城建设

法律是治国之重器,良法是善治之前提。常委会把推进民主法治建设作为首要职责,落实依法治国基本方略,全面推进科学立法、严格执法、公正司法、全民守法进程,用法治的力量推动美丽晋城建设。

注重质量立管用的法。遵循习近平总书记对立法工作的重要指示,坚持科学立法、民主立法、依法立法,完善立法制度,加强立法培训,深入调研论证,精选立法项目,努力实现"党委所想、群众所盼、时代所需"的有机结合。完善社情民意收集机制,修订了立法五年规划,建立了立法项目库,确保了立法工作更加有序、贴近实际。围绕生态环境保护,制定了《晋城市大气污染防治条例》,明确职责,奖罚分明,为大气污染防治提供了法治保障;将社会主义核心价值观融入立法,制定了《晋城市文明行为促进条例》,文明城市创建有法可依、持续见效;围绕历史文化保护,制定了《晋城市太行古堡群保护条例》,助力太行古堡保护和申遗,彰显特色,留住乡愁。常委会紧紧围绕市委把煤层气作为晋城能源革命和转型发展攻坚方向的重大决策,组织开展了煤层气专题调研,起草了煤层气条例(草案),在山西省十三届人大二次会议上以代表联名方式向大会提出议事原案,并被主席团确定为议案,交由省人大常委会审议,以法治方式加快推进煤层气产业的开发利用,助力晋城转型发展。

突出重点强普法宣传。深入组织开展学习宣传和贯彻实施宪法"七进"活动,组织专题讲座、举办各类培训班、历史资料展、电视知识竞赛、法治晋城每日一题、召开学习座谈会,多形式、多渠道学习宣传贯彻宪法,在全市形成尊崇宪法、学习宪法、遵守宪法、维护宪法、运用宪法的浓厚氛围。《山西法制报》以"高擎宪法伟大旗帜,谱写新时代法治华章——晋城市人大常委会深入学习宣传贯彻实施宪法"为题进行了全面报道。组织开展了晋城市改革开放40周年民主法治十大业绩(事件)评选活动,引起社会广泛关注,200余万人次浏览,28万余人次参加了投票,选出10大业绩(事件)和10大入围业绩(事件),系统总结、深入宣传、全面展示了我市民主法治建设的历史进程和丰硕成果。我市制定的三部条例一经新闻发布,联合相关部门印发宣传手册,组织专题普法,开展宣传月活动,使地方法律真正立得起来、落得下去。

点面结合树法治权威。按照市委统一部署,深入推进民主法治领域改革工作,审议了市政府关于"七五"普法决议落实、关于法治政府建设情况的报告,市中级人民法院和市人民检察院关于司法改革情况的报告,全面推进法治政府建设和司法改革工作。对《中华人民共和国残疾人保障法》《山西省残疾人保障条例》等5部法律法规的贯彻实施情况进行了执法检查。联合各县(市、区)人大常委会对《晋城市公共交通条例》的贯彻施行情况进行了检查调研,市、县两级政府及其相关部门高度重视,狠抓落实。目前,全市公共交通城乡覆盖,城际公交周边连通,出行方便惠民利民,物流快捷助力发展,受到了广大人民群众的真心欢迎,展示了晋城和谐开放的新形象。完成了6件规范性文件备案审查,

开展了规范性文件清理报送工作，有效维护了法制统一。制定并实施《监督司法工作联席会议制度》，强化了人大对司法机关的监督。引进律师参与接访，创新依法化解涉法涉诉信访途径，全年接待群众上访139件346人次，以情感人、以理服人、以法教人、以效惠人，实现了政治效果、法律效果和社会效果的和谐统一。

三、坚持围绕中心服务大局，依法监督取得新成效

“正确监督、有效监督”是做好人大监督工作的认识论和方法论。常委会按照围绕中心、贴近群众、突出重点、讲求实效的工作原则，坚持严格依法、程序严谨、张弛有度、压实责任的工作要求，构建了多维度、立体式的监督体系，强化了监督实效。

着力推动经济高质量转型发展。紧紧围绕市委重大决策部署，加强对经济工作监督和预算决算审查监督。听取审议了市政府关于上半年计划执行情况的报告、关于“十三五”规划实施情况的中期评估报告，推动国民经济和社会发展按照既定步骤有序推进。积极落实省人大常委会安排部署，加强对国有资产的监督和管理，提请市委出台了《市政府向市人大常委会报告国有资产管理情况的意见》，市县两级全面铺开。围绕新时代美丽晋城高质量转型发展，抓住重点，盯紧难点，聚焦开发区改革创新、重点项目推进等进行审议监督，对2018年重点工程进展情况开展了专题询问，推动了项目建设。不断深化财经监督，听取审议市政府决算和预算执行情况报告、审计工作报告，监督支持政府深化财税改革、提高财政资金使用效益、提升审计监督实效、强化预算执行监督，严格落实地方政府性债务风险预警和应急处置机制，加快推进融资平台公司市场化转型，不断健全全口径政府预算体系。坚持“互联网+大数据+多媒体”相结合，在全省率先建成市级“人大预算联网监督平台”，召开了全市人大财经监督工作会议，通过“以会代训”，学习部署了财经监督6方面的政策文件要求，人大财经监督工作进入新阶段。

助推打赢环境保护攻坚战。贯彻落实习近平总书记生态文明思想，坚持重点问题重锤敲，综合运用立法规范、审议报告、专题询问、环保行等方式，打出监督环保措施落实的“组合拳”。听取审议了市政府关于环境状况和环境保护目标完成情况的报告，向市政府转达了压实责任、转型升级、加强监管、精准防治、强化宣传等五方面的审议意见。坚持问题导向和目标导向相结合，针对大气污染防治开展了专题询问，组成人员就产业结构调整、机动车尾气治理、扬尘污染防治、秸秆禁烧等问题进行了提问和追问，提问直言不讳，回答实事求是，通过媒体宣传，凝聚起了全市支持环保、攻坚环保的强大合力。2018年围绕“保护蓝天碧水，建设美丽晋城”主题开展环保行活动，以网格化监管责任落实情况为抓手，重点就冬季清洁取暖、扬尘治理等方面进行采访报道，曝光不作为、不落实典型，实现了人大监督和舆论监督的叠加发力，推动大气污染防治取得新成效。

认真回应民生诉求维护群众利益。围绕民生利益问题，不断加大监督的力度和密度，形成了“调研、审议、表决、转达审议意见、再调研、再审议、再表决”监督链条，推动以人民为中心的发展思想落到实处。连续三年听取和审议了脱贫攻坚情况的报告，有效推进抓重点、补短板、强弱项，脱贫攻坚工作取得显著成效。持续监督支持法院破解执行难，法院执行工作综合指标排名全省第一。针对“好上学、上好学”的民生热点，持续关注教育公平情况，重点对主城区教育资源配置工作进行监督，组织力量深入主城区26所学校实地调研，开展专题审议，形成审议意见，推动政府落实。市政府积极作为，规划学校建设，开展大片区引领教研培训等工作，以实际行动回应人民群众对优质教育的期盼。对河长制工作落实情况开展了审议监督，推动全市河长制工作向抓机制求实效转变。对旅游文化产业发展情况进行了跟踪监督，着力促进“农林文旅康”融合发展。

四、坚持凝聚共识激发活力，服务保障人大代表展示新作为

代表是人民代表大会的主体。常委会突出代表主体地位，坚持依靠代表、服务代表，不断创新代表活动方式，提升代表履职水平，充分发挥代表作

用,代表工作迸发出新的活力。

完善代表服务。持续加强代表履职能力建设,依法保障代表知情知政,邀请代表列席常委会会议、参加执法检查、调研视察等活动,为代表订阅各类学习资料,“一府两院”定期向代表发送工作动态,按5000元标准为代表小组发放活动经费,按标准为无固定工资收入代表发放误工补贴,组织对代表小组长、乡镇人大主席进行专题培训,为代表依法履职奠定了良好基础。

强化建议督办。常委会高度重视建议督办工作,对七届人大四次会议期间收到的535件代表建议进行认真研究,分别交有关部门承办。各承办单位提高认识,明确责任,把办理好代表建议作为衡量是否坚持以人民为中心发展思想的具体标准,强化“件件有着落”的工作要求和“五定三包”(定领导、定人员、定任务、定时限、定质量,包落实、包回复、包满意)责任机制,确保了建议办理的质量和水平。常委会邀请代表听取审议建议办理情况报告、参与建议办理情况检查监督,制作播出《代表之声》60期,有效推动代表建议办理工作。“加大人才建设力度、加强黑臭水体治理、提高城乡居民基础养老金、加强和改善学前教育”等建议涉及的一批热点问题得到有效落实。收到的代表建议已经完全解决或基本解决的341件,占64%,正在努力解决或逐步解决的187件,占35%,暂时不能解决的7件,占1%,建议办结率100%,代表满意率和基本满意率98%。

激发履职热情。组织全市5218名五级人大代表开展“我是代表我带头、履职能力大提升”活动。广大代表带头深入实际调查研究、带头围绕大局建言献策、带头立足岗位建功立业,汇聚起了“晋城的事大家想、大家说、大家干”的人大力量。对活动中涌现的一百篇优秀调研报告、一百条好建议、一百名优秀代表予以表彰,极大地调动了代表履职的积极性。持续推进代表小组活动规范化建设,组织全市代表小组就脱贫攻坚、全域旅游、公共交通、环境保护等民生方面问题开展活动、进行调研100余次,收到调研报告60余篇,有效发挥了履职为民的桥梁纽带作用。常委会组成人员带头参与、人人动笔,形成了质量较高的《晋城市人大常委会组成人员调研报告汇编》。《人民代表报》在头版连续介绍了我市人大工作的经验做法。

五、坚持提升能力强基固本,力促作风改进效能提升

“打铁必须自身硬”。常委会持之以恒加强自身建设,紧跟时代要求,打造高素质专业化的人大工作队伍,不断提升整体履职能力和工作水平。

抓党建强内功。切实以党的建设为统领,以党建引领人大工作,把党建融入人大工作,用党建推动人大工作,靠人大工作检验党建。以“三基建设”为抓手,学习贯彻《中国共产党支部工作条例(试行)》,进一步发挥党支部的战斗堡垒作用;推进四个规范建设,进一步强化基础工作;大兴学习之风,开展专题培训,举办“每人一讲”,进一步提升干部业务素质。

建智库借外力。立足于建设人大工作的“思想库”和“智囊团”,在全省地市率先建立人大智库,力求体现高端定位、突出人大特色、引入各方人才、发挥“外脑”作用。设立了10个专家组,首批入库专家56名,全年邀请智库专家出席立法座谈、立法论证、方案评审等21批次,就重点调研、重大决定、重要决策等向智库专家发放征求意见表62份,人大工作有了全方位、全领域、全过程的智力支持,工作质量实现了显著提升。举办了“晋城对外开放专家论坛”,来自北大、复旦等5位智库专家进行了主题演讲,为晋城的发展把脉会诊,献计献策,汇聚力量。

强调研转作风。认真落实中央“八项规定”精神,坚决反对形式主义、官僚主义,常委会班子成员主动带着问题沉下去、摸实情、讲真话、献良策。2018年,围绕专项工作报告审议开展了18次会前专题调研,形成调研报告,促进了审议监督效果的提升。紧扣市委七届四次、五次全会精神,就国资国企改革、对外开放比较研究、民营企业二次创业开展了3次专题调研;就城中村改造、固定资产投资、规模以上工业增加值、扫黑除恶开展了4次领题调研,提出了有针对性的意见和建议。

重宣传聚合力。注重对人民代表大会制度和人大工作的宣传,“晋城人大”网站全新改版,突出

功能性、互动性,成为人大信息宣传的便捷平台;《晋城人大》季刊被列为全国人大图书馆地方特色馆藏刊物;《人大工作信息》(周刊)确保市委掌握人大工作动态;《代表建议》专报刊载代表建议、反映基层诉求,开辟了国家机关密切联系群众的新渠道;《代表之声》电视栏目每周一期,收视率不断提升;《人大之声》广播节目广受听众欢迎;"法治宣传每日一题"微信公众号普及法律,关注人数已超14.6万人。以上七大宣传平台,突出基层代表,注重正面引导,唱好人大声音,讲好人大故事,为推进新时代人大工作创新发展营造了良好氛围。

回顾过去一年的工作,我们也清醒地看到,常委会工作与党的要求和人民的期望还存在一定差距,主要表现在:立法力量比较薄弱,立法能力还不完全适应形势需要;监督的针对性和实效性还不够强,监督力度有待进一步加大;代表建议办理工作还需进一步巩固加强;建设高素质专业化干部队伍任务繁重。我们将认真听取代表和各方面意见,切实加以改进。

今后一年的主要任务

2019年是新中国成立70周年,是决胜全面建成小康社会关键之年,也是新时代美丽晋城高质量转型发展取得新成果的重要一年。常委会工作的总体要求是:以习近平新时代中国特色社会主义思想为指引,深入学习贯彻习近平总书记关于坚持和完善人民代表大会制度的重要思想,在中共晋城市委的坚强领导下,全面贯彻落实党的十九大精神和习近平总书记视察山西重要讲话精神,认真贯彻落实省委、市委全会精神,紧扣"五个三"发展布局、聚焦十项重点工作,坚持党的领导、人民当家做主、依法治国有机统一,解放思想,凝聚共识,改革创新,奋发有为,依法行使好立法、监督、决定、任免等各项职权,不断加强代表、基层人大和常委会自身建设,积极投身新一轮改革大潮,努力开创新时代人大工作新局面。

一、提高政治站位,进一步强化思想引领

坚决同以习近平为核心的党中央保持高度一致,坚持把习近平新时代中国特色社会主义思想作为人大依法履职的根和魂,持续深入学、联系实际学,学出信仰和情怀,学出担当和作为。坚持党对人大工作的全面领导,凡是人大工作中的重大问题和重要事项,都要及时向市委请示报告。全面加强常委会党的建设,充分发挥党组的领导核心作用,推动和做好人大工作。坚决贯彻落实省委、市委的部署要求,把"改革创新、奋发有为"大讨论作为开年的头等大事和重要政治任务,在严肃认真、不折不扣高标准完成好规定动作的基础上,组织好人大系统的"5个一活动",即:体现大讨论要求组织开好一次代表大会;组织一场人大代表先进事迹报告会;组织一次"解放思想、对标先进"外出参观考察;组织常委会开展一次专题研讨"大家谈";在全体代表中开展一次"我为晋城改革创新做什么"主题活动,进一步深化"晋城的事大家想、大家说、大家干"。围绕"六个破除、六个着力、六个坚持",把自己摆进去,查找问题,整改落实,在解放思想中推动人大工作创新发展,真正使大讨论成为一场学习的革命、思想的革命、工作的革命,实现全市人大系统活动全覆盖、思想大解放、工作高标准。在人大系统凝聚起"改革开放再出发,奋发有为勇争先"的强大意愿和动力,尽人大之责为全市助力,以一域之光为全局添彩。

二、把握立法规律,进一步提高立法质量

坚持把提高立法质量作为第一追求,总结立法经验,把握立法规律,着力做到"七个坚持":坚持市委对立法工作的领导;坚持科学立法、民主立法、依法立法;坚持以人民为中心的发展思想;坚持立法与改革决策相衔接;坚持价值引领,将社会主义核心价值观融入立法工作;坚持立改废并举,强化规范性文件备案审查;坚持立法和普法相结合,使立法的过程成为宣传普及宪法法律和弘扬法治精神的过程。按照立法五年规划,着眼城乡统筹发展,2019年重点开展两部法规的起草制定。一是制定《晋城市乡村规划条例》,致力于推动乡村振兴战略实施,使我市广大乡村立足长远,规划先行,留住特色,科学发展。二是制定《晋城市城市绿化条例》,立足"生态立市"的目标,进一步规范城市园林建设、绿地布局、绿化管控,努力改善城市环境、维护

生态平衡、美化城市景观，扩大晋城绿化优势，打造城市生态“强项”。同时，积极协助省人大常委会做好煤层气立法调研工作，推动煤层气立法早日出台，引领和规范煤层气产业健康有序发展，为我市成为能源革命排头兵的领跑者助力加油。

三、围绕发展大局，进一步加大监督力度

新的一年，监督工作要围绕中心、服务大局、聚焦热点、关注民生，着力推动市委决策部署贯彻落实，确保宪法法律全面有效实施，确保行政权、监察权、审判权、检察权得到正确行使，确保人民权益得到维护和实现。全年安排听取审议专项工作报告14项，审议书面报告7项，开展1次专题询问，组织2次执法检查，着力提升监督工作的针对性和实效性。

围绕打造最优营商环境，听取和审议市政府关于“放管服效”改革情况的报告并开展专题询问，组织对《山西省各级人民代表大会常务委员会规范性文件备案审查条例》开展执法检查，进一步推动治理体系和治理能力现代化，用一流的发展环境，激发市场的活力和动力。

围绕推动经济高质量转型发展，持续关注发展计划执行和经济运行，听取和审议市政府关于上半年计划执行情况的报告、关于2018年市本级财政决算的报告、关于审计工作情况的报告、关于审计查出问题整改情况的报告，运用好预算联网监督平台，强化实时监督，发挥预警作用。

围绕保障和改善民生，听取和审议市政府关于疾病控制工作情况的报告，对老年人权益保障法等法律法规进行执法检查，让全市百姓更公平、更便捷地享受到基本公共服务。

围绕深化改革提高效益防范风险，听取和审议市政府关于国有资产管理情况的报告、关于全市和市本级政府债务情况的报告，让国家财富更好地发挥效益、造福人民。

围绕建设美丽晋城，听取和审议市政府关于城市管理工作情况的报告、关于2018年度全市环境状况和环境保护目标完成情况的报告、关于秸秆综合利用工作情况的报告，让我们生活的家园更宜人、环境更美好。

四、落实市委部署，进一步做好重大事项决定和人事任免

完善重大决策报告、重大事项议决、后续巩固扩大成效等工作流程，不断提升常委会决策的科学化、民主化、法治化水平。围绕重大改革、风险防范、民生改善等，深入调研，认真审议，有针对性地作出决议决定，及时把市委意图转化为全市人民的共同意志。加大对决议决定贯彻执行的督查力度，督促开发区授权工作落到实处，推动晋城改革开放不断深入。

规范人事任命和任后监督工作，修订完善《晋城市人大常委会人事任免和监督办法》，强化被任命人员的责任感和使命感。

五、突出代表主体地位，进一步发挥代表作用

将2019年确定为“代表建议办理年”，进一步提高和规范代表议案建议的提出质量、办理程序和落实效果。加强履职培训，提升履职能力，强化履职考核，激发履职热情。组织引导代表在提出好建议上下功夫，在督办落实建议上再突破。继续在全市人大代表中营造“晋城的事大家想、大家说、大家干”的浓厚氛围，关注民生热点，承载群众意愿，谋划发展良策，在助推新时代美丽晋城高质量转型发展中建功立业，奋发有为。

加强人大常委会组成人员与人大代表，人大代表与选民的联系，不断完善联系制度，拓宽联系渠道，搭建联系平台。在人大代表密切联系人民群众的形式和内容上有探索、有创新、有成效。努力健全人民群众意见反映和处理机制，充分发挥人大代表联系人民群众的桥梁纽带作用。加强全市人大代表小组活动室和联络室建设，不断总结代表小组活动经验，发挥代表小组活动作用，做到“全覆盖、常活动、有实效”。落实省人大要求，全市各乡镇人大主席团、各街道人工委年底前全部建成代表联络室。

六、瞄准一流标准，进一步加强自身建设

认真贯彻新时代党的建设总要求，深入开展“不忘初心，牢记使命”主题教育，扎实推进全面从严治党向纵深发展。着力发挥党组、总支、支部作用，坚决扛起主体责任、监督责任，落实“一岗双

政府工作报告(节选)

——在晋城市第七届人民代表大会第五次会议上

晋城市人民政府市长　刘　锋

(2019年2月25日)

一、2018年工作回顾

2018年是我市发展历程中极不平凡的一年。面对经济低位开局、环保倒逼、外部环境不确定性三大压力,全市上下坚持以习近平新时代中国特色社会主义思想为指导,全面贯彻党的十九大和十九届二中、三中全会精神,深入贯彻习近平总书记视察山西重要讲话精神,认真落实省委、省政府决策部署和市委七届四次、五次全会精神,以"先行区""领跑者""桥头堡"三大目标为引领,以"十项重点工作"为抓手,砥砺奋进,开拓创新,扭转了连续19个月经济下滑的困难局面,实现U形反转,推动新时代美丽晋城高质量转型发展取得良好开局。

2018年全市地区生产总值完成1351.9亿元,增长7.4%;一般公共预算收入完成125.3亿元,增长23.6%;规模以上工业增加值增长7.0%;全社会固定资产投资完成473.8亿元,增长10%;社会消费品零售总额完成452.8亿元,增长9.6%;城镇居民人均可支配收入完成32162元,增长6.7%;农村居民人均可支配收入完成13566元,增长8.4%;全市城镇新增就业和农村劳动力转移就业分别达到4.53万人和2.85万人;城镇登记失业率1.44%;居民消费价格涨幅2.2%。除空气质量二级以上优良天数外,其他约束性指标都较好完成了年度目标。

(一)产业转型迈出坚实步伐。把能源革命作为产业转型的重要基础,化解煤炭过剩产能240万吨,先进产能占比达66.2%,高于全省平均水平9.2个百分点。争创煤层气"一区三基地一中心",全年煤层气产量达38亿立方米,煤层气产业总产值首次突破100亿元。把发展先进制造业作为产业转型的首要任务,设立"50亿+10亿"的光机电产业发展基金,出台"1+N"政策体系,着力推动富士康光机电产业核心技术、核心产业向晋城布局,富士康(晋城园区)全年总产值达到130亿元,增长40%;南村绿色智能产业园一期基本建成,入驻企业21家;晋钢智能科技产业园开工建设;在巴公园区谋划建设"造气岛";中船重工新能源装备产业园和清慧制造轨道交通结构件项目进展顺利。制造业增加值占工业比重较上年提高0.3个百分点,煤炭产业占比下降0.5个百分点。把加快现代服务业发展作为产业转型的重要支撑,商贸物流、大数据、金融等重点行业发展迅速。服务业增加值占GDP的比重较上年提升0.9个百分点,增速高出GDP增速1.1个百分点。把全域旅游作为产业转型的重要突破口,"太行一号国家风景道"全线开工,晋城至郑州、焦作和

责",着力抓班子、带队伍、建制度、强素质。稳步推进人大机构改革,健全理顺优化职能设置,充分发挥办公室和各专工委的作用。认真做好意识形态工作,加强干部日常教育管理,完善干部考核评价机制,鼓励创先争优。深入开展理论研究和调查研究,继续抓好"三基建设",用好人大智库,不断提升工作水平。加强对县、乡人大工作的指导和联系,召开经验交流座谈会,实现全市各级人大工作协同发力、整体推进,使人大及其常委会真正成为"全面担负起宪法法律赋予的各项职责的工作机关,同人民群众保持密切联系的代表机关"。

今年是地方人大设立常委会40周年,常委会将组织座谈会、集中宣传,启动《晋城市人大志》编撰工作,认真总结实践经验,把握人大工作规律,广泛宣传先进典型,推动人民代表大会制度更加深入人心。

长治以及市区到各县（市、区）的城际公交相继开通，王莽岭景区体制机制改革取得重大进展，太行古堡群世界文化遗产申报工作全面启动，华谊兄弟星剧场奠基开工，第三届海峡两岸神农炎帝文化旅游招商系列活动成功举办，在央视《魅力中国城》第二季竞演中摘取“十佳魅力城市”桂冠，全市旅游总收入和接待游客人次均增长25%以上。把项目建设作为产业转型的重要抓手，扎实推进转型项目建设年活动，省市重点工程完成投资232.6亿元，完成率106.3%，招商引资签约项目投资额和当年签约当年开工率超额完成省定目标。

（二）**环保攻坚取得阶段性胜利**。不断深化“环保不好，全局不保”的认识，把大气污染防治放在首要位置，建成了精准监控系统和指挥平台，完善了市、县、乡、村、企业五级网格化监管体系，出台了督查问责细则等规章制度，特别是聚焦“减煤”“治污”“管车”“降尘”“控烟”五个关键环节，科学施策、精准治理。启动市区建成区周边10公里范围内重污染企业的搬迁工作，对179家企业实施错峰生产；将禁煤区由41平方公里扩大到109平方公里；完成7.5万户清洁供暖改造任务，城区新增供热面积200万平方米；全天禁止重、中型货车在主城区通行，重污染天气实施机动车单双号限行；督促建筑工地严格落实“六个百分之百”，持续对市区40条主干道路和2条外环路实行“全覆盖、无缝隙、循环式”保洁和冲洗。环境空气质量综合指数同比下降11.6%，PM2.5和SO_2两项指标均完成省定目标。严格落实“河长制”“河湖警长制”，水环境质量持续改善。土壤污染防治完成省定目标。环保督察整改基本到位。新增城市绿地面积63万平方米，完成国省营造林2.32万亩、中幼林抚育2.8万亩，生态环境持续改善。

（三）**城市建设全面提速**。启动《晋城市城市总体规划（2018—2035年）》修编，完成美丽晋城战略规划和海绵城市专项规划，城市设计试点工作被住建部作为典型经验向全国推广。老城更新与保护工程全面启动，一期房屋征收接近尾声，回迁安置前期工作基本完成，人居环境整治扎实推进。金村新区建设步伐加快，完成10平方公里核心区控制性规划和5平方公里城市设计，新开工5条骨干道路，6项公共服务设施项目完成前期。创新改造模式，新启动了一批城中村（棚户区）改造的前期工作。持续构建立体交通体系，太焦高铁顺利推进，晋城高速东口改造工程基本完工，阳蟒高速加快建设，晋阳高速八车道拓宽改造工程开工建设，晋城机场列入国家民用运输机场建设“十三五”中期调整规划，27条“三通”道路中18条建成通车，凤台街、泽州路和黄华街路面改造在一个月内高标准完成，体现了新时代的“晋城速度”。深入开展“双违”整治和“三洗六见一红旗”行动，国家卫生城市和国家森林城市通过复审，全国文明城市创建工作扎实推进。省级以上特色小镇总数居全省第一。

（四）**乡村振兴战略深入实施**。编制完成全市乡村振兴战略总体规划和“5+1”专项规划。出台《推进农林文旅康产业融合发展试点的实施意见（试行）》，统筹各类政策性资金5400万元，首批选取6个乡镇和12个典型村开展试点。成功申报省级“一县两片”有机旱作农业示范区。全市农村土地承包经营权确权登记颁证工作基本完成，农村集体产权制度改革进展顺利，泽州农地入市改革试点工作走在全国前列。启动农村人居环境整治三年行动计划，6个省级、20个市级美丽宜居示范村和2个集中连片示范区建设进展顺利。93个村入选第五批中国传统村落目录。建成“四好农村路”1303公里。陵川、沁水两县按期脱贫摘帽，在全省首批实现整市脱贫。

（五）**改革创新亮点纷呈**。重点领域改革取得突破。晋城开发区“一区四园”总体规划和起步区控制性详细规划编制完成，收储土地5000亩，基础设施和标准化厂房建设取得重大突破。高平开发区加快建设。沁水、阳城开发区顺利获批。对43户市属国有企业实施分类改革，推动市国有资本投资运营公司规范化运作，在全省率先成立市级新闻传媒集团，市公交公司改制重组挂牌运营，驻市央企、省企“三供一业”分离移交任务圆满完成。创新驱动持续发力。出台支持科技创新和“双创”的优惠政策，研发经费投入占GDP比重达到1.05%，排名全省第三。省级以上众创空间达到10家、“双创”平台达到15家、重点实验室和工程技术中心达到5个。

新增国家级高新技术企业7家，总数达到49家。民营经济活力增强。启动实施"236"行动和"小升规"计划，兑现奖励2754万元。建立小微企业信用贷款风险互助补偿机制，帮助188家小微企业获得授信1.05亿元。新登记市场主体25597户，同比增长12%。我市被列为全省民营经济改革发展示范市。

（六）**民生社会事业全面进步**。全年民生支出达187.4亿元，占一般公共预算支出的82.1%。率先在全省实现农村寄宿制学校后勤保障全覆盖。市区组建11个办学集团，义务教育集团化办学全面启动。学前教育城乡一体化省级试点稳步推进。凤城中学高中部、综合实践基地基本完工。县乡医疗卫生机构一体化改革扎实推进，基本公共卫生考核全省第一。率先在全省完成城乡居民基本医疗保险制度整合，率先在全省实现全国异地就医费用即时结算。新建60个农村老年人日间照料中心。新开工棚改住房6873套，基本建成2330套。新（改）建人行天桥4座。新（改）建公厕125座，完成农村旱厕改造3088户。全面启动国家公共文化服务体系示范区创建工作，上党梆子《太行娘亲》入选国家舞台艺术精品工程重点扶持剧目，电视剧《一代名相陈廷敬》在央视热播。安全生产创历史最高水平。扫黑除恶专项斗争扎实推进。十件民生实事全部落实。群众安全感和执法满意度实现全省"七连冠"。荣膺全国双拥模范城"三连冠"。荣获全国"质量魅力城市"、创建"平安医院"先进市、"全国无偿献血先进市"等多项荣誉。入选"中国地级市民生发展100强"。

（七）**政府自身建设得到加强**。严格落实政府系统全面从严治党主体责任，着力加强"三基建设"，深入推进党风廉政建设和反腐败斗争。坚持"晋城的事，大家想、大家说、大家干"，进一步激发了政府系统党员干部干事创业的积极性和创造性。有序推进政府机构改革。积极配合市人大常委会制定《晋城市文明行为促进条例》《晋城市太行古堡群保护条例》《晋城市大气污染防治条例》，严格执行市人大及其常委会的决议决定，主动接受人大法律监督和工作监督、政协民主监督，办理人大代表建议495件、政协提案515件。依法办理行政复议案件109件，市长热线办复率99%以上。深化"放管服效"改革，高平市相对集中行政许可权改革省级试点推进顺利；备案类项目全面实行承诺制；动态调整了18个部门的117项权责清单事项；行政审批事项前置申请材料精简41%；新建成的市级政务服务中心全面启用，审批事项入驻率达到98%；"3545"专项改革均提前完成省定目标任务，不动产登记工作走在全国前列。"13710"督办制度深化拓展，政府效能不断提升。

在肯定成绩的同时，我们也清醒地认识到，我市发展仍面临诸多困难和挑战，政府工作还存在很多不足。主要表现在：产业转型升级步伐不快，经济稳步增长、持续向好的基础还不牢固；招商引资力度小，大项目、好项目、转型项目少；民营经济发展滞后，活力仍然不足；污染防治压力较大，生态环境保护任重道远；民生事业还存在不少短板；政府职能转变还不到位，营商环境有待进一步优化；一些干部适应新时代发展要求的能力不足，抓落实的本领亟待提高；少数干部懒政怠政，一些领域不正之风和腐败问题不容忽视。认真审视，最大的问题是改革开放不够，根本的原因是思想解放不够。要彻底解决这些问题，出路在改革开放，关键在解放思想。对此，我们必须坚定信心、迎难而上，以更大的决心和更有效的举措，坚决根除困扰我们的陈旧观念，坚决冲破阻碍发展的各种羁绊。

二、2019年工作安排

2019年是中华人民共和国成立70周年，是全面建成小康社会的关键之年，是在"两转"基础上全面拓展新局面的攻坚之年，也是推动新时代美丽晋城高质量转型发展取得新成果的重要一年。今年政府工作的总体要求是：以习近平新时代中国特色社会主义思想为指导，全面贯彻党的十九大和十九届二中、三中全会精神，统筹推进"五位一体"总体布局，协调推进"四个全面"战略布局，深入贯彻习近平总书记视察山西重要讲话精神，认真落实中央及省委省政府重大决策部署，在市委坚强领导下，坚持稳中求进工作总基调，坚持新发展理念，坚持把供改和综改相结合作为经济工作主线，贯彻"巩固、增强、提升、畅通"八字方针，进一步稳就业、稳金融、稳外贸、稳外资、稳投资、稳预期，扎实开展“改革创新、奋发有为”大讨论，按照“主攻三大目标，打赢三大攻坚，补齐三大短板，干好三件大事，守住三条底线”的要求，解放思想、凝聚共识、先行先试，加快推动新时代美丽晋城高质量转型发展取得新成果，为全面建成小康社会收官打下决定性基础，以优异成绩迎接中华人民共和国成立70周年。

主要预期目标是：地区生产总值增长6.5%左右，全社会固定资产投资增长7%左右，社会消费品零售总额增长7.5%，一般公共预算收入增长7%以上，城乡居民人均可支配收入分别增长6.5%和6.5%以上，居民消费价格涨幅控制在3%左右，城镇新增就业4.53万人，城镇调查失业率、城镇登记失业率分别控制在6.5%和4.2%以内。各项约束性指标控制在省下达指标以内。

2019年指标的设定，是立足决胜全面建成小康社会、把握我市转型发展阶段性特征和经济运行趋势而确定的，突出了高质量发展要求，体现了稳中求进总基调，彰显了“山西大发展、晋城要先行”的决心。

实现上述目标，任务繁重艰巨，必须扭住“十项重点工作”不放松，持续发力、久久为功，一件一件抓落实，一项一项见成效。

(一)扭住工业转型不放松，加快构建现代产业新体系。产业转型是晋城高质量发展的内在要求，工业转型是晋城产业转型的重中之重。我们要坚持把工业作为驱动全市产业转型的主引擎，紧扣“3+5”政策体系，一手抓传统产业改造升级，一手抓新兴产业培育壮大，不断优化产业结构，提升产业层次。

持续深化能源革命。抢抓国家支持我省开展能源革命综合试点的战略机遇，积极争创全国煤层气“一区三基地一中心”，筹划建设一批煤层气勘探开发项目以及输气管网和储气设施，力争今年将产能增加到70亿立方米，5年内增加到200亿立方米。继续运用市场化法治化手段退出煤炭过剩产能，提升先进产能占比，稳妥处置已关闭退出煤矿的资产债务问题。加大风能、太阳能、生物质能、地热能等新能源开发和利用力度，重点抓好陵川中电投、沁水国电投、沁水远景汇合等风电项目和兰能玉溪、金驹胡底等瓦斯发电项目。

着力打造全省先进制造业基地。以高端化、智能化、绿色化、服务化为方向，不断提升制造业整体素质。光机电，以富士康为核心，紧盯上下游企业，着力培育光机电一体化的产业集聚区，打造全省全产业链发展的样板。重点推动富士康投资63亿元的光机电项目和首批招商的20个项目尽快落地。煤机装备，重点抓好金鼎煤机、江淮重工、天巨重工等企业，发展成套煤机装备制造。新能源装备，重点加快中船重工新能源装备产业园二期和长征动力三元锂电池项目一期建设。轨道交通装备，重点推动清慧年产5000万件轨道交通新型材料结构件项目一期投产。冶铸业，加快推进南村绿色智能铸造创新产业园二期和晋钢集团智能铸造科技产业园一期工程。煤化工，重点开工建设巴公园区“造气岛”。同时，着力推动陶瓷、丝麻纺织和现代医药等产业上档升级。用好工业发展专项资金，支持工业企业加快转型。

推动制造业和服务业深度融合。以商贸物流、大数据、金融服务等生产性服务业为重点，多措并举，加快发展，不断提升服务制造业的能力和水平，着力推动制造业与服务业深度融合，互促共进。商贸物流业，紧密结合我市正在构建的立体化交通体系，按照打造中东部地区现代物流节点城市的新定位，谋划一批物流项目。重点抓好兰花、蓝远、义乌国际商贸城等物流园区建设和苗匠物流园区招商运营工作。大数据产业，以打造中等智能城市全国样板为目标，深化与阿里巴巴集团的合作，加快实施“1183”工程，实现全市大数据应用重大突破。金融服务业，以创建国家级金融支持资源型经济转型发展改革创新试验区为契机，提升企业直接融资比重，健全完善小微企业信用贷款风险互助补偿机制，推动政府性融资担保机构增资展业，积极防范化解金融风险，持续引导金融机构支持实体经济发展。扎实做好国家标准化工作综合改革试点相关工作，以先进标准助力产品质量提升、产业转型升级。

坚持创新驱动发展。把产业转型的基点放在

创新上，支持重点企业建设省级以上重点实验室和工程技术中心。推进产学研深度融合，重点推动山西大学与富士康共建晋城纳米光机电产业研究中心和光机电研究生培训基地。实施高新技术企业五年倍增计划，今年力争新增国家级高新技术企业3家。坚持“不求所有、但求所用”的理念，进一步完善招才引智政策体系。支持企业建设“千人计划”专家和博士工作站，引进培养高技能人才。发挥职业教育集团作用，推进新型学徒制，培养本土实用型人才。对于各类所有制企业引进的优秀人才，只要符合政策，政府都将给予住房、子女教育等方面的支持服务，为加快产业转型提供人才保障。

（二）扭住大景区整合不放松，全面展现太行旅游名城新魅力。晋城既有大自然恩赐的壮美山水风光，也有老祖宗创造的不朽文化遗产，更有革命先辈留下的宝贵红色基因。我们一定要挖掘好、整合好、利用好这些得天独厚的资源优势，把晋城建成国内一流、国际知名的新一线旅游城市。

加快大景区整合步伐。以王莽岭开发为龙头积极与省文旅集团等国内外大型旅游企业对接合作，按照AAAAA级景区标准，全面启动景区基础设施提升和游客中心、锡崖沟水镇等项目建设，确保在2020年大交通体系形成时具备相应的游客接待能力。组建晋城市文旅投融资平台。有重点地推进太行古堡密集区资源整合和开发利用，做好太行古堡申遗工作。选取50处左右古民居开展民间认领保护活动，提升文物古建“活化利用”水平。按照“一县一大景区”的发展思路，加快推动皇城相府、珏山、太行洪谷、炎帝陵等其他大景区建设。

完善旅游基础设施。续建“太行一号国家风景道”244公里，年内完成投资15亿元。合理布局、加快建设集散中心、旅游厕所、休闲驿站、房车营地等公共设施，着力构筑环太行山旅游景区循环圈。继续解决主干道至各景区“最后一公里”问题。

提升旅游服务品质。提升餐饮住宿、休闲娱乐等传统服务业发展水平，引导支持民宿客栈规范发展，探索开发避暑康养、文化研学、低空体验、户外体育等新业态，打造复合型旅游目的地。加快华谊兄弟星剧场项目建设，改进《再回相府》和司徒小镇花车巡游演艺模式，进一步放大优质项目品牌效应。加强全域旅游标准化建设，年内新增5个AAA级以上景区。持续开展旅游从业人员素质提升工程，加强文旅市场综合监管，进一步整顿和规范旅游市场秩序。加强智慧旅游建设。在中央电视台投放城市旅游形象宣传片。以海峡两岸神农炎帝文化旅游招商系列活动为龙头，统筹办好太行山国际文化旅游节、“体验魅力中国城”等重大活动，持续做好非遗、演艺进景区工作，叫响叫亮“晋善·晋美·晋城”品牌。

（三）扭住农林文旅康产业融合发展不放松，奋力谱写乡村振兴新篇章。实施乡村振兴战略是新时代“三农”工作的总抓手，农林文旅康产业融合发展整市推进试点是省委、省政府赋予我们的重要使命。我们要勇于担当、不辱使命，积极探索、先行先试，以此带动农业增效、农民增收，实现乡村振兴。

加快推进农林文旅康产业融合发展。依托优势资源，突出融合发展，把农林文旅康产业融合发展与全域旅游结合起来，一同推进。探索设立农林文旅康产业融合发展基金，下大力气推动现有试点在产业发展、要素保障、体制机制创新上取得突破，在此基础上，再把一些基础好的乡镇、村纳入试点推进。每个县（市、区）都要找准突破口重点探索，年内推出一批先进典型。

持续深化农村人居环境整治。学习浙江“千村示范、万村整治”经验做法，持续抓好“五大专项行动”。扎实推进泽州县省级农村人居环境整治示范县和14个省级示范村建设，加快形成能复制、易推广的建设、运行、管护机制。新（改）建“四好农村路”990公里。继续抓好“大棚房”问题专项清理整治行动，毫不松懈抓好非洲猪瘟疫情防控工作。

大力发展特色现代农业。实施好粮食产能工程。积极推广功能农业、有机旱作农业，完成特色产业提质增效1万亩，杂粮种植面积稳定在60万亩以上。持续推进“三品一标”认证和区域农产品公用品牌建设，培塑3个以上功能农业品牌。大力发展“互联网+现代农业”。大力培育农业产业化龙头企业，力争亿元以上龙头企业达到13家。

全面深化农村改革。完善农村承包地“三权分置”制度。扎实推进农村集体产权制度改革,有序开展经营性资产股份制改造。深入推进农村“三块地”改革试点,探索农村“三变”改革路径。着力培育家庭农场、农民合作社等新型经营主体,支持各类人才返乡下乡创业创新,统筹推进农村各项改革,进一步激发农业农村发展活力。

继续打好脱贫攻坚战。坚持摘帽不摘责任、不摘政策、不摘帮扶、不摘监管,紧盯“两不愁三保障”目标,持续抓好产业扶贫、特定贫困群体保障、政策措施落实、搬迁后续发展、驻村帮扶五项重点工作,巩固脱贫成果,提升发展能力。建立返贫预警机制,减少和防止脱贫人口返贫。

(四)扭住“最后一公里”政策落地不放松,再创民营经济新辉煌。晋城的民营经济曾经创造过“三分天下有其二”的辉煌,在新一轮大发展中,只能壮大、不能弱化。我们要坚持“一把尺、一样亲、一家人”的理念,以建设全省民营经济发展改革示范市为抓手,全力推动我市民营经济发展步入快车道、再上新台阶。

狠抓政策落实。主动对标省委、省政府支持民营经济发展“30条”,认真落实好市委、市政府出台的决定和具体措施。严格落实减税降费各项优惠政策。实施市场准入负面清单制度,着力消除民营企业在准入许可、经营运行、招投标等方面的不公平待遇。依法保护企业家人身和财产安全,抓好清理政府部门和大型国有企业拖欠民营企业账款工作。完善领导干部联系民营企业制度,健全企业家参与涉企政策制定机制,着力构建“亲”“清”新型政商关系。

继续推进“236”行动和“小升规”企业培育工作。以打造“双创”升级版为抓手,持续加大“双创”示范基地和省级以上众创空间建设力度,着力推动中小企业走“专精特新”道路。建立问题台账和沟通协调机制,抓好一批民营企业转型项目。重点培育“小升规”企业30家,继续抓好一批服务业“小上限”企业。

启动实施企业家队伍素质提升“421”计划。年内培训领军企业家40名,高级经营管理人员200名和中小微企业经营人才1000名。加强与德国国际合作机构(GIZ)合作,重点培训100名企业家。

(五)扭住“深化转型项目建设年”活动不放松,着力推动招商引资实现新突破。今天的项目质量决定明天的发展质量,今天的招商导向决定明天的发展走向。当前,我市产业发展的方向已经明确,项目落地的基础条件已经具备。我们要坚持把项目建设和招商引资作为“一把手工程”,精准发力,强势推进。

全力推进转型项目建设。按照省委、省政府和市委要求部署,高标准谋划实施一批打基础、利长远、补短板、增动能的新项目、大项目、好项目。加快推进320个亿元以上项目建设,年内完成投资496亿元,重点抓好总投资为1073.4亿元的60项省市重点工程,年内完成投资208.9亿元。积极争取市县政府新增债券额度,申报国家和省技术改造专项资金,引导社会资本投资重大项目建设。进一步改进重点项目清单管理、手续集中办理、项目集中开工、“一月一调度、双月一例会、半年一点评、年终一总结”“七位一体”抓督查等做法,对亿元以上重大转型项目探索实行领办和帮扶服务,加快项目落地见效。严厉打击阻工扰工、围标串标等违法行为,坚决整治“吃拿卡要”、不作为、乱作为等影响重点工程建设的问题,大力营造服务支持转型项目的浓厚氛围。

全面提升招商引资质量和效益。坚持“系统定向精准”的理念,突出产业链招商、专业化招商、社会化招商,切实提高招商引资的针对性和实效性。以主导产业为招商重点,紧扣全省招商图谱和我市招商地图,在建链、补链、强链上取得突破。改革招商队伍管理体制和薪酬制度,优化设置产业招商小分队,打造专业化招商队伍。持续实施“晋商晋才回乡创业创新”工程,精心组织好女企业家高峰论坛等活动,积极探索以商招商、委托招商、乡情亲情同学情招商等多种方式,调动各类资源,扩大招商成效。充分发挥开发区招商引资主战场、主平台作用,晋城经济技术开发区至少引进落地5个总投资10亿元以上的转型项目,其他开发区至少引进落地2个总投资5亿元以上的转型项目。在开发区之外,各县(市、区)至少要再引进落地3个总投资10亿元以上的转型项目。

（六）扭住城市建设管理不放松，彰显具有深厚文化底蕴和现代特色风貌的城市新形象。经过一年多的探索与实践，城市建设的思路已经明确，规划基本确定，一批重大项目正在实施。我们要进一步加大建设力度、加快工程进度、提升管理水平，着力在统筹上下功夫、重点上求突破、特色上做文章，全面提升城市品质。

扎实推进老城更新与保护。按照“提升、保护、延续、注新”的规划理念，用3–5年时间，投资72亿元，采用微改造模式，突出地域特色，打造底蕴深厚的历史文化街区和自然优美的景观街区。今年，重点完成东西大街、景德路、景忠路等主要路网改造以及南大街主要建筑的立面改造；启动实施景德桥公园、景忠桥公园、东滩会、西滩会景观改造和东河、西河景观整治，加快老城居民回迁楼建设，明年底全部建成；统筹推进文庙巷、青龙巷和南谷洞等历史文化街巷提升改造，谋划启动东西大街以北区域改造的前期工作。

加快金村新区建设。按照县级实施、市级统筹的模式，整体推进金村新区建设，力争3—5年内投资150亿元，形成城市的另一个增长极。今年，重点是开工建设高铁东站站前广场，实施周边可视山体绿化，按照快速公交的理念启动丹河快线“1+3”一期工程，确保2020年底高铁通车时，站前广场、公园、“两纵四横”六条站前道路、公交和旅游换乘中心以及与市区连接道路等配套工程全部完工。

有序推进城中村（棚户区）改造。坚持拆迁与建设并举、安置与开发并重，积极引进资金实力雄厚的大品牌开发商，重点选择一批前期工作扎实的村（社区）开工建设，并切实加大争取国家棚改专项债券力度。制定退出机制，对批复后三年以上仍未开工或开工后进展缓慢的城中村（棚户区）改造项目，推动开发商有序退出。

加强城市基础设施建设。重点抓好总投资64亿元的26项“三通”工程，确保畅安路北延、景西南路南延、金匠街西延等21条道路年内通车或具备通车条件。扎实推进中原街改造及综合管廊建设等PPP项目。持续开展城市“双修”，重点对文博路、红星街等6条道路和22条小街巷实施改造和修补。加快实施总投资约34亿元的新“三源”工程，完成张峰水库引水主体工程，开工建设第三水厂项目；开工建设阳城电厂至市区集中供热管网工程；完成新气源项目长输管道、分输站及附属设施建设。加快城市主要路口立体交通设施建设，新（改）建一批公共停车场，实施老旧小区电梯等配套设施改造补贴工程。

提升精细化管理水平。加快建设全市统一的大数据云平台和政务服务平台，夯实智慧城市基础。深化城市管理执法体制改革，进一步推动重心下移，提高执法效能。加大“双违”整治力度，重点查处“边整治边违建”的问题。以创建全国文明城市为统领，持续巩固“三洗六见一红旗”行动成果，不断提升城市品质。

积极推动区域协调发展。扎实推进行政区划调整工作，解决“一市一区”问题。统筹推进县域经济特色化、差异化发展。扎实推进润城、巴公、神农3个国家级特色小镇和大阳、北留、端氏、嘉峰4个省级特色小镇建设。积极推进农业转移人口市民化。推动交通、信息、能源等基础设施向农村延伸，促进城乡基本公共服务均等化。

（七）扭住重点领域改革不放松，激发转型发展新活力。发展前进一步，就需要改革前进一步。要牢固树立“允许改革有失误，但不允许不改革”的鲜明导向，坚持“供改”和“综改”相结合，“补考”和“赶考”一起抓，持续深化重点领域改革，努力跻身全省改革第一方阵，以改革“一子落”带动转型“满盘活”。

深化“放管服效”改革。在全省率先全面推行相对集中行政许可权试点改革，市县两级全部组建行政审批服务管理局，实行“一个部门、一颗印章”管审批。引深企业投资项目承诺制改革，在实施“承诺制+并联审批”“承诺制+标准地”“容缺受理”等方面走在全省前列。巩固深化“3545”专项改革，继续压缩企业开办、不动产登记、工程建设项目审批时间。全面推开“证照分离”“多证合一”改革，推进“照后减证”，降低准营门槛。全面推进“双随机、一公开”监管。深化公共资源交易领域市场化改革。

深化国资国企改革。启动第二批14户市属国有企业改革工作,年底实现市属国有企业深化改革全覆盖。围绕"四个平台",推动国有资本投资运营公司做好资本运作、股权管理等工作。加快推动兰花集团转型、天泽集团上市。适时整合公益类国有企业,探索设立公益类国有资本投资运营公司。推进国有企业混合所有制改革,推动商业类国有资本向优势领域集聚,向专业化方向重组。基本完成国有企业剥离办社会职能任务。

加快开发区改革创新发展。推动各开发区积极复制转型综改示范区经验,在基础设施建设、"三化三制"改革、招商引资、优化营商环境等四个方面取得明显成效。积极推进陵川省级开发区申报工作。鼓励开发区与发达地区或优势企业合作共建产业园区。坚持"以亩均论英雄",加强各开发区投资强度、产出强度、税收强度考核。支持晋城经济技术开发区大胆创新、先行先试,进一步发挥国家级开发区的示范引领作用。

与此同时,按照市委改革清单,统筹抓好金融、财税、科技等各领域改革工作。

(八)扭住融入中原不放松,全力构建开放型经济新格局。晋城是山西对外开放的重要门户,也是中原城市群核心发展区城市。我们一定要深化"晋城不是边缘城市,而是开放前沿"的认识,加强区域合作,扩大对外交流,在更大范围、更宽领域、更高层次上推进新一轮对外开放。

深度融入中原。发挥优势、突出特色,深化与中原城市群其他城市在交通基础设施互联互通、文化旅游、商贸物流、装备制造、能源供给等方面的合作。同时,加强与京津冀地区协作联动发展,对接长三角一体化和粤港澳大湾区,深度融入"一带一路"战略。

构建开放通道。铁路方面,加快太焦高铁晋城段建设,协调做好呼南高铁、晋城—运城客专前期工作,开工建设5条"公转铁"专用线,推动嘉南铁路恢复开工。公路方面,加快推进国道342改线工程,推动国道207线新房洼至省界瓶颈路段改造工程年内完工,力争新国道207线陵川—长治一级公路改造工程、省道阳济线重载交通示范改造工程年内开工;建成阳蟒高速,推动晋阳高速八车道拓宽改造工程全线开工,加快东南环高速、西南环高速和阳城—运城高速、沁水—安泽高速前期工作,协调推进陵川王莽岭—新乡、阳城蟒河—济源两条出省高速公路建设。机场方面,做好晋城民用机场前期工作,同步谋划空港新区,启动机场道路建设和村庄搬迁工作;加快推进阳城通用机场建设。

搭建开放平台。继续做好中国(山西)自贸试验区晋城片区的申报设立工作。促进兰花保税物流中心与河南保税物流中心全方位合作,加快跨境电商平台和晋城铁路口岸建设。启动实施对外贸易主体培育三年行动计划,发挥好海关、保税区等开放平台作用,支持外贸企业做大做强,支持特色产品、优势产品扩大出口。做好外事、侨务、港澳、对台工作,搭建具有晋城特色和世界影响力的交流平台。

(九)扭住环保攻坚不放松,厚植"生态立市"新优势。生态是晋城的优势、晋城的品牌,也是晋城永续发展的巨大财富。我们要充分认识到"保护环境就是保护生产力,改善生态就是发展生产力",坚定不移打好污染防治攻坚战,牢牢守住环境质量底线和生态保护红线,真正在解决突出环境问题中倒逼产业转型,在守护绿水青山中收获金山银山。

以更精准的举措打赢蓝天保卫战。持续优化产业结构,重点加快市区周边10公里范围内冶铸、煤化工企业退城入园步伐。持续优化能源结构,优先发展清洁化燃煤供暖和工业余热供暖,建立以集中供热为主,煤改气、煤改电为辅,3#优质煤兜底的清洁供暖体系,推动清洁取暖和散煤替代向农村扩展。持续优化运输结构,推进大宗货物及中长距离货物运输"公转铁",强化非道路移动机械、混凝土搅拌车标准化管理,严格油品管控,持续打击黑油窝点。严格落实"六个百分之百"要求,全面推进建筑工地绿色施工,加大高速公路以及市区道路的常态化清扫、冲洗力度。严格落实错峰生产、错峰运输和重污染天气应急减排措施。加快推进中石化晋城油库搬迁。进一步压紧压实网格化环境监管责任,下大力气提高环保科学化水平。

以更大的力度打好碧水保卫战。统筹推进"五水同治”，强力推进丹、沁两河水环境综合整治。加大重点河流流域化工企业管控力度，实行排放日总量控制，重点抓好晋煤天溪、华昱煤化工等一批重点企业废水零排放改造工程。加快城镇污水管网向城郊村延伸覆盖，统一规划建设重点乡镇污水处理设施。巩固黑臭水体综合整治成果，扎实推进市区“清水复流”工程。

以更实的工作推进净土保卫战。全面完成土壤污染状况详查。编制完成一般工业固废和危险废物处置设施规划，重点加大对全市煤矸石、粉煤灰的综合治理力度，统筹建设循环高效的工业固体废物综合处置利用项目。扎实开展农业面源污染防治和农田残膜治理试点工作，持续推进秸秆禁烧和综合利用。

以更高的标准提升生态环境建设水平。严守生态保护红线，完成国省营造林2.21万亩、中幼林抚育0.65万亩。持续推进环城生态圈和城市绿道建设。完成文昌、春晓等5个游园工程，开工建设时家岭公园和凤台公园，持续抓好新建城市道路绿化美化。持续推进国家级低碳试点市和循环经济示范市建设。

在2018年环保最紧要的关头，全市上下众志成城、共克时艰，凭着壮士断腕的决心和意志，凭着血战到底的勇气和努力，取得了大气污染防治阶段性胜利。在此，我代表市人民政府向全市人民致以崇高的敬意和衷心的感谢！

（十）扭住群众关心的热点难点问题不放松，推动各项民生社会事业迈上新台阶。人民对美好生活的向往是我们始终不渝的奋斗目标。我们要牢固树立过紧日子的思想，严控“三公”经费预算，按照不低于5%的比例压减一般性支出，继续把新增财力优先用于保障和改善民生，着力解决好人民群众最关心最直接最现实的利益问题。

千方百计扩大就业。扎实做好高校毕业生、去产能安置职工、农村劳动力、退役军人、就业困难人员等重点群体就业工作，确保全市零就业家庭至少一人稳定就业。加强全方位公共就业服务，提高劳动者就业能力。

办好人民满意教育。以率先在全省实现教育现代化为目标，构建城乡一体、优质均衡、设施先进、协调发展的现代教育体系。深入推进义务教育一体化改革，调整优化学前教育布局，促进职业教育产教融合，办好特殊教育，支持规范民办教育发展。强化教师队伍建设。新（改）建13所幼儿园。推动凤城中学高中部、综合实践基地尽快投入使用，太原科技大学晋城校区学生宿舍楼（二期）年内建成并投入使用，东南新区学校开工建设，完成晋城中专整体搬迁。在南岭爱物学校筹建晋城一中分校。

加快健康晋城建设。深化县乡医疗卫生机构一体化改革、城市医联体建设和公立医院改革，加快医保支付方式、公立医院医药价格和药械采购改革，促进“三医联动”。加大疾病防控和食品药品监管力度。加大中西医人才引进培养力度。深入开展全民健身运动。积极开展全国居家和社区养老服务改革试点工作。完成荣军康复医院整体迁建工程，推动市人民医院易址扩建项目上半年开工建设、省中医院与瑜园老年公寓项目深度合作。力争年内实现创建国家卫生县城全覆盖。

完善住房保障体系。实施好总投资34亿元的保障性安居工程，建设安置房4103套。大力推广装配式建筑，加快推进住宅全装修工作。建立健全房地产市场调控长效机制，促进房地产市场平稳健康发展。扩大住房公积金制度覆盖面，提升管理服务水平。

提升文化服务水平。培育和践行社会主义核心价值观，深入实施公民道德建设工程。全力创建国家公共文化服务体系示范区。深入推进乡村文化记忆工程和文化惠民工程。推动优秀传统文化、非物质文化遗产传承发展。承办好第二届全国青年运动会有关项目。市民广场全部完工，文化艺术中心完成部分主体工程。

强化民生兜底保障。落实城乡居民基本养老保险待遇确定和基础养老金正常调整机制，稳步提高各项社会保险待遇水平。继续提高城乡低保和特困人员救助供养标准。大力发展妇女、儿童、残疾人、慈善和红十字等事业。

维护社会安全稳定。全面贯彻总体国家安全

观,紧盯重大敏感节点,提高风险预知预警预判和应对处置能力。完善社会矛盾纠纷多元化解机制,做实做细各类利益诉求群体的信访维稳工作。做好民族宗教工作和援疆工作。支持国防建设,加强双拥和退役军人服务管理工作。更好发挥工会、共青团、妇联等群团组织作用,完善基层群众自治制度,推动社会治理重心向基层下移。加强气象、地震、人防、治超等工作。持之以恒抓好安全生产,坚决杜绝重特大安全事故。完善应急管理工作机制,切实提升防灾减灾救灾能力。加快推进"雪亮工程"建设,持续推动扫黑除恶专项斗争向纵深发展,全力维护社会大局和谐稳定。

在办好省政府确定的8件民生实事的基础上,今年市政府将再为全市人民办好8件民生实事。(1)实施行政村4G网络全覆盖工程;(2)实现全市80周岁以上老年人高龄补贴全覆盖;(3)为全市约2.2万名新生儿进行多种遗传代谢病串联质谱和耳聋基因分析检测及诊断;(4)实施农村饮水安全巩固提升工程,受益人口9.83万人;(5)在主城区新建10座人行天桥;(6)新(改)建68座公共厕所;(7)继续实施清洁供暖改造工程,年内完成4.62万户改造任务;(8)实施市域公交一体化提质工程,新增、优化公交线路,购置110台新能源纯电动公交车,对124个公交站牌进行智能化改造。

三、全面加强政府自身建设

在习近平总书记视察山西重要讲话精神指导下,我省在"两转"基础上拓展了党的建设和党的事业新局面,在"晋城的事大家想、大家说、大家干"的浓厚氛围中,我市实现了新时代美丽晋城高质量转型发展的良好开局。我们要以"改革创新、奋发有为"大讨论为契机,乘势而上,对标一流,开拓前行,着力打造人民满意的政府。

加强政治建设。坚持以习近平新时代中国特色社会主义思想为指导,树牢"四个意识",坚定"四个自信",坚决做到"两个维护"。自觉扛起全面从严治党主体责任,切实加强政府系统党的建设。扎实开展"不忘初心,牢记使命"主题教育,持续加强"三基建设",创造性地贯彻落实党中央、国务院,省委、省政府和市委各项决策部署。

提高施政能力。全面加强对政府工作人员的教育培训,继续推动各级干部走出去,远学江浙、近学四邻,开阔视野、增长才干。加强政策研究和经济运行监测,开展好第四次经济普查,推进智库建设。大力践行清单工作法、一线工作法、群众工作法,切实增强推动高质量发展的能力。

严格依法行政。自觉运用法治思维和法治方式推进工作,更好地带动全社会遵法守法。严格执行市人大及其常委会的决议决定,认真办理人大代表建议、政协提案。加强政府立法工作,完善政府法律顾问制度。推进综合行政执法体制改革,严格规范公正文明执法。继续开展"向人民承诺"活动,全面推进政务公开和政府信息公开,自觉接受人大、政协监督以及社会、舆论监督,强化审计监督。

优化政务服务。牢固树立"人人代表政府形象""事事体现营商环境"的理念,按照"三对""六最"的要求,最大限度提升企业和群众办事便利度、满意率。深化"一门一网一次"改革,在政务服务大厅全面推行"一窗受理、集成服务"模式,让更多事项"一网通办",必须到现场办的力争做到"只进一扇门""最多跑一次"。探索开展营商环境自我评价,推动营商环境迈入全国第一方阵。

提升行政效能。坚持刀刃向内、自我革命,深入推进政府机构改革,构建权责协同、运行高效的政府治理体系。改进年度目标责任考核机制,进一步激励广大干部担当作为。全面深化、拓展、延伸"13710"信息化督办制度,坚决破除形式主义、官僚主义,坚决整治不担当、不作为、慢作为、假作为,全力打通"中梗阻",提高执行力。

坚守廉政底线。深入推进政府系统党风廉政建设和反腐败斗争,严格执行中央"八项规定"精神和省、市实施办法。继续深化警示教育,巩固巡视整改成果,推动形成长效机制,加强对重点领域、关键环节、重要岗位权力运行的监督制约。严肃查处违纪违法案件,树立清正廉洁的良好形象。

中国人民政治协商会议第七届晋城市委员会常务委员会工作报告(节选)

——在政协第七届晋城市委员会第四次会议上

晋城市政协主席　常国荣

(2019年2月24日)

2018年工作回顾

一年来,在中共晋城市委的坚强领导下,市政协及其常委会以习近平新时代中国特色社会主义思想为指导,全面贯彻中共十九大精神和习近平总书记视察山西重要讲话精神,深入贯彻市委七届四次、五次全会精神及各项决策部署,坚持晋城的事大家想大家说大家干,紧紧围绕全市中心工作,认真履行政治协商、民主监督、参政议政职能,为推进新时代美丽晋城高质量转型发展作出了积极贡献。

一、坚持政治引领,共同思想政治基础更加牢固

常委会坚持以习近平新时代中国特色社会主义思想为统领,坚持党对政协工作的全面领导,加强新时代人民政协党的建设,进一步增强了树牢"四个意识"、坚定"四个自信"、做到"两个维护"的思想自觉和行动自觉。

加强理论武装,增强政治定力。我们把学习贯彻习近平新时代中国特色社会主义思想作为首要政治任务,坚持读原著、学原文、悟原理,通过多种形式,组织广大政协委员深入学习习近平新时代中国特色社会主义思想和中共十九大精神,深入学习习近平总书记在庆祝改革开放40周年大会上的重要讲话和视察山西重要讲话精神,自觉以新思想武装头脑、指导实践、推动工作。全年组织党组中心组、常委会议、主席会议、专门委员会会议、委员培训、界别活动小组集中学习达80余次,组织市政协机关集体学习60余次,形成了学理论、抓落实、促工作的浓厚氛围。

加强学习研讨,深化思想认识。按照全国政协和省政协的安排部署,在全市政协系统深入开展习近平总书记关于加强和改进人民政协工作的重要思想学习研讨活动,围绕"坚持中国共产党对人民政协的领导""坚持人民政协性质定位""发挥人民政协作为协商民主重要渠道和专门协商机构作用"等8个专题进行深入研讨,召开理论研讨会,集中交流研讨成果,引导委员把握精髓要义,领悟真理力量。研讨活动共形成8个方面21个问题清单和相应的整改清单、责任清单,通过抓落实、强弱项、补短板,达到了"以理论大学习、思想大武装,促进工作质量大提升"的目的。

加强党的建设,把牢政治方向。市政协党组全面肩负起实现党对人民政协领导的重大政治责任,深入贯彻全国政协系统党的建设工作座谈会精神和全市党建工作会议精神,坚持以党建引领发展,把党建融入发展,用党建推动发展,靠发展检验党建。坚持在市委领导下开展工作,把"市委有号召、政协有行动,市委有部署、政协有落实"作为开展政协工作的重要遵循,重大事项向市委请示汇报,确保市委决策部署在政协工作中得到全面贯彻落实,切实发挥好把方向、管大局、保落实的职责作用。认真履行全面从严治党主体责任,严格贯彻执行中央八项规定精神,持之以恒正风肃纪。加强党内监督,支持市纪委监委派驻纪检监察组履行监督责任。落实意识形态工作责任制,用好新时代党员讲习所、智慧党建等平台,推动政协党建、学习、履职、效能相互融合。始终坚持与市委在思想上同心同德、目标上同行同向、行动上同心同行,保证政协工作正确的政治方向。

二、坚持围绕中心,助推改革发展成果更加丰硕

常委会深入学习贯彻市委七届四次、五次全会精神,自觉把政协工作放到全市发展大局中去思考、去谋划、去推进,确保各项工作围绕中心不偏离、服务大局不缺位。

积极助推国有企业改革。落实市委七届五次全会对全面深化改革作出的决策部署，围绕我市国有企业改革，组织委员和专家学者深入重点地区、重点企业进行深入调研，召开常委会议进行专题协商，针对我市国有企业改革意识不强、管理制度滞后、资产负债率较高等问题，从优化经济结构布局、完善现代企业制度、健全市场退出机制等六个方面探索深化我市国有企业改革的具体路径，为推进我市国有企业改革贡献政协智慧。

积极助推公共文化建设。为进一步加快我市公共文化事业发展，结合我市创建国家公共文化服务体系示范区工作，组织力量进行调研座谈，专题协商。从加快基础设施建设、完善服务体制机制、加强人才队伍建设、丰富文化产品供给、充分运用科技成果等方面提出意见建议20余条，得到相关部门采纳，为助力我市公共文化事业健康发展提供了决策参考。

积极助推产业融合发展。贯彻省委、市委关于推进农林文旅康产业融合发展试点工作的部署要求，成立了政协常委和专家委员组成的专题调研组，深入试点单位广泛调研，深刻分析试点工作中规划定位、融合机制、基础设施等方面的问题，提出了突出政治站位加强联动、坚持科学规划善抓试点、突出改革创新激发活力、强化要素保障突破瓶颈、加强基础治理创优环境，叫响叫亮"太行明珠、古韵晋城、康养胜地"品牌等意见建议，积极探索具有晋城特色的产业融合发展之路。

三、坚持履职为民，促进民生改善成效更加明显

常委会始终坚持以人民为中心的发展思想，按照协商于民、协商为民的要求，在参与中履职、在履职中服务。

提案工作关注民生。围绕实现三大目标，打好三大攻坚战等中心任务和人民群众普遍关心的重点民生课题，认真开展调查研究，通过提案建言献策。一年来，共收到提案561件，立案515件。市政协主席会议研究确定10件年度重点提案，由市政府副市长牵头领办，市政协副主席领衔督办。通过专题协商、会议协商、视察协商等形式，推动提案办理取得明显成效。

对口协商贴近民生。充分发挥市政协各专委会的专业优势，聚焦民生关切，开展专题协商。围绕提倡移风易俗新风尚、提升社会文明程度开展殡葬制度改革专题议政，提出的习俗文明化、安葬生态化、设施现代化、管理制度化、服务优质化等意见建议，被市政府予以采纳，并及时出台和公布了我市城乡居民惠民殡葬补贴标准。围绕太行古堡古村落的保护开发利用开展专题调研，积极探索我市古堡古村落保护开发利用工作的举措和办法，助推文化遗产保护与经济社会发展有机融合。

民主监督突出民生。按照省政协的统一部署，省市县三级政协联动，组织委员对全市转型项目建设年和全市脱贫攻坚决策部署落实情况开展专项视察监督，推动党委政府重大决策部署的贯彻落实。按照市委的部署要求，市政协主席班子成员深入重点工程项目一线，了解项目推进情况，协调督办项目建设，共同推进工作落实。围绕全国文明城市创建和国家卫生城市复审工作开展视察监督，就市民最关心的交通秩序、食品卫生、市场环境等问题协商建言。针对全市大气污染综合治理攻坚行动的实施情况开展专项调研，呼吁全社会共同关注生态环境建设。围绕扫黑除恶专项斗争进行监督性调研，为建设平安晋城献计出力。市政协委员积极参加"向人民汇报，请人民阅卷"电视评议活动，担任司法机关、政府职能部门政风行风监督员，及时向有关部门提出意见建议。加强社情民意信息工作，积极反映群众诉求，全年共收集社情民意信息5000余条，编报《晋城社情民意》110期，省、市领导批示13篇，推动了相关问题的有效解决。

四、坚持团结民主，广泛凝心聚力氛围更加浓厚

常委会把发扬民主、增进团结、协调关系、化解矛盾作为履行职能的着力点，扩大团结面，增强包容性，提高共识度，汇聚起推动新时代美丽晋城高质量转型发展的强大合力。

搭建平台，深化合作重包容。以政协会议为平台、调研视察为载体、界别活动为纽带，加强与市各民主党派、工商联和无党派人士的团结合作，各民主党派、工商联提交提案、大会发言和反映社情民意信息的占比显著提高。加强与省政协和县级政协的协

作联动，协助省政协开展了坚持我国宗教中国化方向和治理佛教道教商业化课题的专题调研，积极引导宗教与社会主义社会相适应。与县级政协联合开展重点工程和脱贫攻坚等专项视察调研。组织市政协系统开展以“新时代新作为新篇章——讲好晋城故事、讲好政协故事”为主题的庆祝改革开放40周年征文活动，《山西政协报》专版予以报道。

发挥优势，群策群力谋发展。发挥委员主体作用，创新委员活动形式，积极开展“委员阅读日”“委员建言日”主题活动，邀请专家学者举办专题讲座，帮助委员知情明政，提升委员履职能力。围绕全市中心工作和民生关切，组织委员开展视察调研，针对重点课题进行交流研讨，提出意见建议。全年共组织主题活动12次，视察调研30余次，引导委员关注晋城发展，反映群众意愿，抒发履职情怀。

加强宣传，对外联谊聚能量。提升《政协之声》《委员建言》广播电视议政栏目质量，发出政协好声音，扩大履职影响力。全年共播出《政协之声》49期，《委员建言》26期，受到社会各界的广泛关注。编印《晋城政协》6期，全面报道政协履职成果。加强与省内外政协的工作交流，坚持“走出去”和“迎进来”相结合，拓展对外开放渠道，扩大与各界人士的友好往来，为建设美丽晋城寻求最大公约数，汇集改革正能量。

五、坚持求真务实，政协事业内生动力更加强劲

常委会牢牢把握新时代人民政协的新方位和新使命，着力加强政协委员队伍和政协干部队伍建设，坚持求真务实，奋发有为，促进政协工作提质增效。

履职能力有新提升。按照“懂政协、会协商、善议政”的要求，加强对委员的学习培训，组织全体常委和机关干部赴浙江大学进行集中培训。举办反映社情民意信息培训班，开展形式多样的专题讲座。评比表彰提案和社情民意信息优秀委员，促进委员准确把握履职尽责、参政议政的基本方法，不断提升协商监督和资政建言能力。

工作作风有新转变。积极开展“廉洁勤政、担当作为”警示教育月活动，在机关营造崇尚廉洁、主动担当的浓厚氛围。认真开展彻底肃清腐败流毒影响工作，集中整治形式主义、官僚主义，严防“四风”反弹。强化为民服务理念，切实做好精准扶贫工作，实现对口贫困户全部脱贫。广泛开展“察情建言惠民行”活动，组织各党派团体、各界人士深入基层“送科技、送文化、送医药、送法律、送物资”，帮助贫困群众解决实际困难和问题。

制度建设有新突破。着力加强委员服务管理，出台《关于加强委员队伍建设发挥委员主体作用的意见（试行）》，引导委员勇于担当责任，提高能力素质，树立良好形象。切实加强专委会建设，修订完善《专门委员会通则》，积极探索专委会工作的新思路、新方式，充分发挥专委会的基础性作用。进一步加强“三基建设”，建立健全机关干部个人能力提升档案，开展干部基本能力分析评价，加大干部教育管理和监督考核力度，持续提升机关效能建设水平。

在肯定成绩的同时，我们也清醒地认识到，政协工作仍然存在一些差距和不足。比如，对一些全局性问题的调查研究还不够深入，政协协商的形式缺乏创新，民主监督的职能有待强化，委员履职服务和管理机制仍需完善等。这些问题，我们将认真研究，加以改进。

2019年工作任务

2019年是新中国和人民政协成立70周年，是决胜全面建成小康社会的关键之年，是我市在“两转”基础上全面拓展新局面的攻坚之年，也是推动新时代美丽晋城高质量转型发展取得新成果的重要一年。政协工作的总体要求是：以习近平新时代中国特色社会主义思想为指导，深入学习贯彻习近平总书记关于加强和改进人民政协工作的重要思想，全面贯彻落实中共十九大精神和习近平总书记视察山西重要讲话精神，认真贯彻落实省委、市委全会精神及重大决策部署，在中共晋城市委坚强领导下，紧紧围绕“主攻三大目标、打赢三大攻坚、补齐三大短板、干好三件大事、守住三条底线”，聚焦十项重点工作，认真履行政治协商、民主监督、参政议政职能，充分发挥专门协商机构作用，改革创新，奋发有为，在建言资政和凝聚共识上双向发力，为推动新时代美丽晋城高质量转型发展取得新成果作出新贡献，以优异成绩庆祝中华人民共和国成立70周年。

一、始终坚持党建统领，着力加强政治建设把方向

人民政协是政治组织，做好政协工作首先要旗帜鲜明讲政治，始终把政治建设放在首位，坚持用习近平新时代中国特色社会主义思想统领政协工作。

持之以恒强化理论武装。按照学懂弄通做实的要求，继续深化对习近平新时代中国特色社会主义思想和中共十九大精神的学习，持续推进习近平总书记关于加强和改进人民政协工作的重要思想学习研讨，深入开展"不忘初心、牢记使命"主题教育，引导政协各参加单位、广大政协委员和各族各界人士不断从新思想中汲取真理的力量、信仰的力量、奋进的力量，切实增强对中国特色社会主义的政治认同、思想认同、理论认同、情感认同，不断强化政协事业发展的思想政治保障。

扎实有效开展"大讨论"。深刻领会习近平总书记在庆祝改革开放40周年大会上的重要讲话和视察山西重要讲话精神，按照省委、市委的统一部署，在全市政协系统扎实开展"改革创新、奋发有为"大讨论，组织动员广大政协委员和政协各参加单位积极投身大讨论，进一步深化晋城的事大家想大家说大家干。围绕大讨论主题召开专题性常委会议，以大讨论为牵引，以目标导向、问题导向、效果导向为主线，紧扣"6个破除""6个着力""6个坚持"，组织各党派团体和各族各界人士联系改革开放伟大历程，联系晋城高质量转型发展的生动实践深入交流讨论，广泛凝聚共识，强化使命担当，共同谱写新时代美丽晋城改革开放再出发、奋发有为建新功的壮丽华章。

一以贯之加强党的建设。坚持和加强中国共产党的全面领导，按照新时代人民政协党的建设工作要求，始终把党的政治建设放在首位，切实发挥好政协党组把方向、管大局、保落实的职责作用，以高质量党建引领政协工作，更好担负起把市委的决策部署和对政协工作的要求落实下去，把各方面的智慧凝聚起来的政治责任。不断完善政协党的组织体系，推动党的组织对政协队伍和政协委员全覆盖，确保党的领导"无盲区"。切实做好意识形态工作，牢牢把握意识形态领导权。严格执行中央八项规定精神，驰而不息正风肃纪，不断推进全面从严治党向纵深发展。

二、聚焦中心协商议政，着力服务改革发展献智慧

围绕新时代美丽晋城高质量转型发展的重大部署、保障改善民生的热点问题、全面深化改革的难点问题，深入调查研究，务实协商建言。

聚焦重点工作，突出会议协商。发挥专门协商机构作用，加强常委会专题议政。围绕精神文明建设重点工作，聚焦创建全国文明城市协商建言，唤起全社会和全市人民的文明意识，把我们优良的文化基因传承好，使之成为我市高质量转型发展的不竭动力。围绕推进乡村振兴重点任务，就加强农村人居环境整治开展专题协商，为全面提升农村人居环境质量、建设美丽宜居村庄、推进乡村振兴战略探索新的路径和方法。围绕促进民营经济发展重点部署，对优化营商环境、提升民营企业发展水平进行协商议政，为破解我市民营经济发展难题寻找对策、贡献智慧。

突出界别优势，加强对口协商。发挥政协委员智力密集、人才荟萃的优势，围绕进一步完善我市公共法律服务体系建设进行专题议政，推动全市尽快形成线上线下一体化公共法律服务平台。围绕优化学前教育进行专题协商，为提升全市学前教育水平，满足人民群众对学有所教、幼有所育的美好期盼建言献策。

紧扣发展全局，开展提案协商。组织引导政协委员、党派团体围绕"主攻三大目标，打赢三大攻坚，补齐三大短板，干好三件大事，守住三条底线"这些关系我市发展全局的、必须在年内取得实质性进展的基础性、关键性、引领性工作，深入调查研究，撰写高质量提案，提高议政建言水平。进一步完善提案工作领导参与、重点督办、协商办理等机制，推动提案质量、办理质量、服务质量同向发力、整体推进，全面提升提案工作水平。

三、突出强化机制创新，着力提升协商民主新成效

坚持运用协商民主的理念和方法推动履职实践，创新协商机制，丰富协商内容，完善协商形式，规范协商程序，提高协商实效。

深化专题视察调研。依托市政协各专委会和各县(市、区)政协委员活动小组,围绕我市高质量转型发展的目标任务,聚焦产业转型升级、全域旅游、乡村振兴、民营经济、项目建设和招商引资、创新驱动、城市建设、改革开放、生态环保、民生保障等重点工作开展视察调研,进一步拓宽委员知情参政和履行职能的渠道,提高委员视察调研的针对性和实效性。

探索协商民主形式。加强和改进会议协商、对口协商、界别协商、提案办理协商。积极探索联合协商、网络协商、远程协商等协商形式,健全和完善协商民主广泛、多层、制度化发展的工作机制。加强政协智库建设,提高资政建言质量。推进智慧政协云平台建设,办好《晋城政协》杂志和《晋城社情民意》信息专刊,为政协委员参政议政履行职能创造条件,为社会各界人士广泛、深入参与协商民主搭建更多平台。

强化民主监督职能。认真贯彻落实市委《关于加强和改进人民政协民主监督工作的意见》,聚焦市委、市政府重要决策部署的贯彻落实和人民群众关心的热点难点问题,发挥协商式监督的特色优势,组织市县两级政协围绕大气污染防治、生态环境治理和"放管服效"改革、打造"六最"营商环境情况开展联动视察监督。继续办好《政协之声》《委员建言》广播电视议政栏目,创新性办好《政协话民生》电视节目,把政协的民主监督与媒体的舆论监督有机结合起来,扩大政协民主监督的影响力。

四、牢牢把握两大主题,着力汇聚团结奋进正能量

坚持中国共产党领导的多党合作和政治协商制度,深化与市各民主党派、工商联、无党派人士的密切联系,完善联合学习、联合调研、联合视察、联合监督等机制。拓宽与人民团体的交流渠道,为他们更好地发挥作用创造条件。密切与民族宗教界人士沟通联系,充分发挥民族宗教界委员作用,主动关心、及时反映少数民族群众和宗教界人士的意见和诉求,促进民族团结、宗教和睦、社会和谐。加强对外交往和人文交流,做好与委员中党外知识分子、留学人员、非公有制经济人士、新社会阶层人士、出国和归国人员的联谊交友工作,引导他们有序参与协商,合理表达诉求。做好文史资料工作,组织开展庆祝新中国和人民政协成立70周年征文研讨活动,发挥文史资料存史资政、团结育人的作用。

五、切实加强自身建设,着力激发政协履职新活力

牢牢把握新时代人民政协新方位和新使命,自觉对标对表,着力强基固本,充分激活政协履职"动力源"。

发挥政协常委表率作用。常委会组成人员要带头落实"懂政协、会协商、善议政,守纪律、讲规矩、重品行"的要求,加强对所在界别的联系指导,积极参与政协学习、视察、调研、座谈等活动,以模范行为为委员立标杆、树形象、当表率、作示范。

增强政协委员履职活力。坚持政协工作"作用发挥在委员、事业发展靠委员"的理念,更加注重搭舞台、建平台、设讲台,立体式打造委员履职建言、展示风采的广阔空间。落实《关于加强委员队伍建设发挥委员主体作用的意见(试行)》,加强委员学习培训,开设委员学习讲堂,提升委员素质能力。强化委员履职服务,探索履职量化管理,健全履职考评机制,增强委员责任意识,引导委员做好"委员作业",交好履职答卷。

推动专委会工作提质增效。按照机构改革要求,健全专委会设置,明确专委会职责,发挥专委会基础作用。认真落实新修订的《专门委员会通则》,创新专委会工作机制,实现对委员参加履职活动的全覆盖。扎实开展"委员阅读日""委员建言日"主题活动。强化专委会与党政部门、基层政协、政协界别的协作联动和交流互动,切实增强专委会的工作活力和成效。

加强政协机关队伍建设。强化一线意识,树立一流标准,精心组织"改革创新、奋发有为"大讨论,足色完成大讨论各项目标任务。大力加强机关精神文明建设、效能建设和文化建设,着力强化"三基建设"和作风建设。努力营造良好的政治生态和浓厚的实干氛围,打造一支信念坚定、为民服务、勤政务实、敢于担当、清正廉洁的高素质政协干部队伍。

专 记

改革开放40年晋城市经济社会发展成就综述

改革开放40年来，晋城人民在市委、市政府的坚强领导下，不断解放思想、奋力开拓，经济社会进入了科学发展、开放发展和转型发展的新阶段。40年来，全市国民经济和社会事业蓬勃发展，实体经济大幅跨越，市场活力不断提高，创新型经济蓬勃发展，城市建设日新月异，人民生活水平显著提升。特别是党的十九大以来，全市上下以习近平新时代中国特色社会主义思想为指引，以习总书记视察山西重要讲话精神为契机，紧紧围绕建设“先行区”“领跑者”“桥头堡”三大目标，解放思想，深化改革，凝聚共识，先行先试，奋力开拓新时代美丽晋城高质量转型发展新局面，全市发展环境不断优化，发展质量不断提高，发展的内生动力、发展态势正在发生重大而积极的变化，进入了高质量转型发展新阶段。

国民经济持续发展　综合实力大幅提升

40年来，晋城从实际出发，抢抓机遇，开拓进取，发挥自身优势，经受各种风险挑战，经济总量连上新台阶，综合实力不断提高。

经济总量连上新台阶。全市生产总值由1978年的6.01亿元跃升至2017年的1151.54亿元，提高了192倍。其中从1978年上升到1996年的100.79亿元突破百亿大关用了19年时间，上升到2008年的563.24亿元突破500亿元大关用了13年时间，上升到2012年的1012.81亿元突破1000亿元大关用了5年时间，扩张步伐明显加快。

经济增长保持高速度。1978年至2017年，晋城生产总值年均增长10.6%，比全国、全省平均水平分别高出1.1个百分点和1个百分点。

人均GDP实现新跨越。1978年晋城人均GDP仅有345元，平均每天不到1元人民币；1988年突破千元大关，达到1053元；2004年超过万元大关，达到12234元；2017年人均GDP达到49487元，是1978年的143倍，平均每年增长13.58%。

财政实力明显提高。2017年，全市一般公共预算总收入达101.37亿元，是1978年全口径财政收入的160倍；财政总收入达216.03亿元，是1978年的340倍；一般公共预算支出达178.41亿元，是1978年全口径财政支出的303倍。政府对经济和社会发展的调控能力日益增强。

城镇化步伐明显加快。晋城城镇化率由1978年的8.34%上升到2017年的59.04%，上升了50.7个百分点，超过全国平均水平。人口吸纳能力不断增强。全市常住人口由1978年的174.5万人增加到2017年的233.3万人，净增57.58万人，年均增加1.48万人。

经济结构持续优化　增长动力日趋多元

40年来，晋城经济不断扩张，产业结构、投资消费结构和增长动能发生了深刻变化，正在形成工业与服务业双轮驱动、传统经济与新兴经济联动发展、多产业并举、多种经济成分互竞的格局。

三次产业结构不断优化。1978至2017年，全市一、二、三产业增加值年均分别增长4.6%、11.0%和13.5%。三次产业增加值占GDP比重由1978年的27.5∶55.6∶16.9调整为2017年的4.4∶53.2∶42.4，第一产业比重下降23.1个百分点，第二产业下降2.4个百分点，第三产业上升25.5个百分点。

投资消费结构不断升级。投资结构更趋合理，三次产业投资比重由1978年20.3∶63.9∶15.8调整为2017年的7.5∶40.0∶52.5。民间资本成为全市投资的重要力量，由零起步，发展到2017年占全社会固定资产投资的56.5%，涵盖国民经济各主要行业。居民消费结构逐步升级。从社会消费品零售总额构成看，20世纪80年代主要以“温饱型”消费为主，21世纪“改善型”消费份额大幅增加，到目前“享受型”消费又成为潮流。

现代化经济体系不断完善。全市工业由改革开放之初的小煤炭生产、小型铸造等发展为煤化工集团化运营、装备制造、能源环保、食品烟草、生物医药等多种产业。建立了晋城经济技术开发区，中高端制造业在工业中的比重逐年提升。服务业发展为以批零住餐业、旅游业、房地产业、营利性服务业等多个产业为主体，文体产业、商务服务业等现代服务业齐头并进的蓬勃态势。

产品产量不断增加　供给水平明显提高

40年来，晋城市全面推进经济体制改革、行政管理体制改革和市场体系建设，坚持市场取向、扩大开放，积极谋划发展定位和战略规划，供给能力和供给水平不断提高，工农业产品产量不断增加，实现了由“短缺”到“充裕”再到“品质”的巨大转变。

农产品供给从“温饱型”向“优质型”转变。市委、市政府始终把农业生产放在事关全局的战略高度，千方百计促生产、调结构，不断适应人民日益增长的生活需要。40年来，蔬菜、水果、肉类等提档升级的优质型农产品生产普遍大幅增长。2017年，全市粮食产量达到83.61万吨，比1978年增长66.5%。油料4176吨，增长132.7%，年均增长2.2%；生猪出栏178.86万头，增长582.7%，年均增长5.0%；禽蛋产量85269吨，增长2741.4%，年均增长8.9%。

工业高技术产品比重不断增加。2017年与1978年相比，钢材从零到2017年达到480万吨，原煤、化肥、水泥分别增长了10.7倍、123倍和50.4倍。高技术产品从无到有，生物药品制造、汽车制造、电子器件制造等新兴行业迅猛发展，2017年比上年分别增长85.8%、50.1%、31.9%；战略性新兴产业和高技术产业比重不断提高。

第三产业成为经济增长新引擎。2017年，全市第三产业增加值达到487.89亿元，是1978年的479倍，年均增长13.5%，占GDP的比重由16.9%提高到42.4%，占据了国民经济举足轻重的地位，经济发展已经从过去的主要依靠工业拉动转为工业、服务业共同拉动。

“三新”经济蓬勃发展　新旧动能转换加快

40年来，市委、市政府始终把发展科学技术放在现代化建设的首要位置，不断开拓创新，不断提高创新创业服务水平，以新产业、新业态、新商业模式为代表的“三新”经济如雨后春笋一般蓬勃发展。

新兴产业高速增长。战略性新兴产业和高技术产业分别占规上工业比重达到11.3%和6.0%。文旅产业发展步伐正在加快，2017年全市旅游总收入增长24.7%，比上年同期加快3.5个百分点；接待国内旅游者人数增长24.8%，比上年同期加快5.0个百分点。新产业用电量大幅增长，第三产业用电量增长10.9%，快于第二产业4.3个百分点。其中，计算机服务和软件业用电量增长15.1%。

新业态迅猛发展。近年来，互联网行业的迅猛发展催生出各类新兴业态，呈现快速增长势头。2017年全市限额以上单位网上实现零售额2.0亿元，比上年增长25.0%，增速明显高于限上零售额平均水平。

新模式茁壮成长。无论是分享经济、共享经济还是数字经济、平台经济正在迅速成长，成为经济发展的新动能。大众创业、万众创新热潮涌动，放管服改革深入推进，个体户等市场主体的积极性得到了充分调动。2017年全市新登记个体工商户1.53万户,比去年增长9.5%,其中服务业新登记个体工商户1.44万户,比去年增长11.2%,有力支撑了就业和创新发展。

基础设施巨变升级　城市化水平显著提高

40年来,晋城市城市建设和基础设施建设取得质的飞跃,交通、通信、能源供应等瓶颈制约不断缓解,城市化水平显著提升,城市面貌发生翻天覆地的变化。

能源供给能力不断提高。2017年,全市发电量243.69亿千瓦时,是1978年的41.35倍,年均增长10%;2016年供水总量3098万吨,是1985年的15.49倍,年均增长9.2%。用水普及率达到99%,城市燃气气化率达到99.3%,基本实现全覆盖。

交通设施建设跨越式发展。40年来,先后建成晋阳、长晋、高陵、晋济等多条高速公路,太焦高铁、民用机场等重大交通工程正在加速建设中。2017年全市营运公共车辆831辆,是1985年的36.1倍;出租车2008辆,是1985年的401.6倍。全市公路通车里程9326公里,是1978年的6.5倍。

邮电通信业迅猛扩张。2017年,全市邮电业务总量33.08亿元,是1978年的1283倍,年均增长20.1%。固定电话用户达14万户,是1978年的26.4倍,年均增长8.8%。移动电话业务从无到有,2017年手机普及率达到每百人107部,是1999年的73.1倍。互联网设施迅猛发展,2017年互联网宽带接入用户达到56.35万户,比上年增长30.8%。

生态环境持续改善　“绿水青山”效应持续放大

40年来,晋城市在快速发展经济的同时,牢抓生态环境的保护和改善不放松,采取系列措施,不断加大投入,环境保护工作取得了长足进展,为“生态化”晋城建设奠定了坚实的基础。

环境污染防治力度不断加大。市委、市政府长期以来高度重视环境保护,坚持预防为主,依靠科技法制手段,坚持综合治理,全面推进、重点突破。2017年,通过全歼“散乱污”企业、强力推进禁煤区建设和对主城区全面禁放烟花爆竹等一系列强有力的举措,超额完成国家下达的“大气十条”目标。全年空气质量二级以上天数166天,PM2.5达标天数为252天,占有效监测天数(351天)的71.8%。两处城市饮用水水源全达标。

园林绿化建设持续有力。40年来,城市绿化总量稳步增长,公园、广场不断增加。2006年4月,晋城市被建设部命名为国家园林城市,2012年11月获得国际花园城市综合金奖。2017年,全市建成区绿地率43.2%,建成区绿化覆盖率45.8%。2016年,园林绿地面积1806公顷,人均公共绿地面积15.5平方米,公园个数21个。

全域旅游发展加快推动。城市环境优化直接推动了旅游事业的发展,旅游事业由景点游向全域旅游加快转变。2017年,全市旅游总收入444.56亿元,是2000年的665倍;接待国内游客4848.3万人次,是2000年的25.3倍。

对外交流日益扩大　园区经济快速发展

40年来,晋城市持续实施“开放活市”战略,逐步提高对外开放的质量和水平,大力发展外向型经济,提高全市经济的外向度。

外贸规模不断扩大。外贸进出口是改革开放最直接的体现,亦是发挥“三驾马车”拉动经济增长的重要支撑。改革开放四十年来,作为内陆城市的晋城并不占据开放发展的优势,但进出口贸易总额由2000年的1019万美元上升到2017年的69310万美元,不仅实现了总量的大幅增长,还实现了年均高达28.2%的增幅,从而实现了对外贸易量质齐升的华丽蜕变。

招商引资快速发展。进入21世纪以来,全市园区经济得到快速发展,晋城经济技术开发区保持了强劲的发展态势,经济总量与财政收入已成为我市经济的重要一极,富士康晋城科技工业园区、巴公工业园区、阳城建筑陶瓷工业园区、高平庞村铸造工业园区、高平西部化工工业园区等园区成效显著,成为晋城经济发展的强大动力。2017年,全市实际利用外资额达到20048万美元,是2000年的29.8倍,年均增长22.7%。

人民生活水平提升　需求向更高层次升级

40年来，晋城人民充分享受改革红利，生活水平显著提高，获得感和幸福感明显增强，多层次保障体系基本建成，城乡居民生活由基本温饱发展到总体小康再发展到向全面小康冲刺。

就业规模持续扩大。1978至2017年，全市从业人员从71.28万人增加到143.51万人，净增72.23万人，年均增加1.85万人。其中第一产业就业人员从51.28万人减少到45.23万人，净减6.05万人；第二产业从13万人增加到42.19万人，净增29.19万人；第三产业从7万人增加到56.09万人，净增49.09万人。三次产业就业比重从1978年的71.9:18.2:9.9调整为31.5:29.4:39.1。

城乡居民收入显著提高。2017年，全市城镇常住居民人均可支配收入达30142元，是1978年的100倍，年均增长12.5%；农村常住居民人均纯收入达12511元，是1978年的116倍，年均增长12.9%。

居民生活质量空前改善。40年来，随着人民生活水平的不断提高，城乡居民消费结构发生了明显变化。城镇居民人均消费水平从1978年的230元提高到2017年的23061元，增长100.3倍，年平均增长12.5%；农村居民人均消费水平从101元提高到10062元，增长99.6倍，年平均增长12.5%。反映居民家庭富裕程度的恩格尔系数，城镇居民家庭由60.9%下降到21.6%，农村居民家庭由68.3%下降到23.2%。

消费品市场日益繁荣。改革开放前，生产力发展受到束缚，社会劳动生产率较低，商品供应不足，基本处于紧缺经济的年代，人民的生活物资也比较匮乏，吃、穿、用等物资常常限量供应。经过40年的改革开放，生产力解放了，经济发展了、市场繁荣了，人民的生活质量也提升了。1978年到2017年，社会消费品零售总额从1.59亿元增加到414.98亿元，增长了259.6倍，年均增长15.3%。人民消费需求不仅仅从量上得到满足，在质上也不断提升，从“老三样”到“新三样”，再到汽车、珠宝，再到文化娱乐消费，人民生活从最初的追求温饱，向美好生活的需要迈进，生活质量不断提高。

民生保障事业全面推进。构筑覆盖全体居民的社会保障体系，确保居民生活水平的稳定提高，是党和政府40年孜孜以求的重要目标之一。40年来，在各方的共同努力下，全市社会保障体系建设取得明显效果，养老、医疗、失业、工伤、生育保险在内的社会保障体系框架基本形成，而且覆盖面不断扩大。2017年末，养老保险参保人数达到44.8万人，比1987年增加36.9万人，医疗保险参保人数达到41.4万人，比2002年增加31.2万人，失业、工伤、生育保险参保人数分别达到30.6万人、48.3万人和32.9万人，比1994年分别增加20.2万人、48.1万人和32.5万人。

社会事业全面发展　经济社会协调并进

40年来，晋城市科教文卫等各项社会事业取得长足发展，人民群众素质持续提高，经济社会和谐发展。

教育事业成绩显著。40年来，晋城市基本建立起比较完备的现代教育体系。

学前教育基本普及，义务教育由基本均衡迈向优质均衡，高中阶段教育全面普及，高等教育起步良好，各种职业培训蓬勃开展。2017年，共有正规教育学校1103所，其中高校2所、中专1所、普通中学158所、职业中学11所、普通小学471所、特殊教育学校6所，专任教师数24170人，在校生和毕业生分别为309185人和75340人，小学学龄儿童入学率达100%，小学升学率达100%，初中毛入学率达100%。

科技事业成果丰硕。2017年全市组织实施各类科技项目72项（省级30项、市级42项）。在省级项目中，列入重点研发一般项目3项，重点研发重点项目1项，成果转化项目3项。全年全市技术市场交易成交333项，交易额10.12亿元；有效发明专利拥有量414件；省级科技成果鉴定2项；新认定国家级众创空间1家，新备案国家级星创天地1家，新认定国家高新技术企业10个，新认定省级众创空间5个，新认定省民营科技企业8个。截至2017年底，全市拥有国家级星创天地2个，国家级众创空间1个，国家级重点实验室1个，省级众创空间9个，省级及以上重点实验室和省级工程技术研究中心3个，省级科技企业孵化器1家，省级民营科技企业46个，省级科普基地11个，省级创新型企业11个，省级创新型试点企业2个，省级农业科技园区2个，省级星火示范基地3个。

卫生事业成效明显。全市医疗卫生服务体系建设不断强化，卫生综合实力大幅增强，服务水平和治理能力迈上新的台阶，公共卫生事业取得显著成效。2017年，全市拥有卫生机构数3128个，是1978年的11.89倍；卫生机构床位数12103张，是1978年的2.93倍；卫生机构人员数19216人，是1978年的4.63倍。每千人拥有的卫生床位数5.18张，每千人拥有卫生技术人员数5.85人。

文化事业繁荣发展。文化基础设施建设得到加强，2017年全市有公共图书馆7个，总藏书136.5万册；博物馆4个，总藏品6.47万件；影剧院18个，文化艺术馆7个，艺术表演团体10个，演出场次2874场。文化事业的发展给城乡居民建设了深受欢迎的文化消费服务市场，城乡居民文化消费水平也日益提高。到2017年城镇居民人均文化、教育、娱乐服务消费支出达2285元，比1985年增长52.36倍。

体育事业获得明显进步。基础体育设施建设方面，市委、市政府十分重视体育基础设施建设，先后建成市体育场、游泳馆、训练馆等大型体育设施。到2017年底，晋城市各类体育场馆由建市初的600个发展到6215个，增幅达10倍。体育组织方面，2017年共举办各级各类运动会166次，参加运动员5.37万人，体育锻炼达标人数达32.88万人。等级运动员和等级裁判员分别达到51人和146人。2017年我市运动员在省级以上重大比赛中获金、银、铜牌分别为65枚、67枚和68枚。

40年来，晋城大地到处展现出改革开放取得的丰硕成果和辉煌成就。当前，特别是经过“晋城的事大家想、大家说、大家干”大讨论，全市上下在解放思想中统一思想，在凝聚共识中达成共识，干事创业的氛围逐渐浓厚，担当作为的作风逐渐形成，把握大局的能力逐渐增强，发展的基础不断夯实，民生保障和社会稳定越来越好，党对各项工作的领导得到加强，高质量转型发展的态势初见端倪。我们要牢记习近平总书记嘱托，在习近平新时代中国特色社会主义思想的引领下，对标全省“示范区”“排头兵”“新高地”三大目标，围绕我市确定的“先行区”“领跑者”“桥头堡”的新定位，牢牢把握发展大势，善于抓住各种机遇，充分发挥自身优势，克服前进中的困难，奋力开创新时代美丽晋城高质量转型发展新局面。

（摘自2018年11月29日《太行日报》）

改革开放40年晋城市农业和农村经济社会发展综述

改革开放40年来，晋城市农业和农村经济社会发展成就巨大，农民收入大幅增长，生活水平显著提高，闯出了一条充满坎坷与希望、艰辛与探索的改革发展之路。尤其是党的十八大以来，晋城市持续加大强农惠农富农政策力度，全面深化农村改革，建立健全农村基本经营制度，积极推进土地确权颁证和“三权分置”改革，推进农村管理体制和农产品流通体制改革，坚持以农业供给侧结构性改革为主线，扎实推进乡村振兴战略，农业农村发展取得历史性成就，发生历史性变革。

深化改革，小康建设走在前列

晋城市的农业发展历程和改革进程，大致分为三个阶段。

1978年到20世纪90年代，是改革促发展，改革促开放，最大标志就是实行了家庭联产承包责任制，极大地解放和发展了生产力；90年代至2010年，是发展和开放倒逼改革，最大亮点是小康建设，2000年晋城市在全省率先建成宽裕型小康，国务院发展研究中心曾在晋城召开了全国农村小康建设现场会，总结推广晋城市小康建设经验；进入2010年以来，是改革与发展互为条件、互为促进。

通过农业生产关系的变化，晋城市探索出许多农业农村发展先进经验，包括社会主义新农村建设领跑全省，两轮“五个全覆盖”卓有成效，多次被省委评为新农村建设示范市；循环农业快速发展，成为全国十个循环农业示范市之一；开展农村清洁工程和新农村百村建设，探索城乡发展一体化新模式；在全省首届建成农产品质量安全可追溯平台并投入运行，在全省首家开展最美乡村评选，首家举办农博会，首家举行农业嘉年华活动，被列入全省唯一农林文旅康产业融合整市推进试点；坚决打赢脱贫攻坚战，在全省首家整体脱贫，这些都进一步擦亮了晋城农业农村发展品牌。

供给侧改革，推动农业由传统向现代迈进

近年来，随着农业供给侧结构性改革的推进，晋城市农业由传统农业向现代农业快步迈进，“特色兴农、品牌强农、改革富农”思路更加清晰。

一是农业生产能力成倍增长。粮食总产量由不足5亿公斤增长到9亿公斤，特别是2012年总产量达到9.75亿公斤，创历史最高，增长了近1倍；蔬菜产量由不足10万吨增长到50万吨，设施蔬菜大棚从零开始，发展到6万亩；蚕茧产量由200多万公斤增长到400多万公斤，增长了1倍，养蚕大棚发展到5000栋。全市初步形成了晋城工厂化食用菌，高平、泽州生猪，阳城、沁水蚕桑，丹河、沁河沿河流域设施蔬菜，丘陵地区干水果、太行太岳山区中药材、小杂粮的特色现代农业产业基地集聚。高平、泽州生猪，阳城蚕桑、陵川中药材列入省“一县一业”基地县。

二是农业现代化水平逐步提升，初步形成农业产业化龙头企业、农民专业合作社、家庭农场、农业园区“四位一体”经营体制发展模式。1995年到1998年间，市委明确提出要大力发展农业产业化，市政府出台《全市农业产业化发展资金的筹集、管理和龙头企业审定扶持意见》，坚持用工业化理念抓农业，促进农业产业化经营组织发展从无到有，从小到大，全市农业产业化经营组织发展到225个，其中亿元以上企业达到12家，实现产值73亿元。

2006年，市政府制定出台了《关于加快农民专业合作经济组织的实施意见》，出台了相关的扶持政策，当年3月，晋城市第一家农民专业合作社“泽州县南岭核桃种植专业合作社”挂牌成立。之后，农民专业合作组织像雨后春笋一般蓬勃发展起来。目前全市农民专业合作社发展到5766家，覆盖所有行政村和特色产业，社员达到10万人，入社社员人均收入比普通农户高出20%以上。同时，从2004年起，开展农民科技培训，从2013年起开展新型职业农民培育，培养了一大批“田秀才”“土专家”，解决了“谁来种田”的问题。科技兴农步伐明显加快。推广了一大批节本增效、优质丰产新技术、新品种，农作物良种应用面积提高到98%以上，优良品种对农业增长贡献份额达30%以上，科技在农业发展中的贡献率提高到45%以上。特别是有机旱作农业发展一直走在全省前列，1995年9月，全国农田水利基本建设会议在山西省召开，原农业部部长刘江带领与会代表到晋城市进行参观考察，2002年6月，全省旱作节水农业现场会在晋城市召开；2007年6月份，全国旱作节水现场会各位代表专程观摩了晋城市W膜盖集雨技术和东城办葡萄膜下滴灌技术示范基地。

2010年以来，在小康建设、新农村建设的基础上，借助全域旅游发展东风，依托良好的生态资源和农业资源，我市加快农旅一体发展，相继组织了太行山国际文化旅游节、“到司徒小镇过大年”、阳城农业嘉年华、阳城国际徒步大会等活动，开展了新农村“百村”建设、农村清洁工程、最美乡村评选、农村人居环境改善等创新工作，培育出了皇城、东四义、南山、山耳东、刘轩窑、大兴、洞头等一批不同类型的新农村建设典型，全市农村环境发生了较大变化，宜居指数、幸福指数明显提升。

脱贫攻坚，让更多贫困群众过上好日子

1988年，晋城市成立了专门的扶贫开发科，包括以陵川、沁水两个省级贫困县成立相应的扶贫机构为标志，晋城市扶贫开发正式步入规范化、制度化轨道。1997年底，全市从整体上提前三年率先在

全省解决贫困人口的温饱问题,受到省委、省政府的表彰。

2008年,市委五届四次全会审议通过了《关于解决偏远山区贫困农村突出问题的实施意见》,提出从2009年开始,强力推进“破穷障、改穷业、挪穷窝、挖穷根”的综合性扶贫,集中利用3~5年时间,基本解决500多个年人均收入在3000元以下的偏远山区贫困村生产生活中存在的突出问题,切实改善贫困村生产生活条件,全市共重点帮扶583个贫困村和革命老区村,广大偏远山区贫困农村人民群众的生产条件和生活质量得到了明显改善。2014年起,按照中央、省精准扶贫要求,识别贫困村、贫困户,进行建档立卡登记,录入全国扶贫系统网。按照中央、省相关要求,按照“五个一批”“六个精准”基本方略,全市以建档立卡的200个贫困村,8.8万贫困人口为目标,打响了脱贫攻坚战。

截至目前,晋城市陵川、沁水两个省定贫困县已摘帽退出贫困县,成为打响脱贫攻坚战以来,全省首先整体脱贫的市,共有182个贫困村退出,5.6万余人脱贫,贫困发生率下降4.66%。目前,全市仅剩下18个贫困村、4710户、10056人未脱贫。按照减贫计划,年底我市将基本实现全面脱贫。通过产业扶贫,贫困地区特色农业、农产品加工、乡村旅游、农村电商等不断壮大,实现村村有产业的目标。通过易地扶贫搬迁,已搬迁人口16258人,2018年还将完成32个自然村、3044人搬迁工作,实现贫困人口住房安全保障。

同时,贫困地区各项社会事业明显进步。贫困地区义务教育办学条件明显改善,农村义务教育学生营养改善计划全面实施,从学前幼儿资助到普通高中(职)、大学阶段实现资助政策全覆盖;启动了贫困人口就业技能培训、扶贫劳务输出等工作,有效地提高了劳动者素质,改善了文农村化生活;贫困地区农村医疗卫生服务体系逐步健全,经过城乡医保、大病补充、市县医疗商业补充保险,全市参保对象合规医疗费用报销比例可达90%以上,贫困人口看病难、看病贵的问题得到基本解决;全面提高农村低保标准和五保供养标准,实现了扶贫开发政策与和兜底政策相互衔接,农村贫困人口保障水平显著提高。

(摘自2018年12月5日《太行日报》)

改革开放40年晋城市工业经济发展综述

1978—2017年,晋城规模以上工业总产值从4.7亿元跃升至1130.4亿元,增长239倍。

1978—2017年,全部工业增加值从3.1亿元跃升至571.7亿元,增长181倍。

……

40年风雨兼程,40年沧桑巨变。40年来,特别是党的十八大以来,全市上下始终坚持以改革开放促发展增活力,综合实力显著增强,经济结构持续优化升级,新旧动能加速转换,工业经济走出了一条由弱到强、由传统到新型的工业化发展道路,迈向高质量发展新时代。

经济“蛋糕”持续做大

工业经济总量不断扩大。1978年,晋城市(原晋东南地区南五县辖区)规模以上工业总产值为4.7亿元,到2017年达到1130.4亿元,比1978年增长239倍。1978年全部工业增加值仅为3.1亿元,到2017年达到571.7亿元,增长181倍。从主要产品产量看,1978年全市原煤产量926.8万吨,2017年达到9154万吨,比1978年增长8.9倍;1978年全市发电量为5.9亿千瓦时,2017年达到243.7亿千瓦时,增长40.3倍;1978年全市化肥产量仅为2.3万吨,2017年达到234.1万吨,增长100.8倍;1978年全市生铁产量12.2万吨,2017年达到408.3万吨,增长32.5倍。随着新技术、新材料的应用,一些产品从无到有,从小到大。2017年,全市煤层气产量达到35.2亿立方米,占全国比重超过1/2。

工业经济效益显著提高。改革开放以来,在工业生产快速增长的同时，企业效益也在成倍提高。1985年，全市规上工业企业实现利税仅为1.9亿元，实现主营业务收入仅为8.8亿元。2017年，全市规模以上工业企业实现利税256.7亿元，比1985年增长134倍，实现主营业务收入1351.5亿元，比1985年增长152倍。

转型升级步履稳健

建市之初，晋城市立足资源禀赋比较丰厚、"五小"工业相对发达的优势，力促乡镇企业异军突起，初步形成了"四梁八柱"的经济框架。近年来，随着产业结构调整、工业转型升级的逐步加快，工业形成多元化发展格局，以晋煤寺河成庄、兰花伯方唐安为代表的煤炭业，以阳城电厂、国投热电为代表的电力行业，以天泽、晋丰为代表的煤化工行业，以蓝焰、中石油、易高、晋煤瓦斯发电为代表的煤层气行业，以富士康、清慧、科裕达为代表的装备制造业，以福盛、泫氏为代表的冶铸业，以绿洲、吉利尔为代表的蚕桑丝麻业，以阳城建瓷工业园为代表的现代陶瓷业竞相发展。

争当全省能源革命排头兵的领跑者，我市正立足优势、挖掘潜力、扬长补短，加快构建多元发展、多极支撑的现代产业新体系，努力形成优势突出、结构合理、创新驱动、区域协调、城乡一体的发展新格局。煤炭煤层气行业延长产业链条，积极推进煤炭行业绿色革命，优化能源供给结构，加快煤炭深加工、煤层气转化，叫响叫亮晋城无烟煤品牌，打造全国最大的煤层气产业开发利用基地，提高能源资源综合利用效率，构建有效竞争的能源市场体系。铸造业以延伸构建"冶炼—铸造—机加工—高端装备制造"循环产业链为方向，重点依托南村绿色智能铸造创新产业园、晋钢集团智能铸造科技产业园，努力打造全国重要的铸造基地。

装备制造业依托中船重工、晋煤等大企业，推动现代制造业上档升级。光机电行业加快与富士康对接，努力推动富士康核心产业向晋城布局。同时大力发展新材料、生物医药、电子信息、节能环保等新兴产业，优化资源要素配置和生产力空间布局，走集中集聚集约发展的路子。

国资国企改革扎实推进

作为经济体制改革的核心环节，晋城市国资国企改革伴随着改革开放的40年历程，见证了经济体制改革的步步深入。从"扩权让利"到转换企业经营机制，再到国有资产监督管理体制改革，每一步无不映射着经济体制改革的巨大成果。特别是党的十六大以来，晋城市国资国企改革进入新的阶段，新的国资监管架构基本建立，大公司、大集团战略步伐不断加快，国有经济的影响力和竞争力显著增强，涌现出兰花集团、天泽集团等一批在煤炭、煤化工领域有较强竞争力的优势骨干企业。

2017年，新一轮国资国企改革全面启动，我市认真贯彻中央省市关于国资国企改革的重大部署要求，全面落实省委、省政府出台的"1+N"政策文件，坚持先行先试，主动对标一流。率先在全省市一级出台国资国企改革指导意见，先后配套出台了"1+20"系列政策办法；率先在全省市一级组建成立国有资本投资运营公司，加快健全完善三级国资监管架构，探索实施了授权经营和经营业绩考核，着力打造运营、融资、投资和整合四个平台；围绕"抓大放小、分类改革"的基本原则，突出抓好"四个一批"，推动兰花集团围绕聚焦主业、瘦身健体、提升融资能力、加快产业转型目标做优做强。推动天泽集团围绕主板上市目标，加快推进上市步伐。推动绿洲纺织成功实现增资扩股，不断增强企业核心竞争力。推动公交公司混改实现省市国资融合发展，加快市域公交一体化进程；坚决打赢剥离国有企业办社会职能改革攻坚战，建立了"1+8"工作机制，切实减轻企业负担，助力国企轻装前行。

国资国企改革改革为全市国有经济发展注入强大活力，国有企业经济运行质量效益不断改善。截至2017年底，全市国有企业资产总额达到1198.78亿元，所有者权益总额410.89亿元，实现营业收入319.75亿元，利润总额26.22亿元，上缴税费44.51亿元，国有资本保值增值率为102.04%。

工业园区建设方兴未艾

晋城市工业园区发展大致经历了三个阶段。

第一阶段为起步阶段（2002—2005年）。2002

年市政府开始将工业园区建设列入议事日程，2003年出台了《晋城市人民政府关于加快工业园区建设的指导意见》，并成立了晋城市工业园区建设领导组，制定了有关政策，明确了主抓部门。

第二阶段为发展阶段(2006—2016年)。“十一五”期间，晋城市加大了产业集聚发展的力度，先后规划了大小15个工业园区，以此作为推动工业经济发展的重要载体来抓。“十二五”初期，市政府出台了《关于加快推进工业园区建设的实施意见》，确定了重点抓“一区六园”的工作思路，采取了市委常委包园区等工作措施。2013年，市政府又出台了《晋城市加快工业园区建设的实施办法》，进一步加大了工业园区建设力度。这期间，全市依托工业园区促进经济发展的意识逐步增强，园区基础设施逐步完善，入区企业逐渐增加，整体呈现稳步发展态势。

第三阶段为改革阶段(2017年至今)。2016年12月，省委、省政府召开全省开发区改革创新发展会议，提出开发区建设要用全新的理念视野谋划定位，用全新的思路办法破解难题，用全新的体制机制增强活力。按照省委、省政府的工作部署，以整合、改制、扩区、调规为抓手，全市工业园区改革创新发展加快推进。

截至2017年底，晋城市共建成有一定规模的工业园区9个，分别是市级工业园区1个，为北留周村煤电化工业园；县级工业园区8个，分别为城区北石店新型工业园、泽州巴公装备制造工业园、高平煤焦化工业园、高平新能源科技创新工业园、阳城陶瓷工业园、阳城演礼工业园、陵川礼杨新型工业园、沁水新能源产业工业园。规划总面积171.3平方公里；入驻企业112户，其中规上工业企业61户，占全市规上工业总户数的25.3%；从业人员5.9万人，其中规上工业企业从业人员5.1万人，占全市规上工业从业人数的26.0%；2017年实现工业总产值377.4亿元，其中规上工业企业实现工业总产值328.7亿元，占全市规上工业总产值的29.7%；实现税收30.7亿元，其中规上工业企业实现税收30.3亿元。

按照开发区改革创新发展要求，近段时间以来，我市工业园区整合、升级为4个开发区，即晋城经济技术开发区、高平经济开发区、阳城经济开发区和沁水经济开发区。陵川礼杨新型工业园单独保留，2018年8月份和平城化工片区一起组建成为陵川工业园区。至此，晋城市工业园区建设进入一个新的发展时期，开始了以开发区模式统领工业园区建设的新阶段。

站在新的起点，一幅新时代的画卷正在徐徐展开。晋城这座在改革中成长起来的城市，正在以改革发展的时代强音，奋力谱写美丽晋城高质量转型发展的新篇章。

(摘自2018年12月8日《太行日报》)

改革开放40年晋城市交通事业发展综述

“村村通让农民真正得到了实惠，我们由衷感谢党的好政策。如今村内有了平坦的水泥路，外出乡村公交通到家门口，种地小四轮可开到田间地头，交通状况的改善，对于农民来说，不仅是改变了出行条件，更多的是打开了致富之路、开放之路、文明之路，在奔向全面小康的路上我们正大步行进。”泽州县南岭乡农民李要根谈起交通的变化滔滔不绝。

我市地处太行山南端，境内山峦起伏，沟壑纵横，自古交通不便。1978年以前，我市农村公路基本上是“晴天尘土飞扬，雨天泥水横流”。1985年晋城建市后，市委、市政府把交通建设作为四大兴市要素之首，大力实施“通道战略”，交通建设步入上档次、上水平、上台阶的发展阶段。

1993年，响应省委、省政府的号召，全市掀起了义务修路高潮，涌现出闻名全国的锡崖沟筑路典型，出现了“万众一心筑富路，条条大路出太行”的生动局面。随着“通道战略”的全面实施，我市在

1995年实现了"三通",即镇镇通油路、乡乡通公路、村村通机动车。2003年,晋城市启动了"村村通"建设工程,两年内完成了2207个村4936公里的村通水泥(油)路工程,完成投资9.85亿元,建设里程是2000年底全市农村公路总里程数的7.8倍,创下了通村个数和总里程数"两个全省第一"的骄人业绩。

在推动交通事业发展中,晋城市人民勇于探索,敢于实践,摸索创造了许多加快交通建设的成功经验。1985年,首次建成了全国第一条山岭区三级复线公路——太洛公路晋城至省界段;1990年建成了全省第一条以负债方式建设的商品公路——周犁公路;1992年以发放交通建设债券方式,建成了全市第一条高等级公路——晋长二级汽车专用公路;1997年,建成了全省第一条由地市承建的高速公路——晋阳高速公路,建成了全省第一条股份合作方式经营的一、二级公路——阳济公路。1998年以来,我市先后建成了晋焦、晋长、晋济、阳翼、环城等多条高速公路和端润、晋高等一级公路,并打造了一批精品旅游公路,路网结构得到进一步优化。

改革开放40年,晋城市交通事业可谓翻天覆地,如今,高速公路宽阔平稳、四通八达,农村公路阡陌交错、干净整洁,形成了高速路、出口路、致富路、扶贫路、旅游路、小康路"六路"出击,国道、省道、县道、乡道"四道"并举,全方位、立体化、高速度、大规模发展的良好格局。截至2017年底,全市公路通车里程9325.74公里,公路密度达到98.99公里/百平方公里、40.18公里/万人,在全省排名靠前。

高速路网四通八达。全市已建成6条高速公路,通车里程达到388.75公里,高速公路密度达到4.12公里每百平方公里,超过全省平均水平,逐步形成"两环两横三纵十出口"的高速公路网络。高速公路建设取得的巨大成就不仅有效拓展了城市的发展空间,提升了城市品位,方便了人民群众出行,而且极大地促进了经济增长和社会发展,为全市高质量转型发展提供了坚实的交通保障。

"四好农村路"向纵深发展。紧紧围绕"建好、管好、护好、运营好"农村公路的目标,结合"精准扶贫""乡村振兴战略""美丽乡村""改善农村人居环境"等重点民生工程,多角度入手,全方位落实,稳步推进"四好农村路"建设。截至2017年底,农村公路里程达到8240公里。强化日常养护、预防性养护,稳步提高路况水平,农村公路优良中等路率一直保持在75%以上。2018年,全市具备条件的建制村通客车率达到了100%,客运体系基本覆盖建制村,满足村民出行的基本要求。

旅游公路快速延伸。2017年,晋城市启动了太行一号国家风景道项目,并且作为全域旅游的一号工程来实施。项目总里程450公里,总投资64亿元,工期3年,建成后,将串联全市20个A级景区,辐射70余个旅游景点,便捷通达15个特色旅游小镇和32个重点旅游示范村,连接5条高速公路、3条普通国道、4条普通省道共计24个快进节点,与晋城市境内的县乡公路纵横交错,基本形成四通八达、外畅内达的全域旅游循环线,基本实现"城景通、景景通"旅游交通网络格局。2018年5月5日,项目全线开工。截至目前,完成投资5.6亿元。

农村街巷全部硬化。2011—2012年,通过实施"政府发动、资金拉动、部门推动、典型带动、舆论鼓动"五轮驱动战略,先后投资16.2亿元,完成2207个村9142公里的街巷硬化工程,覆盖率100%,极大地改善了农民出行条件,切实解决了农民出行"最后一公里"问题,真正告别了"晴天一身土,雨天一身泥"的环境,晋城市街巷硬化工程作为典型经验在全省推广。

运输服务体系完善。先后完成了客运东站、泽州北路公交场站、苗匠公交场站的建设,积极推进北石店公交场站前期工作。在全省率先开通了晋城至郑州、晋城至焦作、晋城至长治3条城际公交线路。出租车行业从无到有,从小到大,出租车增加到1978辆。先后投入了公共自行车8000辆,成为全省第二个建立自行车租赁的城市。截至2017年底,全市客运量达到1295.34万人次,旅客周转量达到120191.81万人公里,货运量达到64533.33万吨,货物周转量达到592233.18万吨公里,分别较改革开放初期增加了4.7倍、10.6倍、147倍和143倍。

公交水平全面提升。近年来,晋城市大力实施公交优先发展战略,服务城市、服务市民、造福百姓、造福社会。截至目前,市区公交车辆总数达到了701台,公交线路达到了130条。2018年,晋城市严格落实《晋城市公共交通条例》,稳步推进“市域公交一体化”改革,完成了公交企业改制重组工作,逐步形成城市、城际、城乡、镇村、旅游五位一体公交服务体系,以更加安全、便捷、优质、低碳、绿色的公交服务吸引广大市民优选公交出行,让城乡居民共享“智慧公交、便捷公交、绿色公交、平安公交、幸福公交”新品牌。

四十载沧桑巨变。如今的晋城,交通运输发展日新月异,太焦高铁、太行一号国家风景道、“四好农村路”等一系列重点工程项目加紧建设,太焦高铁加速推进,晋城机场、阳城明旭通用机场前期加快,公路、铁路、航空现代化立体大交通网正在逐步形成。

在新的起点上,晋城交通事业在通向更加宽阔的未来之路上快速延伸!

(摘自2018年12月12日《太行日报》)

改革开放40年晋城市人社工作综述

全市社会保障工作亮点

★就业创业取得新成效,全市累计城镇新增就业人员115.05万人

★城镇登记失业率1.39%低于省控目标(4.2%)2.81个百分点

★建立起覆盖全市的社会保障安全网

★企业职工养老保险实现14连调,年平均增长5%左右

★建立了统一的城乡居民基本养老保险制度

社会保障惠民生,一枝一叶总关情。改革开放以来,我市社会保障主动发挥民生安全网、社会稳定器的重要作用,始终坚持“民生为本”工作理念,创新服务方式,促就业、助创业、强保障、保稳定,为经济快速发展、社会和谐稳定做出了应有贡献。

——就业创业取得新成效,全市累计城镇新增就业人员115.05万人。

——社会保障体系进一步完善,越织越密的社保网络牢牢“兜住”了民生底线。

——和谐劳动关系构建亮点纷呈,企业职工养老保险实现14连调,年平均增长5%左右。

……

推动实现更高质量就业

积极改革“统包统配”、能进不能出的招工、用工制度。1986年,晋城市贯彻国务院改革劳动制度的实施办法,在国家劳动工资计划内从社会上招用的工人,一律实行劳动合同制,扩大企业劳动力招收、使用、调配权。建立劳动服务公司,统筹调节城镇社会劳动力,积极稳妥地保障下岗职工的基本生活,连续获得省政府“两个确保、再就业和社会保障工作先进市”称号。培育发展劳动力市场,建立完善公共就业服务体系。随着大量农村劳动力向城市转移,按照“国家调节市场,市场引导企业”的新机制要求,2000年全市建立劳动市场13个,通过劳务市场安置城镇待业人员27157人,合理转移农村劳动力10227人。多措并举推动实现更高质量和更充分就业。党的十八大以来,全市各级人社部门以习近平新时代中国特色社会主义思想为引领,积极开展各类专项招聘活动,突出抓好高校毕业生和困难群体就业,大力开展农村劳动力输出转移,强化培训提高素质推动就业,全面引深国家级创业型城市创建工作以创业带动就业。2012年7月我市被国务院表彰为全国创业先进城市。

40年来,晋城市累计城镇新增就业人员115.05万人、农村剩余劳动力输出与就地转移86.96万人、下岗失业人员再就业6.95万人、创业带动就业9.73万人、城镇登记失业率1.39%低于省控目标(4.2%)2.81个百分点,劳动就业工作进入了改革开放后最好的时期,为深化体制改革、促进经济发展、维护社会稳定做出了积极贡献。

社会保障实现全覆盖

40年来，我市社会保障不断改革、发展和完善，建立起了覆盖全市的社会保障安全网。

实现社会保障全覆盖。目前，全市人民都拥有相应的社会保障制度安排，基本医疗保险和养老保险已全面建立并覆盖全市230万人；晋城市在2014年，开始试点全民参保登记工作，将剩下人纳入基本养老保险，使社保制度公平地覆盖到每一个人；保障标准不断提高，企业职工养老保险实现14连调，年平均增长5%左右，城乡居民养老保险也从最初实施时的55元，调整到现在的118元，部分县尝试建立了城乡居民养老保险丧葬补助金制度；基本医疗年度封顶线城镇职工从24000元提高到60万元，城乡居民从4万元提高到50万元；大病医保报销额度从15万元提高到现在的43万元；市城镇职工医保慢性病达到38种，城镇居民医保慢性病达到28种；工伤保险待遇从485元增长到2972元，护理费从235元增长到1899元，工亡亲属抚恤金从206元增长到1206元，全省领先。

保障水平不断体现公平性。2014年，晋城市将新农保和城镇居民养老保险合二为一，建立了统一的城乡居民基本养老保险制度。实施社保扶贫，积极完善城乡居民养老保险扶贫政策，由政府为建档立卡贫困人口、低保对象、特困人员等困难群体代缴100元的城乡居民养老保险费用，全面落实贫困人口医疗保障帮扶政策；有效解决农村建档立卡贫困人口的医疗费用报销问题，确保农村贫困人口住院总费用实际报销比例达90%以上。不断完善工伤保险扶贫政策，推动建立建筑业按项目参加工伤保险工作长效机制，启动交通运输、能源、水利等领域工程项目按项目参加工作，重点解决农民工工伤伤残问题；不断完善失业保险扶贫工作，针对贫困人口，出台相关政策，增强失业保险政策的公平性，制定统一农村户籍人员与城镇职工参加失业保险政策，适时调整失业保险待遇。

乘盛世之风，扬务实之帆，荡合力之桨。站在新的起点，全市人力资源和社会保障系统将始终牢记“筑牢社会稳定之基、提升百姓幸福指数”的职责使命，进一步转变作风、优化服务水平，履职尽责，为推进美丽晋城高质量转型发展提供有力保障。

（摘自2018年12月20日《太行日报》）

2018年晋城市大事记

1月

1日

晋城市被中国围棋协会授予“全国围棋之乡”称号，成为全省首个获此称号的地级市。

4日

“2017年度中国煤炭工业协会科学技术奖项目”发布，晋煤集团获二等奖2项，三等奖5项。晋煤集团此次获奖的7项科技项目分别为：矿山井下钻孔测井与数据分析技术，高瓦斯矿井巷道群合理布置及围岩控制技术研究，坚硬顶板软煤层小煤柱留设及围岩控制技术研究，晋城矿区9#、15#煤无线电波透视技术应用研究，煤矿隐蔽致灾地质因素瞬变电磁精细探测技术研究，煤矿瓦斯抽采系统评估与优化技术研究，宫颈病变的进展与高危人乳头瘤病毒载量的相关性研究。

5日

省委常委、常务副省长高建民在晋煤集团天煜新能源有限公司就经济运行情况进行调研。

市委书记张志川主持召开市委常委（扩大）会议，传达学习中央经济工作会议、中央农村工作会议和全国扶贫开发工作会议精神；传达学习省委经济工作会议、全省企业家大会和市委书记、工（党）委书记述职会议精神；传达十一届省委第51次常委会议精神；传达省委学习贯彻落实中共十九大精神加强“三基建设”市县现场会精神，研究全市贯彻落实意见；安排部署当前工作。

司徒小镇明清文化街被山西省商务厅、山西省住房和城乡建设厅认定为“2017年山西省特色商业街”，成为晋城市首条省级特色商业街。

6日

市委书记张志川到凤展超市三部和金囤市场，调研市场供应和物价情况。

8日

市委书记张志川到陵川县调研，详细了解陵川县脱贫攻坚、乡村振兴和县域经济发展情况。

9日

市委书记张志川到高平市米山、马村工业园和晋城经济技术开发区部分企业调研并召开座谈会，研究讨论开发区改革创新工作。

市长刘锋带领市发改委、经信委、国土局、环保局、住建局、煤炭煤层气工业局等部门负责人到晋煤集团进行调研，并现场办公解决企业发展中遇到的困难和问题。

10日

市政府第19次常务会议召开。会议传达学习习近平总书记“1·5”重要讲话精神；传达学习中央经济工作会议、全国扶贫开发工作会议、中央农村工作会议精神；传达学习中办、国办《关于推进城市安全发展的意见》；传达学习省经济工作会议，骆惠宁书记在市委书记、党（工）委书记述职会上的讲话和全省企业家大会会议精神。

11日

晋城市2017年度目标责任考核大会在市委市政府多功能厅举行。省第三考核组组长、省政协社会法制委员会副主任成振林讲话，市委书记张志川代表市委作述职报告。

12日

市委书记张志川主持召开全市民营企业家座谈会，听取11位企业家代表就发展环境、金融创新、政策扶持、核心科技和产业布局等问题的意见和建议。

17日

市委召开常委扩大会议，传达学习省委常委扩大会议精神；集思广益、凝聚共识，共同为晋城今年及未来五年的发展把脉问诊、谋篇布局。市委书记张志川主持会议并讲话，提出“晋城的事，大家想、大家说、大家干”。

“2017感动山西国防动员新闻人物”结果揭晓，晋城市阳城县皇城相府女子民兵连连长张明霞入选。

18日

市委书记张志川主持召开各县（市、区）党政主要负责人座谈会，听取各县（市、区）党政主要负责人对晋城2018年及未来五年发展的建议。

市委书记张志川主持召开市直单位负责人征求意见座谈会。张志川听取市发改委、经信委、财政局、人社局、交通局、规划局、煤炭局、金融办、中小企业局、招商局、国土局、旅发委等12家单位的负责人，对晋城今年和未来五年发展的意见和建议。

20日

太行一号国家风景道陵川县浙水——棋子山段率先开工，高平市、阳城县、陵川县、沁水县四地也在5月5日同时动工，标志着太行一号国家风景道全线开工。太行一号国家风景道起点为陵川县六泉乡浙水村，与长治市壶关县太行大峡谷忽东公路相对接，终点位于沁水县龙港镇尧都村，途经陵川、泽州、阳城、沁水四县，覆盖晋城市21个乡镇231个行政村，全长约402千米，其中新改建308千米，利用现有公路94千米，估算总投资约60多亿元。

22日至23日

中国共产党晋城市第七届委员会第四次全体会议暨经济工作会议召开。

23日

晋城市举办春节民俗主题旅游推介会，长治、临汾、运城、郑州、新乡、洛阳、焦作、邯郸、邢台等中原及周边城市的旅行商、媒体受邀参加。

24日

晋城市2018年“送温暖、献爱心”“慈善情暖万家”活动在文体宫启动。

是月

国务院第三次全国农业普查领导小组印发《关于表彰第三次全国农业普查先进集体和先进个人的决定》，对在第三次全国农业普查工作中做出突出贡献的200个先进集体和200名先进个人进行表彰。晋城市第三次全国农业普查领导小组办公室获“第三次全国农业普查先进集体”称号。

2月

1日至2日

美国山西总商会代表团在晋城市就医药、大数据、智慧城市、园林绿化等发展情况进行考察，并与市直相关部门和企业进行对接。

2日

受国家质监总局委托，山西省质监局科技处专家组对晋城市在建的国家煤层气产品质量监督检验中心进行现场考核预验收。经过考核，晋城市国家煤层气产品质量监督检验中心认定项目均达到B级中心验收要求。

2日至4日

市委书记张志川到泽州县就县域经济发展和部分冶铸企业就冶铸业生产流程和经营情况进行调研，实地察看部分企业并召开座谈会。

5日

市委书记张志川主持召开市委中心组学习会议，传达学习习总书记在中共十九届二中全会上的重要讲话精神；传达学习习总书记在十九届中央纪委二次全会上的重要讲话精神；传达学习习总书记在中央全面深化改革领导小组第二次会议上的重要讲话精神；传达学习习总书记在学习贯彻中共十九大精神研讨班开班式上的重要讲话精神；传达学习省“两会”精神和省长楼阳生参加晋城团审议时讲话精神。

市委书记张志川主持召开市委常委会议，审议《晋城市转型项目建设年（2018）工作方案》；研究宗教工作；安排部署当前重点工作。

7日

晋城军分区党委全体（扩大）会议召开，会议研究部署军分区年度工作。市委书记、晋城军分区党委第一书记张志川出席会议并讲话。

市委书记张志川到晋城福盛钢铁有限公司进行调研，并就生产经营、未来发展方向和企业负责人进行座谈。

市政府全体(扩大)会议召开，传达学习省"两会"精神和省长楼阳生在晋城代表团重要讲话精神，安排部署当前工作。

11日

晋城市在全国率先开通省际公交，晋城至郑州、焦作城际公交正式运营。4月23日上午，晋城至长治城际公交线路正式开通。市区相继开通到皇城相府、蟒河、天官王府、王莽岭、聚寿山等景区的旅游公交。截至2018年底，晋城至郑州、焦作、长治三条城际公交累计发班54948班次，运送旅客1307917人次；与上年相比，晋城市往返三地的客流量分别增加365.8%、404.5%、265.1%。2018年，全市旅游总人数6011.92万人次，同比增长24%；旅游总收入551.25亿元，同比增长24%。

21日

市委书记张志川主持召开市委常委会议，专题研究《晋城市2018年干部素质提升工程港澳学习交流建议方案》。

22日

中国共产党晋城市七届纪律检查委员会第三次全体会议召开。市委书记张志川出席会议并讲话。

市委书记张志川集体约谈开发区党工委书记，各县(市、区)委书记，市直各单位主要负责人，市属重点国有企业主要负责人。

市委书记张志川集体约谈市年度目标责任考核组各组组长。

晋城市转型项目建设年暨企业投资项目承诺制改革试点动员部署会召开。

23日

市政府第21次常务会议召开。会议传达学习省政府第一次全体(扩大)会议精神和省十一届纪委三次全会精神；研究《晋城市推进市以下财政事权和支出责任划分改革实施方案》、市区老城改造工作以及开发区侯匠社区棚改审计问题整改工作。

市长刘锋率领市发改、国土、规划以及泽州县相关负责人，深入泽州县金村镇红岭村，就晋城民用机场前期工作进行调研并现场办公，解决机场前期工作中遇到的困难和问题。

27日

省统计局、省发改委、省环保厅联合发布2016年全省生态文明建设年度评价结果，晋城市公众满意度指数和生态文明指数均位列第二。

28日

市委书记张志川主持召开市委常委(扩大)会议，传达省委农村工作暨脱贫攻坚会议精神；传达省委书记骆惠宁在省管干部学习贯彻习近平新时代中国特色社会主义思想和中共十九大精神学习班开班仪式上的重要讲话精神。

省委决定，免去曾庆勇晋城市委副书记、常委、委员职务；李根田担任晋城市委委员、常委、副书记。

3月

1日

晋城市召开全市组织宣传统战政法工作会议。

2日

市政府出台《晋城市第二次全国污染源普查工作方案》，全面启动第二次全国污染源普查工作。

5日

文化部公示"关于2018年度国家舞台艺术精品创作扶持工程评审结果的公示"评审结果。晋城市上党梆子剧院有限公司创作的上党梆子《太行娘亲》入围。

6日

晋城市2017年度"最美家庭"揭晓大会暨家风故事会召开，张东成等140户家庭获"最美家庭"称号。

7日

市委书记张志川到汉通鑫宇科技有限公司进行调研，并就公司生产经营情况、未来发展以及高端铸造行业现状和企业负责人进行座谈。

8日

市委书记张志川主持召开市委常委(扩大)会议，传达学习中共十九届三中全会精神和2月22日省委第64次常委会议、3月1日省委常委扩大会议精神；传达学习中央文件(中办发电〔2018〕11号)精神以及省委书记骆惠宁和省长楼阳生就落实文件作出的重要批示精神。

市委书记张志川主持召开市

委常委会议，研究市七届人大代表补选事宜；审议《晋城市推进农村集体产权制度改革工作方案》；研究讨论市委农村工作暨脱贫攻坚会议初步方案；审议《市委2017年全面深化改革工作报告》和《市委2018年深化改革工作要点》；安排部署当前工作。

11日

市委书记张志川、市政协主席常国荣等四大班子领导在丹河龙门湿地公园与泽州县的部分干部群众和志愿者一道，参加义务植树活动。

13日至14日

市委书记张志川对沁水县基层党建、脱贫攻坚、农旅发展、经济转型工作进行调研。

15日

晋城市举办2018年“春风行动”招聘大会暨创业产品展示会。

15日至16日

副省长贺天才在晋城市就国土、煤炭、环保、住建、安全生产工作进行调研，并召开座谈会。

19日至20日

副省长陈永奇在晋城市城区、泽州县、高平市，就土地确权、农村改革、集体产权制度改革等工作进行调研，并主持召开省市县乡村座谈会。

20日

市委书记张志川以一名普通党员的身份参加市委办公厅党支部“转作风、抓落实、促发展”为主题的专题学习和讨论。

市长刘锋在北京与中国城市规划设计研究院文旅所所长周建明等专家座谈，双方就加快推进太行古堡群申遗工作、王莽岭景区总体规划编制和晋城市城市总体规划（2018—2035年）编制工作进行沟通对接。

21日

华谊兄弟星剧场落户山西晋城新闻发布会暨山西晋城文化旅游城市融合发展招商推介会在北京举行，晋城华谊兄弟星剧场项目启动。2月初，华谊启明东方公司考察团一行到晋城市考察，与市长刘锋进行座谈，双方就推进华谊兄弟星剧场项目落户晋城等事宜进行交流。5月20日，晋城华谊兄弟星剧场正式开工建设，项目由华谊兄弟携手晋煤集团和晋城市本土企业浩翔控股集团联合打造。

24日

市政府第22次常务会议召开。会议传达学习全国“两会”精神，研究《市政府工作报告》《关于晋城市2017年国民经济和社会发展计划执行情况与2018年国民经济和社会发展计划草案的报告》《晋城市2018年国民经济和社会发展计划（草案）》《晋城市2018年市级政府性投资项目计划安排建议（草案）》《晋城市2018年重点工程项目安排建议（草案）》《关于2017年全市和市本级预算执行情况与2018年全市和市本级预算草案的报告》，听取《关于晋城机场项目推进情况汇报》《关于实施晋城老城区更新的工作思路汇报》《关于迎接国家卫生城市复审工作的情况汇报》。

25日

市委书记张志川主持召开市委常委（扩大）会议，传达学习全国“两会”精神及全省传达贯彻全国“两会”精神会议精神。研究《中共晋城市委常委会2018年工作要点》；讨论拟提请市七届人大四次会议、市政协七届三次会议审议的各项工作报告（送审稿），研究市“两会”召开有关事宜；传达《中共山西省委关于加强党对反腐败工作全过程领导常态化制度化长效化的实施意见（试行）》文件精神，研究《关于成立市委反腐败领导小组的方案》等。

26日

晋城大医院与腾讯签署战略合作协议，建立“互联网+生态医院”，AI人工智能觅影系统上线启动，晋城大医院成为省内首家合作的人工智能医学示范基地。

27日至30日

中国人民政治协商会议第七届晋城市委员会第三次会议在泽州会堂召开。常国荣作政协晋城市委员会常务委员会工作报告。

28日至31日

晋城市第七届人民代表大会第四次会议召开。刘峰作政府工作报告，范丽霞作市人大常委会工作报告。

市委书记张志川先后参加泽州、高平、城区代表团的审议。要求各地立足实际，找准问题，针对差异化特色，精准施策，重点解决好怎么看、怎么办、怎么干的问题，以新的发展理念重新审视发展路径，重新确定未来发展方向，在新时代美丽晋城高质量转型发展的新征程中有更大的作为。

市长刘锋先后参加城区、陵

川、阳城代表团审议。要求各地紧紧围绕中央和省、市重大决策部署,充分发挥自身优势,抢抓发展机遇,进一步创新思路、放宽视野、明确目标、精准施策,在新时代新征程中寻求新动力、取得新业绩、开创新局面。

31日

市委农村工作暨脱贫攻坚会议召开。市委书记张志川出现会议并讲话。

4月

1日

晋城市2018年“领头雁”示范培训班在市委党校开班。全市农村、社区、非公企业的党组织书记代表以及市派农村第一书记、大学生村官等近300人参加,培训时间3天。

2日

市委召开统一战线工作领导小组会议。市委统一战线工作领导小组组长、市委书记张志川出席会议并讲话。

3日至4日

市委书记张志川到阳城县就太行古堡古村落保护、开发、利用进行专题调研考察。

8日至12日

晋城市皇城相府、蟒河、王莽岭、珏山、历山、炎帝陵等景区到河南省洛阳、郑州、新乡、焦作4市开展2018年“夏养晋城”主题旅游推介会,并与多家旅行社签订旅游协议,加快“山上”“山下”沟通对接。

11日

市委书记张志川、市长刘锋分别会见中国农业发展银行山西省分行党委书记、行长钱德辉,双方就进一步发挥农业政策性银行职能作用,加大对晋城市经济社会发展的支持力度进行协商座谈。

12日

晋城市交警支队举行新能源汽车专用号牌首发仪式暨新闻发布会,向首批新能源汽车车主发放号牌,晋城市新能源汽车号牌正式启用。

14日至15日

山西省副省长曲孝丽到晋城市城区、晋城经济技术开发区、高平市,就第三届海峡两岸神农炎帝文化旅游招商系列活动筹备情况进行调研。

16日至17日

市委书记张志川到高平市就基层党建、重点领域改革、民生事业、经济转型等工作开展调研。

17日

南非莎拉巴特曼市市长柯卡娜对晋城市进行友好访问,市长刘锋与来宾进行交流座谈。

19日

全市整治群众身边腐败问题工作推进会召开。会后,张志川到市委市政府协调督查办公室,对2018年度重点工程项目和重大改革及先行先试项目“两个清单”的协调督查工作进行深入调研并提出具体要求。

20日

市委举办中心组(扩大)学习专题讲座。邀请中国石油大学煤层气研究中心主任张遂安教授和市地税局干部张淑芳,就煤层气的开发利用、煤层气行业的税收现状及前景预测等进行专题讲座。市委书记张志川主持讲座并讲话。

市委书记张志川到泽州县就贯彻落实习总书记视察山西重要讲话精神和环保等工作进行考察。

22日

市长、市总河长刘锋对任庄水库和丹河流域进行巡河检查,督导河长制落实情况、水污染防治工作,并对全市防汛工作进行检查。

25日

2018年“全国五一劳动奖章”和全国工人先锋号评审结果揭晓,晋城市有3人(队)上榜,分别是:山西蓝焰煤层气集团有限责任公司勘探队工人徐卫强、山西皇城相府文化旅游有限公司导游陈程丽获“全国五一劳动奖章”,山西兰花集团莒山煤矿有限公司综掘队获全国工人先锋号。

交通运输部公布第三批绿色公路建设典型示范工程,建设中的阳(城)蟒(河)高速公路项目成为全省唯一入选项目。

26日

晋城市召开“美丽晋城·最美公交车驾驶员·最美出租车驾驶员”评选活动新闻发布会,在全市范围内评选出10名“最美公交车驾驶员”和20名“最美出租车驾驶员”。

26日至28日

晋城市“五小”竞赛优秀成果精品展在市物茂广场展出。市委书记张志川、市长刘锋参观展品。

28日

市委召开全市离退休干部“双先”表彰暨老干部工作会议。市委书记张志川为受表彰的集体和个人颁奖并讲话。

中国海装晋城风电基地风电机组量产启动仪式在晋城经济开发区金匠园区中船重工晋城新能源装备产业园举行。市委书记张志川出席启动仪式，市长刘锋致辞，中船重工副总经理钱建平出席仪式并讲话。

全市转型项目集中开工月活动暨陵沁路西北环晋城过境段改线工程开工仪式在泽州县巴公镇陈沟村举行，市委书记张志川参加仪式并宣布陵沁路西北环晋城过境段改线工程正式开工。

30日

全国“森林小镇”发展大会暨全国特色小镇投融资项目洽谈会在北京召开，阳城县横河镇跻身首批“全国最美森林小镇100例”名单，是山西省唯一获此殊荣的乡镇。

是月

全国绿化委员会、中国林学会评选出85株“中国最美古树”。晋城市泽州县柳树口镇麻峪村的黄栌和沁水县中村镇下川村的紫丁香入选。

5月

4日

纪念马克思诞辰200周年大会在人民大会堂举行，习近平总书记发表重要讲话。市领导集中收看直播。

市委书记张志川到泽州县天地王坡煤业有限公司，就公司生产运营情况和煤炭行业面临的共性困难进行调研。

7日

市委书记张志川到山西天泽煤化工集团股份公司煤气化厂，就企业发展情况和全市煤化工产业现状进行调研。

8日

市委召开常委会议，市委书记张志川主持会议。会议传达省属国有企业深化改革转型发展推进会和全省剥离国有企业办社会职能、解决历史遗留问题攻坚会议精神，研究晋城市贯彻落实的初步意见；审议并原则通过《关于市属国有企业发展混合所有制经济的实施意见》《王莽岭景区资源整合和体制改革方案》《晋城市参加〈魅力中国城〉第二季竞演工作方案》《晋城市2018年政党协商计划》《2018年法治晋城建设工作要点》《中共晋城市委关于贯彻落实省委〈关于加强党对反腐败工作全过程领导常态化制度化长效化的实施意见（试行）的工作方案〉》。会议听取市考核办关于全市2017年度目标责任考核情况，以及关于“晋城的事，大家想大家说大家干，众‘智’成城”大讨论成果结集出版情况的汇报。

11日

全市脱贫攻坚领导小组暨农村工作领导小组召开会议，贯彻落实中央、省委关于脱贫攻坚和乡村振兴的决策部署，对照检查当前工作中存在的问题，研究制定解决措施，推动全市农业农村工作和脱贫攻坚各项任务完成。市委书记张志川出席会议并讲话，市长刘锋主持会议。

14日

市委召开全市选派优秀中青年干部挂职锻炼座谈会。

晋城市图书馆被评为国家一级公共图书馆。

16日

市委书记张志川到晋城市公安局就扫黑除恶专项斗争开展情况进行调研。

市政府与中国交通建设集团股份有限公司就城市基础设施投资建设、旅游综合开发等进行座谈，并签署合作框架协议。市长刘锋出席座谈会。

17日

市委书记张志川主持召开全市整治群众身边腐败问题领导小组会议，听取开展整治群众身边腐败问题情况、扫黑除恶专项斗争进展情况汇报，对下一步工作进行再研究、再部署。

市委书记张志川到扶贫攻坚联系点陵川县潞城镇西八渠村，走访慰问贫困户，察看脱贫产业，并对脱贫攻坚工作进行调研。

21日

全市企业家大会召开。会议主题是，以习近平新时代中国特色社会主义思想为指导，深入贯彻落实党中央、国务院和省委、省政府的决策部署，在全市进一步营造企业家健康成长环境，弘扬优秀企业家精神，培养造就一支适应新时代发展要求的高素质企业家队伍，共同为开创新时代美丽晋城高质量转型发展新局面而不懈奋斗。市委书记张志川、市长刘锋出席会议并讲话。

22日

“问祖炎帝·寻根高平”戊戌年海峡两岸同胞神农炎帝民间拜祖典礼在高平市炎帝陵举行。祭祀仪式后,在司徒小镇举行新时代海外侨胞、台湾同胞经贸文化交流合作恳谈会,晋城市签下15个项目,总投资额达97.5亿元。

23日至24日

连续两晚,晋城市上党梆子剧院大型现代戏《太行娘亲》,继参加2018年新年戏曲晚会登上国家大剧院,再次登上国家大剧院舞台。先后获得2018年度全国舞台艺术重点创作剧目和2018年度国家舞台艺术精品创作扶持工程重点扶持剧目等多个国家级荣誉。

24日

市委书记张志川主持召开市委中心组(扩大)学习会议,专题学习传达习近平总书记在全国生态环境保护大会上的讲话精神,安排部署晋城市生态环境保护工作。

25日

市长刘锋深入陵川县就王莽岭景区体制改革、整治提升和经济运行工作进行调研。

28日至29日

市委书记张志川就晋城市城区经济社会发展和党的建设各项工作进行调研。

29日

全市目标责任考核大会召开。对2017年度目标责任考核优秀的沁水县、晋城一中、市公建局3家单位,分别重奖500万元、500万元、50万元,兑现市委、市政府“奖的心跳,罚的脸红”承诺。

晋城市召开大气环境问题整改攻坚行动动员部署会议。贯彻落实习近平总书记在全国生态环境保护大会上的重要讲话精神,对全市大气环境问题整改攻坚行动进行安排部署。

30日

市委举办干部素质提升工程第十七期专题讲座。中国招商引资研究院李伟林院长应邀作题为《新时代招商引资的战略战术》的专题讲座。市委书记张志川主持讲座。

31日

省委常委、省委政法委书记商黎光在晋城经济技术开发区,就富士康工业园生产运营情况和开发区建设进行调研。市委书记张志川等市领导参加调研。

市委书记张志川、市长刘锋分别到市健健幼儿园、泽州县李寨幼儿园,看望慰问少年儿童和老师,代表市委、市政府向小朋友送去节日的问候和祝福,向辛勤耕耘在教育一线的广大教职员工致以诚挚慰问。

是月

第五批国家级非物质文化遗产代表性项目代表性传承人名单公布,晋城市有5人入选,分别是:沁水土沃老花鼓传承人祁学德、城区上党二簧传承人郭胖胖、泽州四弦书传承人陈拴发、阳城焙面面塑传承人张红霞和高平绣活传承人赵翠林。

2018年度全国最美家庭和第十一届全国五好家庭揭晓,晋城市张瑞家庭获全国“最美家庭”称号,湛续冲家庭获全国“五好家庭”称号。

住房城乡建设部等部门公布《关于公布2018年列入中央财政支持范围中国传统村落名单的通知》,晋城市沁水县端氏镇端氏村、陵川县附城镇丈河村、陵川县西河底镇黄庄村、陵川县六泉乡浙水村4个村落入围在列。至此,全市共有73个村落列入中央财政支持范围。

在山西省基本公共卫生项目考核工作中,晋城市排全省第一。

6月

1日

市委书记张志川主持召开市委常委(扩大)会议,专题研究部署环保工作存在的问题及对策建议。

2日

市委书记张志川会见到晋城市调研考察的省政协港澳委员一行,双方就文化旅游、生态文明、城乡建设、转型发展等进行交流。

市长刘锋会见美中国际商会、美国纽约州中小企业总署经贸代表团并举行座谈,双方就进一步增进了解,加强沟通,推动项目合作进行深入交流。

4日

市委召开意识形态工作推进会,市委书记张志川出席会议并讲话。

全市精神文明建设表彰暨创建2018—2020年全国文明城市、创建国家公共文化服务体系示范区和国家卫生城市复审动员大会。

5日

市委召开“晋城的事大家想大家说大家干，众‘智’成城”大讨论活动座谈会，市委书记张志川参加座谈并讲话。

市委书记张志川参加全市新闻舆论工作座谈会，就做好新闻舆论工作提出具体要求。

市政府与山西省文化旅游投资控股集团有限公司签署战略合作框架协议。市长刘锋、山西文旅集团董事长王文保、总经理高建光出席签约仪式。

6日

大西铁路客运专线有限责任公司、太焦城际铁路山西有限责任公司副总经理赵智平，太焦城际铁路山西有限责任公司副总经理樊国华一行到晋城，与市政府就共同推进太原至焦作城际铁路晋城东站周边及晋城市境内的土地综合开发等事项进行沟通交流。

7日

省委脱贫攻坚第七督导组对晋城市脱贫攻坚工作及问题整改情况进行反馈。市委书记张志川代表市委、市政府作表态发言。

市委书记张志川会见到晋城市访问的英国驻华大使馆北方区域合作处参赞罗克(Nick Low)一行，双方就开展友好城市、经贸交流、古堡旅游等方面的合作进行交谈。

市长刘锋带领市发改、国土、环保、住建、规划等相关部门负责人，到泽州县金村镇就金村新区城建和规划工作进行调研，听取金村新区的规划方案汇报。

9日

市委书记张志川到王莽岭景区就景区改制及建设等各项工作进展情况进行调研，并召开座谈会，听取各方面的意见建议。

市政府与阿里巴巴集团就晋城市大数据发展进行交流座谈，并签署《战略合作协议》。

12日

市委召开常委会议，传达学习习近平总书记在全国生态环境保护大会上的讲话精神，审议并原则通过《晋城市大气污染防治工作督察问责实施细则(试行)》《晋城市大气污染突出问题集中整治行动方案》《关于成立晋城市加强大气污染防治工作组织机构的实施方案》《关于开展打击破坏生态环境违法犯罪专项行动的实施方案》；传达学习省委贯彻落实中央巡视工作规划推进会精神，审议并原则通过新修订的《中共晋城市委巡察工作规定(2017—2021)》《晋城市贯彻落实习近平总书记视察山西重要讲话精神省委督导检查反馈意见整改方案》《晋城市公共交通有限公司改制重组预案》；传达学习中组部、应急管理部5月31日电视电话会议精神，及《地方党政领导干部安全生产责任制规定》文件，研究全市贯彻落实意见。市委书记张志川主持会议并讲话。

市委召开法治建设、国家安全、维护稳定领导小组专题会议，总结前一段时期法治建设、国家安全和信访稳定工作，安排部署当前和今后一段时期法治晋城、平安晋城建设工作。市委书记张志川出席会议并讲话。

晋城市举行智库启动仪式暨晋城对外开放专家论坛。市委书记张志川出席启动仪式，会见全体智库专家，并向大家介绍晋城市情。

14日

市委书记张志川以普通党员身份参加市委办公厅党支部“环保志愿者主题党日”活动。

21日

市委书记张志川到泽州县高都镇走访慰问老党员和生活困难党员。

市委、市政府召开城市总体规划编制启动大会暨城市设计试点推进会，安排部署城市总体规划编制和城市设计试点工作。

22日

晋城市举办干部素质提升工程第十九期专题讲座，邀请国家行政学院张孝德教授作题为《迈向新时代的乡村振兴战略》专题辅导。

晋城市“证照分离”改革试点启动暨发布市场主体禁设区域清单仪式举行。市长刘锋出席仪式并为晋城市方华汽车服务公司颁发全市首张“证照分离”改革营业执照，副市长王斌权在仪式上讲话并为晋城市世纪坊房地产经纪有限公司凤翔一店颁发全市首张禁设区域清单营业执照。

26日

市委在多功能厅召开全市党建工作暨“七一”表彰会议，庆祝中国共产党成立97周年，回顾党的光辉历程，表彰全市优秀共产党员、优秀党务工作者、优秀党组织书记和先进基层党组织。市委书记张志川作题为“以党建引领发展,把党建融入发展,用党建推动发展,靠发展检验党建”的讲话。此后,这四句话成为全市党建目标要求。

晋城市整治群众身边腐败问题领导小组召开会议,市委书记、市整治群众身边腐败问题领导小组组长张志川主持会议并讲话。

在2018年山西企业家活动日暨山西企联第26次年会上,晋城市兰花集团公司获“山西省功勋企业”称号。

7月

1日

晋城市纪念建党97周年“唱响入党誓词,不忘入党初心”合唱大赛在市文体宫举行。市委书记张志川与市四大班子领导现场观看合唱比赛。

2日

晋城市举行山西公安审批服务“一网通一次办”平台(晋城)新闻发布会。市工商局为凤展购物广场有限公司景西路店颁发全市首张“30证合一”营业执照。

4日

市委、市政府与国家发改委《晋城市五大产业发展思路和路径政策研究》课题组联合在晋城市举行座谈会,就晋城市发展大计广泛征求意见建议。市委书记张志川出席座谈会并讲话。

5日

纪念町店战斗胜利80周年大会在阳城县町店镇町店战斗纪念园举行。省政协主席黄晓薇,省军区司令员邹小平,市委书记张志川与市四大班子领导,晋城军分区司令员荆俊明,开国大将黄克诚之女黄梅,以及老红军、老八路后代和社会各界代表1200余人出席。市委副书记李根田主持纪念仪式。市委书记张志川主持召开座谈会。

6日

河南省济源市党政考察团到晋城市考察,市委书记张志川陪同考察,并向客人介绍晋城市经济社会发展情况。两市领导进行深入交谈,并共同签署两市旅游发展合作协议。

10日

市委、市政府在太原举行“动感太行——晋城康养旅游文化节”系列活动启动仪式,晋城全域旅游迈出坚实步伐。

13日

市委书记张志川到市国土资源局就党建工作和国土资源管理、利用等进行调研。

15日

市长刘锋到新市街、中原街道路改造工程、城市地下综合管廊项目现场、金村污水处理厂选址,以及东焦河水电站等地,就加快推进重点工程建设进行调研。

17日

市委召开常委会议,传达全省扫黑除恶专项斗争工作会议精神、全省组织部长座谈会和“三基建设”座谈会精神,研究晋城市贯彻落实意见;审议并原则通过关于《晋城市庆祝改革开放40周年活动方案》《关于在全市深入开展宪法学习宣传活动的实施方案》等。市委书记张志川主持会议并讲话。

19日

市委书记、市委全面深化改革领导小组组长张志川主持召开市委全面深化改革领导小组暨晋城市国家资源型经济转型综合配套改革试验区工作领导小组会议。传达学习中央全面深化改革委员会第三次会议精神;审议并原则通过《关于推进农林文旅康产业融合发展试点的实施意见(试行)》《关于推进大众创业万众创新激发内生动力的意见(试行)》《晋城市企业投资项目承诺制改革试点实施细则(试行)》和《关于加快推动市级媒体融合发展系列改革方案》等政策文件。市委全面深化改革领导小组全体成员和市直相关部门主要负责人参加会议。

20日

太焦高铁黄麓坡隧道正式贯通,这是太焦高铁项目晋城市境内段首条贯通的隧道。9月23日,小岗隧道顺利贯通。12月,神农隧道顺利贯通。全年晋城市境内完成投资20.4亿元,完成年度计划(17亿元)的120%。高铁晋城东站、高平东站分别扩容至2万平方米和1万平方米,并相继开工建设。

20日至21日

市委书记张志川与市四大班子领导带领各县(市、区)党政主要负责人和市直主要经济部门负责人,深入全市六县(市、区)和开发区,对20个重点工程项目进行现场观摩,了解重点工程进展情况，并对下一步工作进行安排部署。20日晚，召开汇报会，听取各县（市、区）、开发区、市发改委、市经信委、市统计局、市招商局关于经济运行情况、项目建设情况、“放管服效”改革推进情况、存在的主要问题、下一步工作计划汇报。21日晚，召开经济运行分析暨重点工程推进会议，市委书记张志川、市长刘锋分别讲话，总结上半年工作，对下半年工作进行安排部署。

27日

市委召开常委会议，传达省委常委扩大会议精神；听取关于全市打击破坏生态环境违法犯罪专项行动开展情况的汇报，听取并原则通过《晋城市2018年度党政主要负责人履行推进法治建设第一责任人职责工作清单》。市委书记张志川主持会议并讲话。

28日

市长刘锋带领市规划、住建、公建以及城区政府负责人到老城街区就老城更新与保护工作进行调研。

30日

市委书记张志川到泽州县高都镇，走访慰问部分退役军人。

31日

市委召开议军会议，深入学习贯彻习总书记强军思想和新时代军事战略方针，分析研究晋城市国防动员和国防后备力量建设有关问题，进一步加强新体制下党管武装工作，推动全市国防建设和经济社会协调发展。市委书记、晋城军分区党委第一书记张志川主持会议并讲话。会后，张志川与四大班子领导到晋城民兵综合训练基地，参加“军事日”活动，并进行手枪、冲锋枪轻武器实弹射击。同日晚，市委在市广播电视台演播大厅举行庆祝建军91周年文艺汇演“太行强军新征程”。

是月

2018年“山西好人”评选揭晓，陵川县公路管理段机械化养护中心员工靳杜君获“见义勇为好人”称号；沁水县兴荷养鸡专业合作社法人秦朝泥获“诚实守信好人”称号；阳城县北留镇郭峪村村民石双砚获“敬业奉献好人”称号。晋城市“助人为乐”中国好人候选人石双砚，“诚实守信”中国好人候选人李郭龙，“见义勇为”中国好人候选人黄凯，“孝老爱亲”中国好人候选人杨月胜入选2018年7月“中国好人榜”。

市政府印发《晋城市大数据发展规划纲要（2018—2020年）》，提出推动实施“1183”工程，到2020年全面建成政务大数据中心，基本形成政府各部门数据资源统一汇聚共享的运行机制和向社会合理开放的大数据发展格局，使大数据产品和服务在中原城市群中达到领先水平。

8月

2日

市委、市政府召开动员大会，对省委、省政府环境保护督察组进驻晋城开展环境保护督察“回头看”工作进行动员。市委书记张志川作动员讲话。市长刘锋主持会议。

3日

市委书记张志川、市长刘锋与富士康科技集团副总裁卢松青一行座谈，双方就进一步加强合作事宜进行交流。

3日至4日

副省长、省公安厅厅长刘新云在晋城市就公安系统工作和扫黑除恶专项斗争推进情况、公安审批服务“一网通一次办”平台应用情况等进行调研。

6日

全市生态环境保护电视电话会议召开。省委、省政府环保“回头看”督察组组长林富强出席会议。市委书记张志川，市长刘锋分别讲话。

全市“三基建设”推进会召开，市委书记张志川出席会议并讲话。

7日

晋城市召开全市扫黑除恶专项斗争推进会，市委书记张志川主持会议并讲话。

9日

市委书记张志川到晋城一中进行调研，并与2018年优秀毕业生进行座谈。

10日

市政府出台《晋城市打赢蓝天保卫战攻坚行动巡查方案》，决定成立6个巡查工作组进驻各县（市、区）、开发区和市直相关部门，开展日常化巡查工作，巡查时间为2018年8月10日至次年3月31日。

16日

市委书记张志川到市发改委和市环保局调研座谈。

16日至22日

首届山西非物质文化遗产博览会"大美太行"系列活动在晋城市举行。

17日

市委书记张志川到市财政局调研。

18日

市委市政府召开全市重点工作推进会。市委书记张志川、市长刘锋分别讲话。

18日至19日

第三届学习习近平总书记党建重要论述暨基层党建创新研讨会在晋城市举行。市委书记张志川到会并致辞。

18日至20日

首届山西·阳城(国际)陶瓷博览交易会在山西省阳城县建筑陶瓷工业园区举行。来自海内外17个国家和地区的专家、学者、参展商和采购商逾万人齐聚"北方瓷都"阳城,共话陶瓷未来发展。其间,市委书记张志川会见到晋城市参加首届山西·阳城(国际)陶瓷博览交易会的中国建筑卫生陶瓷协会秘书长吕琴和各地客商,就加强陶瓷产业合作进行交流。

22日

市委书记张志川到市经信(国资)委和市统计局进行调研。

30日

按照省委安排,省委脱贫攻坚第四督导组与市委、市政府对接,正式进驻晋城市,开展脱贫攻坚督导工作。

晋城市公共交通有限公司举行改制挂牌暨旅游公交开通仪式,标志着晋城市改革开放迈向新的水平。市委书记张志川出席挂牌仪式。

31日

市委书记张志川到泽州县和晋城经济技术开发区调研转型项目推进情况,现场办公协调解决推进中存在的问题。

是月

第七批"全国民主法治示范村"名单公布,全国803个村(社区)获选,晋城市沁水县郑村镇湘峪村和泽州县巴公镇南山村入选。

市政府办公厅印发《晋城市"厕所革命"实施方案(2018—2020年)》,决定利用三年时间,以公厕补建、提档升级为重点,新建、改造、开放一批公厕,解决群众反映最强烈的问题,补齐影响群众生活品质的短板。

晋城市旅发委与济源市旅发委共同推出一系列旅游惠民政策,形成两地旅游融合大格局。

9月

1日

2018中国国际商标品牌节在河北唐山开幕。晋城市在本次博览会设立"山西晋城品牌专区"。山西兰花酿造有限公司、阳城县源源醋业有限公司、山西沁河古堡农业开发有限公司、山西圣康蜂业有限公司、晋城市量子文化传媒有限公司、阳城县皇城相府酒业有限公司、陵川县诗湖农业开发有限公司共7家企业参加本次博览会。

4日

全市深化"放管服效"改革,转变政府职能工作会议召开,市长刘锋出席会议并讲话。

6日

在深圳举办的第20届中国国际光电博览会上,晋城市光机电产业开展推介对接,达成签约项目5个,涉及5G光通信产业化、光电器件封装、高功率半导体激光器等,项目总投资27.2亿元。

7日

市委召开扫黑除恶专项斗争督导会议,传达贯彻中央扫黑除恶督导组和省委书记骆惠宁、省长楼阳生有关指示精神,总结前一阶段扫黑除恶成绩经验,安排部署今后全市扫黑除恶工作任务。截至2018年底,全市共摸排涉黑涉恶犯罪线索900余条,申请办结858条。打掉黑恶势力团伙65个,抓获犯罪嫌疑人510名,破获刑事案件877起。

市委书记张志川主持召开七届市委全面深化改革领导小组(市国家资源型经济转型综合配套改革试验区工作领导小组)第二十一次会议,传达学习省委深改(综改)领导小组会议精神,审议并原则通过《2018年上半年全面深化改革督察报告》《晋城市农村人居环境整治三年行动实施方案》和《关于深化全市党政机构改革的实施意见》等政策文件。

9日

中共晋城市七届五次全体会议召开。全会审议通过市委《关于进一步激励广大干部新时代新担当新作为,努力建设高素质专业化干部队伍的实施意见》和《关于适应新时代要求大力发现培养选拔优秀年轻干部的实施意见》，表决通过《中共晋城市委关于同意阳城县撤县设市的决议》。

10日

市委书记张志川在晋城职业技术学院为广大师生讲授题为《以习近平新时代中国特色社会主义思想为指导，推动晋城市职业教育再创新辉煌》的专题党课。授课结束后，张志川与学院师生用中英文进行面对面互动，现场解答师生提出的职业教育发展、旅游发展、学生行为习惯养成等问题。

市委邀请在晋城的部分博士举行座谈，市委书记张志川参加座谈。

市委书记张志川与从乡镇党委书记中选拔的副处级干部集中进行任前谈话，向即将走向新岗位的16名副处级干部提出殷切期望。

11日至12日

省委常委、常务副省长林武在沁水县、晋城经济开发区、晋城市城区、晋煤集团等地，就转型项目建设、今冬明春煤层气保障供应等工作进行调研。

13日

阳城县北留镇皇城村入选首届"中国农民丰收节"100个特色村庄。

14日

山西（太原·阳泉）特色农产品展示展销活动晋城市乡村振兴招商引资暨贸易项目签约仪式在北京新发地农产品批发市场举行。全市签约乡村振兴招商引资项目34个，签约总额110.9亿元；贸易签约项目30个，交易额达6.7亿元。

15日

国际知名企业阿里巴巴集团正式入驻山西兰花物流园区，晋城对外开放再迈出重要步伐。

山西省政府印发通知，12个省定贫困县达到相关指标，符合贫困县退出标准，批准退出贫困县，其中包括晋城市的陵川、沁水两县，至此，全市所有县（市、区）摘掉贫困帽子。截至2018年底，全市182个贫困村有序退出，5.6万贫困人口稳定脱贫，贫困发生率由精准扶贫之初的5.3%下降至0.64%。

16日

2018中国（太原）国际能源产业博览会期间，高平市与中联煤层气有限责任公司在晋祠宾馆举行合作协议签约仪式，双方达成合作开发利用煤层气项目框架性协议。市委书记张志川，中国海洋石油集团有限公司副总经理、中国海洋石油有限公司总裁徐可强，中联公司董事长、党委书记、总经理俞进参加签约仪式。

17日

市委书记张志川与俄中友好协会副会长、俄中新丝绸之路文化发展基金会俄方会长奥帕索夫·耶夫根尼·康斯坦丁诺维奇，就加强文化旅游、经贸交流等方面合作进行座谈。

18日

2018中国（太原）国际能源产业博览会重大项目签约仪式在中国（太原）煤炭交易中心举行。晋城市共有6个项目成功签约，总投资额28.19亿元，分别是：城区政府引进的中电智云大数据产业园项目，投资方为中电智云控股有限公司（北京），拟投资13.52亿元；泽州县周村镇政府引进的循环利用煤化工副产品生产专用纳米钙及改性材料项目，投资方为山西晶英纳米材料有限公司，拟投资6.1亿元；阳城县招商局引进的瑞亚力生化诊断试剂项目，投资方为山西瑞亚力生物技术有限公司，拟投资5.5亿元；陵川县西河底镇政府引进的餐厨垃圾、城市粪便与污水处理厂污泥无害化综合处理项目，投资方为山西百孚百富生物能源开发有限公司，拟投资1.45亿元；陵川县秦家庄乡政府引进的骅磊盛尾气余热回收综合利用项目，投资方为骅磊盛纳米新材料有限公司，拟投资0.62亿元；沁水县政府引进的煤矸石综合处理及资源化80万吨项目，投资方为国商天时建（北京）环保科技有限公司，拟投资1亿元。

19日

中德合作企业家培训中心在晋城职业技术学院正式挂牌，标志着晋城市对外开放迈出新步伐。根据合作协议，德国国际合作机构（GIZ）将分期对晋城市100名企业家进行培训，提升晋城市企业家走出国门、走向世界的能力和水平。市委书记张志川与德国国际合作机构（GIZ）国际合作部总监马丁·汉森共同为培训中心揭牌，并就双方进一步展开合作进行探讨交流。

20日

市委书记张志川到泽州县和

市中级人民法院，就扫黑除恶专项斗争开展情况进行督导调研，并召开座谈会听取各级干部群众对扫黑除恶专项斗争的意见和建议。

22日

市委、市政府组织全市干部群众，集中收看全省深化扫黑除恶专项斗争边督边改视频工作会议。市委书记张志川在主会场发言，市长刘锋在晋城分会场对全市边督边改工作进行安排部署。

25日

省委扫黑除恶第四督导组组长高国俊带队进驻晋城市，对晋城开展扫黑除恶专项斗争进行督导。市委书记张志川主持召开常委会议，传达学习习近平总书记在中央全面依法治国委员会第一次会议上的讲话精神和省委边督边改工作会议精神，研究全市贯彻落实意见。

26日

市政府召开金村新区规划建设座谈会，听取泽州县关于金村新区规划、建设及重点工作进展情况，并与省经建投、中信集团、交控路桥集团、中铁三局集团、中铁七局集团企业负责人就金村新区规划投资开发等事宜进行交流沟通。市长刘锋出席座谈会并讲话。

晋城市首届农民丰收节系列活动——晋城市特色农产品展示展销周、晋城市农村改革40周年成就和脱贫攻坚成果图片展、晋城市第六届农民运动会等活动启动。

27日至28日

山西省特色小镇建设研讨会在晋城市召开。省人大常委会原副主任赵劲夫、省政协原副主席郭良孝参加会议并讲话。市委书记张志川致辞，省城镇协会会长岳纪安主持会议。

29日

市委召开赴浙江嘉兴挂职干部期满座谈会。

太行一号国家风景道、“四好”农村路、农林文旅康产业融合发展、重点工程推进会议，及全市相对集中行政许可权改革专题会议在高平市召开。市长刘锋出席会议并讲话。

29日

中国首部明清院落夜游实景剧《再回相府》新闻发布会暨首演仪式在皇城相府景区举行。《再回相府》由山西文旅集团云游山西股份有限公司与国家AAAAA级景区皇城相府联手打造，以一代帝师陈廷敬回家思乡之情为主线，以皇城相府主要景点为体验线索，以景区内院落、楼台、城墙为表演舞台，辅之以声光电等特效技术，是一场文旅融合的饕餮盛宴。

30日

市委、市政府在晋城烈士陵园举行公祭活动，缅怀革命先烈，开展爱国主义教育。市领导张志川、刘锋、李根田、范丽霞、赵沂旸、焦光善、卫明喜、石云峰、荆俊明等，与600余名各界群众、武警官兵、中小学生共同参加公祭活动。

市委、市政府邀请全市民营企业家代表举行“两节”茶话会，共商晋城改革发展大计。市委书记张志川出席并讲话，动员号召广大民营企业家为美丽晋城高质量转型发展贡献智慧。

10月

1日

市委书记张志川、市长刘锋分别到晋城市城区、泽州县重点工程建设工地，看望慰问国庆节期间奋战在一线的建设者，向他们送去节日问候。

《晋城市文明行为促进条例》正式施行。该《条例》共5章37条，分别为《总则》《文明行为基本规范》《鼓励与保障》《法律责任》以及《附则》，对市民基本文明行为规范作具体规定。

9日

晋城市新闻传媒集团举行成立暨揭牌仪式。由35个国家38名新闻记者组成的“新时代美丽晋城外国记者行”采风团一行在晋城见证改革时刻。市委书记张志川、市长刘锋与市四大班子领导共同参加揭牌仪式。晋城市在全省率先启动“机构整合+媒体融合”改革，整合太行日报社和晋城广播电视台两大市级媒体，在全省第一家成立市级新闻传媒集团。此后，加快推进县级融媒体中心建设，县级融媒体中心相继挂牌成立。

11日

市长刘锋到陵川县王莽岭景区对景区体制机制改革、农林文旅康试点工作进行调研。

13日

陈卜故里首届全国太极拳邀请赛暨“云上太极·康养山河”太极文化旅游节开幕式在泽州县山

河镇山里泉景区举行，共有来自全国15个省、直辖市、自治区，30多支代表队，400多名运动员参赛。市委书记张志川会见前来晋城市参加开幕式的中国武术协会原专职副主席张山一行。

14日

庆祝皇城相府景区成立20周年暨首届皇城相府中国宰相文化节在阳城县皇城相府举行。中国书法家协会主席苏士澍带领百余名国内知名书法家前来参加庆祝活动。市委书记张志川专程看望苏士澍一行。

15日

市委书记张志川到晋城职业技术学院西校区，看望慰问原晋城师范党总支副书记、93岁的赵采如老人。同日，市长刘锋看望慰问离休老干部贾培宏。

17日

市委书记张志川到供热企业和市区群众家中，对市区供暖情况进行调研。

19日

市政府与省文旅集团举行座谈会，就加快推进王莽岭景区体制改革和整治提升景区质量进行深入交流探讨。市长刘锋与省文旅集团董事长王文保共同参加座谈会。

24日

市委书记张志川主持召开市委中心组学习会议，学习习近平总书记视察山西重要讲话精神、在十九届中央政治局第八次集体学习时的重要讲话精神、在全国教育大会上的重要讲话精神，及《习近平新时代中国特色社会主义思想三十讲》。学习中共中央办公厅《关于统筹规范督查检查考核工作的通知》，以及新修订的《宗教事务条例》。传达学习省委常委（扩大）会议和全省机构改革动员大会精神。

26日

市委书记张志川到泽州县巴公镇开展专题调研。

28日

晋钢智造科技产业园项目在泽州县巴公镇李村村开工建设。市委书记张志川、市长刘锋与山西交通控股集团有限公司董事长、党委书记袁清茂，晋商银行董事长、党委书记阎俊生，中冶京诚工程技术有限公司总经理薛庆斌，中科院高温金属研究所研究员盛乃成等来宾共同出席开工仪式。

29日

省委第九督导检查组莅临晋城，对晋城市贯彻落实省委十一届六次全会精神及系列专项部署情况开展督导检查。省委常委、省委政法委书记、省委第九督导组组长商黎光，省政协副主席、省委第九督导组副组长席小军参加督导动员会。商黎光就搞好督导检查工作提出明确要求。市委书记张志川代表市委、市政府作工作汇报，市长刘锋参加汇报会。

31日

市委书记张志川到市农委就“三农”工作进行专题调研，并主持召开座谈会，共同研究分析存在的问题及对策。

是月

晋城市太行一号国家旅游风景道工程、中原街改造及地下综合管廊道路工程和阳城县城市综合管廊道路工程3个项目入选山西省财政厅公布第五批省级PPP示范项目，总投资77.71亿元。

11月

1日

全市非洲猪瘟防控工作电视电话会议召开，安排部署防控、处置非洲猪瘟工作。市长刘锋强调，全市上下要统一思想，提高认识，突出重点，全力防控，坚决打赢非洲猪瘟疫情阻击战。

2日

市委书记张志川在晋城市城区和市环境网格化监管指挥中心，对环保网格化建设与运行、网格长履职能力和网格化监管指挥系统建设进行督促检查。

4日至5日

晋城市组团参加上海首届中国国际进口博览会。其间，与南非莎拉巴特曼市在上海国际展览中心举行项目洽谈对接会，并签订经贸合作框架协议。市长刘锋到上海红星美凯龙欧丽洛雅至尊家具购物中心、爱琴海购物公园、均和集团等民营企业学习考察。

6日

市委书记张志川与前来参加晋城一中校友会的代表进行座谈，向来宾介绍晋城历史文化、经济社会发展现状，并代表市委、市政府对晋城一中校友会成立表示祝贺，对大家回到家乡表示欢迎，向各位学子热心关注和支持家乡发展表示敬意。

7日至8日

省纪委副书记、省监委副主

任郝权就全面从严治党主体责任落实及纪检监察工作开展情况在晋城市调研。市委常委、纪检委书记、市监委主任那志茂汇报工作并一同调研。

7日至10日

晋城市政务考察团到江苏省无锡市、常州市、扬州市城乡进行考察学习。

8日

中华全国供销合作总社党组成员、监事会主任宋璇涛深入高平市,就推进联合社"三会"制度建设、助推乡村振兴情况进行调研。

9日

市委书记张志川到泽州县南岭乡就乡村振兴进行调研。

13日

市委书记张志川到泽州县金村镇峪西村一采石场进行实地检查,对采石场环境污染问题提出明确整改要求。

市委书记张志川到陵川县就各项重点工作和全年目标完成进度进行调研。

14日

省委第九督导检查组在晋城召开督导检查反馈意见会,省委常委、省委政法委书记、省委第九督导检查组组长商黎光代表督导检查组反馈意见。省政协副主席、省委第九督导检查组副组长席小军主持会议。市委书记张志川代表市委、市政府表态发言。

15日

晋城市将17种抗癌药纳入医保门诊大额疾病用药管理,大幅度降低抗癌药品价格,进一步减轻了患者用药负担。2018年以来,市委、市政府通过持续深化医疗机构改革,构建县乡一体化体制,改革医保资金划拨使用办法,制定出台《晋城市推行公立医疗机构药品采购"两票制"实施方案(试行)》等措施,解决人民群众看病难、看病贵问题。截至2018年底,随着医疗一体化改革不断深化,全市基本形成三级诊疗格局,民生保障水平提高。

16日

2018年中国国际旅游交易会在上海新国际博览中心开幕。晋城市皇城相府、珏山、炎帝陵等企业组团参展。

18日

晋城环城高速公路连接线开工仪式在泽州县南村镇北西村举行。市委书记张志川出席仪式并宣布开工。市长刘锋、山西交通控股集团有限公司董事长袁清茂出席仪式并讲话。晋城环城高速公路全长10.926千米,四周连接晋长、晋焦、晋济、高新、晋阳等高速公路,全线采用双向四车道标准,改善市区道路交通状况,提升城市形象。

19日

市委召开常委会议,传达学习省委常委、省纪委书记、监委主任任建华在省纪委监委工作例会上的讲话精神和省纪委副书记、监委副主任郝权在晋城调研时的讲话精神;传达学习全省扫黑除恶专项斗争督导整改工作领导小组专题会议暨省扫黑除恶专项斗争领导小组会议精神,研究全市贯彻落实意见;听取近期全市环境保护工作情况汇报。审议并原则通过《晋城市贯彻落实省委第九督导检查组反馈意见整改工作方案》《关于全面加强生态环境保护坚决打好污染防治攻坚战的实施意见》《生态文明体制改革实施方案》《关于推进防灾减灾救灾体制机制改革的实施意见》《关于坚决打赢全市脱贫攻坚战三年行动的实施意见》《美丽晋城战略规划》《关于持续深化全市群众性精神文明创建活动的实施意见》《关于进一步加强全市网络安全和信息化工作的实施意见》等。市委书记张志川主持会议并讲话。

21日

市委召开全市宣传思想工作会议,市委书记张志川出席会议并讲话。

市文明委召开全体会议。市委书记、市文明委主任张志川强调,要以习近平新时代中国特色社会主义思想和党的十九大精神为指导,认真贯彻落实习总书记视察山西重要讲话精神,按照省委的部署,牢牢把握"城市让生活更美好"创建理念,肯定成绩、正视问题,狠抓落实、全民动员,有效推动精神文明建设各项任务圆满完成,为新时代美丽晋城高质量转型发展提供强大的精神动力和丰厚道德滋养。

晋城市召开网络安全和信息化工作会议,市委书记张志川出席会议并讲话。

28日

市政府举行新闻发布会,通报在市区实施重污染天气限行交通管理措施情况。决定即日起至次年3月31日，重污染天气橙色及以上预警期间，将对西环路（不含）以东，金凤路及中原东街（不含）以西，北环路（不含）以南，白水街（不含）以北区域实施机动车单双号限行。

29日

市长刘锋对老城更新与保护工作进行调研。

30日

市人大制定的《晋城市大气污染防治条例》《晋城市古堡群保护条例》通过山西省人大常委会第七次会议审查批准。定于次年1月1日起正式实施。

是月

"2018年山西省特色商业街"名单公示，晋城市"皇城相府明清商业文化街""大阳古镇民俗风情文化街"入选。

12月

2日

全市危险化学品安全生产工作视频会议召开。市长刘锋出席会议，对做好全市危险化学品安全生产工作安排部署。

5日

市委书记张志川到泽州县李寨乡、川底乡，对党建工作和党的路线方针政策、重大决策部署落实情况，及农林文旅康产业融合发展等工作进行调研。

7日

市政府与中国公路工程咨询集团有限公司高层进行交流座谈，双方签署战略合作框架协议。

晋城市皇城相府景区获全国"年度魅力文化景区"称号，大阳古镇获全国"年度魅力小镇"称号。

8日

晋城市获中央电视台《魅力中国城》组委会授予的"十佳魅力城市"称号。

9日

市政府与山西省经济建设投资集团有限公司高层在省城太原召开座谈会，就晋城市金村新区开发建设进行合作洽谈。市长刘锋，省经建投集团党委书记、董事长谷建春出席座谈会并讲话。

10日

市委书记张志川继11月2日，再次就环保网格化监管体系完善和运行情况进行专题调研。

市政府与山西大学对接座谈会在山西大学举行，双方就校地合作等事宜进行交流沟通。山西大学校长黄桂田、市长刘锋出席座谈会并讲话。

11日

市委办公厅机关党支部组织开展"学习贯彻《中国共产党支部工作条例（试行）》"主题党日活动。市委书记张志川以普通党员身份参加集体学习，并参加"送温暖、献爱心"社会捐助活动。

12日

市委书记张志川主持召开市委常委会议，传达全省大力发现培养选拔优秀年轻干部会议精神，研究全市贯彻落实意见；传达全省信访基础业务规范化建设推进会议精神，研究全市贯彻落实意见；传达全省党委秘书长、办公厅（室）主任会议精神，研究全市贯彻落实意见；审议并通过《关于贯彻落实省委省政府支持民营经济发展30条的决定》《关于深入开展领导干部联系民营企业工作的通知（草案）》《党委（党组）意识形态工作责任制实施细则》《关于建立市人民政府向市人大常委会报告国有资产管理情况制度的意见（送审稿）》《大力发现培养选拔优秀年轻干部行动计划》；听取关于晋城市改革开放40周年民主法治十大业绩（事件）评选工作有关情况的汇报；安排部署当前工作。

首届"晋城有礼"全国文创设计大赛总决赛暨颁奖盛典在市新闻传媒集团大演播厅举行。

13日

全市支持民营企业发展大会召开。会议学习贯彻习近平总书记重要讲话精神，落实全省支持民营企业发展大会和省委书记骆惠宁讲话精神，出台市委市政府《关于落实省委省政府支持民营经济发展30条的决定》，发出《关于深入开展领导干部联系民营企业工作的通知》。市委书记张志川出席会议并讲话。

市委书记张志川主持召开市委常委（扩大）会议，听取全市重大项目谋划情况汇报，对进一步做好项目谋划、加快项目建设，推动高质量转型发展作出部署。16个市直单位按基础设施、产业、民生板块分别汇报相关领域重大项目谋划情况，各县（市、区）、晋城经济技术开发区分别汇报本地重大项目谋划、招商引资和开发区建设情况。

市委、市政府召开全市开发区改革创新发展和招商引资推进会。

13日至15日

首届中国·晋城首届太行古堡国际论坛在晋城举行。来自比利时等一些国外研究机构和清华、北大等国内知名大学的多名专家,就太行古堡的价值及保护开发利用展开研讨。此次论坛以"穿越时空 对话先贤"为主题。

15日

市委书记张志川与原国家旅游局综合司司长、文化和旅游部亚洲旅游交流中心主任张坚钟等参加《谁不说俺泽州好》第二季节目录制的文化旅游专家进行座谈,分析晋城旅游发展优势,探讨文化旅游产业发展方向。

市长刘锋到泽州县北义城镇西黄石村、高平市河西镇永宁寨村、陵川县西河底镇黄庄村,对传统村落建筑现状、保护和发掘利用情况进行实地调研。

晋城市首届中小学生创客大赛机器人项目比赛在晋城一中艺体馆举行。

18日

全市广大干部群众集中收听收看中共中央庆祝改革开放40周年大会和习近平总书记重要讲话直播盛况。

19日

晋城市"庆祝改革开放40周年暨2019迎新年精品剧目展演"拉开帷幕,首场演出——"国乐华章情满太行"民族交响音乐会在市文体宫上演。

20日

晋城市召开光机电产业深度对接会。清华大学、山西大学和富士康科技集团、北京、深圳、广州、珠海、西安、洛阳、廊坊等国内光机电产业相关专家、教授和企业负责人近60人参加会议,为晋城市加快发展光机电产业出谋划策,开展合作。市委书记张志川出席会议并致辞。山西大学校长黄桂田、市长刘锋出席会议并讲话。

21日

市委召开意识形态工作领导小组暨2018年度意识形态领域形势研判会议。市委书记、市委意识形态工作领导小组组长张志川主持会议并讲话。会议审议并原则通过《中共晋城市委意识形态工作领导小组工作规则(修订)》。各县(市、区)委书记、开发区党工委书记、市委统战部、市直工委、市经信委、市教育局分别汇报2018年意识形态领域形势研判情况。

22日

市政府与省文旅集团在太原召开座谈会,就加快推进王莽岭大景区基础设施建设和合作开发事宜进行探讨交流。市长刘锋出席会议并讲话。

23日

2018"质量之光"年度质量颁奖盛典在北京举行。晋城市获"质量魅力城市"称号,是2018年度山西省唯一获此殊荣的城市。

25日

晋城市科学技术协会第五次代表大会召开,选举产生新一届科协领导班子。省科协党组书记、副主席许富昌出席会议并讲话。市委书记张志川与新当选的市科协领导班子进行集体谈话,并提出要求。

2018年

晋城市社保工作在全省实现"两个率先":率先在全省完成农村居民和城镇居民基本医疗保险制度整合,率先在全省实现全国异地就医费用即时结算。

整合农村居民和城镇居民基本医疗保险制度,全市城乡居民基本医疗保险制度实现"六统一"。

开发国家、省、市、县、乡、村六级网络云服务平台,通过此平台,全市城乡居民均可享受同等的医疗保险服务。

市医保信息管理系统正式接入国家异地就医住院费用直接结算系统平台,参保职工可在省内、省外定点医疗机构进行异地住院费用网上直接结算。

全年完成"四好农村路"建设1303千米,完成投资11.3亿元。全市具备通车条件但尚未通车的579个建制村全部通客车。

全年投资近80亿元,改造27条城市道路,其中新市街、太岳街、畅安路南延等多项工程当年开工、当年完成,其余的项目建设快速推进。

〔市委党史研究室(市地方志研究室)〕

自然地理

【位置　境域】　晋城市古称泽州，位于山西省东南隅、太行山南麓。地理坐标为：北纬35°11′12″～36°13′56″，东经111°56′05″～113°37′15″。总面积9424.9平方千米。最东端在陵川县古郊乡锡崖沟村当中洼东，最南点在泽州县山河镇龙门村南槽自然村南，最西端在沁水县中村镇后河庄村西，最北点在沁水县十里乡范庄村果角岭庄北。因四周多山，与周边县、市多以山为界，四至分界变迁不大，基本上与古泽州相同，分别为：东与河南省的辉县市、修武县接壤，距离辉县市168千米，距修武县122千米；南与河南省的博爱县、沁阳市、市济源交界，距离博爱县78千米，距沁阳市74千米，距济源市80千米；西与省内临汾市的安泽县、浮山县、翼城县及省内运城市的垣曲为邻，距离浮山县183千米，距翼城县137千米；北与省内长治市的长子县、长治县、壶关县相连接，距离长子县93千米，距长治县73千米，距壶关县115千米。晋城市区位于境域南部偏东，与所属各县、市的距离为：北距高平市40千米，西距阳城县36千米，西北距沁水县86千米，东北距陵川县56千米。

【气候　气温】　晋城市属暖温带大陆性季风气候，基本特征是四季分明，冬长夏短，雨热同季。境内大部分地区年日照时数在2393小时～2630小时之间，平均为2565小时，属于“长照地区”。太阳辐射数值在每平方厘米130.8千卡～136.3千卡之间，属光线资源比较丰富的地区；年平均气温为7℃～12℃，其中东西山区为7.9℃，其余地区均在10℃左右。35℃以上极端最高气温和−20℃以下极端最低气温很少出现。全境年平均气温≥0℃的持续天数达264天～274天，大部分地区在255天左右。冬夏温差不太悬殊，夏季即使在高温酷暑的年份，高温天数也只有半月左右，尤其是陵川县，由于地形条件，温差很小，即使到严冬也不太冷，盛夏则是清凉避暑的胜地。境内平均无霜期为165天～198天，少数地区农作物为一年一熟，多数地区为两年三熟。2018年，晋城市气温略偏高，降水正常到略偏多，日照正常。全市平均气温介于9.6℃～13.0℃之间，较历年平均值偏高0.7℃～1.0℃，平均日照实数介于2315.1小时～2461.1小时。

〔市委党史研究室(市地方志研究室)〕

建置区划

【历史沿革】　晋城是华夏文明的发祥地之一。境内有女娲补天、精卫填海、愚公移山、尧舜禅让、神农播谷、舜耕历山、渔于濩泽、禹凿石门等众多传说。中华人民共和国成立后，在考古中发现的多处古人类遗址，证明晋城地区文明开化较早。1972年，在沁水县下川发现的下川遗址，是旧石器时代晚期的文化遗存，证明早在2万多年以前就有人类在这里繁衍生息；1986年，在陵川县夺火乡发现的塔水河遗址则属于旧石器时代古人类洞穴生活遗址，经考古专家鉴定，距今约10万~7万年。

春秋战国时期。春秋时，周襄王十三年（前639），晋文公围原，以信服原，迁原伯姬里于翼，以赵衰为原大夫，境域属晋。周安王二十六年（前376），赵、韩、魏三分晋地，境域大部属韩，部分属魏。周赧王五十三年（前262），秦伐韩，拔野王（今河南沁阳），断新郑（韩国都）与上党联系。上党守冯亭举上党17城入赵，境域遂归赵，并因此引发“长平之战”。越二年（前260），秦将白起在长平大败赵军，坑杀赵降卒40余万人，悉拔上党诸城。

秦汉魏晋南北朝时期。秦统一天下后，推行郡县制，本境属上党郡。汉代，于境内置5县，分属2郡，其中：濩泽（今阳城县）、端氏（今属沁水县）属河东郡（治所在今夏县北）；泫氏（今属高平市）、高都（今属泽州县）、阳阿（今属泽州县）属上党郡（治所在今长子县西）。东汉时于阳阿、濩泽置侯国，其余县建制不变，同属并州。三国时期，境域属魏，县之建置同西汉。西晋时，废阳阿，端氏、濩泽属平阳郡（治所今临汾市），泫氏、高都属上党郡（治所在今长治市）。十六国时，境域先后为刘渊、石勒占据，属前、后赵国。西燕慕容永据长子称帝后，复阳阿县并在阳阿置建兴郡，境内始设县以上建置。后燕因之。南北朝时，境域属北魏。北魏于境内置建州，治所在今泽州县高都镇。建州领4郡、10县：高都、阳阿二县属高都郡（治所亦在今高都镇）；高平（称高平始于此，治即今高平市）、泫氏二县属长平郡（治所在泫氏城，今高平王报村）；端氏、濩泽二县属安平郡（治所在端氏）；东永安（治所在今沁水县西15千米固镇村）、西河（治所在今沁水县东20千米西河村）、西濩泽（治所在今阳城县泽城村）、高延（治所不考，约在今沁水县境内）四县属泰宁郡（治所在沁水县固镇村）。北齐袭北魏，仍置建州，领长平、高都二郡，省安平、泰宁等郡，并东永安、西河、高延等改为永宁县。后周改高都为丹川县，泫氏并入高平县，并长平、高都二郡为高平郡，治所在丹川县。

隋唐五代时期。隋开皇三年（583），改建州为泽州，盖因濩泽为名，泽州古称始于此。开皇十六年（596），析高平置陵川县，陵川置县始于此。开皇十八年（598），改高平郡为丹川县，改永宁为沁水县。大业三年（607），复改州为郡，置长平郡，领丹川、沁水、端氏、濩泽、高平、陵川6县。义宁二年（618），复改长平郡为泽州。

唐代，境域属河东道泽州或高平郡。唐武德元年（618），于丹川置建州，濩泽置泽州。武德三年（620），分丹川置晋城县，隶于建州，晋城之名始于此；又于长平置盖州（治所在今高平米山镇），分置盖城县（治所在今陵川县盖城村）以隶之。武德六年（623），废建州徙盖州来治。武德八年（625），复泽州，移治端氏。武德九年（626），并丹川、盖城二县入晋城。唐贞观元年（627），废盖州，徙泽州州治于晋城，领晋城、高平、陵川、濩泽、沁水、端氏6县。唐天宝元年（742），复改泽州为高平郡，仍领晋城、高平、陵川、阳城（原濩泽改，阳城之名始于此，治所在今阳城县城）、沁水、端氏6县。唐乾元元年（758），仍改高平郡为泽州，属河阳节度。唐末属昭义军，亦称泽潞军。

五代十国时期，境内为梁、唐、晋、汉、周五代反复争夺之地，战争频繁，或称泽州，或称高平，或称昭义军，或称匡义军，朝名夕改，相继归属后梁、后唐、后晋、后汉、后周。

宋金元时期。宋代，境域仍设泽州，辖晋城、高平、阳城、端氏、沁水、陵川6县，属河东路。金天会六年（1128），改泽州为南泽州，以别于北京泽州。天德三年（1151），复称泽州，属平阳府。贞祐四年（1216），置泽州昭义军，属上党，贞祐六年（1218）改隶孟州。元光二年（1223），升阳城县为勣州，于泽州置忠昌军，统晋城、端氏、高平、陵川、沁水5县。

元代，境域属晋宁路（治所在今临汾市）。蒙古世祖中统元年（1260），置司侯司，领晋城、高平、阳城、沁水、陵川、端氏6县。元至元三年（1266），裁司侯司，并裁陵川入晋城，裁端氏入沁水，以泽州领晋城、高平、阳城、沁水4县。至元三十一年（1294），复由晋城析置陵川县，泽州领晋城、高平、阳城、沁水、陵川5县，第一次确立泽州领5县建制，辖区约相当于今晋城市范围。

明清时期。明洪武元年(1368)，裁晋城县入泽州，领高平、阳城、沁水、陵川4县，隶平阳府。洪武九年(1377)，泽州改为直隶州，属冀南道，隶山西布政使司，领县不变。

清沿明制。雍正六年(1728)，升为泽州府，附廓置凤台县。泽州府辖5县：凤台、高平、阳城、陵川、沁水。治所在凤台县。

辛亥革命后，全国废府、州，存县设道。民国3年(1914)废泽州府，所辖各县归冀宁道，同年改凤台县为晋城县。民国19年(1930)全省统一废道，5县俱属山西省。抗日战争初期，阎锡山成立7个专署，于长治设第五专署，晋、高、阳、陵、沁5县归属山西省第五专署。日军侵占上党后，曾设上党道，企图统治晋东南。为抗击日军侵略，八路军于民国26年(1937)底至民国27年(1938)初挺进敌后，以晋东南为中心逐步建立太行、太岳抗日根据地，属晋冀豫区。民国29年至民国32年(1940—1943)，晋、高、阳、沁、陵5县县城，先后被日军占领。为便于发动和组织军民抗日，晋冀鲁豫边区所属的太行行署和太岳行署，除建立高平、陵川、沁水等县抗日县政府外，并在边缘地区设置新县，先后计有：士敏县(以端氏为中心，为纪念爱国将领武士敏而名)、沁(水)南县、晋(城)沁(阳)县、晋(城)北县、晋(城)东县、陵(川)高(平)县、建宁县、阳(城)南县与阳(城)北县。

民国34年(1945)，晋城、高平、阳城、陵川、沁水5县相继解放，原置边缘县撤销，恢复原5县建制，其中晋城、高平、阳城属太岳四专属，沁水属太岳二专属，陵川属太行四专署。民国37年(1948)2月，析晋城县城关区设晋城市，1949年8月撤销，辖区仍归属晋城县。

中华人民共和国时期。1949年9月，山西省设立7个专区，长治专区成立。晋城、高平、阳城、陵川4县属长治专区，沁水县归属翼城临时专区。1950年1月，翼城临时专区撤销，沁水县归属长治专区。1958年，陵川、高平两县并入晋城县，沁水县并入阳城县，境内只设2个县，同年，长治专区改为晋东南专区，晋城、阳城归属晋东南专区。1959年7月，陵川县从晋城县分出，恢复原陵川县建制；1959年10月，沁水县从阳城县分出，恢复原沁水县建制；1961年5月，高平县从晋城县分出，恢复原高平县建制，隶属关系不变。1971年，晋东南专区改为晋东南地区，辖县归属不变。1983年7月，晋城县撤县设市，为省辖县级市，由晋东南地区代管。

1985年5月，经国务院批准，晋城市升为地级市，原晋城市(县级)分为城区和郊区。原属晋东南地区所辖高平、阳城、陵川、沁水4县划归晋城市管辖。晋城市属山西省管辖。

【行政区划】 山西省东南部古时统称上党。上党有两个中心，北边以长治为中心，称北上党，南边以晋城为中心，称南上党，故当时有“两上党”之说。

夏商时期，晋城属“帝都畿内”。周朝重心西移关中，封周文王第十六子姬绞于原(今高平原村一带)。春秋时，晋文公围卫得原，境内始属晋。

战国时期，上党共有17城(具体情况，至今无考)。见于史籍记载的晋城境内的城有：原、长平、泫氏、濩泽、高都、端氏、光狼(高平康营)、阳阿(泽州大阳)等。

秦统一天下，推行郡县制，于境内置5县，分属2郡，其中：濩泽(今阳城县)、端氏(今沁水县)属河东郡(治所至今夏县北)；泫氏(今高平市)、高都、阳阿(今泽州县)属上党郡(治所至今长治市)。县分若干乡，乡下设亭、里。

汉承秦制，后汉时于阳阿、濩泽置侯国，其余不变，魏因之。

西晋废阳阿县，境内置4县，濩泽、端氏属平阳郡(治所在今临汾市)，泫氏、高都属上党郡。

东晋十六国时，境域先后为刘渊、石勒占据。西燕慕容永称帝后，复置阳阿县，并于阳阿置建兴郡，领阳阿、高都、泫氏、端氏、濩泽5县，境内始有县以上建置。

北魏实行州、郡、县制，于高都置建州(治所在今泽州县高都镇)，领4郡、10县：高都郡，领高都、阳阿2县，治高都；长平郡，领高平(称高平始于此，治所即今高平市)、泫氏2县，治泫氏(在高平王报村)；安平郡，领端氏、濩泽2县，治端氏；泰宁郡，领东永安(治所在今沁水县西)、西河(治所在今阳城县西)、西濩泽(治所在今阳城县泽城村)、高延(治所已不可考,约在今沁水县境内)4县。县下设党、里、邻,五家为一邻,五邻为一里,五里为一党。

北齐仍置建州,裁安平、泰宁2郡,其属县西濩泽并入濩泽,东永安、西河、高延并为永宁县。建州领长平、高都2郡,辖高都、阳阿、泫氏、高平、濩泽、端氏、永宁7县。北周并长平、高都郡为高平郡,改高都为丹川县,为高平郡治。

隋朝实行州、县或郡、县制。隋开皇三年(583),改建州为泽州,泽州之称始于此,废高平郡,泫氏并入高平,析高平置陵川县,改永宁为沁水县。泽州领丹川、高平、濩泽、陵川、沁水、端氏6县,治丹川。此后,或改称长平郡或为泽州,辖县不变,县下设党、里、保,五家为保,五保为里,五里为党。

唐初,实行州管县制,于丹川置建州、濩泽置泽州、高平置盖州。唐武德三年(620),分丹川置晋城县,移治今市区,晋城之名始于此,增置盖城县(治所今陵川县盖城村)。这时,境内设3州8县:泽州辖濩泽、端氏、沁水3县,治濩泽;建州辖丹川,晋城2县,治丹川;盖州辖高平、陵川、盖城3县。武德六年(623)废建州并入盖州,丹川、盖城2县并入晋城县,为盖州治所。这时,境内设2州6县,分别是:泽州,辖濩泽、沁水、端氏3县,治所移至端氏;盖州,辖晋城、高平、陵川3县。贞观元年(627),废盖州,泽州州治由端氏迁至晋城,领晋城、高平、陵川、濩泽(天宝年间改名阳城)、端氏、沁水6县,县下设乡,乡下设里,每里辖一百户。从此时起奠定今市行政区划雏形,直至清末,期间虽有过名称变化或县的短时裁置,但千余年一州(府)五县格局基本无大的变化。

辛亥革命推翻清政府后,全国废府、州,存县,实行道辖县,民国3年(1914),废泽州府,改凤台县为晋城县,与高平县、阳城县、陵川县、沁水县同属冀宁道。民国19年(1930),全省统一废道,由省直管县。

抗日战争初,阎锡山为便于统治,在全省设7个专员行政公署,代省府管辖各县,于长治设山西省第五专署,晋、高、阳、陵、沁5县属第五专署。后又设4个行署,其中第三行署驻阳城岩山,晋、高、阳、陵、沁5县属第三行署。

民国27年(1938),日本侵略军侵占境内大部分城镇及交通沿线,阎锡山委任的行政长官不得不依附于部队四处游散,原有的行政区划失去应有作用,名存实亡。在此情形下,中国共产党为便于发动和组织军民抗日,统一战争秩序,先后成立太行、太岳行署,并于境内设太岳二、四专署、太行八专署,于广大山区先后设置沁(水)南、士敏(端氏)、高平、阳(城)南、阳(城)北、晋(城)沁(阳)、晋(城)北、晋(城)东、陵川、陵(川)高(平)、建宁等县。民国34年(1945),晋城全境解放,太岳行署先后移驻沁水郑庄、阳城县城,恢复原5县建制,于晋城县设太岳四专署,领导晋城、阳城、高平、士敏4县。沁水县[民国36年(1947)士敏并入]属太岳二专署,陵川县属太行四专署。

民国37年(1948)2月,析晋城县城关区设晋城市,属太岳四专署,1949年8月,撤销晋城市重新并归晋城县。

1949年9月,撤销太岳行署、太岳四专署,成立长治专署,晋城、高平、阳城、陵川属长治专署,沁水县归翼城临时专署。1950年1月,翼城临时专署撤销,沁水县归属长治专署,从此至1985年4月,境内无独立行政区划,5县属长治(1958年改为晋东南)专区管辖。其间,1958年11月,陵川、高平一度并入晋城县,沁水县并入阳城县,境内只设2县。1959年7月,陵川县从晋城县分设,同年10月,沁水县从阳城县分设,1961年5月,高平县从晋城县分设,恢复原5县建置。1971年,晋东南专区改为晋东南地区,5县仍属晋东南地区。1983年7月,晋城撤县设市,为省辖县级市,由晋东南地区代管。1985年5月,经国务院批准,晋城市升为地级市,原晋东南地区所辖的高平、阳城、陵川、沁水4县划为晋城市辖区。原县级晋城市分为城区和郊区。晋城市辖城、郊2区和高平、阳城、陵川、沁水4县,至此,境内重新成为独立的行政区划。1993年5月,高平撤县设市,为省辖县级市,由晋城市代管。1996年8月,晋城市郊区改为泽州县。这时,全市6个县(市、区)共设立办事处8个，建制镇35个、乡80个。2001年撤并乡镇后，至2018年底，晋城市辖1区1市4县，共设48个镇、26个乡、10个办事处。

〔市委党史研究室(市地方志研究室)〕

【人口】 据2018年人口抽样调查数据显示，年末全市常住总人口为234.31万人，较上年末增加1.01万人。全年全市出生人口2.25万人，人口出生率为9.63‰；死亡人口1.24万人，死亡率为5.32‰；自然增长率为4.31‰。常住总人口性别比为100.70(以女性人口为100)。

2018年年末晋城市人口数及其构成表

指标	年末数（万人）	比重（%）
全市常住人口	234.31	
其中:城 镇	140.32	59.83
乡 村	93.99	40.12
其中:男 性	117.57	50.18
女 性	116.74	49.82

(市统计局)

生态环境

【土地资源】 晋城市古为上党地，境内除被称为“泽州盆地”的狭小平川地带外，到处是层峦叠嶂，群峰壁立。山地和丘陵占总面积的87.1%,其中山地占58.6%,丘陵占28.5%。东部、西部和南部，群山连绵；北部和中部丘陵起伏，盆地相间。盆地及山间宽谷占总面积的12.9%。最高处海拔2358米，最低处海拔不足300米，相对高差2000米，大部分地区海拔在800米以上。位于境内陵川县的佛子山，主峰海拔1884米，雄踞太行绝顶，被称为“太行第一峰”。

【环境资源】 截至2018年，晋城市共建成省级以上自然保护区5个，总面积15.56万公顷，占全市辖区面积的16.5%,其中国家级自然保护区2个(沁水历山、阳城蟒河)，省级自然保护区3个(阳城崦山、泽州猕猴、陵川南方红豆杉)。建成省级以上森林公园6个，面积2.16万公顷，占全市辖区面积的2.2%,其中国家级森林公园1个(陵川棋子山)省级森林公园5个(城区白马寺山、高平七佛山、泽州珏山、泽州华阳山、旧城阳高泉)。建成省级地质公园3个(泽州丹河蛇曲谷、沁水历山、阳城析城山)，总面积为3.04万公顷，占全市国土面积的3.21%。建成省级风景名胜区4个(皇城相府、王莽岭、山里泉、珏山)。晋城市自然生态物种主富，生态良好，生物多样性保持较高水平。晋城市陆生野生动物343种，其中兽类45种；鸟类256种，两栖爬行类42种。包括金钱豹、原麝、猕猴、大鲵、林麝等国家一、二级保护野生动物；勺鸡、金胜、秃鹫、猎隼等国家一、二级保护鸟类共计45种；省级保护野生动物23种。全市重点保护植物物种8种，其中包括南方红豆杉、水曲柳等国家一、二级保护植物。晋城特有珍稀植物白皮松、山西特有植物南方红豆杉、银杏、千头柏、侧柏、栓皮栎、皱皮木瓜、黄连木、水杉9种植物处于濒危状态。

【水资源】 晋城市是华北地区相对富水区，境内有沁河、丹河、卫河3条水系，总流域面积为9422平方千米；全市年平均降雨量为650毫米左右，水量尚属充沛，只是年度间变化较大。水资源总量为21.49亿立方米，占全省水资源总量的15.1%,人均和亩均水资源占有量分别高出山西全省平均数的1～2倍。2018年，晋城市年平均降水量为553.8毫米～678.1毫米。

【森林资源】 晋城市境内属温暖半湿润地区，林木生长条件较好。全市林业用地808.81万亩(其中，林地554.54万亩、林地32.08万亩、灌木林地153.56万亩、未成林造林地44.6万亩、苗圃地0.77万亩、无立木林地4.97万亩、宜林地45.09万亩)，森林覆盖率达39.20%,居山西省首位。其中，天然林占全市森林面积的70.2%,以天然次生林为主，主要分布于西南部中条山区和东部的太行山南端。中条山是全市树种最多的地区，有“山西植物宝库”之称，已发现的高等植物有1000余种，其中有国家重点保护的树种10余种。2006年4月、2007年11月，分别获“国家园林城市”“全国绿化模范城市”称号，2012年又获“国际花园城市”称号。

【矿产资源】 晋城市自然资源丰富，地下地上，宝藏遍布，尤以地下宝藏之多称冠全省。境内已发现的矿藏有20余种,不仅有大量的煤、铁、铝、硫黄、石膏、石英、石灰石、白云岩、耐火黏土、大理石、花岗岩等,而且还有稀有金属锰、铜、铅以及异常珍贵的铀。在各种矿藏中,煤、铁储量最大。境内煤炭总储量预计为808.1亿吨,已探明储量273.3亿吨,其中无烟煤储量占山西储量的1/2多和全国储量的1/4多。与煤伴生的清洁能源——煤层气已探明储量达6.85万亿立方米。铁矿储量为2.23亿吨。硫铁矿、铝矾土的储量也在5000万吨以上,石灰石储量高达6.5亿吨。大理石的储量约6.05亿立方米,品种有墨玉、汉白玉、紫檀玉、象牙玉、晚霞玉等达28种之多。

丰富的自然资源为晋城的经济发展提供得天独厚的条件。农业和手工业发展较早。汉代上党的谷物就输往京师,冶铁的历史可上溯到战国时期,“阳阿古剑”曾独步天下,时人难求。唐代泽州因丝织业兴盛而被定为贡丝之州。宋代,出现“其输市中州者,唯煤与铁日不绝于途”的兴旺景象。明初,晋城是全国13冶之一。明清时有“平阳泽潞豪商大贾甲天下”之说。进入近代,被称为“九州针都”的大阳所产的钢针几乎供应着全国每一个家庭。晋城的“泰山义”剪刀和阳城的犁镜更是享誉全国。蛋品制造、玻璃生产等现代工业的兴起也早于省内其他地、市。阳城的乔氏琉璃曾被北京故宫建造时使用。

1945年晋城全境解放,饱经战争破坏的工农业生产很快得到恢复和发展。20世纪70年代,晋城“五小工业”迅速崛起,曾被原晋东南地区和山西省树为“工业学大庆”的先进典型,全国曾在晋城召开现场会,推广其经验。阳城的白煤炼铁技术在20世纪50年代就受到冶金部的表彰。

〔市委党史研究室(市地方志研究室)〕

气候影响评价

【气候特征】 2018年,晋城市气候特征是:气温略偏高,降水正常到略偏多,日照正常。主要气候事件:暴雨、暴雪、寒潮、连阴雨、冰雹、短时强降水、大风、扬沙、大雾以及阶段性干旱。

气温:2018年,全市平均气温介于9.6℃~13.0℃之间,较历年平均值偏高0.7℃~1.0℃;极端最高气温介于31.1℃~35.9℃之间,出现在6月、7月;极端最低气温介于−17.1℃~−12.2℃之间,出现在1月、2月、12月。其中3月月平均气温异常偏高,阳城、高平、沁水、陵川均突破3月月平均气温的历史极大值;晋城、阳城、高平、陵川的3月日极端最高气温均突破同期历史极值(沁水与历年同期极值持平)。

降水:2018年,全市降水正常到略偏多,时空分布不均;春季多而夏秋季少,中部多东西部少。全年降水量为553.8毫米~678.1毫米,晋城、阳城、高平较历年偏多35.4毫米~102.2毫米,沁水、陵川较历年偏少14.0毫米~18.5毫米。降水特多的月份:1月、4月、11月;降水偏少的月份:2月、3月、8月、10月、12月。春播期第一场好雨出现在4月12日至13日。2018年晋城市多局地性暴雨,雷暴、冰雹、短时强降水等强对流天气出现的次数多;7月14日高平站出现大暴雨,晋城站、陵川站出现暴雨。1月4日晋城、阳城和高平出现暴雪。

日照:2018年,全市全年日照时数介于2315.1小时~2461.1小时之间,晋城、沁水、陵川比历年偏少4.4小时~114.5小时,阳城、高平比历年偏多35.2小时~104.8小时;年日照百分率介于52.2%~55.5%之间。

无霜期:2018年,晋城市区为243天;阳城为222天;高平为184天;沁水为227天;陵川为194天。

【气候事件及其影响】

(一)暴雨、连阴雨

暴雨:2018年5月5日下午到夜间晋城市出现分布不均的阵雨或雷阵雨,全市降水量为0.0毫米~52.0毫米,阳城县出现暴雨,降水量为52.0毫米,持续7小时。

受冷暖空气共同影响,6月8日至10日全市出现一次明显降水过程,降水主要集中在8日下午到夜间,降水主要以对流性降水为主,各县(市)降水量为(8日08时—9日08时):晋城75.3毫米,阳城43.7毫米,高平44.5毫米,沁水23.8毫米,陵川31.9毫米,有3个站雨量大于50毫米,测站最大雨量出现在晋城市市区。

7月13日至14日,晋城市东部出现暴雨,其中高平市出现大暴雨;9个测站降水量超过100毫米,46个测站降水量超50毫米;各县市降水量:晋城72.9毫米,高平109.9毫米,陵川79.3毫米,阳城9.5毫米,沁水14.3毫米,测站最大雨量出现在高平原村为163.1毫米。

8月5日阳城的蟒河村和固隆村出现暴雨,最大雨量在阳城的蟒河村为82.7毫米;8月16日陵川的王莽岭景区出现50.4毫米的暴雨;8月18日陵川的古郊乡、浙水村、锡崖沟村出现暴雨,最大雨量出现在古郊乡为96.1毫米。

连阴雨:2018年9月13日至20日全市出现持续8天的连阴雨天气,此次连阴雨改善前期因降水不足、气温偏高导致的旱象,但对秋收作物的收获与晾晒产生不利影响。

受冷暖空气共同影响,11月5日至11日晋城市出现连阴雨天气,降水量为17.4毫米~22.3毫米,占全月总降水的60%以上,导致土壤湿度过大,对越冬作物的冬前壮苗极为不利。

春播期第一场好雨:受冷暖空气共同影响,4月12日至13日晋城市出现春播期第一场好雨,过程降水量为晋城74.2毫米;阳城81.3毫米,高平51.8毫米,沁水52.2毫米,陵川47.3毫米。此次降水天气改善麦田土壤墒情,对冬小麦生长发育和春耕春播的顺利开展非常有利,也有效降低森林火险等级。

(二)暴雪、初雪

暴雪:受南支槽和低层回流形势共同影响,1月3日至4日晋城市出现一次强降雪,过程降水量6.2毫米~15.0毫米,主要降雪时段在3日夜间至4日白天,晋城、阳城和高平降暴雪,沁水降大雪~暴雪,陵川降大雪,最大积雪深度达7厘米~17厘米。这场雪是近10年来晋城市1月份的最强降雪。

初雪:陵川、沁水出现在11月6日,晋城市区、高平出现在11月17日,阳城出现在12月5日。

(三)强对流天气

冰雹:2018年5月1日15:07—15:10陵川县降冰雹,冰雹直径4毫米;5月15日13:20—15:00阳城县芹池、固隆2个乡镇的28个行政村先后不同程度地遭受冰雹、强风暴雨袭击,部分村庄持续降雹20分钟左右,最大冰雹直径20毫米左右,7320余人受灾,农业损失惨重;6月10日夜间阳城局地出现冰雹、大风等强对流天气;6月30日下午,晋城市大部出现强对流天气,在高平市南部、泽州县北部出现冰雹、大风等强对流天气。

短时强降水:6月19日20时沁水县土沃乡小时雨量达27.3毫米;6月19日21时阳城县固隆村小时雨量达43.3毫米;6月25日20时沁水嘉峰镇树理中学小时雨量达20.9毫米;6月25日21时小时雨量:阳城固隆村25.4毫米、芹池村21.6毫米,沁水下川村24.3毫米。7月14日4时高平原村小时雨量达60.2毫米;7月16日18时泽州张虎街村小时雨量达42.7毫米;7月27日19时高平高良村小时雨量达58.6毫米;7月28日15时城区西掩村小时雨量达52.5毫米;7月29日21时高平唐西村小时雨量达33.0毫米;7月30日14时高平团东村小时雨量达42.8毫米。8月3日3时阳城蟒河村小时雨量达37.7毫米;8月12日23时陵川古石村小时雨量达38.6毫米。

(四)寒潮

受强冷空气影响,4月3日至4日,晋城、阳城出现寒潮,24小时最低气温分别下降10.3℃、8.2℃;4月6日晋城市出现5级~6级、短时8级~9级西北或偏北风,7日凌晨,除晋城市区外,其他县市最低气温均降至零下(晋城0.5℃、阳城-0.7℃、高平-5.2℃,沁水-3.8℃,陵川-5.1℃),出现霜冻。

4月初晋城市大部分地区小麦处于起身拔节期,油菜、果树进入花蕾和花期,大棚蔬菜处在生产期,桑树处在生长期。4—7日的寒潮、大风和霜冻天气给冬小麦、果树、蔬菜、桑树生产造成较大影响,晋城市受冻面积43166亩(城区150亩,泽州县21576亩,高平市12614亩,陵川县4107亩,沁水县4719亩)。

(五)大风、扬沙、浮尘

大风:2018年全市共出现15站(次)的大风,最大风速23.2米/秒(出现在陵川县4月6日16:13,风向为NNW风),其中沁水大风日数最多为8天(1月8日、1月9日、2月11日、4月6日、4月9日、5月26日、9月6日、10月28日),阳城大风日数3天(1月9日、4月6日、10月28日),陵川大风日数2天(4月6日、6月11日),晋城、高平大风日数各1天(4月6日);4月份有6站(次)大风,1月份有3站(次)大风,10月份有2站(次)大风,2月、5月、6月、9月各有1站(次)大风。

最明显的大风过程,4月6日晋城市出现5级~6级、短时8~9级大风,瞬时极大风速:晋城17.9米/秒(13:00,风向WNW),阳城20.3米/秒(12:58,风向WNW),高平19.2米/秒(12:59,风向WNW),沁水21.5米/秒(11:25,风向W),陵川23.2米/秒(16:13,风向NNW)。

扬沙:2018年共出现5站次的扬沙天气。晋城出现2次(12月3日、12月16日),沁水出现2次(12月3日、12月16日),陵川出现1次(5月6日)。

浮尘:2018年共出现8站次的浮尘天气。晋城出现2次(3月1日、3月15日),沁水出现3次(3月15日、5月26日、11月27日),陵川出现3次(5月6日、5月26日、12月28日)。

(六)霾

2018年度全市共出现66站次的霾,集中出现在1月至2月、11月至12月,其中市区霾日数30天,陵川霾日数17天,沁水霾日数9天,阳城霾日数6天,高平霾日数4天。

(七)大雾

2018年度全市共出现68站(次)的大雾,其中市区出现最多为24站次,陵川22站次,高平13站次,沁水6站次,阳城3站次。按季节来讲,冬季出现最多,出现33站次,秋季17站次,春季15站次,夏季3站次;按月份统计,2月最多,出现14站次,其次1月出现13站次,3月出现9站次,9月和11月出现8站次。

(八)干旱

8月晋城市气温偏高,降水偏少,且分布极不均匀,月总降水量介于10.2毫米~69.7毫米之间,比历年偏少44.2毫米~115.6毫米,降水偏少、气温偏高导致晋城市出现不同程度的旱情,给大秋作物生长造成不利影响。10月全市基本无降水,出现不同程度的旱情,对冬小麦播种极为不利。

【气候对各行业的专题影响评价】

(一)农业

1月份晋城市冬小麦处于越冬期,气温偏低,降水特多,对冬小麦越冬极为有利。2月下旬晋城市气温较高,降水也偏多,对冬小麦返青后长势非常有利。

2018年春季晋城市总体降水较常年显著偏多,降水主要出现在4到5月;但是寒潮、冰雹导致农业灾害较为严重。

2018年夏季前期气象条件有利于冬小麦的收割晾晒,后期降水地域性强,干旱和强对流天气并存频发,给农业造成损失。6月晋城市气温偏高,降水时空分布不均,气象条件有利于小麦的收割晾晒,有利于复播工作的进行。7月晋城市降水时空分布不均,多局地强降水、暴雨天气。8月晋城市气温偏高,降水偏少,且分布极不均匀,导致晋城市出现不同程度的旱情,给大秋作物生长造成不利影响。

2018年秋季出现两次连阴雨天气,改善前期因降水不足、气温偏高导致的旱象,但对秋收作物的收获与晾晒产生不利影响;10月全市日照充足,对大秋作物的收获与晾晒比较有利;但基本无降水,影响冬小麦的播种工作,对大棚蔬菜和越冬作物的冬前壮苗极为不利。

12月份降水略偏少,气温略偏低、无积雪,对冬小麦安全越冬较为不利。

(二)交通

1月2日至7日的强降雪以及1月25日至27日、2月17日至18日、2月20日至21日、3月6日至7日4次降雪天气过程,并伴有道路结冰和大雾,导致出入晋城市的高速公路连续多日全部关闭,给春运交通运输和人们出行带来不便。

夏季晋城市强对流天气较多,短时强对流天气导致部分路段出现积水,给交通运营、车辆及行人出行也带来不便。

2018年出现68站次的大雾,大雾造成的低能见度天气给交通运营带来一定不利影响。

(三)人体健康

1月、10月、12月气温剧烈变化,心脑血管疾病发病率高,高血压人数较多,感冒、呼吸系统疾病人数激增。

2018年春季气温偏高,降水过程多,空气湿润,人体感觉比较舒适,对健康有利。

2018年夏季晋城市前期气候适宜,人体感觉比较舒适,后期天气晴热,空气湿度大,人体感觉比较闷热，中暑患者增多，不利于人体健康。

9月、11月气温偏高，降水日数偏多，空气湿度较大，人体感觉比较舒适。

（四）旅游业

1月至2月降雪过程多，天气寒冷，不利于外出旅游。

春季气温回升，春暖花开，非常适宜旅游，长线和短线旅游人数明显增多。

夏季前期气候适宜，有利于外出旅游，后期降雨日数多，气温高，不利于人们外出旅游。

秋季9月中下旬和11月上中旬晋城市降雨日数多，给人们的外出旅游造成一些不便；10月晋城市大多数时间天气晴好，适宜旅游。后期由于冷空气活动频繁，气温持续走低，晋城市旅游业进入淡季。随着天气的进一步变冷，12月份长线短线旅游的人员减少，全市旅游业处于淡季。

（五）林业

1月降雪多，气温低，有效降低森林火险等级。2月上半月降水偏少，森林火险等级偏高；后半月降水偏多，有效降低森林火灾的发生率。

2018年春季气温偏高，降水日数和降水量显著偏多，对林木生长有利，但4月上旬的大风、冻害导致晋城市经济林木受灾惨重。6月至7月气温偏高，降水总体偏多，日照正常，对林木生长比较有利，9月和11月晋城市降雨日数多，气温偏高，气象条件对林木生长有利；8月、10月和12月降水偏少，气候干燥，对林木生长不利，林木生长缓慢。

（六）生态环境

2018年度晋城市生态环境较上年有所好转，市区空气质量二级以上天数有172天，比上年多5天。

（七）水资源

上半年降水偏多，非常有利于河流及水库蓄水。下半年降水偏少，不利于河流及水库蓄水。

（八）能源

1月、10月、12月气温剧烈变化，电力、煤炭等能源的压力较大。2018年夏季晋城市气温偏高，空气湿度大，人体感觉闷热，空调、电扇使用量大，煤炭、电力压力明显增大。2018年春秋季气温偏高，煤炭、电力等能源的压力小。

（九）牧草

晋城市境域内春季降水丰沛，有利于牧草的正常生长，而夏秋季降水偏少，气温偏高，牧草生长受到抑制，长势较差。

（晋城市气象局）

水文状况分析

【降水量】 2018年，晋城市降水总量59.32亿立方米，平均雨深625.1毫米，比上年偏多14.4%，比多年平均值偏多0.2%。全市降水量地区分布差异较大，由北向南阶梯式增大。实测年最大雨量在阳城西冶雨量站817.3毫米；实测年最小雨量在沁水县山泽雨量站462.5毫米。

【河川径流量】 2018年，晋城市天然河川径流量10.0535亿立方米，较上年偏少9.1%，比多年平均值偏少11.2%。

【出入境水量】 2018年，晋城市入境水量1.6949亿立方米，比上年2.6718亿立方米偏少36.6%。全市共出境水量11.1265亿立方米，比上年12.035亿立方米偏少7.5%。

【大中型水库蓄水量】 2018年，7座大中型水库共蓄水26250万立方米，其中张峰水库蓄水22836万立方米；董封水库蓄水90万立方米；申庄水库蓄水0万立方米；任庄水库蓄水856万立方米，上郊水库蓄水51万立方米，杜河水库蓄水1108万立方米，东焦河水库1309万立方米。

【地下水资源量】 2018年，晋城市地下水资源总量为9.6867亿立方米，较上年偏多5.1%。其中山丘区地下水资源量为9.3161亿立方米，盆地区地下水资源量为0.4950亿立方米，山丘区与盆地区地下水重复计算量为0.1244亿立方米。

【水资源总量】 2018年，晋城市水资源总量为12.12亿立方米，较上年偏少7.6%。其中地表水资源量为10.05亿立方米；地下水资源量为9.69亿立方米。二者重复计算量为7.63亿立方米。

【雨洪灾害】 2018年，晋城市汛期共有高平市、泽州县、阳城县等

3个县(市)受灾。受灾人口765人,倒塌房屋109间;农作物受灾面积274公顷,成灾面积262.7公顷,绝收面积44.7公顷,减产粮食206吨,经济作物损失25万元,公路中断8条次,损坏护岸16处。因洪涝灾害造成的直接经济损失1042.3万元。其中,农业直接经济损失250万元,工业交通业直接经济损失227.4万元、水利工程水毁直接经济损失232万元。

【河流水质】 2018年,晋城市符合Ⅱ类水质的河长为46.0千米,占评价河长的27.3%,分布在沁河干流的郑庄河段;没有符合Ⅲ类水质的河段;符合Ⅳ类水质的河长为52.0千米,占评价河长的30.9%,分布在白水河的钟家庄段以及丹河干流任庄水库段,主要污染物为氨氮和总磷,其中任庄水库河段氨氮超标0.32倍,总磷超标0.34倍;符合Ⅴ类水质的河长为34.2千米,占评价河长的20.3%,分布在沁河干流的润城段及沁水县河油房段,沁河干流润城段主要超标污染物为氨氮,超标倍数0.04倍,沁水县河油房段主要污染物为石油类。符合劣Ⅴ类水质的河长为36.0千米,占评价河长的21.4%,分布在丹河干流的韩庄段,主要超标污染物为氨氮,超标倍数0.31倍。

【用水量】 2018年,晋城市用水总量43478.97万立方米,其中新鲜用水总量39078.48万立方米,污水处理回用及矿坑水利用量4400.49万立方米。新鲜水用水总量中,城镇生活用水量4855.52万立方米,占新鲜用水总量的12.4%;农村生活用水量2100.51万立方米,占新鲜用水总量的5.4%;第一产业用水量14036.63万立方米,占新鲜用水总量的35.9%;第二产业用水量15242.58万立方米,占新鲜用水总量的39.0%;第三产业用水量1938.40万立方米,占新鲜用水总量的5.0%;生态用水904.84万立方米,占新鲜用水总量的2.3%。

【用水指标】 2018年,晋城市人均用水量186立方米,万元工业增加值用水量为24.09立方米/万元,GDP用水量为35.30立方米/万元,农田灌溉亩均用水量184.6立方米/亩,城镇居民生活人均用水量94.8升/每天,农村生活人均用水量61.2升/每天。

(晋城市水务局)

环境状况公报

【环境空气质量状况】 2018年,依据《环境空气质量标准》(GB3095-2012),六项主要污染物中:二氧化硫(SO_2)年均浓度为25微克/立方米、二氧化氮(NO_2)年均浓度为40微克/立方米、可吸入颗粒物(PM_{10})年均浓度为118微克/立方米、细颗粒物($PM_{2.5}$)年均浓度为60微克/立方米,一氧化碳(CO)第95百分位数为2.9毫克/立方米、臭氧日最大8小时(O_3-8)第90百分位数为214微克/立方米。与上年相比,二氧化硫(SO_2)、二氧化氮(NO_2)、细颗粒物($PM_{2.5}$)年均浓度分别下降46.8%、11.1%、3.2%,一氧化碳(CO)第95百分位数和臭氧日最大8小时(O_3-8)第90百分位数分别下降32.6%、1.8%,可吸入粒物(PM_{10})年均浓度上升0.9%。2018年,晋城市环境空气质量达标天数为161天,占全年有效临测天数(352天)的45.7%。其中,一级天数12天,较上年(11天)增加1天;二级天数149天,较上年(155天)减少6天。

【酸雨质量状况】 2018年,晋城市降水pH值介于6.01~6.65之间(酸雨标准:pH<5.6),4个点位降水pH值均大于5.6,为中性,全年无酸雨出现。

【大气主要污染物排放状况】 2018年,晋城市废气排放量2318.55亿立方米,主要污染物二氧化硫排放量控制在6.78万吨,氮氧化物排放量控制在5.83万吨,完成省政府下达的年度大气主要污染物减排任务。工业二氧化硫排放量较大的行业依次为:化工、非金属矿物制品业、电力,3个行业二氧化硫排放量占全市二氧化硫排放量的78.45%;工业氮氧化物排放量较大的行业依次为:电力、非金属矿物制品业、化工,3个行业氮氧化物排放量占全市工业氮氧化物总排放量的79.47%。

【地表水环境状况】 2018年,晋城市9个国、省控地表水监测断面水质状况为：水质为优的5个，分别为：赵庄、张峰水库出口、后寨、郑庄、拴驴泉断面；水质为良好的2个，分别为：润城和东焦河水库出口断面；水质为轻度污染的白水河断面；水质为重度污染的高平河西断面。全市地表河流水质总体评价为：丹河水质状况为轻度污染，污染物主要为氨氮、总磷、生化需氧量；沁河水质状况为优。

2017年—2018年，东焦河水库出口断面水质由Ⅳ类好转为Ⅲ类，白水河断面由劣Ⅴ好转为Ⅳ类，其余各断面水质类别无变化；各断面综合污染指数均有所下降，下降幅度在20%以上的断面2个。其中，白水河断面下降32.58%；赵庄断面下降22.07%。

【地下水环境状况】 2018年，晋城市监测的15个地下水井中，郭壁泉水水源地、东王庄村、武安村、董封村深井、安阳村5个深井达到Ⅲ类水质；东峰煤矿、米东村、保福村、磨河、胡底村、庙沟村、南郎村7个深井达到Ⅳ类水质；超标污染物除东峰煤矿、米东村为总硬度和硫酸盐，其余均为总大肠菌群；郜匠村、义汉井2个深井达到Ⅴ类水质，郜匠村超标污染物为总硬度、总大肠菌群，义汉井超标污染物为总硬度、硫酸盐、溶解性总固体；漏河深井停止使用，未监测。

2018年，14个井位按照地下水综合水质评价。水质良好的有10个，占71%；水质较差的有4个，占29%。根据地下水水质类别统计，共有5个地下水点位水质达标。14个点位中5个点位水质达到Ⅲ类，占36%；9个地下水点位水质超标。其中，7个点水质达到Ⅳ类，占50%；2个点位水质达到Ⅴ类，占14%。

【城市集中式饮用水水源地水质状况】 晋城市城市集中式饮用水水源地共有两处，分别为一水厂地下水和二水厂郭壁泉水，两处城市饮用水水源地均为地下水型水源类型，2018年两水源年供水总量为2826.971万吨，各项水质指标均达地下水Ⅲ类水质标准，达标率均为100%。全市城市集中式生活饮用水水质总体良好，可以满足生活饮用水要求。

【废水主要污染物排放状况】 2018年，晋城市废水排放量1.2023亿吨，较上年（1.2371亿吨）削减2.81%。其中，生活污水排放量0.8847亿吨，工业废水排放量0.3175亿吨，生活污水所占比重为74%。全市废水中化学需氧量排放量2.567万吨，较上年（2.7693万吨）削减7.31%；氨氮排放量0.3788万吨，较上年（0.4056万吨）削减6.61%，完成省政府下达的年度废水主要污染物减排任务。

2018年，工业废水排放量最大的县（市）是泽州县和高平市，2个县（市）的工业废水排放量占全市工业废水排放总量的66%，工业废水排放量较大的行业依是：化工、煤炭、电力，3个行业的废水排放量占全市工废水排放总量的88.14%；工业源化学需氧量排放量居前三位的县（市）依次是：泽州县、阳城县、高平市，3个县（市）的化学需氧量排放量占全市工业化学需氧量排放总量的79%，工业源化学需氧量排放量较大的行业是化工行业，占全市工业源化学需氧量排放总量的47.77%；工业源氨氮排放量居前三位的县（市）依次是：阳城县、泽州县、高平市，3个县（市）的氨氮排放量占全市工业源氨氮排放总量的88%，工业源氨氮排放量较大的行业是化工行业，占全市工业源氨氮排放总量的77.97%。

【土壤环境状况】 2018年，晋城市土壤环境总体安全。国家土壤污染防治行动计划（简称土十条）落实，制定年度土壤污染防治行动计划，明确工作重点，加大风险疾控力度，保障土壤安全。启动土壤污染状况详查，将119个土壤污染重点行业企业（地块）纳入调查范围，开展调查技术培训，建立疑似污染地块动态清单和联动监管机制。加强重金属污染防治。开展涉重企业状况调查，建立企业台账，加大整治力度。

【城市区域环境噪声状况】 2018年，晋城市城市区域环境噪声昼间平均等效声级为二级，与上年相同，声环境质量等级为较好，噪声声源以生活类声源为主。

【城市道路交通噪声状况】 2018年，共监测道路交通噪声路段28.16千米，城市道路交通噪声平均等效声级为62.2dB(A)，较上年下降1.1dB(A),声环境质量等级为好,≤68dB(A)的路长所占比例较上年持平。

【城市功能区声环境质量状况】2018年,晋城市对城市区域开展了1~3类功能区共7个点位的声环境质量监测,每季度监测1次,无超标现象,达标率100%。

【固体废弃物环境】 2018年,晋城市一般工业固体废物产生总量为1860万吨,其中工业固体废物产生行业以煤炭、火电、煤化工、煤炭洗选为主,工业企业固体废物处置利用率为100%。工业危险废物产生总量为12500吨,产生行业以化工、制造为主,工业危险废物处置利用率为100%。全市医疗废物产生量2000吨,其中城区、泽州县、高平市、陵川县产生的医疗废物由市医疗废物处置中心进行集中安全处置,阳城县产生的医疗废物由阳城县特种垃圾处置中心进行集中安全处置,沁水县产生的医疗废物由沁水县医疗废物处置中心进行集中安全处置,全市医疗废物处置率为100%。

【核与辐射环境】 截至2018年底,晋城市持有辐射安全证许可证单位共147家,其中放射源27家,射线装置120家。2018年,按照省里的统一部署,持续开展放射源安全检查专项行动,对城区、泽州县、高平市、阳城县存在的环境违法行为进行立案查处,共处罚金29万元,科学有效处理一起电离辐射事故,进一步提升全市放射源安全管理水平。

(晋城市生态环境局)

经济建设

【综述】 2018年,晋城市地区生产总值1351.9亿元,比上年增长7.4%。其中,第一产业增加值49.2亿元,增长0.3%,占生产总值的比重为3.6%;第二产业增加值717.9亿元,增长7.2%,占生产总值的比重为53.1%;第三产业增加值584.8亿元,增长8.5%,占生产总值的比重为43.3%。第三产业中,金融保险业增加值86.8亿元,增长8.0%;交通运输、仓储和邮政业增加值100.9亿元,增长5.9%;批发和零售业增加值68.2亿元,增长3.2%;住宿和餐饮业增加值37.5亿元,增长6.7%;营利性服务业增加值82.6亿元,增长23.8%。人均地区生产总值57819元,按2018年平均汇率计算为8737美元。

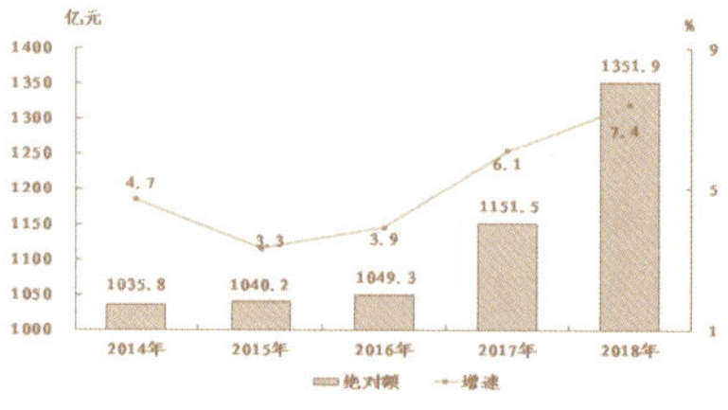

2014—2018年
晋城市生产总值及增长速度统计图

2018年,全市财政总收入263.8亿元,增长22.1%。其中,增值税109.2亿元,增长10.7%;企业所得税45.6亿元,增长50.9%;个人所得税7.6亿元,增长10.6%;资源税43.1亿元,增长27.4%。一般公共预算收入125.3亿元,增长23.6%。其中,税收收入87.5亿元,增长16.7%。一般公共预算支出228.5亿元,增长28.1%。其中,科学技术支出增长13.2%,教育支出增长5.0%,农林水事务支出增长17.5%,社会保障和就业支出增长5.6%,文化体育与传媒支出增长16.0%,医疗卫生和计划生育支出增长7.3%,节能保护支出增长79.9%。

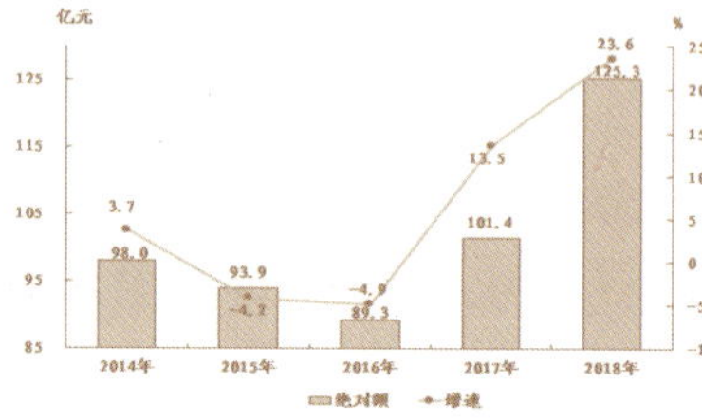

2014—2018年
晋城市一般公共预算收入及增长速度统计图

2018年,居民消费价格较2017年上涨2.2%。工业生产者出厂价格上涨12.4%。

2018年晋城市居民
消费价格比上年涨跌幅度表

指　标	涨跌幅度（%）
居民消费价格	2.2
食品烟酒	1.9
衣　着	1.4
居　住	1.9
生活用品及服务	2.8
交通和通信	0.03
教育文化和娱乐	2.2
医疗保健	7.2
其他用品和服务	1.9

2018年,全市城镇新增就业4.54万人。年末城镇登记失业率1.44%。

【农业】 全年全市农作物种植面积169400公顷,减少4100公顷。其中,粮食种植面积156700公顷,减少5900公顷;油料种植面积

2800公顷，增加500公顷；棉花种植面积100公顷，减少10公顷。在粮食种植面积中，玉米种植面积85900公顷，增加300公顷；小麦种植面积41100公顷，减少1200公顷。

全年粮食产量80.8万吨，减少2.8万吨，下降3.4%。其中，夏粮16.4万吨，下降20.6%；秋粮64.4万吨，增长2.3%。

2018年晋城市主要
农林产品产量及增长速度表

产品名称	产量（万吨）	比上年增长(%)
粮食	80.8	-3.4
其中：玉米	57.8	4.4
小麦	16.4	-20.6
谷子	2.7	-2.9
豆类	2.6	-25.6
薯类	5.4	2.1
油料	0.4	6.2
棉花	0.01	-9.7
蔬菜及食用菌	29.1	1.5
水果	3.8	-31.7
其中：瓜果类	0.2	-4.2
园林水果	3.6	-32.9
食用坚果	0.5	-63.1
其中：核桃	0.4	-65.8

全年完成造林面积1600公顷，增长106.9%。其中，经济林面积20公顷，下降79.2%。全年木材产量17060立方米，增长45.4%。

全年全市肉类总产量16.5万吨，增长2.0%。全年猪牛羊肉总产量14.1万吨，增长0.7%。其中，猪肉产量13.4万吨，增长1.0%；牛肉产量0.1万吨，下降0.9%；羊肉产量0.6万吨，下降6.3%。年末生猪存栏98.1万头，增长2.3%；生猪出栏177.5万头，下降0.8%。牛奶产量0.03万吨，下降34.2%；禽蛋产量8.5万吨，增长0.4%；水产品产量0.2万吨，增长1.4%。

全年全市设施蔬菜产量8.5万吨，下降12.1%；食用菌1.1万吨，增长1.9%；蚕茧0.2万吨，下降14.7%；蜂蜜0.2万吨，增长8.2%；药材1.5万吨，增长83.9%。

年末全市农业机械总动力59.9万千瓦，增长2.2%。机械耕地面积135200公顷，下降4.2%；机械播种面积123400公顷，下降0.6%；机械收获面积90800公顷，下降2.3%。

【工业和建筑业】 2018年末全市规模以上工业企业264家。全年规模以上工业增加值比2017年增长7.0%。

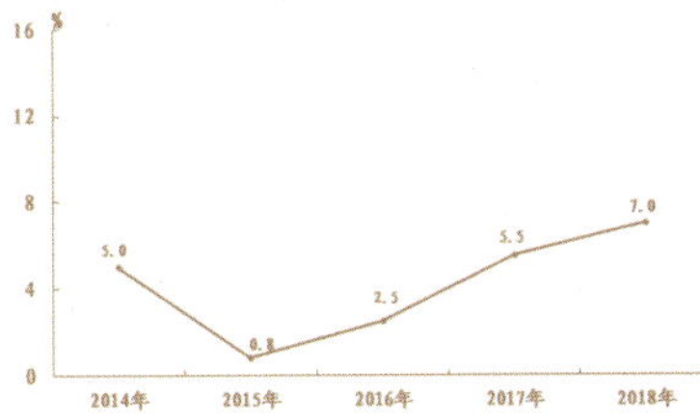

2014—2018年晋城市
规模以上工业增加值增长速度统计图

2018年晋城市
规模以上工业增加值增长速度表

指　　标	比上年增长(%)
规模以上工业	7.0
其中：轻工业	2.0
重工业	7.1
其中：国有控股企业	4.1
其中：集体企业	18.2
股份制企业	4.9
外商及港澳台投资企业	18.1
其中：煤炭开采和洗选业	4.5
黑色金属冶炼和压延加工业	-0.7
电力、热力的生产和供应业	4.6
石油与天然气开采业	2.3
化学原料及化学制品制造业	-14.3
石油加工、炼焦及核燃料加工业	-17.3
非金属矿物制品业	10.8
通用设备制造业	-20.7
专用设备制造业	2.9
计算机、通信和其他电子设备制造业	58.4

全年全社会原煤产量10370万吨，增长9.6%；规模以上工业发电252亿千瓦时，增长5.5%；水泥228万吨，下降4.5%；农用化肥（折纯）218万吨，下降6.7%；焦炭58万吨，增长15.2%；钢材345万吨，下降1.3%；生铁403万吨，下降4.6%。

2018年晋城规模以上工业
主要工业产品产量及增长速度表

产品名称	单位	产量	比上年增长(%)
原煤（全社会）	万吨	10370	9.6
洗　煤	万吨	3658	21.4
煤层气	亿立方米	38	7.7
金属切削工具	万件	622	3.2
矿山专用设备	吨	55956	12.3
光电子器件	万只（片、套）	114984	22.9
焦　炭	万吨	58	15.2
合成氨	万吨	301	-4.6
精甲醇	万吨	106	10.9
水　泥	万吨	228	-4.5
农用化肥（折纯）	万吨	218	-6.7
生　铁	万吨	403	-4.6
钢　材	万吨	345	-1.3
发电量	亿千瓦时	252	5.5

全年规模以上工业企业实现主营业务收入1546.0亿元，增长13.3%。其中，煤炭、冶铸、装备制造、化工、电力和煤层气开采六大行业分别实现主营业务收入848.9亿元、153.5亿元、179.1亿元、111.7亿元、75.0亿元和101.6亿元，分别增长12.3%、5.9%、12.6%、18.3%、6.4%和31.1%；建材、医药、炼焦和食品制造工业分别实现主营业务

收入22.5亿元、11.4亿元、5.3亿元和13.3亿元，分别增长21.0%、54.1%、35.9%和18.8%。

规模以上工业实现利税338.7亿元，增长30.2%；实现利润195.2亿元，增长45.3%。

2018年晋城市规模以上
工业企业利润总额及增长速度表

指　标	利润总额（亿元）	比上年增长(%)
规模以上工业	195.2	45.3
其中:国有控股企业	132.3	43.5
其中:集体企业	−0.02	—
股份制企业	149.7	52.4
外商及港澳台商投资企业	45.1	22.4

年末全市具有资质等级的总承包和专业承包建筑业企业120家，完成总产值75.5亿元，增长34.2%；房屋施工面积385.2万平方米，增长9.2%；签订合同额为147.5亿元，增长9.8%。

【固定资产投资】 全年全市固定资产投资完成473.8亿元，增长10.0%。其中，国有及国有控股投资214.8亿元，增长33.3%；港澳台及外商投资30.9亿元，增长5.0%；民间投资231.0亿元，下降5.1%。

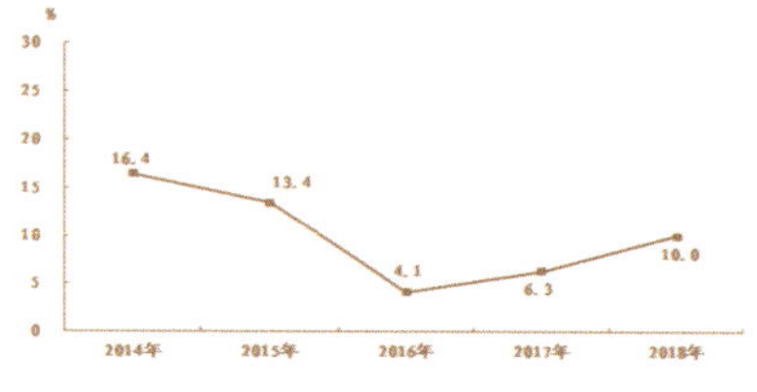

2014—2018年固定资产投资
及增长速度统计图

在固定资产投资中，第一产业投资15.6亿元，下降56.4%；第二产业投资189.4亿元，增长10.9%；第三产业投资268.9亿元，增长20.0%。在第二产业中，工业投资189.4亿元，增长11.0%。

2018年分行业
固定资产投资及增长速度表

行　业	投资额(亿元)	比上年增长(%)
总计	473.8	10.0
农林牧渔业	16.3	−55.8
采矿业	60.3	21.3
制造业	73.6	−6.0
电力、热力、燃气及水的生产和供应业	55.5	29.9
建筑业	—	—
批发和零售业	1.4	−65.3
交通运输、仓储和邮政业	49.6	17.0
住宿和餐饮业	0.2	−63.9
信息传输、软件和信息技术服务业	3.0	152.0
金融业	—	—
房地产业	112.9	9.3
租赁和商务服务业	10.1	20.3
科学研究和技术服务业	0.1	−91.5
水利、环境和公共设施管理业	68.5	52.7
居民服务、修理和其他服务业	0.2	39.4
教育	1.7	−52.5
卫生、社会工作	11.1	138.7
文化、体育和娱乐业	8.7	25.1
公共管理、社会保障和社会组织	0.7	−46.0

全年全市在库项目1044个。其中，5亿元以上项目96个，计划总投资1485.1亿元，本年完成投资164.2亿元，占全市固定资产投资的比重为34.7%。

全年房地产开发投资72.6亿元，增长2.4%。其中，住宅投资56.1亿元，增长0.6%；商业营业用房投资5.9亿元，下降29.9%。

全年房屋新开工面积171.3万平方米，增长7.8%。其中，住宅新开工面积126.1万平方米，增长2.3%。商品房销售面积88.5万平方米，下降36.9%。其中，住宅销售面积80.8万平方米，下降40.1%。商品房销售额45.9亿元，下降30.0%。其中，住宅销售额41.1亿元，下降34.1%。房地产开发企业土地购置面积30.5万平方米，增长45.4%。房地产开发企业本年实际到位资金68.0亿元，增长4.7%。其中，国内贷款增长141.2%；自筹资金下降13.5%；定金及预售款下降1.2%；个人按揭贷款增长8.5%；其他到位资金增长45.8%。

2018年房地产开发和销售情况表

指　标	单　位	绝对数	比上年增长(%)
投资完成额	亿元	72.6	2.4
其中:住宅	亿元	56.1	0.6
房屋施工面积	万平方米	864.4	−9.5
其中:住宅	万平方米	621.0	−8.3
房屋新开工面积	万平方米	171.3	7.8
其中:住宅	万平方米	126.1	2.3
房屋竣工面积	万平方米	204.0	−6.4
其中:住宅	万平方米	157.2	5.4
商品房销售面积	万平方米	88.5	−36.9
其中:住宅	万平方米	80.8	−40.1

【能源】 全年全市一次能源生产折标准煤7865.4万吨，增长9.8%；二次能源生产折标准煤3813.8万吨，增长18.8%。

全年全市向省外运输煤炭6297.5万吨，增长0.04%，外运煤炭占原煤产量60.7%。向省外输送电力181.7亿千瓦时，增长3.4%，外输电量占发电量的70.7%。

全年全市全社会用电总量199.93亿千瓦时。其中，第一产业用电1.1亿千瓦时，占全社会用电量的0.6%；第二产业用电176.26亿千瓦时，占全社会用电量的88.1%，其中工业用电175.65亿千瓦时；第三产业用电13.36亿千瓦时，占全社会用电量的6.7%；城乡居民生活用电9.3亿千瓦时，占全社会用电量的4.6%。

【国内贸易】 全年全市社会消费品零售总额452.8亿元，增长9.6%。按经营地统计，城镇消费品零售额383.9亿元，增长9.1%；乡村消费品零售额68.9亿元，增长12.4%。

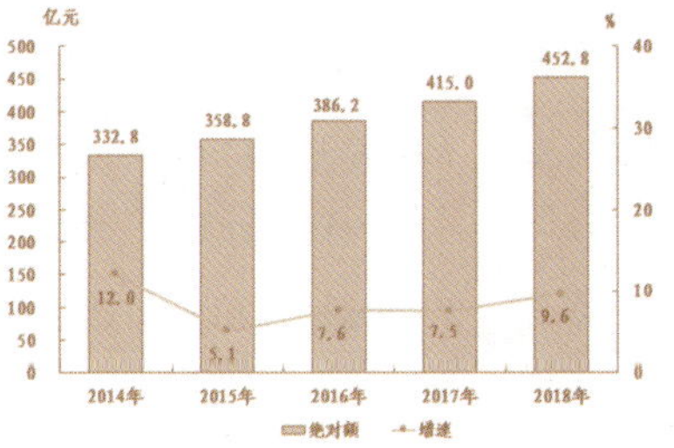

2014—2018年社会消费品零售额及增长速度统计图

2018年社会消费品零售总额及增长速度表

指　标	绝对数（亿元）	比上年增长（%）
社会消费品零售总额	452.8	9.6
分地域：城镇	383.9	9.1
其中：城区	283.9	16.0
乡村	68.9	12.4
分行业：批发业	39.3	9.2
零售业	339.1	9.5
住宿业	10.2	9.5
餐饮业	64.3	10.1

2018年限额以上批发零售业零售额及增长速度表

指　标	绝对数（万元）	比上年增长（%）
粮油、食品类	135532.8	15.8
饮料类	18637.5	-4.5
烟酒类	39873.7	20.3
服装、鞋帽、针纺织品类	132123.6	9.6
化妆品类	11871.8	12.3
金银珠宝类	8323.4	-37.6
日用品类	22711.7	15.0
五金、电料类	11370.2	49.2
体育、娱乐用品类	773.2	-8.4
书报杂志类	15240.6	41.3
电子出版物及音像制品类	1441.7	116.2
家用电器和音像器材类	59920.7	39.4
中西药品类	33705.2	23.3
文化办公用品类	6882.3	42.4
家具类	34890.5	-1.2
通信器材类	15148.9	16.0
煤炭及制品类	10834.3	49.3
石油及制品类	246262.6	10.2
建筑及装潢材料类	36141.3	15.4
机电产品及设备类	19156.7	29.5
汽车类	345299.1	-11.9
其他类	37595.9	1.2

【对外经济】 全年全市海关进出口总额46.0亿元，下降1.9%。其中，进口额33.4亿元，下降2.7%；出口额12.6亿元，增长0.2%。

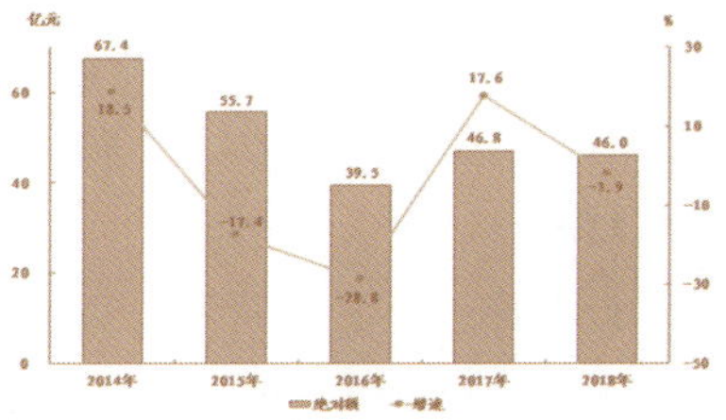

2014—2018年外贸进出口总额及增长速度统计图

2018年海关进出口总额及增长速度表

指　标	绝对数（万美元）	比上年增长（%）
进出口总额	460464	-1.9
出口额	126125	0.2
其中：一般贸易	57694	17.9
加工贸易	68429	-11.1
其中：机电产品	100634	-3.1
高新技术产品	33168	-12.6
其中：国有企业	618	-35.2
外商投资企业	77588	-8.5
进口额	334339	-2.7
其中：一般贸易	253234	10.3
加工贸易	77207	-30.8
其中：机电产品	156646	0.5
高新技术产品	126200	2.1
其中：国有企业	2215	56.5
外商投资企业	155793	-24.3

全年出口煤炭303万元，增长12.9倍；出口钢材2.6亿元，增长5.5%；出口机电产品10.1亿元，下降3.1%；出口高新技术产品3.3亿元，下降12.6%；出口电器及电子产品5.8亿元，下降9%；出口计算机及通信技术产品1.6亿元，下降35.3%。

全年进口铁矿砂15.3亿元，增长13.4%；进口机电产品15.7亿元，增长0.5%；进口集成电路6.5亿元，增长61%；进口机械设备2.5亿元，下降43.6%；进口电子技术产品7.8亿元，增长55.9%；进口计算机集成制造技术产品9725万元，下降72.2%。

2018年与晋城有贸易往来的主要国家和地区进出口情况表

国家和地区	进出口额（万美元）	比上年增长（%）	出口额（万美元）	比上年增长（%）	进口额（万美元）	比上年增长（%）
中国香港	42490	-9.7	42490	-9.6		
中国台湾	50158	-36.8	8963	51.7	41195	-43.9
印 度	425	-98.6	425	-18.4		
日 本	73045	24.2	5725	-21.4	67319	30.7
韩 国	25528	-4.3	5040	25.7	20488	-9.6
德 国	3476	-22.3	1925	2.4	1551	-40.2
意大利	1814	1.8	1799	1.0	15	
巴 西	22426	-71.3	274	-6.2	22152	-71.6
美 国	36012	-15.4	30707	6.1	5305	-61.0
澳大利亚	127411	498.8	1063	191.8	126348	504.1

全年全市按全口径统计实际使用外商直接投资金额28400万美元，增长42%。

【交通、邮电和旅游】 年末全市公路线路里程9506千米。其中，高速公路389千米。

年末全市民用汽车保有量43.5万辆(包括三轮汽车和低速货车0.2万辆)，比上年末增长8.0%。其中，私人汽车40.0万辆，增长8.9%。本年新注册汽车3.9万辆，下降11.0%。年末轿车保有量29.4万辆，增长8.4%。其中，私人轿车28.2万辆，增长9.0%。

全年全市完成邮电业务总量68.8亿元。其中，邮政业务总量1.4亿元；电信业务总量67.4亿元。年末移动电话用户268万户，全市宽带接入用户55.2万户。

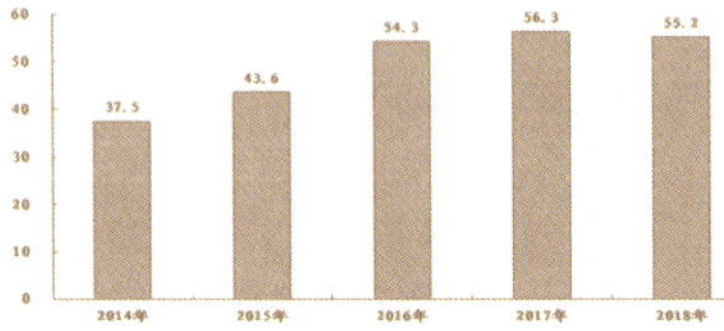

2014—2018年全市宽带接入用户统计图

年末全市共有A级以上景区21个。其中，AAAAA级景区1个，AAAA级景区6个，AAA级景区13个，AA级景区1个。共有星级饭店17家。其中，五星级2家、四星级9家、三星级5家、二星级1家。全年全市接待海外旅游者16214人次，接待国内旅游者6079.7万人次，分别增长18.3%和25.4%；旅游外汇收入825.51万美元，国内旅游收入556.79亿元，旅游总收入557.29亿元，分别增长7.4%、25.38%和25.36%。

【金融、证券和保险】 年末全市金融机构本外币各项存款余额2318.9亿元，比年初增加250.8亿元，增长12.1%。各项贷款余额1379.2亿元，比年初增加156.5亿元，增长12.8%。

年末全市农村金融合作机构(农村信用社、农村合作银行、农村商业银行)人民币贷款余额230.0亿元，比年初增加29.4亿元，增长14.7%；人民币存款余额543.7亿元，比年初增加42.4亿元，增长8.4%。

2018年年末金融机构本外币存贷款及增长速度表

指 标	年末数（亿元）	比上年增长(%)
各项存款余额	2318.9	12.1
其中:非金融企业存款	617.5	22.0
住户存款	1242.0	9.6
其中:人民币	1239.3	9.6
各项贷款余额	1379.2	12.8
其中:短期贷款	652.5	7.6
中长期贷款	627.9	16.9
其中:个人消费性贷款(人民币)	186.0	59.3

年末全市共有证券营业部6家，从业人员82人。累计资金开户数166854户，银证转入资金44.8亿元，下降14.0%。全年营业收入0.3亿元，下降25.9%；利润总额0.04亿元，下降56.8%。

全年全市保费收入52.7亿元，增长9.5%。其中，寿险业务保费收入38.2亿元，增长9.2%；财产险业务保费收入14.5亿元，增长10.4%。 (晋城市统计局)

社会建设

【教育和科学技术】 截至2018年底，全市普通高等学校1所，独立设置的成人高等学校1所。高中阶段毛入学率96.2%。

2018年各类教育发展情况表

指 标	招 生（人）	在校生（人）	毕业生（人）
普通高等教育	1550	5165	2053
中等职业教育	4467	13026	6232
普通高中	13759	45389	17953
初 中	21711	67201	22307
小 学	18789	110238	22190
特殊教育	121	551	113
学前教育	15259	53632	19434

全年全市组织实施省级科技项目10项。其中，列入重点研发项目(农业领域)1项，人才专项(优秀人才科技创新)项目1项，平台基地专项项目2项，农村技术承包项目6项。全年全市技术合同交易265项，交易额13.8亿元；有效发明专利拥有量451件；新备案国家级星创天地1个，新认定国家高新技术企业13个，新认定省级众创空间2个，新认定省级科技企业孵化器1个，新认

定省民营科技企业7家。截至2018年，全市拥有高新技术企业49家，国家级星创天地3个，国家级众创空间1个，国家级重点实验室1个，省级众创空间10个，省级重点实验室和省级工程技术研究中心4个，省级科技企业孵化器2家，省级民营科技企业47家，省级科普基地11个。

【文化、卫生和体育】 年末全市共有艺术表演团体10个，演出场次3302场，演出收入2088万元；全市共有艺术表演场馆4个，群众艺术馆1个，文化馆6个，美术馆2个，公共图书馆7个，总藏书136.4万册。

年末全市共有各级医疗卫生机构3155个，其中妇幼保健院（所、站）7个。医院和卫生院床位12.1千张，卫生专业技术人员1.39万人，每千人拥有病床5.5张，每千人拥有医生数2.5人。村卫生室覆盖率100%、县乡村三级医疗机构达标率均为100%。全年各县（市、区）的儿童“五苗”全程接种率以乡镇为单位均达到90%以上。碘盐覆盖率达到99.28%，合格碘盐食用率达到95.22%，各种地方病得到有效控制。全市乡镇卫生监督站覆盖率达到100%。

年末全市拥有各级各类体育场馆6217个，中小学体育锻炼标准达标人数达214163人。全年全市运动员在省级以上重大比赛中获金、银、铜牌分别为30枚、25枚和47枚（包括非奥运项目比赛）。全市销售中国体育彩票3.0亿元，增长7.3%。

【人民生活】 全年居民人均可支配收入23855元，增长8.2%。按常住地分，城镇居民人均可支配收入32162元，增长6.7%，城镇居民人均消费支出20139元，增长10.9%；农村居民人均可支配收入13566元，增长8.4%，农村居民人均消费支出10318元，增长11.2%。按全市居民五等分收入分组，城镇低收入组人均可支配收入13069元，增长8.4%；农村低收入组人均可支配收入6132元，增长13%。城镇居民家庭恩格尔系数（即居民家庭食品消费支出占家庭消费支出的比重）20.7%，农村居民家庭恩格尔系数21.9%。

12月21日，“庆祝改革开放40周年暨2019迎新年精品剧目展演”戏曲《珠帘寨》在市歌舞剧院演出 （来源：晋城在线）

【社会保障】 年末参加城镇职工基本养老保险46.9万人，较上年末增加2.1万人；参加城乡居民基本养老保险110.7万人，增加0.2万人；参加城镇职工基本医疗保险43.4万人，增加2万人；参加城乡居民基本医疗保险167.1万人，增加1.1万人；参加失业保险31.6万人，增加1万人；参加工伤保险48.3万人，与上年度持平，其中，农民工18.1万人，增加0.1万人；参加生育保险35.1万人，增加2.1万人。

年末城镇低保人数10412人，减少861人；农村低保人数39329人，减少3144人；农村特困人员救助供养6963人；民政部门资助参加基本医疗保险46716人。优抚对象15475人。全年共发放最低保障资金2.6亿元。全市提供住宿的社会服务机构38个，床位数3087张，年收养救助人数1992人。全市社区养老机构和设施569个。福利彩票发行单位1个。民政部门直接接收捐赠款288.7万元，受益3650人次。

【资源、环境和安全生产】 全市有自然保护区5个，自然保护区面积达到13.8万公顷。

全年市区环境空气质量二级

以上天数达到161天。其中,一级天数12天。空气综合污染指数为6.88,较上年下降11.6%。城市污水处理率达到95.0%;城市生活垃圾无害化处理率达到100%。

全市共发生各类生产安全事故170起,事故死亡102人。亿元GDP生产安全事故死亡率0.0754,煤矿百万吨死亡率0.0391。

(晋城市统计局)

精神文明建设

【概述】 2018年,晋城市精神文明建设工作坚持以习近平新时代中国特色社会主义思想为指导,围绕"城市让生活更美好"的创城真谛,按照创城"三步走、双胜利"的步骤路径,聚焦新实践,培育新风尚,凝聚正能量,开展全国文明城市创建工作。在全省第二家出台市级层面文明行为促进地方性法规《晋城市文明行为促进条例》,重新修订《晋城市民文明手册》,逐步完善市民公约、村规民约等规范,使践礼修德成为群众的行为自觉,形成"法律和道德相辅相成、法治和德治相得益彰"的局面。

【全国文明城市创建】 2018年是第六届全国文明城市创建首年。晋城市委召开创建全国文明城市动员大会,结合晋城实际,对标先进经验,确定"瞄准一个目标、坚持三步迈进、突出五重要求、创新八个载体、做实九大任务"的创建思路,即以培育和践行社会主义核心价值观为主线,为奋力开创新时代美丽晋城高质量转型发展新局面凝聚强大合力;坚持一年夯实基础、两年巩固提升、三年全力冲刺"三步走",奋力夺取创建全国文明城市和全面建成小康社会"双胜利";突出重基础、重管理、重素质、重特色、重氛围五大要求,让"做文明晋城人、建文明晋城市"蔚然成风;打造新时代文明实践中心、志爱晋城志愿服务、核心价值观十融十连十创、新时代晋城书享荟、文明单位结对帮扶、小手拉大手文明齐步走等创新载体;做好深化理论武装、核心价值引领、市县联创攻坚、道德典型感召、时代乡贤培育、家风家教示范、志愿服务传播、市民素质提升、文化小康惠民等九大重点任务。对照《全国文明城市测评体系》《全国未成年人思想道德建设工作测评体系》要求,坚持目标导向、问题导向、绩效导向,把握重点、突破难点、把牢节点,打造崇德向善、文化厚重、和谐宜居、人民满意的城市。

【理想信念教育】 2018年,晋城市文明办以新时代文明实践中心为载体,深化"七进"宣讲活动,用群众愿意听的语言,宣传习近平新时代中国特色社会主义思想,阐释中央、省、市的重大战略部署,推动学习宣传贯彻工作往深里走、往实里走、往心里走。拓展道德讲堂等有效载体,开展"五位一体"总体布局、"四个全面"战略布局宣传教育,深化中国特色社会主义和中国梦宣传教育,使理想信念教育实起来、强起来。

【社会主义核心价值观宣传】 2018年,晋城市文明办把培育和践行社会主义核心价值观作为文明创建的根本。围绕核心价值观的宣传普及、实践养成、文化培育、典型引领、制度保障等重点环节,遴选10大类326个市级示范点,将核心价值观融入机关、企业、医院、学校、社区、农村、家庭、公园、景区、网络等日常生活场所。以公益广告覆盖最大化为目标,推出一系列公益广告,重点打造泽州路、凤台街、迎宾街3条示范街道,泽州公园、白马寺山植物园、赵树理公园、儿童公园4个主题公园,凤西广场、人民广场、物茂广场等6个主题广场,凤鸣、秀水苑2个示范小区,使核心价值观成为生活场景。创新打造"新时代晋城书享荟",结合元宵、清明、端午、七夕等传统节日,举办走进程颢书院、町店战斗纪念园和良户古村等8场活动,用阅读分享的形式挖掘传统文化、传承红色基因,助推书香晋城建设。在阳城县、沁水县开展新时代文明实践中心建设试点工作,成立县级新时代文明实践中心和一批新时代文明实践所、站,并逐步扩大覆盖面。

【典型宣传】 2018年,晋城市文明办把培树先进典型作为加强文明创建的重要环节,用群众身边的道德榜样来引领社会风尚、涵养城市精神。启动第二期"晋城楷模"评选,种树老人石双砚、"义务理发师"栗红连两人先后入选,成为引领全市人民砥砺奋进的楷模。巩固“晋城楷模”“晋城好人”“善行义举榜”三个层次、三级联动的先进典型评选宣传机制，培树道德典型。2018年，晋城市4人获“中国好人”称号，2人获第7届“山西道德模范”称号，7人获“山西好人”称号。坚持选好道德典型与讲好榜样故事并重，打造一批好人公园、广场、长廊，编印《晋城楷模》《晋城好人故事》等书籍，制作《晋城好人》系列广播剧，让道德典型的事迹能感染人、塑造人。13位晋城好人及2位全国道德模范提名奖共获帮扶资金50万元。

3月2日，“志爱晋城”——2018晋城市学雷锋志愿服务主题活动在物茂广场正式启动

（来源：晋城在线）

【志愿服务】 2018年，晋城市文明办围绕“志爱晋城”志愿服务品牌，在全省率先建立志愿服务活动中心和12个标准化志愿服务站，培育“雪松公益讲堂”“晋城自救互救志愿服务联盟医院”等品牌志愿服务项目。开展文明交通劝导志愿服务活动，3000余名志愿者走上路口，配合交警维护交通秩序。

【未成年人思想道德建设】 2018年，晋城市文明办开展“新时代好少年”评选活动，实施未成年人“五大”工程，通过“扣好人生第一粒扣子”“文明家庭评选”“好家风家训分享展示会”等形式，推动学校教育、家庭教育、社会教育有机衔接。晋城市连续第4届获全国未成年人思想道德建设工作先进城市。

【农村精神文明建设】 2018年，晋城市文明办加强新时代乡贤文化建设，开展“新时代晋城最美乡贤”评选，通过新时代乡贤荐评、汇智、引领、传承、礼敬五大工程，激活乡贤文化资源。城市“邻里文化节”等系列特色活动层出不穷，文明交通、文明上网、文明餐桌等主题实践长年不断；乡村文化大院建设工程推出“我爱上党戏”“千场乡贤讲座”等活动，满足群众精神文化生活。 （吉晓琴）

2018年机构设置和负责人名录

中国共产党晋城市委员会

书　记　张志川
副书记　刘　锋　李根田
常　委　赵沂旸　焦光善*　那志茂　卫明喜
王晋峰　石云峰　张利锋　荆俊明
范兆森
秘书长　王晋峰
常务副秘书长　闫通宇
副秘书长　闫培烈*　王志强(兼)　张全胜
谢　飞　上官东亮(兼)

晋城市人民代表大会常务委员会

主　任　范丽霞(女)
副主任　孔庆鹏*　廖　军*　张斌胜　郭治琛
冯裕民　李翠叶(女)
秘书长　王学琦
副秘书长　蒋志红　赵红生　张　翀　李咏锋

晋城市人民政府

市　长　刘　锋
副市长　张利锋　王斌权　梁丽萍(女)
武健鹏　冯志亮　王宏微
秘书长　尹红岩*　焦新文(兼)
副秘书长　司国奇　李永和　杨元平
焦　勇(兼)*　樊小润　杨金中

政协晋城市委员会

主　席　常国荣
副主席　陈建国　郭一峰　崔守安
武四海(女)　阴建正　郭向阳
秘书长　和贵喜
副秘书长　温保山　赵三毛

中国共产党晋城市纪律检查委员会

书　记　那志茂
常务副书记　王贵平
副书记　卢　平*　张　军*
常　委　李宏军　郭虎庆*　杨　钟*
程晋鹏　杨晓红　王宏伟
岳友谊　王殿梅(女)

晋城市监察委员会

主　任　那志茂
副主任　王贵平　卢　平*　张　军
委　员　李宏军　郭虎庆*　杨晓红　赵德富*
王宏伟　王殿梅(女)　安　铭

晋城市中级人民法院

党组书记、院长　于昌明
党组副书记、常务副院长　王世运
副院长　高国林　李秋红　祁连关
政治部主任　韩建岗
审委会专职委员　刘沁长　张晓彬
派驻纪检监察组组长　都火炬*　梁晋旗

晋城市人民检察院

党组书记、检察长　张世荣
常务副检察长　苏文革
副检察长　王万虎　赵贵炉　王红玲(女)
政治部主任　郭世锋
派驻纪检监察组组长　王卫东

市委工作部门和部门管理机构

市委办公厅

派驻纪检监察组组长　宋丽莉(女)

市委督查室
主　任　李向阳
副主任　李向阳(主持工作)*　李建兵
　　　　任露旭
市委巡察办
副主任　李利刚　殷宏伟
市委巡察组副处级巡察专员　武　琳(女)
　　　　申福林　贾巨峰
市委组织部
部　长　卫明喜
常务副部长　郭竹林
副部长　张新光(兼)　李　炎(兼)　尹文德
　　　　杜　琳
部务委员　杜　琳　吴　洪　张德政
正处级组织员　王　涛　常仙勤(女)
副处级组织员　毕海霞
非公和社会组织工委专职副书记　杨鸿飞*
　　　　朗军芳
市委人才办主任　王志清
市考核办专职副主任　张继忠
派驻纪检监察组组长　李甫安
市委宣传部
部　长　赵沂旸
常务副部长　樊　烨*　王联民
副部长　王联民*　李华文
文明办副主任　张一军
派驻纪检监察组组长　李建亮
市委统一战线工作部
部　长　焦光善
常务副部长　梁红兵
副部长　李凌志*　张国建
市委政法委员会
书　记　石云峰
常务副书记　栗　强
副书记　李刘苏(女)　张四祥
政治部主任　赵　军
法治建设领导小组办公室专职副主任　陈旭伟
综治办
主　任　栗　强(兼)
副主任　殷　辰　李建民
市委政策研究室
主　任　王志强
副主任　李可大　郭文忠　杜高生　李海胜
晋城工作杂志社总编　李维平(女)
市机构编制委员会办公室
主　任　张高峰
副主任　任林书　张春林　邓守卫
市事业单位登记管理局局长　张一晴(女)
市直属机关工作委员会
书　记　张　文
副书记　王江海　车建利　王鸿鹰
纪工委书记　尚海根
市委对台办公室
主　任　王红斌
副主任　韩　萍(女)
市委老干部局
党委书记、局长　李　炎
副局长　牛惠军　郭向奎
党委副书记　郭旭勤
市信访局
局　长　上官东亮
副局长　郭银富*　邢军霞(女)　张建兵
正处级信访督查专员　郝陵义*
副处级信访督查专员　曹峰毅*　李国忠

市人民代表大会常务委员会工作机构

市人大常委会办公厅
派驻纪检监察组组长　冯永源
人事代表工作委员会
主　任　杨珠义
副主任　李雪丽(女)
法制委员会
主任委员、法制工作委员会委员　傅彦虎
副主任委员　张革平
法制工作委员会副主任　贾　飞

财政经济委员会

主任委员　李　斌

副主任委员　马　丰

城建环保工作委员会

主　任　李俊杰

副主任　于小丽(女)

教科文委员会

主　任　刘晓丽(女)

副主任　郭玲玲

农村工作委员会

主　任　王振堂

副主任　张平生

社会建设委员会(民族宗教侨务外事工作委员会)

主任委员　闫建升

副主任委员　刘文华

研究室

主　任　蒋志红

副主任　卢元芳(女)

信访接待室主任　郭云龙

信息中心主任　牛　晋

市政府工作部门和部门管理机构

市政府办公厅

派驻纪检监察组组长　朱全红

副主任　原明保*　韩爱国*　贾苗丽(女)

王晋亭　刘宇亮

市发展改革委员会

党组书记、主任　秦李芳*　邹树琦

副主任　梁仁锁*　杨跃卿　黄天明　靳宏伟

邢海斌　任智慧

总工程师　朱晓波

总经济师　毋瑞军*

市重大项目稽察特派员办公室主任　王国斌

派驻纪检监察组组长　薛志景*　王江元

副处级稽查特派员　马树敬　吕丽芳(女)

市经济和信息化委员会

党委书记　王宏微　程　琳

主　任　王庆和

专职副书记　杨建平

副主任　梁建刚　梁金雄　韩志堂　任晋君

李俊强

总工程师　原向东

总经济师　卢瑞莲

派驻纪检监察组组长　魏　斌*

市教育局

党组书记、局长　茹　刚

副局长　胡铁柱　来庭会　原红卫

派驻纪检监察组组长　李留兵

市科学技术局

党组书记　任志忠

局长　史晓莉(女)

副局长　张建树　高兴国　贾莹峰

总工程师　申瑾瑜

市公安局

党委书记、局长　王斌权

常务副局长　赵建云

副局长　郭清洁*　文海潮　杜志强　史惠军

党委副书记　赵建云

督察长　王斌权(兼)

政治部主任　李　平

派驻纪检监察组组长　姬金恒

市民政局

党组书记、局长　王仁庆

副局长　李文明*　靳慧萍(女)　尚东方

市司法局

党组书记、局长　宋书平

副局长　高永才　牛迎利　孙晋军

政治部主任　杨慧芳(女)*

派驻纪检监察组组长　焦银雷

市财政局

党组书记、局长　崔国炜

副局长　李英杰　段志坚　续永福　杨兴文

总会计师　王　健

派驻纪检监察组组长　王继荣(女)

市人力资源和社会保障局

党组书记、局长　张新光

副局长　李卫平*　王高毅　赵惠斌(女)

赵志义　司惠民
派驻纪检监察组组长　李加文

市国土资源管理局

党组书记、局长　刘中平*　刘　闯
副局长　王发生*　商国富　毋建喜
纪检组长　原志非
总工程师　刘世繁
总规划师　裴小霞(女)
监察支队支队长　原保瑞
土地收购储备中心主任　张怀慎

市环境保护局

党组书记、局长　杨金中*　郎诗华
副局长　乔荣生*　焦金生　李维民　刘永会

市住房保障和城乡建设管理局

党组书记、局长　郭明太
副局长　原保红　杨利民*　靳海峰　王　旭
总工程师　原明碧
总建筑师　张海忠
派驻纪检监察组组长　毕前胜*　梁飞昊

市交通运输局

党组书记、局长　董小清
副局长　李明耀　王余良*　吕虎林
和全忠(兼)　乔宪民
总工程师　王卫军
总会计师　李明建

市水务局

党组书记、局长　杜　平
副局长　毕玉柱*　焦林林　崔林成　樊武斌
总工程师　郭建军
派驻纪检监察组组长　李保金

市农业委员会

党组书记、主任　李喜红(女)
副主任　秦怀仁　赵启明　张祥林　王建荣
王晋旭　王天圣　刘建云(女)
总农艺师　刘鹏飞
总经济师　梁敏斌
派驻纪检监察组组长　秦书平

市林业局

党组书记、局长　史小军
副局长　原振先*　李培红　车文莲(女)
总工程师　杜建莲(女)

市商务粮食局

党组书记、局长　李东升
副局长　王加强　刘宇光　段玉太　乔荣生

市文化局

党组书记、局长　贺建国
副局长　杜喜霞(女)　李立新　侯俊玲(女)
郑忠社

市卫生和计划生育委员会

党组书记、主任　樊林奎
副主任　王丽娟(女)*　尚晋河　孙建平
段新亮　原沁霞(女)
爱卫会专职副主任　李铁花(女)
派驻纪检监察组组长　李红梅(女)

市审计局

党组书记、局长　李天胜
副局长　王建芳(女)*　曹和生　郭义光
总审计师　张向阳
派驻纪检监察组组长　王玉亭

市煤炭煤层气工业局

党组书记、局长　田志军
副局长　陈永进*　秦　强　许德旺(兼)
原前进
总工程师　原前进(兼)
派驻纪检监察组组长　于建斌

市旅游发展委员会

党组书记、主任　王　丽(女)
副主任　郭一峰　赵旭替*　李国强*　李晋楚
总工程师　岳建明

市工商行政管理局

党组书记、局长　白亚平
副局长　杨成芳*　赵智慧　闫莉莉(女)
派驻纪检监察组组长　邵锁昌

市质量技术监督局

党组书记、局长　陈家富
副局长　李先锁　王瑞新
党组副书记　吴忠庆
总工程师　李建平

市食品药品监督管理局

党组书记、局长　李作富

副局长　尚济民*　郝少勤　程跃虎

药品总检验师　阎建鸿

食品总检验师　司丽芳(女)

市统计局

党组书记、局长　王振华*　张志兴

副局长　程满胜　唐振芳

总统计师　姜孝则

市安全生产监督管理局

党组书记、局长　鲍瑞卿

副局长　王洪太　程保河*　范常胜

市民族宗教事务局

党组书记、局长　张建乐

副局长　范胜利

市人民防空办公室

党组书记、主任　郭　斌

副主任　牛泽辉　张宝明　肖海清

市规划局

党组书记、局长　焦新文*

副局长　高青定　吴青革

总规划师　朱居生

市金融工作办公室

党组书记、主任　李志忠

副主任　杨利生　王敬峰

政协晋城市委员会工作机构

市政协办公厅

派驻纪检监察组组长　宋建霞(女)

提案委员会

主　任　秦李芳

副主任　朱国胜*

经济科技委员会

主　任　赵晋阳

副主任　贾俊玲(女)

农村工作委员会

主　任　朱国胜

副主任　郭富太

文化教育委员会

主　任　郝　锐

社会法制委员会

主　任　贾晓娥(女)

文史资料委员会

主　任　靳虎松

调研室

主　任　许国胜

市直属事业机构

市委信息化中心

主　任　宋军民

副主任　宋军民(主持工作)*　程瑞强

市委党校

校　长　李根田(兼)

常务副校长　王晓光

副校长　卢　路　赵旭杰　秦志刚　陈究盆

市接待办

主　任　孙加慧

副主任　张强胜　李会峰

市委党史研究室

主　任　霍丽丽(女)

副主任　李文福

市委外宣办、市政府新闻办

主　任　侯虎胜

副主任　秦宏平　王　林

市委讲师团

团　长　李兴文

副团长　司芳琴(女)　李静宇

市上党戏剧研究院

院　长　王丽平(女)

副院长　王丽平(女,主持工作)*　郭孝明

张爱珍(女)

太行日报社(2018年10月前)

总　编　王为民

副社长　程旭荣

副总编　杨　斌

晚报总编　王春平

编委会委员　林仲民　王晓艳(女)

市广播电视台(2018年10月前)

党组书记、台长　徐　浩

总编辑　牛龙飞

市新闻传媒集团(2018年10月后)

党委书记、董事长　徐浩

副书记、副董事长、总经理　王为民*

副书记、副董事长、总编辑　牛龙飞

党委专职副书记(企业正职)、纪委书记、副董事长　杨　钟

党委委员、副总经理　赵春林　张成利

党委委员、副总编辑　王春平　杨　斌

党委委员、监事会主席、工会主席　林仲民

副总编辑　程旭荣

副总经理　时青松

市政务大厅管理中心

主　任　焦　勇*　司国奇(兼)

副主任　马小林*　陈亚东

市政府发展研究中心

党组书记、主任　卢海建

副主任　成少宏　李　海　司进锋

市机关事务管理局

党组书记、局长　牛泽民

副局长　司国振　陈建国　崔玉明　闫茂盛

市信息化管理办公室

党组书记、主任　聂永平

副主任　李满红　郎荷宝　张亚丽(女)

市老龄委办公室

主　任　李志明

副主任　李玉平(女)

市档案局

党组书记、局长　李克平

副局长　申晓霞(女)　程　鹏　焦　健(女)

市地方志办公室

主　任　邵俊生

副主任　宋喜俊(女)

市地震局

党组书记、局长　毕明荣

副局长　刘完保　赵学军

市招商局

党组书记、局长　李子荣

副局长　张建军　李奔峰

市园林局

党组书记、局长　王秀峰

副局长　高连江　李安国　潘乐善

市中小企业局

党组书记、局长　王建辉

副局长　常俊龙　朱守顿　邢　捷

市城镇集体工业联合社

党组书记、主任　陈建军

副主任　焦晋莎　谭青芳(女)

市供销合作社联合社

党组书记、主任　刘建光

监事会主任　李志文

市科技研究所

所　长　原建堂

副所长　张丽丽(女)　冯静梅(女)

市农业综合开发局

党组书记、局长　刘东平

副局长　王冠武　原粉娥(女)

市农机局

党组书记、局长　苗富才

副局长　王宏生　牛保凤(女)　郭素军

市畜牧兽医局

党组书记、局长　王万荣

副局长　王曙光*　白崇进　牛靖宇*

沁水示范牧场

场　长　王友战

副场长　田晓华

市治超办

主　任　陈高晋

副主任　陈高晋(主持工作)*　贺海燕(女)　程江平

市人才服务中心

主　任　田和平

副主任　张　鹏　赵旭升

市疾控中心

主　任　原太平

副主任　秦玉明　张先堂(女)　常海云(女)

市公用事业建设局

党组书记、局长　马阳光

副局长　尚爱民　米晋斌

市公共资源交易中心

党组书记、主任　郎诗华*　郭虎庆

副主任　崔新宏　王占文

驻市单位

市国税局(2018年7月前)

党组书记、局长　张锁林

副局长　关保利　张忠义*　王余屯　段胜平

开发区分局局长　杨全民

纪检组长　李跃伟*

总经济师　张欣义

总会计师　李晓峰

市地税局(2018年7月前)

党组书记、局长　赵耀中

副局长　岳卫星*　李　文　延如庆　乔春铭

纪检组长　张小刚

总会计师　田卫东

总经济师　卢坤军

市税务局(2018年7月后)

党委书记、局长　张锁林

党委副书记、副局长(正处级)　赵耀中

副局长　关保利　李　文　王余屯　段胜平
　　　　延如庆　乔春铭　原　锋

纪检组长　张小刚

总经济师　卢坤军　张欣义

总会计师　田卫东　李晓峰

开发区税务局党委书记、局长　杨全民

市烟草专卖局(公司)

局　长(经理)　张家驰*　张春荣

副经理　常熙旺

副局长　王　军

总会计师　王浩卫

工会主席　毋晋民

山西煤矿安全监察局晋城监察分局

局长　李京文

党总支书记　田一军

副局长　时志云　成建明

监察专员　庞文忠

山西省公路局晋城分局

局　长　马　远

党委书记　张根法

副局长　王振明　陈建国　徐　斌

纪委书记　赵锁金

工会主席　申济众

总工程师　陈建国(兼)

市交通运输执法局

局　长　张慧锋

党委书记　王卫华

副局长、工会主席　王黎平

党委副书记、纪检书记　谢小兵

市气象局

党组书记、局长　张　平

党组副书记、纪检组长　王存仁

副局长　常素萍(女)　张　磊

市盐务分局

局　长　付文平

副局长　史丽军*　李向前

人行晋城市中心支行

党委书记、行长　李保根*　王东红

副行长　原晋凉　宋光在　许雪峰

工会主任　袁浩波

纪委书记　刘成炳

晋城银监分局

党委书记、局长　王亮清

副局长　范文书　琚美霞(女)

纪委书记　李　峰

邮政管理局

党组书记、局长　和全忠

副局长、纪检组组长　张　伟

晋城国民统计调查总队

党组书记、队长　翟怀明

副队长　梁国宏

纪检组组长　师英贵

晋城海关

关长　周进民

副关长　宋振宁　刘小继

纪检组组长　连庚寅

纪检副组组长　杨东波

群众团体

市总工会

主席　孔庆鹏(兼)

党组书记、常务副主席　李勤才

副主席　任有福　韩敦锋　丁文彬
　　杨建平(兼)　王高毅(兼)

共青团晋城市委员会

党组书记、书记　杨　洋

副书记　王晓辉　韦　波　常　阳
　　张建国(兼)

市妇女联合会

党组书记、主席　崔玲玲(女)*　宋丽云

副主席　许素平(女)　申李玲(女)
　　黄　璟(女)

市科学技术协会

党组书记、主席　毋　勇*　焦　勇

副主席　刘鹏飞*　祁冰宜(女)*　申中民
　　冯文忠

市归国华侨联合会

党组书记　田永健

主　席　尚建中

副主席　王晋萍(女)

市文学艺术界联合会

党组书记、主席　贾大一

副主席　谢红俭(女)　韩有珍(女)　潘　登

太行文学社主编　聂利民

市残疾人联合会

党组书记、理事长　郭忠平

副理事长　和建平　李向青

驻外办事处

市政府驻北京办事处

主　任　姚宝鸿

学校医院

晋城职业技术学院

党委书记　朱　莉(女)

党委副书记、院长　邱建国

副院长　卢文汇　毕文才　姬爱国
　　杨玉琴(女)

纪委书记　刘霄志

工会主席　牛　翠(女)

晋城一中

校　长　周双林

副校长　李坤明　范春俊　张建国

党总支副书记　卫俊婷(女)

工会主席　张晋斌

晋城广播电视大学

党总支书记、校长　裴家留

副校长　裴家留*　车军社　李雪明　赵春明

市中等专业学校

校　长　李永富

副校长　任学文　张　敏　陈广瑞　董笑红

矿区中学

校　长　于红英(女)

副校长　王文惠　徐景红

高平市中等专业学校

副校长　申青山　毕建明*　赵海青　张玉凤

晋城技师学院

校　长　姚允刚

副校长　刘世峰　马雷正　贺双俊
　　李　艳(女)

市人民医院

院　长　秦中胜

党委书记　刘　冰

副院长　贾龙斌　赵红亮　焦振恒　侯志云

纪委书记　秦建平
工会主席　茹小红

晋城经济技术开发区

开发区管委会

主　任　程　琳*
市委常委、主　任　范兆森
副主任　董海顺　赵永红　李永斌

开发区党工委

书记　范兆森
副书记　程　琳*　吴伟玲（女）
纪工委书记　邵红旗*　赵德富

武警晋城市支队

党委副书记、支队长　张建刚*　胡　锐
党委书记、政治委员　李　宇
副支队长　石荣兵*　赵玉山　盖永刚
副政治委员　王　刚*　郝宇峰
参谋长　冯雪飞
政治处主任　梁海镔
后勤保障处处长　原亮亮

民主党派与工商联

中国国民党革命委员会晋城市委员会

主任委员　原　云
副主任委员　姚承辉　刘海屯　贾祥瑞
　　冯雪松　张慧敏（女）
秘书长　姚承辉（兼）

中国民主同盟晋城市委员会

主任委员　梁丽萍（女）
副主任委员　郭建英（女）　王小桃（女）
　　钱红林　贺新刚　王宇泽
秘书长　李军团

中国民主建国会晋城市委员会

主任委员　阴建政
副主任委员　冯德强　韩连弟（女）　柴慧青
　　郭荣林　王庆琰
秘书长　符纯美（女）

中国民主促进会晋城市委员会

主任委员　郭向阳
副主任委员　王国亮　李卫国　原向东
　　王军民　李　琳
秘书长　李卫国（兼）

中国农工民主党晋城市委员会

主任委员　王胜利
副主任委员　李全林　段韶军　郭金祥
　　赵红亮　孙夏芳（女）
秘书长　孙夏芳（女，兼）

九三学社晋城市委员会

主任委员　程春明
副主任委员　解小竹（女）　王小芳（女）
　　安建峰
秘书长　王淑静（女）

晋城市工商联合会

党组书记　梁红兵*　李凌志
主　席　程刚强
副主席　杨月书　陕建锋　牛俊峰

注：所记载机构为征集到资料的市级正处级以上机构，机构和领导人名录排序不作为其他依据；2018年1月1日至12月31日凡调离原岗位的都在姓名后右上角标注*。

（市委组织部、武警晋城支队、驻市组织单位等）

晋城市发展和改革委员会

主任邹树琦（前排左三）在大阳古镇调研

2018 年 12 月 18 日，晋城民航机场有限责任公司揭牌仪式

乡村振兴战略总体规划汇报会

2018 年 7 月 24 日，五大产业政策课题组座谈会

太焦高铁神农隧道全隧贯通

兰花集团

2018 年，兰花集团落实市委、市政府“聚焦主业，瘦身健体，提升融资能力，加快产业转型”总体要求，多措并举稳运行，全力以赴促转型，培育新动能，集聚新优势，公司经营运行持续健康发展。

经济指标全面完成。截至 2018 年底，公司资产总额 391.88 亿元，同比增加 4.21 亿元；全年实现销售收入 114.29 亿元，同比增长 13.58%；实现利润 10.9 亿元，同比增长 50.82%；全年实现利税 28 亿元，同比增长 29.29%。

深化改革健康发展。集团响应省市对国企改革的要求，牢牢抓住深化国企改革的窗口期和机遇期，坚持问题、目标及任务导向，从聚焦主业、法人治理、融资能力、瘦身健体、人才制度、内部机构、企业分离办社会职能等各方面优化战略投资，壮大优势产业，积聚发展势能，为企业进一步平稳健康可持续发展提供保障。

安全生产总体平稳。公司坚守“发展绝不能以牺牲安全为代价”安全红线，加强制度建设，完善管理体系，丰富各类培训，开展专项整治，确保安全、环保费用足额提取使用，全年安全生产基本稳定。

项目建设转型升级。利用兰花巴公园区土地、技术、设备、技术人员等资源，布局循环产业园区建设。利用 2 台 GSP 粉煤气化装置，与天泽集团共同建设“气化岛”，实现传统煤化工产业向现代新型煤化工产业转型升级。玉溪煤矿 240 万吨矿井建设项目，首采工作面巷道完成 85% 工程量，通风、供电、排水、运输及井上下瓦斯抽采等系统全部形成；地面其他配套工程完工并投入使用，预计 2019

新材料厂区

产品待运

己内酰胺生产装置

年10月进入联合试运转。新材料“10改14”项目，公用工程系统改造完成75%，环保装置基本完成，工艺系统改造完成60%。煤层气上黄二期项目，完成总体工程量的90%，基本完成年度目标任务。

技术创新持续发展。2018年，公司共获得授权实用新型专利11项，“煤矿虚拟现实（VR）培训系统开发”和“乌洛托品”两个项目申报山西省科协2018年度金桥工程项目。与中煤科工集团西安研究院、河南理工大学、中国矿业大学、河北工程大学、北京煤机厂等科研院所达成长期稳定战略合作，提高创新效率，增强核心竞争力。

推进民生工程。2018年，集团着力于提高员工收入和福利待遇，制定《关于帮扶就业特别困难职工子女实现就业的实施办法》和《兰花集团2018年度就业帮扶实施方案》，帮扶困难职工，承担社会责任，结对帮扶贫困村、贫困户，2646名帮扶对象全部实现脱贫，在全市脱贫攻坚工作中发挥重要作用。

光伏太阳能生产车间

能源集运

煤化工生产装置

高平兰花城项目鸟瞰图

公司总调度

兰花科创上市 20 周年高峰论坛

现代化综采工作面

山西兰花煤层气

玉溪煤矿全景

晋城军分区

省军区司令员韩强（右二）在晋城军分区调研

召开“传承红色基因，担当强军责任”主题教育活动动员部署会

5 月 15 日，全市 2018 年征兵宣传进校园暨大学生征兵宣传启动仪式

省军区副政治委员刘兴安参加晋城军分区宣布命令大会

2018 年 7 月 5 日，町店战斗 80 周年纪念活动座谈会在阳城召开

2018 年 9 月 10 日，新兵入伍欢送大会

开展“八一”军事日活动

2018 年 7 月 13 日，组织“太行强军新征程”庆祝建军 91 周年文艺会演

晋城市中级人民法院

市委书记张志川（中）在晋城市中级人民法院调研

诉调对接工作现场会在阳城召开

2018年，全市法院坚持以习近平新时代中国特色社会主义思想为指导，坚持精学、实做、创优的工作作风，各项工作取得新进展，实现新突破。全年共受理各类案件30733件，办结29710件，结案率96.67%，在全省各市排名第一。20个集体、28名个人受到省级以上表彰，市中院被表彰为“全国法院宣传工作先进集体”，被评为晋城市文明标兵单位。

全市法院工作整体呈现以下亮点：一是以政治建院为统领，党建业务融合发展，获“全省法院党建工作先进集体”称号。二是严格审查服刑罪犯财产性判项履行情况，服刑罪犯主动履行财产性判项逐渐成为常态。三是加大破产审判力度，构建“府院破产统一协调机制”，帮助困难企业实现重整，助推经济提质增效。四是全年受理诉前调解案件3407件，同比增长67.58%，调解成功2381件，形成全市诉调对接“6＋N”工作法的新时代“枫桥经验”。五是行政审判加大合法性审查力度，发布行政审判白皮书，2个件案例入选省高院行政审判十大案例。六是构建两级法院“三统一”执行工作体制，决战决胜“基本解决执行难”，全市法院系统加大失信惩戒力度破解执行难入选“晋城市改革开放四十周年民主法治十大业绩”。六是坚持“调研是更高层次的审判”，五项调研成果在省高院获奖，市中院首次承担最高人民法院重点课题并验收合格。七是发挥法治宣传引领作用，官方抖音被评为全国法院十佳客户端，官方微博、官方微信入选全国法院百优新媒体账号，《法院在线》电视栏目收视率稳居第三，为法治建设落地生根开花做出贡献。

扫黑除恶案件公开开庭

全媒体直播执行行动

开展“带着两微说执行”普法活动

法院开放日“小记者走进法院”活动

失信被执行人曝光台

法院工作年度荣誉

晋城市中小企业局（民营经济管理局）

省中小企业局党组书记、局长李东洪（前排左二）调研晋城中小微企业发展情况

第十届 APEC 中小企业技术交流展览会晋城展区

领导干部讲党课活动

“党员过政治生日”主题党日活动

北京大学山西省晋城市中小企业局中小微企业领军人才研修班结业典礼

结对帮扶脱贫攻坚

2018 晋城市中小企业信息化服务信息发布会

市中小企业局参加“12 · 4”法治宣传日活动

晋城市教育局

市委书记张志川（中）与少年儿童共度“六一”

市长刘锋（右一）和少年儿童共庆“六一”

副市长梁丽萍（左三）在综合实践基地进行现场办公

市教育局局长李志忠（中）参观职业学校学生作品

实验小学“争做新时代好队员”主题队日活动现场

第二十届学生艺术节声乐类比赛现场

建设中的凤城中学高中部

晋城市税务局

2018年7月1日市局联合党委和领导班子正式组建；7月5日市局挂牌仪式隆重举行；7月20日全市县、乡两级税务机构同步挂牌；8月29日，市局党委获批成立；10月25日，全市税务系统7个县（市、区）局、5个派出机构、61个税务所（分局）、22个市局内设机构、1427名干部的“三定”方案全面落实到位。2019年1月1日，机关事业单位社会保险费和城乡居民基本养老保险、基本医疗保险以及第一批非税收入征管职责平稳有序划转。

国家税务总局山西省税务局党委委员、纪检组组长张鹏飞（右二）
市委常委、常务副市长张利锋（左二）出席挂牌仪式

一年来，全市税务系统坚决贯彻党中央、国务院关于国税地税征管体制改革的重大决策部署，立足“四个确保”，全面推动“四合”，挂牌组建国家税务总局晋城市税务局，实现改革税收“两不误、两促进”；坚持挂图作战、对表推进，完成国税地税征管体制改革，同心共铸新税务；坚持党建引领、融合发展，推动干部队伍由“人合”至“心合”，铁军展现新风采；坚持减税降费、保障地方，完成各级组织收入任务，发展取得新成效；坚持优化环境、转变征管，实现税收治理从“事合”到“力合”，履职再有新担当。

挂牌仪式现场举行升旗仪式

全省税务系统青少年税法学堂系列活动

新税务新形象

晋城市政务中心办税服务窗口全体人员展示新税务新形象

为纳税人讲解减税降费政策

为纳税人讲解减税降费政策

第 28 个税收宣传月活动

晋城市规划和自然资源局

市委书记张志川（前中）调研国土资源工作

市局党组书记、局长刘闯任命会议

义务植树活动

全省率先同步开展城市总体规划修编和城市设计试点工作

市国土局在晋煤集团开展服务企业行动

市国土资源局、中国建设银行晋城分行“互联网 + 不动产登记”签约仪式

“世界地球日”主题宣传活动

2018 年晋城市地质灾害应急演练

“庆中秋 · 迎国庆”经典诗文朗诵比赛

晋城市档案局（馆）

省委宣传部副部长、省文明办主任张俊豪（左一），市委常委、市委宣传部部长赵沂旸（左二）调研市档案馆文明城市创建工作

市人大常委会主任范丽霞（右二）等领导在市档案局调研指导工作

市委常委、市委组织部部长卫明喜（左二）到市档案馆调研“三基建设”工作

市政府专项督查重大活动档案工作

晋城市与浙江省台州市数字化档案异地备份交接仪式

全市档案系统“三基建设”推进会

全市档案管理人员专业能力提升培训

市档案局（馆）工作人员参观纪念宪法历史资料展

晋城市农业农村局

市委常委、组织部部长卫明喜（前排左一）参观农产品质量安全追溯平台

晋城市特色农产品北京展销中心启动仪式

学习习近平“三农”思想专题研修班在浙江大学开班

晋城市参加招商引资签约仪式

“三基建设”基础工作现场推进会

土地确权颁证

农民丰收节

晋城市生态环境局

秋冬季大气污染治理攻坚行动部署会

大气重污染成因与治理攻关专家团队调研与技术指导会

环境网格化监管详查培训动员会

“环保志愿者”主题党日活动

“保护生态环境文明在行动”主题活动

市委办公厅

【概述】 2018年，晋城市委办公厅学习贯彻习近平总书记关于党办工作“五个坚持”要求，面向新时代，立足新起点，落实新要求，争做新标杆，以党建统领办公厅工作，全面提高“三服务”工作水平，完成各项工作任务，为市委高效有序运行提供服务和保障。围绕解放思想、党的建设、项目建设、脱贫攻坚、生态环保等市委重大部署，提出高质量的发展意见和建议120余条。

【文稿工作】 2018年，晋城市委办公厅完成市委七届四次、五次全会、省委全会和省人代会、党建工作、纪委全会、组宣统会议、意识形态会议、民营企业发展、开发区改革创新等会议领导讲话的起草；完成省委督导检查组到晋城督导检查的情况汇报及年度工作情况汇报、专题报告；完成市委常委会、常委扩大会、市委理论学习中心组等会议主持词的起草。全年撰稿300余篇，150多万字；整理领导调研讲话30多篇，15余万字。修改、把关和审核重要新闻稿件160多篇，26万字。

【会务管理】 2018年，晋城市委办公厅筹备完成市委常委会，市委七届四次、七届五次全会，海峡两岸神农炎帝文化旅游招商系列活动，全省推进转型项目建设现场会及深化改革、脱贫攻坚、文明创建、意识形态等市级会议180余场。

【专题调研】 2018年，晋城市委办公厅围绕党建、环保、扶贫、扫黑除恶、转型发展、园区建设、城市管理、城乡社区治理等重要领域，和事关改革稳定发展的全局性问题、经济社会发展中的突出问题、社会普遍关切的热点、难点、焦点问题及民生工程等突出问题，陪同市委主要领导调研120余次。

【督查督办】 2018年，晋城市委办公厅组建市委、市政府协调督查办公室，建立市委督办、政府“13710”督办、人大询问质询、纪委监督检查、新闻舆论监督、市委常委会点评“六位一体”督办机制，受理和督查发现问题91件，督办完成25件，推动落实66件。办理市委书记批示39件，办结率100%；办理市委办公厅领导批示件51件，办结49件；办理人大、政协建议提案60件；印发《督办通知》162期、《督查专报》89期；牵头承办全市重点工程项目、全市环境保护网格化监管等专项督查8次，配合完成中央环保督察“回头看”、省委督导组检查贯彻落实习近平视察山西重要讲话、省委十一届六次全会学习贯彻、省委省政府环保督查“回头看”和省审计厅经济责任审计报告整改等督查整改活动。对全市督查检查考核事项进行专项清理，共清理212项，清理率达54.5%。

【公文办理】 2018年，晋城市委办公厅优化公文办理机制，接收、运转各类文件材料792件。其中，收办中央文件110件、省委文件

261件、其他文件320件。制发市委及市委办公厅文件230期。全面启用公文电子传输系统，接收电子公文203期2030份。印发《关于进一步加强互联网条件下党内文件管理工作的通知》《关于加强市委文件公开发布工作的通知》，加强互联网条件下党内文件管理工作。向省委报备党内规范性文件53件，受理下级单位文件83件，备案联动审查56件，纠正各县(市、区)文件5件，提醒3件，反馈1件。

【法律服务】 2018年，晋城市委办公厅组织召开全市党委系统法律顾问和公职律师工作会议，加强党委系统法律顾问和公职律师队伍建设。3名市委法律顾问参与市委重大决策法律论证、重要党内法规、法治建设重大课题研究等。全年发出“征求意见卡”27份，为科学决策、民主决策、依法决策提供法律服务。

【信息工作】 2018年，晋城市委办公厅编发《晋城信息》286期、《每日要情》286期、《每周省情概览》50余期。围绕中央、省委决策部署，挖掘全市特色亮点工作、重点难点工作向《山西信息》报送信息374篇。其中，省委信息综合室报中办单篇信息27篇、综合信息16篇；报省领导单篇信息11篇、综合信息1篇。

【值班应急】 2018年，晋城市委办公厅制定下发关于做好值班工作和节假日值班的有关通知，组织全市党委系统值班应急和紧急报送工作专项培训，加强日常值班管理，办理处置涉诉、涉访、维稳等各类值班信息100余件。

【信息化建设】 2018年，晋城市委办公厅推进业务应用和市级横向联网工作，完成电子公文传输系统和党内规范性文件网上报备系统，完成市政府办公厅、市信访局、市农委和晋煤集团的党务内网接入工作；指导完成泽州县党政机关搬迁的内网安全迁移工作，做好全市22个派驻纪检监察组和市委组织部内网接入规划工作。更新内网市委门户网站信息3927条。完成《山西机要信息》报送工作和信息化密码设备换装调试任务。

(李　容)

组 织

【概述】 2018年，晋城市委组织部践行新时代党的组织路线，突出政治统领，聚焦主责主业，强化担当作为，推动干部队伍建设、基层党组织建设、人才队伍建设和自身建设取得新成效，为晋城高质量转型发展大局和“先行区”“领跑者”“桥头堡”发展目标提供坚强组织保证。

【党建工作】 2018年，晋城市委出台《关于全面加强新时代党的建设的实施意见》，提出以党建引领发展、把党建融入发展、用党建推动发展、靠发展检验党建等系列路径方法，明确党建融合发展的“晋城方案”。

领导带头讲课。市委书记张志川到基层讲党课3次，市委常委到所在党支部和联系分管的基层支部讲授党课。市委组织部开办市管干部读书班2期、中青年干部培训班2期，培训人数225人。印发《关于全面推行党支部主题党日活动的指导意见》，把学习习近平新时代中国特色社会主义思想和中共十九大精神，作为主题党日活动第一议题和常态化学习内容。

拓展教育载体。整合晋城市党史馆、方志馆、档案馆等教育资源，规范提升城区南石店、泽州县东常村、高平市瓦窑头村、阳城县孙文龙纪念馆、陵川县锡崖沟村、沁水县南阳抗大等红色教育基地，打造以“讲好晋城故事、传承晋城精神”为主题的精品党课，接待学员超过5000人次；成立太岳干部学院，举办培训15期，培训1300余人次。

开展系列活动，印发《关于开展纪念建党97周年系列活动的通知》，要求各县(市、区)委和市直各党(工)委组织学唱入党誓词歌《我宣誓》。“七一”期间，市委举办“唱响入党誓词，不忘入党初心”纪念建党97周年合唱大赛。

举办高端研讨。9月，中国浦东干部学院中国特色社会主义研究院主办、晋城市承办的第三届学习习近平总书记党建重要论述暨基层党建创新研讨会在晋城举行，全国各地100多名党建专家参加研讨会。

【干部工作】 2018年，晋城市委组织部出台《关于进一步激励全市干部新时代新担当新作为，努力建设高素质专业化干部队伍的实施意见》《关于适应新时代要求大力发现培养选拔优秀年轻干部的实施意见》，推动高素质专业化干部队伍建设。

“五个一批”抓干部素质提升。晋城市委组织部组织115名干部出国考察，90名主要负责人到港澳培训，159名中青年干部到江浙挂职，18名业务骨干到省厅挂职，611名干部到基层挂职。各县（市、区）针对性地组织开展大规模外出培训和挂职锻炼。

“五个一批”抓干部选任配备。落实市委“突出政治标准、突出实干实绩、突出基层一线”要求，推进“一老一少一基层一重点一关键”五批干部选配计划。“一老”即在市直单位中55周岁以上、任副处级满15年和57周岁以上、任副处级满10年的副处级干部中，提任31名调研员；“一少”即启动非定向年轻副处级领导干部推选工作，推选出23名37周岁以下的年轻副处级干部人选；“一基层”即从现任乡镇“一把手”中推选15名实绩突出的乡镇书记分别提任市直单位副处级岗位和县（市、区）政府班子副职岗位；“一重点”即对承担经济社会发展重要职能的市发改委等6个市直重点部门启动干部调整工作，调整干部36人，配齐配强领导班子；“一关键”即重点配齐配强县（市、区）长、市政府秘书长、市发改委主任等关键岗位“一把手”。

“五个步骤”抓年轻干部工作。第一步，出台《发现培养选拔优秀年轻干部实施意见》，确定年轻处级干部占比10%的目标线和占比不达7%时及时启动选拔程序的预警线，为年轻干部工作“定盘子”；第二步，结合“一老一基层”干部选配计划，为选拔优秀年轻干部“腾位子”；第三步，结合“一少”干部选配，统筹23个副处级岗位公开推选一批优秀年轻干部，为干部队伍接续发展“选苗子”；第四步，采取多岗位锻炼办法，选派23名干部到县区、市直重要部门和重点企业班子工作1年，为干部快速成长“搭梯子”；第五步，结合干部素质提升工程，常态化选派年轻干部“上挂”“外挂”“下挂”，搭建实践锻炼平台“压担子”。

“五个变化”抓目标考核激励。增加平时考核权重，采用“上半年考核+中期督查+第三季度考核”办法，将平时考核权重由原来的10%调高至50%；增设专项考核指标，在各县（市、区）考核指标中新增设乡村振兴、关键领域改革等市委、市政府中心工作专项考核指标；新增“加减分”项目，对年度工作任务完成较好、受到省级以上表彰奖励的予以加分，对贯彻落实上级重大决策部署执行不力、落实不到位、造成严重影响的予以减分；调整考核评价体系，将原有的“五评一体”调整为“七评一体”，增加市委、市政府主要领导评价和市党政领导班子成员评价；推行考核激励奖金差异化兑现，对2017年度实绩突出的沁水县等3个县区和单位予以重奖。

【“三基建设”】 2018年，晋城市委组织部“三基建设”工作突出问题导向，补短板破难题，实现“两年不断深化拓展、显著改观”目标任务。

强化“三个保障”。组织保障，出台《全市“三基建设”2018年度重点工作任务清单》，市委常委带头建立“三基建设”联系点制度，召开3次“三基建设”重点任务推进会，在全省率先出台《“三基建设”指标考核实施细则》，为推进“三基建设”提供组织保障。基础保障，探索“村村（企）联合、以资定股、集中经营、抱团发展”等模式，壮大村集体经济，全市2047个行政村，集体收入5万元以上的村达1274个，占比62.2%，“破零加零”做法和成效在《山西日报》《山西省三基简报》《晋组信息》刊发；全市共派出217个工作组、124名县级领导和197个结对部门，进驻217个软弱涣散农村党组织，开展整顿工作；实施农村干部岗位报酬“主干达标、副职保底”计划，市财政专项列支5342万元，确保村“两委”主干达到省定标准、村“两委”副职达到6000元以上。效能保障，开展“标准问题讨论”和基础工作“回头看”，市县648个单位、26818人参与讨论，找出薄弱环节2784个，明确提标对标事项2709个；对市直103个正处级单位进行基础工作评估，被评定为优秀等次的88个，占比85.4%；良好等次的15个，占比14.6%；完成56个涉及机构改革的党政群部门及相关事业单位的前期调查摸底工作;制定《关于加强市直机关效能建设的实施方案》,确定9家效能评估试点单位;理顺非公和社会组织党建工作管理体系,推进示范点建设和经费保障工作。

建强“三个队伍”。支部书记队伍建设,在全省率先实现“一村一名农民大学生”计划全覆盖,全市1443名农民在电大注册入学;开展换届“回头看”,调整不合格不胜任党组织书记27人。后备队伍培养,每村至少选拔确定1—2名农村后备干部,解决基层干部后继乏人问题。脱贫攻坚队伍管理,市级第二批下派农村第一书记107名,同时兼任驻村工作队长,市财政安排每名第一书记专项经费2.5万元,明确驻村工作队员保障参照第一书记执行;制定《关于聚焦打好精准脱贫攻坚战加强干部教育培训的实施方案》,举办3次专题培训班;开展第一书记集中分析评价,制定乡镇挂职干部管理办法,开展驻村工作队员应知应会能力测评,确保队伍“下得去、待得住、干得好”。全年,工作队和第一书记走访贫困户8.8万次,解决实际困难3905件,落实帮扶项目335项,引进帮扶资金4512万元,带动受益2.6万人;提拔重用第一书记73名。

【人才工作】 2018年,晋城市委组织部以深化人才发展体制机制改革为主线,实施人才强市战略。

完善“1+N”人才政策体系,“1”,即出台《关于深化人才发展体制机制改革的实施意见》,明确构建七大人才发展体制机制目标,提出31项具体改革举措;“N”,即出台57个《实施意见》配套政策,针对性地提供政策支持。

走出去请进来拓渠道,出台支持县区和市直部门吸引人才暂行规定,市直15个部门通过考核引进“双一流”“985工程”“211工程”高校全日制硕士以上毕业生181名,各县区通过考核引进全日制硕士毕业生312名;高平、沁水、阳城引进全日制硕士毕业生152名。举办就业援助月、春风行动、民营企业招聘周、大中专毕业生供需洽谈会等公共就业服务活动,组织各类人才招聘会200余场,引进各层次人才近2万人。

实施“六大工程”提质量,即实施“引凤还巢”工程,市委书记张志川与200多名“双一流”大学的晋城籍学子座谈互动;实施优秀企业家培训工程,与德国GIZ机构合作培训100多名本土企业家,举办“2018年晋城市冶铸行业领军人才培训班”“山西省晋城市领军企业家研修班”“兰花大讲堂”等专题班次;实施优秀青年人才培育工程,开展“创新创业优秀青年”评选,表彰10名创业优秀青年和10名创新优秀青年,2名入库青年人才创业公司在山西省“青年创业板”挂牌;实施农村实用人才培养工程,组织各县区赴外地考察学习乡村振兴、农村产权制度改革等经验做法,培训基础农业技术人员580人;实施专业技术人才“知识更新”工程,全市获得中级职称1873人、获得初级职称681人,开展全民技能提升培训,参训人数达3.3万余人;实施社会工作人才培育工程,建立全市社会工作专业人才数据库,邀请省内知名社会工作领域专家进行专题培训。

开展主题活动,制定《关于在广大知识分子中深入开展“弘扬爱国奋斗精神、建功立业新时代”活动实施方案》,举办2018年高层次人才国情研修班,召开科技工作者“弘扬爱国奋斗精神、建功立业新时代”座谈会;召开晋城市博士座谈会,市委书记张志川与引进的54名博士座谈;成立晋城市博士协会,搭建沟通交流、合作协作平台。

优化服务水平,市级领导每人服务5—6名高层次人才,帮助解决问题困难,维护人才利益;坚持“一人一策”“一事一议”,解决博士简阔、苗海霞等专家人才的实际生活困难;支持创新创业基地申报国家级星创天地、省级众创空间,清控创新基地(晋城)被认定为省级众创空间;在晋城高科技创新研发中心建设总面积3400平方米的人才公寓,规划占地246667平方米的晋城市梧桐苑高科技人才公寓奠基开工。

(上官华波)

宣 传

【概述】 2018年,晋城市宣传思想文化系统在习近平新时代中国特色社会主义思想指导下,强化思想引领、坚持舆论推动、注重精神激励、突出文化支撑、加强外宣跟进，为开创新时代美丽晋城高质量转型发展新局面营造氛围。

【理论学习】 2018年，晋城市委宣传部把推动习近平新时代中国特色社会主义思想作为做好新时代宣传思想文化工作的重中之重，用党的理论创新成果武装头脑，全市上下与以习近平为核心的中共中央保持高度一致。服务市委理论中心组学习，组织集体学习19次、集体研讨5次，“学用习总书记系列讲话交流会”2次，编印学习杂志6期。规范基层中心组学习，推进中心组学习制度化、规范化。

【理论宣讲】 2018年，晋城市委宣传部组建“七进”宣讲队，集中宣讲1956场次，受众11.7万人次。推动习近平新时代中国特色社会主义思想进网络，《理论在身边》电视栏目播出70期，推出“纸媒+新媒体”联动专栏《小晋爱理》58期。叫响晋城“新时代讲习快车”理论宣传品牌，共发“讲习快车”1086趟(次)，直接听讲群众25万余人次，间接受众200万人次，建立“新时代讲习所”2500多个，开展活动1.5万余场。召开“讲习快车”工作推进会，编印《讲习快报》1期，开通微信公众号，举办理论在身边宣讲员大赛、宣传策划大PK、新媒体实操赛，工作经验被《人民日报》、中宣部《时事报告》等推广。

【理论研究】 2018年，晋城市委宣传部举办各种研讨班、培训班，组织纪念马克思诞辰200周年报告会，组织《习近平治国理政》第二卷、《习近平新时代中国特色社会主义思想三十讲》；开展为期3个月的“晋城的事大家想、大家说、大家干，众‘智’成城”大讨论，召开座谈会6次，开展调研10次，撰写讨论文章170多篇，点击量达200万人次；制定《晋城市社会科学发展研究课题管理办法》，明确70项课题研究方向；开展全国“百城百县百企”调研、全省百(部)篇工程等活动，深化学习研究。

【舆论引导】 2018年，晋城市委宣传部把握正确舆论导向，组织开展一系列重大宣传活动。组织开展市委七届四次全会暨经济工作会议、市委七届五次全会、市“两会”等全市性大型会议的宣传报道工作。市“两会”期间，首次开通两会“代表委员通道”。制定《晋城市庆祝改革开放40周年宣传报道方案》等10余个宣传方案，组织市县媒体开办《在习近平新时代中国特色社会主义思想指引下——新时代 新作为 新篇章》《牢记习近平总书记嘱托——谱写新时代山西新篇章》《壮阔东方潮 奋进新时代——庆祝改革开放40年》《奋斗者的幸福》等重大主题专栏。开展重大专项活动新闻宣传。组织太行日报社、晋城广播电视台等市直新闻媒体，运用报纸、电视、广播、网站、微博、微信、客户端等传统媒体与新媒体手段，围绕“问祖炎帝 寻根高平”第三届海峡两岸神农炎帝文化旅游节、转型项目建设年重大改革重点工程建设项目专项督查、严厉整治“双违”专项行动扫黑除恶专项斗争、生态文明建设和环境保护等工作进行宣传报道，为全市经济社会发展营造良好舆论氛围。围绕习近平新时代中国特色社会主义思想开展网络宣传，转载和推送马克思诞辰200周年、改革开放40周年、深化党和国家机构改革、晋城的事“大家想、大家说、大家干”、魅力中国城等重大活动，完成网上信息推送5万余条；开展2018“净网”“护网”等网络环境治理专项行动，保持网上正面宣传主流，网宣工作连续多年全省排名第一。

【核心价值观宣传】 2018年，晋城市委宣传部启动“十融十连十创”主题实践活动，围绕社会主义核心价值观的宣传普及、实践养成、文化培育、典型引领、制度保障等环节，选定10大类326个市级示范点，打造泽州路、凤台街、迎宾街等3条示范街道，泽州公园、白马寺山植物园、赵树理公园、儿童公园4个主题公园，凤西广场、人民广场等6个主题广场，凤鸣、秀水苑2个示范小区，以点带面、示范引导，将核心价值观融入机关、企业、医院、学校、社区、农村、家庭、公园、景区、网络等日常生活场所。在阳城县、沁水县开展新时代文明实践中心建设试点，成立县级新时代文明实践中心和一批新时代文明实践所、站，推进社会主义核心价值观融入社会生活。

【典型示范】 2018年，晋城市委

宣传部组织开展第二期“晋城楷模”评选活动,石双砚和栗红连被授予“晋城楷模”称号;开展“新时代晋城最美乡贤”评选活动,激活乡贤文化资源。开展“新时代好少年”评选活动,推动学校教育、家庭教育、社会教育有机衔接;举办农村精神文明创建主题活动风采展,制作系列广播剧《晋城好人》,播晋城楷模、晋城好人公益宣传广告,营造崇尚英雄、学习模范、争当先进的浓厚氛围。

【新风培树】 2018年,晋城市委宣传部以“新时代晋城书享荟”为抓手,举办走进程颢书院、町店陵园和良户古村等8场读书活动,成为晋城市全民阅读的品牌活动。在城市,举行“邻里文化节”等系列特色活动;在乡村,实施文化大院建设工程,推出百台精品戏剧(文艺)进乡村、千场乡贤讲座等活动。

【精神文明建设】 2018年,晋城市委宣传部牵头开展全国文明城市创建工作。召开全市精神文明建设表彰暨创建全国文明城市动员大会,部署县市联创攻坚、市民素质提升等9大创建任务,出台《晋城市创建全国文明城市三年行动方案》《晋城市2018年创建全国文明城市工作方案》和《关于建立健全创建全国文明城市长效机制的意见》等。在市级主要媒体开辟“晋城的事大家想大家说大家干创城大家谈”专栏。推动沁水县创建全国文明城市,高平市、阳城县、陵川县创建山西省文明城市(县城),全市479个文明单位与415个农村、40个学校结对扶贫共建,形成全域创建新格局。在全省率先建立志愿服务活动中心和12个标准化志愿服务站,常年提供雨伞借用、手机充电、小件寄存、免费打气、就近救援等多种志愿服务;组织2500余名志愿者开展“志爱晋城蓝 共享晋城美”主题誓师活动,组织3000余名志愿者走上路口规劝不文明交通行为,开展“保护生态环境文明在行动”“爱心送考”等志愿服务主题活动,培育“雪松公益讲堂”“晋城自救互救志愿服务联盟医院”等品牌志愿服务项目,使志愿服务成为文明晋城的靓丽名片。全年,全市开展志愿服务活动3万余次,志愿服务活动时长约5万小时。

【体制改革】 2018年,晋城市委宣传部推进文化体制改革。晋城市新闻传媒集团于10月9日挂牌成立,成为山西省第一家新闻传媒集团。出台《晋城市市管国有文化企业监督管理办法》,组建晋城市国有文化资产监督管理委员会,建立党委和政府监管国有文化资产有机结合,管人管事管资产管导向相统一的运行机制。

【文艺创作】 2018年,上党梆子现代戏《太行娘亲》入选文化部2018年度国家舞台艺术精品创作扶持工程“十大重点扶持剧目”,受邀在2018年新年戏曲晚会、第二十届中国上海国际艺术节、国家大剧院等演出。创作新编上党梆子历史剧《郝经》,演出9场;创作大型现代戏曲剧本《使命》、电视连续剧《一代名相陈廷敬》,拍摄红色革命题材电影《铭心岁月》。

【文艺活动】 2018年,晋城市组建“新时代太行文艺轻骑兵”,到乡村社区、田间地头、厂矿车间演出300余场;七一前夕,组织2000余名“新时代太行文艺轻骑兵”在王莽岭合唱《在太行山上》,并在歌曲创作地开展创作80周年文艺展演。围绕中华民族传统节日,开展“迎新年”、欢度春节、元宵节、中秋节、国庆节、重阳节等系列群众文化活动。举办纪念马克思诞辰200周年主题展、纪念改革开放40年书画展。组织策划央视《魅力中国城》晋城竞演活动,完成初赛复赛6个环节的节目竞演,位列第8名,跻身“十大魅力城市”行列。开展戏曲进校园活动,组织市上党梆子剧院到市直17所中小学和6所县(市、区)重点中学,开展戏曲经典选段展演展示和戏曲知识进课堂。

【文化惠民】 2018年,晋城市启动国家公共文化服务体系示范区创建工作,出台《关于中华优秀传统文化传承发展工程的实施意见》《关于在全市开展文化惠民工程的实施意见》。在全省首家启动万张文化惠民电子消费券发放活动。推进文化惠民及文化低保工作,安排文化惠民送戏下乡121台605场,安排文艺演出248场,放映农村公益电影2万余场。完成12个市级文化大院的评审和挂牌工作。完成文化乡贤的初审工作和文化乡贤讲堂的挂牌工作。启动晋城市"小戏小品"竞演暨文化惠民参演资格评比活动。

【文化产业】 2018年,晋城市出台《关于加强文化领域行业组织建设的实施意见》,完成全市文化产业普查调查数据整理及分析工作。组织参加第十四届深圳文博会,晋韵堂古泽州铁货开发有限公司5天销售7万余元,晋韵堂铁壶获得"中国工艺美术文化创意奖"铜奖。推荐41个项目申报2019年度省级文化产业发展专项资金。

【外宣工作】 2018年,晋城市在《人民日报》《经济日报》《光明日报》、中央电视台,新华网、人民网等国家级主要新闻媒体发稿460多篇(条)。围绕环境保护、扶贫攻坚、创新创业、全域旅游等进行重点宣传报道,在《山西日报》、山西电视台等省级主流媒体发稿1000多篇。在高平"问祖炎帝·寻根高平"海峡两岸同胞共祭神农炎帝活动中,组织全国近百家媒体100多名记者对活动期间的招商引资、学术论坛、文化旅游等活动进行报道。组织"新时代美丽晋城外国记者行"大型采风活动,来自中国国际新闻交流中心亚太、非洲分中心35个国家的38名外国媒体记者参加,是晋城建市以来外媒集中采风活动规模最大的一次。承办"体验魅力中国城·百名网媒总编太行古堡行"活动,全国66家网络媒体122名总编、记者到皇城相府、郭峪古城、砥洎城、窦庄古堡、柳氏民居等地采风,通过各类网络平台发表新闻稿件1000多条,点击量达5000多万次。

【意识形态工作】 2018年,晋城市在全省首家实行意识形态网格化管理,推动意识形态工作责任制落实,按照市、县(市、区)、乡镇(街道)、村(社区)四级划分行政区域网格,按照工作领域划分成员单位、市直(驻市)单位、下属单位三级工作领域网格,通过"行政区域网格"和"工作领域网格"双线管理,将全市意识形态工作划分为数万个网格,意识形态工作实现全覆盖、无死角。组织发起为期3个月的"晋城的事大家想大家说大家干,众'智'成城"大讨论,巩固意识形态工作。

(马永进)

统 战

【概述】 2018年,晋城市统战系统围绕"凝心聚力、圆梦晋城"主题,以"助力转型攻坚五大行动"为抓手,改革创新、真抓实干,各领域工作重点突出、亮点纷呈,为新时代美丽晋城高质量转型发展提供力量支持。晋城市被确定为全省民营经济改革发展示范市,晋城市委统战部获全省统战信息工作三等奖。

【主题教育活动】 2018年,晋城市委统战部在各民主党派、无党派人士中,开展"不忘合作初心、继续携手前行"主题教育活动,以纪念"五一口号"70周年为契机开展纪念活动,深化政治交接,弘扬优良传统;在党外知识分子中,围绕"跟党迈进新时代,同心共筑中国梦"开展系列主题教育活动;在新的社会阶层人士中,开展坚持和发展中国特色社会主义主题教育活动;在非公经济人士中,开展"不忘创业初心,接力改革伟业"主题教育活动。举办全市统一战线"学习贯彻党的十九大精神"电视知识竞赛、专题讲座、报告会等活动,增强统一战线成员"四个自信"和"四个意识"。

【"五大行动"】 2018年,晋城市统战系统组织开展助力转型攻坚"五大行动"。11月9日,联合晋城电视台举办"凝心聚力、圆梦晋城"主题活动,展现广大统战成员的时代风采和精神风貌。

建言献策行动。各民主党派围绕中心工作开展专题调研,提交调研报告100余篇,人大代表、政协委员提交各类议案、建议、专报80余份,到农村、社区开展医疗、教育、文化等方社会实践活动40余次。

精准扶贫行动。开展科普宣传、文化指导、技术培训、医疗服务、定向捐赠等帮扶行动1000余人次,覆盖30余个贫困村、5000余人;召开晋城市统一战线助力深度贫困"百千百"陵川推进会,制定《2018年民营企业"百企帮百村——精准到户"扶贫行动计划》;参与帮扶的民营企业、商会308个,与135个建档立卡贫困村建立结对帮扶关系,实施项目428个,投资1.5亿元,捐赠助困、助学、助残资金691.6万元,解决就业466人,覆盖建档立卡贫困人口14540人。

回乡创业行动。开展"新时代海外侨胞山西·晋城经贸文化交流合作活动",39个国家和地区、130余个侨团近300名侨商侨领参加活动,签约项目15个,总投资额97.5亿元。

和谐创建行动。召开民族团结进步创建活动推进会,开展"民族宗教政策法规宣传学习月""宗教慈善周"活动;完成基督教"两会"、市佛教协会换届工作;组织40余名民族宗教代表人士赴井冈山举办"回顾革命传统、凝聚思想共识"培训班;开展和谐寺观创建活动,改善宗教社会形象。

民企振兴行动。组织召开3次民营企业家座谈会,市委书记张志川和市长刘锋面对面听取企业家的意见建议;出台《民营经济发展改革示范方案》,推进"236"行动计划;创办《民企直通车》刊物,举办4次民企大讲堂;开展非公经济大调查,收集梳理出政策落实、服务民企、企业纠纷、建议诉求等4方面有代表性的问题和建议;与市人民检察院联合印发《关于加强晋城市检察机关与工商业联合会联系协作共同服务企业家创新创业营造良好法治环境工作的通知》和《关于组织开展"送法进企业"活动的通知》;联合市工商局、市中小企业局、市经信委、市人社局推选36位优秀民营企业家,授予优秀中国特色社会主义事业建设者称号,其中6位被推荐为山西省中国特色社会主义事业建设者。

【民主监督】 2018年,晋城市委统战部召开经济运行情况、法检"两院"工作情况通报等协调会、通报会10余次。组织6个民主党派市委会对口5个县(市)的6个重点乡镇,开展脱贫攻坚民主监督工作,召开脱贫攻坚民主监督工作座谈会,推进党委政府决策的民主化和科学化。

【组织工作】 2018年,晋城市委统战部在6个县(市、区)成立新社会阶层人士联谊会,设立24个新社会阶层人士活动站。山西省委统战部在晋城召开全省党外知识分子工作现场会,晋城市代表在大会上进行经验交流发言。

【宗教工作】 2018年,晋城市委统战部召开2次统一战线工作领导小组会议、全市宗教工作领导小组会议,开展"百日攻坚"维稳专项行动,出台《宗教意识形态阵地管理办法》,取缔基督教非法聚会点2处,在6县(市、区)84个乡镇、1464个村一级组织建立"三级网络"和"两级责任制",实现宗教工作网络全覆盖。

【文化交流】 2018年,晋城市委统战部邀请中国侨联、山西省侨联"亲情中华"艺术团在高平举办"亲情中华·欢聚高平"文艺晚会。皇城相府、大阳古镇、高平炎帝陵,被中国侨联授予"中国华侨国际文化交流基地"称号;晋城市侨联被中国侨联授予"先进集体"称号。

【基层工作】 2018年,晋城市委统战部出台《关于加强基层统战工作规范化建设的实施方案》,在全市统战系统推广高平经验,提出基层统战工作建设"组织领导好、队伍建设好、制度落实好、职能发挥好、创新发展好"的五好目标和"建立健全基层统战组织领导体系"等16条具体任务,健全基层组织,夯实基础工作,提高基本能力。

【扫黑除恶专项斗争】 2018年,晋城市委统战部组织全市统战系统开展扫黑除恶专项斗争,特别是宗教领域,重点排查宗教场所可能存在的8类乱象,即宗教场所证件是否办理完全、教职人员是否取得资格证、开展宗教活动是否进行登记和报告、宗教财务管理是否合理公开、宗教场所是否存在商业化问题、是否存在烧高香现象、是否升国旗并悬挂核心价值观、是否规范开展"五进"活动。

(赵　赫)

政策研究

【概述】 2018年,晋城市委政策研究室围绕市委七届四次全会暨经济工作会议的安排部署,提出"靶向明确、重点突出、提高质量、保证实效”工作定位，以“高质量”统领，坚持“两手抓，两不误”，认真履职，积极作为，较好地完成各项工作目标和市委交办的工作任务。

【文稿工作】 2018年，晋城市委政策研究室聚焦转型发展，起草《晋城市企业投资项目承诺制改革试点实施细则》《关于大众创业万众创新激发内生动力的意见》《关于农林文旅康产业融合发展试点的实施意见》3个政策性文件，在“晋城在线”开辟专栏，组织发布政策解读和汇总配套政策。起草《关于推进乡村振兴战略的实施意见》《关于全面加强新时代党的建设的实施意见》《关于贯彻落实省委省政府支持民营经济发展若干意见的决定》等文件。上报省委办公厅、省委改革办、省委督查室各类文稿30余篇。

【课题研究】 2018年，晋城市委政策研究室开展调查研究，建立改革智库，牵头完成《全市煤层气产业发展情况调研报告》《全市铸造产业发展情况调研报告》《关于当前全市煤炭煤层气工业经济运行及统计调查有关问题的调研报告》等课题研究17篇；编辑《大调研活动成果汇编》，收集整理全市县处级以上干部调研报告81篇；编发《外情快报》15期、《每周一报》20期，为市领导决策提供服务。

【深化改革】 2018年，晋城市委政策研究室坚持统筹协调，推动改革见效。

推行“改革清单制”，筹备召开市委深改领导小组会议9次，审议并通过重大改革制度性文件28个，牵头组织或参与筹备全市性改革推进会3次；出台《市委全面深化改革2018年工作要点》，制定市级21项重大改革及先行先试项目清单、34项转型综改先行先试任务清单。

推行“改革台账制”，把7大领域45项改革事项细分为120小项任务，建立市委书记、市长领办重大改革和市级领导分工负责推进改革台账。市委书记、市长分别主抓重大改革任务10项和16项，各县(市、区)党政主要领导平均认领改革事项10项以上。

推行“改革承诺制”，组织全市6个县(市、区)委书记和30个市直涉改部门一把手，年初媒体公开承诺，年中汇报改革进度，年底兑现改革目标，接受人民群众监督。

【督察考核】 2018年，晋城市委政策研究室健全“改革督察制”，组织综合性督察3次，专项督察2次，下发督察反馈意见书45份，反馈各类问题110余条，印发重大改革进度通报2期，指出改革推进突出问题26条。健全“改革考核制”，制定《全面深化改革目标任务考核实施细则》，6个县(市、区)和79家市直单位实现全覆盖。

【政研宣传】 2018年，晋城市委政策研究室在媒体解读市委全会和新出台文件精神4次，到各县(市、区)、党校、市直单位、行业协会宣讲改革政策8次；编发《晋城改革信息》44期、重大改革信息15期；在“晋城改革之声”微信公众号发布各类动态消息100余条。出版《晋城工作》12期，开设“改革大家谈”“众‘智’成城”“学思践悟”等新栏目，编辑各类文章175篇；更新“晋城政研与改革网站”，发布各类信息和文章500余篇。开展“新时代新气象新作为——讲好晋城故事”主题征文活动，征集各类作品500余篇，评选优秀作品100篇、组织奖30个。

【试点工作】 2018年，晋城市委政策研究室收集整理国内领先的30项典型改革创新试点经验，组织各级各部门对标典型学习借鉴，全市新争取省级以上试点项目28项，其中国家级试点项目8项，累计承担省级以上试点项目突破50项。

（肖瑞敏）

机构编制

【概述】 2018年，晋城市编办确定“1+1353”工作任务，即以党建为统领，抓好13项改革工作、5项管理工作和三基建设，其中党政机构改革、相对集中行政许可权改革被列入市委、市政府先行先试重大改革任务。坚持“站位、系统、程序、服务”工作思路，紧抓重点、先行先试，完成10项年度目标考核任务，实现“整体工作走在全省第一方阵，先行先试工作走在最前列”的目标。

【重大改革】 2018年，晋城市编

办各项重大改革取得进展。党政机构改革,按照省定时间节点完成各项工作,改革方案于12月25日提交市委常委会议审议通过,向省委提交。相对集中行政许可权改革,在高平试点经验的基础上,总结出适合晋城市的改革模式和路径,年底省委、省政府同意将试点改革内容列入晋城市党政机构改革方案。"放管服"改革,分三批次承接落实省政府取消和下放的行政职权事项70项,牵头39个部门开展减证便民专项行动,向晋城经济技术开发区下放行政职权事项302项,动态调整18个部门的117项权责清单事项。事业单位改革,市级20个经营类事业单位中,上报改制方案9家;全面梳理承担行政职能的事业单位,明确改革路径。重点领域关键环节改革,推进泽州县巴公镇行政管理体制改革,深化市县综合行政执法体制改革,配合做好监察体制改革、群团改革和晋城经济技术开发区"三化三制"改革等工作。

【编制管理】 2018年,晋城市编办完善和规范市直665家单位实名制数据库,按程序办理上下编手续625人次。加大机构编制问题整改力度,推进审批联动工作,事业单位登记管理工作经验在全省交流。

【"三基"建设】 2018年,晋城市编办牵头成立"三基"建设领导机构,建立工作制度,印发5个指导性意见,提供"一目录三手册"(即基础工作目录,管理手册,应知应会手册,便民服务手册)编制框架,指导和推动市县两级3105个行政事业单位全部制定"一目录三手册"。组织开展为期6个月的提升基础工作专项行动,推进"三基建设"。

(秦树兵)

老干部

【概述】 2018年,晋城市委老干部局对标中央关于老干部工作要加强政治引领、落实政策待遇和积极发挥作用的任务要求,把老干部工作的核心定位在"服务"上,集中体现在服务党和国家大局、服务当地中心工作、服务老干部等三个方面,重点实施十项创新举措,推动各项工作实现快速发展。

【主题宣讲】 2018年,晋城市委老干部局顺应新形势,创办"新时代老干部讲习所",与"老干部宣讲团"实现融合发展,组织老干部到机关、乡镇、企业等宣讲习近平新时代中国特色社会主义思想和中共十九大精神,全市宣讲301场。

【组织建设】 2018年,晋城市委组织部和市委老干部局联合出台《关于进一步加强全市离退休干部党组织建设的实施意见》,对离退休干部党建工作作出具体规定。新建市中级人民法院、晋城广播电视台、市安监局等老干部党支部,建立"市老年大学临时党总支"和"唱响晋城合唱团临时党支部"等基层党组织,推进党的组织和党的工作在老干部中实现全覆盖。

【表彰活动】 2018年,晋城市委老干部局组织4次市级老领导、市直离退休干部情况通报会,组织老干部到郑州参观新型产业项目,观摩市直和六县(市、区)的转型发展项目,征求老干部对晋城发展的建议意见。召开全市离退休干部暨老干部工作"双先"表彰大会,在老干部中营造学先进、比奉献的良好氛围。开展"纪念改革开放40周年畅谈晋城发展变化"征文活动,征集稿件263篇,印制成《亲历》《见证》两本书集出版。举办"首届全市老年文体艺术节",设立10个大项节目和比赛,赛程持续5个月,1000多名老年人参加比赛。12月,晋城老年大学舞蹈队自编自演的舞蹈《映山红》登上央视舞台。

【精准服务】 2018年,晋城市委老干部局探索实施"12345"精准服务工作法:"1"是建立电子信息库,理清离休干部基本信息的"一本账";"2"是提高离休干部政治待遇和生活待遇标准;"3"是综合离休干部居住情况、户外活动能力和生活自理能力三项考量,按关照程度划分为"黄橙绿"三类,分别进行建档立卡,制定差异化服务举措;"4"是做到重大节日必访、生病住院必访、特殊困难必访、离休干部去世必访;"5"是实行"五对接",对接好养老机构、社区资源、医疗机构、志愿服务队伍和市场资源，做好精准服务离休干部工作。

【待遇落实】 2018年，晋城市委老干部局提高老干部待遇标准，离退休干部春节慰问金，市级退休干部增加到1000元/人、离休干部增加到500元现金+500元慰问品，处级退休干部增加到500元/人；市直特殊困难离退休干部帮扶资金由15万元提高到30万元；统一提高离休干部护理费标准。

（李　冰）

信　访

【概述】 2018年，晋城市信访局以习近平新时代中国特色社会主义思想为指引，贯彻落实省委、市委重大决策部署，推动依法有序解决信访问题，加强信访基础业务规范化建设，抓好“四个重点”信访积案攻坚等工作，全市信访形势持续向好。

【信访情况】 2018年，晋城市信访局共接待来访群众751批次9625人次，同比批次上升30.6%、人次下降11.3%。其中集体访361批次8915人次，同比批次上升7.8%、人次下降14.5%；组织劝返赴省上访122批次320人次。

【规范化建设】 2018年，晋城市信访局开展“规范化建设年”活动，举办信访业务规范化建设培训5次，520名基层信访干部受训。制定出台《晋城市驻京信访工作规范（试行）》《晋城市驻省信访工作规范（试行）》《信访事项受理办理内部流转工作规则》《加强信访值班工作通知》等制度，健全和完善业务制度、体制机制。落实信访工作责任制，市、县级两级领导干部共接待群众来访245批次、2449人次。推进信访法治化建设，依法处置违法上访人员95人次。

【专项治理】 2018年，晋城市信访局开展信访积案和重复信访事项治理，中央巡视组交办的103件、省信访联席办交办的19件、上级督办的21件信访事项，全部按期办结。

【信息化建设】 2018年，晋城市信访局创新信访工作模式，拓展“互联网+”工作渠道，建立微信公众号、政务头条号、视频接访系统等网上信访平台，受理办理网上信访事项914件次，办结网上投诉877件次。推进网络投诉受理机构建设，成立晋城市网上投诉受理中心。晋城市率先在全省建成国家、省、市、县四级互联互通视频信访系统。全年保障各类视频会议、远程接访、案件调度、在线培训等15次。

【积案办理】 2018年，晋城市信访局组织开展“重点领域重点群体、重点问题、重点人员”攻坚战，上级交办的25件“四个重点”信访案件，全部办结。开展军队退役人员走访慰问活动，走访军队退役人员1.7万人次，发放慰问金147.9万元。信访积案攻坚活动中，开展信访督导2次，召开专项推进会3次，受理中央、省交办信访积案270件，办结260件。

【矛盾化解】 2018年，晋城市信访局建立信访矛盾纠纷排查化解月报告制度，排查调处各类矛盾纠纷164件。推动重大突出群访问题化解，市油脂化工厂、阳城大夫街杨庄村2个信访事项得到解决；晋钢退休职工群访问题、大和能源购房户受损问题、高平华夏天润投资户反映涉嫌被骗资金问题等信访事项有序推进。

（钱育春）

党校教育

【概述】 2018年，晋城市委党校坚持党校姓党根本原则，通过聚焦主业主课、从严治校、创新制度流程等方式方法，践行新理念，落实新要求，推动干部培训工作取得新成绩。

【干部培训】 2018年，晋城市委党校举办各类培训班76期，培训学员9400多人次。其中，举办主体班6期，包括2期全市党校系统教学经验交流研讨班、2期市管干部读书班、2期中青年干部培训班；举办各类社会培训班70期，包括举办1期“全省中小微企业股份制改造及金融知识普及教育培训班”和1期“吉安市社会主义学院2018秋季党外科干班”。

【教学改革】 2018年，晋城市委

党校把习近平新时代中国特色社会主义思想和《中国共产党章程（修正案）》作为党校理论教育和党性教育的核心内容，形成以习近平新时代中国特色社会主义思想和中共十九大精神为核心的新教学课程体系，理论教育课和党性教育课占比均超过中央70%和20%的规定标准。开设好人馆、学习长廊“习语力量”等，组织学员到井冈山、盐城新四军干部学院等地开展党性教育主题延伸培训；到农村（社区）和企业开展实地考察调研，与群众同吃同住同劳动，撰写调研考察报告。在学员中开展党性分析、民主评议、读书品书荐书活动、“两带来”问题讨论交流，编印《学员月报》，增强理论教育和党性教育的针对性和实效性。

【科研宣传】 2018年，晋城市委党校出台《科研任务及年度考核暂行办法》；成立中共晋城市委党校第一届学术委员会，审议7份咨政报告；编印《2018年晋城市市情资料手册》《2017年度科研成果汇编》等资料；在《太行日报》推出《晋城新思维》理论宣传板块，发表理论宣传文章15篇。

【党校改革】 2018年，晋城市委党校提出“一个办法、两项承诺、三张表格”的系统改革方案，召开全市党校系统常务副校长座谈会，研商县级党校发展。会同市委督查室，对全市党校系统落实市委《关于加强党校工作实施意见》的情况进行督察调研，掌握各县（市、区）委党校的发展现状、硬件建设、软件情况、校风校史、存在问题等方面情况，推进县区办学体制改革。推进党校标准化建设工作，盘活全市党校系统资源，形成“大党校”工作格局。

（李张亮）

讲师团

【概述】 2018年，晋城市委讲师团围绕市委中心工作，创新工作思路，服务党委中心组学习，开展重大主题宣讲，创新网络学习平台，加强理论研究，意识形态工作取得新进展，各项工作任务完成。

【服务党委中心组学习】 2018年，晋城市委讲师团制定市委中心组学习计划，科学设置集中学习专题，组织集体学习19次。安排部署全市各级党委（党组）中心组学习，为全市各级党委（党组）中心组提供9个专题11场专题辅导，将学习专题细化为9大板块8个专题，登载在讲师团网站，供各级党委中心组参考。以《学习》杂志为载体，设置“学习贯彻习近平新时代中国特色社会主义思想”“以习近平新时代中国特色社会主义思想引领发展”“纪念马克思诞辰200周年”“坚决打好污染防治攻坚战”“奋力开创宣传思想工作新局面”“支持民营企业发展”等6个专题，编印6期、40余万字学习辅导资料。

【主题宣讲】 2018年，晋城市委讲师团以“新时代讲习快车”为依托，组织宣讲23场，推动习近平新时代中国特色社会主义思想和中共十九大精神进企业、进农村、进机关、进校园、进社区、进军营、进网络；以“中国特色社会主义、中国梦、培育和践行社会主义核心价值观”等为内容，组织各类培训授课26场，直接受众人数达5000余人；采取送报告、送党课、送政策下基层等形式，在晋煤集团赵庄煤矿、阳城县蟒河镇吉甲村、陵川潞城镇庄头村、泽州县金村镇东六庄村等地，为基层干部群众关心的理论热点、难点、疑点等问题解疑释惑，发放理论宣传辅导资料1万余册。

【学习平台】 2018年，晋城市委讲师团推进《理论在身边》全媒体理论栏目和《小晋爱理》“纸媒+新媒体”联动专栏，运用“两微一端”和移动多媒体等技术，综合动画、视频、H5等手段，建立网络理论宣传矩阵，推动学习贯彻习近平新时代中国特色社会主义思想往深里走、往实里走、往心里走；加强讲师团网站建设，及时更新网站内容，修改“中心组学习”板块。网站建立150万余字节的学习资料库，总浏览量达41.4万余次，成为各级党委中心组成员和干部群众理论学习的重要平台。

【理论研究】 2018年，晋城市委讲师团围绕学习贯彻习近平新时代中国特色社会主义思想和中共十九大精神，组织召开5次课题研讨会，完成课题19个，《晋城市以创新思维开创新时代宣传工作新局面的实践与思考》《晋城市落实意识形态工作责任制“网格化管理”的实践与思考》《媒体融合改革的晋城思考》《晋城市文明单位结对扶贫共建的思考和探索》4个调研课题被列为全省宣传思想文化战线大调研重点课题；围绕贯彻落实市委七届四次全会暨经济工作会议精神，组织召开2次专家座谈会，完成2次电视访谈和2篇《太行日报》约稿；围绕纪念改革开放40周年，到6县（市、区）开展调研，召开7次座谈会、研讨会，60余人参加讨论，积累调研资料10万余字，完成课题框架；围绕践行和培育社会主义核心价值观开展研究，收集资料10万余字，完成调研课题《凝聚榜样力量践行核心价值观》。

【意识形态】 2018年，晋城市委讲师团建立和完善意识形态工作制度体系，出台《中共晋城市委意识形态工作领导小组工作规则》《晋城市意识形态工作四级提醒制度》，印发《关于当前全市意识形态领域形势的通报》；完善《关于对落实意识形态工作责任制实行网格化管理的意见》《党委（党组）意识形态工作责任制追究暂行规定》《意识形态网格化管理一级网格责任清单》《意识形态阵地管理办法》等相关制度。完成全市意识形态工作领导小组会议、意识形态工作推进会、纪念马克思诞辰200周年报告会和如何推进马克思主义理论大众化座谈会等4次重大会议的会务、资料、宣传报道等工作。

（王学俊）

外宣工作

【概述】 2018年，全市对外宣传工作围绕举旗帜、聚民心、育新人、兴文化、展形象使命任务，讲述晋城故事，传播晋城声音，展示晋城形象，推动各方面工作取得新进展，为开创新时代美丽晋城高质量转型发展新局面营造良好舆论环境。

【主题宣传】 2018年，晋城市委外宣办制定庆祝改革开放40周年、中央环保督察、扫黑除恶专项斗争等10多个主题宣传方案；在人大、政协“两会”期间，开通“代表、委员通道”，做好“两会”等重大会议的新闻报道；协调组织转型项目建设年重大改革、重点工程建设、严厉整治“双违”专项行动等重大专项新闻宣传工作。组织开展“晋城的事大家想大家说大家干众‘智’成城”大讨论、“聚焦重点工程、助力转型升级”大型采访、全面加强新时代党的建设宣传报道、全市新闻战线第五届“好记者讲好故事”演讲比赛暨省选拔赛、庆祝第19个记者节暨宣传晋城好新闻奖颁奖、全市新闻战线“三项学习教育”等多项大型活动。

【对外宣传】 2018年，晋城市委外宣办发挥“大外宣”作用，加强通联，优化服务，对外宣传实现发稿质量数量双提升，创历史最高水平。在《人民日报》《光明日报》、中央电视台、新华网等国家级主要新闻媒体发稿510篇。其中，在中央电视台播发110多条、在《人民日报》发表《山西开通跨省城际公交》《讲课带着泥土味，我们都爱听》《沁水湘峪：碧水古堡两相宜》《阳城国际徒步大会举行》《泽州开展中秋系列活动》《大阳古镇年味浓》等稿件12篇；在

12月8日，晋城市被“魅力中国城”（第二季）节目组委员会授予“十佳魅力城市”称号

（来源：晋城在线）

《光明日报》发表《一辈子、一片林》《山西晋城：自愿服务汇聚满城爱》《七十二载传唱党的声音》《皇城村里的幸福重阳节》《挂壁公路：南太行深处的奇迹》等稿件9篇；在人民网、新华网发表《晋城市打响大气污染防治攻坚战》等。在《山西日报》、山西电视台、《山西经济日报》《山西法制报》等省级媒体发表《晋城市扎实推进“融合党建”》《晋城市推进重点工程重大改革亮出杀手锏》《晋城市多措并举推动干部干事创业》《晋城：将整治群众身边腐败问题向纵深推进》《晋城市对大气污染防治实施“网络化”管理》《晋城市“两轮驱动”推进煤炭消费革命》《晋城参加〈魅力中国城〉第二季竞演》等稿件2000多篇。

12月14日，晋城市举行首届太行古堡国际论坛

（来源：晋城在线）

【外宣活动】 2018年，晋城市委外宣办结合市委、市政府重大决策部署和重大节庆活动，依托新闻媒体平台和渠道，讲好晋城故事，传播好晋城声音，组织参与大型外宣采风活动5次。“‘问祖炎帝·寻根高平’戊戌年海峡两岸同胞神农炎帝故里民间拜祖典礼”期间，与高平市委宣传部组织全国45家媒体100多名记者，对活动期间举办的招商引资、学术论坛、文化旅游等活动进行报道，累计发表各类新闻稿件3000多篇；“新时代美丽晋城外国记者行”大型采风活动期间，与市旅游发展委员会共同组织中国国际新闻交流中心亚太、非洲分中心35个国家主流媒体的38名记者到皇城村、炎帝陵、司徒小镇、金田农业园、丹河湿地、金鼎煤机等采访，通过外媒平台渠道向世界宣传晋城；“体验魅力中国城·百名网媒总编太行古堡行”活动期间，策划组织全国66家网络媒体122名总编、记者，围绕皇城相府、砥洎城、湘峪古堡、窦庄古堡、柳氏民居等太行古堡开展集中采风活动，发表新闻稿件1000多条，点击量达5000多万次，传播“太行古堡”知名度和美誉度；协调配合新华网记者在皇城村进行“重阳节来山西皇城相府逛庙会”网络直播活动，弘扬中华传统文化，宣传晋城美丽乡村；配合山西新闻网开展“全国网媒看山西”晋城站采风活动，组织晋城市“外宣好新闻奖”评选，收集各类外宣稿件150多篇，评选“最佳外宣新闻作品奖”10篇、一等奖15篇、二等奖20篇、优秀奖11篇。

【新闻发布】 2018年，晋城市委外宣办组织各类新闻发布会15场，涉及人大、政协“两会”，扫黑除恶，民营经济，环境保护，扶贫攻坚，重点项目等方面。随同晋城市海峡两岸炎帝文化交流团在台北召开新闻发布会。“晋城发布”两微一端发布各类信息7200多条，点击量居全省政务发布第二位。加大新闻发言人培训力度，组织全市新闻发言人到中国政法大学培训，邀请新华社舆情监测中心主任编辑李雪作专题辅导。有效应对成庄中学学生霸凌事件、凤兰中学学生家长上访事件、晋焦高速路桥梁坍塌事件等多起突发舆情事件，全市舆情总体平稳。

【记者接待】 2018年，晋城市委外宣办创优服务环境，加强与记者的通联配合，接待省级以上来访记者500多人次。春节、元宵节期间，中央电视台记者分别到大阳古镇、上庄古村落、皇城相府、司徒小镇、锡崖沟等现场直播；中秋节期间，《人民日报》记者在珏山作报道，新华社记者推出泽州柴火月饼报道；国庆期间，中央电视台记者对大阳古镇文化活动进行直播，新华社记者对陵川县抱犊沟乡村旅游进行直播,《中国日报》记者对泽州县西黄石村文化活动进行报道。

【宣传创新】 2018年,晋城市委外宣办邀请中央电视台《中国农村》栏目组拍摄高平市韩家庄美丽乡村专题;与人民网合作开辟"城市名片"宣传窗口;与山西电视台合作,拍摄《飞越山西·晋城篇》城市形象宣传片;与黄河新闻网合作创办晋城频道,全年自采稿500多篇,推送稿件1.8万余篇。

【摄影宣传】 2018年,晋城市委外宣办组织参加平遥国际摄影展,获得优秀摄影师奖。《太行挂壁路》在山西省第22届摄影艺术展获金奖。承办"晋城市改革开放40年成就展",展出摄影作品300幅。

(薛长青)

党史研究

【概述】 2018年,晋城市委党史研究室以习近平新时代中国特色社会主义思想为指导,坚持"一突出、两跟进",统筹做好党史研究、党史宣传教育、党史资料征集等工作,发挥党史工作以史鉴今、资政育人的作用。

【党史研究】 2018年,晋城市委党史研究室编纂出版《晋城改革开放简史》和《亲历——晋城改革开放口述史资料》,纪念改革开放40周年。《晋城改革开放简史》分为五个历史阶段,共六章35万字;《亲历——晋城改革开放口述史资料》记录改革开放以来晋城历任副市级以上领导干部、市直各单位、各部门历任主要负责人、各县(市、区)委、政府历任主要领导口述稿件60余篇,图片20余幅。编写晋城历史大事记400余条,约9.8万字。完成《山西省晋城市抗日战争时期人口和财产损失报告》(B卷)修改工作。完成《山西改革开放口述回忆资料》和《山西改革开放四十年实录》供稿工作,上报口述资料53篇、改革开放实录稿2篇。指导城区出版《历史见证——晋城市城区抗战时期人口伤亡和财产损失调查》,高平出版《高平建市20年(1993—2013)大事记》,陵川完成《中国共产党陵川历史纪事(1978—2012)》。

【党史宣传】 2018年,晋城市委党史研究室深入挖掘晋城红色文化资源,与晋城电视台联合摄制晋城新民主主义革命时期专题片,与市委宣传部、市关工委等部门联合开展"传承红色基因,争做时代新人"主题教育活动,与市党史学会、市硬笔书法协会联合举办党史知识硬笔书法比赛,与市党史学会开展迎"七一"党史宣传进万家活动;参加"町店战斗"胜利80周年纪念日、纪念"长江支队"入闽69周年、纪念抗日战争胜利73周年、烈士纪念日等活动;主办"太岳精神"研讨会,省、市、县50多个单位近百人参会,弘扬太行太岳精神,宣传晋城形象;完善党史馆设备内容,开展党史宣传教育,累计接待397个单位、12365人次到晋城市党史馆参观学习。

(甄利娜)

晋城市人民代表大会

【概述】 2018年，晋城市人大常委会依法履行职责，召开常委会会议8次、主任会议17次，完成3部立法，作出5项重大事项决定，审议18项专项报告，开展2次专题询问，对5部法律法规进行执法检查，任免国家机关工作人员54人次，督办代表建议535件。

【决定决议】 2018年，晋城市人大常委会依法行使重大事项决定权，作出《关于全市省级以上开发区行政管理事项的决定》《加强检察机关公益诉讼工作的决定》《批准市“十三五”规划纲要部分指标调整的决议》等。坚持党管干部、充分发扬民主和人大依法任免有机统一，形成“3+6”工作机制。“3”即三会落实：党组会议统一思想、主任会议认真讨论、常委会会议慎重表决；“6”即六措保障：任前法律知识考试、供职发言、会议审议、投票表决、颁发任命书、向宪法宣誓。

【立法工作】 2018年，晋城市人大常委会完善社情民意收集机制，修订立法五年规划，建立立法项目库，立法工作更加有序、贴近实际。围绕生态环境保护，制定《晋城市大气污染防治条例》；围绕文明城市创建，制定《晋城市文明行为促进条例》；围绕历史文化保护，制定《晋城市太行古堡群保护条例》。围绕能源革命和转型发展开展煤层气专题调研，起草煤层气条例(草案)。交由省人大常委会审议，以法治方式加快推进煤层气产业的开发利用，助力晋城转型发展。

【普法宣传】 2018年，晋城市人大常委会组织开展学习宣传和贯彻实施宪法“七进”活动，组织专题讲座、举办各类培训班、历史资料展、电视知识竞赛、法治晋城每日一题、召开学习座谈会，学习宣传贯彻宪法，全市形成尊崇宪法、学习宪法、遵守宪法、维护宪法、运用宪法的浓厚氛围。《山西法制报》以“高擎宪法伟大旗帜，谱写新时代法治华章——晋城市人大常委会深入学习宣传贯彻实施宪法”为题进行报道。组织开展晋城市改革开放40周年民主法治十大业绩(事件)评选活动，28万余人次参加投票，选出10大业绩(事件)和10大入围业绩(事件)。

【民主法治】 2018年，晋城市人大常委会推进民主法治领域改革工作，审议市政府关于“七五”普法决议落实、关于法治政府建设情况的报告，市中级人民法院关于司法改革情况的报告，推进法治政府建设和司法改革工作。对《中华人民共和国残疾人保障法》《山西省残疾人保障条例》等5部法律法规的贯彻实施情况进行执法检查。联合各县(市、区)人大常委会，对《晋城市公共交通条例》贯彻施行情况进行检查调研。完成6件规范性文件备案审查，开展规范性文件清理报送工作。制定《监督司法工作联席会议制度》，强化对司法机关的监督。引进律师参与接访，创新依法化解涉法涉诉信访途径，全年接待群众上访139件346人次。

【监督工作】 2018年，晋城市人

大常委会围绕市委重大决策部署，加强经济工作监督和预算决算审查监督，听取审议市政府关于上半年计划执行情况的报告、关于"十三五"规划实施情况的中期评估报告。加强国有资产监督，提请市委出台《市政府向市人大常委会报告国有资产管理情况的意见》。围绕新时代美丽晋城高质量转型发展，对开发区改革创新、重点项目推进等进行审议监督，对2018年重点工程进展情况开展专题询问。深化财经监督，听取审议市政府决算和预算执行情况报告、审计工作报告；坚持"互联网+大数据+多媒体"相结合，在全省率先建成市级"人大预算联网监督平台"。开展环境保护监督，听取审议市政府关于环境状况和环境保护目标完成情况的报告，对大气污染防治进行专题询问，开展"保护蓝天碧水，建设美丽晋城"主题环保行活动。开展民生监督，听取和审议脱贫攻坚情况的报告，对主城区教育资源配置工作进行监督，对河长制工作落实情况开展审议监督，对旅游文化产业发展情况进行跟踪监督。

【依法履职】 2018年，晋城市人大常委会加强代表履职能力建设，邀请人大代表列席常委会会议、参加执法检查、调研视察等活动。强化建议督办，研究晋城市七届人大四次会议期间收到的535件代表建议，分别交有关部门承办。其中党委系统29件，人大常委会3件，政府系统495件（合办2件），监委2件，法院6件，检察院2件。邀请代表听取审议建议办理情况报告、参与建议办理情况检查监督，制作播出《代表之声》60期。完全解决或基本解决的建议341件，推进解决或逐步解决的187件，暂时不能解决的7件，建议办结率100%，代表满意率和基本满意率为98%。

组织全市5218名五级人大代表开展"我是代表我带头、履职能力大提升"活动，对活动中涌现的100篇优秀调研报告、100条好建议、100名优秀代表予以表彰。组织全市代表小组就脱贫攻坚、全域旅游、公共交通、环境保护等民生问题进行调研100余次，收到调研报告60余篇。编辑《晋城市人大常委会组成人员调研报告汇编》。《人民代表报》在头版连续介绍晋城市人大常委会工作的经验做法。

【智库建设】 2018年，晋城市人大常委会在全省地市率先建立人大智库，设立10个专家组，首批入库专家56名。邀请智库专家出席立法座谈、立法论证、方案评审等21批次，就重点调研、重大决定、重要决策等向智库专家发放征求意见表62份。举办"晋城对外开放专家论坛"，邀请北京大学、复旦大学等5位智库专家进行主题演讲。

【专题调研】 2018年，晋城市人大常委会围绕专项工作报告审议开展18次会前专题调研，形成调研报告；紧扣市委七届四次、五次全会精神，就国资国企改革、对外开放比较研究、民营企业二次创业开展3次专题调研；就城中村改造、固定资产投资、规模以上工业增加值、扫黑除恶开展4次领题调研，提出有针对性的意见和建议。

【宣传工作】 2018年，晋城市人大常委会注重对人民代表大会制度和人大工作的宣传，"晋城人大"网站全新改版，突出功能性、互动性，成为人大信息宣传的便捷平台；《晋城人大》季刊被列为全国人大图书馆地方特色馆藏刊物；《人大工作信息》（周刊）为发布宣传人大工作动态；《代表建议》专报刊载代表建议、反映基层诉求；《代表之声》电视栏目每周一期，收视率提升；《人大之声》广播节目广受听众欢迎；"法治宣传每日一题"微信公众号普及法律知识，关注人数超14.6万人次。

（张　军）

晋城市人民政府

办公厅

【概述】 2018年，晋城市政府办公厅树立“四个意识”，践行“五个坚持”，发挥参谋、协调、服务、落实职能，围绕中心、服务大局，尽职尽责，扎实工作，完成全年各项目标任务。

【任务落实】 2018年，晋城市政府办公厅按照指标量化、时限明确、内容可考、效果能评原则，对省定320项、市定86项重点督办事项逐级逐项分解目标任务，建立工作台账，明确落实责任单位和责任人，按季跟踪问效。采取实地查看、明察暗访、社会监督等方式，对进展缓慢事项，启动通报问责程序。

【政务调研】 2018年，晋城市政府办公厅围绕“供改”与“综改”、旅游产业提质升级、环保攻坚、城市发展、重点领域改革、民生改善等，开展调研活动400余次，撰写调研报告8篇。

【文稿工作】 2018年，晋城市政府办公厅起草政府工作报告、领导讲话稿、汇报材料等文稿500余篇，编发《市长副市长每日工作动态》238期、《市政府领导政务动态周报》51期；编发《晋城政务信息》普刊16期、调研刊17期；编报《信息专报》5期；编报《上报省办信息》80多期、110余篇，完成省政府约稿70余篇。

【公文处理】 2018年，晋城市政府办公厅规范公文处理工作，提升公文质量。全年办理上级来文817件、各部委文件465件、本级发文378件、下级请示373件。

【会议承办】 2018年，晋城市政府办公厅完善市政府常务会议和市长办公会议制度，增设会前讨论环节，规范议题收集和资料准备；新增市长工作例会制度。全年承办市政府常务会议16次、研究议题101项；市长办公会12次、研究议题25项；全市性会议40次。组织参与国务院、省、市电视电话会议80余次，承办专题会议近400次。

【应急值班】 2018年，晋城市政府办公厅实行双人24小时全天候值班和领导带班制度，共编写《值班要情》56期，向省政府值班室报送《值班信息》21期，发出《警示通报》1期。新修订《晋城市食品安全突发事件应急预案》《晋城市突发环境事件应急预案》等20个预案，指导参与高速公路应急演练、危险化学品事故应急演练等20余次。

【综合协调】 2018年，晋城市政府办公厅按照市委市政府发展光机电产业的部署，协调举办恳谈会、推介会和深度对接会3次专题会议，出台“1+N”政策体系。协调举办第三届海峡两岸神农炎帝文化旅游招商系列活动、“夏季晋城旅游养生体验季”、首届太行古堡国际论坛等活动，统筹谋划老城更新与保护、王莽岭景区体制机制改革、农林文旅康试点、民营经济发展等工作。牵头开展“放管服效”改革，推进企业投资项目承诺制改革，启动“证照分离”等多项商事制度改革。

【督查督办】 2018年，晋城市政府办公厅督办落实市政府文件、会议议定事项、市委和市政府领导批示及交办事项，跟踪督办省市为民办实事项目，开展“放管服效”改革、固定资产投资及规上工业增加值指标完成、农村土地确权登记颁证、国家公共文化服务体系示范区创建等专项督查。推进“转型项目建设年”活动，牵头开展“进工地、到一线、解难题”专项行动，配合市委开展重大改革先行先试清单和重点项目清单督查，将进展缓慢的31项任务梳理分解，纳入“13710”系统办理。全年，牵头开展督查活动30多次，编发《政务督查通报》6期，上报《政务督查专报》10期；办理省政府“13710”交办事项57件，办结29件，7件申请完结，21件正在推进。办结的29件事项中，11件被省政府评为优秀事项。市级督办系统向各单位及各县（市、区）、晋城经济技术开发区交办事项133件，办结92件，按要求推进41件；办结的92件事项中，42件被评为优秀事项。

【依法行政】 2018年，晋城市政府办公厅前置审查规范性文件20件，清理无法律法规依据的证明事项60项，审理行政复议案件134件，审结126件，所有案件均在法定期限内审结。

【信息公开】 2018年，晋城市政府办公厅推进政府信息公开，依托“晋城在线”平台公开政府信息3800余条，编印《晋城市人民政府公报》双月刊6期。

【提案落实】 2018年，晋城市政府办公厅制定进一步加强与市人大、市政协工作联系3个工作制度，推进建议提案落实。全年，承办市人大代表建议495件、市政协提案515件，做到事事有着落、件件有回音。

（牛　军）

外事侨务和旅游文物

【概述】 2018年，晋城市累计接待入境旅游者16214人次，同比增长18.3%；旅游外汇收入825.51万美元，同比增长7.4%；累计接待国内旅游者6079.7万人次，同比增长25.4%；国内旅游收入556.79亿元，同比增长25.38%；旅游总收入557.29亿元，同比增长25.36%。晋城市被评为“十佳魅力中国城”“全国旅游厕所革命先进市”“最佳文化旅游目的地”“人民喜爱的历史文化旅游目的地”“避暑旅游城市观测点”。晋城市旅游发展委员会被评为“全国城市外事服务系统先进集体”和“山西省外事侨务工作先进集体”。

【旅游宣传】 2018年，晋城市在中原地区5个城市密集开展“到晋城过大年”和“如画晋城”“清凉晋城”“秋意晋城”“民俗晋城”等宣传推介活动；在北京举办“避暑胜地、康养乐园”推介活动，召开中国·晋城康养旅游产品新闻发布会，引进京津冀首趟“晋城太行康养号”旅游专列。邀请百家网媒大V到晋城体验太行古堡游，邀请35个国家记者到晋城参加“美丽晋城行”采风活动。

【体制改革】 2018年，晋城市旅游发展委员会实施大景区体制改革和资源整合，推动太行板块核心景区发展壮大。王莽岭景区突破体制机制障碍，按照“先转隶、后理顺”原则，完成体制改革，引入山西文旅集团。皇城相府景区发挥辐射带动作用，整合周边5个村的旅游资源，将郭峪古城、海会书院、砥洎城等纳为一体，形成皇城片区旅游一体化发展新格局。珏山景区联合青莲寺、围滩、太极湖等景区打造大珏山景区，拟定体制改革和资源整合方案。

【旅游活动】 2018年，晋城市旅游发展委员会举办“动感太行”晋城康养旅游文化节，人民日报社、新华社、腾讯网等100多家媒体进行现场报道，新闻发布会和开幕盛典在新华社要闻客户端点击量连续两次突破70万次。各县（市、区）举办《谁不说俺泽州好》第二季电视展演、赵树理文化旅游嘉年华、皇城相府农业嘉年华、全国山地自行车邀请赛、国际徒步大会、国际半程马拉松等活动，带动旅游业态创新发展。

【太行古堡宣传保护】 2018年，晋城市出台《太行古堡群保护条例》，经山西省十三届人大常委会第七次会议审查批准，自2019年1月1日起施行。编纂中英文版书籍《太行古堡》；举办“体验魅力中国城·百名网媒总编太行古堡行”采访活动；举办首届太行古堡国际论坛，提升太行古堡知名度。启动太行古堡申报世界文化遗产工作。

【旅游项目】 2018年，晋城市旅游发展委员会推动旅游项目建设，王莽岭景区整治提升项目、皇城相府大旅游整合提升项目、大阳古镇景区旅游开发建设项目、太行洪谷国家森林公园基础设施建设一期工程、蟒河景区接待中心迁建项目、司徒小镇山西五千年文化花车巡游演绎体验区项目、华谊兄弟星剧场项目等一批大项目落地和开工建设。引进的华谊兄弟星剧场项目是晋城市首个资源枯竭型矿井高质量转型发展示范项目。

【“晋城有礼”大赛】 2018年，晋城市旅游发展委员会与团市委联合举办首届“晋城有礼”全国文创设计大赛，北京、上海、广州、深圳、台湾等地近1000名设计师参赛，共征集参赛作品1368件。

【演艺进景区】 2018年，晋城市旅游发展委员会推进优秀演艺节目和非遗展演进景区，丰富景区节目形式和文化内涵。皇城相府景区推出大型实景夜游体验项目《再回相府》，是全国首部“明清古堡实景融入剧”，填补市场空白；大阳古镇景区推出大型情景剧《飞燕省亲》《祭火大典》；珏山景区推出《二人转》《泽州鼓书》《唢呐吹奏》；炎帝陵景区推出《巍巍炎帝》《喜酒歌》《谷子好》等，晋城旅游开始从“过境旅”向“过夜游”转变。

【旅游设施建设】 2018年，晋城市开工建设“太行一号国家风景道”，加快打通景区与干线公路的连接通道。开通晋城至郑州、晋城至焦作、晋城至长治城际公交线路，运送旅客120万人次；开通景区直通车。开展高标准旅游厕所建设，建成116座。建设公路旅游标志标牌1000余块，实现县道以上公路旅游标志标牌全覆盖，满足自驾游、自助游等旅游者群体引导功能。

【对外交流】 2018年，晋城市加大对外交流力度，派出40余批、200多人次出访；组织媒体交流、城市应急管理交流、集中赴港澳学习、组织企业赴外交流等活动。与2个城市达成交往意向，与7个城市洽商结好；在欧洲、亚洲、非洲，“一带一路”沿线，由点到线、由线到面的交往布局渐次展开。接待外国来访团体20批次、近500人次，在医疗、大数据、康养产业、旅游业等方面达成合作意愿。与德国国际合作机构GIZ建立长期合作关系，中德合作企业家培训项目和双元制职业教育体系项目在晋城挂牌。在全省外事侨务工作会议上，晋城市外事工作经验在全省推广。

【文物保护】 2018年，晋城市旅游发展委员会开展晋城老城文物保护工作，制定《老城文物保护利用总体方案》，编制10处老城文物单位维修方案；老城第一处文物抢险维修工程(吕祖庙)开工。

(毋　楠)

统　计

【概述】 2018年，晋城市统计系统落实省第十一次党代会和市委七届四次全会暨经济工作会议、市委七届五次全会精神，推进统计管理体制改革和统计方法制度改革，创新统计监测方法，各项工作取得新进步。

【统计服务】 2018年，晋城市统计局为党政机关科学决策、社会公众知政问政、系统内部开展工作提供数据服务。搜集2017年周边8个省115个地市1000多条主要指标数据，编印《比较》(2017年)，为晋城市在周边地区、中原经济区以及中部地区的定位提供数据参考。依托《统计分析报告》和《统计监测要情》，为市委市政府科学研判发展方向，准确制定发展决策提供统计保障。

【统计监测】 2018年，晋城市统计局围绕全市工业转型升级，在原有《统计监测要情》基础上增加《晋城工业转型升级统计监测报告》，对全市非煤产业、战略新兴产业和高技术产业的发展情况进行跟踪监测；围绕全市转型项目行业(包括新兴产业和传统产业升级改造），编辑出版《晋城转型项目建设年投资统计监测》；围绕全市生态文明建设和绿色发展总体情况，制定《晋城市绿色发展统计报表制度》；围绕全省区域经济转型升级考核评价指标体系，对全市及各县（市、区）区域经济转型升级考核评价指标序时进度完成情况进行监测。

【经济普查】 2018年，晋城市组织开展第四次全国经济普查工作，成立晋城市第四次全国经济普查领导小组，负责普查组织和实施中重大问题的研究和决策。市统计局成立市经济普查筹备工作组，印发《关于建立第四次全国经济普查市局领导包县工作责任制的通知》，细化职责分工，在高平市开展综合试点。9月上旬，市统计局组织6000名普查员启动单位清查工作，历经2个月时间，完成全市"四经普"单位清查工作。

【基础工作】 2018年，晋城市统计局制定统计基层基础工作规范化建设验收方案，各县（市、区）统计局确定一名局领导专门负责统计规范化建设工作，各乡级统计机构和联网直报单位至少确定一名统计负责人或统计专业人员负责本单位统计规范化建设工作，召开专题会议对三级规范化建设验收工作进行部署，分为完善阶段、自评阶段、验收阶段和抽查四个阶段，从联网直报单位、乡级统计机构、县级统计局和市统计局四个层面逐级推进。10月上旬，市县两级验收组分别对6个县（市、区）、54个乡镇（街道）统计机构进行验收，县级和乡级验收覆盖率分别达100%和64.3%。

【统计质量】 2018年，晋城市统计局完善统计数据质量责任制，印发《晋城市统计系统统计数据质量分级负责制度》，加强统计调查全过程数据质量控制工作机制，强化统计数据质量管理和监督，明确统计数据质量管理的范围、内容和责任。各县（市、区）均统计局均制定数据质量责任制，开展数据质量自查和抽查工作。

【平台建设】 2018年，晋城市6县（市、区）统计局至各乡镇统计工作站数据专线全面建成。市统计局制定全市统计调度指挥平台建设实施方案，争取财政资金185万，加快推进配套建设工作。至年底，市区配套建设工作基本完成，各县（市、区）调度平台配套建设有序推进。

【统计改革】 2018年，晋城市统计局拟定全市《落实〈关于深化统计管理体制改革提高统计数据真实性的实施意见〉的意见》。推进乡级统计机构改革，对乡镇统计机构及人员现状进行调研，立足于解决乡镇统计工作存在的机构不健全、专职人员配备不到位、基层统计人员队伍不稳定、业务素质低等问题，确定在泽州县开展乡级统计机构改革试点。

【统计法治】 2018年，晋城市统计局制定履行推进法治建设第一责任人职责清单、统计法治建设暨依法行政依法治理工作要点、"谁执法谁普法"工作责任制实施方案等文件，履行法治建设"一岗双责"，细化第一责任人职责，完善统计执法检查制度，加强统计执法监督，依法开展统计调查。

（张　磊）

机关事务管理

【概述】 2018年，晋城市机关事务管理局围绕转职能、转方式、转作风，提升管理服务保障水平，推进机关事务整体工作，开创机关事务管理工作新局面。晋城市机关事务管理局获"全国2017—2018年公共机构能效领跑者"称号。

【节能工作】 2018年，晋城市机关事务管理局完成2017年能耗数据统计上报分析工作，全市公共机构人均综合能耗同比下降2.1%、人均用水同比下降3.3%、单位建筑面积能耗同比下降2.0%，完成省定节能目标。开展"节能降耗、保卫蓝天"主题节能宣传周活动。

【公车改革】 2018年，晋城市制定《晋城市事业单位公务用车制度改革实施意见》《晋城市事业单位公务用车制度改革有关问题的政策解释》，召开全市事业单位公务用车制度改革政策解读会。晋城市机关事务管理局对全市事业单位情况进行摸底，确定全市涉及车改主管部门75个，涉改事业单位498家，涉改人员11078人。9月上旬，完成各部门取消车辆统一封存工作。

【管理服务】 2018年，晋城市机关事务管理局对新市政务服务中心后勤实行统一规范化管理，物业、安保、保洁、消防、监控、设备维保等服务保障项目实行社会化购买服务模式；建立保洁、安保、物业管理和各类维保项目监督办法；建立职工食堂，为政务服务中心干部职工提供就餐保障。

（路 飞）

档 案

【概述】 2018年，晋城市档案局围绕档案工作“走向依法管理、走向开放、走向现代化”总要求，提高档案部门依法行政能力和服务水平，连续第6年获得全省档案业务考核优秀等次。

【档案管理】 2018年，晋城市档案局加强重大活动档案管理，督查各县（市、区）政府和市直主办、协办重大活动单位档案；收集整理市委全委会、市人大、政协“两会”、第三届海峡两岸神农炎帝文化旅游招商、赵树理文化旅游嘉年华、纪念町店战斗胜利80周年、《魅力中国城》竞演等重大活动档案，服务市委市政府重大改革、重要活动、重点工作。加强专业档案管理，对入驻市政务中心单位进行专业档案特别是民生类专业档案指导，加强建设项目档案管理，对高平科兴申家庄煤业120万吨兼并重组项目、凤台街人行道改建工程、丹河人工湿地、市委党校、晋城中专迁建等34个建设项目进行档案登记、业务指导和专项验收。加强农业农村档案管理，规范水利普查、集体林权改革、农村土地确权颁证、精准扶贫档案管理，开展农村集体产权制度改革中清产核资、成员身份确认、股份合作制建立、资产规范化管理档案工作调研。

【依法治档】 2018年，晋城市档案局加强档案法治建设，开展执法档案检查，检查范围从各级党政机关、人民团体、企事业单位延伸到重点工程项目、重大活动、街道社区、乡镇农村，实现党政机关行政执法档案检查全覆盖。

【馆藏档案】 2018年，晋城市档案馆依法接收档案45588卷(件)，市档案馆馆藏达到619210卷(件)，馆藏量在全省11个地级市档案馆排名第一。

【档案服务】 2018年，晋城市档案馆共接待查阅利用档案3598人次。举办“太行明珠·魅力晋城”展览，展示晋城悠久灿烂的历史文化、光耀千秋的红色文化和建市30多年取得的辉煌成就，对全市中小学生和社会各界群众进行革命传统、国情市情和爱国主义教育，对广大党员干部进行党性教育，接待社会各界人士参观3663人次。

【信息化建设】 2018年，晋城市档案局完善晋城档案局域网、政务网、互联网“三网平台”建设，完成档案数字化672511条(画幅)，市档案馆文件级、案卷级目录著录3691354条，全文扫描15074067画幅，档案数字化率达96%。

【档案安全】 2018年，晋城市档案局加强档案安全体系建设，层层签订档案安全责任书，把安全责任落实到人、落实到岗。严格执行档案安全管理制度，定期开展档案安全检查。建立日常检查记录、安全巡检记录、设备维修记录、机房人员出入记录、双人出入库登记等台账。对数字化成果和缩微胶片等重要档案实施异地异质备份，总量达54太比特(TB)。

（王蓓蓓 苏 涛）

地方志编纂

【概述】 2018年，晋城市地方志办公室贯彻落实《地方志工作条例》及《全国地方志事业发展规划纲要》(2015—2020)，统筹做好地方志研究、年鉴编纂、方志馆建设、宣传教育、资料征集等工作，依法修志，方志事业呈现良好发展势头。

【年鉴编纂】 2018年，晋城市地方志办公室编辑出版《晋城年鉴(2018)》。《晋城年鉴(2018)》是市政府组织编纂、市地方志办编辑出版的晋城市唯一的综合性年鉴，具有内容翔实、形式丰富、极具权威性等特点。采用分类编排法，设特载、大事记、市情概况、中国共产党晋城市委员会等25个部类，共计88.7万余字。

【旧志影印】 2018年，晋城市地方志办公室影印清雍正版《泽州府志》300套。《泽州府志》创修于清雍正十三年(1735)，是晋城历史上规模最大、包容最广、内容最丰富的一部旧志，也是研究晋城古代历史最为重要的地方性史料。

【方志馆建设】 2018年，晋城市方志馆采用版面展示、文献资料、沙盘视频、电子查询等形式，通过领导关怀、疆域形胜、丰饶物产、民俗文化、非遗物产、历史名人、方志经籍7个板块，介绍古代晋城的发展历史和文化社会方面的知识。全年，参观人数达4000余人次。

【方志编纂】 2018年，晋城市地方志办公室指导泽州县史志办编纂《大阳名镇志》《冶底名村志》，指导阳城县地方志办公室编纂《润城名镇志》《上庄名村志》。《大阳名镇志》完成初稿，其他志书推进编纂工作。参与和指导编纂《晋城慈善志》《上党梆子志》等。

【供稿工作】 2018年，晋城市地方志办公室完成《山西年鉴》资料上报任务，完成《山西省地方志志》供稿任务。向省地方志办“方志山西”微信公众号报送通讯报道27篇，采用25篇。

（李　娜）

政务集中管理

【概述】 2018年，晋城市政务大厅管理中心围绕转型跨越发展工作大局，创新行政审批方式方法，简化审批手续，提高办事效率，完成政务审批事项。

【优化营商环境】 2018年，晋城市政务大厅管理中心开展“六最”营商环境建设年活动。“六最”即审批最少、流程最优、体制最顺、机制最活、效率最高、服务最好。制定《关于深入推进审批服务便民化争创一流营商环境的行动方案》(讨论稿)，深化“放管服效”改革，梳理市级43个具有审批职能单位的事项784项。建立“市长帮你跑、为你解‘繁’恼”“局长坐窗口、疏堵除难解民忧”等机制，优化营商环境。

【“两集中两到位”】 2018年，晋城市政务大厅管理中心迁驻新市政务服务中心办公。配合市政府办公厅开展专项督查活动，共督查单位17个，核实应入驻事项151项，落实“应进必进”要求，完成“两集中两到位”(为深化行政审批制度改革，建立规范高效的审批运行机制，提高行政服务效能，推进一个行政机关的审批事项向一个处室集中、行政审批处室向行政审批服务中心集中，保障进驻行政审批服务中心的审批事项到位、审批权限到位)工作。至年底，市政务服务中心共入驻单位70个，工作人员740余人，办理1231项公共服务和行政审批事项，平均每天接待办事群众5000人次。

【“3545”专项行动】 2018年，晋城市政务大厅管理中心推进“3545”专项行动(“3”，就是在2018年底前，申请新开办企业实现省级3个工作日内完成营业执照办理、涉税办理、公章刻制等事项；“5”是指查封、抵押、注销登记等企业和群众关注度高的不动产登记年内压缩至5个工作日内，其他不动产登记逐步实现这一目标；“45”就是年内一般性工业项目从立项到竣工验收的审批时限压缩至45个工作日内)。

拓宽市场准入服务范围，推动多家金融机构在政务服务中心设置窗口，形成营业执照、公章刻制(备案)、银行开户许可、税务信息补录、(企业、银行、税务)三方协议和保险缴纳等企业开办事项“一条龙”服务。10月1日起，企业开办时间压缩至5天，其中申请材料齐全、符合法定形式，工商部门在3个工作日内办理营业执照；印章刻制和备案1个工作日内办结；税务部门涉税事项(含申领发票)在1个工作日内办结。

8月1日，启用“不动产登记交易+税务”联办业务系统，除首次登记外，不动产登记的变更登记、转移登记、更正登记、抵押权登记办理时间压缩为5个工作日；注销登记、预告登记承诺时间压缩为3个工作日；补证、换证承诺时间压缩为2个工作日；异议登记、查封登记、租赁登记为当即办理。10月11日,在工商银行牡丹支行设立不动产登记交易分中心,办理不动产转移登记、变更登记、抵押权登记、预告登记和注销登记等业务。

制定企业投资项目承诺制服务工作规程和企业投资项目供地前政府统一服务事项工作流程,建立、完善并联审批联席会议、跨层级联动审批工作规则和专项联席会议、"多评合一"、施工图设计文件联合审查等10项配套工作细则。设立专门窗口,统一受理备案类项目,并建立企业投资项目管理台账。至年底,市级备案类项目68个,其中符合进入企业投资承诺制要求的项目23个。

【政务服务改革】 2018年,晋城市政务大厅管理中心深化政务服务改革工作,起草《关于实施相对集中行政许可权改革工作方案(讨论稿)》,探索推行适度集中行政许可权改革。完善市县两级政务服务平台"一张网"建设,制定《晋城市"互联网+政务服务"平台软件开发项目技术方案》。启动政务服务标准化体系建设,在政务公开、服务质量、办件程序、运行方式、服务行为、人员管理、窗口管理和安全环境管理等方面建立市、县、乡标准统一政务服务标准。

(朱文彪)

信息中心

【概述】 2018年,晋城市信息中心围绕信息化服务转型跨越发展,打造"晋城在线"网站品牌,抓好政府和社会信息化及保障网络与信息安全等重点工作,优化信息化发展环境,保障网络安全畅通,提高网络信息化水平。

【"一张网"建设】 2018年,晋城市信息中心按照全市"一张网"(云平台、电子政务外网、大数据中心)构想,协助市政府办公厅制定《晋城市大数据发展规划纲要(2018—2020)》,与阿里巴巴集团洽谈战略合作;对全市38家单位44个信息化项目严把技术关,核减34个项目,压缩资金8457万元。

【大数据中心建设】 2018年,晋城市信息中心推进政务大数据中心建设,完成大数据机房基础设施建设,大数据平台进入试运行阶段,市民政局、市安监局等9家单位42个软件系统迁入云系统平台,节省投资57.3%。

【市长热线】 2018年,晋城市"市长热线"受理中心迁建,"一号通"业务系统完成升级改造,接线席位由5个扩至17个。至年底,受理来电40265件,办结率为99%。

【晋城在线】 2018年,晋城市党政门户网站"晋城在线"改版升级,统筹推动门户网站、开放网站、共享网站"三网"建设。网站日点击量300万~500万次,年点击量约15亿次,制作政务专题42个,举办网上活动6次,13万余人次参与,收集意见318条,发布信息2.78万条。

【信息共享】 2018年,晋城市信息中心推进政务信息共享交换平台建设,完成市公安局、市国土局、市教育局、市政务大厅管理中心、市发改委等12家单位的资源目录梳理和数据接入工作,涉及教育、养老、医保和企业等107项518万条数据。开发试行晋城市政务智能办公系统平台,完成市委、市政府云视讯移动会议系统,10家单位便民应用评估和2家单位应用上线。

(李桂平)

超限治理

【概述】 2018年,晋城市共出动各类执法人员36万余人次,检测货运车辆1887万辆次,车辆超限超载率控制在0.2%以下,国、省道干线公路和县、乡公路好路率保持在95%以上。

【源头监管】 2018年,晋城市治超办对政府公示货运源头企业监管的同时,将沙石料场、建材市场、取土场点和重点工程工地等纳入日常监管范围。对公路沿线已取缔煤场及汽车维修点、焊接点进行集中巡查,杜绝死灰复燃现象。全市各级运管部门投入执法人员3.5万余人次,分批、分次对329家货运源头企业进行排查,检测车辆802453辆,发现和纠正非法超限超载车辆8853辆,卸载超载货物196.2吨。落实"黑名单”制度，将180辆非法货运车辆和175名非法货运车辆驾驶人纳入非法超限超载“黑名单”系统。开展公路行驶违法超载车辆责任倒查，各县（市、区）本辖区责任倒查案件232起，跨县区上报市治超办责任倒查案件70起，跨省市上报省治超办责任倒查案件162起。

【路面管控】 2018年，晋城市治超办完善路警联合治超机制，查获超限超载车辆6492台次，收取罚款和道路损坏赔（补）偿费25.49万元。市治超稽查队巡查路面158趟次，行程1.28千米，查处超限超载案件9起，查实率100%，下发督查整改通知书8份，结案率100%；开展严厉打击货车遮挡号牌躲避检测、超限超载车辆闯卡逃逸专项行动，发放治超宣传资料6300余份，张贴悬挂标语22条，出动路警人数4390人次、执法车辆340台次，检查重中型货运车辆69873台次，查处货车超限超载违法行为31起、货车故意遮挡号牌36起，全部由交警部门处罚。

【科技治超】 2018年，晋城市治超办推进站点数据联网工作，完成13个站点的数据联网，实现过磅数据和执法文书实时上传。完成晋城市治超信息管理指挥系统第一阶段建设任务，全市18个超限检测站车辆过磅数据可实现实时上传。率先在全省开展与煤炭企业源头治超监控平台联网工作，12月与市煤炭局煤炭企业源头治超监控平台联网，联网煤炭企业达38家。完善创新治超信息监控中心运行机制，建立治超信息指挥系统实时超载数据与案件上报数据校验核对机制。

【治超宣传】 2018年，晋城市治超办采编各县（市、区）治超办、各成员单位、治超站点等治超信息586条。通过“晋城治超”微信公众平台，开展治超宣传，编发治超新闻82期。在晋城在线、《太行日报》等媒体编发治超宣传信息43条；向“山西治超”微信公众号报送信息110条，采用63条。

【专项行动】 2018年，晋城市治超办与环保、交警、公路、交通、住建等部门联合开展柴油货车和散装物料运输车污染治理联合执法专项行动，执法检查80次，出动执法人员315人次，出动执法车辆135车次，检查货运车辆1893台次，查处超限超载车辆68台次。其中，未采取密闭措施车辆32台次，尾气不达标车辆28台次，劝返车辆3台次。发布《晋城市柴油货车和散装物料运输车污染治理道路联合执法工作组》简报6期。

（窦历宏）

住房公积金管理

【概述】 2018年，晋城市住房公积金管理中心围绕“去房地产库存、降企业成本、补公积金短板”中心，树立新发展理念，真抓实干，主动作为，被省住建厅评为先进单位，被市直工委表彰为先进党组织。高平分中心被省人社厅、省住建厅表彰为山西省住房城乡建设系统先进集体。

【业务运行】 2018年，全市住房公积金实缴单位2586个，缴存职工27.54万人，缴存金额25.52亿元，提取11.14亿元，发放贷款3900笔、11.99亿元，支持购房面积46.07万平方米，回收5.89亿元。年底，缴存总额200.94亿元，提取总额119.04亿元，缴存余额81.90亿元；累计发放贷款3.65万笔、75.08亿元，贷款余额47.20亿元，个贷率57.63%；逾期额524.67万元，逾期率1.11‰；增值收益1.38亿元。

【信息化建设】 2018年，晋城市住房公积金管理中心构建“线上+线下”服务体系，实现档案管理电子化。建成综合服务平台，开通网上服务大厅、网站、手机APP、短信、微信、微博、“12329”服务热线和自主终端机8种渠道，缴存、提取、贷款3大类26项业务实现网上申请、网上审批、网上办结。推进和相关部门信息互联互通，高平分中心与当地不动产中心联网。

【公积金管理】 2018年，晋城市住房公积金管理中心审核同意10家困难企业降低缴存比例。修订归集、提取、贷款、财务4个实施细则，调整住房公积金使用政策。在全省率先完成煤业集团公积金管理机构理顺工作，为缴存职工使用住房公积金创造便利条件。采取电话催收、扣划、司法催收等9种形式开展贷款催收工作,扣划56名借款人及担保人住房公积金149.18万元。推动住房公积金保值增值,晋城市三年期存款利率上浮普遍达到50%,最高达到55%。与市住建、财政、人行、国土等4部门联合开展维护住房公积金缴存职工购房贷款权益工作。加强骗提骗贷查处力度,查处5起骗提公积金行为。

【便民服务】 2018年,晋城市住房公积金管理中心取消租房证明、购房证明、单身证明、工资证明、患重大疾病造成家庭困难证明、身份证明材料复印件等34项申请资料,实现"应提尽提""应贷尽贷"。采取银行自评和中心集中评相结合的办法,对10家受托银行进行考核,推动受托银行提高服务质量。修订首问负责制、一次性告知制、限时办结制、服务承诺制,完善岗位责任制、AB岗制、工作计划规范管理制度、"13710"督办制度,制定《政务中心公积金窗口工作人员管理制度》。召开改进提升政务服务工作会和深化"放管服效"改革推进会,推动服务上档升级。缴存提取实现即时即办,贷款审批时限大幅压缩。联保贷款审批时限缩短为5个工作日,按揭贷款审批时限缩短为8个工作日,抵押贷款审批时限缩短为10个工作日。

(赵　健)

公共资源交易

【概述】 2018年,晋城市公共资源交易中心推进公共资源交易领域市场化改革,在整合机构、理顺体制、人员融合、硬件建设、软件开发等方面迈出实质性步伐,推进公共资源交易平台整合建立、交易全流程电子化取得阶段性成果,完成各类交易项目324宗,交易金额28.24亿元,为政府节约资金6228万元,实现国有产权增值51万元。

【功能区建设】 2018年,晋城市公共资源交易中心以最大限度减少人为干扰为目标,建成全省一流有形交易场所,总面积2300平方米,2月份正式投入使用。功能区由受理区、开标区、评标区组成,包括16个窗口、10个评标室、5个开标室、过夜休息室等。开标区和评标区的设置体现空间上的物理隔离、动静分离,互相独立运行,减少投标人与评标专家见面的概率,配备先进的电子设施实现全区域监控,全过程留痕,全方位信息化。

【电子平台建设】 2018年,晋城市公共资源交易中心基本完成集服务、交易、监督于一体的公共资源交易电子平台建设。平台建设重点推进各分类交易全过程电子化,坚持"重点突破、梯次跟进"原则,对工程建设招投标流程进行优化再造。"市政与房建工程类"电子交易系统3月份上线试运行,暗标评审、错位评标等功能领跑全省,对打击围标串标、规避人为操作起到防范作用。水利、交通工程类及政府采购电子交易系统通过内部检测测试。国有产权依托现有平台实现网络竞价电子化。

(王力丰)

发展研究

【概述】 2018年,晋城市政府发展研究中心把握决策咨询研究和服务领导工作主线,推进特色新型智库建设,开展决策咨询研究工作,注重研究与实际相结合,发挥服务政府决策、促进科学发展的职能作用。

【辅政工作】 2018年,晋城市政府发展研究中心参与市政府工作报告起草工作。对晋城防范化解重大风险隐患情况进行专题调研,形成专题调研报告。起草《关于深入推进审批服务便民化争创一流营商环境的行动方案》。

【专题研究】 2018年,晋城市政府发展研究中心关注人口老龄化问题,对晋城市健康养老产业发展进行研究,提出"三种传统养老模式+三种新型健康养老模式"的"3+3"发展思路。关注晋城经济转型与民营经济发展,就如何壮大民营经济进行研究,总结出晋城民营经济发展的五点启示,提出民营经济发展的四条路径选择和五条政策建议。聚焦乡村振兴,对晋城市农村一、二、三产融合发展进行研究。分析晋城市农村产业融合发展现状和存在的问题,借鉴国内外推进农村产业融合发展的主要做法,提出适合晋城市市情的四种发展模式和推进晋城市农村一、二、三产业融合发展的六条对策建议。

【专题调研】 2018年，晋城市政府发展研究中心围绕群众关切、领导关注的重点热点难点问题开展专题调研。针对群众关切的物业管理问题，与城区改革与发展研究中心组成联合课题组，走访近20个单位和小区，形成对晋城市物业管理的调研报告。关注智慧便民项目的推广及企业在进一步发展壮大、拓展市场的过程中遇到的困难，完成专题调研报告《以智慧便民项目为突破口、加快智慧城市建设》。关注侨企发展，和市侨联组成联合调查组，对晋城市涉侨企业、机构进行调研，形成《晋城市涉侨企业机构发展情况的调研报告》。对重大风险隐患、土地制度改革、煤化工能耗统计口径等课题进行专题调研。

【晋城发展论坛】 2018年，晋城市政府发展研究中心围绕“企业家精神与新时代美丽晋城高质量转型发展”“乡村振兴”“再创民营经济新辉煌”“大力发展现代服务业”组织4期论坛，为市委市政府提供决策参考。

【《晋城经济》】 2018年，晋城市政府发展研究中心编辑《晋城经济》6期，发放至乡镇以上党政机关及各重点企业。《晋城经济》为双月刊，定期刊登探讨晋城经济社会发展的理论文章和调研报告，搭建全市经济工作者探讨交流平台。

【《晋城发展研究》】 2018年，晋城市政府发展研究中心编辑《晋城发展研究》24期。以内部资料形式，为市四大班子领导、各县（市、区）主要领导和市直综合经济部门主要负责人，提供重要经济动态解读及对晋城发展重大问题的意见建议。

（原　豆）

无线电管理

【概述】 2018年，晋城市无线电管理局学习贯彻《中华人民共和国无线电管理条例》和《山西省无线电管理条例》，加强频率台站管理、违规设台查处、无线电管理宣传、无线电安全保障等方面工作，促进全市无线电管理事业健康发展。

【台站管理】 2018年，晋城市无线电管理局规范设台单位档案，为备案台站颁发执照，将其信息录入数据库。强化运营商通信基站管理，召开三大运营商通信基站管理工作会议，明确涉及基站干扰投诉处理的相关流程和办法，规范投诉受理和查处流程。利用路测系统，对运营商基站实行动态监管。8月，联合市文化局对辖区内广播电视发射台进行现场核查，全市共有广播发射机12部、模拟电视发射机10部、无线数字电视发射机20部、微波链路5个。开展对讲机专项整治，下发《关于开展清理违法使用无线电台站专项活动的通告》，走访企业30余家；开发台站二维码电子标签系统，解决对讲机瞒报问题。至年底，在市无线电管理局备案设台单位44家，同比增加24家。

【行政执法】 2018年，晋城市无线电管理局行政处罚立案3起，处罚款4万元，没收对讲机17部。开展打击“伪基站”“黑广播”等非法设台活动，查获“黑广播”1套、“伪基站”设备1套，抓获犯罪嫌疑人2名。加大干扰排查力度，排查无线电干扰案件8起，查处率达100%。

【无线电监测】 2018年，晋城市无线电管理局开展无线电监测演练4次。开展无线电监测巡查24次，共监测2524小时，其中常规监测1750小时，专项监测286小时，特殊监测488小时，完成监测统计报告11期。开展设备检测、电磁环境测试工作，检测无线电发射设备1170台，出具电磁环境测试报告2份。

（张　勇）

中国人民政治协商会议晋城市委员会

【概述】 2018年，晋城市政协贯彻市委七届四次、五次全会精神及各项决策部署，围绕全市中心工作，履行政治协商、民主监督、参政议政职能，为推进新时代美丽晋城高质量转型发展作出贡献。

【理论学习】 2018年，晋城市政协组织广大政协委员学习习近平新时代中国特色社会主义思想和中共十九大精神，学习习近平总书记在庆祝改革开放40周年大会上的重要讲话和视察山西重要讲话精神，自觉以新思想武装头脑、指导实践、推动工作。全年组织党组中心组、常委会议、主席会议、专门委员会会议、委员培训、界别活动小组集中学习80余次，组织市政协机关集体学习60余次。

【专题研讨】 2018年，晋城市政协开展习近平总书记关于加强和改进人民政协工作的重要思想学习研讨活动，围绕"坚持中国共产党对人民政协的领导""坚持人民政协性质定位""发挥人民政协作为协商民主重要渠道和专门协商机构作用"等8个专题研讨，召开理论研讨会，集中交流研讨成果，形成8个方面21个问题清单和相应的整改清单、责任清单。

【调查研究】 2018年，晋城市政协围绕晋城市国有企业改革，组织委员和专家学者到重点地区、重点企业进行调研，召开常委会议进行专题协商，从优化经济结构布局、完善现代企业制度、健全市场退出机制等6个方面探索深化晋城市国有企业改革的具体路径。

结合晋城市创建国家公共文化服务体系示范区建设，进行调研座谈、专题协商，从加快基础设施建设、完善服务体制机制、加强人才队伍建设、丰富文化产品供给、充分运用科技成果等方面提出意见建议20余条。围绕推进农林文旅康产业融合发展试点工作，成立政协常委和专家委员组成的专题调研组，提出突出政治站位加强联动、坚持科学规划善抓试点、突出改革创新激发活力、强化要素保障突破瓶颈、加强基础治理创优环境，叫响叫亮"太行明珠、古韵晋城、康养胜地"品牌等意见建议。

【参政议政】 2018年，晋城市政协围绕提倡移风易俗新风尚、提升社会文明程度开展殡葬制度改革专题议政，提出的习俗文明化、安葬生态化、设施现代化、管理制度化、服务优质化等意见建议，被市政府采纳，出台和公布晋城市城乡居民惠民殡葬补贴标准。围绕太行古堡古村落的保护开发利用开展专题调研，探索晋城市古堡古村落保护开发利用工作的举措和办法。

【提案工作】 2018年，晋城市政协共收到提案561件，立案515件。市政协主席会议研究确定10件年度重点提案，由市政府副市长牵头领办，市政协副主席领衔督办。

【民主监督】 2018年，晋城市政协组织委员对全市转型项目建设年和全市脱贫攻坚决策部署落实情况开展专项视察监督。班子成员到重点工程项目一线，协调督办项目建设工作。围绕全国文明城市创建和国家卫生城市复审工作开展视察监督，就市民最关心的交通秩序、食品卫生、市场环境等问题协商建言。围绕扫黑除恶专项斗争进行监督性调研，为建设平安晋城献计出力。市政协委员参加“向人民汇报，请人民阅卷”电视评议活动，担任司法机关、政府职能部门政风行风监督员，向有关部门提出意见建议。收集社情民意信息5000余条，编发《晋城社情民意》110期。

10月26日，市政协围绕“民营经济发展”主题开展“委员建言日”活动。

（来源：晋城在线）

【主题活动】 2018年，晋城市政协组织开展以“新时代新作为新篇章——讲好晋城故事、讲好政协故事”为主题的庆祝改革开放40周年征文活动，《山西政协报》专版报道。开展“委员阅读日”“委员建言日”主题活动，邀请专家学者举办专题讲座，提升委员履职能力。围绕全市中心工作和民生热点，组织委员开展视察调研，提出意见建议。全年共组织主题活动12次，视察调研30余次。

【宣传工作】 2018年，晋城市政协提升《政协之声》《委员建言》广播电视议政栏目质量，扩大履职影响力。全年共播出《政协之声》49期、《委员建言》26期。编印《晋城政协》6期，报道政协履职成果。

（张刘敏）

中国共产党晋城市纪律检查委员会
晋城市监察委员会

【概述】 2018年，晋城市纪检监察机关围绕中央纪委国家监委和省纪委监委的部署，坚持稳中求进基本工作方针，正风肃纪，推进反腐败斗争，扛起执纪监督监察的政治责任，推进全面从严治党，为全市改革发展稳定提供政治和纪律保障。

【监督检查】 2018年，晋城市纪委围绕贯彻落实习近平总书记视察山西重要讲话精神和省市具体要求监督检查，对学习贯彻市委七届四次全会精神落实情况监督检查，公开通报问责市国土资源局党组、市民政局党组学习贯彻市委全会精神行动迟缓、敷衍应付等典型问题。对新形势下党内政治生活若干准则和民主集中制、组织生活、党内监督等制度执行情况监督检查，对市信访局领导班子不团结、自由主义严重等典型问题进行问责，督促2017年接受谈话函询的53名市管干部就有关情况在年度民主生活会上作出说明或检讨。

【政治问责】 2018年，晋城市纪委印发《关于进一步规范和强化党内问责工作的通知》，围绕落实党的决策部署、履行管党治党责任、脱贫攻坚、扫黑除恶、环保督察等加大问责力度，共问责党组织54个，问责党员领导干部205人，其中党政“一把手”104人，纪检组长(纪委书记)20人。

【监察体制改革】 2018年，晋城市纪委协助市委调整充实监察体制试点工作领导小组成员，成立市县两级党委反腐败领导小组，制定工作规则。明确市纪委监委开展执纪监督监察工作向省纪委监委请示报告的12个环节以及向市委请示报告的6个环节，重大情况及时报告。

统筹推进派驻机构改革，在市县两级设置83个派驻纪检监察组，在84个乡镇(街道)设置178名监察员，在行政村(社区)设立村级监察联络员或信息员，构建与监察对象全覆盖形势相适应的监察监督体系。以兰花集团、晋城职业技术学院、市人民医院三家单位为试点，在全省率先推开市属国有企业、高校、医疗机构监察工作试点。修订完善市纪委监委执纪监督监察工作制度，配套制定市管领导干部谈话函询、案件直接审查和指定办理、初核结案件审核、与驻市单位执纪监督监察工作衔接、被调查人具有重大立功表现向检察机关提出从宽处罚建议等制度。协调司法机关出台一系列支持配合试点工作制度。

【“两个责任”落实】 2018年，晋城市纪委在全市开展“廉洁勤政、担当作为”主题警示教育月活动，引导党员干部正确认识约束和担当的关系。围绕不担当、不作为、不落实的形式主义、官僚主义等问题，不间断开展监督检查，查处各类违反“中央八项”规定问题179起，处理党员干部238人，给予党纪政务处分133人，公开通报典型问题56起，对10起“不作为、慢作为”问题公开通报。

【监督巡察】 2018年，晋城市纪委监委5个监督检查室共列席所联系地区和单位重要会议91次，组织专项监督检查27次，开展谈心谈话71次；派驻机构实施谈话函询286件，组织处理208件，立案138件，给予党纪政务处分116人；全市共开展3轮巡察，巡察党组织156个，发现问题1797个、党员干部违规违纪问题线索392个，涉及党员干部415人。

【监督执纪】 2018年，全市纪检监察机关运用监督执纪“四种形态”处理4234人次。其中，第一种形态3022人次，占“四种形态”处理总人次的71.4%；第二种形态853人次，占20.1%；第三种形态202人次，占4.8%；第四种形态157人次，占3.7%。《中国纪检监察报》专门介绍晋城市开展日常监督的调研与思考。

【案件查办】 2018年，晋城市纪委整合办案力量，按照专业门类齐全、年龄搭配合理的要求，组建340人的审查调查人才库，实行统筹调度、集中攻坚；规范问题线索受理、分流、处置、跟踪、反馈等各个环节处置流程，全市纪检监察机关共甄别谈话函询问题线索1775件，办结中央巡视组交办信访举报件324件，给予党纪政务处分92人，移送司法机关8人；处置问题线索4377件，同比增长150.8%；初核2405件，增长116.7%；立案1319件，增长122.1%；结案1201件，增长112.9%；给予党纪政务处分1149人，增长97.8%，移送司法机关66人。

【整治腐败】 2018年，晋城市纪委围绕扶贫、民生领域腐败和作风问题以及涉黑涉恶腐败三大重点，集中整治群众身边的不正之风和腐败问题。制定扶贫领域腐败和作风问题专项治理行动方案和深化意见，探索建立“一图一表五台账”“四联五化三优先两教育”监督执纪问责工作机制；紧盯民生领域腐败和不正之风，制定专项整治方案，开展“引导问题党员干部和行使公权力的公职人员主动向组织交代问题”专项行动；深挖彻查黑恶势力“保护伞”，制定工作方案，明确10项整治措施，完善“定责、督责、追责”体系。构建来信、来访、来电、网络、微信“五位一体”举报平台，实行线索收集、快速处置、协作配合、强化合力、直查快办、包联督导联动配合工作机制，全市共查处扶贫领域腐败问题175件，处理党员干部175人，给予党纪政务处分89人；查处民生领域腐败问题890件，处理890人，给予党纪政务处分366人，引导党员干部上交违纪违法款物270.64万元，主动退还违纪违法款物34.47万元，清退违纪违法款物100件、价值408.7万元；查结涉黑涉恶腐败问题192件，查实20件，处理57人，给予党纪政务处分27人，移送司法机关5人。

【专题调研】 2018年，晋城市纪委到六县（市、区）18个贫困村和涉农部门及政法机关开展四轮专题调研和专项督查，形成《关于晋城市群众身边不正之风和腐败问题的调研报告》《关于扶贫领域腐败和作风问题调研报告》等5篇调研报告，共发现问题84个，全部整改到位，督促建立各类制度六方面34项。公开通报13起扶贫领域典型问题、27起民生领域典型问题、1起涉黑涉恶腐败问题。

（任　利）

晋城军分区

【概述】 2018年,晋城军分区全面贯彻中共十九大精神和习近平强军思想,坚持政治建军、改革强军、科技兴军、依法治军,各项建设取得新发展。

【思想政治建设】 2018年,晋城军分区坚持把学用习近平系列重要讲话作为根本之策,集中学习习近平新时代中国特色社会主义思想和强军思想12次,组织团级以上干部参加省军区理论集训,借助"党的创新理论百人宣讲团""新时代讲习快车"等军地资源,面向基层宣讲19场。采取上下同步、统分结合的形式,综合运用专家授课、领导宣讲、"微课堂"辅导等方法,开展"传承红色基因、担当强军重任"主题教育,全军分区共组织授课辅导16次。依托强军网、公众号推送教育资源80余条。开展军委主席负责制专题学习教育,制定印发《晋城军分区党委关于全面深入贯彻军委主席负责制的实施细则》,组织专题教育,全军分区官兵自觉形成维护核心、看齐追随共识。

【战备训练】 2018年,晋城军分区围绕备战打仗核心使命,从难从严抓战备训练。组织官兵开展"八查"活动(查过日子的和平思想,查重建轻战的惯性思维,查偏离中心的工作导向,查低层次徘徊的备战状态,查不严不实的训练作风,查束缚打赢动力的机制套路,查久治不愈的"五多"问题,查过度拔高的安全标准),纠治和平积弊,凝聚当兵打仗、练兵打仗的思想共识。修订应急方案和战备拉动方案,升级改造战训设施,组织值班抽查和信息系统联调联试常态化,做到全时值守、按时集结、通联顺畅、处置有效。采取按纲施训、科学组训、分批轮训的办法,组织全体干部参加省军区集中轮训考核;组织现役战士、专武干部、基干民兵和民兵干部开展岗位练兵比武竞赛。完成地方安保执勤、抢险救灾、应急处突等任务,在实践中锻炼部队。加强学生军训工作的规范管理,完成全市高等院校、高中(中专)承训任务。

【国防动员】 2018年,晋城军分区开展国防动员潜力数据调查,提高潜力数据的真实性、可靠性。履行支援保障职能,完成海军陆战队装备机动过境保障任务。与市政府联合下发《晋城市"十三五"时期民兵调整改革方案》《关于进一步调整压缩民兵规模结构的通知》,优化民兵改革,调整压缩民兵规模结构。坚持按纲施训,组织全市专武干部集训,市县两级均完成民兵军事训练任务。突出征兵工作准备、大学生主体征集和征集秩序规范"三个重点",依法依规、阳光公开推进征兵工作,6县(市、区)均做到"零退兵",实现历史性突破。晋城市征兵"五率"(即报名率、上站率、合格率、择优率、退兵率)量化考评全省排名第三。

【"三个一线"建设】 2018年,晋城军分区承担省军区"三个一线"(一线指挥部、一线战斗堡垒、一线带兵人)建设试点任务,围绕"一线指挥部”和“一线带兵人”职责任务、工作规范、考评激励等方面，形成2个指导性文件和专题教学片，在省军区基层建设会议上交流推广。学习贯彻军委党的建设会议精神，建立健全党委班子形势分析、谈心谈话、定期讲评等制度，召开2次民主生活会、专题组织生活会，督促指导各党支部常态开展组织生活，两级党委班子领导核心和基层党组织战斗堡垒作用进一步加强。以军委纪委、国防动员部纪委通报的一系列违规违纪问题为案例，军分区、人武部两级党委、纪委主要领导累计为部队上纪律党课14场，对选人用人、兵员征集、工程建设等敏感事项监督检查，推进基层“微腐败”清理整治，推动政治生态和风气环境持续向好。以提高能力、增强活力为目标，采取代职锻炼、院校培训、交流转改、引进社会人才等措施，缓解两级机关人少事多矛盾。

【军民融合】 2018年，市县两级坚持党管武装根本原则，普遍落实第一书记宣布任职、党委议军、军事日活动、述职考核等制度。晋城军分区开展双拥共建活动，协调推动国防公路修建和军用土地置换事宜，组织部队官兵和民兵参与脱贫攻坚工作，沁水县人武部指导定点帮扶村开办兴农产业，贫困户全部脱贫。开展打击涉军造假、涉军维权和军地平安建设“三项工作”。推进全民国防教育，领导干部全年开展国防教育宣讲授课36场，人均排名全省第一。持续推进国防教育街道、主题公园建设，全市增设公交站点宣传广告牌100余处。举办“太行强军新征程”“八一”文艺会演，开展“走进火热军营、汇聚强军力量”首届军营开放日活动。阳城县政府投资拓建町店战斗纪念园和纪念馆，举行町店战斗胜利80周年纪念大会和座谈会。

【安全稳定】 2018年，晋城军分区加强部队安全管控，采取集中警示教育、微信推送提示信息等形式，强化官兵遵章守纪意识。协调地方政府投资修缮改造民兵武器装备仓库，采取人武部副部长轮流代职、军分区值班处长每周检查的措施，解决民兵武器装备仓库领导力量薄弱、防范能力不足问题。坚持每周一次隐患排查、每月一次安全委员会形势分析、每个工作阶段一次专项安全检查制度，不打招呼突击抽查，落实整改薄弱环节，奠定部队安全发展基础。

【保障服务】 2018年，晋城军分区围绕中心任务加强后勤装备保障，调整配发应急器材装备，完成报废弹药调运销毁任务，推行营房、油料、生活服务社会化保障，新建塑胶跑道、训练场、理发室、停车棚，改善生活措施，提升官兵满意度。

（酒　磊）

人民防空

【概述】 2018年，晋城市人民防空办公室（简称市人防办）以习近平新时代中国特色社会主义思想为指引，全面落实市委七届四次全会精神，按照年度目标任务，响应“晋城的事大家想、大家说、大家干”号召，创新服务方式，实现人民防空与经济社会融合式发展。

【人防工程】 2018年，晋城市人防办加强与建设单位、施工单位的联系沟通，理顺与监理单位的协调配合，规范人防质监服务工作，组织县（市、区）人防办业务人员开展人防工程建设质量监督管理培训。参与人防工程竣工验收，对具备竣工验收条件的人防工程督促建设方组织专项竣工验收工作。按照要求督促建设单位在人防工程入口处和各重点区域悬挂人防标志牌，及时发放“人防工程平时使用证”。

【人防服务】 2018年，根据《晋城市人民政府关于深化审批改革创新政务服务的意见》等精神，市人防办派人员入驻市政务大厅办公，所有行政许可审批项目到大厅窗口受理、审批、办结，实行一个窗口对外的“一站式”服务。制定承诺制审批事项清单、承诺制“一费制”清单、承诺制改革试点审批项目容缺处置清单、承诺书、办事指南、实施细则，参加政务大厅组织的联席会议8次，涉及企业投资项目23个。全年，按照承诺时限办结承诺制项目3项，办理审批事项11项，及时办结率、公开率、承诺时限和满意率均达100%。

【人防演练】 2018年，晋城市人

防办巩固“太行—2017”人民防空演习成果，以突出首都联合防空区防空能力建设为依据，完成跨区域支援性拉动演练和全省人防指挥通信系统跨区拉动协同演练。共出动人员15人，车辆6台，行经晋陕蒙三省、九市，累计行程2500千米，实现“锤炼提高队伍素质、检验完善系统设备、探索健全保障手段”的演练目标。9月18日，组织全市所有初中学校开展防空防灾疏散演练活动，共60752名学生参加演练活动。12月10日至14日，山西省人民防空重要经济目标防护行动研究性演习在晋城举行，共100余人参加演习，各县（市、区）观摩演习。

【联合执法】 2018年，晋城市人防办按照“审批管理、行业管理、属地管理”的原则，在全省率先建立“人防工程安全监管联合执法机制”。建立开发利用人防工程联合安全监管机制，召开晋城市开发利用人防工程首次安全监管联席会议。各县（市、区）人防办加大安全监管力度，解决人防工程安全监管存在的突出问题和薄弱环节，打造联合监管防控网，构建安全生产长效机制，落实各项安全防范措施，全市人防工程安全形势良好。

【信息化建设】 2018年，晋城市人防办采购人防便携式指挥所设备，能够通过卫星与固定指挥所、机动指挥所实现互联互通，提高市人防办的应急指挥能力。采购5台人防电声警报器、1台人防警报中继站、1台人防移动警报器，并对人防移动中央站进行升级，提高警报器的音响覆盖率。

【人防宣传】 2018年，晋城市人防办制定《宣传教育工作方案》《宣传教育“五进”工作方案》，更新凤翔小区和栖凤小区宣传版面。通过网络和多媒体警报器等现代传媒方式开展人防宣传，上报各类信息20余条。6月，开展“安全生产月”活动，集中宣传、发放资料1000余份。按照“谁执法、谁宣传”原则，在质监验收的同时对相关从业人员进行宣传教育。11月6日，在市委党校中青干部培训班上开展《人民防空的建设和发展》宣传。

（刘少峰）

双拥工作

【概述】 2018年，晋城市双拥办坚持把贯彻落实中共十九大精神和做好新时代双拥工作有机结合，把做好双拥工作，强化国防观念摆在突出位置，增强各级领导干部的政治意识、政权意识、忧患意识，推动全市双拥工作质量提升、厚度拓展，双拥工作保持健康持续发展。

【双拥活动】 2018年，晋城市双拥办组织开展调研活动，了解驻市部队战备训练、设施建设、日常生活、学习工作以及家属就业、子女上学、军转安置等情况。组织四大班子领导集体参加“军事日”活动，参观部队野炊训练，体验部队生活、了解战士疾苦、增强纪律观念。7月31日，市委召开议军会议，学习贯彻习近平强军思想和新时代军事战略方针，分析研究晋城市国防动员和国防后备力量建设有关问题，集中解决支持驻市部队建设的重要事项和难点、热点问题。3月和7月，分别在高平市、城区召开退役军人专场招聘会，为退役军人提供维修、铸造、营销、行政执法保安等就业岗位800余个，达成就业意向400余人。

【双拥模范城（县）创建】 2018年，市县两级分别召开创建双拥模范城（县）动员会、推进会，对双拥创建工作进行宣传动员、驱动推进。市双拥工作领导组成员单位配合落实，在规定时间内完成各自工作任务。按照《关于做好山西省双拥模范城（县）、双拥模范单位和模范个人考评推荐工作的通知》要求，完成推荐上报工作。

【双拥宣传】 2018年7月5日，在阳城县町店镇町店战斗纪念园举行町店战斗胜利80周年纪念活动，缅怀革命先烈，弘扬革命传统，倡导红色文化，传承红色基因。7月30日，在沁水县土沃乡南阳村八路军抗日军政大学太岳分校旧址开展“传承红色基因，争做时代新人”主题教育活动，全市党政机关工作人员、“五老”（老党员、老专家、老教师、老战士、老模范）和青少年代表300余人参加仪式。举行庆祝建军91周年文艺会演，展现驻市官兵的精神风貌与时代风采。开设“红色印迹”“放歌新时代”“唱响新征程”等专栏，刊发《传承红色基因、唱响太行精神》《一家三代四军人》等稿件29篇,制作《天山脚下太行情》《志在军营、献身国防》等系列报道。

【优抚安置】 2018年,全市共接收军队转业干部47人,随调家属3人,接收退役士兵878人。按照省民政厅要求提高残疾军人优抚对象的抚恤补助标准,全市共下拨优抚对象抚恤补助资金9767.8万元,下拨医疗补助资金777.4万元。"八一"前夕,全市各级各部门对退役军人进行走访慰问,发放慰问金835万元,送达慰问信8.6万封,慰问品1.1万份。

【军民融合】 2018年,市、县两级支持军分区、人武部应急分队战备训练、民兵训练基地建设、武警支队战备建设等,投入资金5000万余元,发放随军未安置家庭生活补贴40万余元,解决部队干部子女择校上学13人。春节前夕,市委书记张志川,市委副书记、市长刘锋带领市四大班子领导分两路走访慰问晋城军分区、驻市部队和武警、消防官兵,代表市委、市政府和全市人民向他们致以新春的问候和美好祝福。7月25日至27日,市双拥工作领导组组长、副组长分别带队走访慰问驻市部队和武警官兵,畅叙鱼水深情,共谋融合发展。

【社会服务】 2018年,驻市部队参加、支援驻地重点工程建设,协调有关单位投入资金110万余元,帮助扶贫点引种连翘、紫苏、色素辣椒,安装光伏发电设备,提供配套技术、设施,改善乡村道路和环境条件,改良土壤。发动民兵预备役人员参加植树造林,城区植树近400亩,泽州县植树2万多株。完成全市"两会"、海峡两岸炎帝文化节等活动的安保任务,累计出动民兵2235人次。

(牛振忠)

武警晋城市支队

【概述】 2018年,武警晋城市支队以习近平新时代中国特色社会主义思想和习近平强军思想为指导,贯彻总队党委决策部署,贯穿"一条主线",突出"四个重点",瞄准建队目标,狠抓工作落实,完成各项工作任务。

【思想建设】 2018年,武警晋城市支队把学习贯彻习近平强军思想作为首要政治任务,践行训词训令,组织"学训词、铸军魂、开新篇"专题教育,推进"传承红色基因、担当强军重任"主题教育,组织主题演讲、歌咏比赛、文艺会演等活动,开办第三季"官兵大讲堂",官兵听党指挥、忠诚核心的思想根基更加牢固。参加总队"亮剑—18"政治干部比武,获团体第一名。

【战备建设】 2018年,武警晋城市支队以贯彻落实"新大纲"为契机,组织各类培训,纠治和平积弊。落实"3+1"力量体系建设,规范编携配装,完成"一室两站"建设,48起临时勤务。参加总队大(中)队指挥员比武,获团体第一名,胡锐、李坤分别被武警部队评为"优秀指挥员"和"优秀教练员"。

【基层建设】 2018年,武警晋城市支队贯彻武警党委1号文件精神,持续开展"常委包片、股室包队"挂钩帮建,先后组织10批170人次蹲点帮建。开展全方位岗位大练兵活动,分批组织《纲要》预训、党(委)支部书记和党小组长培训。执勤二大队连续第3年被总队评为"基层建设先进大队",执勤一中队连续第11年被总队评为"基层建设标兵中队",机动中队、执勤二中队、执勤三中队、高平中队和沁水中队被总队评为"基层建设先进中队"。

【后勤保障】 2018年,武警晋城市支队贯彻落实总队保障力量体系化建设和实战化训练集训精神,先后与4家地方单位签订战备保障协议,组织210名专业兵培训和5次实兵实装拉动,增强实战化保障能力;推进"清仓归零"活动,开展装备大点验暨"两库"清理整治,规范物资采购,严格经费结算;规范副食品配送,检修基层饮水、洗澡设备,组织官兵及家属健康体检,推进新机关迁建项目。

【政治建设】 2018年,武警晋城市支队贯彻落实军委主席负责制,加强政治能力训练,召开支队第一次党代会。开展党规党纪教育,通报违规违纪案例,抓好总队巡察反馈问题整改,对6名官兵作出党纪军纪处理。

(卫鑫伟)

政法管理及综合治理

【概述】 2018年，晋城市政法系统防控“五大风险”，深化扫黑除恶专项斗争，推进平安晋城、法治晋城、过硬队伍和智能化建设，完成维护国家政治安全、确保社会大局稳定、促进社会公平正义、保障人民安居乐业的职责任务。

【综合治理】 2018年，晋城市政法系统落实综治领导责任制，共通报29个单位，约谈49名责任人，挂牌督办4个单位和地区，一票否决9个部门。全市共破获各类刑事案件3044起，查处治安案件7398起，9起现行命案全部破获。以雪亮工程建设和综治中心标准化建设为载体，提升社会治安防控智能化水平。晋城市雪亮工程建设获中央2020年重点支持城市资格。依托综治中心，深化基层网格服务管理，全年通过新平台上报平安类信息66268条，处置63620条，平台处置率为96%。

【安保维稳】 2018年，晋城市政法系统成立意识形态工作领导小组，建立宣传舆论引导工作联席会议制度，组织政法机关加强网上舆情管控工作，通过“晋城长安网”“晋城政法”微博、政法微信公众号等新媒体，宣传政法综治、维稳等决策部署和典型经验及案例。在全市人员密集场所安装电动栅栏门793个、金属柱598套、实体围栏1264处、其他硬隔离设施576套，预防个人极端案事件发生。

【扫黑除恶专项斗争】 2018年，晋城市政法系统加大涉黑涉恶犯罪打击力度，公安机关共打掉黑恶势力团伙65个，抓获犯罪嫌疑人510名，破获刑事案件877起；检察机关共批准逮捕恶势力犯罪案件83件360人，提起公诉47件327人；审判机关宣判涉黑涉恶犯罪案件29件215名被告人。纪委监委将扫黑除恶与整治群众身边的腐败问题相结合，查处党员干部和国家公职人员涉黑涉恶情况。

【矛盾化解】 2018年，晋城市综治委制定《关于在全市开展重大社会矛盾风险防范化解专项行动的实施方案》，建立并实行日常调度、定期报告、交办督办、定期通报、跟踪督导等5项工作机制。加强社会稳定风险评估工作，对市重点项目和重大决策组织进行社会稳定风险评估，从源头上预防和减少矛盾纠纷的发生。

【平安建设】 2018年，晋城市政法系统开展校园及周边综合治理工作，制定《2018年全市中小学幼儿园“护校安园”专项工作方案》《2018年晋城市集中开展学校及周边综合治理专项整治实施方案》等，提升学校安全能力建设和管理水平，确保校园安全稳定。针对不同时期影响青少年健康成长的突出问题，开展专项整治或专题维权活动。11月15日，召开全市“平安家庭”创建工作推进会。开展铁路护路联防工作，确保晋城市境内铁路安全畅通。

【基层社会治理】 2018年，晋城市委政法委学习推广新时代“枫桥经验”，开展“十百千”工程先行先试工作。公安系统强化社区警务战略，全市警务室实行“1+N”人员配备模式，配齐“4050”人员、协警等辅助力量，建立社区可防性案件防范回访工作机制。司法行政系统推进公共法律服务平台建设，市县乡三级公共法律服务中心实现全覆盖，80%的村（社区）建成公共法律服务站，推进一村（社区）一法律顾问工作从有形覆盖向有效覆盖转变。市委出台《关于加强和完善城乡社区治理的实施意见》《加强乡镇政府服务能力建设的实施办法》等文件。各级各部门联系本地本部门实际，因地制宜开展工作，形成“县有特色、乡有品牌、村有亮点”的先行先试工作格局。组织各县（市、区）自下而上申报185个学习推广新时代“枫桥经验”先行先试地区，确定全市首批申报对象82个。有3个县（市、区）、12个乡镇（街道）、55个村（社区）入选全省首批先行先试地区名单。

【法治建设】 2018年，晋城市委法治办推动法治建设第一责任人制定工作清单，市委、市政府办公室制定书记、市长法治建设第一责任人工作清单各6条，并把落实责任分解到25家单位。6县（市、区）和市直80余家单位结合地区和行业实际，分别制定年度法治建设工作计划和责任清单，压实各级党政干部法治建设的第一责任。

掀起学习宣传宪法高潮。市委制定《关于在全市深入开展宪法学习宣传活动的实施方案》，市委中心组带头学习贯彻宪法，各级各部门把宪法作为干部培训、机关讲堂等内容，全市共举办干部宪法讲座15场，2.8万余名全市国家工作人员参加学习宪法知识考试。举办“12·4”宪法日大型宣传活动，举办“宪法历史资料展”，开展宪法电视知识竞赛和法治书法展，在晋城电视台开辟普法互动栏目“每日一题”，各县（市、区）、市直各单位把宪法宣传和扫黑除恶专项斗争宣传活动相结合，在全市营造学习贯彻宪法的法治氛围。

完成重点攻坚任务。聚焦“基本解决执行难”，初步构建起“党委领导、政法委协调、人大监督、政府支持、法院主办、部门配合、社会参与”的综合治理大格局。深化司法体制改革，落实全市法检两院绩效考核奖金的考核和兑现发放。制定《关于开展市级法治创建示范点建设的实施方案》，开展示范执法单位、依法治企、依法治校等法治创建工作。深化党政机关推行法律顾问工作，提升依法执政、依法行政、依法办事的能力和水平。落实“谁执法谁普法”责任制，明确56家行政执法单位责任，规范依法行政行为。推进乡村法治建设试点工作，涌现出城区中后河、泽州县南山、阳城县郭河、陵川县小召、沁水县赵庄等一批乡村法治建设示范村。

【便民服务】 2018年，晋城市政法系统推进政法机关便民服务“最多跑一次”改革。检察机关围绕查询案件程序性信息、受理移送案件、控告申诉检举、律师申请阅卷等方面进行改革，实现“最多跑一次”。公安机关推进“放管服效”改革，探索“一窗受理”模式，推行“在线咨询、网上申请、快递送达”办理模式，采取优化流程、精简环节、网上办理、即时办理等措施，实现“一网通一次办”。司法行政机关围绕公正、司法鉴定、法律援助、基层法律服务等方面进行改革，实现“最多跑一次”。全市政法机关80%以上服务事项实现“最多跑一次”。

【项目保障】 2018年，晋城市政法系统围绕全市“转型项目建设年”68个重点建设项目，加强重点建设项目法治保障。市委政法委下发《关于建立政法机关重点项目法治保障小组的通知》，市、县两级政法部门共成立以处级领导挂帅重点项目“一对一”5人法治保障小组83个。其中，县（市、区）51个、市直政法单位32个，实现重点项目建设法治保障全覆盖。

【权益保护】 2018年，晋城市政法系统健全民营企业自主经营权和财产所有权的保护机制，实现服务企业平台与司法服务的有效衔接。市中级法院制定《关于依法保护企业家合法权益，营造创新创业发展良好法治环境的实施意见》，从刑事、民商事、行政、执行等方面提出保障企业家合法权益的十四条举措。市人民检察院印发《关于开展“充分发挥公诉职能，依法推进产权保护优化营商环境"实施方案》《关于开展"发挥侦查监督职能、优化营商环境"专项活动实施方案》,做好检察环节产权保护工作。

【专项行动】 2018年,晋城市政法系统开展打击破坏生态环境违法犯罪专项行动。市委政法委组织有关单位围绕打好污染防治攻坚战的总要求,紧盯大气污染防治、水资源保护、土地资源保护、危险废物处置、森林资源保护等方面的违法犯罪问题,全面摸排线索,密切协作配合,依法严厉打击,取得阶段性成效。加强相关职能部门之间协同联动,环保、国土、林业、公安、检察、法院等部门建立健全信息共享、线索转办、联合执法、案件侦办以及行政执法与刑事司法衔接等工作机制。

(崔志鹏)

公　安

【概述】 2018年,晋城市各级公安机关围绕增强人民群众获得感、幸福感和安全感的总目标和全省公安机关"一年打基础、两年上台阶、三年全国争先进"奋斗目标,坚持"高标准、严要求、强素质、快节奏、求实效",开展反恐维稳、打击犯罪、治安防范、管理服务和队伍建设等各项工作,连续第7年人民群众获得感、幸福感和安全感调查排名全省第一。

【维护社会稳定】 2018年,晋城市各级公安机关以扫黑除恶专项斗争为龙头,开展各项打击犯罪专项行动,共破获各类刑事案件3044起,查处治安案件7398起,抓获犯罪嫌疑人2348名,追捕逃犯495人,9起现行命案全部破获。

【专项行动】 2018年,晋城市各级公安机关开展专项行动10个:扫黑除恶专项斗争。围绕12个领域打击重点和12项延伸打击重点,打掉黑恶势力团伙65个。其中,黑社会性质组织3个、恶势力犯罪集团39个、恶势力犯罪团伙23个。抓获犯罪嫌疑人510名,破获刑事案件877起,查封、冻结、扣押涉案财物折合人民币6266.96万元。按照省公安厅异地用警指令,打掉翼城县以程某富、程某乐为首的黑社会性质组织,抓获犯罪嫌疑人20名,破获寻衅滋事、强迫交易、敲诈勒索等案件329起,涉案财物2299万元。

打击文物犯罪专项行动。与市旅发委联合印发《晋城市文物安全工作联席会议制度》《打击文物犯罪专项行动工作方案》,突出安全大检查、执法联合大检查、内部安防建设等工作重点,破获文物案件38起,抓获犯罪嫌疑人24名。

打击破坏生态环境违法犯罪专项行动。落实《晋城市全面推行河湖警长制的实施方案》,在全市257条河流设立"河湖警长",打击非法排污、设障、捕捞、养殖、采砂、围垦、倾倒废弃物和非法侵占水域岸线等违法犯罪活动,破获破坏生态环境违法犯罪刑事案件22起,抓获犯罪嫌疑人37人。

禁毒严打整治专项行动。推进"禁毒人民战争三年攻坚战""禁毒示范城市创建""两打两控""雷霆扫毒"毒品预防教育和涉毒重点整治等工作,破获毒品刑事案件96起,确立省级毒品目标案件2起,抓获犯罪嫌疑人153人,查处吸毒人员710名,缴获各类毒品49千克。

打击经济犯罪专项行动。开展打击网络非法集资、网络传销犯罪专项行动,推进"猎狐2018"专项行动,破获经济犯罪案件110起,抓获犯罪嫌疑人103人;发起"2·24"卓训公司涉嫌网络传销犯罪集群战役,抓获境外逃犯陈某、杨某。

打击黄赌违法犯罪活动。开展打击黄赌"断链行动",破获涉赌刑事案件67起,刑事拘留109人,其中李某某开设赌场案被列为部督案件;破获涉黄刑事案件9起,刑事拘留12人;开展打击跨境网络赌博专项行动,侦办部督"10·11"跨境网络赌博案件,抓获跨境网络赌博案件逃犯2人。

打击"盗抢骗"专项行动。以打击跨区域系列团伙案件为重点,破获"盗抢骗"案件583起,省督"盗抢骗"案件5起。

打击食药"打假"利剑行动。开展打击食品重点领域犯罪专项行动和药品"净网2018"行动,破获食药犯罪案件46起,抓获犯罪嫌疑人55人,破获李某销售有毒有害食品案等部督案件3起。

开展反欺诈专项行动。发挥市反欺诈中心查询、止付、冻结、返还阵地平台作用,破获电信网络诈骗案件219起，抓获犯罪嫌疑人87名，止付695万余元，冻结525万余元，返还62万余元。

打击网络犯罪专项行动。开展“净网2018”专项行动，破获涉网主侦案件285起，配侦案件190起。开展重点应用网站集中整治、重要信息系统单位集中安全监测等专项行动，清理僵尸网站90余个，下发《责令限期整改通知书》99份。

【民爆物品管理】 2018年，晋城市各级公安机关开展缉枪治爆、易制爆危险化学品专项整治、涉枪涉爆在逃人员缉捕会战等专项行动，收缴各类枪支207支，子弹142328发，炸药70651.33公斤，雷管89810发，导火索4963米，剧毒化学品6.18公斤、易制爆危险化学品344公斤；开展爆破人员信息采集、爆破作业单位从业人员资格审查工作，对全市3480爆破作业人员进行重新审查，对2303名爆破作业人员分15期进行考核培训；巩固烟花爆竹禁燃限放工作成效，做好市县主城区烟花爆竹禁燃工作。

【道路交通管理】 2018年，晋城市各级公安机关开展交通安全隐患排查整治，事故多发点段排查、道路交通秩序整治、超限超载治理等行动；加强农村地区“两站两员”建设，在90%的行政村配备交通安全劝导员，全省农村道路交通安全工作现场推进会在晋城市召开，“高平模式”在全省推广；落实市区治堵保畅工作，做好重污染黄色预警天气道路限行工作，全市道路交通安全形势持续稳定，未发生重特大交通事故。

【监所管理】 2018年，晋城市各级公安机关组织开展监所突出问题整治、安全隐患集中整治、清监行动、监所伙房管理专项检查整改；实行监所分级管理制度，对女性、未成年被监管人员和留所服刑、拘役罪犯集中羁押，对涉黑涉恶案件及重大团伙案件的主犯、首犯异地羁押；完成监所集约化整合任务，抽调3批次40余名市公安局机关民警到监所工作。

【科技强警】 2018年，晋城市公安局按照“大整合、高共享、深应用”建设要求，建设富有晋城特色、服务实战应用的智慧晋城公安平台。

大数据推广应用。健全完善大数据采集、分析、应用、实战机制；加强350兆数字集群系统建设应用工作，实现高铁站点、重点景区的信号覆盖，推进公安信息网“万万千”宽带扩容和IP地址资源扩容规划工作；加强移动警务应用推广，完成“钉钉山西公安版”安装应用，实现4G执法记录仪系统与执法全流程智能管理平台对接；建设全市计算机保密技术防范系统，提升信息化保密安全管理工作。

情指平台建设。落实指挥、情报、新闻、网安“四个中心”一体化运行机制，推动情报搜集研判、现场指挥处置、社会面整体防控与舆情引导管控统一指挥、同步部署、协同推进、联动处置。

刑事技术实战化应用。落实“一长四必”现场勘察制度、推进刑事技术信息化应用，依托现场勘验信息系统、指纹自动识别系统、DNA信息系统、足迹系统、刑事科学技术网上作战平台，加大对各类信息的关联比对力度，全国“三打击一整治”专项行动指纹破案会战中，比中犯罪嫌疑人51人，抓获27人，指纹破案率和提取率全省第一；DNA破案会战中，比中案件44起，抓获18人，破获案件20起，DNA直接破案作用率全省第一。

【执法改革】 2018年，晋城市公安局完成执法全流程智能管理平台和新版警综平台建设；开展新警综平台应用培训工作，组织法制、信通、指挥中心、交警等部门负责人赴忻州观摩学习，提升“两个平台”应用能力水平。对刑事案件“四统一”、行政案件“两统一”工作进行安排部署，建立精品案件和检察机关存疑不起诉案件等正反案件每案点评制度。

对市、县公安机关办案中心、涉案财物管理中心、案卷管理中心进行升级改造，成立法制专家组，建立“一案一人”的随警作战工作机制，编印《“扫黑除恶”专项斗争刑事法律法规汇编》《“扫黑除恶”专项斗争常见违法犯罪案件证据指引》，举办“扫黑除恶专项斗争”法治讲座，以场所标准化、制度标准化推动民警执法规范化。对查办“小案”方面存在微腐败问题开展专项治理，落实“一案一审一考评”机制，沁水县公安局被山西省政府法制办评为“山西省依法行政先进集体”。

【“放管服效”改革】 2018年，晋城市公安局以审批“一网通一次办”平台上线应用为契机，深化“放管服效”改革，提升服务经济保障民生的能力水平。262个公安审批事项可在网上直接办理，95%以上的项目实现“一次办”，业务办理量达75万余次。出台《关于贯彻落实非户籍人口在城市落户工作指导意见》，对高校毕业生、军人、农业转移人口等9类人员放宽落户条件。按照“应进必进”“应进尽进”的原则，推进行政审批“两集中、两到位”工作，推行“双随机一公开”，加强事中事后监管工作。制定《全市公安机关效能建设实施方案》，下放审批事项、减少审批环节、优化审批流程，提升行政效能。推出治安、人口、出入境、交警等便民利民措施，实行全市旅馆业特种行业许可证核发实行告知承诺制，优化全市旅馆业特种行业许可证核发。推行办理出入境证件“只跑一次”，推进“智慧出入境大厅”建设。规范交通事故处理执法办案工作，推广“12123”APP应用，方便群众利用移动终端自助处理轻微事故。与8家保险公司签订“警保联动”战略合作协议，实现简易交通事故快处快赔。为用工人数较多的企业开设办理流动人口居住登记和居住证“绿色通道”。出台《支持服务保障民营企业发展16条举措》，精简公安审批事项，提升行政服务效率。对全市32个重点工程项目启动一企一警联络工程，开展企业周边治安秩序集中整治和打击恶意阻工扰工专项行动，破获恶意阻工扰工刑事案件14起，刑事拘留26人；治安案件5起，治安拘留6人。

【雪亮工程】 2018年，晋城市公安局推进“雪亮工程”建设，加强市、县、乡三级视频监控建设和综合管理服务平台建设，全市监控点在线率达86%，利用视频监控直接破获刑事案件1466起，协助破获刑事案件1310起。

【基层治理】 2018年，晋城市公安局规范派出所和社区警务工作，优化整合现有派出所、加强社区警务警力配置、推行24小时警务模式，充实基层警力，全市派出所警力占总警力数达41%，原有49个不达5人所全部达标，派出所总数由98个整合为89个。

落实重点部位武装定点执勤、公安特警屯警街面动中备勤、早晚高峰勤务、公安武警联勤巡逻“四项机制”，全市公安机关累计出动警力3.67万人次，现场处理案事件1490余起，救助群众1003余人次，抓获违法犯罪嫌疑人125名。

开展社会面隐患摸排整治集中攻坚、安全隐患排查治安乱点集中整治等专项行动，围绕“人、地、物”三个重点方面开展清理整顿，排查整治九小场所1830家、旅馆业经营场所1197家、娱乐业经营场所326家、废旧金属收购业经营场所148家。

落实寄递物流“三个100%”制度，严防枪爆等危险品经物流渠道流入晋城市；开展新增出租车司机背景审查，严把出租车从业人员入口关；加强旅馆业、歌舞娱乐场所、网吧业治安管理，督促落实“实名制”登记制度；开展保安服务市场清理整治，加强保安从业人员身心健康测试和资格审查；加强全市安防活动监督管理，严审从业单位资质。

（李会芳）

·交　警·

【概述】 2018年，全市公安交警坚持以人民为中心和安全发展的理念，坚持公路安全和城市畅通并重，推进事故预防立体化、秩序整治常态化、交通管理信息化、执勤执法规范化、安全宣传多样化、交警队伍正规化建设，全市公安交通管理工作取得显著成效，连续6年未发生重特大道路交通事故，再次取得全省道路交通安全工作考核第一名的成绩。

【交通事故】 2018年，晋城市共受理一般程序处理的道路交通事故2026起，造成210人死亡，2092人受伤，直接财产损失284.07万元。与上年同期相比，事故起数增加197起，上升10.77%；死亡人数减少39人，下降15.66%；受伤人数增加355人，上升20.44%；直接财产损失减少24.32万元，下降7.89%。发生一次死亡3人以上较大道路(路外)交通事故1起。其中，生产经营性道路交通事故155起,同比减少6起,下降3.73%;死亡82人,同比减少9人,下降9.89%;受伤99人,同比减少13人,下降11.61%。

【隐患排查】 2018年,晋城市公安交警系统开展"压事故、整秩序、保平安"专项整治行动、百日安全行动、道路交通安全大检查专项整治、"反三违"专项整治、安全生产月等行动,成立事故预防工作专班,围绕"人、车、路"全面排查交通安全隐患。全年共排查出19处道路交通事故多发点段,全部完成整改。强化重点车辆及其驾驶人日常监管,滚动排查源头隐患,全市大型营转非客车、大型公路客运车、大型旅游客运车、校车、危化品运输车五类重点车辆检验率、报废率均达100%;重型货车报废率为100%,检验率为99.62%,重型挂车报废率为100%,检验率为99.44%。B2以上重点驾驶人审验率为99.35%,换证率为99.91%。

【农村道路安全】 2018年,晋城市政府出台《关于加强农村道路交通安全工作的意见》,全面加强"两站两员"建设,全市76个乡镇均设立交通安全站,配备安全员241名;2147个行政村共设立劝导站1680个,配备劝导员2824名。推广使用农村交通管理手机APP,录入各类基础信息34.3万条,使用率全省第一、下载量全省第二。开展农用三轮车、农村面包车交通安全专项整治,农村道路交通安全工作取得重大突破。5月30日,晋城市在沁水县召开全市农村道路交通安全工作现场推进会,推广"沁水模式"。12月26日至27日,省政府在高平市召开山西省农村道路交通安全工作现场会,推广"高平经验"。

【事故处理】 2018年,晋城市公安交警部门规范事故处理执法办案工作,推行交通事故办案系统和交通事故认定书电子化,全市交通事故处理基本实现网上办案。全市共发生逃逸事故153起,侦破148起,侦破率96.73%。开启"警保联动"道路交通事故快处快赔新模式,以"交管12123"事故互联网快速处理系统和保险公司理赔系统应用为支撑,方便群众利用移动终端自助处理轻微事故。全市简易程序处理事故共8775起,其中,互联网综合服务平台事故快处功能处理事故5794起,占简易事故比例达到66.03%。

【机动车大气污染防治】 2018年,晋城市公安交管部门开展机动车大气污染整治攻坚行动,下发尾气整改单350起,对150辆二次尾气检测不合格的车辆进行处罚。开展柴油货车和散装物料运输车污染治理联合执法专项行动,共检查货运车辆6万辆,查处运输散装货物不按规定苫盖、抛洒处罚120起。按照机动车强制报废标准,每月对达到报废年限的机动车进行排查,通过媒体公告牌证作废,注销机动车3327辆。开展主城区货车限行工作,在主城区实行重中型货车、国三及以下排放柴油货车全天禁行,共查处重中型货车和国三以下柴油车闯禁行违法行为15753起。在市区实施重污染天气机动车单双号限行措施,保障道路畅通。

【专项整治】 2018年,晋城市交警支队组织交通秩序大整治百日攻坚行动等各类专项整治21次,共查处各类交通违法行为56.6万起,同比上升13.7%。

交通秩序大整治"百日攻坚"行动。2018年10月15日,开展交通秩序大整治百日攻坚行动,严查各类交通违法行为。至年底共查处13类交通违法行为10万余起。

城市道路重点交通违法行为整治。全年,市区共查处重点交通违法行为213196起。其中,机动车不礼让斑马线行人29818起、非机动车闯红灯6947起、行人闯红灯10316起、机动车乱停乱放21952起。

国省道重点交通违法行为整治。共查处公路重点交通违法行为26335起。其中,不按规定车道行驶18644起、变更车道6852起。

酒驾醉驾整治行动。共查处酒驾醉驾1665起。其中,醉驾552起、酒驾1113起。

打击涉牌涉证整治行动。共查处涉牌涉证违法行为2553起。其中,无证驾驶1620起、未按规定悬挂号牌253起、机动车套牌35起、查处制作假牌假证窝点案件1起。

【宣传教育】 2018年,晋城市公

安交管部门组织召开新闻发布会40次,并在晋城在线、晋城公安交警网等各县(市)媒体开展交通违法"大曝光"活动,曝光各类违法驾驶人2万余人。针对不同阶段交通违法和事故特点以及风险隐患,开展"两公布一提示"工作,引导群众合理选择出行时间、线路和方式。针对记满分驾驶人和审验教育驾驶人进行"黄金三小时"的宣传教育培训,共审验教育驾驶人10355人,满分培训驾驶人1872人。针对中小学生,开展交通安全知识讲座、国旗下交通安全宣誓、"全国中小学生交通安全教育日"签名、校车安全行车演练等活动,增强中小学生的安全防护能力。开展寻找维持秩序的"好交警"、点赞遵守秩序的"好市民"活动,引导广大群众自觉做到文明出行。在巩固《太行日报·交通与安全》专版、晋城广播电台栏目《交通时间》等宣传阵地的基础上,融合交警"双微"和各类网络媒体,打造交管融媒体宣传矩阵。在各类交通秩序专项整治中,邀请媒体记者现场直播。在晋城广播电台FM935《交广时间》专栏开展走进直播间和连线活动100余次。

【案件审核】 2018年,晋城市交警支队在各类行政、刑事案件审核中,共发现各类问题1200余处,并逐一列出清单反馈回案件办理单位及时督促整改。全年共审核吊销机动车驾驶证案件575起、刑事案件立案831起、行政拘留案件42起,办理交警支队行政复议案件共5起,维持2起、撤销2起、终止1起,办理交警支队行政诉讼案件共3起,维持3起。

【科技强警】 2018年,晋城市公安交警支队建成互联网专线调度视频会议系统,满足远程会议、远程培训以及应急指挥等需求。在市区设置15台交通违法自助处理机,通过自助处理违法记录102339条。开发载货车辆限行区域电子通行证管理系统,实现对禁行车辆的智能管控。建成公安交通集成指挥平台并上线运行,共设置管理部门权限52条,分配权限73人,备案交通执法站15个,接入卡口设备115条,监控视频103路,为各警种和各相关部门提供视频资料、破案线索117次,直接帮助侦破案件50起。全市公安交警系统通过集成指挥平台查获嫌疑车辆7332辆次,现场处罚7223起。

【车驾管理】 2018年,晋城市公安交警支队进驻市政务服务中心,实现从"分散式"到"集约式",从"后台"到"前台",从"多头审批"到"统一管理"的转变。全年,全市共办理各类交管业务811177笔,其中机动车业务415157笔,机动车驾驶人业务156020笔,秩序业务24万笔。成立网办中心,91项交管业务全部实现网上办理,通过"一网通一次办"平台办理交管业务3万多笔。公安交管"放管服"20项改革取得阶段性成效,设立社会服务网点29家,互联网平台用户达到28万户,累计提供网上服务70万次,共减免申请材料150余万份,办理"一证即办"业务245万笔。5月,市交警支队车管所被公安部授予"全国二等车管所"称号。至年底,全市机动车保有量为456591辆,机动车驾驶人保有量为734555人,其中汽车驾驶人713366人,占全市机动车驾驶人总量的97.12%。

【新能源汽车管理】 2018年4月12日,市交警支队召开新能源汽车专用号牌首发仪式暨新闻媒体发布会,在市区三条机动车检测线设立办理车辆牌照绿色通道,免收行车证、牌照、机动车登记证书等相关费用。全年共办理新能源汽车注册登记545辆,其中纯电机动车479辆,混合动力新能源车66辆。

【远程监管】 2018年,晋城市交警支队、各县交警大队及各驻机动车检测线服务站的机动车查验区域优化音视频监控设备、监管系统,实现机动车查验工作的远程实时监控、回访监控、高清监控等网上监督巡查,远程监管检验车辆207175辆,合格通过的198667辆,一次审核通过率为95.89%。完善驾驶人考试监管中心建设,严格驾驶人考试远程监管,受理驾驶人报名44328人,组织228619人完成驾驶考试。

(李雪林)

·公安消防·

【概述】 2018年,晋城市公安消防支队，以消防部队改革为动力，坚持改革创新、务实进取，坚持从严治队、正风肃纪，把“抓基础、保稳定、重落实、谋发展”作为整体工作思路，各项工作稳步推进。

【责任落实】 2018年，晋城市政府贯彻落实国务院《消防安全责任制实施办法》，召开年度消防工作会议1次、政府办公会议1次、联席会议4次，签订消防工作目标责任书64份；组织25个行业部门100余名消安委成员单位负责人和消防安全责任人、管理人，集中开展《消防安全责任制实施办法》宣贯培训；向党政领导、行业部门、乡镇街道、农村社区以及重点单位发放《办法》释义和解读2400本；分批组织全市重点单位近200人，集中开展《消防安全责任制实施办法》培训，落实消防安全责任。

【隐患排查】 2018年，晋城市公安消防支队以春夏季消防检查、消防安全大排查大整治、大型城市综合体、电动车消防安全专项整治为主线，推动市、县两级党委政府主要领导带队检查16次；联合工商、质监部门开展“3·15”假冒伪劣产品集中治理；联合旅游文物部门开展旅游景点、文物古建筑消防安全联合检查；推进行业部门消防安全“标准化”管理，落实隐患排查“四个清单”。全市14个重点镇、34个一般建制镇全部制定消防规划，84个乡镇、街道将消防安全“网格化”管理纳入综治部门基础综合服务管理平台，以城区为试点推广应用社会基层综合治理服务管理消防平台，“网格化”管理达标率为100%。

【规范执法】 2018年，晋城市公安消防支队开展执法质量考评，建立健全“一单两库”，完善“双随机一公开”监督检查机制，督查各大队执法记录仪使用、执法案件超期作废等情况，对消防行政处罚、临时查封、消防设计备案及重大火灾隐患等案卷进行专项评查，纠正各类执法问题100余个；组织31名消防监督员开展自动消防设施实际操作、建设工程验收程序、消防产品监督检查、派出所消防工作等专项培训；推出“合、简、缩、容、服”五项便民惠企措施（即合并部分消防审批事项、简化消防审批受理程序、缩短办理时限、重点工程实行消防行政审批“绿色通道”制度，实行“容缺受理”、定期主动提供消防技术服务），在全省率先实现“只跑一次”办结相关手续，将消防审核、验收办事时限缩短至14个工作日，将开业前消防安全检查办事时限缩短至10个工作日。

【消防改革】 2018年，晋城市公安消防支队构建全时全域战备力量体系，改革训练机制，实现由单一灭火救援训练向综合应急、跨域支援训练转变，由侧重技能训练向技战术、协同合成训练转变，由依靠操场训练向基地化、模拟化训练转变，建立“基础化、专业化、实战化+基地化”训练体系。科学配备各类灭火救援车辆、器材装备和骨干力量，实现作战力量的优化编配、最大限度提升整体作战能力；建立属地指挥与授权指挥相结合的指挥模式，将各微型消防站、专职消防队、社会应急联动力量统筹纳入接警调度体系，建立健全与气象、地震、安监等部门的应急通信保障联动机制和联勤联动机制。

【应急救援】 2018年，晋城市公安消防支队针对防汛抢险工作，对防汛抢险救援装备进行检查维护，对大型水域及辖区易发城市内涝、洪涝等灾害事故的地区进行调查摸底，并制定《应急救援处置方案》，累计开展“六熟悉”（熟悉消防队责任区的交通道路、水源情况；熟悉责任区内重点单位的分类、数量及分布情况；熟悉责任区内主要灾害事故处置的对策及基本程序；熟悉责任区内重点单位建筑物使用及重点部位情况；熟悉重点单位内部的消防设施情况；熟悉重点单位的消防组织及其灭火救援任务分工情况）721次，实战演练715次，与辖区微型消防站开展联勤联训1092次。

【消防宣传】 2018年，晋城市公安消防支队在晋城电视台和晋城广播电台开设2个消防专栏；在各级媒体刊登新闻和专题报道141条，刊播提示字幕和提示语8万余条，播放公益广告3万余次；依托官方微信公众平台、官方微博向群众发布防火常识、安全提示、火灾预警、法律法规等消防资讯2000余条，点击量累计超过20

万次;建成7个消防宣传示范社区、7条消防宣传示范街;12辆公交车、26块户外广告屏、2000平方米的巨型楼体广告位不间断播出消防提示;为全市中小学生免费发放消防安全教育读本24.32万册;联合共青团晋城市委、市公安局等15部门开展“同心同梦”关心关爱偏远山区未成年人公益项目,到12个偏远校区开展消防宣传活动,参与学生人数达6000余人;发动10余家大型企业开展“平安融入品牌”活动,营造消防宣传教育氛围。

【后勤保障】 2018年,晋城市公安消防支队推进营房队站建设、训练基地建设,完成端氏消防站、豪德广场小型消防站建设任务;推进高平2号一级普通消防站、金匠消防站及训练基地项目二期工程。投入资金423万元,购置大流量供水车1辆、宿营车1辆;投入资金160余万元,购置装备器材450余件(套)。与道路运输、装备生产企业、地方维修企业签订联勤联保协议5份,开展装备技术和生活物资战勤保障实战拉动演练2次。邀请3家装备厂商专业技术人员6名,抽选装备技师9名,组成装备维修服务队,检修车辆45次、器材装备500余件,发现整改问题873个。

(梁燕妮)

检　察

【概述】 2018年,晋城市检察机关共有21个集体、36名个人受到省级以上表彰;市人民检察院继续保持“全国文明单位”称号,被省委宣传部、省文明办命名为“全省第一批社会主义核心价值观建设示范点”,被省人民检察院表彰为“全省检察机关‘两学一做’先进集体”,获得“全省检察机关党建工作创新奖”;阳城县人民检察院被最高人民检察院、人力资源和社会保障部表彰为“全国模范检察院”。

【扫黑除恶】 2018年,晋城市检察机关批准逮捕黑恶势力犯罪案件83件360人,提起公诉47件327人;摸排、受理和移送涉黑涉恶线索111件;监督公安机关立案4件6人,纠正漏捕14人,追诉漏犯3人、漏罪94人,书面纠正侦查活动违法12件;向公安、金融等部门发出检察建议16件。泽州县检察院介入程某等26人恶势力团伙犯罪案件的侦查,完成审查起诉并提起公诉,该案入选最高人民检察院扫黑除恶专项斗争典型案例。

【司法保障】 2018年,晋城市检察机关批准逮捕各类刑事犯罪案件787件1344人,案件数、人数同比分别上升25.3%、49.8%;提起公诉1815件2600人,案件数、人数同比分别上升18.01%、22.93%。开展反分裂反渗透反邪教斗争、打击涉枪涉爆犯罪专项行动、禁毒人民战争三年攻坚战,分别批准逮捕4件27人、5件5人、74件129人。依法惩处故意杀人、绑架、强奸、放火等严重暴力犯罪,批准逮捕32件32人,提起公诉37件43人。打击抢劫、抢夺、盗窃、诈骗等多发性侵财犯罪,批准逮捕286件382人,提起公诉362件461人。

落实宽严相济刑事政策,对犯罪情节轻微、社会危害性较小的犯罪嫌疑人,依法不批准逮捕168人,不起诉85人。推广新时代“枫桥经验”,化解社会矛盾,市县两级检察院领导接待来访124人次;落实刑事申诉案件公开审查要求,依法对2件刑事申诉案件进行公开审查,维护申诉人合法权益;出台《民事检察监督案件和解息诉工作制度》,促成42件民事申诉案件和解息诉。

【企业服务】 2018年,晋城市人民检察院出台支持服务保障民营企业发展“10条”意见,开展“送法进企业”活动17次。开展支持和服务企业家创新创业营造良好法治环境专项活动,批准逮捕破坏金融管理秩序、扰乱市场秩序等犯罪30件65人,提起公诉47件116人。

【民生检察】 2018年,晋城市检察机关参与防范化解重大风险,批准逮捕信用卡诈骗、贷款诈骗等金融诈骗犯罪6件6人,提起公诉11件12人。开展危害食品药品安全犯罪专项立案监督活动,批准逮捕危害食品药品安全犯罪6件8人,提起公诉26件39人。开展保障“千家万户舌尖上的安全”公益诉讼专项活动,办理食品药品安全领域公益诉讼案件43件，督促解决网络食品经营不规范问题25个、养殖场泔水饲喂等违法问题8个、学校周边食品经营不规范场所3个，取缔制售有毒有害食品摊点2个。推行“最多跑一次”改革，建成“12309检察服务中心”，实行“一站式”便民服务，受理控告申诉326件次，为律师提供阅卷服务487件次。加大对农民工等弱势群体合法权益司法保护力度，支持起诉96件，依法办理拒不支付劳动报酬犯罪案件11件11人，帮助212名农民工追回应得劳动报酬176万元。为50名生活困难的刑事被害人或者其近亲属发放国家司法救助金67.24万元。

【未成年人保护】　2018年，晋城市人民检察院加强未成年人司法保护工作，依法批准逮捕故意伤害、猥亵儿童等犯罪11件13人，提起公诉11件18人，对54名涉案未成年人进行心理疏导或者提供法律援助。开展以“预防校园欺凌”“远离黑恶势力”等为主题的法治进校园宣讲活动75场，与“935”交通广播电台联合制作“未检直播室”节目76期。开展涉罪未成年人观护帮教工作，对作出不批准逮捕、附条件不起诉决定的16名涉罪未成年人进行观护帮教。

【刑事检察】　2018年，晋城市检察机关监督公安机关立案35件59人、撤案17件，纠正侦查活动违法415件，纠正漏捕30人，纠正漏犯41人。构建以抗诉为中心的刑事审判监督格局，提出抗诉39件，改判13件，发回重审7件，纠正审判活动违法56件。加强刑事执行检察监督，纠正各类刑事执行违法1439件，办理羁押必要性审查案件74件。开展监督维护在押人员合法权益专项活动，发出纠正违法通知书131件，提出检察建议2件。推进财产刑执行检察监督活动，纠正财产刑执行违法40件。

【民事和行政检察】　2018年，晋城市检察机关以加强对公权力的监督为核心，构建多元化民事、行政检察监督格局。对不服法院生效裁判案件提出抗诉4件，提请抗诉13件，提出再审检察建议3件。对审判活动违法提出监督意见25件，法院采纳25件，采纳率为100%。受理执行活动违法监督案件52件，提出监督意见29件，采纳30件(含上年积案1件)，采纳率为100%。

【公益诉讼检察】　2018年，晋城市检察机关共办理公益诉讼案件204件，发出诉前检察建议190件。向法院提起公益诉讼20件，法院审结15件，判决支持率为100%。开展公益诉讼检察工作，督促收回欠缴的国有土地使用权出让金5000余万元，收回国有财产价值1046万元。

【体制改革】　2018年，晋城市检察机关强化“法法衔接”机制建设，推动制度优势向治理效能转化。受理监察机关移送审查起诉案件51件73人，提前熟悉案情33件49人，决定逮捕21件26人，提起公诉45件60人。落实“谁办案谁负责、谁决定谁负责”的司法责任制，建立入额院领导、部门负责人办案情况定期通报制度，市县两级检察院领导办理案件1977件。开展员额检察官补充遴选工作，择优遴选24名员额检察官。

（王　昊）

法　院

【概述】　2018年，晋城市中级人民法院受理案件5084件，办结4974件，结案率为97.84%。全市法院受理案件30733件，其中刑事案件3472件、民商事案件17103件、行政案件492件、执行案件9666件，办结29710件，结案率为96.67%。全年有19个集体、28名个人受到省级以上表彰；市中级法院连续第2年被评为“全国法院司法宣传先进单位”。

【刑事审判】　2018年，晋城市中级人民法院审结一审刑事案件1901件，判处罪犯2474人。依法严惩危害国家安全、公共安全、食品药品安全犯罪和故意杀人、抢劫、绑架等严重暴力犯罪，对283人判处五年有期徒刑以上刑罚。审结贩卖、运输毒品等犯罪案件68件。审结贪污贿赂、渎职等犯罪案件36件。坚持宽严相济，对1874人判处三年以下有期徒刑，对77人免予刑事处罚。坚持罪刑法定、疑罪从无,对1名公诉案件被告人和5名自诉案件被告人依法宣告无罪。

【扫黑除恶】 2018年,晋城市中级人民法院受理涉黑涉恶犯罪案件42件319人,审结29案215人,其中判处五年以上有期徒刑53人。制定被告人立功审查指导意见和取保候审、监视居住强制措施适用指导意见,对2名涉恶案件被告人的立功未予认定,对未在押的27名涉黑涉恶案件被告人予以收押。运用资格刑和财产刑,铲除黑恶势力经济基础,在已判处的215人中,118人被判处罚金759.5万元。制定强迫交易罪、开设赌场罪、故意毁坏财物罪量刑指导意见,统一认定标准,确保罪刑相称、罚当其罪。

【减刑假释】 2018年,晋城市中级人民法院审结减刑案件998件,涉及财产性判项856人,全部或部分履行826人,主动履行率96.5%,履行金额234.36万元,同比提升22.86%。全年对29名服刑罪犯准予假释。市中级法院减刑假释经验做法被《人民法院报》报道。

【优化营商环境】 2018年,晋城市中级人民法院受理破产及强制清算案件31件,助推经济提质增效;制定"执转破"工作流程,完善执行和破产衔接机制,办理执转破案件9件,涉及执行案件187件,涉案金额13.8亿元。推进知识产权审判"三合一"工作,审结知识产权案件267件,同比增长468%。出台依法保护产权、依法保护企业家合法权益、依法保障民营经济健康发展三个实施意见。审结侵害企业出资人权益、损害股东利益等纠纷案件46件,审结物权纠纷案件695件,审结各类合同案件8685件,营造保护企业家干事创业的法治环境。

【金融审判】 2018年,晋城市中级人民法院审结金融借款、保险、证券等案件1007件,涉案金额7.92亿元。审结民间借贷案件2887件,涉案金额18.4亿元。审结非法吸收公众存款、集资诈骗等犯罪案件19件,涉案金额3.35亿元。审结破坏环境资源犯罪案件22件,会同市检察院出台办理民事、行政公益诉讼案件实施意见。依法审理涉及扶贫、贫困地区产业发展等案件58件。

【行政审判】 2018年,晋城市中级人民法院审结土地房屋行政征收、食品药品监督管理、劳动和社会保障等一审行政案件238件。强化对行政行为合法性的审查,行政机关败诉的案件28件,占比达11.76%。推动行政争议实质性化解,以当事人主动撤诉方式解决行政争议51件,占比达21.42%。对存在轻微程序违法但不实际影响相对人、利害关系人合法权益的行政行为,依法确认违法,但不撤销行政行为,保障行政管理有效进行。晋城市行政审判2件案例入选省高级人民法院发布的行政审判十大案例,1件案例入选最高人民法院行政审判指导案例。

【民生审判】 2018年,晋城市中级人民法院推进家事审判方式改革,审结婚姻家庭、遗产继承等案件3286件。其中,调解1213件,撤诉590件,调撤率为54.87%,发出人身安全保护令5份。审结财产权属确认、侵权损害赔偿等案件1982件,审结农村土地承包经营权、宅基地使用权等案件145件;审结劳动争议案件539件。

【矛盾化解】 2018年,晋城市中级人民法院受理诉前调解案件3835件,同比增长88.64%,调解成功1955件,调解率为51%。联合市司法局开展律师参与矛盾化解工作,在诉讼服务中心和信访部门设立律师工作室提出14项具体措施。

【司法公开】 2018年,晋城市中级人民法院推进司法公开工作,裁判文书互联网公开26947份,除调解书和涉及国家秘密、商业秘密、个人隐私等案件外,做到应公开尽公开。推进庭审直播工作,网络直播庭审案件5035件,观看量超过10万人次的案件达20件,5名法官入选全省庭审直播优秀法官,沁水县人民法院1件案件入选全国最受关注直播案件。加大执行公开力度,网络直播执行行动10次,观看量超过800万人次。拓宽司法公开渠道,与市新闻传媒集团合办《法院在线》栏目,报道发生在群众身边的典型案例;将微博、微信、网站、抖音作为司法公开的重要平台。召开新闻发布会8次，邀请人大代表、广电小记者等参加法院开放日活动，构建更加开放、动态、透明、便民的“阳光司法”机制。

【执行改革】 2018年，全市法院把“基本解决执行难”作为“一把手”工程，全年受理执行案件9666件，执行到位金额13.6亿元，实际执行到位率高出全省平均数9.2个百分点，实际执结率高出全省平均数10个百分点。执行体制方面，完善市县两级法院“三统一”执行工作体制，坚持关联案件立案检索、专项活动统一部署、重大案件集中调度，市中级人民法院提级、协同基层法院执行486件，各基层法院之间交叉执行460件。建立“分段集约执行”工作机制，采取集约化管理、流程化作业、团队化实施方法，18%的案件在集中查控阶段即执行完毕，15%的案件得以部分执行，全年执行完毕案件平均用时71天，同比减少44天。全年进行网络拍卖537次，成交额1.06亿元，同比分别增长539%、138%，为当事人节省佣金430万元。确定专门合议庭审查执行异议、复议案件，推进审判权与执行权相分离。完善“终本案件”财产信息定期查询机制，对发现新的财产线索恢复执行案件2912件，执结2869件。

执行方法方面，突出执行的强制性，加大失信曝光力度、限制消费力度和拒执行为打击力度，拘留失信被执行人167人次，移送拒执侦查21案22人，已判处拒执罪4案4人，有2991人迫于压力主动履行法定义务。失信惩戒力度破解执行难入选“晋城市改革开放四十周年民主法治十大业绩”。

执行队伍方面，按照不低于在编干警15%的比例配备执行力量，配强员额法官，从其他庭室调配76名干警增强执行力量，通过劳务派遣方式招聘执行辅警68人，车辆、装备、经费保障向执行工作倾斜。

【审判改革】 2018年，晋城市法院系统推进审判权运行机制改革，保障法官的办案主体地位，做到“谁审理、谁裁判”。全市法院审委会讨论案件343件，同比下降29%，讨论审理指南、总结审判经验等38次，同比提升35%。98.33%的案件由主审法官或合议庭自行定案。全年当庭宣判案件6775件，同比提升65.61%。制定院庭长监督管理案件实施细则，明确院庭长监督管理的案件范围、监督程序、监督方式等。推进人员分类改革，充实审判辅助人员。推进陪审制度改革，落实人民陪审员法，配合司法行政机关做好新一轮人民陪审员选任工作。推进以审判为中心的刑事诉讼制度改革。推进涉诉信访改革，强化源头治理、过程预警、末端监督。推行院领导接访纪要制度，全市法院来访人次同比下降28.6%。推进“类案专审”改革，市中级法院将交通事故责任纠纷等四类案件确定专门合议庭审理，总结制定类案审理指南，促进裁判尺度统一。推进诚信诉讼建设，打击虚假诉讼，依法对4名当事人作出处罚并予以公开曝光，对涉嫌虚假诉讼罪的2案启动侦查程序。推进“简案快审”，全年适用简易程序审理案件11735件，简易程序适用率全省第一，案件审理平均用时由74天降至46天。

【信息化建设】 2018年，晋城市加快推进智慧法院建设，全市法院新建科技法庭26个，科技法庭覆盖率达95%以上，电子卷宗同步生成率为99.79%。加强审判管理信息化，实现案件办理审限预警、动态监督，全市法院月度结案率排名全省前三。打造“互联网+”诉讼服务体系，推进“最多跑一次”改革，全年网上预约立案609件，通过当事人预留的银行账户主动退费2514.46万元；推出微信、支付宝交纳诉讼费服务，启用“一案一账户”执行案款系统，实现被执行人履行案款到账后由系统自动发放至申请人账户。

【课题调研】 2018年，全市法院5项调研成果分别获省高级法院重点课题一等奖1个、三等奖2个、优秀奖2个。市中级人民法院首次承担最高人民法院年度重大调研课题，并通过专家验收；连续第2年获省高级人民法院调研工作优秀组织奖。

（郝文林）

司法行政

【概述】 2018年，晋城市司法局

围绕从严治党、队伍建设和安全稳定三个关键,落实"谁执法谁普法"普法责任制、开展扫黑除恶专项斗争、加强社区矫正平台建设、加大"一村(社区)一法律顾问"工作力度,推动全系统各项工作的顺利开展。7月,被市直工委表彰为"先进基层党组织"。9月,被省人社厅、省政府法制办表彰为山西省依法行政先进集体。

【社区矫正】 2018年,晋城市司法局开展挂职民警参与社区矫正工作试点,到长治市沁源县、福建省漳州市等社矫工作先进地区,学习社区矫正规范化管理和挂职民警延伸监管参与社矫的做法,形成《挂职民警参与社区矫正工作调研报告》。创新社区矫正和安置帮教工作新方式,协调人社部门,将社区服刑和刑满释放两类人员纳入全民技能提升工程。在晋城监狱建立全省首家监狱警示教育基地,开展常态化社区服刑人员警示教育。制定《社区矫正和安置帮教工作考核办法》,开展社区矫正档案评查,共检查档案2679份,梳理评估档案11项、执行档案24项、工作档案29项,建立统一、规范、易操作的社区矫正档案模板。截至2018年底,全市累计接收社区服刑人员5608人,累计解除4575人,在册1033人;有安置帮教人员5805人,安置总人数5225人,安置率达到90%以上。

【矛盾化解】 2018年,晋城市司法局加强专业性、行业性调解组织建设,开展矛盾纠纷化解。截至2018年底,全市共排查各类矛盾纠纷16221次,调处各类矛盾纠纷5392件,调解成功4908件,调处成功率达91%,其中涉及当事人13173人,协议涉及金额12958万元。

【法律服务】 2018年,晋城市6个县级公共法律服务中心、84个乡镇(街道)公共法律服务站全部建成,建成率为100%,村级公共法律服务室建成1850余个,建成率达82 %,完成公共法律服务实体平台目标任务。建立健全律师参与化解和代理涉法涉诉信访案件工作机制,选拔69名优秀律师建立涉法涉诉信访案件人才库,实现律师参与和化解涉法涉诉信访案件全覆盖。截至2018年底,全市律师在公检法机关接待信访人员218人次,解答法律问题221次,解决信访隐患11个,劝导息诉罢访13人次,化解重大疑难信访案件1起。升级微信"4+1"法律服务体系,实现手机在线普法、实时咨询、优选律师等"一站式"服务。落实公职律师、公司律师制度,开展公职律师、公司律师申请工作,申请公职律师50名、公司律师8名。开展新任人民调解员任前培训,培训新任调解员6571人。举办全市司法行政系统基层基础业务培训班2期,培训基层司法行政工作者240余人。对全市司法所和基层法律服务所开展调研2次,制定出台相关规范。截至2018年底,全市共有基层法律服务所14家,基层法律服务工作者90人。

【司法保障】 2018年,晋城市司法局按照一名处级领导任组长、一名业务骨干任组员的要求,为市政府重点工程项目配备法治保障人员。5名处级领导分别担任5项市政府重点工程的法治保障组长,32名资深律师担任全市32项重点工程法治保障人员。对可能影响项目建设和谈判合作的风险进行评估,出具《风险提示函》《法律意见书》和《尽职调查报告》,对企业经营管理中潜在的法律风险提出意见。截至2018年底,律师参与51项重点工程项目建设的法律服务,为建设单位提供法律咨询203次,提出法律意见250条,参与工程项目风险评估55次,进行合同审查30起。

【普法宣传】 2018年,市委出台《关于在全市深入开展宪法学习宣传活动的实施方案》,8月10日、8月28日,在市委中心组学习会议和市政府常务会议上,晋城市司法局为与会领导干部做专题宪法辅导报告。晋城市司法局制定《关于全面贯彻落实国家机关"谁执法谁普法"普法责任制的实施意见》和《市级重点单位普法责任清单》,在全省各地市中首家召开新闻发布会,向社会公开发布。开办"谁执法谁普法"电视栏目《一起普法》,邀请各普法责任单位一把手开展以案释法和专题访谈。制定《关于在全市建立"以案释法"工作制度的实施意见》,开展"以案释法"工作。在市美术馆举办为期5个月的宪法历史资料展，130余家单位1800余人次参观展览。开展“我与宪法”优秀微视频征集展播活动及法治动漫微电影征集活动，征集平面作品23件、法治动漫微视频27件。利用晋城市普法宣传互动栏目“每日一题”，每日发布宪法、扫黑除恶等各类法律知识题。关注人数达140393人，日均答题人数6000人。在《山西法制报》、微信公众号、微博、今日头条等平台开设“晋城普法”栏目；利用手机喜马拉雅app，开通“普法早餐”栏目，普及法律知识。形成“广播有声，电视有影，报刊有专栏，网络有专页，‘两微’有专号”的立体化普法新格局。推行无纸化学法用法考试平台，在国家工作人员中开展宪法、监察法、公共法知识考试，参考人数达3.8万余人。联合团委、教育等部门，在各中小学校举办第二届“同心同梦”关心关爱偏远山区未成年人公益项目，活动9期，覆盖7000余名青少年。结合“三下乡”、讲习快车等活动，到陵川县西八渠村、高平市窑栈村等开展法律服务，共发放各类法律书籍、资料10万余册，提供法律咨询800余次。

【司法改革】 2018年，晋城市司法局围绕全省完善刑事辩护制度试点市、全国残疾人法律援助工作示范点建设，推进刑事案件三年以上律师辩护全覆盖工作。选聘50名律师，在市县两级看守所、法院建立法律援助值班制度。在法律援助微信公众号开设残疾人维权通道，建立援助律师信息库，增加案件进度查询、上门预约服务等新功能，开展公证行业改革，明确改革思路，公证收费统一使用税务票据。开展司法鉴定改革，完善司法鉴定机构和司法鉴定人基本信息，建立基础数据库。

【扫黑除恶】 2018年，晋城市司法局制定《全市司法行政系统扫黑除恶专项斗争重点工作任务实施细则》，对承担的6方面37项具体内容进行分解细化，逐项明确责任领导、责任科室和完成时限。在市、县、乡三级司法行政机关开展“一把手”履责督导谈话。在市县两级司法行政机关签订承诺书，组织应知应会测试。采取部门联动宣传、现场宣传、阵地宣传、信息化媒体宣传、法治文化建设宣传等方式，营造扫黑除恶高压态势。全年共发放扫黑除恶宣传册2万余册、彩页58万余份、海报3万余份，发出公开信6700余份，开展集中宣传230余场。利用网络平台推送各类扫黑除恶信息240余条，在“每日一题”微信公众号举行扫黑除恶知识问答。组织956名社区服刑人员和3689名刑满释放人员签订《扫黑除恶保证书》，签订率分别达99.9%和73.2%。开展全市律师参与涉黑涉恶案件处理专题培训，培训律师460余人次。市、县两级司法局15次派员旁听12起涉黑涉恶庭审案件，进行现场指导监督。建立律师代理扫黑除恶案件备案制度，29家律师事务所、105名律师参与扫黑除恶案件的辩护代理。

（周冯萧）

仲 裁

【概述】 2018年，晋城市仲裁委共受理各类民商案件431件，同比增长1%；接待咨询800余起，争议标的8.71亿元，同比增长64%；结案322件，结案率达到75%。已结案件中，调解结案163件，调教结案率为51%。

【案件审理】 2018年，晋城市仲裁委要求每个办案秘书做好开庭前准备工作，短信提醒仲裁员及双方当事人，保证仲裁程序的合法。裁决书、调解书经办案秘书三轮校对，由秘书长签字下发，并设立裁决书下发登记制度。

【纠纷调解】 2018年，晋城市仲裁委在办理案件过程中，把调解贯穿于立案、庭前、庭后等各个环节，优先运用调解方式处理矛盾纠纷。对立案中当事人之间争议不大、权利义务关系清楚的案件，立案后及时进行调解；能够达成调解协议的，迅速组成仲裁庭，及时制作调解书发送给当事人。对审理中有调解可能的案件，动员各方力量，做好说服工作，促使矛盾纠纷解决。对当事人对抗激烈、案情复杂、多方关注的案件，指定具有丰富仲裁经验的仲裁员审理。

【案卷管理】 2018年，晋城市仲裁委设立仲裁案卷专门管理人和负责人，完成电子归档和纸质归档工作。建立仲裁案件归档、查阅、借阅制度，提高仲裁案件保密性,方便案卷查阅。

【仲裁改革】 2018年7月6日,晋城市仲裁委举办首席仲裁员座谈会,针对仲裁工作中的问题展开讨论,提出意见和建议。在67名仲裁员中,开展“仲裁员依序指定”工作,所有受理的仲裁案件依序分配给办理案件的仲裁员,确保仲裁案件公平、公正、公开。

【仲裁宣传】 2018年,晋城市仲裁委通过网站、微信公众号等新媒体,向广大市民宣传仲裁制度,为公众提供专业、权威、实时的仲裁动态信息,提高仲裁公信力和社会影响力。全年,发布工作动态、仲裁制度、仲裁案例、仲裁法律知识等信息197条。

【仲裁服务】 2018年,晋城市仲裁委按照市中级人民法院《将仲裁案件申请财产保全由市中院统一管辖的通知》,组织专门仲裁秘书负责财产保全案件,协助当事人办理财产保全案件39件。7月17日,与市中级人民法院共同举办“关于仲裁与诉讼执行衔接工作座谈会”,建立裁审衔接工作机制,提升裁审工作规范化、标准化、专业化水平。

(韩　红)

公　证

【概述】 2018年,晋城市公证处开展民生领域的公证服务,精简公证办证手续,推出公证便民服务“最多跑一次”事项清单,完善便民服务措施,为建设资源型经济转型发展示范区提供公证服务。全年共办理各类公证事项1938件。其中,国内公证836件(民事763件、经济73件),涉外及涉港澳台公证1102件。

【司法公证】 2018年,晋城市公证处按照《最高人民法院、司法部关于开展公证参与人民法院司法辅助事务试点工作的通知》要求,参与司法辅助事务,协助法官集中精力做好审判执行工作,缓解法院“案多人少”矛盾,促进公证机构改革创新发展。5月17日,对碧春园小区13号楼某室进行强制执行腾退房屋现场监督公证。5月24日,对晋城市某汽车销售服务有限公司奥迪4S店查封的汽车配件清点过程进行现场监督公证。

【家事公证】 2018年,晋城市公证处成立家事服务中心,专门解决群众的继承、委托、声明等难题,改变继承程序烦琐办证方式,创新领取和保管存款的公证事项,对于继承金额在2万元以下的公证实行简易程序。全年共办理公证家事服务类公证685件,其中继承公证442件。

【公证服务】 2018年9月,晋城市公证处推出“公证便民服务‘最多跑一次’事项清单(第一批)”,列举与群众日常办证较多的48项公证事项。为北京某公司注册商标涉嫌侵权案进行公证,并出具公证书。

(职占昆)

民革晋城市委员会

【概述】 2018年，民革晋城市委员会坚持以习近平新时代中国特色社会主义思想为指引，贯彻执行中共中央关于统一战线的路线、方针、政策和民革中央、省委的决议、决定，全面加强自身建设，认真履行地方参政党组织职能，各项工作取得较好成绩。

【思想建设】 2018年，民革晋城市委员会推进"不忘合作初心，继续携手前进"主题教育活动。组织民革党员学习领会中共十九大精神、习近平总书记在山西视察讲话精神，习近平新时代中国特色社会主义思想及系列重要讲话精神；及时传达民革中央、省委各项会议精神，组织学习中央、省、市"两会"精神。组织民革党员召开纪念中共中央发布"五一口号"70周年座谈会；开展"传承中山精神，为美丽晋城助绿添彩"植树活动、"追寻革命先辈历史足迹，重温多党合作建立初心"参观活动。参加民革中央、省委主办的"纪念改革开放四十年征文"活动。组织参加全市统一战线学习贯彻中共十九大精神知识竞赛，获优秀组织奖。参加民革省委征集"国家法与民主党派内部监督制度衔接"研讨论文活动，民革党员赵波的《公职民革党员违反监察法的思考》论文，上报民革山西省委。组织参观西柏坡、井冈山、孙中山故居、重庆多党合作纪念馆，开展"祭奠英烈"等活动。教育引导广大民革党员牢固树立"四个意识"，增强"四个自信"，夯实多党合作的共同思想政治基础。

【组织建设】 2018年，民革晋城市委员会共发展新党员13名，自然减员6名，退党1名，净增长6名，至年底，共有党员316人。按照《民革晋城市委关于各市直支部换届若干问题的决定》要求，完成市直9个支部的政治交接，实现新老交替，为市直基层支部"基层组织、基础工作、基本能力"建设注入新动力。按照《民革晋城市委会关于开展示范支部创建活动的实施方案》，推进达标支部、示范支部建设。与民革长治市城区支部创建达标示范支部开展交流活动。

【参政议政】 2018年，山西省"两会"期间，民革晋城市委员向省政协提交提案6篇，全部得到回复；晋城市"两会"期间，向市政协发送大会发言4篇、集体提案4篇，个人提案30多篇。县(市、区)支部向当地"两会"提交集体提案17件，个人提案80多件。高平支部《关于加快炎帝农耕文化旅游产业发展的建议》，被高平市政协确定为1号重点提案。城区支部集体提案"关于加快旱厕改造的建议"，被列为城区重点提案。阳城党员杨孔峰提交的《外优环境，内挖潜力，让阳城一中名片更加靓丽》被列为阳城县重点提案。民革晋城市委员会向市政协报送社情民意8条，被市政协采纳1条；各县(市、区)提交社情民意信息120多条，被当地政协采用110余条，晋城市政协采用35条，省政协采纳5条;转送全国政协6条(其中高平支部5条、阳城支部1条),高平支部袁麦林的《二类疫苗在基层使用中存在的问题及建议》被全国政协采用。完成调研课题3个,形成《关于推进民办职业培训学校建设发展的建议》《关于对潞城镇脱贫攻坚情况的民主监督报告》《党外代表人士基层源头建设问题研究》3篇调研报告。

【社会服务】 2018年,民革晋城市委员会开展对阳城县西河乡陕庄村吉粉爱百亩桑园蚕桑产业结对帮扶,助力蚕桑传统产业改造提升,送去帮扶资金5000元;帮助吉粉爱到贵州省纳雍县创钰茶业有限公司学习制茶工艺,赴北京与茶销渠道商对接。与民革广州市委员会、民革中央社会服务部进行联系,并赴广州实地考察,了解帮扶党员企业产品销售渠道,资金落实情况。与各县(市、区)支部响应民革中央的"博爱·牵手"活动和中共山西统一战线"百千百"帮扶工程,通过书法进校园、"关爱特殊儿童、传递民革温暖""绿化高平,民革有责"、结对贫困户、困难学生帮扶、关心生活困难党员、关爱老党员等活动,发放帮扶资金1.5万元。赴陵川县娄头村、沁水县郑庄敬老院、土沃、十里、柿庄等地开展义诊活动。

【祖国统一工作】 2018年,民革晋城市委员会组织民革党员学习贯彻新时代中共中央对台工作的大政方针和习近平总书记对台工作的重要思想,秉持民革中央"三个坚持"的指导方针和总体要求,密切关注两岸关系和平发展进程中的新情况新问题,及时了解海峡两岸形势的新动向新变化。配合民革省委做好对"炎帝文化与两岸交流"专题调研工作,并就课题提出意见和建议。

(成利文)

民盟晋城市委员会

【概述】 2018年,民盟晋城市委员会增强"四个意识",坚定"四个自信",开展"双学一跟""不忘合作初心·继续携手前行"等主题教育活动,围绕晋城市建设"转型综改示范区的先行区""能源革命排头兵的领跑者""对外开放新高地的桥头堡"三大目标,履行参政议政职能,建言献策,开展社会服务,为实现美丽晋城高质量转型发展做出贡献。

【思想建设】 2018年,民盟晋城市委员会主委梁丽萍作为全国政协委员参加全国"两会",应邀向全市统一战线干部传达学习全国"两会"精神,及时将"两会"精神传达至全市各阶层人士。民盟各支部、各小组也及时组织盟员就会议精神进行传达学习。学习民盟中央主席丁仲礼4月28日"纪念中共中央发布'五一口号'70周年座谈会"上的讲话。11月17日至19日,民盟晋城市委组织部分市委委员、支部主委、小组组长、专委会主任和骨干盟员,赴延安、梁家河开展"不忘合作初心,继续携手前进"主题教育活动,引导盟员感悟习近平总书记在梁家河留下的宝贵精神财富,沿袭延安精神。

【参政议政】 2018年,在省政协十二届一次会议上,民盟晋城市委员会共有10件集体提案被民盟山西省委会确定为团体提案报送省政协,并全部立案,提案采用数量和立案数量都居全省民盟组织第一。在市政协七届三次会议上,民盟市委员会共提交团体提案20篇,并全部立案,立案数占全市81篇团体提案的近1/4。全年共向民盟山西省委、晋城市政协、晋城市委统战部报送各类建言信息100余条。5月22日,民盟晋城市委副主委贺新刚带领参政议政部一行5人到沁水县郑庄镇调研,撰写《关于实施乡村振兴,促进农业产业发展的建议》。7月4日至5日,参加在山东省青岛市举行的民盟第四届经济论坛。王艳芳撰写的《大力发展全域旅游,实现经济动能转换》入选优秀论文。7月,市政协系统召开学习习近平总书记关于加强和改进人民政协工作的重要思想理论研讨会,民盟晋城市委会作题为《新时代民主党派参政议政要有新作为》的发言。全年民盟晋城市委员会开展"六个一"调研活动20余次。

【社会服务】 2018年,民盟晋城市委员会开展"送健康进乡村"活动。主委梁丽萍率队到高平市建宁乡冯庄村进行扶贫慰问和送健康进乡村活动；副主委王宇泽带领市急救中心医务人员赴陵川县马圪当乡，为乡村干部、乡镇卫生员和村民讲解急救常识课；民盟沁水小组成员参加“大爱无疆，情暖夕阳”固县乡扶贫助残主题慰问活动。新春佳节到来之际，开展送祝福文化下乡活动。重阳节来临之际，晋城职业技术学院民盟支部盟员一行20余人走进阳城县康宁敬老院，为老人们送去节日的祝福。11月16日，民盟晋城市委市直四支部盟员、民盟志愿服务队副队长黄孝武到市中原街中学为学校足球队的6名市福利院孩子送上足球鞋、足球袜等用品。民盟高平支部全体盟员参加寺庄镇伞盖村举行的“画美同心圆，打造同心谷”活动启动仪式，并同寺庄镇碾河村山底自然村进行结对帮扶，开展梨树挂牌认养活动，31名盟员认养31棵梨树，认养金共计15500元。

【竞赛活动】 2018年，民盟晋城市委员会组织人员参加市委统战部在统战系统举办的“学习贯彻党的十九大精神电视知识竞赛”；高平支部全体盟员参加高平市委统战部举办的“不忘合作初心、继续携手前进”主题演讲赛。为纪念中共中央发布“五一口号”70周年，民盟晋城市委员会举办纪念中共中央发布“五一口号”70周年征文活动和纪念改革开放40周年征文活动，继承民盟与中国共产党亲密合作的优良传统。民盟晋城市委员会和九三学社晋城市委员会举办“不忘初心、携手前进”文艺展演；和民进晋城市委员会联合举办“不忘初心跟党走，建功改革新时代”文艺展演。“三八”妇女节期间，举办“走进美好新时代”庆“三八”朗诵联谊会。

（钱红林）

民建晋城市委员会

【概述】 2018年，民建晋城市委员会在学习贯彻中共十九大精神、习近平总书记视察山西重要讲话精神，继续开展“不忘合作初心，继续携手前进”主题教育活动，丰富工作方式方法和内容形式，为晋城持续发展做出贡献。

【思想建设】 2018年，民建晋城市委员会通过学习贯彻习近平总书记关于加强和改进人民政协工作的重要思想，增强会员对新时代中国特色社会主义的道路自信、理论自信、制度自信和文化自信。围绕纪念“五一口号”发布70周年和庆祝改革开放40周年，举行纪念“五一口号”70周年座谈会，组队参加市委统战部举办的“纪念五一口号”知识竞赛；在会员中开展纪念“五一口号”和庆祝改革开放40周年征文活动，共向民建省委报送征文21篇；12月1日，举办庆祝改革开放40周年文艺会演。组织会员观看纪录片《厉害了我的国》。

【组织建设】 2018年，民建晋城市委员会加强基层联系，把班子成员与基层支部联系列入《民建晋城市委量化考核方案》，建立活动阵地，开展丰富多彩的特色活动：市直一支部走访调研会员企业；并与农工党晋城市委员会七支部联合开展扶贫活动；市直一支部、二支部联合到扶贫村进行调研；市直三支部开展“到扶贫村送春联活动”；城区支部重阳节到太印社区开展健康义诊服务；“六一儿童节”为红星小学全体师生讲解宣传新宪法，并进行赠书活动。邀请申请入会的会友参加民建晋城市委会举办的各项活动都让申请入会的会友参加，并向会友发放民建的会史、会章等。

【参政议政】 2018年，民建晋城市委员会班子领导参加中共晋城市委召开的民主协商会、情况通报会，会员中的人大代表、政协委员参加人大政协组织的各类活动，认真履职，发挥民建会员自身特点；在政协晋城市七届三次会议上，民建晋城市委会共向大会提交《关于大力支持民营经济的发展的建议》《关于进一步整合老城文化资源，建设特色文化晋城的意见建议》等24篇集体提案和26件个人提案。全年，会员共报社情民意64篇，多篇被市政协采用。会员吉云光5月参加晋城电视台“周末会客厅”栏目，就晋城的房价进行专题评论；12月参加“积极推进教育体制机制改革，促进基础教育均衡发展”为主题的政协论坛。

【专题调研】 2018年，民建晋城市委员会建立“一支部一调研”工作机制，把参政议政工作融入到组织生活中，更好地履行职能，丰富支部活动内涵。各支部发挥本支部会员的特点和优势，选定专题，走访企业、部门等。市直一、三、四支部联合调研，撰写《关于我市科技创新工作调研报告》，民建经济研究院撰写《我市小微经营体参与乡村振兴的路径和挑战》，均被《晋城工作》采用；二支部对晋城市的电商进行调研，撰写《发展农村电商，推进乡村振兴》；城区支部撰写《关于进一步整合老城文化资源建设特色文化城区》和《为学生课外"减负"学校这块主阵地不能丢》两个调研报告；泽州支部撰写《加强民主党派建设，着力提高参政议政水平》理论文章；韩连弟通过调研思索，撰写《关于加强我市民主党派民主监督的思考》理论文章。

【脱贫攻坚】 7月9日，民建晋城市城区支部举行助力扶贫陵川县六泉乡石家坡村捐赠仪式。捐赠课桌椅、办公桌椅、会议桌椅、餐桌椅、电视机以及电脑桌、茶水杯具等，总价值5000元。9月22日，民建晋城市委扶贫小组到陵川县六泉乡石家坡村，针对村里的老人日间照料中心没有用餐的桌子和凳进行捐赠，共捐赠10张饭桌，40个凳子，会员为村里捐赠一台脚踏健身器。11月23日，民建晋城市直一支部和农工晋城市直五支部联合在沁水组织开展科普教育课、为16名建档立卡贫困户的学龄孩子送去书包、笔、作业本等学习必需品。在市委统战部开展的"百千百"活动中，结对28名中学生。会员李仙爱的东方培训学校与贫困县中阳县政府签订劳动就业、农产品订购协议书。

【民主监督】 7月25日，民建晋城市委员会民主监督小组到沁水县土沃乡进行脱贫攻坚民主监督，对岭东村和塘坪村进行调查走访，监督小组成员同土沃乡领导以及两个村的支部书记对2018年的脱贫攻坚情况进行交流，并且抽取部分贫困户进行书面问卷调查。监督小组成员同两个村的支部书记就"乡村振兴战略"进行探讨。

【宣传工作】 2018年，民建晋城市委员会出版《晋城民建》专刊，建立"晋城民建"公众号，加强对民建中央、民建省委、会务动态、支部活动、会员建言献策、会员风采等内容的宣传，扩大民建的社会影响力。

(韩连弟)

民进晋城市委员会

【概述】 2018年，民进晋城市委员会以习近平新时代中国特色社会主义思想为指导，学习贯彻中共十九大、习近平总书记视察山西重要讲话和民进十二大精神，按照民进中央和省委会有关部署要求，按照地方参政党组织的总要求，找准自身建设和履行职能的着力点，各项工作取得新成绩。

【思想建设】 2018年，民进晋城市委员会开展"不忘合作初心、继续携手前进""拥戴核心、合作奋进"和"加强思想政治教育"等专题教育活动。先后组织学习习近平总书记系列重要讲话和视察山西时的重要讲话、中国共产党第十九次代表大会精神、民进全国第十二次代表大会精神等。邀请河北省社会主义学院教授王树臣对全体会员进行"学习党的十九大精神专题培训"。组织会员参加市委统战部组织的"全市统一战线学习贯彻党的十九大精神知识竞赛"，获得第二名。组织会员参加民进省委主办的"纪念'五一口号'发布70周年征文活动"和"纪念改革开放四十周年征文活动"中，38篇征文被评为优秀征文，其中郭向阳、杨党辉、张佳佳等6人分获一、二等奖。组建"同声合唱团"和"经典诵读社"，与民盟晋城市委会联合举办"纪念改革开放40周年文艺晚会"。在民进山西省委宣传思想和理论研究工作会议上，王丽萍等6名会员获先进个人奖，高平支部获先进集体奖。会员吉晓芹获"民进全国宣传思想工作先进个人"称号。

【组织建设】 2018年，民进晋城市委员会共有12个基层支部，10个支部参加星级创建活动。城区支部以建设学习型支部、参政型支部、实绩型支部为抓手，全员参加创建活动，社情民意信息工作成绩显著。阳城支部在星级创建中突出三个结合，与重温会史会章相结合，与履职尽职相结合，与脱贫攻坚相结合，在参政议政、社会服务等方面都取得成绩。高平支部注重学习提高，打造书香支部，先后参与“问祖炎帝，寻根高平”、最美文保员等大型活动。泽州支部创新基地建设，开展社会服务工作，通过智力扶贫推动当地发展、农民增收。晋城经济技术开发区支部关注弱势群体，协调农民解决欠薪、就学等难点问题，组织文艺会演慰问农民工。晋城职业技术学院支部和大成生态公司结对子，开辟新的调研基地，在送文化下乡方面做得有声有色。晋城一中支部、晋城二中支部在教育方面建言献策，多篇调研报告提案受到市政协、市教育局等有关部门的重视。民进晋城市委注重领导班子“五种能力”提升，发挥班子成员表率作用，坚持民主集中制原则，各项工作顺利推进。

【参政议政】 2018年，民进晋城市委员会提交的《关于推进晋城市铸造业发展的建议》与《关于加强对晋城市司法鉴定中心管理的建议》被评选为重点提案。会员赵晋阳撰写的《融入中原城市群，打造晋城、郑州、洛阳“黄金三角”》被列为大会发言材料。会员焦文俊撰写的《关于对“泽州古城”更新保护的建议》文章在市委统战部“建言专报”刊登；市委委员杨党辉撰写的《浅谈发挥民主党派在人民政协中的重要作用》，在晋城市政协系统深入开展习近平总书记关于加强和改进人民政协工作的重要思想学习研讨会上获优秀奖；副主委李琳撰写的《文化旅游不能千篇一律》和市委委员杨党辉撰写的《建议将教育扶贫作为精准扶贫的切入口》在“晋城的事大家想大家说大家干，众‘智’成城”征文活动中获二等奖。全年，民进晋城市委向市政协报送社情民意57篇，其中36篇被采纳，在全市六个民主党派中名列第一。

【社会服务】 2018年，民进晋城市委员会响应市委统战部扶贫攻坚的号召，帮助贫困山区农民脱贫致富。为扶贫点整修拓宽村庄道路，打护坡墙，唱大戏。响应省委统战部号召，在“百千百”活动中，市委会成员共捐助1.36万元，帮助17户贫困家庭解决孩子上学难题。多次在横河、圪台村书画艺术创作基地组织活动，开展书画写生、文艺演出、武术比赛等，繁荣群众文化生活，促进旅游事业的发展。组织文化、医疗、科技三下乡活动，为社会公益、文化教育、科技卫生等方面做出贡献。响应民进中央的号召，市委会和五个县区支部选择不同地点，开展“送春联进万家”活动，共写春联3500多付。会员新华电缆厂总经理韩亚峰捐资3万余元，资助晋城八中举办首届“新华杯”学科竞赛。会员山西信合义乌小商品城有限公司董事长石勇获“优秀中国特色社会主义事业建设者”称号。

（李卫国）

农工党晋城市委员会

【概述】 2018年，农工党晋城市委员会贯彻执行中共中央关于统一战线的路线、方针、政策和农工党中央、农工党山西省委的决议、决定，加强自身建设，履行参政党地方组织职能，各项工作均取得较好成绩。在农工党山西省委成立30周年纪念大会上，农工党晋城市委员会被评为“组织建设先进集体”，3个基层支部被评为“先进基层组织”，18名党员分别获“优秀党务工作者”“优秀党员”称号和“特别贡献奖”。

【思想建设】 2018年，农工党晋城市委员会组织党员学习领会中共十九大精神、习近平新时代中国特色社会主义思想及系列重要讲话精神；及时传达农工党中央、省委各项会议精神，组织学习中央、省、市“两会”精神；先后举办新党员培训班、中青年骨干党员培训班、参政议政专题培训班；以“不忘合作初心，继续携手前进”主题教育活动为契机，制定《农工党晋城市委会开展“不忘合作初心，继续携手前进”主题教育活动2018—2022年工作规划》；开展“纪念中国农工民主党成立88周年暨‘三学一讲’专题活动”知识竞赛；举办“三学一讲”专题活动；组织党员赴革命老区、红色教育基地参观学习，追寻革命记忆，感受革命精神，坚定理想信念；开展纪念中共中央“五一口号”发布70周年、改革开放40周年系列活动，上报农工党山西省委征文38篇，有10多篇在农工山西公众号刊登并获奖。

【组织建设】 2018年，农工党晋

城市委员会共发展新党员10名，其中：研究生1人、副高职称2人、县(市、区)人大代表1人。至年底，农工党市委共有党员198人。其中正处级干部1人，副处级干部5人；省人大代表1人、省政协委员1人、市人大代表1人、市政协委员13人(其中市政协常委3人)、各县(市、区)人大代表2人、政协委员20人(其中政协常委3人)。全年共有20多名党员参加农工党中央、省委组织的各类学习培训，60名党员参加市委组织部、市政协、市委统战部以及各县(市、区)组织部、政协、统战部举办的各级各类培训班。完善细化基层支部年度工作考核制度，从支部工作量化指标、党费收缴管理、考核实施等方面进行考核，通过支部工作实绩评选星级支部和年度先进支部。

【政治协商】 2018年，农工党晋城市委员会参加省政协和中共晋城市委、市人大、市政府、市政协及有关部门举行的协商会、座谈会、情况通报会，参与视察、考察、调研和评议活动，就省、市重大决策、重要决定以及政府工作报告、法检两院工作报告等。党员中担任省、市、县(市、区)的各级人大代表和政协委员，参与重点提案办理落实情况等工作，向有关部门提出意见建议，为促进相关工作谏真言、献良策。主委王胜利参加省政协领导重点提案督办会和省政协常委会，就医联体建设、农村人居环境改善工程进行发言。

【民主监督】 2018年，农工党晋城市委员会做好对口高平市野川镇开展扶贫攻坚专项民主监督工作。就监督野川镇的产业扶贫、异地搬迁扶贫、教育扶贫、健康扶贫推进情况，先后3次到野川镇开展脱贫攻坚专项民主监督和扶贫调研。11月28日，在全市脱贫攻坚民主监督座谈会上，就高平市野川镇脱贫攻坚民主监督工作进行汇报。

【参政议政】 2018年，农工党晋城市委员会在市政协七届三次会议上，提交大会发言材料2篇，作《加快医联体建设促进健康晋城发展》大会发言，提交《助推“县乡医疗卫生机构一体化”改革加快“健康晋城”建设》《关于改扩建晋城市康复医院的建议》《关于减少城市空气污染的建议》《关于加快文化旅游产业发展的建议》《关于民营经济综合配套改革的建议》《关于加快农业现代化发展的意见和建议》等7件集体提案，经审查全部立案并得到办理答复。7月17日，联合市政协农村委就晋城市农村人居环境整治工作进行调研，并撰写调研报告上报农工党山西省委和市政协，并获得优秀调研报告二等奖。对2016年建档立卡的75户贫困户进行跟踪调研，并提出合理的建议意见上报农工党山西省委。

【社会服务】 2018年，农工党晋城市委员会发挥以医疗卫生界为主的党员优势，组织参加健康扶贫、教育扶贫及养老服务等方面社会服务活动。11月24日，农工党晋城市委会在高平市河西镇回山村农工党党员活动基地开展医疗、科技、文化“三下乡”活动。各支部发挥各自优势，多种形式开展各种社会服务活动。全年共开展各类社会服务活动40余场，参加人数达150多人次。8月7日，主委王胜利参加农工党山西省委助力攻坚深度贫困“百千百”工程启动仪式，与结对帮扶贫困生签订帮扶协议，并送上助学金。副主委、各支部负责人就晋城市贫困地区16名贫困生进行结对帮扶活动。主委王胜利被农工党山西省委授予“社会服务先进个人”称号。

(孙夏芳)

九三学社晋城市委员会

【概述】 2018年，九三学社晋城市委员会学习贯彻习近平新时代中国特色社会主义思想、中共十九大精神和九三学社十一大精神，围绕中共晋城市委、市政府的战略部署，凝心聚力、合作奋进，履行参政党职能，加强自身建设，搞好社会服务，为晋城市经济社会发展做出贡献。全年新发展社员18名，社员达到272人，全市12个支社全部完成组织换届。

【思想建设】 2018年，九三学社晋城市委员会系统学习中共十九大精神、习近平新时代中国特色社会主义思想，关于多党合作的重要论述，并召开习近平总书记关于加强和改进人民政协工作重要思想的学习研讨会，举办专题培训班，提高社员建言献策、参政议政水平。为纪念“五一口号”发布70周年，组织开展“五个一”系列活动(一次知识竞赛、观看一场革命电影、进行一次学习讲座、举办一场纪念晚会、撰写一篇心得体会)，邀请全国政协委员、社中央委员、社中央社史研究中心研究员许进为社员作专题辅导报告。组织社市委委员赴延安梁家河开展“不忘合作初心，继续携手前进”等主题教育活动。开展诗歌朗诵会、赴红色教育基地缅怀革命先烈等一系列纪念活动。出台《关于开展“五一口号”发布70周年纪念活动实施方案》，成立活动领导小组。参加中共晋城市委统战部纪念改革开放40周年“圆梦晋城”主题活动。

【参政议政】 2018年，九三学社晋城市委员会共报送提案议案56篇，社情民意96件，专题调研6份，大会发言6件。共提交各项提案议案40多件，涉及全市经济、文化、生态、旅游等各个方面，集中反映人民群众普遍关心的热点难点问题。社市委6个专门委员会精心组织、广泛调研。教育妇女工作委员会副主任、职院支社主委段文昌撰写的《农村小学生上学存在的问题及解决对策》获九三学社中央举办的“九三教育论坛”征文一等奖；宣传部部长、泽州支社主委邱五奎撰写的《民办教育发展存在问题及应对策略》获得三等奖；经济委员会围绕环保工作开展调研，向市委统战部提交《关于有效应对重污染天气的几点建议》。

【社会服务】 2018年，九三学社晋城市委员会依托阳城县眼科医院开展“亮睛工程”社会服务，争取价值近300万元的先进设备，培养专门人才，开展防盲扶贫工作和眼疾复明免费手术。在全市8个乡镇筛查3062人，共筛查出白内障患者633人，为547例患者进行免费复明手术。成立“九三专家服务库”，开展专业化社会服务，选择重点贫困乡镇和山区贫困村，开展以文化、科技、教育、法律、医疗、助困等服务为主的“社会服务山区行”活动。各支社在在各县区组织多次规模较大的社会服务活动，在10余个乡镇开展文艺演出、义务诊疗、农林服务、捐赠助学、慰问特困户等综合服务活动30余次。

【民主监督】 2018年，九三学社晋城市委员会对口泽州县(重点为柳树口镇)开展脱贫攻坚民主监督工作。制定《对口泽州县脱贫攻坚民主监督工作方案》，成立脱贫攻坚民主监督领导组，抽调多名熟悉扶贫工作人员，对参加脱贫攻坚民主监督的社员进行培训。组织社员到泽州县柳树口镇及其他乡镇开展民主监督专题调研7次。

【脱贫攻坚】 2018年，九三学社晋城市委员会利用泽州南部山区山大沟深蜜源丰富的资源，发挥九三学社人才、智力优势，有针对性选择养蜂产业作为精准扶贫突破点。社市委依托社员的蜂业公司，帮扶泽州县犁川镇、晋庙铺镇、柳树口镇的八良掌、朱家河、坡西、圪针掌村等贫困村发展养蜂业，为贫困村提供免费技术支持。为120户建档立卡贫困户。3个整村贫困村，免费发放蜂箱1000套，蜂王600只，帮助销售蜂蜜55吨。向泽州县政府和县扶贫办建言发展短平快养蜂项目，促成泽州县出台《特色扶贫养蜂产业扶持办法》。

【宣传工作】 2018年，九三学社晋城市委员会主办的《晋城九三》社刊获得九三学社山西省委肯定。2月，开通“晋城九三”微信公众号，累计发布包括参政议政、社会服务、调研学习、参加各级活动等各个方面信息79条，累计阅读人数6630人，总阅读量13046次。高平支社报送的《“亮睛工程”老区行健康扶贫大型义诊活动》被《人民政协报》采用。

(王晓芳)

群众团体

晋城市总工会

【概述】 2018年,晋城市总工会5次在全国、全省工会系统交流经验,出台《职工法律维权工作站管理办法》《劳模创新工作室管理暂行办法》等规范化管理制度,“双系六进”活动、县级工会集中述职等工作开全省先河;“安康杯”竞赛和市级财务管理工作受到全国总工会的表彰,女职工维权月活动、经费审查工作规范化建设等工作受到省总工会表彰。

【宣传教育】 2018年,晋城市总工会开展中共十九大精神和中国工会十七大精神宣讲活动,举办中共十九大精神和中国工会十七大精神专题培训班,召开劳模代表学习习近平给中国劳动关系学院劳模本科班学员重要回信精神座谈会。开展“人人五分钟·我谈十九大”“中国梦·劳动美——学习宣传贯彻习近平新时代中国特色社会主义思想和党的十九大精神”演讲比赛、“永远跟党走”全市职工书法美术摄影作品展、“网聚职工正能量、争做中国好网民”等活动,教育引导广大职工听党话、跟党走。开展安全生产知识培训、“送法到基层”普法宣传等活动。在山西省“中国梦·劳动美——学习宣传贯彻习近平新时代中国特色社会主义思想和党的十九大精神”主题演讲比赛中,获团体二等奖和个人一、二等奖,1人入选全国总决赛。

【“五小”竞赛】 2018年,晋城市总工会召开2017年度全市“五小”(小发明、小革新、小改造、小设计、小建议)竞赛表彰会,表彰88名优秀项目带头人;参加全省“五小”竞赛成果精品展,展示优秀成果23项;举办全市首届“五小”竞赛优秀成果精品展,展出优秀创新成果200余项;召开2018年度“五小”竞赛推进会,23.5万名职工参加竞赛活动,参评成果783个,分别较上年增长21.1%和88.2%。

【技能比赛】 2018年,晋城市总工会与市人社局等单位共同举办第五届全市职工职业技能大赛,涉及煤炭煤层气、铸造、电力、旅游、餐饮和家政服务、建筑建材6个行业13个工种。举办全市第二届职工手工艺品制作评比竞赛活动,全市幼儿园教师优秀自制玩教具展评活动,第二届初中物理、生物、化学学科教师实验操作技能竞赛。参加全省第六届职工职业技能大赛和全省幼儿园教师优秀自制玩教具展评活动。

【“五一”表彰】 2018年,晋城市劳动竞赛委员会、总工会评比表彰100名“晋城市五一劳动奖章”、20个“晋城市五一劳动奖状”、40个“工人先锋号”,十大杰出女子班组、十大杰出女职工、101名先进女工个人和91个先进基层女工组织。举办“榜样·梦想”晋城市“五一”颁奖晚会、劳模和“晋城工匠”图片展,开展“送奖到基层”、劳模“四送”等活动。在晋城电视台、《太行日报》开辟“推动美丽晋城高质量转型发展——工会在行动”专栏,宣传40名先进模范人物的感人事迹。

【"双系六进"活动】 2018年，晋城市总工会围绕市委、市政府重点工程建设项目，在市、县、乡三级工会中开展"心系重点工程、情系一线职工"暨"工会干部进工地、劳动竞赛进工地、法律服务进工地、劳动保护进工地、宣传教育进工地、工会温暖进工地"的"双系六进"活动，开展法律宣传服务16次，文艺慰问演出96场次。

【职工维权】 2018年，晋城市总工会制定《职工法律维权工作站管理办法》《职工爱心驿站建设标准和管理办法》《劳模创新工作室创建管理办法》等制度。建成职工法律维权工作站10个、劳模（职工）创新工作室10个、妈咪小屋13个、爱心驿站12个、职工心理健康咨询基地8个。推进48家星级煤矿井口群众安全工作站、150家"职工书屋"规范化管理。职工法律维权工作入选"晋城市改革开放40周年民主法治十大业绩（事件）"。全市签订工资集体合同2898份，覆盖企业7197个，覆盖职工397628人。签订工资集体合同的企业占建会企业总数的94%。其中，合格以上的6503个，占总数的91%。

【帮扶救助】 2018年，晋城市总工会与市民政局、市慈善总会联合举办"送温暖、献爱心"活动，投入救助资金1243万元。与市人社局共同主办"春风行动"招聘大会暨创业产品展示会、民营企业招聘周暨技能人才展示活动。开展"送清凉"活动，发放30万元的防暑降温用品。开展2018年"金秋助学"活动，资助贫困学子100人，发放助学金和拉杆箱价值54万元余元。第10期职工大病医疗互助支出补偿金1700余万元、补偿患病职工7038人。帮助2338户困难职工解脱贫困。资助新疆生产建设兵团第六师105团等60万元，资助陵川县双庙村37万余元。

【文体活动】 2018年，晋城市总工会举办"相约520"大型相亲活动、全市职工羽毛球比赛、全市职工乒乓球比赛等活动。与市教育局共同举办"不忘初心、为爱歌唱"全市首届教师艺术节合唱展演比赛。与市委宣传部、市交通局、市文明办开展"美丽晋城·最美公交车驾驶员·最美出租车驾驶员"评选活动。与市委宣传部、市人社局共同举办两届"晋城楷模"评选活动，4人被评为"晋城楷模"。开展"传承优良家、涵养时代新风"情景剧展示活动，向省总工会推荐情景剧3部、微电影3部。组队参加"中国梦·劳动美"第五届全省职工乒乓球比赛。

【组织建设】 2018年，晋城市总工会完善"一目录三手册"数据资料。推动阳城、城区、沁水、陵川、晋城经济技术开发区完成工会换届工作，市、县总工会全部成立党组，配备兼挂职副主席、经审会主任、女工委主任，84个乡镇（街道）中64个配备兼挂职副主席。非公有制企业工会组建率保持在85%以上。制定《2018年工会干部教育培训计划》，举办11期工会干部培训班、10期工会女干部素质提升大讲堂，培训工会干部3100余人次。《多措并举综合施策，推动工会干部基本能力大提升》的工作经验在全省工会系统"三基建设"推进会上进行交流。

【工会改革】 2018年，晋城市总工会推进产业工人队伍建设改革。6月，晋城市委印发《晋城市贯彻落实〈新时期产业工人队伍建设改革方案〉责任分工方案》；7月，晋城市总工会印发《晋城市产业工人队伍建设改革市总工会负责任务实施方案》。加大对基层工会的资金支持力度，基层工会经费留成从50%提高到60%，累计给下级工会组织划拨经费937.38万元。

【"网上工会"建设】 2018年，市、县两级工会全部开设"12351"职工服务热线；市总工会、晋煤集团工会开通官方网站，市总工会网站8月改版；市总工会开通官方微信"紫薇工寓"、新浪官方微博；富士康晋城园区工会开通手机APP客户端"富晋之家"。

（郭浑庆）

共青团晋城市委员会

【概述】 2018年，共青团晋城市委员会坚持问题导向深化改革求突破，坚持目标导向提升标准争一流，保持和增强政治性、先进性群众性、克服和防止“机关化行政化贵族化娱乐化”,解放思想、凝心聚力、锐意进取,团结带领广大团员青年争做开创新时代美丽晋城高质量转型发展新局面的生力军。

【共青团改革】 2018年,共青团晋城市委员会推动改革向基层延伸,6县(市、区)均出台改革实施方案。完成市青联换届工作,出台《晋城市青年联合会改革方案》及配套工作细则。承接团中央、团省委改革试点项目,实现团工作对新兴青年群体的有效覆盖。加强与统战部门合作,实现团系统和统战部新兴青年群体、新社会阶层数据库通用,入库青年135人。出台《共青团晋城市委关于实施新兴青年群体“筑梦计划”的实施方案和细则》,在团市委直接联系的70个青年社会组织中建立团组织40个;将青年社会组织“伙伴计划”与新兴青年群体“筑梦计划”整合推进,“筑梦空间”入驻“青年之家”19个,建立筑梦空间15个,联络各领域优秀青年代表10余人组建“梦想导师团”,覆盖新兴青年群体人群200余人;王宇琦被省委组织部评为“山西省青年拔尖人才”计划领军人物。

【组织建设】 2018年,共青团晋城市委员会完成市直学校团组织换届工作,出台《晋城市学校共青团战线改革实施方案》,建立中学团干部兼任少先队辅导员制度。选取晋城二中、凤城中学、晋城中专、凤鸣中学、阳城一中5所学校为“青源工程”试点校,选取城区和阳城县为试点县。完成市、县两级少工委换届工作,出台《县(市、区)少工委换届工作的实施方案》,制定“少先队改革落地项目清单”。晋城一中建立团校。10月24日,团前教育示范工程——团课示范课(第一期)在市中原街中学开展。实施基层团支部“活力提升工程”,以团支部为重点,加强规范化建设,确保“三会两制一课”等基础团务工作有效开展。

【思想引领】 2018年,共青团晋城市委以学习习近平新时代中国特色社会主义思想为重点,开展“青年大学习”“争做新时代好队员”、标准化入团仪式宣传教育实践活动285场,成立“青年大学习”学习小组291个,开展集中性专题学习、宣讲交流942场,联合市直多部门开展“将改革开放进行到底”宣讲活动55场。开展学雷锋、文明礼仪体验剧、“小小志愿者”“网上祭英烈”等社会主义核心价值观主题宣传教育活动。开展“新时代好少年”“两红两优”评选活动,召开全市“五四”表彰大会。潘海波被评为“全国向上向善好青年”孝老爱亲好青年。

【信息化建设】 2018年,共青团晋城市委发动“网易晋城”“爱晋就进”等本地新媒体机构和自媒体,初步形成同频共振、步调一致的网络新媒体矩阵。建立“青年之声”互动社交平台,整合重组直属网宣员、核心网评员和二级网宣员队伍453人,开展专项培训7场,动员网军网上发声61次,76403人次响应。开展网上祭英烈、“学雷锋”“同心同梦”“团团陪你过大年”“晋城有礼”文创大赛展销会等微博直播活动,覆盖青少年489万人次。制作各类微视频、“一图读懂”等文化产品15部。推进团的各级组织在网上落户,推进“智慧团建”,完成基础团务信息录入。

【创新创业】 2018年,共青团晋城市委服务青年创新创业创优,建成晋城首个新兴青年文化培训创作基地。发挥“青创+”青年创业就业综合服务平台作用,为青年提供见习岗位,开展就业创业培训,为2521名青年发放小额贷款3亿元,为30名青年发放“青创小贷”300万元,培训青年2000余名。开展“欢迎回家”创业活动,举办高层次创业论坛2场、青年创业系列活动“青创之说”5期、社会实践2期,1000余名大学生、创业青年参加活动。开展山西青年创业板挂牌流程及政策解读,帮助14家青年企业挂牌“山西青创板”。组织晋城青年企业家到河南保税物流园区参观学习,举办“一带一路”晋城青年企业家座谈会。与市旅发委合作举办晋城市文化旅游商品创意设计大赛,北京、上海、广州、深圳及台湾等地近1000名设计师参赛,征集参赛作品1368件。实施青年高层次人才培养工程,开展“学子归巢”系列活动,为276名大学生提供实践岗位;与市人才办开展晋城市创新创业优秀青年评选,评选“创新优秀青年”和“创业优秀青年”20名；开展“团团学堂”活动9期。实施青年岗位建功行动，完成2018—2019年度市级“青年文明号”争创集体的申报培训工作；开展“安全生产、青年先行、从我做起、争做表率”主题团日活动31场，覆盖青年3000余人；联合市总工会、市科协开展“五小”竞赛活动，组建青年技术创新小组389个。

【志愿者工作】 2018年，共青团晋城市委推进青年志愿者工作制度化发展，完成青年志愿者协会换届工作。常态化开展春运志愿服务、“3·5”学雷锋志愿服务活动、关爱农民工子女志愿服务行动、助残“阳光行动”等活动。推进“同心同梦”关心关爱未成年人公益项目。开展活动12次，覆盖青少年7483人，帮助179名山区学生完成微心愿。开展“问祖炎帝·寻根高平”第三届海峡两岸神农炎帝文化旅游招商系列活动志愿服务，126名青年志愿者为1458名（仅市区）台湾同胞和海外华侨提供志愿服务，260名青年志愿者参加高平主会场志愿服务。倡导青少年参与生态环境保护，启动“保护母亲河，争当‘河小青’”“共创晋城蓝”系列公益项目和“小手牵大手，共建晋城绿”环保公益行动——爱心公益植树活动，线上线下开展活动227场，覆盖青年6.4万人次。

【青少年维权】 2018年，共青团晋城市委完善青少年权益工作党政部门合作机制，落实晋城市《关于进一步深化预防青少年违法犯罪工作的实施方案》，推动专门学校建设和专门教育。开展重点青少年扫黑除恶专项斗争工作，以秀水苑、凤鸣、建设路三个社区为试点，推进青少年零犯罪社区创建工作。组织检察、人社、财政、技师学院等单位到临汾市乡宁县未成年人关护教育基地参观学习。组织实施2018年中央专项彩票公益金支持“助力计划”困境青少年社会服务项目，组建658人的禁毒防艾宣传志愿队伍，开展423节心理健康教育课程、533节“五防”安全自护课程和130场重点青少年禁毒防艾宣传教育主题活动。深化“共青团与人大代表、政协委员面对面”活动，市、县两级共开展“面对面”活动22场，形成提案议案6份。

【法治教育】 2018年，共青团晋城市委推行山西省“守护青春”青少年法治广播，3万名在校学生累计收听1000小时。在20所中小学校开展“预防校园欺凌法治宣传教育进校园”专项活动，覆盖1万余名学生。开展“远离黑恶势力，法治进校园”活动，与市人民检察院、市教育局联合印发《关于组织开展“远离黑恶势力，法治进校园”活动的通知》，覆盖中小学校及幼儿园43所，开展活动45场，覆盖学生、教师、家长1.85万人次。举行“12·4”国家宪法日18岁成人仪式，引导广大青少年争做知法、懂法、守法、用法的社会主义公民。开展寒暑期“青春自护”教育活动300余场、主题班会3000余次，覆盖学校500余所、学生15万余名。推进家庭教育，开设父母大学家庭教育课程，开通微信讲座，开设社会实践配套活动暨《学习动力课》，开展活动34场，涉及5个社区、10所学校，受益人数达8000余人。

【实践教育】 2018年，共青团晋城市委按照“校内+社会+基地”三位一体实践教育工作格局，开展“七彩假期”“七彩课堂”“红领巾俱乐部”等青少年喜爱的社会实践活动18期。加强“晋青世界”青少年校外实践教育基地建设，开展“晋青世界”综合实践营24期，5913名中小学生参加。启动高中生暑期社会实践（职业体验）活动，成立晋城市青少年社会教育联盟，提供实践岗位200余个。启动“全市中小学生创客大赛”，举办晋城市第一届中小学生创客大赛机器人项目竞赛，全市236支队伍、590余名选手参加。在全国“双创周”山西分会场“创客小达人”机器人赛中，获得三等奖2个。

【社会服务】 2018年，共青团晋城市委启动“轻松备考“12355”与你同行”阳光行动，开展讲座24场，累计服务1万余名毕业生和家长。与市广播电视台合作，推出“2018团团帮你找对象”系列联谊活动，开展线上电台直播活动172期、线下活动8期。

【脱贫攻坚】 2018年，共青团晋

城市委承办启动山西省青联“双争双兴”产业扶贫项目,重点做好三个“一批”:充实一批扶贫人才,常态化开展教育下乡扶贫志愿服务活动,到陵川、沁水偏远山区小学开展活动6次,覆盖青少年300余名;推进在校大学生通过“三下乡”活动投身乡村振兴,团省委学校部、团市委和阳城县政府7月17日在阳城启动山西高校服务乡村振兴战略“双争双兴”工程暨“印象阳城、筑梦乡村”山西省大学生暑期实践专项活动,清华大学、山西大学、太原理工大学等16所高校近300名大学生在阳城县35个农村进行暑期实践;实施一批扶贫项目,整合社会力量,设立晋城市青少年成长基金,首期募集资金69万余元,利用团省委、晋城市委专项资金和市青少年成长基金,在全市筛选资助34个“服务青少年健康成长公益项目”,包含助学助困、创业培训、心理辅导、安全自护、思想引导五大类,受益青少年8万人次;培养一批致富带头人,与市商务局联合下发《晋城青年电商助力脱贫攻坚2018年行动计划》,以返乡创业青年为重点,通过开展电商、专业技能培训,提供就业岗位信息,为贫困地区青年就业创业提供智力支持和政策支持。

【援疆工作】 2018年,共青团晋城市委加强民族团结教育,开展青少年民族团结进步创建和对口支援,资助对口援疆单位2万元,接待两批新疆地区教师考察团到晋城考察交流。联合市教育局组织市直各学校10余名教师、课改管理人员、学校团委书记组成“晋城教育援疆团”到新疆开展教育援疆活动。

【队伍建设】 2018年,共青团晋城市委在团员发展上采取控制源头、逐级分配发展团员名额的方式进行数量调控,统一分配发展团员编号,开展违规发展团员核查整改专项工作,完成第一批整改工作。加强日常团务管理和团员意识教育,引导团员在青年中发挥模范作用。全市形成学校发展团员、团员教育、团务管理“一盘棋”的工作制度,把工作重点由入口管理转向入口管理和日常管理相结合。

【“青年之家”建设】 2018年,共青团晋城市委按照“有明显标志、有共青团元素、有阵地依托、有专人负责、有活动项目、有机制保障”的标准,认定38个市级“青年之家”并统一挂牌。在市级青年之家投放双向互动交流屏,实现线上线下双向互动。

(孙　霞)

晋城市妇女联合会

【概述】 2018年,晋城市妇女联合会以促进妇女创业就业、改善妇女民生、维护妇女合法权益、提升妇女素质为根本任务,推进妇联系统各项工作开创新局面。推选“全国三八红旗手”1名,省级“三八”红旗手5名、省级“三八”红旗集体2名,省级巾帼文明岗5名、巾帼建功标兵6名。

【思想引领】 2018年,晋城市妇女联合会以“巾帼心向党、建功新时代”为主题,开展习近平新时代中国特色社会主义思想学习和纪念改革开放40周年系列宣传教育活动。开展“十百千万巾帼大宣讲”活动,邀请中共十九大代表毕腊英作专题宣讲报告,组织妇联干部深入基层、深入农村、深入群众宣讲中共十九大精神;举办“三八”国际妇女节系列纪念活动;组织市直机关“巾帼心向党”征文比赛,开展“晋城的事大家想大家说大家干”各界妇女研讨会,征集探讨做好新形势下妇女群众工作的新思路新举措,引领广大妇女听党话、跟党走的政治自觉。

【组织建设】 2018年,晋城市妇女联合会指导4县区完成换届工作,市县两级共选配兼挂职副主席42名,执委常委263名;乡镇(街道)新增执委1182名;村(社区)新增执委18822名。市直机关、非公经济组织、合作社、社会组织新建各类妇女组织2600个,指导成立女医师协会、女教授协会、母婴协会。举办市县乡三级妇联干部培训班12期,培训3000余人次,强化机关干部深入联系点工作,全市妇联确定联系点48个,妇联干部深入联系点467人次,办实事71件,惠及妇女1.2万人次。

【网络平台建设】 2018年,晋城市妇女联合会增强建网用网意识,依托晋城妇女网、微信、微博平台，强化组织“末梢”建设。制作“2018，巾帼再出发”H5微信小程序，网络直播庆“三八”纪念活动，群众点赞关注人数达3万余人次；完善各类工作联系群、妇女服务群，基层妇联干部全部进入全国妇联“妇联通”APP客户端，实现妇联组织与妇女群众联系常态化。

【“巾帼创业创新行动”】 2018年，晋城市妇女联合会举办“巾帼创新业、建功十九大”妇女手工艺品成果展，开展“妇联邀你回娘家”活动，发挥妇联组织的群众性特质。组织“春风行动”专场招聘会14场，提供就业岗位1.5万余个，帮助2852名妇女就业。持续做好妇女创业小额担保财政贴息贷款工作，为28名创业妇女发放贷款238万元。举办家政培训38期，1960余名妇女走上家政服务岗位。举办“晋城市第四届晋嫂家政服务员技能选拔赛”，组队参加山西省第四届“晋嫂”家政服务技能大赛个人，获得2银1铜和团体金奖。

【“巾帼脱贫大篷车”活动】 2018年，晋城市开展市、县、乡妇联三级联动“巾帼脱贫大篷车”活动，涉及20多个村280多名群众。开展精准脱贫技能培训13期，参训人数610余人，活动涉及130余个村庄、慰问贫困妇女43名；组织志愿服务活动11次，380余人参加志愿服务。

【“乡村振兴巾帼行动”】 2018年，晋城市妇联出台《推进乡村振兴巾帼行动实施方案》，各级妇联向广大妇女发出“乡村振兴、巾帼行动”倡议书。选树市级“巾帼脱贫示范基地”“巾帼现代农业示范基地”“巾帼电商示范店”等示范基地24个。开展“美丽庭院”创建活动，改造提升农村环境卫生。开展新农民技能培训，580名农村妇女实现就业。

【妇女服务】 2018年，晋城市妇女联合会与县妇幼院联合开展“两癌”（宫颈癌和乳腺癌）免费检查，共为3.93万名妇女免费检查。31名农村“贫困母亲”获得全国“农村贫困母亲两癌救助”救助金31万元。

【文明家庭创建】 2018年，晋城市妇女联合会常态化开展寻找“最美家庭”活动，推选142户晋城市“最美家庭”。与晋城广播电视台联合推出“美德家庭、美好生活”广播专题节目，播出36期，邀请70多位全国、市级最美家庭典型分享好家风故事。组织优秀家长代表进乡村、进校园、进企业，为近千名家长分享教子经验。与市纪委监委联合开展“树清廉家风、创最美家庭”系列主题教育活动。开展好家风好家训征集活动和好家风家教巡讲，“文明家庭”创建率达90%。

【家庭教育提升行动】 2018年，市县乡村妇联“四级联动”，以“推进家庭教育、培育时代新人”为主题，贯彻《山西省家庭教育促进条例》，落实家庭教育工作“十三五”规划。联合出台《晋城市关于指导推进家庭教育的三年规划（2018—2020）》。培育家庭教育指导员队伍，建立家庭教育指导服务中心（站点）4个，组织家庭教育讲师团开展公益讲座近百期。探索“互联网+”家庭教育微课堂，为家长提供针对性的指导服务。联合启动晋城市首届幸福家庭教育节，开展“传承好家风、做新时代好少年”“六一”庆祝活动，评选表彰10名“家庭教育优秀讲师”、30名“杰出父母”、10个“家庭亲子阅读体验基地”。开展“相伴共读、书香润德”家庭亲子阅读活动，涌现出全国亲子阅读体验基地——喜阅书吧，以及一批亲子读书基地。举行“传承红色基因、争做时代新人”主题教育启动仪式，推动红色文化走进孩子们的精神世界。

【关爱儿童守护行动】 2018年，晋城市各级妇联携手社会爱心人士，慰问留守儿童、孤贫残儿童、单亲特困母亲等特殊群体。开展“恒爱行动”，发动“爱心妈妈”编织爱心毛衣300多件，捐赠给全市留守儿童、孤贫儿童和新疆的困境孩子。高平市妇联开展“护苗成才”活动，为93名贫困儿童发放“护苗成才”助学金3.3万元，为75名孤贫儿童置办新衣；泽州县妇联走进特殊教育学校及南岭小学、南岭初中，赠送学习用具价值1.67万元；城区妇联把家长学校建设纳入社区发展规划，将家庭教育指导作为向辖区居民提供的一项公共服务，每个社区都制定未成年人文体活动专项计划。

【权益维护】 2018年，晋城市妇女联合会在“3·8妇女节”“6·26国际禁毒日”“12·4法制宣传日”等期间，到陵川县潞城镇、泽州县南村镇等开展送法进村、进社区、进家庭活动。与晋城电台《百姓热线》栏目合作，宣传保障妇女权益相关法律法规，解答妇女维权相关问题。在“晋城妇女网”开设“法律法规”和“在线维权”板块，在线宣传解读保障妇女儿童权益的法律法规。加强“一站一线”(妇女维权工作站和12338妇女维权热线)建设，畅通家暴受害妇女信访及求助渠道。建立纵向联动婚姻调解机制，从源头上预防家庭婚姻、邻里纠纷等可能引发“民转刑”案件的发生。全年接待来信来访来电178件次，调解率超过92%。联合召开“平安家庭”工作推进会，表彰100户市级“平安家庭”。

(李连菊)

晋城市科学技术协会

【概述】 2018年，晋城市科学技术协会启动全面深化改革工作，召开第五次代表大会，团结带领广大科技工作者投身科技创新和经济转型发展第一线，为开创新时代美丽晋城高质量转型发展新局面献计出力，完成各项工作目标任务。

【科协改革】 2018年8月，印发《晋城市科协系统深化改革实施方案》，制定《晋城市科协系统深化改革实施方案细化分解办法》，明确工作任务，理清责任分工，启动深化改革工作。至年底，6县(市、区)全部出台改革方案。12月25日，召开市科协第五次代表大会，选举产生新一届科协领导班子，落实科协副主席“专挂兼”改革任务，优化科协代表、委员、常委结构。

【科普宣传】 2018年，全市科协系统开展第二十七届“科技之春”宣传月活动，在泽州县柳树口镇南寨村举行启动仪式。期间，开展晋城市“春耕春播专家行”、中国流动科技馆沁水巡展、省科技馆科普大篷车“最后一公里”高平巡展等活动。开展“科技活动周”暨“全国科技工作者日”助力乡村振兴系列活动。7月20日，市科协在城区建设路社区开展“尚德守法食品安全让生活更美好”主题日活动，发放食品安全宣传挂图5套，《中华人民共和国食品安全法》等科普书籍500余本，受益群众1000余人。组织参加在陵川县潞城镇西八渠村举办的文化科技卫生“三下乡”活动。通过短信平台，及“晋城科普”微信公众号，定期向重点人群发送科普微信68期、195条，科普短信息2.4万余条。

【全国科普日活动】 2018年，晋城市科协举办“创新引领时代、智慧点亮生活”2018年全国科普日活动，近2万名学生和家长参观市地震科普馆、市气象科普馆、市橄榄绿职业培训学校“国防科普展览馆”三个市级“科普教育基地”。邀请营养、医学、环保专家在10个市级“科普示范社区”举办科普报告10场，近千名居民参加。邀请中国科协创新战略研究院副院长周大亚和山西省人民医院专家申利，分别在泽州县高都镇、城区北街街道中后河社区举办科学家宣讲中共十九大精神报告会和健康科普报告讲座。

【科普中国e站建设】 2018年，晋城市科协按照“五有”(有场所、有人员、有网络、有终端、有项目)要求对全市中国科普e站情况调研摸底，取缔部分不合格的乡村e站，新建立24个站点。全市共建设科普中国e站99个，其中乡村e站78个、学校e站11个、社区e站10个。评选表彰奖励“优秀e站”和“十佳e站”各10个。

【文明科普示范社区建设】 2018年，晋城市科协与市文明办联合制定《关于开展文明城市创建加强社区科普规范化建设的实施方案》，修订《晋城市社区科普规范化建设基本标准》。成立“文明科普艺术团”、创建“文明科普大讲堂”和“科普中国·社区e站”，组建“文明科普志愿者服务队”。8月至9月，在城区凤台社区集中开展打造“科普一条街”活动；在凤台小学、凤台中学建起长100米的“学生创新、科普绘画展示长廊”和“科普中国·学校e站”；城区秀水苑社区建立“科普广场”，成立

“文明科普讲师团”；城区建设路社区筹建“科普超市”；城区凤鸣社区开展“科普网格”建设；城区西大街社区开展科普“四个一”活动。开展“优秀科普示范社区”申报工作，3个社区分别得到山西省科协4万元的资金支持。

【科学素质提升行动】 2018年，晋城市科协下发全民科学素质工作任务书，完成全市十三五中期全民科学素质自查工作。围绕“四大人群”(青少年、农民、城镇工作者、领导干部)开展提升行动，市农委开展新型职业农民培训和适用技术培训，培育新型职业农民4069人；市人社局针对失业人员举办职业技能培训班30余期，培训人数达5000人次；市委组织部举办“干部素质提升工程”报告会26场；市教育局开展青少年素质教育培训课程，改进教学方法，提升学生素养。编印公民科学素质丛书《身边的科学知识》系列之七读本2万册；在晋城电视台黄金时间段开播时长15分的《科普中国》宣传栏目；利用23个社区电子大屏等新媒体平台，全面普及科技知识，营造浓厚的科普氛围；举行晋城科普大讲堂中科院老科学家走进校园科普报告会20场。

【科技创新】 2018年，晋城市科协举办“晋城市第17届青少年科技创新大赛”，评出获奖作品969件。其中，一等奖144项，二等奖338项，三等奖487项；优秀指导教师奖97名；优秀组织奖6个。推荐200余件作品参加山西省第33届青少年科技创新大赛，获省级一、二、三等奖183项。20余项作品代表山西省参加全国第33届青少年科技创新大赛。组队参加第18届中国青少年机器人竞赛(山西赛区)联赛。推荐259件作品参加第14届山西省宋庆龄少年儿童发明奖评选。举办“2018年晋城市青少年科技辅导员培训班”，邀请中国科协“做中学”科学教育改革实验项目教学中心(东南大学)常务副主任周建中教授做专题辅导。

【科技服务】 2018年，晋城市科协组建“晋城籍院士专家服务联络中心”，制定晋城籍院士专家联络服务中心工作方案，收集晋城籍院士专家信息和企业技术需求信息。推进泽州县妇幼院院士专家工作站建设。推进企业科协组织建设，新组建2个企业科协，收到企业科协工作人员和企业科技工作者调查问卷24份。加强学会管理，印发《晋城市科协团体会员管理办法》《晋城市科协学会(团体会员)党建工作联络员制度》，依法依章开展学会工作，23家学会成为市科协团体会员。创建泽州县妇幼院等2个省级学会服务站。

【科技活动】 2018年，晋城市科协围绕市委提出的“晋城的事大家想大家说大家干”精神，多次召开科技工作者座谈会，在科技工作者中开展“弘扬爱国奋斗精神、建功立业新时代”活动。开展“讲理想、比贡献”竞赛活动，促进企业创新发展。开展第十九届山西省优秀学术论文申报工作，收到论文27篇，评出一等奖4篇、二等奖12篇、三等奖11篇。围绕市委市政府重点工作面向社会征集5个方面的课题，《依托工业互联网技术实现装备制造业高端要素集聚的对策研究——以晋城装备制造业转型升级为例》课题中标。开展第五届晋城市优秀工程技术人员和“十佳工程师”评选表彰活动，评选出“十佳工程师”10名、优秀工程技术人员20名。

【“金桥工程”】 2018年，晋城市科协组织实施“金桥工程”项目5项，为企业节约资金1730万元，增加利税2163万元。全市参加项目实施人员180人，其中科技人员68人。组织山西绿洲纺织有限公司和山西清慧制造有限公司12名技术人员，参加省科协组织的“TRIZ理论概论及案例辅导重点培训”和“一线创新工程师创新能力培训”。

(程晓丽)

晋城市工商业联合会(总商会)

【概述】 2018年，晋城市工商业联合会总商会围绕市委、市政府中心工作，服务经济社会发展大局，制定《晋城市工商联2018年“五好”县级工商联建设工作实施方案》和《晋城市工商联“四好”商会建设工作方案》，“五好”工商联和“四好”商会创建实现新突破。晋钢集团、沁和能源、太行能源、浩翔控股、清慧制造等5家民营企业入选全省民营企业百强。

【宣传教育】 2018年，晋城市工商业联合会举办民企大讲堂2期，邀请河南省圆方集团非公党建学院执行院长李圆方，索通发展股份有限公司创始人、北京晋城商会会长郎光辉分别围绕非公企业党建和“循环经济发展模式”做专题讲座。组织首届“弘扬企业家精神，争做新时代表率”民营企业家徒步活动，各县(市、区)工商联、市直各商(协)会、民营企业等28个单位(团体)，700余名选手参加活动，展示晋城市民营企业家良好形象。通过开展学习宣讲、召开座谈会和举办理想信念专题教育培训等活动，引导广大非公经济人士增强对中国特色社会主义的信念、对党和政府的信任、对企业发展的信心。

【经济服务】 2018年，晋城市工商业联合会贯彻落实市委七届四次全会暨经济工作会议工作部署，加快民营经济发展。12月13日，山西省工商业联合会、山西省发改委将晋城市列为全省民营经济发展改革示范市。开展调查研究，收集非公企业存在的问题困难编发《民企直通车》，直接报送市委、市政府主要领导，为民营企业与市委、市政府建立沟通渠道。开展“百企帮百村”活动，参与帮扶的民营企业、商会达308个，引进各类投资1.7亿元，捐资助困、助学、助残581.07万元、解决就业451人。项目投资1474.5万元，帮扶81个村3946人。

【优化营商环境】 2018年，晋城市工商业联合会与市人民检察院联合召开支持和服务企业家创新创业营造良好法治环境座谈会，建立长效沟通机制，联合印发《关于加强晋城市检察机关与工商业联合会联系协作共同服务企业家创新创业营造良好法治环境工作的通知》《关于组织开展“送法进企业”活动的通知》《关于建立检企联系的工作机制》。举办“强化合同意识、维护合法权益”送法入企专题讲座，帮助民企用法律武器维护自己的合法权益。

【对外交流】 2018年，晋城市工商业联合会制定《晋城市工商联“走出去看，学回来干”工作方案》。组织各县(市、区)新生代企业家及市直商(协)会，开展“立足山上，融入山下”创新创业观摩学习“焦作行”活动；与淄博市工商联结为友好工商联；组织焦作、淄博、晋城等八大异地商会，参加沁水县招商引资项目推介会，到沁水经济开发区、易高煤层气、圣康蜂业、湘峪三都古城、太行洪谷等地参观考察，寻找合作商机；开展晋商晋才回访活动，组织民营企业家到北京晋城商会、天津山西商会、哈工大智能装备基地等对接，参加内蒙古遨汉旗、平遥、焦作等地的招商引资活动。

【为企服务】 2018年，晋城市工商业联合会制定《民营企业重点企业入企服务实施方案》，入企20余次，梳理5家“省百强”民企融资、用工、人才等4类18个问题，针对性地协调解决。开展民营企业营商环境评价工作，走访民营企业100多家，形成《晋城市营商环境评价报告》。对32家上规模民营企业进行调研，为分析民营企业经济发展趋势、民营企业发展规律提供依据。完成吉利尔潞绸、凯永养殖、神农泉酒业、清慧盛凯科技、兴达铸件、伊健食品、华泰电力杆塔、恒亚工贸、源源醋业9家上市挂牌后备企业申报工作。帮助兴高能源、泫氏实业、清慧机械制造、凯永养殖、一把灰科技、高平化工有限公司、优煤易购等企业申报全省转型综改先进单位和示范项目。

(李群山)

晋城市文学艺术界联合会

【概述】 2018年，晋城市文学艺术界联合会围绕全市中心工作，发挥“团结引导、联络协调、服务管理、自律维权”职能，统筹协调，扎实工作，推动各项工作取得较好成绩。

【文艺活动】 2018年，晋城市文联组织开展“纪念改革开放40周年”主题文艺活动。举办“挥毫抒时代翰墨咏晋城”迎新春楹联书法展览、“吹响时代号角凝聚奋进力量——晋城市纪念改革开放40周年书画展”“见新见绿绘阳城”画家写生采风等活动。参与省委宣传部、省文联举办的“放歌新时代

——纪念改革开放40周年山西书画作品展”创作展览活动，首届“晋城农商银行杯——我与家乡共成长”征文大赛，晋城市纪念改革开放40周年暨欢度中秋、国庆优秀剧目展演、国家艺术基金赞助项目合唱《打酸枣》巡演等活动。

【惠民演出】 2018年，晋城市文联组建“新时代太行文艺轻骑兵”队伍，开展“深入生活、扎根人民”文艺惠民活动。1月30日，在太焦高铁珏山隧道工地举行“共筑中国梦，文化进万家”——晋城市“新时代太行文艺轻骑兵”启程仪式暨慰问演出；2月7日，在泽州县公安消防支队开展“进军营送祝福”活动；4月28日，在高平市三甲镇举行晋城市文艺界“唱响时代声音、凝聚奋进力量”文艺演出；10月5日，在阳城县润城镇门楼底村举行戏曲演出。

【赵树理文学馆】 2018年，赵树理文学馆共接待参观人员8000余人次。举办第16期赵树理文化沙龙，邀请原晋城博物馆馆长、文博研究员张广善作《晋城古建的前世与今生》专题讲座。6月，同中国赵树理研究会、《现代中文学刊》编辑部共同主办“赵树理和他的同时代人”学术研讨会，全国近30位知名学者参加研讨。举办“流泉静心”贾大一写生作品展、“丹楹刻桷晋韵流长”晋城古建筑装饰展、“名家投笔泽州”书画作品展等。

【《太行文学》】 2018年，晋城市文联编辑《太行文学》6期。组织文学爱好者到高平河西采风创作。9月5日，组织30余名文学创作者参加在高平东山书院举办的“牢记文学使命，扎根生活沃土”太行文学笔会，引导广大文学创作者用手中的笔讲好晋城故事。

【协会工作】 2018年，晋城市文联启动文艺家协会换届工作，晋城市赵树理研究会、民间文艺家协会完成换届；晋城市音乐舞蹈家协会分立，成立晋城市音乐家协会和晋城市舞蹈家协会。

（王　敬）

晋城市归国华侨联合会

【概述】 2018年，晋城市归国华侨联合会发挥凝聚侨心、汇聚侨智、发挥侨力、维护侨益的独特作用，在第十次全国归侨侨眷代表大会上，连续第三次获得“全国侨联系统先进集体”称号。

【文化交流】 2018年，晋城市归国华侨联合会配合市委开展新时代海外侨胞山西·晋城经贸文化交流合作活动，邀请39个国家和地区130余个侨团近300名侨商参加活动。配合炎帝陵祭祖活动，举办“亲情中华·欢聚高平”文艺晚会。做好“中国华侨国际文化交流基地”挂牌工作，为“皇城相府”“大阳古镇”“高平炎帝陵”等挂牌。举办“亲情中华”夏令营山西沁水营活动，选拔优秀中学生组成“山西沁水·多伦多之谊”夏令营，开展文化景点体验、走进历史文化古村落、欣赏国粹等活动。

【涉侨服务】 2018年，晋城市新增第二批市级“侨胞之家”6家，“侨胞之家”总数达到19家。晋城市归国华侨联合会与市政府发展研究中心合作，开展涉侨企业调研，帮助涉侨企业解决招工难等问题，优化侨资营商环境。

【扶贫助困】 2018年，晋城市归国华侨联合会开展“走基层、访侨户”和“送温暖、献爱心”慰问活动，发放慰问金6.56万元。其中，向阳城县东冶镇柳泉村拨付扶贫资金5000元；向阳城一中“树人班”拨付贫困助学资金5000元；慰问救济全市76户归侨侨眷贫困户。走访老归侨、鳏寡孤独病侨户和新侨代表人士及其亲属，帮助23户归侨侨眷进行“光明行”白内障手术治疗。

（张　然）

晋城市残疾人联合会

【概述】 2018年，晋城市残疾人联合会挖掘和培塑扶残助残先进典型，撰写调研报告5篇，连续第6年被省残联授予“全省残疾人工作优秀单位”称号，连续第2年被市文明办授予“市直文明单位标兵”称号。

【康复服务】 2018年，晋城市残联实施省、市政府为民办实事残疾预防重点干预和残疾儿童抢救性康复项目3185名，完成率130.53%。其中，完成150名初筛阳性0—6岁儿童复筛和残疾诊断，完成2688名疑似残疾人残疾评定，为347人次0—6岁残疾儿童提供抢救性康复服务。开展残疾人精准康复服务行动，为11339人提供康复服务，康复服务率为84.70%，辅助器具适配率为93.47%，建档立卡残疾人基本辅助器具适配率为88.87%，建档立卡贫困人口服务率为89.97%，因病致(返)贫服务率为92.87%，精神残疾人康复服务率为84.53%。举办各类康复专业人才培训班9期，培训人员507人次。

【残疾人就业】 2018年，晋城市残联加大安置残疾人集中就业单位和残疾人自主创业扶持力度，扶持奖励12家集中安置残疾人就业单位和393户自主创业残疾户，奖励资金125万元，安置残疾人就业655名。推进按比例安排残疾人就业工作，7家行政事业单位和15家企业安置残疾人就业393名，征收残疾人就业保障金2649万元。启动“爱心馒头”下乡村进社区残疾人就业项目，太原市英辉丰源食品有限公司在沁水县开展试点，免费为残疾人发放爱心馒头助残便民就业服务车30辆，帮助32名残疾人就业。举办“2018年晋城市残疾人就业富士康专场招聘会”，200余名残疾人参加招聘，18人被录用。举办残疾人职业技能和实用技术培训15期，培训残疾人544人次；承办山西省残联系统工作人员手语翻译培训班，全省148人参加培训；开展农村实用技术培训17期，培训农村贫困残疾人658人，其中建档立卡贫困人员468人。全市城镇新增残疾人就业94人、农村新增残疾人就业519人。

【残疾人保障】 2018年，晋城市动态更新68619名残疾人基本服务状况与需求信息数据，为5456名残疾人发放第二代残疾人证，为21263名重度残疾人发放护理补贴资金1433万元。实施彩票公益金助学项目，为32名残疾大学生和残疾人家庭子女大学生发放救助资金14.1万元。实施“阳光家园”计划等残疾人托养服务项目，为448名残疾人提供托养服务，投入资金123.96万元。

【宣传活动】 2018年，晋城市残联开展爱耳日、全国助残日、残疾预防日等宣传教育活动。组织参加山西省第11届残疾人运动会，34名运动员参加比赛，获得5枚金牌、5枚银牌、3枚铜牌。开展2016—2017年度残疾人事业好新闻评选工作，选送10个作品参加全省评选，其中通信类4个、电视栏目类4个、广播电台类2个。开展残疾人文化进家庭“五个一”活动(读一本书、看一场电影、游一次园、参观一次展览、参加一次文化活动)，为35户残疾人家庭提供文化服务。

【权益维护】 2018年，晋城市残联配合市人大常委会开展残疾人保障“一法一条例”执法检查，召开3次执法检查组全体会议。为530辆残疾人机动轮椅车发放燃油补贴13.78万元，为28名考取驾照的残疾人发放申驾补贴5.6万元，为105户贫困残疾人进行家庭无障碍改造。开展残疾人法律、法规、政策宣传普及活动，法治和维权业务培训等活动，加强残疾人法治建设。办理人大代表、政协委员提案、建议7件，办结率为100%，满意率为100%；办理残疾人法律救助案件13例，每例补助3000元；接待残疾人上访人员247人次，“12385”残疾人服务热线接听来电460余个。

【扶贫工作】 2018年，晋城市残联联合24个部门单位出台《贫困残疾人脱贫攻坚实施方案》，印发《关于落实建档立卡贫困残疾人社会保障政策的通知》《关于做好2018年全市残疾人精准康复服务行动计划项目组织实施工作的通知》《关于做好全市建档立卡残疾人基本辅助器具适配全覆盖工作的通知》等，加大建档立卡残疾人的精准帮扶力度。实施农村基层党组织助残扶贫工程，为230户建档立卡残疾人发放帮扶资金69万元。实施“特困”重度残疾人供养补贴项目，为1513名残疾人提供供养补贴资金134.55万元。

(赵军峰)

晋城市关心下一代工作委员会

【概述】 2018年，晋城市关心下一代工作委员会主抓两项工作

(传承红色基因、争做时代新人,纪念改革开放40周年),突出三个重点(加强关工委基层组织建设、十百千万“五老”(老干部、老战士、老专家、老教师、老模范)关爱帮扶行动、开展“五老”联户家风家教活动),获全国“中华魂”(辉煌与梦想)主题教育活动先进集体和全市老干部工作先进集体称号。

【思想教育】 2018年,晋城市关工委汇编《习近平寄语下一代》书籍,赠送给基层“五老”和市直20所学校的青少年。城区、陵川县、沁水县分别组织“五老”宣讲团到中小学校进行习近平新时代中国特色社会主义思想和中共十九大精神宣讲,受教育青少年达3.6万人。

【基层组织建设】 2018年,晋城市委印发《关于进一步加强关工委基层组织建设和“五老”队伍建设工作的通知》,支持关工委基层组织建设。市关工委以创建“五好关工委”为抓手,巩固完善“一村一校一企业”示范点。构建“五位一体”基层关工委网络,按照工作性质、职级、责任和区域分布,以县(市直单位)为核心、乡镇(街道)为纽带、村(社区)为前沿、学校为载体、企业为援手建立关工委系统工作网络。全市84个乡(镇、街道)、96.5%的村(居)委和304个机关单位、479个中小学校、198个规模以上民营企业成立关工委组织。开展基层关工委建设情况普查,汇编《晋城市直机关驻市单位社团组织关工委组织名录》《晋城市乡(镇、街道)关工委组织名录》《晋城市学校关工委组织名录》《晋城市民营企业关工委组织名录》《晋城市村(社区)关工委组织名录》,收录全市基层关工委组织2614个。

【“五助”调查】 2018年,晋城市关工委与市中小企业局两次联合发文,加强和巩固民营企业关工委组织建设。开展民营企业“助学、助困、助孤、助残、助业”调查,走访调查规模以上民营企业42家。其中,泽州县6家、高平市10家、阳城县2家、沁水县14家、陵川县10家。

【主题教育活动】 2018年,晋城市关工委开展“传承红色基因,争做时代新人”主题教育活动,印发《全市“传承红色基因,争做时代新人”十项活动方案》,《光明日报》《山西日报》等报刊先后进行报道。7月5日,举行庆祝町店战斗胜利80周年纪念活动,省政协原主席黄晓薇,省军区司令员邹小平,黄克诚之女黄梅,市四大班子领导以及老红军、老八路后代,社会各界代表和当地青少年1200余人参加纪念大会;7月30日,在革命老区沁水县南阳村——八路军抗日军政大学太岳分校旧址举行“传承红色基因、争做时代新人”主题教育活动启动仪式,300余人参加启动仪式;9月10日,市委书记张志川到晋城职业技术学院讲“传承红色基因,争做时代新人”专题党课;推荐阳城太岳烈士陵园为山西省第一批关心下一代党史教育基地;11月14日至16日,举办老少书法作品展,展出书法作品168幅。各县(市、区)关工委均开展此项活动。

【“中华魂”读书教育活动】 2018年,晋城市关工委开展“中华魂”(腾飞的祖国——改革开放40年)主题教育读书活动。全市征集“中华魂”(辉煌与梦想)主题教育读书活动有奖征文1870篇,评出小学组、中学组、青年(高中)组一、二、三等奖249篇。泽州县关工委等5个单位获先进集体奖,阳城县关工委等15个单位获优秀组织奖。

【关爱工程】 2018年,晋城市关工委实施“十百千万”“五老”关爱工程,以农村贫困青年、留守儿童和困境青少年群体为重点。泽州县关工委到犁川镇崔河中心小学,开展“用心点燃希望,用爱促进成长”庆“六一”捐赠活动,长城职业技术学校捐赠价值6000元的图书,山西新华书店集团晋城有限公司捐赠价值3500元的书包,博大生殖医院为孩子们进行健康体检,县关工委和县直相关部门捐赠价值1.8万元的学习用品。高平兴高集团关工委,为考取大中专院校的困难员工子女发放2000—5000元的奖助金,为三甲镇北李村学校捐赠教学设备,资助高平一中80余名中考优秀师生代表到北京开展夏令营活动。阳城县环城实业有限公司设立“龙门奖学金”,为60名考入清华大学、北京大学的阳城学子每人资助5000元，为80名家庭困难大学给予救助，为20余名家庭贫困学生提供资助。沁水县胡底乡关工委常务副主任王文太获全省脱贫攻坚奉献奖，带领家庭为病患青年捐助1万元；为胡底乡樊庄幼儿园、玉溪幼儿园和胡底乡中心幼儿园捐赠价值1600元的文具盒、彩笔；筹资10.5万元，为胡底乡2018年考入大学的63名贫困家庭大学生发放救助金。晋城公路分局退休干部、老党员钱恒迪购买1315元文体用品，捐赠给陵川县崇文镇营里小学；捐资1000元资助新考入大学的困难职工子女。陵川县附城镇退休教师常东升连续捐资助教21年，累计捐赠资金18.3万元。晋城市财政局退休干部段中阳累计为阳城县11名贫困家庭大学生筹资3.5万元。泽州县湛续冲累计为遍山中学捐资2万多元。高平市电影公司退休干部部万成3年累计捐款2万多元，资助品学兼优家庭困难学生。阳城县润城镇退休教师赵根胜募集资金4000多元帮助贫困家庭维修房屋。

【家教家风活动】 2018年，晋城市关工委开展"五老"联户家风家教活动。高平市三甲镇涌现出崔有余、秦福喜等联户先进典型；高平市河西镇关工委常务副主任焦天勤，宣传"引善积德"的好家风，购买各类书籍数万册，办起家庭图书馆，被评为"河西好人"。阳城县退休干部陈吉锁投资3万元印刷60万字传统家训，赠送给300多户村民。沁水县树立张道德等16名"五老"联户典型，县教师进修校退休教师李畴用入选为2018年"助人为乐"山西好人候选人。

（王晋临）

晋城市法学会

【概述】 2018年，晋城市法学会围绕市委、市政府中心工作，开展法学研究、法治宣传、法律服务、立法咨询等工作。全市发展团体会员5个，个人会员700多人，会员队伍健康发展，党组实现全覆盖，在全省率先实现县级法学会全覆盖。

【法治宣传】 2018年，晋城市县两级法学会组织开展宪法宣传"八个一"活动，即开展一次宪法知识讲座、开展一次"宪法进机关"学习交流活动、开展一次宪法历史资料馆观摩活动、开展一次主题党日活动、开展一次宪法知识考试、开展一次宪法学习书法展、开展一次宪法宣传进基层活动、开辟一个宪法学习专栏，增强人民群众的宪法意识。参与"12·4"国家宪法日现场宣传和"三八"维权周等活动，发放《中华人民共和国宪法》《中华人民共和国民法总则》《中华人民共和国妇女权益保障法》《中华人民共和国反家庭暴力法》《晋城市见义勇为英雄谱》等法律书籍及宣传资料。市县两级法学会组织开展"百名法学家百场报告会"315场，开展"青年普法志愿者法治文化基层行活动"2938次。

【调研交流】 2018年，晋城市法学会向法学法律工作者、会员发放"法学会工作大家想大家说大家干"调查问卷，征集意见建议。5月24日，召开全市政法系统"两代表一委员"暨法学法律工作者座谈会，梳理关于法学研究方面的建议4条。阳城县法学会《发挥自身优势、创新工作机制、倾力打造法治阳城建设升级版》调研报告，在全国地方法学会工作座谈会上交流；市公安局常务副局长、市法学会副会长赵建云的论文《农村涉黑涉恶法律问题研究》，在江西南昌召开的第十一届"中部崛起法治论坛"上获得优秀奖。

【法学研究】 2018年，晋城市法学会组织征集山西省法学会法学研究课题申报活动，泽州县人民法院郭旭鸿和山西大学马爱萍的课题《我国家事审判制度研究》获省法学会一般课题立项资格。选送优秀论文参加第13届中国法学青年论坛主题征文、第13届中国法学家论坛主题征文、第6届"董必武青年法学成果奖"评选、第11届"中部崛起法治论坛"征文、第13届"环渤海区域法治论坛"征文、庆祝改革开放40周年主题征文等活动。在第11届"中部崛起法治论坛"上获得三等奖2篇、优秀奖3篇；在第13届"环渤海区域法治论坛"上获优秀奖6篇；获全省2018年度小微课题优秀课题奖52篇。

【法律服务】 2018年，晋城市法

学会组织会员参与“第三方评价庭审活动”，参加最高人民法院主办，中国庭审公开网、新浪司法频道承办的“2017年中国庭审公开网优秀庭审推选活动”，晋城市报送案件点评内容页面截图29张。7月11日在高平市综治中心召开晋城市法学会与三级综治中心共建法律服务平台推进会，高平市于8月底率先在全市实现三级法律服务平台建设全覆盖，其他县区10月底完成。

（苏 洁）

晋城市红十字会

【概述】 2018年，晋城市红十字会学习贯彻新修订的《中华人民共和国红十字会法》，依法治会，扎实工作，发挥党和政府人道领域的助手作用，七项目标考核指标全部完成。

【应急救援】 2018年，晋城市红十字会修订完善自然灾害救助应急预案，完善备灾救灾仓储管理制度。组织开展市红十字赈济救援综合演练，组建晋城市红十字赈济救援队，代表山西参加中国红十字赈济救援队（宁夏）联合演练。对市红十字赈济救援队、市红十字志愿者应急救援队、沁水县红十字蓝天救援队实行电子化管理，人员和装备录入中国红十字会网络系统。

【募捐工作】 2018年，全市红十字会系统接收募捐款138.8万元。市红十字会接收募捐款68.8万元，完成市委、市政府考核指标的138%。其中，“博爱一日捐”捐款40.27万元，定向捐款28.53万元。

【博爱救助】 2018年，晋城市红十字会共救助贫困家庭594户，发放救助金37万元，完成考核指标的198%。开展“博爱送万家”项目，救助市直单位困难党员和职工150人，发放救助金8万元；向312户困难家庭发放温暖包，价值6万元。实施“博爱助困”项目，救助贫困家庭100个，发放救助金20万元。开展精准紧急救助项目，救助特困家庭8户，发放救助金2.2万元。开展养老工作试点，申报红十字福寿安康养老服务基地3家。开展“小天使基金”“天使阳光行动”“博爱幸福工程”项目，筛查上报先心病30人、白血病7人。

【救护培训】 2018年，晋城市红十字会提高救护知识普及率，完成考核指标的215%，救护员培训1227人，取得救护员资格证1073人。完善救护培训管理平台，救护师资全部纳入信息平台管理；推进救护培训进机关、进社区、进学校、进农村、进企业、进军营“六进”活动，救护员培训14场，培训救护员386人；联合开展5期市直单位救护员培训，培训合格救护员546人。

【无偿献血】 2018年，晋城市完成219例造血干细胞采集任务。其中，高分辨4例，动员19例。8名志愿者成为中华骨髓库“五星级志愿者”。实施“造血干细胞捐献志愿者保留”项目，回访200余人。晋城市第九次获无偿献血先进市称号，1831人获无偿献血奉献奖，12人获无偿献血志愿服务奖，全市临床用血全部来源于无偿献血。

【器官捐赠】 2018年，晋城市红十字会开展人体器官捐献者缅怀

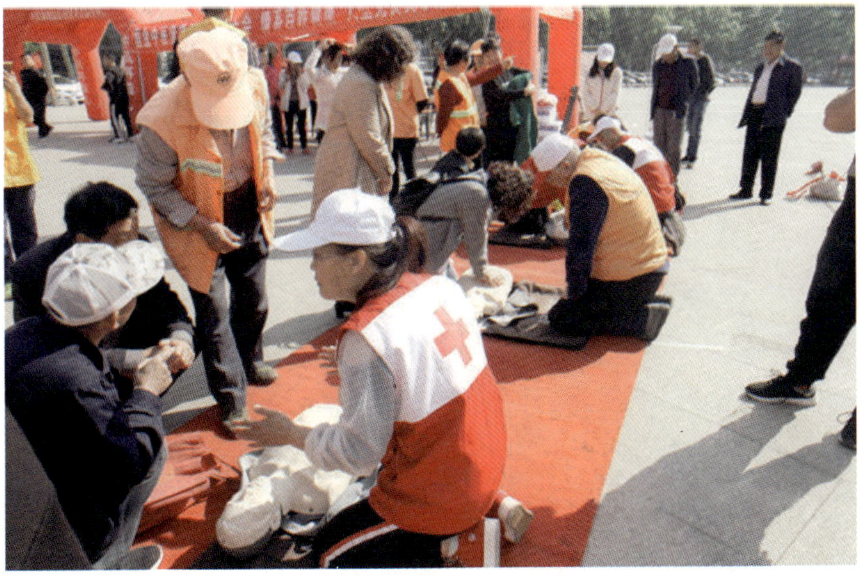

5月8日，市红十字会在文体宫广场开展“5.8世界红十字日”宣传义诊活动

（来源：晋城在线）

活动,登记报名的器官捐献志愿者达500余人,排名全省第二。实现非血缘关系身后人体器官捐献3人,挽救7名脏器衰竭患者。

【宣传活动】 2018年,晋城市红十字会在"5·8"世界红十字日、"5·12"防灾减灾日、献血日、急救日、防艾日等纪念日集中开展重点宣传5次;开展《中华人民共和国红十字会法》和红十字人道理念宣传12次;在《中国红十字报》、中国人道网、《太行日报》《太行晚报》、晋城电视台、晋城在线、晋城市红十字会网站、微信公众号等媒体刊发信息200余篇次,传递红十字文化,弘扬红十字精神。组织5200余名红十字青少年开展红十字防灾避险知识竞赛;与14家单位联合开展"同心同梦"青少年救护培训活动;在太原科技大学晋城校区开展预防艾滋病——红十字青少年在行动活动。

(殷建忠)

晋城市老区建设促进会

【概述】 2018年,晋城市老区建设促进会围绕全面建设小康社会的目标,推进晋城革命老区"五类"(党组织建立最早的村,老一辈革命家生活或工作过的村,党政军县团级以上机关驻扎过的村,发生过重大战役事件的村,战争年代当兵出粮出钱多、志愿革命贡献大的村)重点老区村发展。

【老区村调研】 2018年,晋城市老区建设促进会对老区乡镇在90%以上的重点老区县开展调研,陵川县有7个村、964户、2011人没有脱贫,贫困发生率为0.89%;沁水县28个省定贫困村全部退出,贫困发生率降至0.83%,贫困村退出率达到100%。其他县(市、区)没有国定、省定贫困村,仅有少数贫困户、贫困人口散落在各个乡村。

【老区宣传】 2018年,晋城市老区建设促进会在《太行日报》《太行晚报》发表文章10余篇,在《山西老区开发报》发表文章5篇,对洞头、土岭、武家湾、窦庄等特色老区村进行宣传报道,扩大老区村的知名度,促进老区村旅游开发、产品销售良好发展。

(陈苏洲)

宏观调控

【概述】 2018年，晋城市发展改革系统全面落实市委、市政府决策部署，统筹推进稳增长、促改革、调结构、惠民生、防风险，着力做好“六稳”工作，推动全市经济实现U形反转，各项工作都取得较好成绩。

【政策研究】 2018年，晋城市发改委聘请国家发改委国际合作中心专家团队，开展五大产业政策研究，形成推动晋城市产业高质量转型发展的顶层设计和政策组合。牵头出台晋城市争当全省能源革命排头兵、融入中原城市群、新型城镇化发展、“双创”、健康养老、生态文明建设、乡村振兴等实施意见和规划，为全市经济高质量发展把脉领航。

【规划评估】 2018年，晋城市发改委重点对“十三五”规划确定的重大改革政策、主要指标目标、重大项目进行评估评价，市七届人大常委会第二十次会议审议通过《中期评估报告》，为推进规划顺利实施奠定基础。

【产业转型】 2018年，晋城市煤层气、装备制造业、光机电、生物制药、战略性新兴产业、高技术产业分别同比增长11.9%、31.3%、62.2%、56.9%、22.8%、58.2%。制造业占工业增加值比重19%，同比增长0.3个百分点。设立“50亿+10亿”的光机电产业发展基金，研究出台“1+N”政策体系，组建光机电职业教育集团，孵化器、加速器、中试车间、专家公寓等配套设施基本建成。编制完成《晋城市大数据发展规划纲要(2018—2020年)》。中船重工、清慧制造、中电智云大数据产业园、华为云计算中心等项目建设进展顺利。

【固定资产投资】 2018年，晋城市全社会固定资产投资完成473.8亿元，同比增长10%，超省定目标1个百分点。优化投资结构，工业技改投资同比增长84.6%，第三产业投资同比增长20%，高于全社会投资增速。转型项目投资286.3亿元，占到全部投资60.4%。鼓励和引导社会投资，加大PPP项目的策划、审批和推介服务，民间投资活力进一步增强。

【项目建设】 2018年，晋城市发改委建设项目库833个，储备项目895个，总投资额3962亿元，是上年全市固定资产投资实际完成额的9.2倍。72项省市重点工程完成投资232.6亿元，完成率106.3%。铁路方面，推进太焦高铁建设，加强对接呼南高铁豫西通道晋城—济源—洛阳段直连前期工作，谋划晋城—运城高速铁路方案。机场方面，晋城民用机场列入国家民用运输机场“十三五”中期调整规划；泽州、阳城、高平、陵川通用机场列入《山西省通用机场布局规划(2018—2030年)》。公路方面，高标准谋划东南环高速、晋阳高速改造、晋运高速、安泽至沁水高速等重大战略项目。开展“前期手续集中办理”

活动,为271个项目完善立项、规划、土地、环评等手续。实施领导包联重点工程制度,市四大班子领导对省市重点工程实施全覆盖包联,市直部门责任领导挂牌推进重大项目。

【新能源产业】 2018年,晋城市发改委出台《晋城市打造能源革命排头兵领跑者实施方案》,全市先进产能进一步提升,风电、光伏等新能源得到进一步发展。全面推进煤矿标准化建设,全市煤炭先进产能达到7110万吨/年,占现有产能的66.2%。全市所有燃煤发电机组达到超低排放标准Ⅰ,低热值煤发电机组达到超低排放标准Ⅱ。纳入国家规模指标的6万千瓦光伏电站全部实现并网发电。中电投陵川风岭山一期10万千瓦风电项目实现并网发电。煤层气产业全市总钻井数累计达8733口,总投运井数累计达6986口;完成煤层气抽采量33.85亿立方米,同比增长8.1%;利用量31.64亿立方米,同比增长11.52%,利用率达93.5%。

【现代服务业】 2018年,全市服务业增加值同比增长8.5%,全市旅游总收入和接待游客人次均增长25%以上。全域旅游规划编制完成,"太行一号国家风景道"全线开工,晋城至郑州、焦作和长治以及市区到各县(市、区)的城际公交相继开通,太行古堡群世界文化遗产申报工作全面启动,华谊兄弟星剧场奠基开工,第三届海峡两岸神农炎帝文化旅游招商系列活动、"夏养晋城旅游养生体验季"和首届大行古堡国际论坛成功举办,在央视《魅力中国城》第二季竞演中获"十佳魅力城市"称号。

【"三去一降一补"】 2018年,全市钢铁产能化解85万吨,退出煤炭产能240万吨。全市商品房销售面积80万平方米,同比下降36.9%。全市规模以上工业企业每百元主营业务收入中的成本同比减少2.8元,每百元主营业务收入中的费用同比减少0.7元。三次下调一般工商业电价,累计降价幅度6.64分/千瓦时,累计为一般工商业用户减负4539万元;停征行政事业性收费5项,减轻群众负担300余万元;清理规范电网和转供电环节收费,为企业用户减负233万元。

【重点领域改革】 2018年,晋城市发改委牵头出台《晋城市企业投资项目承诺制改革试点报件指南》,在市政务中心设立企业投资项目承诺制窗口,统一受理项目报建审批事项,建立企业投资项目管理台账,全市进入承诺制改革试点项目达155个。推进价格改革,对各类收费目录清单进行动态管理,及时公布新增、取消、减免的各种收费项目,全面实行收费清单管理制度。完成75个部门488个事业单位的公务用车改革;47家市属国有企业公车制度改革,按照规定处置相关车辆,对涉改司勤人员进行妥善安置。

【信用体系建设】 2018年,市级信用信息共享平台顺利推进,平台框架搭建工作初步完成。加强政务诚信建设,分两批对全市51个政府机构失信案件进行专项治理,46个案件退出失信被执行人名单,退出率90%,居全省第三。加强企业诚信建设,通过第三方机构对晋城市天然气等5个领域企业进行信用综合评价,对20家差评企业进行约谈。推进大数据平台建设工作,政务信息共享平台建设基本完成。

【区域合作】 2018年,晋城市发改委主动对接"一带一路"拓展国际新市场,拓宽外向型经济发展新路径。制定市场准入、财税政策支持、人才引进和优化投资环境等方面相关政策措施。兰花集团与河南保税物流中心开展全方位合作。推动晋城市商贸物流融入中原经济商圈,参与产业分工,强化产业协作。

【乡村振兴战略】 2018年,晋城市发改委编制完成《晋城市乡村振兴战略总体规划(2018—2022年)》和各专项规划。将农林文旅康产业融合发展作为乡村振兴战略的重要抓手,确定6个试点乡镇和12个典型村,集中项目资金投向,完成年度投资8.5亿元,铺开各类型项目200余个,全市初步构建起一、二、三产业融合发展的雏形。

【城镇化建设】 2018年,晋城市省级以上特色小镇总数居全省第一。巴公、北石店镇列入第二批、第三批国家级新型城镇化综合试点，全省5个试点晋城占2个。润城、巴公、神农镇分别列入第一批、第二批国家级特色小镇试点。2018年全市常住人口户籍城镇化率为59.88%，同比提高0.84个百分点。启动行政区划调整工作，编制完成区划调整申请和社会稳定风险评估报告。

【生态文明建设】 2018年，晋城市发改委完善生态保护补偿机制和生态文明考核机制，出台《关于健全生态保护补偿机制的实施意见》和《晋城市生态文明建设目标评价考核办法》。全市新增城市绿地面积63万平方米，完成营造林2.32万亩。晋城市列入北方地区清洁取暖城市试点，争取中央财政奖补资金15亿元，全市新增清洁取暖改造居民7.3万户。将禁煤区面积扩展到109平方千米，对禁煤区散煤和燃煤设施坚决实施"双清零"。开展环城污染企业搬迁，严格货运车辆限行管控和高排放非道路移动机械禁用，推进绿色运输示范区建设。

【国家低碳城市试点】 2018年，晋城市发改委完成2011—2016年温室气体排放清单、2025碳排放达峰路线图研究、控制温室气体排放实施方案等。晋城市被授予2016年度控制温室气体排放"优秀"等次。发布的《办公楼的低碳族》公益微电影转载播放量达1万余次。

【循环经济示范市创建】 2018年，晋城市发改委按照《晋城市循环经济实施方案》的建设评价要求，对涉及的64个支撑项目和九类67项指标、9项特色指标完成情况进行调研和计算评估。

【采煤沉陷区治理】 2018年，晋城市采煤沉陷区治理综合排名位居全省第三，连续4年位居全省前列，被省采煤沉陷区综合治理领导小组授予"搬迁安置先进市"称号。搬迁安置竣工率67.6%，入住率37.3%，新建小区配套上级资金1.13亿元，占到全省下达上级资金规模的38.3%；泽州县列入国家采煤沉陷区综合治理试点县，争取中央、省级资金1.18亿元。

【价格监管】 2018年，晋城市发改委强化市场价格监测，全市市场物价呈现温和上涨势头，CPI涨幅控制在2.2%的合理区间。畅通价格举报渠道，受理处置的价格咨询、价格举报投诉案件全部办结。

（张志斌）

国土资源管理

【概述】 2018年，晋城市本级公开出让商业、住宅和工业用地20宗，面积近500亩，上交市财政土地出让收益4.99亿元，出让土地宗数、面积和金额较上年均有稳步增长。全市建设用地报批总量达1.9万亩，完成市委市政府下达的开发区3000亩土地任务，晋城经济技术开发区"一区四园"获批建设用地4132亩。实施贫困县增减挂钩指标易地交易，推动泽州、沁水两县节余批标交易签约，交易面积1044亩，交易金额1.57亿元。

【重点项目】 2018年，针对国道G342、晋阳高速公路拓宽改造、污水处理厂、晋城高速东出口等一大批重点工程项目用地需求，市国土资源局提前介入、全程跟踪，在125个涉及用地的转型项目中，有90个项目的用地问题得以解决，完成土地供应101宗，面积4322亩，保障全市转型发展重点工程项目的落地开工。

【不动产登记】 2018年，晋城市国土资源局制定《晋城市不动产登记交易操作规范（试行）》，实现全市不动产登记交易"三级五同"。办理时限更快捷，各类型登记实现5个工作日内办结。交易登记交税三合一"一窗受理"，增加登记受理分中心，在市区银行所有窗口和乡镇国土所均能办证。

【国土资源改革】 2018年，泽州"三块地"改革取得新突破。通过53宗农地入市，村集体获得收益1.67亿元；通过宅基地退出和盘活，新增建设用地指标1400余亩；通过改革征地补偿，农民每亩补偿平均增加5000元。泽州"三块地"改革试点工作写入《国务院关于农村土地征收、集体经营性建设用地入市、宅基地制度改革试点情况的总结报告》。高平"低效用地再开发"省级试点工作通过省自然资源厅验收，赢得全省工作现场会在高平召开。沁水“农村房地一体化”确权登记国家级示范点建设，完成3个镇11255宗农村房屋权籍外业调查，推动农村不动产权登记规范化建设，为农村宅基地“三权分置”改革提供基础保障。沁水开展“工业化用地市场化配置”改革试点工作。

【地质灾害防治】 2018年，晋城市国土资源局对全市317处地质灾害隐患点进行汛期排查，全天候监控，严防死守，确保人民群众生命财产安全。推进地质灾害防治和搬迁工程，落实防治资金340万元，完成41户农户避险搬迁任务。

【耕地保护】 2018年，晋城市国土资源局出台《加强耕地保护和改进占补平衡工作实施方案》，严格落实耕地保护责任，多种方式保障占补平衡，推进农田整治，确保全市247万亩基本农田和299万亩耕地面积不减少。

【生态保护】 2018年，晋城市国土资源局落实国家生态保护政策，完成生态保护区内10宗矿业权的核查清理退出。实施矿山环境恢复治理，投入配套资金1123.55万元，完成5座国有煤矿的采煤沉陷综合治理。

（成晓冰）

审计

【概述】 2018年，晋城市审计系统完成397个项目（单位）的审计或审计调查。按审计统计口径计算，共查出违规金额27.24亿元、管理不规范金额123.05亿元，促进上缴财政2.42亿元，向有关部门移送处理违规违纪线索6件，提出审计建议953条，向上级提交审计专题、综合性报告和信息简报142篇。

【政策落实审计】 2018年，晋城市审计系统完成对晋城市2018年贯彻落实稳增长等重大政策措施和宏观调控部署情况跟踪审计。重点审计防范化解重大风险、推进放管服改革、开发区改革创新、精准脱贫、污染防治、重点工程项目推进、六稳（稳就业、稳金融、稳外贸、稳外资、稳投资、稳预期）、减税降费政策、转型项目建设推进、清理规范涉企收费、户籍制度改革等11个方面政策措施的落实情况，共抽查21个政府部门、6个县（市、区），查出各类问题32个，涉及金额33.38亿元。

【扶贫审计】 2018年，晋城市审计局根据全省统一组织审计项目计划和省审计厅的安排，统筹组织全市审计力量，先后对晋中市和顺县、临汾市安泽县和晋城市泽州县、高平市、阳城县5个县（市）2017年脱贫攻坚政策贯彻落实、扶贫资金分配管理使用、扶贫项目建设管理使用等情况进行审计，共审计部门单位78家，延伸调查34个乡（镇）、76个村，对143户贫困户进行入户调查，抽查扶贫项目230个。审计发现精准扶贫政策措施落实方面的问题24个、扶贫资金分配管理使用方面的问题10个、扶贫项目建设管理及效益方面的问题22个，提出审计建议20条，向有关部门移送处理事项1件，促进出台政策制度5项。

【民生审计】 2018年，晋城市审计局采取“上审下”“交叉审”的方式对晋城市2017年保障性安居工程的计划、投资、建设、分配、运营等情况，以及配套基础设施建设情况进行审计。存在部分项目未办理建设用地批准手续即开工建设、消防未验收分配入住、违规享受保障待遇、应招标未招标等20个问题，按照程序分别移送有关部门处理。

【财政审计】 2018年，晋城市审计系统完成对市、县财政、发展改革、原地税部门2017年组织预算和121个部门预算执行情况审计。发现预算编制不规范、未足额征缴财政收入、专项资金使用不规范等问题。8月30日，在晋城市七届人大常委会第十七次会议上，局长李天胜代表市政府向大会作《关于2017年度市本级财政预算执行和其他财政收支的审计工作报告》。完成对沁水县、泽州县、城区政府和晋城经济技术开发区管委会2016年度、2017年度及六县（市、区）22个乡镇2016年度、2017年度财政决算审计，提出完善政府预算管理体系、加快产业结构调整、规范财政资金管理、合规有效配置公共资源、规范收支行为等审计建议。

【政府投资审计】 2018年，晋城市审计局制定政府投资项目审计指南，加强对项目立项审批、投向结构、招投标程序、勘察设计、项目管理、综合效益、决算等方面实施审计，共实施市、县政府投资审计项目154个，涉及资金28.37亿元，发现虚列投资问题共涉及资金12494.5万元，发现项目管理和效益方面存在的问题96个，发现其他方面存在的问题247个。

【环境责任审计】 2018年，晋城市审计局拟定《晋城市领导干部环境责任审计暂行办法》，下发《晋城市2018年领导干部自然资源资产离任审计工作方案》，明确审计内容和重点、项目安排和组织方式。经筛选研究后，最终确定领导干部自然资源资产审计项目9个，截至2018年底，完成沁水县委书记原光辉和县长侯贵宝自然资源资产审计等7个审计项目。根据省审计厅安排，完成朔州市2015—2017年大气环境保护和污染防治专项审计。

【经济责任审计】 2018年，晋城市审计系统安排实施经济责任审计项目143个。其中，党政领导干部64个；党政工作部门领导干部38个；事业单位38个（离任48个，任中1个）；社团组织14个；企业离任审计3个。审计发现非金额计量问题144个，管理不规范金额312839万元，提出审计建议170余条。应承担直接责任金额5735万元，应承担主管责任金额49138万元，应承担领导责任金额257966万元。

【项目审计】 2018年，晋城市审计系统按照市委市政府的安排部署，对山西兰花煤炭实业集团有限公司国有资本投入收益及企业经营效益开展审计调查，对兰花集团董事长李晋文任中经济责任开展审计。根据省审计厅安排，完成全市供热系统2016年和2017年建设运营管理情况审计调查；开展对晋煤集团医疗和生育保险整体纳入社会统筹移交审计。实施对市直工委、市仲裁委员会办公室财政财务收支情况审计。

（赵　斌）

安全生产监督

【概述】 2018年，晋城市安监系统以习近平新时代中国特色社会主义思想为指引，落实党中央国务院、省委、省政府和市委、市政府关于安全生产工作的一系列决策部署，贯彻《地方党政领导干部安全生产责任制规定》，开展“全面落实企业安全生产主体责任执法年”和“危险化学品三年整治攻坚年”活动，开展安全生产大检查和“反三违”专项整治，推进隐患排查治理，推动全市安全发展。

【安全生产事故】 2018年，晋城市共发生各类生产安全事故170起，同比减少1起，下降0.6%；事故死亡102人，同比减少6人，下降5.6%，其中工矿商贸事故15起死亡20人，分别占事故总起数和总死亡人数的8.8%、19.6%；道路运输事故155起死亡82人，分别占事故总起数和总死亡人数的91.2%、80.4%。分行业看：采矿业（煤矿、金属非金属矿山等）：共发生事故3起，事故死亡4人，同比起数减少1起，下降25%；死亡减少3人，下降42.9%；商贸制造业（化工、冶金机械八行业等）：共发生事故3起，事故死亡4人，同比起数增加1起，上升50%；死亡增加1人，上升33.3%；建筑业（房屋及市政工程、交通建设工程、其他）：共发生事故8起，事故死亡11人，同比起数增加5起，上升166.7%；死亡增加5人，上升83.3%；交通运输和仓储业：共发生事故155起，事故死亡82人，同比起数减少6起，下降3.7%；死亡减少9人，下降9.9%。其他行业：热力生产和供应业发生事故1起，事故死亡1人，同比起数增加1起，死亡增加1人。全年发生较大事故1起，事故死亡3人。同比起数与上年持平，死亡减少1人，下降25%。

【安全监管】 2018年，晋城市安监局组织召开市安委会例会12次，安全生产电视电话会议10次，向市委常委会议、市政府常务会议专题汇报安全生产工作10次，专题研究安全生产中的突出问题，安排部署安全生产大检查等工作。印发《晋城市安全生产领域改革发展的实施意见》，将晋城市改革任务细分为86项，分别明确牵头责任部门。根据《晋城市人民政府关于做好2018年安全生产工作的通知》,制定"13355"工作思路,即围绕安全生产控制指标目标,突出强化红线、责任、法治三个意识,推进隐患治理、基层基础、诚信体系三项建设,狠抓安全改革、专项整治、综合监管、宣教培训、应急管理五个重点,加强组织、制度、法治、科技、监督五个保障;确定2018年为"全面落实企业安全生产主体责任执法年"和"危险化学品综合治理攻坚年"。

【安全责任】 2018年,晋城市委常委会和市政府常务会议集中学习党中央、国务院《地方党政领导干部安全生产责任制规定》,市政府及时调整安全生产工作分工;继续实行县(市、区)政府和安委会成员单位目标责任管理,层层签订目标责任书,分解目标任务。强化企业主体责任,按照先难后易,分两步走的安排,加大安全生产挂牌责任制落实力度。全市工商注册生产经营单位安全生产挂牌责任制应挂牌企业92683家(含"僵尸"企业8504家),落实安全监管责任、建立监管责任台账的企业74755家,完成挂牌74755家。其中重点行业领域企业挂牌21483家,挂牌率100%;其他行业领域企业挂牌38912家,挂牌率100%。强化责任追究,首次启动约谈机制,对发生一般事故和安全隐患突出的5个县(市、区)政府、行业主管部门和生产经营单位进行约谈;牵头组织市监察委、市总工会、市公安局、市住建局等单位和事故发生地政府调查处理2起较大生产安全事故和4起一般生产安全事故,党政纪处分57人,追究刑事责任2人。

【专项整治】 2018年,晋城市安监局开展"全面落实企业安全生产主体责任执法年"活动,印发《关于进一步明确各级安全生产职责的意见》和《关于进一步落实生产经营单位安全生产主体责任的意见》等文件,采取"企业自查自纠、县(市、区)政府全面检查、市直部门对口督查检查、市县安委会重点督查"方式,重点对煤矿、危险化学品等行业领域生产经营单位主要负责人不依法履职等13种违法行为进行严格执法,促进生产经营单位安全生产主体责任进一步落实。

开展"危险化学品综合整治攻坚年"活动,在煤矿、非煤矿山、危险化学品、道路交通、建筑施工、人员密集场所、城镇燃气、特种设备等重点行业领域开展安全生产专项整治,在冶金工贸八大行业实行首次交叉检查,累计排查隐患488条,其中重大隐患67条,全部实行督办。

开展依法打击和重点整治煤矿安全生产违法违规行为专项行动、建筑施工安全专项治理、电动自行车和大型商业综合体消防安全专项治理、打击假冒特种作业操作证专项治理行动等。

开展钢铁(铸造)、城镇燃气、天然气长输管道专项检查和高空坠落专项治理、化工建设项目专项治理行动等。

在全市煤矿、非煤矿山、危化品、道路交通、建筑施工、冶金工贸等行业领域开展标准化创建工作,91座生产煤矿全部达标,199家危险化学品生产经营企业、183家冶金工贸企业、26座非煤矿山企业、10家水利水电企业、25家建筑施工企业、60家道路交通运输企业全部验收达标。

【行政执法】 2018年1月26日至3月31日,晋城市安委办成立由市直有关部门负责人带队的12个督查组,分四个阶段对各县(市、区)"两会""两节"期间安全生产工作情况进行督查。4月25日至6月25日,按照全覆盖、突出重点行业领域、由各行业领域组织实施的要求,开展为期2个月的安全生产大检查。8月10日至11月10日,开展为期3个月的反"三违"项整治。全年,累计督查检查企业19739家,排查隐患整改率为98.6%,查处重大隐患118条,打击各类非法违法生产建设和经营行为6325起,实施安全生产执法处罚2362.1万元,是上年处罚额度的1.7倍;停产整顿企业231家,是上年的3.34倍;关闭取缔企业13家,是上年的6.5倍;列入安全生产"黑名单"实施联合惩戒的企业(个人)13家,是上年的13倍。其中市安监局立案22起,行政处罚89万元,立案起数和行政处罚数分别比上年增长120%和36.9%。

【隐患排查治理】 2018年,晋城市安委办印发《关于全市隐患排查治理体系建设及信息系统工作情况进展通报》和《关于上报2018

年隐患排查治理体系建设企业名单的通知》，召开隐患排查治理行业标准制定协调推进会10余次，落实行业标准制定的单位和完成时限，开展隐患排查治理体系建设培训900人次。

【应急救援】 2018年，晋城市投入近1000万元，依托省运汇盛运输公司建立中部地区危险化学品应急救援队伍，依托陵川鸿生化工公司建立东部应急救援队伍，依托天泽公司建立西部应急救援队伍。在陵川县鸿生化工公司举办全市危险化学品综合应急演练；煤炭、住建、交通等行业部门开展14场安全生产应急救援演练；协助晋煤集团承办全省首届危险化学品应急救援技术大比武，参赛的9支队伍中，晋城市代表队分别获得第一名和第二名。

【安全宣传】 2018年，晋城市安监局围绕"生命至上、安全发展"主题，组织开展新闻媒体集中宣传报道、主题宣讲进企业、"6·16"安全生产宣传咨询日等九大活动，累计制作各类安全宣传展板、标语6万余块(条)，印发安全知识手册等宣传资料120余万份，推送安全生产短信、微信10余万条。在晋城电视台开办《安全晋城》栏目；在《太行日报》设置专版，组织全市安全生产百题知识竞赛，宣传《地方党政领导干部安全生产责任制规定》和全市首届十佳"最美安全员"30名候选人的先进事迹，开辟"晋城的安全大家想大家说大家干——2018年'安全生产月'宣传"专栏，刊登市、县安监局局长署名文章；在《中国应急管理报》刊登稿件10余篇。对"安全晋城"微信公众号进行全新改版，粉丝量稳定在21万人左右，高峰时达到49.5万人。在全市110处公共场所制作宣传版面；市县112个重点监管部门建立安全生产微信公众号；全市100家重点生产经营单位开展全员安全培训；全市100万各类从业人员和群众广泛接受安全生产微信短信教育。组织开展全市首届十佳"最美安全员"评选，最终选出10名"最美安全员"。全市各级各部门和各类生产经营单位累计开展各类安全生产培训300余场次，全市生产领域从业人员安全培训突破20万人次，全市特殊工种作业人员培训突破1万人次。

（尚鹏飞）

工商行政管理

【概述】 2018年，晋城市工商系统深化"放管服"改革，瞄准"三大目标"，聚焦"三大环境"，引深"爬坡进位上档升级"竞赛活动，各项改革成效持续显现，市场活力持续激发，创新创业新动能升级提速，为经济健康发展奠定良好基础，市场监管各项工作取得新成绩。

【企业注册登记】 2018年，晋城市新登记市场主体19221户，同比增长8.57%。其中，企业5770户、个体工商户13184户，同比增长17.80%、6.12%，新登记农民专业合作社267户。全市市场主体达到135786户，其中企业38100户，农民专业合作社5719户，个体工商户91967户。

【商事制度改革】 2018年，晋城市工商局以"证照分离"改革为重点，以简政放权换取市场活力，"证照分离"改革全面推开。6月22日，启动"证照分离"改革试点暨市场主体禁设区域清单。7月2日，启动"30证合一"登记改革，缩短企业从筹办开办到进入市场的时间。9月29日，启动压缩企业开办时间改革，企业开办时间压缩至5个工作日，工商部门企业设立登记3个工作日办结；公安部门印章刻制1个工作日内办结；税务部门涉税事项(含申领发票)1个工作日内办结。11月10日，在全市范围内对第一批106项涉企行政审批事项分别按照直接取消审批、审批改为备案、实行告知承诺、优化准入服务等四种方式实施"证照分离"改革。至年底，共颁发"30证合一"营业执照10935户。市政府制定《市场主体禁设区域清单》，解决市场主体住所问题困扰，拓宽市场主体住所登记范围，做到清单之外畅通无阻。企业注册登记便利化改革覆盖全市，企业名称自主申报制度、企业登记全程电子化注册等改革的覆盖面和受益面不断扩大。全市通过名称自主申报系统申请名称通过率100%；全程电子化系统办理占比50%。

【市场监管】 2018年，晋城市工

商局推进"双随机、一公开"监管，完成4198户市场主体"双随机、一公开"抽查检查，并通过国家企业信用信息公示系统进行公示。推进企业年报和信息公示工作，全市企业年报公示率94.71%，高于全国91.2%和全省92.15%的年报率。推进涉企信息归集共享工作，归集涉企信息189800条，向事中事后监管部门推送信息，"双告知"认领率97.21%。列入经营异常名录企业1867户。全市共办理各类经济违法违章案件292件。

【消费维权】 2018年，晋城市工商局推行消费维权综合治理。全市共受理消费者咨询、投诉、举报8226件，为消费者挽回经济损失289.81万元。

【商标战略】 2018年，晋城市工商局推进商标品牌战略。把培育地理标志商标作为重点，申报受理地理标志证明商标4件，总数达到9件。全市商标注册申请数1476件，注册量1039件，有效注册商标总量达到6847件。

【"控油控煤"攻坚战】 2018年，晋城市工商局发挥市政府大气污染防治"控油控煤"办公室牵头责任，控制市区建成区机动车和燃煤"污染源"，组织配合相关部门对全市141个加油站、360个批次油品进行质量和其他专项抽检；配合市环保局等部门，对19个加油站、71个批次油品进行专项抽检；组织对88家加油站、82批次车用尿素（柴油卡车尾气处理液）进行质量抽检。

【扫黑除恶】 2018年，晋城市工商局制定出台5个扫黑除恶推进方案，摸排市场78个、企业565户、经营户3097户，发放宣传册10170份、宣传单80350张，悬挂横幅496条、张贴通告3537份，LED显示屏播放打传标语351条，设立举报箱52个，组织调查问卷15150份。对公安机关提供的342条涉黑涉恶人员、96户企业信息进行反馈，排查移送涉黑涉恶线索15条。

（刘晓丽）

质量技术监督

【概述】 2018年，晋城市质监系统学习贯彻习近平新时代中国特色社会主义思想、中共十九大精神、习近平视察山西重要讲话精神和省市相关规定文件，围绕市委、市政府决策部署，履行质监工作职能，助推全市高质量转型发展。

【品牌战略】 2018年，晋城市质量技术监督局开展第二届市长质量奖评选表彰活动。9月25日，对8家组织和5名个人奖励200万元。申报2018年度山西省名牌产品27家企业32个产品。

【质量监管】 2018年，晋城市质量技术监督局组织开展民用散煤和民用型煤的质量检测工作，共抽查城区、泽州、高平、阳城和沁水5个县（市、区）246家337批次的产品。其中，民用散煤178批次，合格153批次，不合格25批次，合格率86%；民用型煤159批次，合格126批次，不合格33批次，合格率79%。开展"质监利剑"行动，春、秋两季农资专项执法打假工作，检查农资经营户52家，农资打假下乡进村76个、入户155家。全年共出动执法人员468人次，检查单位147家，截至12月6日，查办案件30起，涉案货值12.61万元，罚没款28.17万元。"12365"投诉举报中心受理咨询、投诉举报760余起，全部给予答复。

【检验检测】 截至12月6日，晋城市检测所面向社会检定、校准各类计量器具21514台件，检验样品896个批次。市特检所检验锅炉829台次，检验压力容器3583台，检验压力管道249464.87米，检验电梯5587台，检验起重机械984台，检验场内专用车辆746台。

【标准化工作】 2018年，晋城市质量技术监督局落实全省国家标准化综合改革试点任务。8月28日，市政府第27次常务会议研究通过《晋城市贯彻落实山西省国家标准化综合改革试点工作实施方案》，为全市标准化改革工作确定方向。取消企业标准备案，发布《关于取消企业标准备案事项的公告》，全市138家企业在全国标准信息平台累计公开391项标准，涵盖483种产品。在全省率先制定《晋城市标准化创新奖评审细则》，评选2017年度10个标准化创新奖项目，表彰奖励100万元。推进标准化试点示范项目建设，组织申报司徒小镇、皇城相府、巴公镇3个国家级标准化试点，泽州连翘有机旱作、高平铁炉贡梨等5个省级农业标准化示范区获批。晋城市国家级标准化试点达到16个，省级农业标准化示范区达到24个。加强标准制修订工作，出台《晋城市地方标准制修订管理办法》《晋城市专业标准化技术委员会管理办法》，晋城市可以自主制定发布市级地方标准。全市累计制修订国家标准6个，行业标准10个，省地方标准21个。

【特种设备监管】 2018年，晋城市质量技术监督局以“监管全覆盖、处置零容忍、全年无事故”为目标，强化特种设备安全监管，杜绝各类安全隐患。开展“1+3”特种设备安全监管特别行动，“1”是组织开展气瓶安全监管攻坚战；“3”是组织开展3个专项整治。截至12月6日，全市共检验液化石油气钢瓶15918只、各类工业气瓶7391只，安装监检CNG气瓶410只、定检CNG气瓶6087只，定检LNG气瓶67只；摸清燃气压力管道底数并督促依法申请检验；全市在用的96台冶金起重机械都处于正常状态；全市在用的1条客运索道、26台套大型游乐设施的定检率、登记率和持证上岗率全部达到100%。组织开展“两节”“两会”期间特种设备安全大检查、移动式压力安全监察、大型游乐设施和客运索道专项治理、危险化学品生产企业压力容器安全监督检查、燃气压力管道和冶金起重机械安全专项整治、特种设备隐患排查治理集中行动等12项监督检查，确保实现特种设备安全监管“零事故”。

【国家级质检中心建设】 2018年9月27日，国家煤层气质检中心通过国家质检总局现场验收，天然气、煤层气产品共64个参数能力通过“三合一”验收（国家资质认定、实验室认可、机构验收），出具的检验报告可在欧美及亚太地区37个经济体、52个国家互认，晋城成为全省第4个拥有国家级质检中心的地市。中心总投资5945万元，占地面积16亩，实验室面积9513.15平方米。

【企业服务】 2018年，晋城市质量技术监督局共为328家中小微企业提供服务，为114家减免费用25.7万元；免费为企业培训检测人员165人。

（张光伟）

食品药品监管

【概述】 2018年，晋城市食品药品监督管理局围绕新时代美丽晋城高质量转型发展战略部署，把握不发生区域性、系统性食品药品安全风险的底线要求，全面开展食品药品安全大整治，探索食品药品社会共治新机制，推行阳光监管、智慧监管新方法，全年未发生重大食品安全事故和药品医疗器械群体性突发事件。市食品药品监督管理局获得“省级精神文明单位”“全省食品药品监管系统先进单位”称号。

【食品监管】 2018年，晋城市食品药品监督管理局开展重点食品品种虚假标签、非法添加和滥添加、校园周边“五毛食品”等10余项专项整治，规范食品生产经营市场秩序。对19家食品生产企业、43家食品销售经营单位开展监督检查。开展元旦、春节期间“年夜饭”等大型聚餐活动食品安全交叉检查和春季学校食堂、旅游景区餐饮安全、应对非洲猪瘟等专项检查。对72家高风险餐饮单位进行飞行检查。以示范引领促行业规范，申报“放心肉菜示范超市”13家，建成“餐饮安全示范街（区）”4个，以“开放式”“橱窗式”“视频式”厨房为模式，指导804家餐饮服务单位完成“明厨亮灶”建设，完成年初省定目标任务的201%。

【药械监管】 2018年，晋城市食品药品监督管理局加强对药品生产企业、批发企业、基本药物配送企业的日常监督检查，开展麻醉药品和第一类精神药品专项检查2家次，开展药品生产企业日常监管26家次，配合省食品药品监督管理局对辖区内药品生产企业进行GMP认证及跟踪检查4家次；监督检查基本药物配送企业9家，组织开展药品经营企业飞行检查65家，开展疫苗、中药饮片等药品风险品种延伸检查20家。对

4家医疗器械生产企业和95家无菌、植入类医疗器械经营企业、使用单位进行专项检查。监测上报药品不良反应报告7473例、医疗器械不良事件报告1358份,百万人口报告数全省系统排名双第一。

【专项整治】 2018年,晋城市食品药品监督管理局推进保健食品欺诈和虚假宣传整治,开展化妆品经营专项整治,飞行检查3家保健食品、化妆品生产企业,抽查督查32家保健食品、化妆品经营企业。创建化妆品示范店18家。

【行政执法】 2018年,晋城市食品药品监督管理系统共出动执法人员92324人次,检查各类生产经营使用单位34635家次,责令改正4701家次,查办各类违法违规案件568件,收缴罚没款449.01万元,向公安部门移送涉刑案件22起,其中泽州县移送的金某南等生产、销售假药案,涉案金额600余万元,被山西省列为2018年打击食品药品犯罪10大典型案件。与公安部门联合办理食品药品涉刑犯罪案件12起,其中高平李某某销售假药案、高平皇某某销售假药、城区杨某某销售假冒注册商标的商品案3起案件被列为公安部督办案件。阳城县查获的某保健食品店经营非法添加药品的假冒保健食品案被国家市场监管总局列为全国食品保健食品欺诈典型案例。

【基础建设】 2018年,晋城市食品药品监督管理局统筹推进乡镇监管站(所)标准化建设76个乡镇监管站均配备食品安全快检设备,城区、沁水监管站全部配备执法车辆,泽州、高平19个监管站首期配备执法车辆。加强食品药品检验检测能力建设。4月,市食品安全检(监)测能力建设项目投入使用,11月中旬完成食品扩项,可开展食品11大类43个参数、保健食品6大类41个参数的检验检测。

【监督抽检】 2018年,晋城市食品药品监督管理局落实市县级食品安全抽检工作经费201万元,完成市级食品抽检任务811批次;制定2018年药品监督抽验实施方案,完成药品抽验430批次;完成保健食品监督抽样35批次、化妆品监督抽样42批次、医疗器械抽验12批次。

【信息化建设】 2018年,晋城市食品药品监督管理局完善“四品一械”基础信息、许可信息、监管信息数据库,建立协同自动办公系统,开启移动执法APP应用,市稽查队开发应用“划一划”“扫一扫”“搜一搜”三大执法共享平台,为企业、公众和监管者带来便捷。

【行政审批】 2018年,晋城市食品药品监督管理局行政许可科于1月12日整建制进驻市政务中心集中办公,实现“一个窗口对外、一次性告知、一站式服务”。推出方便企业和群众办事快速办结绿色通道,将8个具体事项列入“快速办理审批事项清单”。加快实施信用体系建设工作,在局政务网站发布上年度全市食品药品企业“黑名单”,公开行政处罚信息25期,公开率100%。

【法治建设】 2018年,晋城市食药监局制定《主要负责人履行推进法治建设第一责任人职责清单》和《2018年法治建设工作计划》,落实“谁执法谁普法”的普法责任制要求,利用食品安全宣传周、安全用药月等时间节点,开展食品药品监管法律法规和科普知识宣传。全年应对行政复议5起、行政诉讼8起、国家赔偿1起。贯彻《晋城市健全落实社会治安综合治理领导责任制实施细则》,将综治工作与业务工作同部署、同落实,排查整治食品药品领域影响安全稳定的各类风险隐患。

【为民办实事项目】 2018年,晋城市食品药品监督管理局承担2018年为民办实事项目“在大型农产品批发市场、农贸市场和超市建立10个食品安全快速检测室”。第一时间组建工作领导小组,开展摸底调研,出台方案制度,组织招标采购,开展业务培训,在全市建成11家食品安全快速检测室,开展检测业务并上传检测数据。各承建单位食品安全管理水平、检测条件、业务能力均得到明显提升。

【食品药品追溯体系建设】 2018年,晋城市食品药品监督管理局印发《重点食品生产企业建立食品安全追溯体系的实施方案》,明确追溯体系建设的总体目标、工作重点、实施步骤及工作任务。晋城市晋大农牧产业有限公司、晋城市星月食品有限公司、沁水县涌泉香醋业有限公司3家重点企业建立起以二维码为追溯标志的追溯管理系统。

（窦力军）

盐政管理

【概述】 2018年，晋城市盐业公司按照全省盐业工作会议提出的“毫不动摇、毫不含糊地在市场运营、产品结构、提质创牌上下更深的功夫，牢牢把握生存、稳定、发展的主动权”要求，理清思路，扎根市场，加快转型发展，改进工作方式，保持公司运营总体平稳。

【市场监管】 2018年，晋城市盐业公司主动与盐务、食药监、公安等部门紧密配合，不间断进行市场巡查，加强市场监管。7月，配合公安部门破获制售假盐窝点，现场控制制售假冒晋盐海藻碘盐人员8名，查获自动包装机一台，假冒晋盐海藻碘盐20余吨。8月，配合公安部门破获运城谢某假借湖北盐业集团之名在晋城市违规设立云鹤牌食盐晋城配送点无证批发食盐，现场查扣云鹤牌食盐81吨。12月，市盐业公司联合盐务、食药监部门调查某超市利用虚假资质无证经营食盐批发业务，约谈涉嫌违规经营食盐的相关人员。

【盐务宣传】 2018年，晋城市盐业公司利用“3·15”消费者权益保护日、“5·15”碘缺乏病宣传日等重要节点，借助晋城广播电台“阳光频道”，开展“晋盐”品牌推广活动。在多家媒体线上线下，宣传国家盐改政策，公布不合格食盐的名称、产地、包装特征、危害及鉴别方法等。全年印制发放品牌宣传彩页及新的《食盐专营办法》、政府文件等3万余份，引导广大消费者及商户了解国家盐改政策的相关内容。

【品牌推广】 2018年，晋城市盐业公司依托晋盐超市直营店、加盟店、大型商超专柜等。晋盐连锁超市一部、二部店内均单独陈列食盐品种专柜，配备专人负责为顾客讲解销售；晋盐连锁超市加盟店与公司签订合作推广协议，由直营店提供食盐品种推荐、品质保障、一站式配送等服务；在大型商超设立食盐专柜，布设宣传展架，确保食盐品种齐全，满足消费者多元化、个性化需求；全市创建“晋盐品牌放心店”中小型超市1500余家。

【业务拓展】 2018年，晋盐超市推进加盟店合作推广项目，46家门店统一悬挂“晋盐超市”门头。在晋盐超市的带动下，轻松益家项目3月开始扭亏为盈，月销售额达100万元以上，销售毛利率提高至8%左右，销售额稳步上升。

（郭素兰）

经济和信息化

【概述】 2018年,晋城市规模以上工业增加值同比增长7%,增速排全省第4位,为2014年以来的最高增速。全市万元地区生产总值综合能耗同比下降3.63%。全市煤炭产业增加值占规模工业的比重同比下降0.50%。全市制造业增加值占规模工业的比重同比上升0.30%。全市规模以上工业企业实现利税338.70亿元,同比增长30.20%,首次突破300亿元大关。

【工业转型重点项目】 2018年,晋城市经济和信息化工作委员会筛选32个亿元以上工业转型项目重点推进,其中新建17项,续建15项,总投资239.8亿元,31项开工建设,完成投资58.26亿元。建立委领导包联县(市、区)工业转型项目建设工作机制,成立7个项目服务小组,开展"进工地、到一线、解难题"活动。分4批推荐58个工业转型项目争取省级技术改造专项资金扶持,为19个工业转型项目争取省级技术改造专项资金1.46亿元。下达市级工业发展专项资金6624万元。全市工业固定资产投资189.40亿元,同比增长11%。

【产业转型】 2018年,晋城市经济和信息化工作委员会推进动能转换,打造产业集群。把握产业政策,化解过剩产能,晋钢基团化解过剩产能85万吨。推进铸造产业园区化、集群化、清洁化发展,泽州县南村绿色智能铸造创新产业园一期基础设施建设基本完成,8家生产性企业、13家服务性企业入区建设,二期基础设施建设全面展开,三期工程开始规划。10月28日,晋钢集团智能铸造科技产业园开工建设。沁水、阳城经济技术开发区获批。晋城经济技术开发区获批省级新型工业化优势产业示范基地。

【技术创新】 2018年,晋城市12个技术创新项目被列入省级企业技术创新重点项目计划,1个被项目列入省级智能制造试点企业。2户企业通过省级技术中心认定。推荐富晋精密等4户企业为国家级"两化"融合管理体系贯标试点企业,晋城鸿刃科技等4户企业为省级"两化"融合示范企业。推荐新太阳科技等3户企业申报软件和信息技术服务企业资质奖励。阳城星光陶瓷有限公司获省级"两化"融合管理体系贯标试点企业。

【监测服务】 2018年,晋城市经济和信息化工作委员会强化重点行业、重点企业、重点产品的监测预警,增强工业经济运行分析预判的针对性、时效性和准确性。加强与煤炭、中小企业、统计等部门的沟通对接,实现信息互通,资源共享,加强工业经济新增长点培育和"小升规"企业的入库入统工作。推进入企服务常态化,出台《2018年全市服务企业工作实施方案》,联合市委政法委建立企业涉法维权问题协调工作机制,畅通"96302"服务热线。全年受理企业反映问题45个,全部办结。落实企业减负相关政策，全年减轻企业用电成本2.54亿元。

【节能降耗】 2018年，晋城市经济和信息化工作委员会制定下达各县(市、区)能耗总量和强度“双控”指标，在六大主要耗能行业开展能效对标活动，推进重点领域、重点企业节能降耗。推进煤矸石、粉煤灰等大宗工业固体废弃物综合利用，全市大宗工业固废综合利用率达到68.5%。协调国网晋城供电公司加快“煤改电”区域电网改造。支持有关企业加快铁路专用线建设。9月，晋钢集团铁路专用线开工建设，北留周村工业园区铁路专用线前期工作进展顺利。实行错峰生产，配合环保部门，统筹考虑区域环境质量、行业特点、总量减排和污染排放绩效水平，按照分类指导、差别化管理原则，对钢铁、铸造、煤化工、建材等行业179户企业实施错峰停、限产。

【国企改革】 2018年，国有资本投资运营公司围绕打造运营、融资、投资和整合“四个平台”目标，建立出资企业负责人经营业绩考核制度，开展G342国道晋城过境段改线等重点项目融资，收购北留周村工业园区铁路专用线股权，推动出资企业改革重组等工作。兰花集团聚焦主业，提升融资能力，加快产业转型目标，减少法人管理层级，沁和能源和中信信托所持股权退出，兰花科创整合煤炭类相关资产，兰花药业整合收购康辰医药公司等重点改革进展顺利。王莽岭景区与文旅集团战略合作进入实质性阶段。天泽集团围绕优化股权结构，启动上市工作目标，制定推进公司进入资本市场议案，成立上市工作小组，初步筛选确定上市券商。市经信委建立重点推进的分类改革清单，共涉及40户企业，包括混合所有制改革6户、国有资本完全退出12户、市场出清17户、并入晋城市新闻传媒集团5户。截至2018年底，22户基本完成，其余18户企业有序推进。国有企业办社会等历史遗留问题完成率达到100%。

（郭　瑞）

煤炭煤层气

【概述】 2018年，晋城市煤矿完成原煤产量10233.76万吨，同比增加929.13万吨，增长9.99%。完成现价工业总产值578.11亿元，同比增加112.16亿元，增长24.07%。完成商品煤销量9550.52万吨，同比增加846.04万吨，增长9.72%。全市煤层气地面开采企业完成抽采量33.85亿立方米，同比增长8.10%；完成利用量31.64亿立方米，利用率达93.50%。完成销售气量26.57亿立方米，同比增长11.10%。完成工业产值47.94亿元，同比增长95.80%。

【安全生产】 2018年，晋城市煤矿发生死亡事故3起，比上年同期减少1起，同比降低25%；死亡4人，比上年同期减少3人，同比降低42.86%；煤矿百万吨死亡率比上年同期下降0.04，同比降低48.01%；全市煤层气地面开采企业安全生产无事故。

【安全监管】 2018年，晋城市煤炭煤层气工业管理局，统筹安排各项安全检查，针对各时段安全生产特点、工作中存在的不足，采取针对性措施推进安全生产。开展安全大检查，抽调人员成立检查组，对煤矿安全生产违法违规问题和安全生产隐患开展排查。年内分科室、分专业实施超能力生产、安全生产费用管理、顶板管理、机电运输、防爆设备仪器、井下民爆物品管理、矿井防治水、应急救援、特种作业证件、劳动用工、煤炭经营企业等多项专项检查，有针对性地查准问题症结，严格防范安全风险。出台《特殊时期加强安全生产十条特别管理措施》，完成“两节”“两会”、五一、海峡两岸高平炎帝陵拜祖、“中秋、国庆”两节等特殊时段和节假日期间煤矿安全监管。

【转型发展】 2018年，晋城市煤炭煤层气工业管理局淘汰落后产能，完成晋圣七岭、兰花北岩、科兴高良、煤销演礼4座产能240万吨/年的关闭矿井任务，化解过剩产能累计达1025万吨/年。

发展先进产能。全市91座生产煤矿全部通过二级及以上安全生产标准化验收，其中26座煤矿通过一级安全生产标准化命名，产能5540万吨/年，占到全市生产煤矿产能10740万吨/年的51.60%。全市62座煤矿被命名为

2016—2017年度安全高效矿井，其中13座二级标准化煤矿被命名为特级安全高效矿井，产能1570万吨/年，两项合计7110万吨/年，占全市生产产能的66.2%(高省定目标16.2个百分点)。

释放优质产能。优化存量资源配置，扩大优质增量供给，对一些资源条件好、安全管理水平高、系统承载能力富余的生产矿井及时申请生产能力核增。申请生产能力核增煤矿2座，核增产能300万吨/年。对建设中的煤矿，严格履行煤炭项目基本建设程序，坚持高标准、高质量重组整合建设，通过入企服务、帮扶支持等措施，加速推进项目建设，完成9座煤矿825万吨/年转产验收，新增联合试运转矿井4座，产能330万吨/年；新增开工矿井3座，规模990万吨/年。

推进新建项目。利用山西省产权交易中心平台，完成里必、东大、龙湾、沟底、玉溪、永丰、四明山等19座重组整合建设矿井的产能置换，累计置换产能1464万吨；对已批复产能置换方案和初步设计的东大、里必煤矿，实行局领导挂牌督办，加快推进项目建设进度；对国家同意开展前期工作的郑庄、沟底、龙湾等煤矿，做好项目手续办理，促进项目核准批复。

【煤层气项目】 2018年，晋城市累计建成产能55亿立方米，成为全国产量最大、规模最大的煤层气产业基地。全市煤层气地面开采新增钻井545口，总钻井数累计8733口，新增投运井559口，总投运井数累计6986口，完成煤层气抽采量33.85亿立方米，同比增长8.10%。

【综合改革】 2018年，晋城市煤炭煤层气工业管理局推进安全生产领域改革，推进双防机制建设，构建风险分级管控、隐患排查治理、安全生产标准化“三位一体”安全管理体系。

行政审批制度改革。完成权责清单电子台账基础数据录入工作，推进放管服效改革，按分级属地管理原则进行复产复建验收，按“两集中两到位”进行行政审批制度改革，按能减则减、能放则放要求简化行政办理事项，按法无授权不可为废止一批文件，出台煤层气企业“松绑减负”文件，优化行业发展环境。

煤层气体制机制改革。组织专题调研汇报会6场，对全市40多家单位调研，形成《全市煤层气产业发展调研报告》。印发《关于创优营商环境促进煤层气产业发展的意见》《全市煤层气地面开采安全生产标准化基本评定标准》，举办全市煤层气产业发展论坛，围绕中国能源形势、山西省能源革命与清洁能源发展、煤层气勘探开发等课题加强技术交流。

【创新发展】 2018年，晋城市煤炭煤层气工业管理局建立煤炭可调节库存制度，落实国家、原省煤炭厅关于煤炭最低库存和最高库存制度的相关规定，增强企业煤炭储备和应急调控能力，鼓励煤炭企业提高中长期合同比例，完善价格形成机制，保障煤炭稳定供应。

推广“优煤易购”煤炭电子商务销售模式。创新煤炭销售模式，拓展优质无烟煤市场。发挥大数据、云计算、智能终端以及网络优势，构建无烟煤B2B数据交易平台、清洁能源B2C交易平台和APP网上商城，通过线上交易，线下交付，实现交易模式创新。

塑造晋城无烟煤品牌。开展“晋城无烟煤”商标注册登记，申请商标在国家工商行政管理总局商标局官网“中国商标网”公示。在山东济南和淄博两次举办“晋城优质民用无烟煤产品推介会”，市政府与山东省散煤清洁化治理工作协调小组办公室(山东省煤炭工业局)签订优质民用无烟煤战略合作框架协议。山东省将晋城市的优质无烟煤列入全省民用煤推广目录。

【环保监管】 2018年，晋城市煤炭煤层气工业管理局建立煤炭系统环境保护网格化监管体系，印发《劣质煤销售管控和民用清洁煤供应保障方案》，在全市煤炭生产经营企业中建立健全煤炭销售台账管理制度。组织专业检测机构对开采9#、15#煤层的19座生产矿井生产煤质抽检，对七一、游仙山等12座煤矿煤质超标情况监督整改。督促各煤矿主体和煤矿企业，按照“谁排放、谁治理”的原则，严格“减量化、资源化、无害化”循环利用，制定煤矸石和矿井水综合利用的实施细则，明确具体配套措施，提高煤矸石和矿井水综合利用水平。指导各县局合理布局煤炭销售网点，向社会公示全市17家民用清洁煤炭供应点，设立型煤供应点（企业）54家。在全市地方监管煤矿开展环保督查整改、建设项目环境保护“三同时”和煤炭大气、水污染防治专项督导检查，对检查中发现的问题责令限期改正。

【劳动保障】　2018年，晋城市煤炭煤层气工业管理局开展全市地方监管煤矿劳动用工专项检查和职业健康执法年活动，做到煤矿劳动用工备案率、劳动合同签订率、职工培训率、工伤保险参保率和意外伤害参保率“五个百分之百”。以煤矿建设项目“三同时”（建设项目的安全设施必须与主体工程同时设计、同时施工、同时投入使用）管理和生产矿井职业卫生安全质量标准化动态达标为重点，指导和督促企业落实煤矿职业危害防治责任。完成3座煤矿的安全职卫一体化样板矿井验收工作、41家煤矿从业人员审核备案工作和14家市直煤矿企业及其施工项目部年检工作。

【安全宣传】　2018年6月，晋城市煤炭煤层气工业管理局组织开展“安全生产月”活动，开展安全发展宣讲进企业、安全文化精品博览、应急救援演练等活动12项。

（崔志斌）

煤炭运销

【概述】　2018年，晋能集团晋城有限公司立足现有资源条件，提升多元产业发展，推进煤炭物流贸易，深化管理、挖潜增效，企业发展再上新台阶，共有生产矿井15座、试运转矿井2座、基建矿井2座，年产能1125万吨/年。

【安全管理】　2018年，晋能集团晋城有限公司提升安全防范意识，细化压实安全责任，严格挂牌督导、值班带班、走动巡查，突出驻矿盯守、边缘盲区及隐患闭合管理。加大安全投入，严格安全基金提取使用，完善井下“六大系统”、安全设施改造、重大隐患治理，筑牢安全基础。加强技术管理，发挥总工程师为首的技术体系效能，杜绝安全“红线”。做实安全生产标准化工作，将洗选加工纳入系统，开展季度互检工作。5座矿井达一级安全生产标准化，7座矿井被评为特级安全高效矿井，先进产能占比53%。印发《应急救援队伍管理办法》，提升应急管理能力。组建盛泰、四侯专职矿山救护队，加强培训和物资储备，开展应急演练，提升应急处置能力。

【煤炭生产】　2018年，晋能集团晋城有限公司制定生产计划，注重采掘平衡和衔接，防止被动性停工停产，确保有效生产时间。加强生产队伍建设，充实一线采掘力量，注重技能提升，变集中休息为日常轮休，提高单产单进水平，实现均衡生产。完善技术体系，加强专业教育培训，发挥专业部门技术服务和指导作用，以技术促生产。注重煤质管理，推进浮沉室建设，实现煤质监测及预测和预报，做好煤炭配采、复采相关工作。开展洗选加工，推进洗煤厂建设，优化设备，创新工艺流程，提高块炭率和精煤产率，实现产品多样化、销售效益最大化。

【矿井建设】　2018年，晋能集团晋城有限公司推进神农、四明山、华阳3座矿井建设，严格施工程序，强化项目、设计、签证管理，理清监理责任，加强工程审核，杜绝超概算和“豆腐渣”工程。通过合作建矿等方式盘活“优质不动资产”，7座矿井化解煤炭过剩产量64.80万吨/年。演礼煤业完成关闭退出工作，10月19日通过晋城市政府验收。

【环保工作】　2018年，晋能集团晋城有限公司制定完善相关制度措施，完善机构设置，加强专业人员的招聘、培养，构建完善的二级管理体系，签订环保目标责任书，落实环保责任。推广应用矸石充填、设备余热回收、瓦斯抽采先进技术，提升专业技术能力。加强环保设施升级改造，在污水处理、废气排放、能源利用方面加大投入，加快推进铁路发运站点改造工程，打造储、配、发于一体的绿色销售体系。开展绿色矿山建设，制定实施方案，外聘专家指导，新上建设项目20个、投资1030万元。

【企业改革】　2018年，晋能集团晋城有限公司推进人员分流、资产合并、专业化建设方面改革。推进“三供一业”分离移交，供电、供暖和物业改造均全部移交。推进人事制度改革，形成人才“梯次培养”，为企业发展提供人才保障。

【物流贸易】 2018年，晋能集团晋城有限公司加大煤源采购力度，以自产煤带动外购煤，拓宽采购渠道。铁路方面，与沁北电厂合作，拓宽冶化煤发运区域；公路方面，提升协调运力、组织货源、货款结算等环节提升服务。完善营销激励机制，组建两级营销队伍，在寻找资源供应商、用户回归及电煤招投标方面重点营销。

（杜　鹏）

电　力

【概述】 2018年，国家电网晋城供电公司完成售电量166.35亿千瓦时，同比增长4.01%；综合线损率2.10%，全省最低。全年无故障停运天数达到123天，实现跨年度安全生产5575天。晋城第三座500千伏变电站获得核准，完成电网建设投资4.19亿元，开工建设110千伏及以上输变电工程2项，续建6项，建成投运3项，新增变电容量36万千伏安。营业户数达到77.89万户，净接电容量首次突破1000万千伏安，接电率完成70.85%，故障报修同比降低24.76%，配变停运时长、投诉量、百万人口投诉量全省最低。公司通过全国文明单位复查，获“中国新闻宣传百佳优秀单位”“山西省省直文明单位标兵”“山西省干部驻村帮扶工作模范单位”“首届山西青年志愿服务项目大赛金奖”等称号，127名员工、76个集体和单位获省市级以上表彰。

【安全管控】 2018年，国家电网晋城供电公司深化本质安全建设，全业务配备安全总监，全员编制安全责任清单，明确县公司对众辉、巨能分公司安全管理职责，安全生产责任体系实现“八级八覆盖”。创新开展安全巡查，检查至基层班组和供电所，首轮巡查实现县公司和集体企业全覆盖。制订安全奖惩实施方案，奖励基金提高至工资总额的2.30%左右。构建“大安全”风险预警机制，延伸配置138台安全管控APP终端至供电所和集体企业施工单位。针对2425个作业现场，各级领导干部和管理人员累计到岗到位4194人次，查处违章348起。建立检修现场总协调人机制，完成220千伏北义城站等4站综合检修任务。推进差异化运维，集中修编107座变电站典操、运规，9座县公司运维110千伏变电站顺利上划。出台30项电气设备火灾综合治理措施，“六查六防”专项行动治理隐患159项。加强属地化运维管理，快速处置220千伏芹池站快开故障。配网自动化系统建成投运，91条线路接入自动化主站。完成“两节”“两会”、海峡两岸神农炎帝文化旅游招商系列活动等33项重大保电任务。

【电网建设】 2018年，国家电网晋城供电公司实施项目储备，确定“2018—2025年”电网规划总投资41.38亿元、“十四五”配电网规划投资22.76亿元。高平野川等4项110千伏工程前期手续办理，泽州泰阳3号主变扩建等3项220千伏工程、泽州岸村等3项110千伏工程取得可研批复，晋城东500千伏输变电工程、泽州周村等3项220千伏工程获得核准。推进十里风电送出等12项35千伏及以上工程建设，公司首座自主建设管理的220千伏云泉输变电工程、晋城首个风电并网项目220千伏陵川风电送出工程、重点扶贫项目35千伏坪北—杨庄线路工程等4项工程正式投运。按期完成金匠等10座变电站土地手续办理，工程自动竣工决算实现全覆盖。推动配电网标准化建设，获评国网“百佳工程”1项、省公司“百项标杆工程”11项。

【供电管理】 2018年，国家电网晋城供电公司执行年度综合计划449项，储备上报2019年度计划项目414项。强化预算集约调控和费用均衡入账。完善电网实物ID建设，加快工程决算转资，完成121项挂账2年以上工程清理。延伸非统招项目管理界面至集体企业。深化同期线损系统应用，线损合格台区占比达97.26%，平均线损率降至3.23%；10千伏分线同期线损达标率96.16%，全省第一。开展反窃查违专项行动，追补电量28.95万千瓦时，收取追补电费及违约使用电费413.35万元。清理转供电3043户。签约综合能源项目31项。提前建成"多表合一"3509户，超额打开合表1.43万户，3个新建、4个扩建充电站全部送电投运。

【改革创新】 2018年，国家电网晋城供电公司应对市场变化，市、县公司增设综合能源服务职责，编制《晋城经济技术开发区富士康新110千伏增量配电业务试点项目可行性研究报告》，开展南村、高平等工业园区规划布点，完成田石、南村垫资项目回购。制定自供区电网升级改造专项规划，签订泽州水电自供区接收框架协议。促成3户、20兆瓦瓦斯电站以公用形式并网。推进21家国有企业、4.33万户供电设施接收改造，完成公司920户"两供一业"管理权和实物资产移交。规范集体企业管理，开展三项综合检查，推动平台企业实体化运营。迭代推进"点线面631"协同机制版本升级，2.0版二十四节气工作法管理系统实现实用化运行，3.0版"18185"专业职能量化监督项目完成补充修订，4.0版"除隐患、查漏洞、保供电、提服务"隐患排查治理完成1519项隐患整治。在省公司青创赛中，获3金、3银、10铜，"输电线路采动损害快速防治技术与应用"成果获第五届全国职工优秀技术创新成果二等奖、国网公司科技进步一等奖。

【供电服务】 2018年，国家电网晋城供电公司贯彻"放管服效"改革，降低客户成本近3000万元。落实简化用户减容暂停办理政策、三次电价调整政策和"煤改电"电价政策，组织83户大用户直购电，清退临时接电费，为用户减负2.60亿元。配合市政道路改造，争取省公司支持项目13个，完成配套电网改造。帮助28家铸造企业实施"煤改电"，完成3041户居民和30个单位冬季电采暖改造，实现清洁能源替代7.06亿千瓦时。探索实施"台长制、线长制、站长制"网格化服务管理模式，推动供电服务指挥中心转入实体化、常态化运行。深化"互联网+"营销服务，实现电子发票、线上办电等服务功能全覆盖，高、低压线上办电率达到98%以上，线上缴费应用率达到78.46%，智能交费签约率达到99.98%。构建营销服务责任体系，创建五星级供电所1个、四星级供电所6个、全能型供电所21个。

（李海峰）

城镇集体工业

【概述】 2018年，晋城市城镇集体工业系统完成工业增加值36.60亿元，同比增长19.20%；销售收入53.30亿元，同比增长19.70%；利润总额8.60亿元，同比增长46.40%；利税总额19.90亿元，同比增长34.30%。全系统项目转型逐渐加快，融合创新发展渐现强势，效益指标增幅明显，上升势头巩固，工业经济指标占比和上升幅度全省排名第一，再次获"全省优秀城联社"称号。

【工美产业】 2018年，晋城市工美行业总产值达到1.90亿元，较上年同期增长114%；销售收入1.60亿元，较上年同期增长136%。新吸收会员企业13家，增加新品种50多个。挑选优秀工美艺人和适合乡村开展的"布贴画""剪纸""刺绣""花灯"等工美项目进村入户，培训农民1000多人，为农民脱产增收开辟新途径。推动农村手工艺合作组织发展，探索合作经营新途径新模式，筹办窦庄花灯手工合作社、窦庄明清传统工艺合作社，组建寺湖柳编工艺合作社，成为全市推进手工技艺合作组织建设示范点。10月，召开全市第二届工艺美术协会换届大会，选举产生新的理事机构。宣传扶持阳城陶瓷、高平刺绣、泽州铁器、高平珐华瓷和泽州娲皇玉5个有较大影响力的传统工美品牌，提升晋城工美的影响力和知名度，申报3个2019年度省厅主办的全省工美精品展演活动，晋城、长治、临汾三市20余家工美企业参展。组织晋城市11家工美企业与14家外市工美企业交流学习，探索手工技艺传承与特色小镇融合发展新模式。

【企业改革】 2018年，晋城市城镇集体工业联合社下属三家国有企业被定性为僵尸企业，要求年底全部完成企业注销、市场出清工作。市联社党组成立以联社领导班子和重要科室负责人组成的领导组，细化时间表和路线图，分头开展工作，历经公告注销、破产清算、重新整合注册等阶段，截至

2018年底，全面完成改革任务。同时，将国企改革的成果借鉴推广到其他直属企业的监管中，规范公司的运营和管理。

【企业服务】 2018年，晋城市城镇集体工业联合社领导带队到各县（市、区）危困企业21次，走访企业39家，协调解决难题22个，提出建议27条。8月9日，召开全市城联系统上半年经济运行分析暨转型发展陵川现场会。9月，对全系统转型发展有较大影响的重点项目，建立"项目负责人制度"，阳城屯城集运站环保扩建项目试运行，陵川行源建材利用煤矸石废料节能降耗生产黏土砖产能增加，后河精钙环保生产线开机试运行。引导企业转变思路，盘活资产，取得实质性进展。陵川地毯厂盘活闲置资产；沁水二轻玻璃厂招商引资实施整体开发；泽州大阳铁厂把握大阳古镇旅游开发契机，对闲置土地开发，项目总投资达亿元，吸收社会资金300万元上马农产品烘干项目；泽州橡胶厂投资100余万元新建橡胶加工厂。

【安全生产】 2018年，晋城市城镇集体工业联合社以开展企业安全生产主体责任执法年活动为重点，在全系统部署开展为期两个月的安全生产大检查和"安全生产月"活动，抓好安全生产"反三违"专项整治，加强安全教育培训，开展安全生产措施落实，坚持一月一查，确保安全责任落实到位，推动全系统安全生产形势持续稳定。

（谢晓前）

民营经济

【概述】 2018年，晋城市中小企业发展到21517家，新登记注册企业6553家，比上年净增2500余家；从业人员达到35.49万人，比上年增加1.20万人；规模企业增多，全年新培育"小升规"企业26家，民营规上工业企业达到152家，其中营业收入亿元以上的企业达到78家，比上年增加8家。全市中小企业各项主要经济指标均实现小幅增长，营业收入完成1120.30亿元，同比增长2.50%；实现利润106.08亿元，同比增长1.14%；上缴税金完成52.98亿元，同比增长5.53%；提供劳动者报酬83.15亿元，同比增长4.14%。

【"双创"建设】 2018年，晋城市加大"双创"（大众创业、万众创新）工作力度，全市在建双创基地11家，新增6家；全市新创办企业、新创办民营企业数量达到6553家，比上年同期新创办企业数量增加1990家，同比增长43.61%。新登记注册个体工商15932个，同比增长4.15%。

【创优发展环境】 2018年，晋城市出台《关于大力发展民营经济的实施意见》，建立解决民营经济突出问题的长效机制，为全市民营经济发展注入强劲动力；在市政务大厅设立中小企业服务中心和民营企业投诉中心，建立政府与企业双向沟通渠道；编印《促进中小企业发展法律法规政策手册》，宣传中小企业法律政策，加大政策落实力度，发放《中华人民共和国中小企业促进法》读本3000余册，发布政策解读信息200余条，覆盖中小微企业和创业者3.60万人次，提高政策措施的知晓率。

【"236"行动】 2018年，晋城市中小企业局落实"236"行动计划（即用3—5年时间，打造2家销售收入达100—150亿元的旗舰企业、30家销售收入达5—10亿元的行业标杆企业、60家销售收入达2—5亿元的潜力型企业，形成龙头带动、梯次发展的格局，是市委、市政府确定的提升企业发展质量的重大工程），确定107家企业重点培育，对其中35家企业采取奖补、贴息等方式兑现政府扶持资金1434万元，全年入围企业实现营业收入325.78亿元，同比增长14.14%，安排就业7.37万人，同比增长14.26%。以项目推动企业发展，2018年共重点安排54个民营企业转型项目，累计完成投资30.72亿元。

【"小升规"企业】 2018年，晋城市受煤炭、煤层气等主导产业的拉动影响，民营规上工业企业发展态势良好。1月至12月，全市民营规模以上工业企业销售收入469.69亿元，同比增长15.15%，分别高出全市中小企业和工业企业营业收入增幅12.65个百分点和

7.44个百分点，上年入规的22家“小升规”企业，新增产值13.20亿元。按照“创办一批、成长一批、壮大一批”的总体思路，加大“小升规”培育力度，落实“小升规”扶持政策，兑现22家省、市“小升规”企业奖励资金1320万元；补充完善“小升规”工业企业基础信息库和“小升规”企业培育库，对列入库内的企业实行重点监测、按月调度、动态管理，全年共培育“小升规”企业26家。

【融资服务】 2018年，晋城市中小企业局以泽州县为试点，结合规范改制，将工作重点放在登陆山西区域性股权交易市场上。11家企业挂牌“晋兴板”，9家企业挂牌“展示板”。深化政银企保合作，完善客户推荐机制，推进融资模式创新工作。为9家担保机构争取省级中小微企业信用担保资金197万元，向金融机构推荐中小微企业客户443户。加强规范化改制，建立完善规范化改制后备资源库，加大股改培训力度，全年共有21家企业完成改制，企业股改完成数连续2年位居全省第二。

【服务体系建设】 2018年，晋城市中小企业公共服务体系形成1个市级综合服务平台，2个特色产业服务平台、9个专业应用平台、106家服务联盟机构和覆盖全市县、乡130余家小微企业服务站的公共服务网络，11月底在全省率先进行运管分离改革。举办全市第一届中小企业服务对接活动、转型项目推介会、中小企业信息化服务项目发布会、中小企业技术需求与上海专家座谈会等，服务联盟机构共服务企业1.38万户，覆盖中小企业和创业者8.80万人次，为企业减免费用2380余万元。

【人才培育】 2018年，晋城市中小企业局通过“走进名校、走进名企，接近名师、接受名教”方式，以行业为单位在辽宁沈阳举办全市冶铸行业领军企业家培训班；落实班委责任制，将班级日常组织管理和职责权限下放到班委，由被动管理变为主动学习；探索异地组班模式，突破人员、地域、产业等限制与朔州市联合组班2次。全年共有3200余名企业家参加学习培训。

（孔　阳）

招商引资

【概述】 2018年，晋城市招商引资签约项目263个，总投资1201.23亿元。招商引资开工的固定资产投资项目158个，总投资391.37亿元，其中当年签约当年开工项目144个，当年签约项目开工率为54.75%。招商引资当年开工的固定资产投资项目到位资金107.25亿元。其中，签约总数全省第四，到位资金总额全省第四。

【优化营商环境】 2018年，晋城市招商局召开新闻发布会，通过新闻媒体宣传晋城市招商引资优惠政策，推介项目；制作招商引资宣传推介专题视频和PPT，编印《投资指南》宣传折页。向省投促局和市委办、市政府办报送工作动态信息90余条；更新招商局网站工作动态内容，发布工作动态信息340条，及时发布最新招商政策和动态。跟踪重点项目，展开月度实时跟踪和协调服务。6月和10月，到各县（市、区）、晋城经济技术开发区开展落地开工项目专题督查，调研开工项目60余个，重点访查项目建设存在的相关问题，加快项目建设进度。完善全市招商引资项目“13710”电子督办系统，对项目落地、开工、建设问题实时跟踪；做好“96301”热线电话日常接听维护工作。

【招商活动】 2018年5月22日，晋城市招商局在司徒小镇举办“新时代海外侨胞、台湾同胞山西·晋城经贸文化交流合作恳谈会”。会上，山西省共有38个项目签约，总投资额达404.50亿元。晋城市签约15个项目，总投资额达97.50亿元。会议期间，晋城市同欧洲华人旅游业联合会签署文化旅游业的战略合作框架协议。8月29日，召开晋城——上海招商引资推介对接会暨上海晋城商会启动仪式。会上，招商局与上海晋城商会签署战略合作协议。9月6日，召开晋城市（深圳）光机电产业推介对接会，签约项目5个，项目总投资27.20亿元。9月16日至18日，晋城市组团参加2018中国（太原）国际能源产业博览会，签约6个项目，总投资额28.19亿元。11月，市长刘锋带队参加上海首届中国国际进口博览会,对上海红星美凯龙、均和集团等企业考察和对接。12月,晋城市召开光机电产业深度对接会,邀请山西大学、清华大学以及富士康科技集团、北京、深圳、廊坊、珠海、洛阳、西安、广州等国内光机电产业相关专家、教授和企业负责人近60人,为晋城市加快发展光机电产业出谋划策。

【交流合作】 2018年,晋城市招商局组织企业参加丝博会、西洽会、青洽会、兰洽会、厦洽会、太原能博会、西博会、中国国际进口博览会等大型经贸活动。组织"小分队"到北京、上海、武汉、西安、杭州、晋中等地考察对接,实现定向招商。全年到招商局进行投资咨询的企业20余家,根据投资情况及领域分别介绍到县区;与东旭集团、新农利合控股集团、上海奥特莱斯、江苏镇江三鑫新能源科技公司、山西鑫盛激光技术有限公司、新城控股集团股份有限公司等企业进行项目对接。邀请美中国际商会、美国纽约州中小企业总署、华谊兄弟、中交投、华夏江鸿、太原晋城商会、福建山西商会等投资客商到晋城考察洽谈,推进装备制造、大数据、新能源电池、沁河古堡、文化旅游等项目。

【区域合作】 2018年,晋城市加强与中原经济区的产业项目合作。1月,参加河南省晋商会组织的会员企业联谊活动;7月,在郑州举办晋城——郑州招商引资推介对接会,和河南省晋商会签订《委托招商协议》,融入中原经济区;10月,参加第二十六届中原经济协作区市长联席会,签署《鹤壁共识》。利用环渤海区域合作市长联席会议制度,扩大与环渤海经济发达区域产业对接与合作。组织项目单位和企业赴天津、重庆、青海、甘肃等地参加经贸洽谈会,对外推介项目。借助华谊兄弟星剧场落户山西晋城新闻发布会在北京举办之机,召开山西晋城文化旅游城市融合发展招商推介会。组织参加2018中国·天津投资贸易洽谈会暨PECC博览会,利用展会平台开展集中宣传推介。

【县区招商】 2018年,晋城市招商局探索委托招商模式,同中原经济区建立纽带和委托关系,与北京、上海、广州等城市开展系列招商引资活动。各县(市、区)结合自身产业优势,坚持"走出去""引进来"。城区先后赴北京、晋中、运城、侯马等地开展招商活动,与3家企业达成初步合作意向;泽州县与雅居乐集团接洽,签订固废综合处置中心项目;高平市邀请客商协助举办"新时代海外侨胞、台湾同胞山西·晋城经贸文化交流合作恳谈会",到上海、西安、成都等地考察对接项目;阳城县举办陶瓷博览会;陵川县在北京举办山西陵川回乡创业暨中药材产业推介会;沁水县组织参加招商活动6次,外出招商10次,派专人赴浙江、贵州挂职学习,与21家企业达成初步合作意向。

(郝　露)

晋城经济技术开发区

【概述】 2018年,晋城经济技术开发区坚持以习近平新时代中国特色社会主义思想为指引,贯彻落实中共十九大精神和习近平总书记视察山西重要讲话精神,全面对标省委省政府、晋城市委市政府对开发区二次创新创业要求,聚焦"三大主业",全面深化改革,优化服务环境,推动转型升级,获"省级新型工业化示范基地""省级双创示范基地"称号。

【经济效益】 2018年,晋城经济技术开发区实现规模工业总产值156.60亿元,同比增长41%;一般公共预算收入3.40亿元,同比增长8.10%;高技术制造业实现总产值117.30亿元,同比增长60.40%;战略性新兴产业实现总产值82亿元,同比增长66.20%;实际利用外资完成2.15亿美元,同比增长7%。

【招商引资】 2018年,晋城经济技术开发区招商引资签约项目23个,总投资额102.90亿元;当年签约当年落地率34.80%,当年签约当年开工率30.40%,全部完成年度目标任务。

【项目建设】 2018年,晋城经济技术开发区省市重点项目建设完成投资36.60亿元,投资完成率102.30%。总投资13.40亿元的中船重工高端装备智能制造及配套设施项目、总投资12亿元的中电智云分布式数据中心项目、总投资10.26亿元的建投绿洲大麻纺织品智能化生产线项目、总投资10.20亿元的增量配电及多能互补集成优化项目、总投资10亿元的富士康园区智能手机机构件增资扩股项目等5个10亿元投资项目先后落地开工，拉动全区高技术制造业产值、战略性新兴产业产值持续提升。

【行政审批】 2018年，晋城经济技术开发区推进“先照后证、证照分离”改革，放宽登记范围，降低准入门槛，全年新登记各类企业899户，同比增长40.5%。推行“三个一”(一枚公章管审批、一支队伍管执法、一个大厅办服务)工作模式，集中行使行政许可权，统筹行政执法工作，探索集成办理模式，全年共承接市级权力清单下放302项，累计达到327项。

【承诺制改革】 2018年，晋城经济技术开发区制定出台《投资项目承诺制改革试点工作方案》《投资项目承诺制改革试点实施细则》，编制《投资项目承诺制改革试点供地前政府统一服务工作流程》《报件指南》，规范《一次性告知书》和《承诺事项准入条件》，为企业投资项目承诺制改革提供程序指南和制度保证。

【企业服务】 2018年，晋城经济技术开发区共帮助企业争取发改、经信、中小企业、商务各类项目扶持资金3591万元；兑现市级奖励资金2771.40万元、区级奖励资金1558万元。

【基础建设】 2018年，晋城经济技术开发区构建完善园区“三横两纵”道路框架，承担金匠街西延、文化路南段2条市政道路建设任务，同步建设配套市政管网2.60千米。金匠街西延道路工程完成路基土石方、涵洞等建设，雨水工程、污水工程及电力工程完成80%。文化南路项目完成路基土石方工程、电力工程和雨水工程，污水工程，煤气、热力、自来水工程完成80%。将金匠工业园络桦路等11条市政道路打包，组成基础设施PPP项目，分三期建设，总投资25亿元。一期工程的络桦路南段进入施工阶段，顺安街、西里街完成初步批复。二、三期工程的八条市政道路完成立项、可研、环评批复等手续。金匠工业园综合能源智慧园区增量配电业务及多能互补集成化示范项目完成园区综合能源规划的招投标和规划工作；金匠污水处理厂开工建设。

(张晶晶)

重点企业

·晋煤集团·

【概述】 2018年，山西晋城无烟煤矿业集团有限公司(简称晋煤集团)实现营业收入1710亿元，同比增长3.17%；上缴税费115亿元，同比增长9.12%；完成利润42.33亿元，同比增长38.21%，创2012年以来新高；净资产收益率同比增长0.97个百分点，创6年来最高成绩；全员劳动生产率27.39万元/人·年，超计划30.42%；增加值348.03亿元，同比增长13.91%，刷新建企以来最高记录，非煤产业增加值增幅明显高于煤炭产业。资产负债率同比下降6.88个百分点，超出山西省平均下降幅度3.91个百分点，达到近7年来最低水平，应收账款较年初压减7.23亿元，全年增收节支6亿元以上，各项约束性指标全面完成。

【煤层气产业】 2018年，晋煤集团主导成立的山西燃气集团重组方案获山西省国资委批复。4个煤层气新区块3个点火出气，新增产能1亿立方米/年，柳林石西区块在全省首批公开出让区块中率先点火。全年完成井上下煤层气抽采量29.58亿立方米，同比增加1.05亿立方米，分别占全国、全省抽采总量的16%、26%；利用量20.23亿立方米，同比增加1.46亿立方米，分别占全国、全省利用总量的20%、28%。燃气板块实现收入31亿元、利润7.35亿元，同比分别增长20.55%、33.30%。

【煤炭产业】 2018年，晋煤集团坚持“减”“优”“绿”发展，提前完成4座矿井关闭任务。推进机械化换人、自动化减人，4座矿井全部实现单班入井人数不超800人目标，17座矿井达到高产高效标准，先进产能占比达到60%，超出全省总体水平近10个百分点，全年共完成原煤产量6722.92万吨、商品煤销量5934.94万吨。新井建设取得突破,东大矿井成为矿权改革后山西省审批和开工的第一座煤矿,三交矿井成为山西省自然资源厅挂牌后受自然资源部委托颁发采矿许可证的第一座矿井,也是2018年山西省开工的第一座矿井。全年煤炭板块实现收入334亿元、利润21.89亿元。

【化工产业】 2018年,晋煤集团通过管理提升、技改升级、改革提效,产业吨氨煤耗同比下降8.15千克标准煤、吨氨电耗同比下降61.22千瓦/时,实现收入657亿元,同比增长18.07%;完成利润9.93亿元,同比减亏增盈23.29亿元。晋开、天庆实现扭亏,晋丰、天源大幅减亏。华昱项目一期工程实现当年投运,盈利3000万元;昊源化工年产50万吨二甲醚、26万吨苯乙烯项目顺利投运,产出合格产品。全年完成尿素产量970.86万吨、甲醇产量530.71万吨、精细化工产品产量166.34万吨。

【电力产业】 2018年,晋煤集团新投运瓦斯电厂3座,瓦斯发电量21.23亿千瓦时,同比增长15.19%,再创历史新高,实现利润2.11亿元。阳城晋煤能源借助大用户直供政策,发电量创建厂以来新高,实现减亏1.35亿元。供电公司抢抓电力体制改革契机,成功申办供电类电力业务许可证。

【新兴产业】 2018年,晋煤集团以古矿华谊星剧场项目落地建设;王台铺矿引入中盛建材新型建筑材料项目,开始试生产;凤凰山矿依托晋煤大学和瓦斯抽放管业务重组,转型为综合性教育培训基地和聚乙烯燃气管、不锈钢抽放管等多品种、多用途管业生产基地。

【企业改革】 2018年,晋煤集团在全省率先完成公积金机构整建制移交。“三供一业”(供水、供电、供热和物业管理)各接收单位全面进驻,分离移交基本完成,年减负5亿元以上。推进低效无效资产处置,清理18家子公司、3家参股公司。加快二级单位合编定员工作,累计减少内设机构629个。启动24个混改项目,完成5个。推动10个“腾笼换鸟”项目和14个对外股权转让项目,完成产权转让3项,回笼资金5192万元。研究制定处置“僵尸企业”和特困企业专项治理工作方案,推动3家“僵尸企业”完成处置、1家特困企业实现脱困。按照“运营专业化、提高集中度、增强竞争力”原则,完成装备物资采购供应、建筑及矿建、不锈钢瓦斯抽放管生产、教育培训、钢材采购、煤炭物流6项专业化重组任务。通过集中采购、盘活存量、降低库存,节约成本2.23亿元。创新开展契约化试点工作,5家试点企业减亏增盈超10亿元。完成机关大部制改革,部室数量减少50%,内设机构和人员编制均缩减40%以上。发展高端燃气具制造、焦炉煤气制天然气、燃气设计施工等项目,在太原、临汾等地创新推广APP燃气增值服务平台,全年新增燃气用户15.8万户。龙泉煤矿实现日产2万吨、月产50万吨目标,龙泉铁路取得专用线环评批复,复工开建。太原煤气化公司完成原煤产量967万吨,同比增长26%;燃气销量9.64亿立方米,同比增长8%。

【技术创新】 2018年,晋煤集团应用“互联网+”采购模式,与京东集团跨界联姻,从传统实体尝试向互联网经营模式转型,仅办公用品和易耗品采购一项,就节约成本2000万元以上。全年共获得省部级奖励22项、专利授权114项。其中,燃气领域7个省煤基重点科技攻关项目通过省科技厅验收;承担的国家级项目“山西重点煤矿区煤层气与煤炭协调开发示范工程”通过国家中期评估;与太原理工大学合作项目“老矿井全空间灾害防治新技术研究及应用”被鉴定为国际领先水平;煤炭领域开展的“瓦斯治理、系统优化、采掘提效、远距离供电供液、无煤柱开采、自动化集控”六个专题研究取得阶段性成效;“复杂顶板岩层大直径高位定向钻孔技术与配套机具”获中煤协会科学技术一等奖。煤化工与航天六院合作开展晋航炉技术开发,推动无烟块煤熔渣气化。联合大连金重、全国煤化工设计中心、华东理工大学,共同开发无烟煤加压固定床(JC炉)优化气化技术。

(高　鹏)

·阳城电厂·

【概述】 2018年,阳城电厂完成

发电量181.66亿千瓦时，同比增加5.97亿千瓦时；完成上网电量166.62亿千瓦时，同比增加5.10亿千瓦时；全年实现工业增加值9.14亿元，上缴税金2.63亿元。

【安全生产】 2018年，阳城电厂践行“大安全”理念，深化本质安全型企业建设，强化全员责任落实和制度落实，强化安全风险控制和隐患排查整改，狠抓精密点检、状态检修，狠抓技术监控和能效管理，确保安全生产局面稳定、机组运行状态良好。5台机组在全国大机组竞赛中获奖，1台机组获评“可靠性优胜机组”。截至2018年底，实现连续安全生产5046天。

【环保节能】 2018年，阳城电厂严格执行国家和地方环保政策标准，落实大唐集团环保工作要求，将环保设备按照发电主设备的标准管理，保证环保设备可靠高效运行，实时公布环保数据，自觉接受社会监督。二氧化硫、氮氧化物、烟尘排放绩效分别完成每千瓦时0.07克、0.11克和0.01克，同比分别降低0.09克、0.09克和0.01克。完成供热扩容改造，具备1200万平方米的供热能力。完成引增合一、烟道优化、电泵变频等节能技改任务，降低机组能耗。一、二期机组供电煤耗同比分别降低1.50克/千瓦时和4.47克/千瓦时。

【科技创新】 2018年，阳城电厂重视人才培养工作，科技人才涌现，全国劳模武旭升作为大唐系统十万员工的唯一代表，参加国务院国资委第三届“央企楷模”评选。公司共获得国家专利12项，其中发明专利2项。参与修编多项国际、国家和行业技术标准，主编1项行业技术标准；1项科技成果获得中电联“电力创新奖”一等奖。

（张建国）

·兰花集团·

【概述】 2018年，兰花集团贯彻落实国家及省市政府决策部署，抓住全省资源型经济转型发展契机，围绕市委、市政府“聚焦主业，瘦身健体，提升融资能力，加快产业转型”总体要求，多措并举稳运行，全力以赴促转型，培育新动能，集聚新优势，公司持续健康运营。

【主要指标】 2018年，兰花集团资产总额达到391.88亿元，同比增加4.21亿元；实现销售收入114.29亿元，同比增长13.58%；实现利润10.90亿元，同比增长50.82%；全年实现利税28亿元，同比增长29.29%。

【企业改革】 2018年，兰花集团响应省市对国企改革的要求，抓住国企改革的窗口期和机遇期，坚持问题、目标及任务导向，从聚焦主业、法人治理、融资能力、人才制度、内部机构、企业分离办社会职能等各方面优化战略投资，壮大优势产业，积聚发展势能，为企业平稳健康可持续发展提供保障。

【安全生产】 2018年，兰花集团坚守习近平总书记“发展绝不能以牺牲安全为代价”的安全红线，加强制度建设，完善管理体系，丰富各类培训，开展专项整治，确保安全、环保费用的足额提取使用，全年安全生产基本稳定。

【项目建设】 2018年，兰花集团利用兰花巴公园区现有土地、技术、设备、技术人员等资源，布局循环产业园区建设。与神华宁煤神耀科技签订GSP煤气化装置升级改造工艺包设计、专有设备供货及技术服务合同。玉溪煤矿240万吨矿井建设项目，首采工作面巷道完成85%工程量，通风、供电、排水、运输及井上下瓦斯抽采等系统全部形成；地面其他配套工程完工并投入使用。新材料“10改14”项目，公用工程系统改造完成75%，环保装置基本完成，工艺系统改造完成60%。煤层气上黄二期项目，完成总体工程量的90%，基本完成年度目标任务。

【科技创新】 2018年，兰花集团获得授权实用新型专利11项，“煤矿虚拟现实（VR）培训系统开发”和“乌洛托品”两个项目申报山西省科协2018年度金桥工程项目。兰花集团与中煤科工集团西安研究院、河南理工大学、中国矿业大学、河北工程大学、北京煤机厂等科研院所开展长期战略合作，提高创新效率，增强核心竞争力。

（栗会兵）

·兰花科创·

【概述】 2018年,山西兰花科技创业股份有限公司完成工业总产值89.82亿元,同比增长6.11%。全年生产煤炭755.43万吨、尿素78.71万吨、二甲醚27.35万吨、己内酰胺10.84万吨。全年销售煤炭758.05万吨、尿素79.02万吨、二甲醚27.29万吨、己内酰胺10.90万吨。完成营业收入85.29亿元,同比增长12.72%。上缴税金14.16亿元,同比增长3.80%。实现利润13.06亿元,同比增长40.43%,归属于母公司股东净利润10.81亿元,同比增长38.27%。

【企业经营】 2018年,兰花科创公司修订《公司管理制度汇编》,推进以三标一体、内控管理融合为核心的“管理瘦身”,提升企业经营管理的针对性和有效性。优化煤炭生产采掘布置,引进新技术新工艺新装备,投资1.60亿元更新唐安煤矿、大阳煤矿、伯方煤矿综采设备,推广应用沿空留巷技术、蹬空区地板注浆填充加固等新技术,突出市场导向丰富产品品种,实现煤炭产销平衡。加大地面企业精准管控,对内强化管理,对外开拓市场,地面企业经营状况稳定好转。在巴公园区建成合成氨、蒸汽、合成气等互通互联管网,在降低消耗的同时,提升各厂之间装置管理、设备运行综合协调能力。新材料公司10万吨/年己内酰胺装置实现高质量稳定运行,产品产量与质量再创新高。清洁能源公司二甲醚装置挖潜成效显著,保持长周期高负荷运行。丹峰化工二甲醚民用市场拓展顺利,燃气销售数量达到设计产能的95%。

【产业转型】 2018年,兰花科创公司坚持“强煤、减肥、扩化、发展新材料”发展思路,突出项目引领和带动作用,推进和加快企业发展新旧动能持续转换。提升煤炭先进产能,同宝煤业、沁裕煤业于5月、6月复工;7月16日,永胜煤业年产120万吨项目转入联合试运转;玉溪煤矿工程建设基本按计划推进,受地质条件等因素影响,首采工作面联合试运转延期;伯方、唐安、大阳三矿下组煤配采前期工作基本按计划推进。提升煤化工产业水平,加快己内酰胺节能增效技术改造进度,利用现有两台GSP粉煤加压气化炉,代替现有常压固定床间歇式造气工艺装置,与宁煤神耀科技公司签署相关技术合作协议,开展配套下游项目前期论证,加快造气工艺革新和传统煤化工向现代煤化工转型步伐。

【安全生产】 2018年,兰花科创公司完善以安全生产责任、安全目标责任、安全责任清单为主要内容的安全责任管理体系,强化煤矿“十化”攻坚,推进样板化管理体系建设。加大安全风险管控力度,推动安全风险分级管控和隐患排查治理深度融合。全年安排安全费用2.55亿元,重点改善煤矿一通三防、沿空留巷和安全生产综合调度指挥系统建设,煤化工企业设备防护、隐患整改、监测检验和安全培训等环节。伯方、大阳、唐安3座煤矿达到安全生产标准化一级矿井,化肥化工企业除田悦公司外全部达到三级安全标准化企业。严格执行政府规定的错峰生产方案,投资4.30亿元实施环保设施升级改造,建成覆盖全公司的五级网格化环保管理体系。

【技术创新】 2018年,兰花科创公司践行科技兴企、人才强企战略,注重科技引领和技术支撑作用,利用科研院所优势技术资源,实施一系列新技术新项目研发工作和市场论证工作。全年申报专利项目17项,获得专利授权11项,“多变量预测控制技术在合成氨等装置上的研究和应用”项目参评山西省科技厅科技进步奖,“煤矿虚拟现实培训系统开发”达到国际先进水平。全年举办各类培训5288人次,各种管理人员和专业技术人员学历与资质规范均达标。

(袁志刚)

·山西天泽煤化工集团股份公司·

【概述】 2018年,山西天泽煤化工集团股份公司生产合成氨128.33万吨,同比下降14.07%;生产尿素210.41万吨,同比下降15.13%;生产精甲醇13.71万吨,同比下降4.79%;生产甲醛2.48万吨,同比下降6.53%;生产三聚氰胺5165.38吨,同比下降50.12%;余热发电6718.90万千瓦时,同比下降5.95%。完成工业总产值(现价）439848万元，同比增长5.84%；全年实现营业收入443446万元，同比增长6.74%；公司连续7年获“全国（合成氨）行业能效领跑者标杆企业”“全国氮肥企业合成氨产量20强第6名”“全国氮肥企业尿素产量20强第1名”“2018年度节能减排先锋企业”和“山西省优秀企业”“山西省功勋企业”“山西化工改革开放40年最具影响力企业”等称号。

【安全生产】 2018年，山西天泽煤化工集团股份公司落实安全生产责任制，层层签订《安全目标责任书》，全方位全过程构建安全生产管理网络。围绕全市“攻坚年”“执法年”“安全生产大检查”“危化品安全专项整治”等行动，推进安全生产标准化建设，修订和新增《安全生产责任制》《安全生产委员会制度》《安全生产应急评估制度》等，夯实班组安全基础，健全安全制度台账，开展“安全生产月”“安康杯”和安全防护应急演练等活动，杜绝重特大事故发生。全年列入目标考核范围内的较大及中度（含工伤）以上事故共5起，同比下降50%。

【绿色发展】 2018年，山西天泽煤化工集团股份公司以节能降耗为重点，挖掘生产装置最大潜能。优化造气操作方法，制定《造气炉渣碳含量检测及奖励办法》，提高原料煤利用效率；完善氨醇能耗考核中原料煤消耗总量的统计办法；开展以“节能降耗、保卫蓝天”为主题的节能宣传周活动；实施主要能耗指标与浮动工资挂钩的办法，调动全员积极性；对各厂在用锅炉进行能效测试，确保燃煤锅炉符合节能要求；开展修旧利废和小改小革的劳动竞赛活动，形成向节能要效益的整体合力。投资亿元实施八项环保提升改造项目。贯彻落实全市生态环境保护大会提出的环境保护网格化管理要求，将全厂分为7大块，确定22名网格长，对98个岗位实施细化并明确职责，从废气、废水、固废、危废、放射源、在线、现场卫生、错峰生产运输和重污染天气、排污许可证管理等11个方面实施环保精准管理。10月，在全市16家化工企业绿色考核评估中，煤气化厂以83分的成绩位列第一；在第五届绿色发展峰会上，获“2018绿色发展最具影响力企业品牌”称号。

【企业管理】 2018年，山西天泽煤化工集团股份公司修订《规范化考核管理标准》，补充完善部分岗位工作职责，研究制定年度目标任务及配套考核办法和目标责任书，落实公司绩效考核管理办法。推进标准化工作，制定和修订《亚氨基二琥珀酸螯合锌锰硼尿素》等企业标准，并在“企业产品标准信息公共服务平台”发布新的尿素和液体无水氨国家标准。通过强化组织管理，优化设备工艺，严把出厂检验，不断提升产品质量，全年产品优等品率达54.30%，较上年上升19.10个百分点。

【产品销售】 2018年，山西天泽煤化工集团股份公司面对供给侧结构性改革和化肥市场不确定因素增多，环保倒逼和经济下行压力双重叠加的形势，创新思维，抢抓机遇，拓展销售，占领市场，全年销售尿素209.30万吨，产销率达100%；其中，国内销售182.80万吨，占总销量的87.30%；港口发运26.50万吨，占总销量的12.70%；全年汽运销售48.90万吨，占尿素总销量的23.37%；全年销售增值尿素21.31万吨，增值尿素销售量占比10.18%；全年直销点共计销售56348吨，集装箱发运57873.34吨，散装运输4973.40吨，实现产销平衡和利润最大化。

（秦　飞）

农业

农业生产

【概述】 2018年，晋城市农业人口170万人，耕地总面积288万亩，人均1.30亩，全年粮食总产8.08亿公斤。除城区外，各县（市）农业人口比重分别是：泽州92.60%、高平82.80%、阳城80.30%、陵川99%、沁水80.40%；耕地面积分别是：泽州76.60万亩、高平69.60万亩、阳城58.20万亩、陵川48.20万亩、沁水48.60万亩。晋城市各级农业部门围绕乡村振兴工作布局、农业供给侧结构性改革工作主线，推进农业农村各项重点工作。

【融合发展】 2018年，晋城市农业委员会将农林文旅康产业融合发展作为乡村振兴战略的重要抓手，按照市委市政府《农林文旅康产业融合发展实施意见》，确定6个试点乡镇和12个典型村，成立乡村振兴办，落实领导包县、包乡镇、科站长包村的工作机制。分三批组织150多名市县乡三级农业干部到先进地区考察取经。编印小册子送到乡镇基层，开展政策宣传，在市电视台开设《乡村振兴——农林文旅康产业融合发展试点》展播节目，播出50期。召开全市实施乡村振兴战略暨农林文旅康产业融合发展试点工作沁水现场会，强化工作督导。在省级下达资金1000万元的基础上，市级下达补助资金1400万元，县级配套资金3000万元，集中项目资金投向，完成年度投资8.50亿元，铺开各类型项目200余个，初步构建一二三产业融合发展雏形，被省政府列为优秀试点。

【特色农业】 2018年，晋城市实施粮食丰收工程，粮食总产8.08亿公斤。加快有机旱作农业发展，在完成省“一县两片”有机旱作农业示范片的基础上，市财政安排资金300万元，创建市级有机旱作农业示范片6个。完成粮食功能区划定任务135.50万亩，进度全省第一。发展特色功能产业，新发展和改造设施蔬菜1277亩，新发展桑园1010亩，完成果业提质增效1.03万亩，沁水刺槐蜜获省农产品市级区域公用品牌，皇城相府蜜酒、晋苑桑叶茶获省功能农产品品牌。

【产业发展】 2018年，晋城市农产品“513”龙头企业销售收入85.40亿元，同比增长7%；500万元以上龙头企业销售收入41.60亿元，同比增长14.70%。实施农业信息进村入户工程，确定泽州县为整县试点，建设500个益农信息社；加强“三品一标”农产品认证，认证绿色、有机、无公害企业64家，面积30.90万亩，产品122个，申报1个农产品地理标志农产品。完善农产品质量安全可追溯平台，确保农产品质量安全。

【招商引资】 2018年，晋城市组织参加山西（太原·阳泉）特色农产品展示展销活动，签约招商引资项目34个，引资110.90亿元；贸易签约项目30个，签约额6.90亿元。在北京新发地农产品批发市场，举办晋城市特色农产品北京展销中心启动仪式，搭建首都展示展销平台。

【美丽乡村建设】 2018年，晋城市出台《农村人居环境整治三年行动实施方案》，明确工作重点。突出美丽宜居示范村创建，创建6个省级美丽宜居示范村，2个省级美丽宜居示范集中连片，6个省级公共浴室。市财政安排资金400万元，建设市级美丽宜居示范村20个。加强农业环保工作，完成测土配方施肥234万亩，化肥使用量17万吨，同比下降1.76%；完成绿色防控82.82万亩，农药使用量310.20万吨，同比下降4%；农作物秸秆利用率达到85%。

【农业改革】 2018年，晋城市农村土地承包经营权确权登记颁证基本完成。10月中旬，6县(市、区)农村承包地确权登记颁证率先通过省确权办整市验收。农村集体产权制度完成任务，93.90%的村完成清产核资，96.60%的村完成成员身份确认，城区率先完成省级试点改革任务，沁水县完成清产核资和成员身份确认。

【农业扶贫】 2018年9月7日，山西省政府批准陵川县、沁水县两县退出贫困县，晋城市成为打响脱贫攻坚战以来，全省第一家整市脱贫的地市。完成18个贫困村、9921人的脱贫标注工作。推进省政府产业扶贫“8311”工程和市政府“八大产业”增收工程，投入资金9751万元，安排产业扶贫项目62个，带动7883户增收受益。完成易地扶贫搬迁3044人，金融扶贫1.87亿元。全国扶贫开发信息系统中，晋城市只剩下17户35人未脱贫。

（牛 坤）

农业综合开发

【概述】 2018年，晋城市农业综合开发局按照中央、省、市农村工作会议和中央一号文件部署，以服务乡村振兴战略为中心，推动农业农村现代化为目标，促进农业可持续发展为主线，抓好高标准农田建设、农业产业化经营和中药材产业发展三大任务，推进农业供给侧结构性改革，助力乡村振兴，实现全市农业综合开发工作健康稳步发展。

【土地综合治理】 2018年，晋城市农业综合开发局完成上年立项土地综合治理项目3个。其中高标准农田建设项目2个，生态综合治理项目1个，分别为泽州县周村镇0.54万亩高标准农田建设项目、高平市石末乡0.38万亩高标准农田建设项目、阳城县驾岭乡0.51万亩小流域治理项目。项目区修建排灌站3座，架设输变电线路1.58千米，埋设管道96.02千米，新建渠系建筑物4座，新建小型蓄排水工程6座，改良土壤0.36万亩，修建田间道路24.32千米，造林0.32万亩，技术培训完成400人次。

【产业化项目】 2018年，晋城市农业综合开发局完成上年立项产业化发展项目5个。分别是高平市千亩黄梨基地果品分拣包装场建设项目、泽州县年产350吨食用菌大棚新建项目、阳城县60万公斤中华寿桃储藏保鲜库建设项目、阳城县年新增8200公斤蚕茧基地扩建项目、阳城县600亩核桃基地配套设施建设项目。

【中药材产业】 2018年，晋城市农业综合开发局利用240万元省级中药材崛起工程项目资金，坚持突出重点、以点带面的原则，对中药材规模化、规范化基地扶持，主要种植品种有党参、黄芩、紫苏、桔梗、丹参、菊花、连翘等，带动全市中药材基地稳定发展。全年全市新种中药材面积2.44万亩，完成年度目标考核任务2万亩的122%。兰花太行中药有限公司取得国家药品GMP证书，认证范围包括中药饮片(净制、切制、清炒、蒸制、煮制)、直接口服中药饮片(三七粉)，开始投产运行。山西九州天润道地药材公司中药材仓储集散及电子商务平台建设项目全面投入运行。国新晋药陵川药业公司中药材仓储中心建设项目启动。举办陵川县第三届“太行连翘节”，举办“领秀太行·清凉陵川”陵川县招商引资回乡创业暨中药材产业推介会，推介晋城市独具特色的“陵五味”产品和连翘茶、连翘牙膏、中药面膜等深加工产品。推进“陵五味”地理标志认证工作，策划推出《连翘花》歌曲MV，在中央电视台CCTV—7(农业节目)推出“陵五味”免费公益广告。加强中药材技术培训。市县两级共举办各类中药材培训50余期，培训药农3000余人次。

【田园综合体项目】 2018年，晋城市农业综合开发局组织市、县农发部门负责人、业务骨干赴广西南宁，就农业综合开发支持田园综合体建设专题考察，学习借鉴先进地区发展“田园综合体”的经验，形成《南宁市农业综合开发项目管理的经验与启示》考察报告。指导支持阳城县立足蚕桑产业发展优势，编制完成《山西·阳城蚕桑部落田园综合体总体规划（2018—2025）》，规划面积13.30平方千米，涉及次营镇9个行政村、近3000人。综合研判全市田园综合体推进情况，推荐阳城县“蚕桑部落”田园综合体项目被列入省级项目库。投入农发资金430万元，用于阳城县田园综合体试点项目，在田园综合体项目区内实施次营镇土地托管项目，购置大型农用拖拉机及配套农机具5台（套），建设粮食存放仓库、农资存放仓库、庄稼医院、大型农机具存放场所、晾晒场、粮食烘干场所等，总面积5000平方米，推进农村土地经营管理模式创新。整合历年农发项目结余财政资金130万元，在阳城田园综合体试点区组织实施“百桑园”建设项目，修建农田机耕路1.10千米，营造果桑经济林50亩，维修水池1座，埋设田间管网3.23千米，架设输变电线路0.34千米，改善项目区耕作条件。

【产业扶贫】 2018年，晋城市农业综合开发局完成省政府“8311”产业扶贫项目，全市“八大产业”扶贫工程新种中药材1.58万亩，完成目标任务的158%。陵川县整合涉农扶贫财政资金1290万元，用于中药材产业扶贫项目，新种中药材1万亩，使中药材产业成为陵川县脱贫攻坚的支柱产业，项目共涉及8个乡镇76个村（其中：贫困村35个、低收入村1个），带动贫困户2800余户、贫困人口7000人。沁水县安排高标准农田建设模式创新项目1个，产业扶贫项目16个，项目总投资2164.93万元；16个产业扶贫项目发展中药材5800亩，建设标准化蜂蜜加工基地1个，带动370户建档立卡贫困户增收。帮助陵川县窑相村实施的农业综合开发大棚种植香菇标准化生产技术推广项目通过市、县两级验收，40万元财政补助资金全部拨付到位。开展“送政策、送科技、送文化”进村入户活动、“精准扶贫，你我同行”政策宣讲活动、“文明新风进农家”主题党日活动、“崇德向善，关爱老人”志愿服务等系列活动，通过文明共建、文化下乡、支部互联共建、志愿服务等形式，增强贫困群众脱贫致富的信心。

（苗胜鹏）

畜　牧

【概述】 2018年，晋城市畜牧兽医局学习贯彻中共十九大精神和习近平新时代中国特色社会主义思想，践行市委“晋城的事大家想、大家说、大家干”的要求，结合晋城市“乡村振兴战略”，强化全面从严治党各项工作，实施晋城市畜牧业“一二三四”新发展战略，完成各项目标责任制任务，并获首届山西省动物防疫职业技能竞赛团体一等奖。

【规模化养殖】 2018年，晋城市新增畜产品综合产量11704吨，完成年计划的117.04%。新（续、扩）建畜禽规模养殖场户65个，山西凯永建宁产业园年出栏40万头生猪续建项目和河西2400头核心育种场扩建项目、阳城温氏40万头生猪一体化续建项目、沁水大象4000万只肉鸡产业化续建项目、泽州东秀15万只蛋鸡新建项目等陆续投产，提升全市畜禽养殖规模化水平。

【畜产品监管】 2018年，晋城市畜牧兽医局实施畜牧业标准化战略，新发展“三品”养殖规模61万头（只），新认证7个无公害畜产品；原有无公害畜产品复查换证率达到75%，超额完成省定60%的目标任务。不定期对全部12家完成认证企业开展日常监督检查，确保12家企业的生产流程、产品符合质量安全各项规定。组织泽州县详园养猪专业合作社等5家企业配合开展无公害农产品抽检工作。开展畜禽屠宰“扫雷行动”、兽药经营电子追溯、安全规范使用兽药、兽用抗菌药专项整治等畜产品质量安全专项整治行动，累计出动执法人员1892人次，检查企业和场户2750家次，指导培训155场次，培训人员1737人次，开展宣传25场次，发放资料16567份。协助农业农村部开展畜禽产品质量安全例行监测120批次，合格率98.30%；兽药监督抽检21批次，动物及动物产品兽药残留监控15批次，禽蛋产品质量安全监督抽查15批次，县级开展禽蛋产品兽药残留风险监测153批次，全部合格。开展“瘦肉精”抽巡检，抽检813个畜禽养殖场、4050份样品，全部合格。

【畜禽粪污治理】 2018年，晋城市畜牧兽医局对省定110个规模养殖场粪污处理配套设施建设任务实施月度跟踪督办，全部完成。晋城市畜禽粪污综合利用率达到78%，较上年提高5个百分点；规模养殖场畜禽粪污处理设施配套率达到88%，较上年提高10个百分点；大型规模养殖场畜禽粪污处理设施配套率达到90%。高平市代表全省接受农业农村部、生态环境部的第三方评估，在全国75个抽样调查县中名列第6名。在省农业农村厅和省生态环境厅对各地市开展的2017年度畜禽养殖粪污综合利用考核工作中，晋城市获得第一名。完成各县（市、区）人民政府2017年度的畜禽废弃物资源化利用考核工作。指导泽州县争取2019年度全国畜禽粪污整县推进项目，是山西省继高平市成功申报2017年度畜禽粪污整县推进项目后的第二家。在泽州、高平2个国家级畜牧业绿色发展示范县基础上，沁水县获得省级畜牧业绿色发展示范县称号，全省获得国家或省级称号的县（市、区）共10个，晋城市有3个。

【无害化处理】 2018年，晋城市畜牧兽医局完善病死畜禽无害化处理体系建设，全市通过省厅验收并正式投入运行的县级无害化处理中心达到5个，阳城县无害化处理中心开始建设。截至2018年底，全市共收集处理病死猪29.60万头，集中化制处理的28.20万头，占比95.32%，较上年增长近22个百分点。落实《晋城市育肥猪保险工作实施办法》和《晋城市病死牛羊禽无害化处理工作实施办法》，率先在全省地市一级全面开展育肥猪保险和所有病死畜禽无害化处理补助工作。全年909户投保育肥猪48.70万头，获省市县财政补贴资金681.70万元；无害化处理病死牛116头、羊643只、禽类59.70万只（71.40万公斤），发放补贴资金62.60万元。

【非洲猪瘟防控】 2018年8月，非洲猪瘟传入中国，晋城市严格落实国家、省市的各项防控措施，在疫情排查、诊断、报告和应急处置，强化生猪及其产品调运监管、猪用饲料监管，开展专项整治，维护生猪市场平稳和生猪产业健康发展。晋城市畜牧兽医局及时处置泽州县高都镇发生的非洲猪瘟疫情，确保疫情不扩散。

【疫病防控】 2018年，晋城市畜牧兽医局集中免疫高致病性禽流感、牲畜口蹄疫、小反刍兽疫等各类重大动物疫病5186.10万头（只、羽），免疫密度均达到100%；共检测免疫抗体38836份、总体合格率95.20%，病原学监测3830份、全部为阴性，完成省下达的年度监测任务；按期完成“动物卫生监测信息平台”数据填报，指导阳城县疫情测报站开展工作，为部省动物疫病防控工作提供决策依据；组织完成市、县两级兽医实验室检测比对工作，提高全市动物疫病检测能力和水平；指导沁水县开展政府购买基层社会化服务试点工作，开展动物疫病净化培训和强制免疫“先打后补”等工作。

【卫生监督】 2018年，晋城市畜牧兽医局执行检疫申报、规范产地检疫出证、严把屠宰检疫关口，推动全链条痕迹化监管。全年共实施产地检疫畜禽1766.20万头（只）、屠宰检疫畜禽1495.20万头（只），做到染疫动物不出产地，从源头上控制动物疫病的发生和传播，保证染疫动物产品不流入市场。强化动物卫生监督信息化监管能力，新增智慧动监信息平台终端使用人员79人，新开通动物追溯管理系统，采集数据并及时上传监管信息2114条。提升监督执法和案件办理工作，组织开展动物卫生监督执法规范年、动物诊疗专项整治、2018年全市动物防疫行政执法案卷评查暨执法监督工作培训等活动，全市累计办理动物卫生监督案件15起。

【安全生产】 2018年，晋城市畜

牧兽医局按照“管业务必须管安全、管行业必须管安全、管生产经营必须管安全”的总要求,印发多个畜牧业领域安全生产文件,构建全市畜牧业安全生产监管体系。配合市安委办制定《晋城市畜牧行业安全生产隐患排查标准清单》,建立《全市畜牧兽医系统危化品管理台账》。开展畜牧业安全生产大检查、安全生产月等活动,累计检查饲料生产企业20家次、屠宰企业46家次、病死畜禽无害化处理中心5家次、大型规模养殖场65家次、中小规模养殖场1621家次,排查一般隐患528条,整改526条,限期整改2条。开展各类宣传24次,发放宣传资料1万余份。

(姜　凯)

农　机

【概述】　2018年,晋城市农机局践行市委“晋城的事,大家想、大家说、大家干”要求,坚持以党建为统领,围绕落实市委、市政府重要关切,聚焦农业生产迫切需求,解放思想,主动进取,推动农机化高质量转型发展迈上新的台阶。

【农机补贴】　2018年,晋城市农机局对购机补贴政策变革,在全省首家推出系列便民化措施。补贴机具全部实行敞开补贴,有需即补、应补尽补;推行“去经销商”补贴模式,机具经销商与补贴申报操作全部脱钩;推广使用手机APP申请补贴,实现“数据多跑路、群众少跑腿”;取消办理补贴需出具从事农业生产证明事项,实行申领前告知承诺;建立完善电子信息档案,不再要求农户提供身份证、购机发票等申领要件复印件;创新补贴机具核验模式,对补贴1000元以下机具采取远程网络核验替代现场核验。全年落实补贴资金1210万元,补贴1138户农户购买机具1622台。

【农机水平】　2018年,晋城市农机局在推进主要农作物全程机械化进程中,重点引进推广玉米收获、无人植保、高地隙植保、粮食烘干、秸秆还田、青储收获等一批新型高效机械。玉米联合收获机达到近千台,完成玉米机收面积50万亩,机收水平达到40%;小麦生产耕、播、收等主要环节基本实现全程机械化,主要农作物综合机械化水平达到73%。在跟进小杂粮、林果、中药材等特色农业产业化发展中开展“机器换人”行动,研制和引进谷子精播、谷子机收、果园管护、中药材移栽、中药材收获等先进适用机械,举办一系列推广现场演示会,通过“农机强”助推“产业强”,推动产业兴旺发展。

【信息化建设】　2018年,晋城市农机局在农业机械化生产中应用大数据、物联网、卫星导航等尖端技术,为全市六县(市、区)大中型农业机械安装监控终端1304台,为配套农机具安装识别模块2044台,为各县(市、区)农机维修流动、经销企业三包、农机安全应急等服务车安装GPS定位系统45套,建设安装农机远程培训及应急处理视频会议系统。在全省率先建设市级“智慧农机”信息平台,开发实时地理监控、机械作业查询、作业调度指挥等七大系统,方便农机部门全天候、延伸式、立体式、全方位监控农机作业车辆运行轨迹、作业面积、作业质量、工作状态等;配套研发手机APP应用软件,方便机手和农户精准统计作业亩数,监控作业质量,随时查询每天作业情况,为全市农机管理人员、服务人员、农机户、农户之间搭建信息沟通桥梁。

【秸秆综合利用】　2018年,晋城市农机局到基层调研摸底,了解掌握晋城市秸秆综合利用的基本途径和需求,外出考察取经,结合晋城市实际提出晋城市秸秆综合利用三年行动方案及政策扶持一揽子计划。全市投入秸秆机械化还田和综合利用补贴资金近2000万元。重点推广普及农机深松整地、机械化秸秆还田、免少耕播种、保护性耕作等机械化有机旱作农业技术194万亩,完成秸秆饲料化、基料化、燃料化、原料化综合利用转化量8.30万吨。

【机械化生产】　2018年,晋城市农机局在“春耕春播”“三夏”“三秋”等重要农时季节,对生产急需的重点机械,实行政策倾斜予以优先补贴,加快补贴进度;提前组建技术服务和维修服务小分队,到田间地头、社场户院开展指导和检修;多频次组织召开现场会实地讲解和演示,提高群众对新型适用技术的认知度和认可度；依托农机合作社机械数量多、组织力度强的优势，开展合同作业、订单作业及托管服务，确保夏粮和秋粮及时抢收抢种、颗粒归仓。全年投入农田作业机械7万余台，完成机耕227万亩、机播203万亩、机收150万亩。

【示范创建】 2018年，晋城市农机局在高平、阳城、沁水等地开展实现农业机械化综合示范县乡村创建活动，推进田间机耕道、机库棚、维修网点、烘干仓储等基础设施建设，带动和辐射周边加速农机化发展进程。开展农机示范社场户培育活动，培育一批省、市、县示范合作社、机械化示范家庭农场、农机示范大户，扶持一批农机合作社开展基础设施和机具装备建设，引导开展包括机耕、机播、机收、植保、烘干等在内的"一条龙"农机作业服务。截至2018年底，晋城市新型农机合作社达到218个，基本实现"一乡两社"目标，共承担全市50%以上的农机化生产作业任务。

【农机扶贫】 2018年，晋城市农机局强化农机惠农政策，加大对丘陵山区政策和资金倾斜力度，购机补贴资金重点向适合丘陵山区生产的轻简型机械倾斜，深松整地、免少耕播种等作业补贴重点在贫困山区实施，农机技术培训精准向贫困地区人口投放。改善丘陵山区立地条件，探索开展农田宜机化改造试点。创新扶贫办法，在贫困县创建农机资产性收益扶贫试点，年底为贫困户按股分红。陵川县开展贫困村助力农机化提升工程，为20余个贫困村装备农机设备。

【安全生产】 2018年，晋城市农机局开展集中联合执法，出台老旧机车补贴办法，全市共注销和淘汰老旧变型拖拉机1000余台。开展农机安全生产宣传，重点抓好两个部令以及相关配套规范的学习贯彻。开展农机合作社安全生产主体责任执法年活动，全市创建"平安农机"示范乡镇10个、示范村63个、示范户219户。开展"3·15"农机质量宣传活动，发放宣传资料2万份。全市农机安全生产形势稳定，未发生重伤和死亡责任事故。

（李　芳）

林　业

【概述】 2018年，晋城市完成国省市营造林任务2.32万亩(含陵川县被统筹整合的绿化任务0.20万亩)，环城绿化0.10万亩，村庄绿化22个，中幼林抚育2.80万亩。育苗4.19万亩，其中新育1.05万亩。全市发生森林火警32起，森林火灾受害率0.01‰，低于省控指标0.45‰。5月，人社部、国家林业局授予晋城市林业局"全国林业系统先进集体"称号。11月，晋城市通过国家森林城市复审。

【造林绿化】 2018年，晋城市林业局按照现代林业发展规划和林业"十三五"发展规划，落实局领导包县、科站长包工程责任制，统筹推进城乡一体绿化，完成太行山绿化工程0.30万亩，通道绿化1.18万亩(含陵川整合0.20万亩)，天保工程0.40万亩，植被恢复费造林0.44万亩；村庄绿化22个，泽州县晋庙铺范谷坨村、阳城县东冶镇蔡节村被评为全国生态文化村，全市生态文化村达到8个；泽州县柳树口镇的黄栌和沁水县中村镇的丁香入选中国85株最美古树。

【生态扶贫】 2018年，晋城市林业局聚焦精准发力、整合统筹、因地制宜、精准帮扶、绿色脱贫，制定《2018年晋城市林业生态建设扶贫行动计划》，完善扶贫攻坚造林专业合作社管理制度，推进林业生态建设"五个一批"扶贫项目工程，拓宽贫困人员增收渠道，确保贫困人员在林业全产业链建设中得到更多实惠。通过生态扶贫，1562名贫困人员参与生态治理和森林资源管护工作，获得劳务报酬，带动2742名贫困人员实现脱贫，比上年增加585人。

【林业管护】 2018年，晋城市林业局坚持抓宣传、明责任、严督查，搞联防、堵火源、强队伍，争取市政府专项资金2000余万元，建成高清晰、自动化、多功能、全天候的森林防火远程预警监控系统；落实县、乡、村三级巡查巡护责任，建立网格2596个，落实责任人13780人，全年未发生大的森林火灾。加强森林病虫害检测，病虫害发生面积15.13万亩，防治面积11.46万亩，成灾率2.24‰，低于省控指标3.80‰。加大对涉林违法案件的打击查办力度，组织开展“打击破坏生态环境违法犯罪”等专项行动，办理刑事案件7起，治安案件9起，行政案件190起，信访案件9起，协助河南、湖南及地方公安办理刑事案件9起，维护林区社会治安稳定。

【林业改革】 2018年，晋城市林业局推进国有林场改革，联合发改、财政、人社、编办、交通部门成立验收小组，开展市级评估验收，10月通过省级验收。推进集体林权制度改革，按照晋城市人民政府办公厅《关于完善集体林权制度的实施意见》，召开学习“六盘水市‘三变’改革”座谈讨论会。开展集体公益林托管，完成集体公益林协议托管26万亩；全市符合投保条件的346万亩生态公益林全部实现森林保险全覆盖。

【林业产业】 2018年，晋城市林业局科学实施干果经济林提质增效项目，组织开展“十棵树”修剪技术交流等集中培训14次，完成提质增效任务4.30万亩。55家经济林合作社、企业自发组建晋城市经济林产业协会，首家核桃企业登陆山西股权交易中心“晋兴板”。新修建的花卉市场投入运营，苗木花卉产业交易平台扩大，苗木生产总量15.34万株，市场销售2400余万元。推进森林康养产业发展，完成棋子山森林康养基地基础数据调查，维修新建森林康养步道4.50千米。

（张锦龙）

水 务

【概述】 2018年，晋城市水利系统学习贯彻习近平新时代中国特色社会主义思想和中央新时期治水方针，按照市委七届四次全会暨经济工作会和市委五次全会要求，以加快完善水利基础设施为抓手，实施乡村振兴战略为重点，补短板、强基础、谋发展，各项工作进展顺利。

【重点工程】 2018年，晋城市杜河提水工程开始试运行；郭壁供水改扩建工程、张峰水库总干末端水池至市区引水工程开工建设；书院河上游河道治理及清水复流工程，完成财政评审；沁河晋城重点段治理工程，阳城、沁水两县组织实施中；高平张峰供水东延工程、张峰—干郑庄至芹池供水工程基本完工；陵川县磨河水库竣工验收；泽州县石河水库省级资金5000万元拨付到位，筹备前期工作。

【民生水利】 2018年，晋城市水务局抓好农村饮水安全工程，落实中央、省级、市级资金2287万元，全市76处农村饮水安全巩固提升工程全部开工，完工50处，受益人口2.83万人，完成投资1956万元。开展农田水利基本建设，沁水县小型农田水利重点县建设完工验收，泽州县和高平市粮食产能项目顺利实施，沁水郑村幸福农庄提水灌溉工程基本完成，泽州县任庄水库和沁水县曲堤泵站灌区小农水维修养护项目进展顺利。截至2018年底，全市共完成实灌面积72.40万亩。

【防汛抗旱】 2018年，晋城市防汛抗旱指挥部办公室、市水务局提前落实各项防汛措施，市水务局多次派出由局领导带队的督察组和专家组到防汛薄弱环节检查指导工作，各地针对发现问题整改。晋城市防汛抗旱指挥部办公室、市水务局科学指挥、统筹协调，成功应对两场强降雨过程，全市平稳度过主汛期，未发生一起因洪涝灾害引发的人员伤亡事故。面对全市伏、秋连旱，各级水利部门科学调度，保障城乡供水安全。

【水保工程】 2018年，晋城市水务局完成省政府对晋城市2017年度实行最严格水资源管理制度考核工作；编制完成《晋城市水资源综合规划》《晋城市水资源保护规划》，建立《晋城市取用水台账》，水资源管理制度体系健全；完成17个项目水资源论证报告技术评审；联合武汉大学、中国地质大学完成煤层气开采对全市水资源和水环境影响调查研究课题；落实2018年水污染防治行动计划、用水总量、地下水压采量、万元工业增加值用水量降幅等硬指标，全面完成任务。推进水保生态建设，完成水保治理面积39.25万亩。绿色水电建设进展顺利，杜河等5座水电站增效扩容改造项目推进；拴驴泉和北留水轮泵两个电站申报全国绿色小水电，通过省级初评。截至2018年底，完成发电量1.20亿千瓦时，为年度计划的120%。

【水务改革】 2018年，晋城市出台《全面推行河湖警长制实施方案》，“河长制”开始向河长治迈进，市县乡村各级河长认真履职尽责，河长巡河、治河、管河成为常态；市、县级河流“一河一策”编制工作全部完成，全市“河长制”工作通过市人大常委会审议。水权改革取得实效，到河北唐山、太原清徐就水权、农业水价综合改革等先进地区学习，完成农业水价综合改革7个中型灌区工程及干支渠工程的供水计量设施现状调研。中央补助县级以下国有公益性维修养护项目，开始方案编制与批复、招标等前期工作，基层水利服务能力提升。

（崔晓首）

·晋城市水利勘测设计院·

【概述】 2018年，晋城市水利勘测设计院立足根本，围绕年初制定的工作目标，凝心聚力、改革创新，真抓实干，完成全年水利勘测设计工作。

【项目设计】 2018年，晋城市水利勘测设计院参与完成水利工程项目设计13项，其中：张峰水库总干末端水池至市区饮水工程完成技施设计；沁水县县河河道治理初步设计完成；泽州县巴公河（高都段）河道治理初步设计完成；左权县境内清漳河干流河道治理工程初步设计完成，泽城水电站工程可行性研究报告（审定稿）完成；晋城市书院河清水复流工程可研批复；郭壁供水改扩建工程开始技施设计；沁水县郑村幸福农庄农田水利灌溉项目开始技施设计；武家湾河道综合治理工程实施方案（报批稿）完成；上年高平市农村饮水安全巩固提升工程技施设计完成，开始施工；晋城市水务局“一河一策”方案编制项目（六条河流）完成，等待实施。阳城电厂至晋城市区集中供热热网工程水土保持方案报告书完成。泽州县、陵川县农村水电直供电片区电网改造可研评审；泽州县石河水库开始招投标。

【队伍建设】 2018年，晋城市水利勘测设计院充分调动职工工作积极性和创造性，全面了解、评估职工工作业绩，推动管理模式转变，建立多劳多得的激励机制和管理制度。完善技术交流大会考核、注册及专业技术职称人员管理、设计项目考核、生产经营运行管理等制度，强化技术质量管理方式，激发职工创业热情，最大限度提升设计业务品质。

（李　斌）

住房和城乡建设 环境保护

住房保障和城乡建设

【概述】 2018年，晋城市住房保障和城乡建设系统贯彻落实市委七届四次、五次全会精神，围绕建设“先行区”“领跑者”“桥头堡”三大目标，依法履行职责，推进住房保障和城乡建设事业全面发展。

【基础设施】 2018年，晋城市在星河学校、爱物学校和市政务中心新建3座人行天桥，新市街凤展天桥进行改造。位于市政务中心南侧的市民广场主体工程完工。厕所革命三年行动计划和城乡污水垃圾治理行动全面启动，主城区污水处理厂污泥脱水改造项目开工，高平市第二污水处理厂、北石店污水处理厂投入运行，重点乡镇污水处理项目加快步伐。全市新建改造水、气、热管网390千米，新建污水管网57.90千米，完成市政基础设施投资35.30亿元。连接文博路、北外环、晋高一级路的文博路互通工程和连接主城区与北石店片区的畅安路南延工程实现通车。完成道路里程15.60千米、道路面积55.80万平方米的泽州路、凤台街和黄华街城市双修改造。太岳街、晓庄街建成通车，主城区主要道路的承载能力、配套功能提升。

【县城建设】 2018年，高平市精卫路北段等5条道路竣工通车；老城区“双供”工程启动实施，小北庄棚改完成拆迁，城市第三水厂供水调试。国家特色小镇神农镇总体规划初步完成，三甲、马村被评为省级园林乡镇；涌现出沟北、果则沟、东吴庄等一批美丽乡村。阳城县启动以滨河东西路为轴线的南部新城建设，南部片区、甄阳巷等城中村改造项目相继铺开，“四馆一院”项目进展顺利，客运中心、古城复兴、城市综合管廊、雨污分流改造等一批基础设施工程全面开工。沁水县梅杏剧院、游泳馆开工建设；教育园区公租房、桃园小区限价房竣工；集中开展农村人居环境整治，美化、亮化、绿化、改厕、治污等各项工作推进。陵川县编制县城控制性详规，“一路两街”道路延伸工程加速推进，开云街拓宽改造实现管网入地、雨污分流，七处便民综合广场建设完成，污水处理厂如期改造达标。

【生态文明建设】 2018年，晋城市区施工工地扬尘整治多措并举、严格管控，出台《晋城市施工扬尘污染防治管理暂行办法》，采取严格的“九个百分之百”和“六禁止”防治措施，进行高频次执法检查；出台《晋城市建筑垃圾清运管理暂行办法》，淘汰旧渣土运输车326辆，更换新型环保渣土车239辆。全力攻坚“禁煤区”清洁取暖，新建17座换热站、贯通11千米一次主管网，解决大张村、前村等10个自然村和高庄、刘果园等7个社区约1万户居民、200万平方米建筑的冬季取暖问题。启动连接“西气东输”气源管道建设，主城区新增煤层气用户2.10万户，其中完成煤改气4974户。开展“双违”整治和“三洗、六见”专项行动，露天烧烤实现清零，市政设施商业广告实现清零，新建道路两侧违建实现清零，对老城区南北大街、新市街等主要商业街道的占道经营、流动摊点进行集中整治。高平市、沁水县基本建立农村垃圾收运处理体系，指导沁水县开展农村垃圾分类试点工作，6乡镇20村被列为沁水县农村垃圾分类试点。

【传统村落保护】 2018年，晋城市69个中国传统村落保护发展规划全部编制完成，10处传统村落保护项目基本完工，13处传统村落保护项目开始前期工作，完成投资6518万元。新增国家级传统村落93个，新增中国历史文化名镇名村2镇20村，总数分别达到162个和5镇35村，均占到全省的三分之一。

【住房保障】 2018年，晋城市住建局出台《晋城市公共租赁住房管理实施细则》《晋城市国有土地上房屋征收与补偿办法》和《晋城市发展住房租赁市场的实施方案》，完成住房保障"1+5"政策体系建设。全市城镇棚户区改造新开工6873套，城镇保障性安居工程基本建成2736套、完成年度投资25.94亿元，超额完成省定指标。发放城镇住房保障家庭租赁补贴1343户，南马匠2785套公共租赁住房制定分配方案。政府投资建设的公共租赁住房累计分配8555套，分配率达98.50%。推行政府购买棚改服务，争取棚改政策性贷款授信40.68亿元，在11个地市中排名第三。

【房地产监管】 2018年，晋城市住建局对晋城市城中村和房地产市场调查研究，形成调研报告，为晋城市房地产市场调控提供科学依据。开展房地产市场秩序规范整治行动，检查房地产开发项目91个、物业服务小区155个、备案房地产经纪机构19家，查处8家企业违规行为，对3家企业进行处罚，4家企业移送工商部门查处。全年全市商品房可售面积87.04万平方米，同比下降29.30%；其中：县（市、区）商品房可售面积26.24万平方米，同比下降41%，商品房库存处于可控范围。

【建筑业】 2018年，晋城市建筑业产值完成75.53亿元，同比增长34.2%，全省排名第二；建筑业增加值完成56.8亿元，同比增长10%，全省排名第一。开展全市骨干建筑企业评选，授予晋城宏圣建筑等4家企业"优秀骨干建筑企业"称号，山西金九集团等9家企业"骨干建筑企业"称号，其中晋城宏圣建筑和晋城市金建公司被省住房和城乡建设厅授予"山西省骨干建筑业企业"称号。制定晋城市优良建筑工程等奖励加分标准，明确市骨干建筑企业在本市范围招投标评标活动中加0.5分，为骨干建筑企业资质升级增项开辟绿色通道，简化工作流程。扶持本地建筑企业资质升级增项，在全省率先推广工程总承包模式，选择崇实街等两个试点工程进行总承包模式招标。印发《晋城市装配式建筑三年推广发展计划》，建成晋城市首个装配式建筑基地——山西建筑产业现代化晋东南园区，完成山西省首个钢混集成建筑体系装配式项目（泽州县政府办公楼）并投入使用。全年进行四轮建筑工程质量安全和建筑市场综合执法督查，开展两轮安全生产大检查，对长期不在岗履职和施工进度缓慢的相关责任人进行约谈，对违法违规责任主体实施相应扣分。

【审批服务】 2018年，晋城市按照"先移交后改造"的原则，主城区内驻市央企和省属、市属国有企业全部签订正式协议，完成"三供一业"分离移交工作。完成正德建设监理有限公司和村镇规划建设服务中心混改和市场出清。开展企业投资项目承诺制改革，出台《晋城市住建领域企业投资项目承诺制改革试点工作实施细则》等相关文件，全市办理企业投资项目施工许可证91件。出台《晋城市住建局政务服务工作操作规范（试行）》，建立"一个窗口对外、一次性告知、一站式服务"运行机制，60项行政许可和服务事项全部进驻政务中心并实行网上办理。

（张颜良）

城乡规划

【概述】 2018年，晋城市规划局围绕晋城市"先行区""领跑者""桥头堡"三大目标，以"传统规划"向"全要素规划"转型、"功能规划"向"智能规划"转型为手段，全面推进城乡规划编制、管理、研究的体制机制改革、科技创新驱动，实现规划编制新突破、城市设计新成效，各项工作呈现出新气象。

【城市规划】 2018年，晋城市规划局推进《城市总体规划(2018—2035)》修编和城市设计试点工作。成立以市长刘锋为组长的城市总体规划编制领导小组、城市设计试点工作领导小组，全面统筹领导工作。聘请中国工程院院士、东南大学建筑学院教授王建国等10名专家为顾问，全面指导晋城市城市总体规划编制和城市设计工作。调研单位160余家，召开座谈会18场，1.20万余名公众参与两项工作。成立金村新区规划工作组，将金村新区规划建设工作纳入新版城市总规修编重要内容。完成《老城更新与保护规划》，对老城复兴策划、老城城市设计、老城市政基础设施提升专项规划、老城控制性详细规划等内容安排。涉及老城改造的回迁安置项目的前期规划工作全部完成。完成《〈晋城市城市总体规划(2008—2020年)〉市域城镇体系规划调整方案》。开展晋城经济技术开发区“一区四园”总体规划及起步区控制性详细规划的编制工作。完成工业园区5500亩用地收储的前期技术服务工作。完成《晋城市中心城市生态修复城市修补专项规划》和《晋城市吴王山生态区城市双修规划》。落实乡村振兴战略，开展陵川县小翻底村和抱犊沟村的乡村振兴规划工作。

【规划审批】 2018年，晋城市规划局兼顾效率效益，深化“放管服效”改革，实行一个窗口对外的一站式服务。按照权力清单审批，简化程序，对技术服务阶段规定严格的时限要求。出台《固定资产投资项目规划并联审批办法》，组织承诺制无审批培训。开展“进工地、到一线、解难题”主题活动。修订《晋城市城乡规划管理技术规定》。办理“一书三证”252件，做到审批更简、监管更强、服务更优。提高城乡规划行政审批效率，实现功能规划向智能规划的转型，完善“规划管理一张图”技术参数，实现与市信息中心云平台技术指标的有效衔接，组织基础数据采集录入，11月底上云运行。

【规划管理】 2018年，晋城市规划局推进晋城文化延续和特色塑造，加强历史文化遗产保护，完成市、县历史街区划定和历史建筑普查、评审工作。开展城市环境综合整治，组织完成凤台街和泽州路两侧沿街建(构)筑物211幢建筑外立面整治提升工作。强化建筑风貌管控，制定《晋城市建筑立面风貌管控整治工作方案》，开展市本级前期摸排。开展城市规划史料收集整理工程。履行建筑市场监管职能，加强技术审查管理，在建筑设计方案中落实城市设计、城市双修、海绵城市等新理念，促进建筑物、街道立面、天际线、色彩和环境更加协调、优美。推进装配式建筑发展，加强工程勘察设计管理，组织各勘察设计单位开展自查自纠，组织专项检查，对存在问题进行整改督查。

【规划研究】 2018年，晋城市规划局坚持以民为本，以社会民生导向开展规划研究。做好“通道、通顺、通畅”工程中的规划服务工作，加大道路交通体系、重大交通设施及对外高速通道规划研究。以贯通城市主干道，增加路网密度，完善支路网，疏通微循环，建设人行天桥、片区公交场站，研究完善的公共交通系统，改善居民出行条件。加快基础设施提档升级，提高城市综合承载能力。推进高铁、机场及周边配套基础设施规划研究，完成“1+3”快速连接通道及站前广场的初步规划方案。制定落实海绵城市、综合管廊、停车设施、公共厕所等专项规划的实施方案，推进基础设施建设。围绕提升中心城市基础设施承载力，完成城市生活垃圾焚烧发电项目、固废处理项目和22项城市基础设施项目的规划选址工作。强化城中村改造规划研究，对晋城市启动的46个城中村的基础资料收集、整理，对城市存量土地盘活利用研究，提出城市用地供给策略。对城区政府按照新模式实施改造的10个城中村提出回迁安置用地选址意见。

(韩铜生)

公用事业建设

【概述】 2018年，晋城市公用事业建设局提高政治站位，切实扛起主体责任，坚持反腐倡廉建设，持续完善制度机制，在实施通道、通畅、通顺“三通”工程建设中，充分发挥党建对业务工作的引领、融入和推动作用，各项工作取得实效。

【项目建设】 2018年，晋城市公用事业建设局承建工程17项。项目估算总投资81.60亿元，新建及改造总里程47.84千米，地下综合管廊6.47千米；公共设施工程有市医院易址扩建、高铁站前广场及配套设施2项。在建工程11项，总长22千米，总投资26亿元，完成投资12.93亿元。续建项目基本完成。祥云街完成质量验收，组织工程移交和决算审计工作；后书院街、塔东街完工；山门街一期工程完工；太行路南段道路项目白水街以南部分完工。当年新开工建设6项，其中，新市街、南大街道路改造项目、景西南路南延道路项目、黄华街南延道路项目、畅安路北延道路项目、凤东路道路项目5项工程按计划推进。中原街改造及地下综合管廊道路工程概算投资14.27亿元，完成投资5.01亿元，完成管廊主体工程。

【项目管理】 2018年，晋城市公用事业建设局严格建设审批程序，按节点要求与各审批部门沟通和衔接，及时协调解决困难和问题。完成前期行政审批94项；组织国内、省内知名专家召开设计方案会议12次；组织各类招标工作55项；整理归档各类批复、文件、合同等有关资料300余册；邀请审计、财政、招标办、建经站等有关单位的人员研究形成施工合同样版，对各类合同严格审核，签订各类合同317项。崇实街、白水街西延道路工程均完成前期审批工作，具备进场条件；金建街道路工程项目建议书批复、可研批复、土地勘测定界完成，用地统征手续报城区国土局；市医院易址扩建工程项目建议书批复，选址意见书、环评、用地预审等办理完毕；勘察、设计招标完成，可研报告报市发改委待批；晋城东站站前广场工程项目建议书批复，选址意见书办理，勘测定界完成；丹河快线"1+3"项目分二期实施，一期先实施丹河快线和太岳街东延。

【项目服务】 2018年，晋城市公用事业建设局对已有规章制度系统梳理，针对工作中存在问题查找制度漏洞，重点结合"三基建设"，从工作制度、管理制度和廉政制度三个方面，对原有的制度修订、改进和完善，形成一套较为完备的制度。注重对工作实效的督查，加大问责力度，坚决纠正有令不行、有禁不止现象，做到用制度规范人和事，把各项工作置于制度的轨道，规范工作人员服务基层需遵循的基本标准，使服务更到位，成效更显著。全年为项目单位提供高效业务对接721余次（包括项目审批环节、单位对接等）。

（宋雪姣）

园林绿化

【概述】 2018年，晋城市园林局以建设新时代美丽晋城为统领，以"增绿、提质、创特"为总要求，树立"生态园林、民生园林、文化园林、特色园林、品质园林"五个理念，抓好"精心布局、精致建设、精细养护"三项重点，推动园林绿化各项工作迈上新的台阶，为新时代美丽晋城高质量转型发展做出贡献。

【重点工程】 2018年，晋城市园林局立足全市发展大局，根据市委、市政府统筹安排，结合城市绿地布局，以建设"老百姓家门口"的公园、游园为重点，实行"项目负责制"和"一线工作法"，推进园林绿化工程建设。山门公园建成开园，新增绿地面积43.10万平方米，成为晋城市东南片区最大的综合性公园，承载周边近10万居民的休闲娱乐活动需求。文昌游园、春晓游园、香港城游园完成工程主体建设，欣和游园开始建设。丹河水城提升完善工程完工，建成紫薇园、公厕、跨铁路桥等便民设施。高标准完成文博路北段道路绿化美化，种植银杏、雪松、油松等乔灌木12.50万株，新增道路绿地面积19.93万平方米。完成太岳街道路绿化景观改造提升，种植乔灌木286株。新建星级公厕6个，实现园林场所水冲式厕所全覆盖。

【日常养护】 2018年，晋城市园林局制定《关于深化园林养护管理"三化"建设的工作方案》，明确6类18项工作重点及推进措施。开展"洗树"行动，完成管辖范围内36条市政道路的行道树冲洗、绿化带清理、护栏清洗及绿化养护工作，对管辖公园、广场、河道、游园等园林场所进行环境卫生整治和绿地景观提升，补栽补种乔灌木40多个品种31万株；完成景观提升和便民改造42处。编制《晋城市园林绿地养护管理质量评价指南》，提升管理标准，完善养护规范。在市区主干道和泽凤花坛结合季相变化，因地制宜实施摆花工程，4月至11月先后摆花5次300万盆，营造“月月有花、季季有景”的花园城市景观。在泽州公园、西秀园、丹河水城等园林场所利用墙体、灯杆、桥栏实施立体绿化，打造特色景观37处。利用春节、国庆节等重大节日，举办“园林景观创意作品展”“点亮城市公园、筑梦美丽晋城”主题亮化活动等。做好历年新改扩建公园、游园和道路的接管工作，对涉及接管的公园、游园和道路摸底、整理和划分，对接相关单位和部门，接管4处游园、20条道路，并做好日常管护工作，提升全市绿化档次。

【道路绿化】 2018年，晋城市园林局完成新市街道路改造树木移植和绿化方案设计。对行道树树龄达更换年限的314株树木进行移除，确定以银杏为行道树的景观提升方案。完成中原街道路改造树木移植，完成各类树木移植6000余株，配合保障道路改造施工进度。完成晋城东收费站改扩建工程树木移植，在东收费站附近租地400亩用于树木移植，移植大雪松、刺槐等乔木5485株，成活率达100%。配合泽州路、凤台街道路改造，整理树池98池，铺植小灌木38.60万株，地被5720平方米；对凤台街部分路段两侧绿化带内的黄杨绿篱和紫薇移植，拆除绿化带护栏，缩小花池；5月至8月，在凤台街摆花123万盆，8月底撤花后，补植白三叶1.80万平方米。

【园林创建】 2018年，晋城市园林局加快推动县区绿化建设，指导和帮助陵川县、沁水县开展园林城市创建工作，陵川县、沁水县列入国家级预备名录；坚持“以评促建”带动社会绿化，在全市范围内开展园林单位、园林小区评比活动，命名市级园林单位6个、园林小区2个，筛选并申报省级园林单位2个、园林小区2个、园林道路2条。

【行政审批】 2018年，晋城市园林局推进承诺制改革和“互联网+政务服务”，提升审批速度，提高服务质量，全年办理办结行政审批事项18件，其中临时占用绿地审批1项，移植、砍伐、修剪城市规划范围内的树木审批17项；参与政务大厅并联审批29项。结合权责清单，完成行政审批事项、公共服务事项和公共服务提供机构的梳理，录入山西省政务服务动态管理系统。

（张　彦）

环境保护

【概述】 2018年，晋城市环保局以环评限批解除为标志，污染防治被动局面初步扭转，环境质量持续改善。环境空气质量综合指数同比下降11.60%；除优良天数比例外，细颗粒物（PM2.5）和二氧化硫两项指标均超额完成省定目标。水环境质量稳步好转，9个国、省控断面达三类以上水质比例77.78%，劣五类水体比例控制在11.11%；集中式饮用水水源地水质100%达标。

【大气污染防治】 2018年，蓝天保卫战取得阶段性胜利。在工业领域，推行管理标准化、监控数据化、监管规范化。在社会领域，推行网格化，完成全市84个乡镇（街道）环境监管网格污染源状况详查，建成网格化监管指挥平台，完善市、县、乡、村、企五级监管体系。在专项整治方面，城市“禁煤区”面积新增68平方千米，达到109平方千米；全市新增清洁取暖改造居民7.50万户，超额完成年度任务。在重污染天气应对方面，179家重点企业纳入错峰管控范围，科学修订重污染天气应急预案，1110家企业纳入应急减排清单，市区实行重污染天气机动车单、双号限行措施。

【水土污染防治】 2018年，晋城市环保局改善水环境质量，建设高平第二污水处理厂及河西、马村两个乡镇污水处理工程；15家化工企业、93家煤矿完成含氟废水、矿井水改造，240家加油站完成防渗改造；巴公河、南村河、芦苇河环境综合整治工程完工；916家规模化畜禽养殖场建成污染防治设施；10条黑臭水体完成截污纳管工程;启动土壤污染状况详查;建立污染地块动态清单和联动监管机制;完成涉重金属企业摸底排查,为土壤污染防治全面铺开奠定基础。

【环保执法】 2018年,晋城市环保局环境加大监管执法和考核问责力度。累计出动环境执法人员1万多人次,查处环境违法案件795起,处罚金额6686万元,查办“四类典型环境违法案件”86起;市委6个巡查组牵头开展常态化督查巡查,实行“蓝黄红”三色督办单督办,下达督办单50份,督办各类环境问题460个;对全市34个重点乡镇空气质量日通报、月排队、年考核;对27名县乡领导干部、企业负责人约谈,倒逼责任落实、工作见效。

【行政审批】 2018年,晋城市环保局审批新、改、扩建项目41个,环评及“三同时”执行率100%;加快推进简政放权,下放10大类41项审批权限;提供优质服务,行政审批人员及行政职权全部进驻政务服务中心;支持重点项目建设,建立绿色通道,简化办事程序,提高办事效率,全市68项重点工程完成环评审批46项,10项豁免,其余12项加快推进。

【环保治理】 2018年,晋城市环保局邀请清华大学、中国环科院、南京大学、北京环科院、山西环科院等专家团队,采取各种形式把脉会诊晋城大气污染成因,交流治理技术,组织开展专题讲座、研讨会10余次;投资7000万元,购置走航车,建成大气污染防治精准监控系统和网格化监管指挥平台,通过激光雷达、无人机等科技手段对污染源实施精准定位、精准治理。

【环保宣传】 2018年,晋城市环保局融合新旧媒体,利用电视、报纸、电台、网络、微博、微信等媒体,坚持正面报道、反面曝光,通过设立曝光台,开设专题、专栏等形式,全年发布各类新闻、消息4000余条,引导广大群众监督参与生态环境治理。依托六五世界环境日,组织开展“美丽中国·我是行动者”“共建晋城绿”“志爱晋城蓝”“共护丹河清”“共享晋城美”“环保科普知识‘十进’”等一系列主题活动,形成“全民动员、全员参战、共建共享”的环保格局。

(王 楠)

交通运输 邮政 通信

交通运输

【概述】 2018年，晋城市交通运输系统以习近平新时代中国特色社会主义思想为指导，贯彻落实中共十九大精神和习近平总书记视察山西重要讲话精神，围绕市委"先行区""领跑者""桥头堡"三大目标，解放思想、凝聚共识、先行先试，以"稳"求发展、以"进"求突破，完成市委、市政府和省交通运输厅下达的各项工作任务。

【重点项目】 2018年，晋城市交通运输系统共实施3个重点项目：太行一号国家风景道项目。编制完成《PPP项目实施方案》，成立太行一号国家风景道项目公司，5月5日全线开工。截至2018年底，完成投资15.04亿元。

"四好农村路"建设。计划完成里程1298千米，完成投资9.80亿元(其中：城区10千米，1000万元；泽州县474千米，3.70亿元；高平市156千米，1.40亿元；阳城县297千米，2亿元；陵川县133千米，0.70亿元；沁水县228千米，1.90亿元)。截至2018年底，实际完工里程1303千米，占目标建设总里程的100.30%；完成投资11.80亿元，占目标任务投资的120%。

北石店公交场站项目。该项目于2014年7月立项，位于畅安路西侧与规划永安路交叉口西南处，占地30亩，投资2730万元，完成可研、初设等工作。

【民生项目】 2018年，晋城市交通运输管理局承担晋城市10大民生实事之一：解决全市具备通车条件但尚未通车的579个建制村群众的出行问题。泽州、高平、陵川、阳城、沁水五个县(市)已具备通车条件但未通车的建制村有579个，截至2018年底，所有具备通车条件的建制村全部通客车，通车目标完成率为100%。

【市域公交一体化改革】 2018年，晋城市开通晋城至郑州、晋城至焦作、晋城至长治三条城际公交线路。9月底，完成市公交公司改制重组，由省运晋城公司控股51%，市国投公司控股49%。对市运公司客运行业改革，由新成立的市公交公司实行一次性收购。编制完成《市域公交一体化改革方案》。

【"最美出租车驾驶员"评选活动】 2018年4月26日，晋城市委宣传部、市交通运输局、市直工委、市总工会、市文明办联合举办的"美丽晋城·寻找最美公交车驾驶员·最美出租车驾驶员"评选活动启动。此次评选历经7个多月，采取自下而上，群众推荐和组织推荐相结合的方法，经事迹展播，全民投票、媒体推选、专家评审和社会公示，在全市1800名公交车驾驶员和4000名出租车驾驶员中，评选出10名"最美公交车驾驶员"和20名"最美出租车驾驶员"。

(魏　嘉)

交通运输执法

【概述】 2018年，晋城市交通运输执法局坚持"一轴、两翼、三基石”总体工作思路，以维护辖区交通形象为中心开展各项工作，完成全年目标任务，晋城市目标责任考核领导组连续4年授予“促进晋城经济社会发展贡献奖”。

【执法监督】 2018年，晋城交通运输执法局开展监督工作3496次，出动人数11455人次，办理93件案件，其中13件被省交通运输执法局评为优秀案件，1件获评为典型案件。

【客运市场专项检查】 2018年6月28日至7月10日，晋城市交通运输执法局执法监督人员到各客运站点开展专项监督工作，对各站点是否规范运营、主管单位是否监管到位、运营车辆出入是否检查情况、运营车辆是否存在站外随意揽客现象，车站秩序、实名购票、例行安检、服务人员仪容仪表、服务设备是否齐全等情况监督检查。进行回头看跟踪监督，配合省交通运输执法局督查总队到各站点突击暗访检查，对检查中发现的依然未整改的问题责成相关单位限时整改。

【水路交通专项行动】 2018年8月21日至31日，晋城市交通运输执法局到各县(市、区)水域对各水运企业开展调研，对水运企业的主管单位开展检查。发现问题及时纠正，采取下达执法监督意见书、现场督办等方式，要求辖区地方海事机构专项整改。

【执法车辆整顿】 2018年8月20日至24日，晋城市交通运输执法局到晋城市辖区各单位，对交通运输执法专用车辆清理整顿专项督导检查，对各单位所有执法车辆进行逐一检查核对，将全部数据上报省交通运输执法局。10月29日至11月2日，按照省交通运输执法厅下发的执法车辆“问题整改清单”，到“清单”中所涉及单位，对存在问题车辆检查，将查后数据汇总上报。

(元军鹏)

公 路

【概述】 2018年，晋城公路分局以习近平新时代中国特色社会主义思想为指导，全面贯彻落实中共十九大精神，围绕年度目标任务，多措并举，全力推进，继续保持“全国文明单位”称号，晋城市委授予分局党委“全市先进基层党组织”称号。

【公路建设】 2018年，晋城公路分局完成投资11.14亿元。其中：晋城市首个PPP项目国道342晋城市过境段改线工程4月奠基，8月开工建设，完成年度投资5.62亿元。国道207晋城过境段改线工程5月主线全幅通车，新增4座互通立交正在建设，完成年度投资1.50亿元。国道207线新房洼至省界瓶颈路段改造工程，作为国家部委确定的山西唯一一个普通国道瓶颈改造项目，进入路面施工阶段，完成投资2.90亿元。全年重点推进前期项目9个，估算总投资65.38亿元。其中：公路新改建项目6个(1个完成初设批复，1个完成工可批复，1个编制补充工可，3个完成工可评审)；路面改造项目1个，完成工可联合评审；生命防护工程1个，完成工可批复；山西省国家公路网(晋城境内)普通国道命名编号调整工程1个，完成施工图设计批复。

【公路养护】 2018年，晋城公路分局以“巩固优良路，提升中等路，减少次差路”为总基调，以信息化养护、预防性养护、规范化养护、绿色环保养护为抓手，开展养护管理“八比八看”活动，实施预防养护、动态养护、精准养护、科技养护，引入纤维磨耗层路面处治等新技术、新材料、新工艺、新工法，全面提高养护作业科技含量。全年完成养护投资3976万元，完成省公路局下达养护工程项目23项，年末路面PQI值为82.40，较上年提高0.70。全省排名由上年的第7位上升到2018年的第5位。首次举办高层次公路养护研讨会，邀请国家级知名教授、交通运输部专家到晋城讲授交通强国战略，与省市公路行业专家进行养护交流研讨，推动公路养护转型发展。

【路政管理】 2018年，晋城公路分局加强路政执法队伍建设，全年共查处路政案件112起，案件发现率、查处率、结案率均为100%，路产恢复率达98%以上。落实“放管服效”改革要求，8月起全面实行超限许可网上审批，办理超限运输许可证8148个。保持治超高压态势，完成治超系统四级联网任务，全年共检测货运车辆311万辆，查处超限车辆663辆，超限率控制在0.02%，远低于0.20%的控制上限。加大通行费征收管理，全年征收车辆通行费3752.64万元，同比增加40.84万元。全年绿色通道和节假日减免通行费260万元。

【安全管理】 2018年，晋城公路分局落实安全生产责任制要求，推行养管路段公路安全“路长制”，全年开展安全检查10次，排查一般安全隐患238项，整改率100%；加强应急处置能力建设，建立应急机械物资储备中心，修订完善专项应急预案6个，开展应急演练5次，全年安全生产无事故。

【改革创新】 2018年，晋城公路分局推进九方公司运作、盘活各公路段现有闲置资产、加快现有闲置土地整体开发等方面的改革。以培育市场竞争能力为抓手，设计院、监理公司积极开拓市场、占领市场，经营收入实现翻番。分局试验室在全省公路工程等级试验检测机构检测能力技术大比武中，排名59家试验检测机构第一。

（宋永胜）

·省运晋城公司·

【概述】 2018年，省运晋城公司开通跨省市城际公交，全域公交一体化取得战略性成果，开启混合所有制经营体制改革，各项战略合作深入推进，各产业信息化服务不断升级，全员营销成为常态，汽贸维修取得新成绩，完成营业收入73554万元，完成换算周转量57006万吨千米，生产形势持续安全稳定，公司保持稳中有进的良好态势。

【客运市场】 2018年，省运晋城公司营运客车达到1555台，其中公交车辆1137台，占营运客车总数的73.12%。客运板块综合利润同比增长28.56%，开通晋城至郑州、晋城至焦作、晋城至长治三条城际公交线路。开通晋城市客运东站至皇城相府、王莽岭、大阳古镇等10条景区旅游公交，全年运送游客172918人次，实现收入149万元。市公交公司旅游公交线路增加到12条。以信息技术、互联网平台为依托，网约客运上线运营。晋城至郑州高铁站、新郑机场定制客运收益稳定，实载率保持在80%以上。购置10台网约车，发展12台加盟车辆，首批开通3条网约线路，拓展固定服务客户4家。各县分公司借势旅游发展，新增旅游包车业务，公司共有旅游客车70台，实现营业收入1468万余元。

【货运市场】 2018年，省运晋城公司传统货运向物流、电商、仓储、配送、信息服务转型的园区化转变。苗匠物流园、城区电子商务产业园融合发展，电商企业入驻率达80%。电商产业园二期（电商小镇）签订预入驻协议16家，7月28日山西蓝远快递物流园区开工建设，形成快递物流与电子商务协同发展之势。云仓科技与晋城中石化达成战略合作协议，为全市区域105个加油站易捷便利店提供非油品商品配送服务。

【汽贸维修】 2018年，受城市规划、中原街改造影响，中重型商用车全面禁行，给公司汽贸维修产业发展带来严峻考验。二汽、汇海、众鑫3家单位全面实施“走出去”战略。汇海公司运用DMS系统提高销售精准性，全年销售车辆301台；二汽公司巩固大用户，服务小客户，创下单季销售车辆166台的好成绩；众鑫江淮4S店加大车辆巡展，取得明显效果。三家维修单位全年销售车辆895台，走访客户597家，关注入网142家，完成网络配件油品销售628.20万元。

【驾培板块】 2018年，省运晋城公司新购置35台教练车，驾校率先取得晋城市一级驾校资质。巩固出租车驾驶员培训，取得押运员、网约车驾驶员培训资质；实行线下线上全员营销，11月招生462人；智能预约培训系统上线，助力学员异地约考。

【新能源应用】 2018年，省运晋城公司在新能源产业发展上，以宏观政策为导向，把新能源客车作为首选车型，抓好CNG客车运营管理，完善充电站、纯电动车辆运营管理，增加新能源纯电动客车购置，实现降本增效目标。截至2018年底，共有天然气客车

609台，纯电动客车529台，占公司客车总数的72.30%，与燃油车相比，减少能耗近700万元。

【科技运用】 2018年，省运晋城公司汇晋科贸巩固GPS/北斗平台系统运营及业务开展，新增8家企业客户，服务车辆达2658台。

（孙浩南）

邮 政

【概述】 2018年，中国邮政集团晋城分公司贯彻落实省分公司转型发展的决策部署，创新营销方式，坚持创新发展，加快结构调整，加强队伍建设，全市邮政业务发展总体呈现出平稳发展的态势。

【金融业务】 2018年，邮政晋城分公司开展2018—2019代理金融跨年度竞赛，宣传贯彻营销政策，调动网点员工积极性；以扁平化管理为手段，减少中间环节，强化专业对网点的直接支撑。全市净增价值余额1.77亿元，提前30天完成第一阶段目标，59个储蓄网点中，53个网点余额为正增长。

【报刊业务】 2018年，中国邮政集团晋城分公司报刊发行业务收入完成全年计划的109.45%，同比增长13.27%，完成进度和增幅均列全省第二。

【平台业务】 2018年，中国邮政集团晋城分公司渠道平台业务以农资销售为重点、以代开税票为新的业务增长点、以节日福利产品为补充，业务收入完成年计划的100.08%，提前一个月完成全年收入计划。文化传媒板块业务收入完成进度由全省排名第9提升至第4，同比增幅由全省排名第7提升至第4。

【客户营销】 2018年，中国邮政集团晋城分公司借助开展"幸福生活在三晋"广场舞艺术节活动和万人返乡活动机会，吸引近2000名老年客户和返乡务工人员办理邮政业务。在代理金融网点开展优惠购、量血压、过生日等爱心活动吸引客户。借助网络渠道促进营销工作，全年代理金融发展手机银行50313户，全省排名第三。在全省邮政系统开展的ETC专项营销活动中，安装ETC10195部。线上交易成为客户购买保险产品的主要方式，用户通过线上购买金额达到4.13亿元，占总保费的82%。春秋两季农资化肥销售2887吨，其中线上销售1635吨，占总销售量的56.63%。微信订阅流转额达到361.18万元，全省排名第三，同比增长135.91%。开展"一个客户不能丢，一分资金不能少"首季开门红活动，首季代收保费完成计划的128.94%。

【服务质量】 2018年，中国邮政集团晋城分公司加大普遍服务的投入力度，加强普遍服务工作的管理，全市邮政普遍服务网点营业时间、投递频次基本达到要求，四项法定业务全部按规定开办，农村行政村通邮率达到100%，99个普遍服务网点全部安装监控设施。组织开展"三大歼灭战"暨全面提升投递服务质量专项整治活动，解决"邮件退转不规范""跟段检查不落实""收发室村邮站逾期邮件不清退"等突出问题，提升平信、报刊投递质量。加强邮政营业窗口服务的规范性管理，用户满意度达到95.60%，有理由投诉明显下降。

【寄递业务】 2018年10月，中国邮政集团晋城分公司进行寄递事业部改革，管理架构、人员整合、资产划拨、账务设立等工作基本完成。裹快递板块业务收入完成进度和同比增幅在全省的排名，由上年的第9和第8，分别提升到2018年的第5和第3。

（凌 艳）

通 信

·移 动·

【概述】 2018年，中国移动晋城市分公司贯彻落实省、市公司"精益运营"理念，凝心聚力抓发展，立足市场谋思路，持之以恒提品质，完成各项工作任务。连续3年被省公司评为"党建先进单位"，4个基层党组织受到市直工委表彰。

【网络建设】 2018年，中国移动晋城市分公司新建4G基站86个，扩容小区244个，有效解决高负荷区域容量受限问题；新建城域网光缆452皮长千米，累计达到4973皮长千米。新建NB基站232个，实现市、县、乡三级NB-IoT网络连续覆盖。以满足客户需求为目标，开展传输网安全整治和展家宽品质攻坚行动，优化网络质量。

【服务品质】 2018年，中国移动晋城市分公司开展"服务提升年"活动，通过优化服务体系，加强分析预警，修复贬损客户。开展"总经理客户接待日"等活动，了解客户需求，提升客户满意度。

【风险防控】 2018年，中国移动晋城市分公司开展"业务检查、内控管理、内部审计"工作，运营风险有效控制。深化"法治移动"建设与"合规护航"计划，落实"第一责任人职责"，依法治企氛围日益浓厚。全面落实安全生产责任制，全年未发生安全生产责任事故，妥善处置敏感舆情，维护公司和谐稳定大局。

【创新服务】 2018年，中国移动晋城市分公司开展"微创新"活动，2项成果获全省三等奖，"陈捷创新工作室"通过市总工会"劳模创新工作室"评比验收；南村营业厅建成省级"青年文明号"，在全省"青年说"大赛中获团体一等奖和个人一、二等奖。

【精准扶贫】 2018年，中国移动晋城分公司全面落实精准扶贫要求，65个行政村的电信普遍服务项目通过验收，全市5个扶贫点的脱贫攻坚稳步推进，市公司定点扶贫村实现脱贫。

(段精婧)

·联　通·

【概述】 2018年，中国联通晋城市分公司广大员工凝心聚力、埋头苦干、争先作为、积极奉献，为公司可持续高质量发展打下坚实的基础，总体呈现"业绩向好，活力激发、效益改善、待遇提升"的局面。

【重点业务】 2018年，中国联通晋城市分公司优化产品提升竞争力，形成以流量为核心、冰激凌产品为拳头的移网产品体系，固定电话网络以家庭融合、IPTV等产品拓展重点业务规模发展。开展大村突破、小区攻坚专项行动，重点市场有效突破，移网人口渗透率、宽带家庭渗透率提升。提升市场金融权益场景运营能力，金融权益赋能作用持续显现，电子券兑换引发热潮。优化实体渠道结构，探索新零售，通过大数据引流和"手机节"引流，社会渠道实施"十项服务承诺"，提升轻触点建设，丰富线上渠道活动和功能，开展差异化销售。

【机制改革】 2018年，中国联通晋城市分公司推进以增量分享为核心的全生产场景划小改革。下沉19项资源、下放6项权利，赋予3大能力，优化薪酬分配模式，帮助小CEO算清账、干成事。

【客户服务】 2018年，中国联通晋城市分公司开展"卓越在沃"NPS提升劳动技能竞赛，实施"全员服务在行动"专项活动，提升客户服务能力。举办第六届"乒乓在沃"晋级赛，组织2次"联通之旅"客户观摩活动，扩大企业影响。增强客户响应能力。宽带装移、修障工单等故障修复平均历时缩短。

【网络建设】 2018年，中国联通晋城市分公司创新网络管理模式，围绕NPS提升，移网以"121"质量保障计划为抓手，宽带以"沃互联"星级服务为抓手，整体网络运行能力提升。

(张培军)

·电　信·

【概述】 2018年，中国电信晋城市分公司从用户价值、企业运营及团队建设三个层面开展科学决策、层层落实各项关键举措，坚持规模发展，强化价值经营，深化三维联动，强化倒三角支撑和专业化运营体系建设，优化完善薪酬体系，激发员工活力，提升员工幸福感，推进各项工作高质量发展。

【网络建设】 2018年，中国电信晋城市分公司通过有效扩容实现全年零拥塞，新建端口6.80万线，覆盖11.30万用户，光改覆盖1.10万户。加强装维互联网服务改造，装维指标全面提升。在移动网提升方面，加强"四高一重"覆盖优化和驻地网区域网络支撑力度，现场支撑170余次，问题解决率达到87%。结合后端数据分析，实现网络与市场精准匹配，有效指导前端营销。全面启动自建区域“全覆盖零退单”建设工作，成立帮扶小组，自建区域覆盖率提升，驻地网新建28个小区。

【企业管理】 2018年，中国电信晋城市分公司将划小工作推进至客服维系及运维调度班组，激发班组内部竞争。开展流程梳理工作，消灭纸质审批单，缩短审批时间。完善倒三角支撑制度基础，建立通报考核机制。明确政企市场运营核心，强化清单管理，明确一户一案动作落地，加强与专业领域内优势公司及社会渠道开展有效合作。全年组织智能秀80余场，开展专项攻坚实战3场，县域专项业务推荐6场。针对后端部室实行专业对口支撑，直接对三级单元本专业条线人员开展日常工作指导，提升基层对口承接人员综合能力。月度例行开展双向评价，职能部室对三、四级单元进行执行评价，三、四级单元则对职能部室进行支撑评价，促进专业支撑与工作承接双向能力提升。

【风险管控】 2018年，中国电信晋城市分公司夯实日常基础管理，强化内控风险管控。在开源节流方面，建立运维设施损失索赔追回奖励机制，创收签订资金回收合同金额480.91万元，入账43.90万元；能耗降0.13元/千瓦时，拆旧18万元，精益管理30万元，节能55万元，共计节省100余万元。建立季度综合检查机制，重点针对渠道佣金、渠道房租及补贴、营销物品、政企应收款以及合同履约强化管控，其中合同管理实现责任权限优化，确保合同在规定时限内全部归档。营收资金明确三级稽核职责，实现有效闭环。

【客户服务】 2018年，中国电信晋城市分公司科学配置成本，全年投入营销成本129万元，人工成本20万元；制定全年畅享新增目标，明确融合占比，新增89元及以上套餐占比提升7.43%；将单转融作为重点工作贯穿全年，融合出账用户占比提升11.15%。加快翼支付生态圈建设，对用户进行线下消费引导，培养用户消费习惯，助力大网业务发展。

（贺军民）

商务粮食

【概述】 2018年,晋城市商务粮食局加强与各级各部门的协作联动,完成社会消费品零售总额指标,推动开发区改革创新发展,提高对外开放水平,维持商贸流通市场繁荣稳定,开展扫黑除恶、环境治理、优化营商环境等专项工作,推进商务工作高质量发展。

【主要指标】 2018年,晋城市社会消费品零售总额完成452.80亿元,同比增长9.60%,比上年同期增速快2.10个百分点,高于全省平均水平1.40个百分点,高于省定目标2.60个百分点,增速排全省第一。全市网络商品零售额完成2.70亿元,同比增长23.90%。全市进出口总值46亿元,同比下降1.90%。其中:出口12.60亿元,同比增长0.20%;进口33.40亿元,同比下降2.70%。进出口总值全省排名第三。开发区7个新建转型项目开工建设,落地开工率100%;全年经营(销售)收入完成469.20亿元,占年度目标的126.80%。全市实际利用外资额2.84亿美元,同比增长42%。完成境外投资额129.60万美元,同比增长135%。完成全市6个县(市、区)的公共服务中心建设,建成村级服务站点1680家,完成省下达的“双七十”目标任务。

【便民化流通体系建设】 2018年,晋城市商贸服务领域固定资产投资完成5.10亿元,中心城区城东、城西两个物流集聚区成型,规模效应显现,年交易总量55万吨。推进商贸服务项目,完成怀覃里特色商业街项目、华大时代广场项目、苗匠电子商务产业园建设,中国青年城完成年度投资1.85亿元,兰花国际物流园区国际跨境商品展示交易中心完成年度投资0.36亿元。

【商贸服务】 2018年,晋城市商务粮食局推进特色商业街申报工作,全市新增“皇城相府明清文化街”和“大阳古镇民俗风情文化街”两条特色商业街;推进便民工程建设,8月,放心早餐销售网络落户高平,首批设置早餐销售亭25个,日供应早餐1万份;推动家政无忧建设项目申报;建立完善晋菜体系,打造“吃在山西”旅游品牌,全市27家餐饮企业被认定为“山西餐饮名店名品”。

【电子商务】 2018年,晋城市商务粮食局搭建电商平台,引进阿里巴巴、京东商城、苏宁云商、乐村淘等电子商务企业入驻,引领带动本土电商企业发展壮大;组织开展电子商务专项资金项目评审工作,对21家申报单位进行资金支持;开展电商人才培训,培育电商主题,全市90%以上企业运用电子商务开展商贸流通、跨境贸易。举办第二届网络购物节,与河南、北京、上海的客商对接洽谈,促进农产品销售。推进电子商务进农村、进社区综合示范工作,新建85个村级电商服务站、230个电商企业及网店(微店),网络零售额5.18亿元。新增社区电商服务站点39家,累计建成156个社区便利店及电商服务站点,网上销售额1048万元。

【对外贸易】 2018年，晋城市商务粮食局推进外贸主体建设，新增进出口实绩企业5家，向山西省商务厅上报“123”主体工程企业3家，进出口潜力企业3家。参与“一带一路”建设，融入“一带一路”大商圈，累计组织27家企业参加俄罗斯、法国、匈牙利、迪拜、南非等13个“一带一路”沿线国家展会，组织100多家企业参加广交会、进博会、上交会、京交会、高交会、南亚博览会、亚欧博览会等国内国际展会。推进中国（山西）自贸试验区晋城片区的申报设立工作，起草《关于做好复制推广自由贸易试验区第四批改革试点经验工作的通知》。推进利用外资，开展对外经济合作，新增外商投资企业1家，全市登记在册的外商投资企业共31家，实际利用外资额2.84亿美元，同比增长42%；新增境外投资企业1家，全市境外投资企业共5家，完成境外投资额129.60万美元，同比增长135%。

【市场监管】 2018年，晋城市商务粮食局出动执法车183辆次，出动执法人员717人次，检查486户次，查处不规范经营企业35户。通过12312举报热线受理投诉14起。维护全市酒类、预付卡、成品油、再生资源回收、报废汽车回收、旧电器电子流通、汽车销售等市场秩序。

【扫黑除恶专项行动】 2018年，晋城市商务粮食局成立扫黑除恶专项斗争领导小组，印发《实施方案》，明确商务领域21个工作重点，检查企业100余家，上报涉黑涉恶案件线索1条，上报违规经营乱点4处，核查市扫黑办转交举报案件1件；开展打击取缔黑加油站点专项行动，会同公安、发改委等部门联合下发《晋城市严厉打击取缔黑加油站点专项行动工作方案》，共联合执法116次，出动执法人员716人（次），受理举报线索65条，取缔黑加油站（点）24个，取缔黑加油车11辆。

【环境治理】 2018年，晋城市商务粮食局加强油品质量管理，禁止普通柴油上市销售。控制机动车尾气污染，加强车用燃油销售环节质量监管，抽检车用油品质量，全部合格。统计加油站汽油、柴油销量，安装油气回收检测装置。落实《晋城市油品管控专项整治实施方案》，推进成品油领域车用汽柴油执行国六标准、车用尿素、油气回收等工作。实施改善人居环境项目，建成西上庄金属分拣中心。

（郑承庄）

供 销

【概述】 2018年，晋城市供销社围绕乡村振兴战略，以推进综合改革为抓手，激发全系统发展的内生动力和活力，在推动经济运行、综合改革、党的建设等各项工作中取得成效，完成年度目标任务，在全省供销社综合业绩考核中获得二等奖。

【主要指标】 2018年，晋城市供销社完成商品购进16.50亿元，同比增长18.57%，其中农副产品购进2.80亿元，同比增长18.10%；完成商品销售19.10亿元，同比增长20.72%，其中消费品零售9.40亿元，同比增长25.20%，农业生产资料供应2.96亿元，同比增长24.10%；实现利润728.30万元，同比增长14%。主要经济指标大幅提升，商品购进总额、销售总额和实现利润增幅较上年分别高出11.45个、11.44个和12.90个百分点。

【惠农工程】 2018年，晋城市供销系统以供销社农资企业、惠农服务中心、庄稼医院为依托，实施“农业社会化服务惠农工程”，为农民提供农资供应、测土配肥、病虫害防治、农机作业等“一站式”服务，创新优化服务方式，开展土地托管服务，推进农业适度规模经营，打造“农民外出打工、供销社为农民服务”品牌。全年新建提升惠农服务中心任务2个，实际完成3个；新建改造庄稼医院任务2个，实际完成4个；完成土地托管面积3313.33公顷、土地服务面积11453.33公顷，超额完成计划的148.50%和71.80%。

【基层社建设】 2018年，晋城市供销社以改造基层社、提升合作社、打造联合社、建好综合服务社为抓手，采取因地制宜、分类指导的办法,推进基层社恢复重建和改造升级。出台《关于股份合作制改造基层社的指导意见》,按照合作制原则,推动基层社牵头发展农民专业合作社联合社,建好综合服务社,为农民群众提供日用消费品、农资供应、文化娱乐、代收代缴等多元化服务。全年改造基层社3个,超额完成1个,新发展农民专业合作社联合社5个,新建综合服务社50个。

【电子商务】 2018年,晋城市供销社创新为农服务载体,与"供销e家""农芯乐""乐村淘"等电商平台对接,实施"五免一扶持"政策,推进基层网点信息化改造,推动线上线下融合发展,在农村建设集代购、代收、代卖为一体的村级电子商务服务终端,推出"网上供销社"服务模式。新建县级分拣中心1个,新建贫困村电商网点37个,完成计划的106%。

【混合所有制改革】 2018年,晋城市供销社推进以产权为纽带的社有企业混合所有制改革,将市果品冷库作为市属企业改革试点,设立晋城市酷果冷链有限公司,成为市直供销社系统第一家通过规范化股份制改革建立现代企业制度的企业。出台《关于推进市属社有企业转型发展的意见》,引导社有企业转型发展。在3家市属企业推行资产经营责任制,将资产经营目标与经营者收入挂钩。全年市属企业商品购进和销售总额同比分别增长66.50%和47.50%。

(王　雷)

石　油

【概述】 2018年,中国石化销售股份有限公司山西晋城石油分公司取得经济效益和社会效益双丰收。全年累计销售油品27.63万吨,上缴地方各种税金2000多万元,保障资源需求,确保产品质量,实现安全生产。

【资源保供】 2018年,中石化晋城石油分公司加强与炼油厂、铁路部门的协调沟通,加大公路运输力度,保障资源需求。克服公路运输运距远、费用大、运力不足等困难,增派罐车南下洛炼、北上太原调运油品,保证"三夏""三秋"及严寒等时节用油。开展农机加油优惠活动,履行国有企业政治责任和社会责任。

【安全生产】 2018年,中石化晋城石油分公司加强安全风险管控和隐患治理,开展库、站安全风险和隐患排查。加大"三违"专项整治力度,加大安全隐患治理和环保投入,推进安全管理信息系统和综合管理模版应用,开创HSSE(健康、安全和环境管理体系)工作新局面。从严承包商管理,抓好承包商准入安全培训,严格把控作业许可提级管理、安全交底专项督查、高风险作业专项措施落实、安全技术措施审查、施工项目验收等关键节点,确保施工安全。推进晋城油库迁建工作。

【双"改"工作】 2018年,中石化晋城石油分公司开展加油站双层罐改造工作。成立专项工作组,确保改造期间24小时不间断对施工现场监护。完成双改79座,完成率居全省系统前列。

【精细化管理】 2018年,中石化晋城石油分公司强化质量监测体系和制度建设,严把各环节的数质量关,执行国家规定的成品油价格政策,接受物价部门的监督和省、市质检部门对成品油质检和计量器具鉴定检测。建立定期油品质量抽查制度和加油机自校制度,配合质监系统开展油品质量计量监督抽查工作。保证"两个100%"(保证出库和出入加油站的油品100%合格,保证政府职能部门及上级公司抽检油品质量100%合格)。加强内控管理,实施效能监察,确保质量合格、计量准确。

(李红霞)

烟　草

【概述】 2018年,晋城烟草专卖局(公司)销售卷烟7.60万箱,同比增加473.50箱,增长0.63%;实现销售额19.40亿元,同比增加8950万元,增长4.83%;实现条均价102.18元,同比增加4.10元,增长4.18%;实现税利4.90亿元,同比增加1912.70万元,增长4.04%;三项费用率4.51%,控制在4.79%预算范围之内,低于全省平均水平。企业稳中向好,健康发展。

【品牌发展】 2018年,晋城烟草专卖局(公司)引入新品29个,退出品规30个,在销规格数共计149个,品牌布局和结构更加合理。行业“双15”品牌销量同比增加3.22%,占总销量比重63.26%,同比提高1.59个百分点。行业30个重点品牌销量同比增长3.24%,占总销量比重82.77%,同比提高2.10个百分点。细支、中支、短支、爆珠(细中短爆)共计销售9117箱,同比增加3537箱,增长63.39%,占总销量比重11.99%,同比提高4.61个百分点。低焦品牌卷烟销售9136箱,同比增加2660箱,增长41.07%,占总销量比重12.02%,同比提高3.45个百分点。国产雪茄销售41箱,同比增加11箱,增长38.20%,占总销量比重0.05%,同比提高0.01个百分点,品牌动能更加强劲。

【案件查处】 2018年,晋城烟草专卖局(公司)查处各类涉烟违法案件414起,查获违法卷烟327.1万支,案值215.4万元。其中,查获假私卷烟案件107起,数量21.44万支,标值25.61万元;查获50条或万元以上的窝点案件124起;移送公安刑事案件3起,拘留7人,提请批准逮捕2人;破获国标网络案件1起,涉案金额110万元。

【专项行动】 2018年,晋城烟草专卖局(公司)组织开展中秋、国庆“两节”清理整顿卷烟市场专项行动,重点围绕铲除家族式、帮派式违法违规大户,打击互联网、自媒体、物流寄递领域涉烟违法行为,整治向未成年人出售电子烟等,采取协作配合、重点打击、联合管控、错时检查等措施。全市共查获案件80起,查获卷烟65.97件,案值38.21万元,向市场监管局移送电子烟、电子烟油违法案件5起。建立重点监管户动态管理档案229户,其中依法取消经营资格1户,责令暂停1户。

【规范经营】 2018年,晋城烟草专卖局(公司)贯彻《山西省烟草系统卷烟违规经营责任追究规定(试行)》等相关文件精神,梳理营销配送关键节点,修订品牌购进、引入退出、货源投放、订单管理等10项营销内控制度,完善卷烟配送管理、未送达卷烟管理、卷烟代存代收管理等8项配送内控制度,建立全市系统卷烟货款结算管理办法,制定全市系统违规经营责任追究规定,加强对经营配送关键环节的控制。

(陕旭东)

财 政

【概述】 2018年，晋城市财政局坚持晋城的事大家想、大家说、大家干，坚持稳中求进工作总基调，强化收入征管，加快支出进度，深化财政改革，规范财政管理，发挥调控职能，改善民生，保障重点工作，完成全年主要目标任务。

【财政收入】 2018年，晋城市一般公共预算收入完成125.30亿元，为年初计划的115.50%，同比增长23.60%，增收23.90亿元。其中，税收收入完成87.50亿元，同比增长16.70%，增收12.50亿元；非税收入完成37.80亿元，同比增长43.40%，增收11.40亿元。市本级一般公共预算收入完成40.40亿元，同比增长22.2%，增收7.4亿元，其中税收收入完成28.9亿元，同比增长17.5%，增收4.3亿元；非税收入完成11.5亿元，同比增长36.2%，增收3.1亿元。

各县(市、区)完成情况：按收入规模排序，泽州县19.2亿元，高平市19.2亿元，阳城县16.6亿元，沁水县16.5亿元，城区8.3亿元，开发区3.4亿元，陵川县1.7亿元；按收入增速排序，高平市30%，沁水县29.6%，泽州县25.9%，阳城县24.2%，城区10.5%，陵川县10.5%，开发区8.1%。

【财政支出】 2018年，晋城市一般公共预算支出228.2亿元，同比增长27.9%，增支49.8亿元。与民生密切相关的支出执行187.3亿元，占全市总支出的82.1%。其中，市本级一般公共预算支出执行57.5亿元，同比增长49%，增支18.9亿元。

各县(市、区)执行情况：按支出规模排序，泽州县35.2亿元，高平市34.2亿元，阳城县29.7亿元，沁水县24.1亿元，城区21亿元，陵川县19.7亿元，开发区6.8亿元；按支出增速排序，开发区45.7%，城区43.3%，高平市23.6%，阳城县20%，泽州县19.7%，沁水县17.1%，陵川县8.9%。

【财政运行特点】 2018年，晋城市财政收入保持平稳较快增长，收入增幅超过全省平均水平。全市一般公共预算收入超额完成全年收入任务，同比增长23.6%，较第三季度21.4%的增幅提高2.2个百分点，较上年同期13.5%的增幅提高10.4个百分点。从全省范围看，晋城市收入总量位居全省第六，增幅位居第四，增幅位次较上年同期提升三位，超过全省平均水平(22.8%)0.8个百分点。

税收收入增速呈逐季放缓态势，减税降费效应显现。全市税收收入同比增长16.7%，较第二季度27.1%的增幅下降10.4个百分点，较第三季度19.3%的增幅下降2.6个百分点。分税种看，13个税种“九升四降”，增值税、资源税和企业所得税三大主体税种合计完成67亿元，占全部税收的76.6%，其中，增值税完成38亿元，增长10.6%，增收3.7亿元；资源税16.2亿元，增长35.2%，增收4.2亿元；企业所得税12.8亿元，增长50.9%，增收4.3亿元。

主导产业税收拉动作用明显，产业税收结构分化较大。全市煤炭行业税收提供一般公共预算收入52.7亿元，同比增长21.7%，占税收增长总额的75.2%，占二产税收比重由上年的75%升至78%，占全部税收比重由上年的56.8%升至60%。分三次产业来看，全市税收收入结构总体延续二、三、一的产业顺序结构，与产业结构相协调。产业结构过度依赖二产、依赖于煤炭等发展不平衡不充分的矛盾突出。

一次性非税收入增长明显，成为拉动收入增长主要因素。全年非税收入完成37.8亿元，同比增长43.4%，增收11.4亿元，拉动一般公共预算收入增长8.2个百分点。

积极财政政策聚力增效，民生等重点支出保障有力。全市教育、社会保障和就业、医疗卫生等13项民生支出共完成187.3亿元，同比增长27.8%，增支40.8亿元，占全市一般公共预算支出的82.1%。从支出科目看，20个支出科目中有18个保持不同程度的增长，其中，节能环保支出、交通运输支出、资源勘探信息支出及金融支出增长较快，增幅均在50%以上。

【财政改革】 2018年，晋城市财政局推进市以下财政事权和支出责任划分工作，明确各县（市、区）、各部门的工作职责、任务以及改革推进的时间表、路线图。出台《晋城市基本公共服务领域市与县（市、区）共同财政事权和支出责任划分改革方案》，对基本公共服务领域26项市与县（市、区）共同财政事权与支出责任明确划分。

强化预算绩效管理。将所有使用财政资金项目及部门整体支出纳入市级预算绩效目标申报审核范围，申报1052个项目绩效目标，编制《绩效梦》。做出100个部门整体绩效目标模板。启动预算绩效跟踪监控，对纳入预算管理的1009个项目支出下达绩效跟踪监控任务，组织第三方对100个重点项目绩效跟踪，涉及预算金额28.36亿元。推进水资源税、环保税改革，联合地税、人行等部门对水资源税改革和环境保护税开征后预算级次、收入缴库等有关预算管理问题予以明确。

深化国库集中支付电子化业务改革。将公共财政资金纳入电子化改革范围，经过需求采集、环境搭建以及多轮联调测试和容错测试，推进电子化支付业务全覆盖，完成市级公共财政资金电子化支付业务改革，在全省地级市中率先实现国库集中支付电子化管理。

持续推进政府和社会资本合作。上报财政部14个PPP项目，太行一号国家旅游风景道工程、中原街改造及地下综合管廊道路工程和阳城县城市综合管廊道路工程等3个项目入选第五批省级PPP示范项目，总投资77.71亿元，获得省级奖补资金800万元，位列全省第二名。加强部门预算评审工作，全年累计评审预决算项目105个，评审金额20.6亿元，审定19.6亿元，核减资金1亿元，审减率4.7%。

【财政管理】 2018年，晋城市财政局组织财政收入。联系税务部门做好营改增改革，加大对传统行业的税收管理，挖掘增收，加强对重点税源和重点税种的动态监控，增强组织收入的主动性。

调整优化支出结构。硬化预算约束，加快预算执行动态监控系统建设，市本级和7个县本级建立监控机制，79个乡级中有42个建立监控机制，监控资金202.6亿元。盘活存量资金，建立部门结余结转资金定期清理机制，压缩部门结余结转资金规模，收回资金1.2亿元，统筹用于民生等重点项目支出。

加强市级预算单位银行账户及资金安全管理，查堵资金安全管理漏洞，制定《关于进一步规范社保专户资金存放管理的通知》《晋城市市级社会保险基金竞争性存放管理暂行办法》，对13.8亿元社会保险基金的存放公开招标。

加强政府采购管理。全年备案项目计划1212个，备案金额11.34亿元；备案采购合同685个，备案合同金额8.42亿元。开展政府采购网上商城试点工作，全年入驻供应商365家，其中入驻电商8家、本地供应商357家，完成网上商城采购887笔，预算金额1287万元，采购合同金额1063万元，节资224万元，节资率17.4%。抽查全市93家代理机构的代理采购项目267个，查出问题694个，涉及采购金额32902万元。

【财政调控】 2018年，晋城市财政局落实国家增值税退税相关政策规定，办理增值税退税涉及金额1.88亿元。停征排污费，降低残疾人就业保障金征收标准等，严格执行降费政策，涉及金额0.6亿元。

支持开发区建设。出台《改革完善财政管理体制，促进县城经济转型发展的意见》。加大对开发区财政奖励力度，2030年前，市级财政对开发区税收收入增量市级分成部分按100%奖励，用于开发区示范区建设发展。2018年兑现奖励资金1.7亿元，市财政列入补助基数1280万元补助城区与开发区完成社会事务移交剥离工作。

支持转型综改项目建设。设立1亿元工业发展专项资金，支持工业转型发展项目、工业园区建设及国家、省级技术中心建设奖补。建立小微企业信用贷款风险互助补偿机制，财政拨付风险补偿资金2000万元，缓解小微企业融资难问题。安排中小企业发展专项资金1355万元，下达产业转型升级发展基金首期政府出资款8000万元。

申报国际金融组织和外国政府贷款。2018年向山西省财政厅申请晋城市绿色低碳产业融合发展示范项目亚行贷款等6个贷款项目，申请贷款额超10亿元。

支持科技创新。下达资金0.4亿元支持农村地区分布式光伏发电项目发展。安排资金0.2亿元支持市科技企业孵化器投入使用。出台《晋城市人民政府办公厅关于印发晋城市支持科技创新的若干政策的通知》，奖励2017年度R&D经费投入强度全市排名前十名的企业，补贴上年承担国家级、省级计划项目等各类项目。

【民生保障】 2018年，晋城市财政优先保障改善民生。教育方面，下达资金6694万元用于建立健全学前幼儿到大学新生的资助体系，帮助家庭经济困难学生完成学业；下达资金4375万元用于全市普通高中、中职学生免除学费，为中职学生免除住宿费；下达资金2.8亿元用于支持职业院校示范校建设、重点专业和实训基地建设，改善普通高中办学条件，推进义务教育薄弱学校改造，支持新改扩建幼儿园。

社会保障方面，筹集下拨各项社保专项资金27.85亿元，确保全市5.6万名城乡低保、6900名“五保”老人、560多名孤儿以及近1.8万名重点优抚对象生活补助资金及时到位；确保全市6500多名(市级1900多名)公益性岗位、1000多名就业困难人员岗位补贴和社保补贴刚性支出；提高全市城乡居民基本养老保险基础养老金平均水平至每人每月128元；资助全市2400多名残疾人进行康复治疗和600多名残疾人实现创业就业。

医疗卫生方面，下拨补助资金7.1亿元，提高城乡居民医疗保险财政补助标准至人均490元以上。下达财政资金1亿元，提高基本公共卫生服务的补助标准至人均55元。

保障性安居工程建设方面，安排专项资金1.45亿元，用于向符合条件的在市场租赁住房的城镇低收入住房保障家庭发放住房补贴、城市棚户区改造项目扶持。

农业方面，市级共安排各项事业发展类财政支农专项资金2.1亿元，下达村级公益事业一事一议财政奖补资金0.79亿元，下达省级美丽乡村建设补助资金和扶持村集体经济发展试点项目资金0.56亿元。

防范化解重大风险方面，出台《晋城市本级债务化解方案》《晋城市本级化解政府隐性债务实施方案》《新增政府债务限额分配管理暂行办法》，争取债券资金，全年累计下达政府性债券资金30.7亿元，组织市直有关部门填报2019年政府性债券需求情况，提前准备2019年债券申报工作。

精准扶贫方面，全年安排专项扶贫资金3981万元，增加888万元，比上年增长28.7%。支持贫困县统筹整合涉农资金实施精准扶贫，陵川、沁水两县共统筹整合资金2.16亿元。全市易地扶贫搬迁累计融资8.1亿元。加强扶贫资金监管，出台《晋城市财政局关于全面加强脱贫攻坚期内各级各类扶贫资金管理的实施意见》和《财政扶贫资金动态监控工作实施方案》，在全市财政系统部署扶贫资金动态监控系统。

污染防治方面，筹措资金3.2亿元用于支持全市11万户冬季清洁取暖改造工作，安排资金0.5亿元用于水污染防治项目，安排资金1亿元用于环境监测执法仪器购置、环境监测、执法等日常工作,安排0.7亿元用于全市第二次全国污染源普查、乡镇(办事处)空气质量监测站建设工作、固体废物处置工作等项目。为全市争取北方地区冬季清洁取暖试点城市中央补助资金5亿元。

扫黑除恶专项斗争方面,安排扫黑除恶专项资金1605.3万元,各级财政部门将扫黑除恶专项斗争纳入重点经费保障范围。建立资金监管机制,在政府采购政府财政性资金工程项目、政府购买社会服务等项目中,凡是存在涉黑涉恶现象,采取不正当、非法手段串标、包揽工程等行为,一经核实,依法停止财政资金拨付,已经拨付的,依法予以冻结或缴回国库。建立摸排涉黑涉恶犯罪问题线索工作机制,在全市财政领域开展扫黑除恶线索摸排工作,建立案件线索报送机制。

(陈璟璇)

税　务

【概述】 2018年7月1日,国家税务总局晋城市税务局联合党委和领导班子正式组建;7月5日举行挂牌仪式;7月20日全市县、乡两级税务机构同步挂牌;8月29日,晋城市税务局党委获批成立;10月25日,全市税务机构"三定"方案全面落实到位。全面承接原国税、地税各项工作。市税务局落实国税地税征管体制改革部署,坚持"机构改革,服务先行",把改革成效体现在深化"放管服"改革和持续优化税收营商环境上,实现改革税收"两不误、两促进、双丰收"。

【税收收入】 2018年,晋城市税务系统共完成各项收入240.92亿元,同比增长15.70%,增收32.70亿元。其中:税收收入232.06亿元,增长17.93%,增收35.29亿元,首次突破200亿元大关,较省237亿元调控目标多压减5亿元;非税收入8.86亿元,下降22.63%,减收2.59亿元。税收提供市县级公共财政预算收入88.17亿元,完成市政府下达的88亿元收入任务。

【个人所得税改革】 2018年,晋城市税务局成立个税改革专项领导小组,印发宣传资料8.8万份,培训扣缴义务人2.6万户,推广个税APP软件,清理相关数据51万余条。10月1日,改革过渡期政策落地,四季度为纳税人减税8000余万元。

【税收征管】 2018年,晋城市税务局配套机构改革,完成43类132项征管业务整合,全市调整管户8000余户,完成机构人员岗责配置9000余项,核实"金三"数据4万余条,开展"金三"并库双轨测试7千余笔。以税收风险管理为导向,成立税收风险管理局和专司大企业管理第一税务分局,编写税收风险指标模型82个,推送风险纳税人692户次,入库税款1.03亿元。推开个体工商户查账征收、作废发票清理和委托代征软件更新。

【减税降负】 2018年,晋城市税务部门依法减免税25.87亿元。增值税改革全面落地,降税率全年为纳税人减负约9亿元,一般纳税人转登记小规模纳税人488户,为19户企业办理留抵退税2.8亿元。出口退税"快审批、差别化、无纸化"成为常态。成品油消费税改革、车购税政策调整落实到位。完成企业所得税汇算清缴,汇算企业2.44万户,清缴税款27.99亿元。个人所得税全员全额扣缴申报率保持全省前列,自行申报人数增长41.1%。服务"一带一路"战略,对"走出去"企业实行一户一档动态服务管理。水资源税、环境保护税绿色税制初步成型。

【优化环境】 2018年,晋城市税务局依托机构改革优势,实现审批事项全部进驻政务大厅,大幅精简办税流程,对5类69项业务实行"全程网上办",对6类123项业务实行"最多跑一次",对7类99个常用办税业务实行"同城通办"。深化商事制度改革,推出新办企业"套餐式"服务,助力企业在登记当日即可领到发票。建成税邮合作中心,便利纳税人"全域24小时免单网购式"发票领用,自7月份运行开始,为纳税人寄递空白发票30余万份,代开发票4.7万份。深化银税合作,搭建起辐射县、乡、村三级的"10分钟办税服务圈",发放税收信用贷款16亿元,助力诚信纳税企业便捷低成本融资。与国土、住建等部门合作,创新"三位一体"房地产交易信息管税新模式,四个环节一次提交、一次办结,办理时间压缩80%以上。

【入企服务】 2018年,晋城市税务系统启动"万名税干入企服务"暨支持经济转型发展"1+7+3"行动,围绕农林文旅康养产业、"小升规"和"专精特新"、金融创新和上市后备企业、煤层气新能源、双创企业、科技型中小企业及国企混改等七大重点领域,为纳税人提供个性化税收服务。全系统400余名业务骨干以入企小组、党员先锋团队、专家服务团队等形式,深入全市102户重点企业,依托市县局两级快速反应中心和"13710"工作机制,收集纳税人意见建议304条,落实反馈率100%。

【依法治税】 2018年,晋城市税务局加强税收法治宣传,建成"法出沁水、税润民生"法治税务教育基地,开展宪法及相关法律知识电视竞演,组织宪法主题征文活动。配合机构改革,对原国地税税收规范性文件全面清理,予以公示。编印《税收优惠政策指引》。综合运用日常督察、专项督察、综合督察等措施,发现并整改问题290余条,改进规章制度5项,整改率100%,市局"1164"内控一体化建设新机制获国家税务总局通报表扬。

【精准扶贫】 2018年,晋城市税务局全面承接原国税、地税扶贫攻坚任务。以党建扶贫、文化扶贫和项目扶贫为抓手,帮助阳城县章训村建立道德讲堂,编印《家乡记事》,改善村容村貌,筹建面粉加工厂,开展帮扶慰问。筹资100余万元,为陵川县苇水村完成蓄水池封顶改造,推广连翘种植项目,启动旅游接待中心建设,市局扶贫工作队被陵川县委表彰为"脱贫攻坚功勋集体"。

【扫黑除恶专项斗争】 2018年,晋城市税务局建立"双研判"联动机制,向公安部门移送涉黑涉恶案件线索8起,查补税款599.62万元,处以罚款719.62万元。规范影视行业税收秩序,督促8户企业自查补缴税款10.11万元。开展打虚打骗专项行动,召开两次专题推进会,完善"三项排查"制度,发现对外虚开增值税专票企业45户、接受虚开增值税进项发票企业17户,查补税款、滞纳金460万元。编制商贸企业增值税发票风险分析指引,落实发票风险任务63户,异地核查发票6849份。改革税务稽查体制,提高稽查层级,组建两个跨区域稽查局,完成公安机关派驻联络办公室设置。全年稽查部门结案127起,查补收入1.27亿元,通过媒体曝光税收"黑名单"企业2户。

(田　羽)

晋城市热力有限公司

市委书记张志川（左二）到公司调研指导工作

市长刘锋（右二）深入禁煤区施工现场进行调研

晋城市热力有限公司成立于 1991 年，是负责全市集中供热的国有独资企业，主要负责市区（除西北片区外）集中供热设施的建设、生产、运营和管理。截至 2018 年底，公司共有大型热源厂 2 座，配套供热管网总长 695.1 千米，换热站 226 座，总供热能力 2640 万平方米。

2018 年，公司围绕“一指引一全面两着力六提升”发展思路，全体干部职工砥砺奋进、开拓进取，加快推进阳电热源项目前期工作，按期完成禁煤区集中供暖工程，全面完成“三供一业”分离移交接收工作，拓宽用户缴费渠道，有序开展安全生产、检修技改、供热宣传、用户服务等各项年度供暖工作，举办悦读时光、道德讲堂、体育竞赛、演讲比赛、歌咏比赛等一系列特色企业文化活动，推进文明单位和文明城市创建工作，全面提升党建工作水平，完成年度各项工作目标任务。

2018 年，公司先后获得“山西省文明单位”“2017 年度全市住房城乡建设工作优秀单位”称号、晋城市住房保障和城乡建设管理局“‘不忘初心，牢记使命’歌咏比赛优秀组织奖”“晋城市第五届职工职业技能大赛优秀组织奖”。

总经理陈明龙在庆祝建党 97 周年歌咏比赛上致辞

公司青年志愿者开展供热知识宣传

中国移动通信集团山西有限公司
晋城市分公司

召开 2018 年工作会议暨四届三次职工代表大会

党的建设暨党风廉政建设和反腐败工作会议

公司负责人到陵川县礼义镇梁泉村走访慰问贫困户

“七一”表彰大会

“传承红色基因 争做时代新人”主题教育活动

业务拓展

“唱响东方红、走进新时代”演唱会

山西天泽煤化工集团股份公司

天泽集团党委书记、董事长、总经理马月生

山西天泽煤化工集团股份公司前身为晋城市第二化肥厂，始建于1978年，原建规模为年产3000吨合成氨、1.2万吨碳酸氢铵，资产300万元，员工300余人。经过企业改制、并购重组、新建扩建后，下设煤气化厂、化工厂、天泽永丰公司等5个分子公司，在岗员工3477人，总资产45.28亿元，具有年产180万吨合成氨、300万吨尿素、30万吨甲醇、6万吨甲醛、1.5万吨三聚氰胺和18兆瓦余热发电装机容量综合生产能力。尿素产能占全国尿素产能5%，是全国最大的大颗粒尿素生产企业。“泽州”牌商标被国家工商总局认定为“中国驰名商标”。2018年，公司连续7年获“全国（合成氨）行业能效领跑者标杆企业”称号；获“全国模范劳动关系和谐企业”“全国石油和化学工业先进集体”“节能中国十大贡献单位”“2018年度节能减排先锋企业”“山西省优秀企业”“山西化工改革开放40年最具影响力企业”等荣誉。

2018年，集团公司围绕“12321”发展思路和目标，贯彻落实新发展理念，把握高质量发展要求，坚持稳中求进工作总基调，解放思想，凝聚共识，改革创新，开创企业高质量转型发展新局面。全年共生产合成氨128.33万吨，生产尿

山西天泽集团化工厂

素 209.22 万吨，生产精甲醇 13.71 万吨。完成工业总产值（现价）43.98 亿元，同比增长 5.84 %；实现营业收入 44.34 亿元，同比增长 6.74%；实现利税 2.30 亿元，同比增长 269.17%；实现利润 2.01 亿元，同比增长 319.45%。在晋城市 16 家煤化工企业绿色评估与差异化绩效考核中，煤气化厂以 83 分位列第一，获“2018 首批最具影响力绿色企业品牌”称号。

山西天泽集团煤气化厂

山西天泽集团永丰公司

晋城市城区人民法院

院长李东明作“两会”工作报告

年终表彰大会颁奖仪式

晋城市城区人民法院始建于 1985 年，位于城区文昌西街，有正式干警 99 人，内设刑事审判第一庭、刑事审判第二庭、民事审判第一庭、民事审判第二庭、民事审判第三庭、行政审判庭、执行局、立案庭、审判监督庭等 18 个职能部门和北石店、西上庄、钟家庄 3 个派出法庭。

2018 年，围绕区委总体发展思路，肩扛公正天平，手持正义利剑，忠诚履职尽责，勇于改革创新，为“建设新时代美丽晋城会客厅、高质量转型发展”彰显城区法院担当、展现城区法院作为。全年共受理各类案件 6795 件，办结 6496 件，审执结率 95.6%，人均办案数 250 件，收结案数和人均办案数位列全市法院第一。

队伍集中整肃专项活动动员会

审判质效推进会

队伍集中整肃专项活动座谈会

决胜基本解决执行难集中专项活动动员

组织党员参观武乡八路军太行纪念馆

开展志愿服务活动

泽州县人民法院

县委书记高喜全（前左）调研指导工作

涉村委执行案件攻坚部署会

2018 年，泽州县人民法院以让人民群众在每一个司法案件中感受到公平正义为目标，紧扣县委“181”年度工作重点，以党建工作为引领，以审判执行工作为主线，以司法改革和信息化建设为抓手，以队伍建设为根本，推进各项工作再上新水平，实现新突破。全年共受理刑事、民事、行政、执行等各类案件 4817 件，同比上升 16.58%；审执结 4681 件，同比上升 15.72%；结案率 97.18%。其中，受理刑事案件 263 件，审结 252 件，审结率 95.82%。受理民商事案件 2544 件，审结 2486 件，审结率 97.72%。受理执行案件 1786 件，执结 1722 件，执结率 96.42 %。被最高人民法院授予“全国法院家事审判工作先进集体”称号，被省高院授予集体二等功，被市中院授予“先进基层法院”“民事审判工作先进集体”称号，被县委县政府授予“改革创新先进集体”“三基建设先进集体”称号，“推行家事审判方式改革”入围“晋城市改革开放四十周年民主法治十大业绩（事件）”。

泽州县扫黑除恶专项斗争领导小组第四次会议在该院召开

法警接受市中院考核

新投入使用的立案大厅

执行搜查行动

开庭审理第一起拒执罪案件

晋城市城区钟家庄街道

市委书记张志川（中）在中原街社区棚户区改造现场调研

区委书记王文全（前排右一）在黄华街南延路段调研

区委书记王文全在洞头村调研纪念习近平总书记视察洞头10周年活动

晋城市城区钟家庄街道地处市区东南，位于市区城市发展中心，辖区面积39.8平方千米，共有29个村、社区，其中社区居委会19个、行政村10个。总户数27148户，总人口13.26万人。北部平缓属城市社区、南部丘陵处城郊农村，区位优越、交通便利。

内设党委办公室、行政办公室、农业办公室、企业办公室、信访办公室、民政办公室、计生办公室、综治办公室，财政所、司法所、安监站、食品药品监督管理站、会计服务中心等机构。为加强基层社会服务管理体系建设，成立党务服务中心、行政服务中心、为民服务中心、经济发展中心、农业发展中心、财经服务中心六大中心。

近年来，钟家庄办事处立足半城半乡自身实际，改革创新、奋发有为，开拓工作新局面。抓住转型项目建设契机，推进以瑜园老年公寓为代表的重点项目建设，引进中电智云大数据等一批具有行业引领作用的大项目。全力配合城市建设，奋力攻坚，完成中原街改造及综合管廊建设等64处征补任务。坚持党建引领，因地制宜、科学规划，重塑洞头美丽乡村，实现“做好洞头村、迎回总书记”美好愿望。

钟家庄街道党工委与战友创业孵化基地党支部开展结对共建活动

重点工程钟阳商业大厦

美丽洞头

区领导和办事处领导在白水社区幸福汇参加活动

晋城市城区西上庄街道

市委常委、政法委书记石云峰（右四）带领政法工作观摩团莅临西上庄办事处

2018 年，西上庄街道围绕“先行区”“领跑者”“桥头堡”三大目标和“五个城区”建设，按照“1246”工作思路，强化举措、攻坚克难，推进基层组织建设、经济社会转型发展及各项重点工作再上新台阶。完成固定资产投资 22.05 亿元，同比增长 30.9%；完成社会消费品零售总额 6.79 亿元，同比增长 20.3%。

区委书记王文全（中）调研西城小学项目

区长李晓峰（前左）调研山西底村乡村旅游发展

西上庄街道党工委项目攻坚临时党支部授牌仪式

北岩村城中村改造项目效果图

农林文旅康试点建设“一脉连接、产业融合、八村共创”

西城小学（新建）项目效果图

“迎七一 · 庆国庆” 广场舞大赛

晋城市城区北石店镇

区委书记王文全（右三）调研南石店回迁楼项目

区长李晓峰（右二）调研七星党总支

2018年，北石店镇围绕建设“三生融合、美丽幸福”北石店新区总体目标，强化改革创新，狠抓项目攻坚，突出环保整治，改善民生，全镇各项工作稳步推进。全镇固定资产投资完成23.16亿元，全区排名第一；财政总收入10.40亿元，其中国税1.16亿元，地税9.24亿元，地税完成率和增幅均居全区第一；限额以上零售额完成2198.5万元，同比增长61.9%，增幅全区排名第一。

第七届人民代表大会第七次会议

纪念建党 98 周年系列活动安排部署会议

星悦城综合体

庆祝改革开放 40 周年演出活动

司徒小镇山西五千年欢乐园

重点项目集中开工暨北石店工业园区太丰路商业街动工仪式

泽州县南村镇杨洼社区

社区党支部书记　李志刚

社区居委会主任　王建强

2010 年 10 月，杨洼社区居民委员会在原杨洼村基础上成立。社区共有居民 488 户，人口 1234 人。支部成员 5 名，居委成员 4 名，党员 38 名，居民代表 16 名。近年来，杨洼社区在上级党组织科学领导和关怀下，围绕社区服务、社区卫生、社区党建、社区治安、社区计生、社区文明建设 6 个方面开展工作。

党的建设方面：党的十九大报告提出“打造共建、共治、共享的社会治理格局”。杨洼社区坚持民主管理，认真落实“四议两公开”，健全党员民主权利保障制度，落实党员知情权、参与权、选举权、监督权，全面推进党务公开，使党员更好地了解和参与党内事务，提高两委班子决策民主性和科学性。

经济发展方面：随着城乡一体化建设脚步加快，社区两委班子抓住区域优势，围绕“融城、强村、建设一流园林社区”目标，大胆突破和科学规划。成立晋城市亿泰房地产开发有限公司，先后进行杨洼社区“棚户区”改造，修建四季花城小区、晋城市经济适用住房和泽州县凤城小学，总建筑面积 43 万平方米。筹建杨洼社区综合大楼，占地 7333.33 平方米，建筑面积 27000 平方米，总投资约 6000 万元。

社区图书阅览室

凤城小学

休闲娱乐小广场

社会事业方面：近年来，社区依托房地产业发展，妥善安置社区居民，给社区居民日常生活提供细致和周到服务，成立四季花城物业管理有限公司，解决部分居民就业问题。建立助学金和奖学金制度。实现社会养老保险和新型合作医疗全覆盖，解决社区居民养老后顾之忧，为辖区内 134 名 45 岁以上居民缴养老保险，每人 1800 元，共 24.12 万元。为辖区内 106 位 60 周岁以上老人，每人每月发放养老金 240 元。在南村镇苏庄村南山建设社区公墓，总投资约 300 万元，占地面积 1 万余平方米，停车场 3000 平方米，道路铺装硬化 2100 平方米。

杨洼社区综合服务楼

宁静祥和的学府平墅区

环境优美的居民住宅区

泽州县大东沟镇

县委书记高喜全（中）到大东沟镇调研

县长张军（右二）到大东沟镇调研

大东沟镇地处长河中游，巍峨挺拔的伊侯山和风光秀美的可寒山扼其左右。全镇共辖 30 个行政村、58 个自然村，8862 户，31492 口人，耕地 3.96 万亩，镇域面积 96.3 平方千米。陵沁路、东大路穿镇而过，建设中的晋阳一级路和拟建大周二级路连接东西南北。人文和自然资源丰富，素有“四十里长河一码头”之称。

2018 年，全镇财税收入 3145 万元，占年计划的 159.81%；公共财政预算收入 571 万元，占年计划的 141.69%；招商引资 10.01 亿元，占计划的 100%，完成落地资金 1 亿元；其他各项指标任务均按计划完成，全镇综合经济实力增强。

文化旅游方兴未艾

风光秀丽的国家 AAA 级景区——乾明寺

全国重点文物保护单位——双河底成汤庙

采煤沉陷搬迁安置小区

丰富多彩的群众文化生活

七干面一体化加工项目

泽州县高都镇

省政协副主席李青山（前排右二）在高都镇保福村调研

高都镇地处丹河中上游，距晋城市区 20 千米，面积 120 平方千米，有 1.1 万户，4.1 万口人，辖 55 个行政村。镇域路网四通八达，与规划的高铁新区、金村新区、晋煤新区融为一体；境内有全市第二大水库——任庄水库，总库容达 8340 万立方米；丹河纵贯南北，泽源河横穿东西；独特的气候条件、多样的地形地貌以及丰富的水资源，形成一批具有地方特色品质的国家地理标志产品——泽州黄小米、泽州红山楂酒。高都历史厚重、人文景观众多，景德寺、东岳庙、玉皇庙闻名遐迩，刘羲叟、张昺、原秉琏、原石民等名人辈出。

高都遗址纪念碑

县委书记高喜全（前排左四）和县长张军（前排左三）在高都镇金工铸业调研

镇党委书记焦志成、镇长张建军与县委宣传部副部长田新林参加二青会火炬收火仪式

德泽美境

西元庆村田园体

千年古都 田园新城

泽州县金村镇

市委书记张志川（中）在金村新区调研

市长刘锋（右二）在民用机场调研

金村镇位于城郊接合部，紧邻晋城市主城区，是典型的城郊接合型乡镇。全镇总面积 212.29 平方千米，辖 67 个行政村、2 个社区，5.8 万人口，8.7 万亩耕地，下设 100 个基层党组织。在泽州县 17 个乡镇中，所辖行政村数位列第一，人口位列第二，国土面积位列第三，是泽州县五个中心乡镇之一，是山西省首批国家建制镇示范试点乡镇。主导产业为城郊农业、现代服务业和生态旅游业。

地理位置凸显。晋城市新一轮城市规划，把金村镇规划为金村新区、高铁新区、空港新区建设区域，将金村定位于现代物流集聚区、科技文化特色区、低碳发展示范区、城乡一体先行区。三所大、中专学校等教育科研机构项目先行落地，县行政文化中心即将搬迁至此。随着市区东扩，特别是兰花北路和红星东街延伸段、太岳街、畅安路等道路通车，金村镇和市区紧密地融为一体。

旅游资源丰富。全镇现存有玉皇庙、青莲寺、关帝庙等 5 处国家文物保护单位和省级历史文化名村——水北村，10 多处省市县级文物古迹和珏山 AAAA 级旅游区。丹河穿境而过，旅游资源丰富，人文历史和现代文明景观交相辉映。

交通区位优越。太焦电气化铁路、长晋高速公路、晋焦高速公路、晋陵一级公路、207 国道、晋张公路等多条主干道交通大动脉贯通南北、连接东西，客运东站建成使用、太焦高铁站开工建设，使该镇形成四通八达的交通网络。

镇党委书记闫晓阳（中）在“金村镇机关职工春季趣味运动会”上讲话

镇长许俊主持 2019“太行神仙居，田园东六庄”乡村旅游节活动

市政工程和重点项目多。金村镇作为晋城市未来的教育科研和文化产业创新基地及金村新区建设区域，规划和在建中的市政工程多。建成项目有晋城市委党校、太原科技大学晋城校区、市中等专业学校、市客运东站、红星东街延伸段、兰花北路、弘泽街、龙化路、畅安路、太岳街和丹河人工湿地一期工程等；在建工程有西岭街、兰花路片区道路工程、金村新区道路工程等。重点项目总投资达 200 余亿元，投入运营的有国投热电、晋煤天溪煤制油、路宝铝轮毂、山水水泥，月星广场、兰花物流一期、锦绣鑫源等项目；在建项目有中国青年城、华为数据中心及智慧城市、晋城市奥韩重工、中益聚新型建材等。

2018 年，全镇呈现出经济转型加快、社会稳定祥和、城乡一体化先行镇建设步伐全面加快的良好态势。全镇财政总收入 1.72 亿元，新上创业实体 50 个，企业总产值 10.52 亿元，企业营业收入 23.2 亿元，企业增加值 8.95 亿元，固定资产投资 11.5 亿元，招商引资签约 48.62 亿元。被县委、县政府授予“目标责任考核优秀乡镇”“招商引资先进集体”“安全生产先进集体”和“党风廉政建设先进集体”等称号。

农民运动会

元宵节民俗故事展演

沁水县龙港镇

省委常委、政法委书记商黎光调研三基建设工作

龙港镇位于沁水县中西部，是县城所在地，东依郑庄镇，北靠樊村河乡，西临翼城县，南毗阳城县，是沁水县的政治、文化和信息中心。全镇下辖 44 个党（总）支部，党员 1469 名，共有 9 个社区，28 个行政村，常住人口 75838 人。区域总面积 392.32 平方千米， 2018 年居民人均可支配收入 15938 元。

2018 年，龙港镇紧扣县委“一个统领、三五支撑”总思路和县政府“三五百四”行动要求，以党的建设为引领，聚焦乡村振兴和城市建设“两项重点”，突出制度和纪律“两个约束”，打好脱贫攻坚、环境保护、风险防范、项目建设和民生事业“五大攻坚战”，全镇经济态势平稳向好、“三基建设”不断创新、乡村振兴多点开花、城市建设强力推进、现代农业提质增效、民生保障更加有力，在争先领跑高质量转型发展新征程中迈出坚实步伐。

2018 年，中共晋城市委授予龙港镇党支部“全市先进基层党组织”、山西省精神文明建设指导委员会授予“2016—2017 年度山西省文明乡镇”、晋城市人民政府授予“落实环境保护工作优秀乡镇”等称号，连续 7 年在全县年度目标考核中评为优秀乡镇，县委授予“三基建设金杯”，取得金杯“四连冠”佳绩。

全国党建研究会会长李景田（左三）调研基层党建工作

市党建观摩工作组观摩党建工作

县委书记原光辉（中）调研三基建设工作

2018 年综合工作推进会

中国 · 沁水第三界杏花节开幕式

梅园城市综合体

乡村振兴创客基地

沁水县嘉峰镇

人居环境整治观摩

乡村振兴示范村——长畛村

嘉峰镇位于沁水县东南部，是人民作家赵树理的故乡。全镇总面积 99.7 平方千米，辖 24 个建制村，总人口 4.2 万人，耕地 1895 公顷，是沁水县的工业强镇，是全国煤层气产业示范基地，是全国六大无烟煤基地之一，素有“煤乡”之称。全镇有 6 个中国传统古村落和 3 个省级历史文化名村，先后获“中国生态魅力镇”“全省百镇建设示范镇”“省级园林城镇”“省级文明乡镇”“省级特色小镇”等称号。

2018 年该镇以特色提优势、以创新增动能、以实干聚合力，取得令人振奋的新业绩。

一、多措并举抓项目、促转型，产业发展形势向好。综合实力迈上新台阶，全镇民营经济营业收入 67.33 亿元；民营经济增加值 29.96 亿元；民营经济工业产值 53.53 亿元；固定资产投资 8.99 亿元；农民人均可支配收入 19486 元，四项指标均位列全县榜首。重点工程取得新成效。投资 2.5 亿元的采煤沉陷区综合治理搬迁安置项目 7#、8# 楼封顶；投资 300 万元，完成 2 个明清古院落保护修缮，完成 2 处国保和 5 处省保单位申报工作，尉迟、武安、嘉峰 3 个村列入第七批中国历史文化名村；投资 1.2 亿元的琉璃玉工艺制品项目展厅、厂房地基基本完成；投资 4 亿元的嘉沁煤层气液化项目铺设进气管道，完成投资 1.8 亿元；举办窦庄古堡文化节，启动“尉迟山药蛋派文化小镇”和“窦庄夫人城古堡小镇”两个文化旅游特色小镇项目，推动全域旅游再上新台阶。农业生产实现提质增效。培育“七须黄花菜”“沁河古堡谷柿醋”“窦庄紫皮蒜”等特色农产品，带动群众增收效果明显；下拨扶持资金 200 余万元，扶持涌泉醋业、益欣养牛、宏泉蔬菜、林洋农业等一批有潜力的合作社，探索建立“龙头企业 + 基地 + 农户”农业发展模式。

警示教育月活动

赵树理故居——尉迟村

二、齐心合力抓精准、促落实，脱贫攻坚扎实推进。落实产业帮扶政策，发放产业扶贫资金105万元、扶贫资金8万元，完成6户12人脱贫任务。动态调整精准再精准，完成新识别贫困户、返贫户的排查核查以及贫困户人口自然增减的动态调整，全镇贫困人口由50户100人动态调整为50户98人，全部达到脱贫标准，实现贫困人口全部脱贫。

三、一以贯之抓重点、补短板，社会治理成效显著。生态治理效果明显。对17家汽修厂开展联合执法检查，取缔6家；清单内24处“散乱污”企业取缔彻底；对禁养区内的会丰养殖场和殷庄、窦庄等多处养猪户彻底取缔，全镇畜禽养殖行业规范；整治秸秆乱烧，查处10个村11起秸秆焚烧违法行为，处罚29人。社会安全稳固。与24个行政村和34家重点企业签订《安全目标责任书》，对全镇34个重点生产经营单位和87家工商登记注册企业全部实现安全生产挂牌责任制管理。落实社会治安综合治理领导责任制，受理疑难信访案件23起，解决18起，正在处理5起；化解各类矛盾纠纷49起。农村集体产权制度改革全面铺开。召开4次农村集体产权制度改革推进会，盘活闲置土地1000余亩，增大村集体资产存量，扩宽村集体经济增收渠道。

四、千方百计惠民生、促和谐，群众生活改善。基础设施完善。8条“四好农村路”全部完工，新能源电动公交基本实现全镇覆盖，百姓出行便捷；精神文明创建亮点纷呈。举办窦庄古堡文化节；代表沁水参加全市农运会，获得一等奖3个；举办消夏晚会、道德模范评选表彰等活动；涌现出国家级文明村1个，省、市、县级文明村13个，市级和谐家庭标兵11户，县级文明和谐家庭1968户。

窦庄古堡文化节

嘉峰移民安置综合体二期项目

沁水县郑村镇

县人大督查组在镇督查工作

扫黑除恶专项斗争工作推进会

郑村镇是全国文明镇，总面积 92.64 平方千米，耕地面积 26790 亩，辖 20 个行政村，2.1 万人。共有基层党组织 23 个，党员 690 名，其中女党员 105 名，农村党员 615 名。

近年来，该镇围绕“一个目标、两个抓手、三区互动、产城相融”发展思路，建设“美丽郑村、幸福小镇”，改革发展各项事业取得显著成绩。曾获全国文明镇，全省先进基层党组织、“百镇”建设镇、文明乡镇、城乡清洁工程示范镇、新农村建设先进乡镇、城镇居民社会养老保险管理服务示范镇，全市综改试验特色城镇化试点镇、“三化”协同推进示范镇、农民增收先进镇、“廉洁乡村、制度乡村”建设先进镇、治超工作先进镇、道路交通安全先进基层单位，全县党建红旗金杯奖和转型发展金杯奖。侯村村获评为全国文明村、全国民主法治示范村、“两学一做”省级示范点、全市先进基层党组织；湘峪村获评为中国历史文化名村、全国重点文物保护单位、中国景观村落、全国生态文化村、中国传统村落、全国民主法治示范村、山西省文明村、山西最美旅游村；夏荷村获评为山西省文明村；侯村、半峪、湘峪、夏荷、肖庄和轩底村被表彰为全市“廉洁乡村、制度乡村”建设先进村。2018 年全镇社会生产总值 28.19 亿元；民营经济增加值 14.16 亿元；农民人均可支配收入 18549 元；连续八年重点工程建设全县领先。

煤气资源名片。有侯村、岳城、平山 3 座百万吨煤矿，年生产能力 360 万吨；寺河煤矿两个风井落户湘峪、常店两村；中联、蓝焰、中石油、亚美等煤层气企业，日产气量 200 余万立方米。

现代农业名片。以山西大象农牧集团为龙头的肉鸡产业化项目，年加工饲料 20 万吨，年设计屠宰肉鸡 4000 万—6000 万只。

旅游文化名片。有中国北方明代第一古城堡的湘峪三都古城、陈廷敬祖地及樊山避暑山庄、王街金湋城、岳城山、沁水县第一次党代会旧址、幸福农庄等旅游资源。

“讲家风故事、倡文明持家”演讲比赛

“不忘初心、牢记使命”歌咏比赛

“金秋助学”座谈会

主题党日活动

阳泰集团实业有限公司

阳泰集团实业有限公司是以煤炭生产加工经营为主业，兼营旅游文化、瓦斯综合利用、新能源等多种产业于一体的集团化公司。固定资产 163 亿元，员工 1.2 万人。

该集团煤炭板块保有资源储量 7.98 亿吨，井田面积 81.11 平方千米，拥有矿井 12 座，其中 120 万吨生产矿井 3 座，90 万吨矿井 4 座，60 万吨矿井 3 座，45 万吨矿井 2 座，总产能 990 万吨；现有配套洗煤厂 9 座，年洗选能力 825 万吨，原煤入洗率 83%。生产的优质无烟煤具有低灰低硫、高热值、机械强度大等优点，是化工、电力、冶金、建材等行业的上好原料。2018 年，完成原煤产量 757.8 万吨，同比增长 12%；实现销售收入 48 亿元，同比增长 18%；实现利税 24.69 亿元，同比增长 33%；实现利润 13.86 亿元，同比增长 67%。

经过多年持续努力，集团煤矿安全装备技术水平提升，采煤机械化程度为 100%，掘进机械化程度为 85%，采区资源回收率达 80% 以上，建成矿井安全“六大系统”（监测监控、压风自救、供水施救、人员定位、矿井通信、紧急避险），同时推行千米钻机、旧巷充填、端头支架、物探化探等一系列新装备、新技术、新材料。

该集团在阳城演礼新兴产业园新建占地 1000 亩的转型产业集聚区，完成区内道路、供水、供电、供热、燃气、污水、通信等基础设施建设，基本实现“七通一平”。按照打造医药健康、新能源、先进制造新兴产业的总体规划，引进征弘食品农产品深加工项目、瑞亚力体外诊断生化试剂项目，投资总额 8.6 亿元。

安全高效现代化矿井

该集团承接转型升级和能源革命新使命，精心培育和发展新能源、旅游等新兴产业。合资组建的阳泰龙焱能源科技有限公司碲化镉薄膜太阳能电池组件生产基地进驻阳城县演礼新兴产业园，概算投资5.6亿元。集团下属的竹林山西冶水电站毗邻蟒河生态旅游景区，总库容630万立方米，水电站装机容量为475千瓦。矿井瓦斯年利用量达9000万立方米，井口瓦斯发电站总装机容量30兆瓦，建设中的伏岩煤业乏风氧化发电项目总投资1.6亿元，装机容量15兆瓦。投资开发AAAA级蟒河生态旅游区是国家级自然保护区、国家森林公园，年接待游客100万人次以上；开发建设中的大析城山旅游区规划面积524.3平方千米。

生态文明现代化矿区

蟒河景区

析城山景区

山西泽州天泰西陈庄煤业有限公司

总经理、矿长　张三政

安全生产会议

山西泽州天泰西陈庄煤业有限公司位于泽州县下村镇下寺头村，距晋城市区 25 千米，是由原晋城市晋宏实业有限公司西陈庄煤矿和泽州县下村镇兴天煤矿（关闭矿）重组整合而成，属整合保留矿井，隶属山西泽州天泰能源有限公司下属企业。有职工 580 人，井田面积 2.93 平方千米，批准开采 3# 煤层，属高瓦斯矿井。矿井采用主斜副立井综合开拓方式、中央并列式通风方式、机械抽出式通风方法；现保有储量 1219 万吨，可采储量 593 万吨，核定生产能力 45 万吨 / 年，以生产低灰、低硫、高发热量的优质煤为主。

近年来，该公司把落实企业安全生产的主体责任贯穿于安全生产全过程，建立健全上至董事长、总经理，下至每个员工的安全生产责任制，狠抓班组现场安全管理，加大安全投入，改善安全条件，推行职工安全技能账户工程建设，每月对所有职工安全培训考核；推行安全生产标准化矿井建设，改善矿井安全、生产、生活条件。

矿区全景

西陈庄煤矿

井口群众安全工作站

高压配电柜

井下采区工作面

配电室

调度室

山西泽州天泰锦辰煤业有限公司

精诚团结的领导班子

山西泽州天泰锦辰煤业有限公司位于晋城市区东 25 千米处，隶属山西泽州天泰能源有限公司。注册资金 2.64 亿元，有职工 1300 余人。矿井核定生产能力 120 万吨 / 年，现采煤层 15#，井田面积 13.73 平方千米，保有地质储量 1.06 亿吨。矿井采用斜井开拓、中央分列式通风方式，综采一次采全高采煤工艺，机械化程度达 98% 以上。建有配套洗煤厂，可以根据用户要求洗选不同品种的精煤。

近年来，该公司上下一心，凝心聚力，积极落实新发展理念，主动适应发展新常态，实施“本质上安全、精细化管理、跨越式发展、融入型党建、融合型文化”工作方略，实现安全、生产、经济、技术四大体系各项指标稳步增长，形成风清气正、蓬勃向上，办大事、干实事的良好氛围，先后获“全国煤炭行业先进煤矿”“省生态示范矿井”“省优秀企业”等称号。2018 年实现主要经济指标三连增，通过一级安全生产标准化获国家级验收。

安全签字

结对帮扶

矿区东大门

温馨舒适的职工公寓

追寻红色记忆

女职工趣味赛

职工技能大赛

山西泽州天泰岳南煤业有限公司

团结奋进的领导班子

2018年，该公司坚持以省煤炭厅挂牌督办"转型项目十大重点工程"和市、县"转型发展十大标杆项目"为要求，围绕120万吨/年矿井兼并重组整合及配套选煤厂项目建设任务目标，团结带领广大干部职工，牢牢把握"稳中求进、改革创新"工作总基调，紧绷安全之弦，筑牢维稳之基，加强内控管理，积极破解企业发展难题，各项工作取得新突破、新跨越。

一是坚持把安全生产建设作为重大的政治任务和最大的民生工程来抓，始终保持清醒头脑，强化底线思维，持续实现了全年轻、重伤"零"指标，安全生产建设无事故。

二是咬定目标，突出重点，优化项目设计，精心组织施工，完成项目投资2.65亿元，超省煤炭厅挂牌督办项目计划投资六点三五个百分点。

三是面对历史遗留问题包袱沉重和项目建设资金严重紧张的巨大压力，不畏艰难，勇挑重担，奋发进取，完成销售收入1.36亿元，在岗员工人均年收入同比增加8149元，涨幅比例超过预期。

应急救援演练

“3•28”晋城慈善日捐助活动

接受革命传统教育

建设中的选煤厂

警示教育培训

职工文体活动

山西高平科兴赵庄煤业有限公司

矿长刘全根和党总支书记王燕伟入井检查

工作会议

山西高平科兴赵庄煤业有限公司为山西科兴能源发展有限公司下属子公司，始建于 1958 年，在岗职工 1484 人。2017 年 12 月完成 120 万吨 / 年矿井改扩建任务，批准开采 3~15 号煤层，生产规模为 120 万吨 / 年。2018 年建成二级安全生产标准化矿井，生产原煤 102 万吨，销售 102 万吨，收入 4.36 亿元，利润 2283.64 万元，上缴税金 7466.2 万元。

2018 年，推进“三位一体”安全管理体系建设，落实“双防机制”和“网格化”建设，推行“113”安全确认法，实现全年安全生产无重伤以上事故；开展资源勘探，制定 2019—2023 年采掘计划；挖掘 3# 煤资源潜能，优化采掘设计，延长优质煤服务年限；开展技术创新和小改小革，全年主要技术创新 29 项；投入 1900 余万元，完成储煤仓建设、污水处理升级改造、燃气锅炉改造、洗车装置改造等环保治理工作；发挥企业微信平台作用，传播企业文化，助力职工教育培训，优化企业内部管理，弘扬社会主义核心价值观；成立职工互助基金会和爱心慈善基金会，开展金秋助学、帮扶慰问等活动，为职工办实事办好事解难事；开展“两学一做”，夯实“三基建设”，加强支部建设，加强纪检监察，党建引领作用明显。

储煤场封闭式储煤仓

综采工作面

污水处理

铁路运输

庆祝建矿 60 周年职工体育运动会

迎新春文艺晚会

综合办公楼

山西高平科兴新庄煤业有限公司

山西高平科兴新庄煤业有限公司是高平市地方国有重点煤炭企业，为山西科兴能源发展有限公司子公司，现有新庄煤业、南阳煤业和鑫阳建材有限公司“两矿一公司”，职工 3100 余人。公司创建于 1954 年，位于高平市河西镇新庄村。井田面积 7.10 平方千米，年核定 9# 煤生产能力 90 万吨，1995—1997 年位列“晋城市工业企业十强”。南阳煤业创建于 1995 年 6 月，为新庄煤业接替矿井，位于高平市野川镇南杨村，井田面积 18.90 平方千米，年核定 3# 煤生产能力 150 万吨，2013 年位列“中国煤炭企业百强”。鑫阳建材有限公司筹建于 2010 年 4 月，是转型发展环保绿色项目，建有年产 6000 万标块煤矸石砖厂和型煤厂。

该公司累计生产原煤 3058 万吨，2007 年纳税超亿元，2011 年成为高平市第一家纳税超 3 亿元本土企业，2009—2011 年位列“晋城市工业企业 20 强”。先后获得“国家级安全质量标准化煤矿”“全国煤炭工业行业特级安全高效矿井”“煤炭工业双十佳煤矿”“全国安康杯竞赛优胜单位”“全国支援老区建设发展贡献单位”“山西省生态示范矿井”等称号。

2018 年，该公司取得“四个历史新高、四个全面提升、三个新突破”优异成绩。“四个历史新高”：全矿原煤产量 198.27 万吨、销售总量 198.32 万吨、销售收入 12.38 亿元、实现利税 8.51 亿元，四项经济指标均创历史新高；实现利润 5.5 亿元，上缴税收 3.61 亿元。“四个全面提升”：安全保障能力全面提升，“两矿一公司”实现全年安全生产无事故；环保工作全面提升，矿井水全部达到地表水Ⅲ类排放标准，生活水全部处理达标并循环利用，锅炉烟气全部达标排放，煤炭产品全部入仓入棚，矿区主干道和工业场地全面硬化并清扫洒水，实现环保工作常态化动态达标；队伍建设全面提升，树立崇尚实干、敢于担当、注重实绩的选人用人导向，激发干部队伍活力；企业形象全面提升，南阳煤业通过“国家一级安全生产标准化煤矿”和“晋城市双控机制

美丽矿山

职工入井安全宣誓

安全生产信息监控调度中心

样板矿井”验收，获评为“全国煤炭工业特级安全高效矿井”；新庄煤业通过“国家二级安全生产标准化煤矿”验收，被评为“全国煤炭工业一级安全高效矿井”。“三个新突破”：新庄煤业 9#、15# 煤配采项目进展取得新突破，完成开工建设前期准备工作；南阳煤业三采区开拓工程进度取得新突破，完成三采区大巷延伸开拓及采区巷道第一阶段掘进工程，贯通形成全风压通风系统，为三采区第二阶段开拓准备创造良好条件。鑫阳建材公司经营管理取得新突破，获中国砖瓦工业协会“产品质量优等达标企业”、山西省建材行业协会“优秀企业”称号，生产标砖 4000 万块，销售收入 890 万元，转化煤矸石 8 万吨；余热供暖 2 万余平方米，供应洗浴热水 1.21 万吨，节约资金 100 多万元；生产型煤 300 万块，处理煤泥 2200 吨。

年产 6000 万标块煤矸石砖生产线

职工文体活动

山西高平科兴牛山煤业有限公司

党总支书记、矿长李世富

山西高平科兴牛山煤业有限公司位于高平市南 4 千米处朴村村，隶属山西科兴能源发展（集团）有限公司。有员工 1800 余人，拥有年入洗能力 120 万吨配套洗煤厂一座，铁路专用线一条，是集煤炭开采、加工、销售为一体的综合型煤炭企业。现开采 9# 煤层，建设 15# 煤层。核定生产能力 120 万吨 / 年，井田面积 10.86 平方千米，设计可采储量 5374 万吨，设计矿井服务年限 23 年。

该公司铁路专用线与太焦线接轨，距南陈铺车站 1.5 千米；临近曲辉、太洛国道、长晋高速公路，公路、铁路运输便利。生产 9# 沫煤、洗煤、洗煤芽、洗中块等品种，主要用于电力、化工、冶炼等行业，产品远销贵州、江苏、湖北、湖南、河北、河南等 10 多个省市。

近年来，重启 120 万吨矿井兼并重组整合项目建设，完成“矿井建设、矿井验收、矿井办证、矿井转产”等任务，于 2018 年 7 月 10 日转为生产矿井，实现由年产 30 万吨到年产 120 万吨跨越。被晋城市委市政府、高平市委市政府授予“安全生产先进单位”“环境保护工作先进单位”“经济效益红旗单位”“林业生态建设先进单位”“和谐企业”等称号，被山西省劳动竞赛委员会授予“五一劳动奖章”和“省级平安单位”称号。

矿山外景

调度监控指挥中心

职工篮球场

120 万吨洗煤厂

铁路销售

美丽矿山一角

山西天地王坡煤业有限公司

市委书记张志川（右二）到公司调研

集团公司党委书记、董事长胡善亭到公司检查指导工作

山西天地王坡煤业有限公司是由中煤科工能源科技发展有限公司、煤炭科学技术研究院有限公司和泽州县国有资本投资运营有限公司共同出资组建的有限公司，注册资金 1.14 亿元，股权结构比例分别为 39.48%、21.93%、38.59%。

公司位于晋城市西北部，距市区约 25 千米，井田面积 25.35 平方千米，保有资源储量 2.44 亿吨，可采储量 1.25 亿吨。所产烟煤具有发热量高、机械强度高、含碳量高、低灰、低硫、可磨指数适中等特点，是优质化工及动力用煤，广泛应用于化工、电力、冶金、建材等行业。

该公司坚守“安全红线”，按照现代化煤炭企业发展要求，不断完善具有王坡特色的管理体系和以“安全、包容、净化、进取”为核心的企业文化，提高煤矿抵御安全抗风险能力，实现企业经济效益稳步提升。先后获得“一级安全生产标准化煤矿”“全国煤炭工业文明煤矿”“煤炭工业特级安全高效矿井”“山西省功勋企业”“全省煤矿职业安全健康先进单位”“山西省 100 强企业”“省级煤矿安全文化建设示范企业”等称号。

市委常委、副市长张利锋（二排右二）到公司督查防汛工作

副市长王宏微（右三）到公司调研

集团公司总会计师赵寿森一行莅临公司调研指导工作

集团公司党委常委、副总经理郑友毅带队到公司督查指导工作

举办职工机电技术比武大赛

公司外景

山西陵川崇安苏村煤业有限公司

陵川县县长杨晓雷在苏村煤业检查安全生产工作

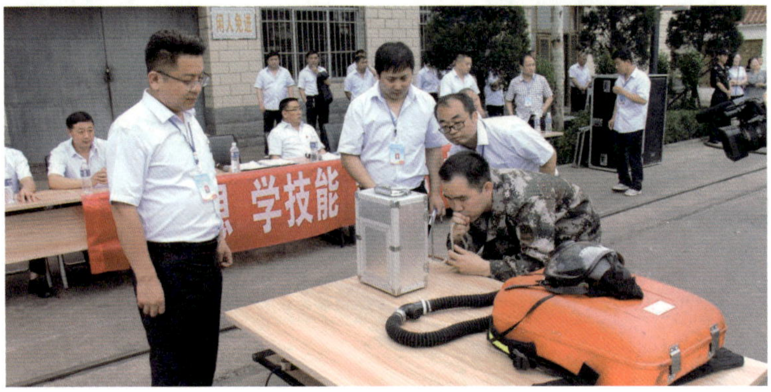

开展安全生产月救护比武活动

井下综采工作面

干净整洁的办公环境

新建烧结砖企业——陵川县行源建材有限公司

筒仓

全封闭煤棚

丰富多彩的元旦联欢会

晋城天一铸造有限公司

副市长王宏微（右）到公司调研

法国客户到生产车间考察

晋城天一铸造有限公司位于泽州县南村镇苏庄村，是泽州县及晋城市打造铸造产业示范基地、全面改造提升铸造产业的引领性项目和标志性项目。前身为 1993 年成立的晋城市双扶冶炼铸造厂，主要生产排水管；2000 年成立晋城市腾飞铸造有限公司，产品升级为消失模工艺球墨铸铁管件；2016 年组建晋城天一铸造有限公司立项，2018 年一期工程投产。

公司占地面积 122.9 亩，拥有员工 550 人，其中职业经理人 6 人，质量管理人员 18 人，专业管理团队 26 人，销售及售后服务团队 20 人。公司秉承“战略引领，科技创新”理念，围绕集团化管理、市场化运作、专业化运营、规模化发展思路，致力于建设中原地区最大的球墨铸铁供水管生产基地。拥有现代化厂房和先进生产设备、实验室、化验室及独立的研发创新部门。中频电炉、光谱分析仪、离心成型、退火、喷锌、精整、包装等整条流水线居国内领先水平。公司拥有自主进出口权，主要产品为 DN80 毫米—DN2600 毫米的球墨铸铁管及配套的管件、胶圈，年铸管能力 30 万吨，铸件 3 万吨。产品遵循 ISO 2531、GB/T 13295、GB/T 26081 标准，可按照客户需求个性化定制。产品广泛应用于输气、供水、下水、排水、电力等工程。

球墨铸铁管成品库

晋城天一铸造有限公司

组织职工健康体检

“庆五一 、迎五四 ”职工运动会

公司鸟瞰图

山西汽运集团晋城汽车运输有限公司

市委书记张志川（中）在城区电商产业园调研

山西汽运集团董事长助理，晋城公司党委书记、董事长　李军社

2018 年，山西汽运集团晋城汽车运输有限公司全力建设五级公交体系，开通晋城—郑州、晋城—焦作和晋城—长治跨省市城际公交；控股晋城市公共交通有限公司，完成泽州县域公交全覆盖；开通客运东站至皇城相府等 18 条景区公交线路，基本实现市域公交一体化。以互联网信息技术为依托，为乘客提供定制客运、网约客运服务，提升乘客体验度。晋城市苗匠物流园、城区电商产业园融合发展，山西蓝远快递物流园开工建设，形成东西两翼三园、电商快递物流协同经营格局。延伸产业链，以汽车客运站为依托，推进市、县、镇、村“分拣＋配送”四级农村物流体系建设，构建“智慧、旅游、快递、商业、品牌”站商综合体。秉持“精诚团结，用心做事”企业精神，改革创新、奋发有为，企业综合实力、品牌影响力持续提升。

纪念建党 97 周年暨“七一”表彰大会

晋城市公共交通有限公司改制挂牌暨旅游公交开通仪式

金融工作

【概述】 2018年，晋城市金融办支持全市重点项目和重点任务，服务企业对接多层次资本市场，推进争创金改创新试验区工作，防范化解金融风险，为全市经济转型升级发展提供金融保障。

【转型服务】 2018年，晋城市金融办围绕转型项目建设，强化金融资源配置引导，召开金融支持转型升级推进会，汇聚重点项目、重点转型企业和小微企业"236"行动计划，制作《2018年度重点融资需求项目名录》，建立月度统计监测机制。深入企业内部，现场宣讲企业股份制改造、小微企业信用贷款等惠企政策，为企业融资答疑解难。

【融资服务】 2018年，晋城市金融办实施企业上市挂牌培育工程，制定《晋城市上市挂牌后备企业资源库管理办法》，充实调整上市后备企业38个；联合团市委对青年创新创业企业开展资本市场业务培训辅导，推动14家企业在山西省股权交易中心挂牌"青创板"；举办企业进军资本市场暨泽州县专场挂牌仪式，推动21家企业在晋兴板挂牌。推动市产业转型基金和红土基金对企业支持力度，6家企业获得投资立项，1家企业完成投资1889万元。针对全市光机电龙头企业富士康产业整合及配套相关上下游光机电项目，设立太行富士康产业基金；针对其他光机电项目，设立光机电子基金。利用深圳创新投资集团平台，筛选对接企业储备名录185家。推动金融机构扩大信贷投放和债券融资规模，为阳蟒高速公路建设投放资金37亿元，帮助晋煤集团发行绿色中票20亿元，金融机构累计为晋城市重点项目投放资金63亿元。

【小微企业服务】 2018年，晋城市建立企业应急周转保障机制，市县两级为353家企业和个体工商户发放应急周转资金435笔，金额55.16亿元；开展贷款保证保险业务，累计出资补贴保费39.12万元，帮助14家企业融资1956万元；首创市级担保风险补偿机制，兑现补偿资金164.55万元。

【金改创新试验区建设】 2018年，晋城市金融办围绕晋城市争创国家级金融支持资源型地区转型发展改革创新试验区，组织相关单位到江苏省泰州市和浙江省湖州市考察；邀请人民大学专家组到晋城调研，建立合作机制；到中国人民银行总行商谈金改试验区创建事宜。在全市金融系统开展"金融支持资源型经济转型发展改革创新大讨论"活动，提出转型思路、方向、路径和举措。4月，在上海财经大学举办金融财政专题培训班，组织全市经济部门领导干部、金融机构和国有企业高管88人培训。

【金融创新】 2018年，晋城市金融办创新建立小微企业信用贷款风险互助补偿机制，采用企业会员制形式，给予一定比例的损失补偿，鼓励经办银行降低门槛，向民营经济和小微企业发放信用贷款。全年办理会员344户,188户会员企业获得银行授信1.05亿元,172户企业用信8576.4万元。引入晋中银行和紫金保险,设立恒基融通小贷公司;鼓励金融机构开展金融创新,推出云税贷、账户云贷、诚信贷等小微企业贷款产品。

【处置非法集资宣传】 2018年,晋城市金融办开展处置非法集资宣传活动。以“金融知识进校园”“防范非法集资、共建平安晋城”为主题,拍摄微电影《招财劫》、处置非法集资公益宣传片、“小白30问”等视频,到学校、乡村、社区开展集中宣传54次,覆盖群众11.29万人(次)。

【风险防控】 2018年,晋城市金融办开展防非处非工作督查和非法集资重点行业风险排查工作,排查投资公司、农民专业合作社等17类机构1435家,检查广告信息1333条,约谈行政指导23次,清理1起涉非广告资讯信息。收到举报非法集资线索11条,转办处置6条,兑付举报奖励3起;协调公安机关受理立案非法集资案件3起,侦破2起,涉案金额1300余万元,涉案人数200余人;化解互联网金融集资风险1起,关闭“晋贷宝”网贷平台,清退全部涉案金额12万元。定期开展不良贷款监测通报,全市不良贷款额14.18亿元,不良贷款率为1.03%,两项指标处于全省最低水平。

【金融监管】 2018年,晋城市金融办开展地方机构分类评级工作,对全市担保、小贷公司的业务开展、经营效益、配合监管等情况现场检查,对1家连续评为D级的小贷公司市场退出。

【金融扶贫】 2018年,晋城市金融办推进金融精准扶贫工作,明确扶贫小额信贷投放目标,加大协调、推进和督导力度,全市投放扶贫小额信贷1.93亿元。开展保险资金支农业务试点工作,推动人保财险公司同陵川县政府签订“政融保”金融扶贫项目合作协议,开展扶贫综合保险、中药材价格指数保险及蔬菜价格指数保险等合作。

(宋　丽)

银行业务

【概述】 2018年,人民银行晋城市中心支行贯彻稳健中性的货币政策,推进辖区深化金融改革,金融服务经济高质量转型发展展现新成效。打造安全管理“五位一体”工程,获中国人民银行总行认可,连续19年保持“山西省文明单位”称号,市政府授予“支持地方经济发展优质服务奖”。

【主要指标】 截至2018年底,晋城市各项贷款余额1379.2亿元,同比增长12.8%,比年初增加156.5亿元,创历史新高;各项存款余额2318.9亿元,同比增长12.1%,较年初增加250.8亿元,创历史新高。全市银行业金融机构不良贷款余额14.08亿元,较上年末减少3.55亿元;不良贷款率1.03%,较上年下降0.42个百分点。

【金融支持】 2018年,人民银行晋城市中心支行出台《贯彻落实稳健中性货币政策,推动区域经济高质量发展的指导意见》,引导金融机构加大对重点转型项目、新兴产业等支持力度。全市社会融资规模和非信贷融资实现“双增”,较上年分别增加273.4亿元和22亿元,增量较上年分别多46.6亿元和99.6亿元。深化小微企业和民营经济金融服务,制定深化小微企业金融服务的指导意见,出台13项措施,编印《小微企业信贷产品宣传手册》,召开民营小微金融服务政银企情况通报会、对接会,搭建合作平台,促进互利共赢。

【金融改革】 2018年,人民银行晋城市中心支行制定的《山西省晋城市国家级金融支持资源型经济转型发展改革创新试验区方案》由省政府上报国务院,在中国人民大学专家组和中国人民银行研究局实地考察中获肯定。加强对沁水、陵川联社的风险监测,加强业务支持和工作指导,推动沁水联社改制成功。

【金融扶贫】 2018年,人民银行晋城市中心支行印发全市金融扶贫工作计划,构建6大工作机制,召开协调推进会7次,推进金融助推脱贫攻坚。全年累计发放扶贫再贷款5000万元,扶贫小额信贷资金1.9亿元,完成省定任务的

125%。

【货币政策】 2018年，人民银行晋城市中心支行落实存款准备金政策，释放地方法人金融机构可用资金15亿元。向上级行申请再贷款限额11亿元，累计发放再贷款、再贴现8.4亿元，引导金融机构新增涉农贷款62.9亿元，同比增长11.6%。发放常备借贷便利7亿元，确保法人金融机构流动性平稳。

【金融风险防控】 2018年，人民银行晋城市中心支行开展“两管理、两综合”、存款保险、反洗钱监管、外汇管理等工作，打击违法违规金融活动，金融机构依法合规经营水平提高。强化反洗钱监管，与公安部门就3份重点洗钱可疑交易线索开展情报会商。配合有关部门打好扫黑除恶专项斗争，移送线索1条。组织做好煤炭企业到期贷款的续贷和展期，保证企业资金需求。构筑“一强化、四分类”防线，防控系统性金融风险。全市信贷风险总体可控，金融运行总体平稳。

【普惠金融服务】 2018年，人民银行晋城市中心支行优化支付环境。推进移动支付便民示范工程和农村支付普惠效能建设，完成8个商圈、11个街区和8种支付场景建设；建成1个农村支付支持电子商务应用圈和11个应用服务点，实现县级地区农村支付支持电子商务应用示范圈（站）全覆盖。深入推进普惠建设，建成达标农村金融综合服务站2283个，在全市布放纸硬币兑换机20台，建成“互联网+商户”硬币循环新模式，为2088家商户调剂小面额货币4236万元。加强信用体系建设，设立诚信文化教育和旅游文化基地6个，开展征信宣传86次。深化金融知识进校园活动，与市教育局联合，对全市106名小学五年级教师开展集中培训，向全市小学生捐赠《金融与诚信》读本1.8万册，在五年级开设此课程。

（郭志卫）

银行监管

【概述】 2018年，晋城银保监分局发挥监管岗哨作用，推动银行业转型发展，打好防范化解金融风险攻坚战，提升服务实体经济质效，促进银行业金融机构规范稳健发展。开展机构改革，12月24日挂牌。

【转型综改建设】 2018年，晋城银保监分局出台《关于进一步引领银行业提升服务实体经济质效的意见》，优化综改示范区市场准入管理，助力转型综改区建设。收集全市重大改革及先行先试项目清单、重点工程项目清单及融资需求，与开发区建立政银企合作机制，累计支持开发区新开工项目和重点企业7个，投放贷款3亿元。银行业贷款新增161亿元、增长13.24%，向重点及新兴、转型、潜力企业投放资金667亿元。

【供给侧结构性改革】 2018年，晋城银保监分局引导银行业金融机构落实差别化信贷政策，配合做好退出煤炭过剩产能240万吨产能置换重组任务。指导银企探索开展债转股，晋煤集团与4家银行达成合作协议220亿元。取消、降低收费项目47项，为44904户企业减费让利4484万元。发挥债委会稳贷化险作用，协调解决23家企业融资问题。发展绿色信贷，交通银行晋城分行办理全省首笔绿色中期票据业务20亿元。

【普惠金融发展】 2018年，晋城银保监分局召开工作动员会、推进会5次，印发《关于进一步做好民营企业和小微企业金融服务工作的通知》，加大对民营企业和小微企业支持力度，助推民营经济持续健康稳定发展。发放扶贫小额信贷19亿元，完成全年任务的101.40%。小微企业贷款同比增长31.49%，高于各项贷款增速16.41个百分点，小微企业贷款户数43767户，高于上年同期22604户，小微企业贷款利率季度环比下降、不良贷款余额减少，完成“两增两控”目标。推进银税互动和银商合作，率先实现合作机制、合作协议、金融产品三个全覆盖，推送诚信纳税企业11185户，投放贷款271户10.5亿元。推进基础金融服务，4月末实现2164个行政村基础金融服务全覆盖。建立完善涉农金融服务尽职免责机制，涉农贷款余额634亿元，较年初增加25.6亿元。开展银行业机构消费者权益保护考核评价，组织“双录”实施情况检查，开展“送金融知识进农村”服务月、防范打击非法集资宣传教育月、打击电信诈骗、监管知识进基层行等宣传教育活动，在《太行日报》开辟宣传专栏，提升社会公众防范能力。

【市场整治】 2018年，晋城银保监分局召开银监系统、银行业政策解读和动员部署会议，各类型机构全覆盖开展评估督导。银行业机构自查发现问题321个，涉及金额284.7亿元。监管检查发现问题143个，涉及金额93.03亿元。整改问题251个，涉及金额146.6亿元，整改比例为个数78%、金额51%，追回资金损失5.9亿元，补充修订各类制度40个。银行业内部行政处分277人次，经济处罚167人、罚金278万元，移送司法机关1人，采取违规积分、告诫谈话、辞退以及免职等其他问责措施101人次。对12家银行业金融机构罚款258万元，警告16名责任人，取消一定期限高管任职资格4人，禁止一定期限从事银行业工作2人，禁止终身从事银行业工作2人。

【信用风险防控】 2018年，晋城银保监分局做实贷款分类，开展贷款五级分类真实性评估，督促制定偏离度压降规划，定期监测执行情况，90天以上逾期贷款全部计入不良。处置存量风险，督促综合运用“五个一批”措施，持续拓宽处置渠道，处置不良贷款15.39亿元，足额提取拨备。严把新增质量，建立新增不良贷款监测机制，对2017年，2018年新增贷款不良率超过3%的银行业机构采取监管措施。严格全口径统一授信管理，排查信贷、同业、投资、理财业务和交易对手风险。全口径授信监测大额贷款，加强担保圈风险识别与防控，严控大额多头授信。截至11月末，全市不良贷款余额18.85亿元，不良率1.36%，不良贷款余额和比例均为全省最低。

【防范案件风险】 2018年，晋城银保监分局召开案防工作会议，开展案防评估和案件风险排查。加强实地巡查，引导银行业机构落实《案防100要点》，制定完善从业人员行为守则，建立案件风险、员工异常行为常态化排查机制，强化督导考评通报。排查整治办公场所、印章和重要空白凭证管理隐患。开展大型银行和股份制银行安全专项检查，部署春节期间银行安全大检查。强化案件调查处置，结合信访举报，深入核查确认案件信息，严格问责追责。

【治理法人机构风险】 2018年，晋城银保监分局建立流动性风险直接监测点，通报流动性指标不达标机构，督促限期整改。强化股东行为和股权管理，对5家法人银行开展现场检查，指导晋城银行股权质押比例下降至33%。强化同业投资理财业务管理，晋城、泽州农商银行、晋城银行异地非持牌机构清理到位，全市同业资产下降2.33%，表外业务下降1.21%，信贷资产占比上升4个百分点。指导村镇银行增强战略定位，加强大额贷款管理，严禁跨区经营。

【改革改制】 2018年，晋城银保监分局加快沁水联社改制进程，10月26日，沁水农商行开业。督促陵川联社落实两年改制规划，完成清产核资现场验收，开展净资产公告、征集发起人等事项。引导晋城银行战略目标由“草根银行”向“草根银行+数据金融”转变，督促坚持市场定位，强化监事会履职，推动业务转型。限定晋城银行经营层高管人数，开展高管层履职能力评估。督促大型银行加快推动普惠金融专营机构落地。督促村镇银行提高涉农贷款覆盖面和农户、小微企业贷款比重。指导财务公司延伸产业链融资服务，支持集团企业供给侧改革。推动晋中银行晋城分行开业。

【扫黑除恶专项斗争】 2018年，晋城银保监分局召开党委会、党委中心组学习和各类专题会议15次，深入排查分析研判。对各银监办及各银行业金融机构主要负责人逐级督导谈话60人次，督促全市银行业机构主动承担扫黑除恶专项斗争主体责任，组织学习《晋城市扫黑除恶专项斗争应知应会手册》和《致全市人民的公开信》，对员工、客户、群众宣传教育。完成辖内银行业金融机构与公安机关涉案账户资金网络查控平台建设，建立健全客户涉嫌涉黑涉恶监测预警和报告机制，报送涉黑涉恶线索31条，协助查询15户涉黑涉恶人员、公司账户，冻结账户资金78万余元。

（郭　超）

银行机构

·中国工商银行晋城市分行·

【概述】 2018年，中国工商银行晋城市分行以存款增量、经营增效、管理提质、党建引领为抓手，锐意改革创新，深化市场拓展，夯实管理基础，经营管理各项工作取得成效。人民币全部存款余额293.4亿元，各项贷款余额171.9亿元，四大行保持第一，内控评价保持总行一级水平。

【市场拓展】 2018年，中国工商银行晋城市分行落实省总行存款发展战略，做好晋煤、兰花、福盛、阳蟒等重点客户项目营销维护，强化融资资金流量管理和结算产品渗透，公司存款保持快速增长态势。深化机构核心板块客户关系维护，开展政府机构改革营销，拓展医疗教育工会社团等民生领域客户。推进“大零售”战略，分季度实施存款稳增主题活动，对接落地存款新产品，试水场景营销批量获客，推进全量客户营维一体，建立零售三大队伍一体化考评体系，提升个人客户质量，夯实大零售基础。

【贷款业务】 2018年，中国工商银行晋城市分行落实中央金融政策和省总行信贷政策导向，服务实体，担当普惠，助力民生。全年累放贷款125亿元。其中大中型公司客户累放贷款112亿元，新增投放10.9亿元。加大融资创新和绿色信贷、城市基础设施市场拓展，全年三大风电项目累放贷款3.6亿元，为阳蟒高速二次放款12亿元，完成地下管廊和国道G342改线两个PPP项目共24亿元贷款审批。审批未投放大中型公司客户贷款66.2亿元。履行社会责任，累放扶贫贷款543万元，完成政府、监管部门和省行精准扶贫贷款投放任务。个贷累计投放11.3亿元，票据直贴额41.3亿元，同业占比第一。

【内控案防】 2018年，中国工商银行晋城市分行开展“固本强化年”主题活动。落实案防主体责任和“强监管”要求，开展扫黑除恶专项工作和案防专题教育及大讨论，开展案件风险排查和员工异常行为排查，严肃执纪监督问责，全年党纪政纪处分37人次。强化安全生产管理，成功防范外部欺诈风险事件8起。加强运行基础管理，完善运行管理考核体系，完成网点岗位设置与劳动组合优化试点、柜面运营服务无纸化改革和中小微企业便捷开户推广应用，强化重点业务督导、关键环节风险排查和内部户清理规范，提升网点风险防控能力。坚守资产质量底线，建立实施新建信贷关系客户准入审核机制，开展从严治贷“四严”主题活动，加强贷款精细化管理，全年不良贷款和不良率实现“双下降”，未发生案件和重大责任事故。

（白如兵）

·中国建设银行晋城市分行·

【概述】 2018年，中国建设银行晋城市分行各项贷款余额145.8亿元，四行占比28.69%，同比提升0.53个百分点，新增8.4亿元，占比41.31%，同比提升1.1个百分点，余额和新增四行排名第二。一般性存款日均余额246亿元，四行占比29.5%，提升0.17个百分点，日均新增6.5亿元，四行占比37.5%，提升16个百分点，排名第二。全年实现中间业务收入1.69亿元，四行占比43.24%，排名第一。

【存款业务】 2018年，中国建设银行晋城市分行本外币对公存款日均余额140亿元，四行占比30.56%，排名第二；日均新增4.2亿元，排名第三。本外币个人存款日均余额108亿元，四行占比27.93%，排名第二；日均新增3.2亿元，排名第二。

【贷款业务】 2018年，中国建设银行晋城市分行对公类贷款余额106.94亿元，新投放贷款16亿元，承销债券18亿元，发放首笔跨一级分行内部银团贷款2亿元，银团贷款收入四行第一。转型综改贷款同比增加1450万元，重点工程贷款增加3344万元，涉农贷款增加3.3亿元。拓展普惠金融，普惠金融贷款余额9.1亿元。其中，小微企业贷款余额7.77亿元，贷款户数786户，新增190户，四行排名第一。个贷余额29.6亿元，四行占比48%，排名第一。个贷新增及住房贷款新增四行占比超过50%。

【其他业务】 2018年，机构业务方面，中国建设银行晋城市分行开展机构类重点账户专项营销活动，营销5个县区的职业年金归集账户以及泽州县农民工工资保证金、泽州县工商保险管理中心等重点账户；市级财政集中支付电子化项目、商品房预售资金监管系统、存量房交易资金监管系统上线运行。同业业务方面，实现收入984.1万元，同比增速4.3%，系统第三；对公黄金积存交易客户数系统第一，签约客户数、交易量系统第三，大宗商品累计客户数系统第二，同业(金融市场)业务综合考评系统第一。国际业务方面，应用区块链平台为建行重庆市分行营业部办理福费廷(转卖)业务，实现该平台首次应用落地；实现“跨境e+”在10家企业应用落地。结算与现金管理业务方面，中国建设银行晋城市分行单位账户总量9679户，四行占比37.68%，新增1812户，占比68.15%，均为四行第一，新增占比提升27个百分点。“监管易”产品实现零突破。信用卡业务方面，信用卡消费交易额74亿元，同比增长16%，四行第一。专项分期交易额突破3亿元，同比增长40%，装修分期系统第一，购车分期系统第二，分期结构系统最优。

【风险管控】 2018年，中国建设银行晋城市分行开展“不良资产处置”攻坚战，处置不良贷款7552万元。开展“节约经济资本，深入挖潜增效”攻坚活动，经济资本占用8.08亿元，较年初下降2.45亿元。推动全面风险监控预警平台(RAD系统)使用，组建押品管理团队，推进押品集约化管理，推进信贷文化建设。

【渠道建设】 2018年，中国建设银行晋城市分行共有30个营业网点和70个自助银行点，在5个县区设立“裕农通”服务点2532个。将4个分理处全部升格为支行，对2个县域、2个城区的11个基层机构分级分类管理，取得成效。

【金融创新】 2018年，中国建设银行晋城市分行推行“互联网+不动产登记”模式；实现“药品追溯”落地应用；为晋城大医院上线智慧停车无感支付项目；推出“云税贷”“账户云贷”等大数据贷款产品；面向政府、企业、同业推出一批金融科技平台。

(李静莲)

·中国银行晋城市分行·

【概述】 2018年，中国银行晋城市分行各项工作取得成效。实现计费收入2.73亿元，同比增加0.24亿元，增长9.59%；净利息收入2.23亿元，同比增加0.13亿元，增长6.2%。非利息收入0.44亿元，同比增加0.09亿元，增长29.05%。实现拨备前利润1.53亿元，同比增长0.25亿元，增长19.9%；净利润1.01亿元，同比增长0.13亿元，增长15.09%。获“五四红旗团队”“侨胞之家”“山西省金融系统模范职工之家”“山西省金融系统服务杰出标兵单位”等称号。

【存款业务】 截至2018年底，中国银行晋城市分行人民币时点存款(不含表内理财)余额116.97亿元，较年初新增8.43亿元。其中：储蓄存款时点余额55.09亿元，较年初新增0.007亿元；公司存款时点余额61.87亿元，较年初新增8.42亿元；金融机构存款余额7.61亿元，较年初新增6.13亿元。人民币日均存款(含表内理财)余额119.04亿元，较年初新增4.70亿元，完成年计划(10.46亿元)的45%。其中：储蓄存款日均余额58.68亿元，较年初新增0.41亿元，完成年计划(5.76亿元)的7%；公司存款日均余额60.36亿元，较年初新增4.29亿元，完成年计划(4.7亿元)的91%。全行人民币存款全口径余额市场份额占比5.14%，较年初下降0.21个百分点。其中，储蓄存款全口径余额市场份额占比4.46%，较年初下降0.42个百分点；公司存款全口径余额市场份额占比5.96%，较年初提升0.02个百分点。全行存款余额市场份额占比12.18%，较年初提升0.04个百分点，净增额市场份额占比13.27%。

外币存款业务。年末外币存款时点余额1.11亿美元，较年初新增0.71亿美元。其中外币储蓄余额0.27亿美元,较年初减少0.03亿美元;外币公司存款余额0.84亿美元,较年初新增0.74亿美元。外币存款日均余额达0.96亿美元,较年初增长0.19亿美元,完成全年计划(0.09亿美元)的210.33%。外币存款在五大行中余额市场份额占比56.29%,排名第一,较年初提升43.41个百分点。

【贷款业务】 2018年,中国银行晋城市分行人民币各项贷款时点余额83.24亿元,较年初新增7.39亿元。其中,公司贷款余额75.24亿元,较年初新增7.3亿元;个人贷款(含卡分期)余额7.99亿元,较年初新增0.09亿元。人民币各项贷款日均余额78.21亿元,较年初新增7.71亿元。其中,公司贷款余额54.15亿元,较年初新增0.57亿元;票据融资余额10.12亿元,较年初新增4.55亿元;贸易融资余额5.98亿元,较年初新增1.63亿元;个人贷款(含卡分期)余额7.97亿元,较年初新增0.96亿元。人民币贷款全口径余额市场份额占比6.02%,较年初下降0.17个百分点,增量市场份额占比4.7%。

【授信业务】 2018年,中国银行晋城市分行强化高层营销,加大对晋城大医院、晋城市综合管廊等重点转型项目营销力度,与晋城路桥有限公司开展合作,向晋城市园区开发建设运营有限公司发放首笔在建工程抵押项目贷款0.25亿元,实现全省首笔代建工程项目贷款投放。推进普惠金融业务,普惠金融重点领域贷款余额0.51亿元,增长114.55%;新模式贷款余额新增0.03亿元;普惠金融重点领域贷款户数435户,较上年增加80户,新模式户数新增3户;全口径小微企业贷款新增3.22亿元。支持民营企业发展,与10家优质民营企业达成合作意向,与高平泫氏铸造签订合作协议。推进个贷项目营销和个人住房贷款有效投放等重点业务发展,省分行审批通过个贷楼盘项目18个,全行投放1.01亿元,个贷余额5.08亿元。

【手机银行】 2018年,中国银行晋城市分行手机银行活跃客户4.22万户,增长110.02%,实现倍增目标。手机银行人均活跃客户51.81户;手机银行人均新激活客户110.13户;手机银行覆盖率50.81%;代发薪客群渗透率14.16%;中高端客户渗透率19.52%;信用卡客群渗透率13.17%;第三方存管客群渗透率30.71%;手机银行民生缴费活跃商户数5户,较上年增加4.08户。手机银行重点客群渗透率综合得分全省排名第一。企业网银活跃客户数0.24万户,较上年增加564户,增长30.74%。

【安全管控】 2018年,中国银行晋城市分行落实大户管控制度,定期召开大户风控会议,研究管控措施,关注煤炭行业客户风险,定期盘存信贷资产,提升授信风险管控水平。加大信用卡不良清降管控力度,通过基层机构催收、外聘律师法律清收、与公安部门合作、呆账核销等方式,实现银行不良余额不良贷款率双下降。发挥风险内控委员会作用,每月召开一次风控例会,指导督导风险内控工作。开展银行业市场乱象整治工作,做好消费者权益保护、反洗钱、征信等基础工作。

【网点建设】 2018年,中国银行晋城市分行贯彻开展客户积分回馈活动,提升网点人气。采取撤并等思路推进低产低效网点脱困工作,晋城银保监分局批复同意高平康乐街支行终止营业,分两个阶段实施撤销。完成15家网点智能柜台上线工作,投产首台移动柜台。

（田家龙）

·中国农业银行晋城市分行·

【概述】 2018年,中国农业银行晋城市分行适应新常态,推动主体业务发展,加大客户账户营销力度,加强精细化管理,增强服务“三农”能力,提升社会形象,各项业务呈现稳健发展态势。

【主要指标】 2018年,中国农业银行晋城市分行各项存款日均增量16.2亿元。其中对公日均增量15.3亿元,个人日均增量0.83亿元。优化信贷结构,非煤转型项目贷款余额16.1亿元,占全行贷款总量的15.6%,较年初增加3.06个百分点。个人贷款余额8.6亿元,实现整体进位。

【客户营销】 2018年,中国农业

银行晋城市分行与富士康集团合作,办理美元质押贷款和“活利丰”两项业务。营销富士康、华润大宁、晋煤集团等大客户多项国际业务,结售汇业务全省第一,跨境人民币结算业务全省第一,国际结算业务全省第二。全辖1市1区5县城镇居民基本医疗保险基金和新型农村合作医疗基金收支账户全部落地,实现资金体内循环,市县煤矿“两权”资源价款专户总量4个。私人银行新增50户,私人银行金融资产新增3.4亿元,代发工资16.7亿元。掌上银行、信用卡、贴码分别完成计划的101%、104%和160%。小微企业有贷客户25户,实体贷款较年初增加0.25亿元,“微捷贷”授信26户发放0.06亿元。

【风险管控】 2018年,中国农业银行晋城市分行风险条线考核、运营条线考核、内控评价全省排名第一,不良贷款实现“双降”,到期贷款收回率100%;综合对账率、对账覆盖率均达到100%,电子对账签约率97.97%,实现全覆盖、全收回;开展3轮案件风险排查,9类问题全部整改完毕,整改率100%。落实安全生产责任制、信访、声誉风险控制,未发生影响全行声誉、社会形象的极端风险事件。

【服务“三农”】 2018年,中国农业银行晋城市分行推进互联网服务三农“一号工程”,静态聚合码完成计划的105%,农银e管家完成计划的149%。精准扶贫贷款较年初新增3.88亿元,完成全年计划的975%;发放小额扶贫贷款0.24亿元,完成全年任务的107%。扩大金融覆盖面,“六类账户”新增9户,有效惠农卡新增3245张;惠农通服务点点均交易笔数56笔。

(高文英)

·中国农业发展银行晋城市分行·

【概述】 2018年,中国农业发展银行晋城市分行围绕高质量发展主题,提升内部管理,推进风险防控,扎根服务“三农”,维护国家粮食安全主业,探索创新融资模式,加大扶贫领域贷款项目对接力度。

【贷款业务】 2018年,中国农业发展银行晋城市分行开展中长期贷款营销。主抓棚户区改造,全年累计完成棚改项目审批6个,审批金额30.12亿元,贷款投放11.87亿元;重点支持城乡一体化建设,主动应对地方政府债务清理,进行项目整改,实现阳城县城镇集中供热和八甲口快速通道工程项目贷款投放,共计3.79亿元,占全年投放贷款的23.50%;创新融资模式,启动手续较为完整且符合信贷政策项目,通过采用公司自营、与社会资本合作等方式拓展信贷支持渠道。高平五路一河工程PPP项目推荐上报省分行,拟贷金额1.75亿元;泽州县产业园区农村土地流转公司自营项目递交省分行后台审查,拟贷金额0.3亿元。全年晋城市分行各项贷款余额42.05亿元,同比净增13.58亿元,增长47.69%;累计发放各类贷款15.92亿元,同比多放5.82亿元,其中投放棚改贷款11.87亿元,占比74.56%;累计收回贷款2.14亿元。贷款余额、增量和增速均突破历史水平。

【粮油信贷】 2018年,中国农业发展银行晋城市分行落实粮油储备和基础管理。根据粮油轮换计划,5户有轮换计划的企业完成轮换任务,轮换小麦2303.36万千克,轮换玉米103.82万千克,轮换油10万千克,累计收回再贷3089.12万元;开展库存检查,对全市粮油库存情况组织开展两次全面检查,企业库存与银行台账一致,未发生贷款资金挤占挪用情况;完成全市地方储备粮油贷款展期工作,全年累计办理储备贷款展期48笔,金额25291万元;推进“互联网+封闭运行”,购买库存远程监控设备5套,完成安装3套,实现库存监测零死角。

【存款业务】 2018年,中国农业发展银行晋城市分行开展存款组织借力项目营销,加强资金全流程监管,跟踪监测日间头寸,加大财政资金和非贷客户营销力度,推动存款增长。

全年晋城市分行各项存款余额23.50亿元,同比增加5.36亿元,增长29.55%;存款日均余额22.22亿元,同比增加3.98亿元,增长22%。

【经营效益】 2018年,中国农业发展银行晋城市分行国际业务客户资源收缩,中间业务收入同比减少。全年开办代理在建工程险业务较少，中间业务收入14.29万元，同比减少17.16万元。国际结算业务受国际经济形势影响，多数客户未发生对外贸易，国际业务结算额40.09万美元，同比减少94.37万美元。收息率保持高位，经营成效较为显著。全年晋城市分行实现收入17754万元，同比增加5530.33万元，增长45.24%，其中贷款利息收入占比96.90%；支出11269万元；拨备前利润7175万元，账面利润6485万元，同比增加1062万元，增长19.58%，创历史新高。

【金融扶贫】 2018年，中国农业发展银行晋城市分行加强扶贫工作的组织领导，宣传教育扶贫、网络扶贫、旅游扶贫及创新产业扶贫模式等管理办法。开展扶贫领域腐败和作风问题专项治理活动，按照规定要求开展排查，排查客户7个、贷款9笔，贷款金额26238.5万元；省级统贷易地扶贫搬迁贷款余额18185.95万元，所辖4行2组在扶贫领域腐败和工作作风中未出现违规违纪情况。积极争取易地扶贫搬迁贷款，晋城市分行收到省扶贫公司拨付易地扶贫搬迁资金4325.24万元，其中收到贷款1198.19万元；完成易地扶贫搬迁资金支付6517.92万元，其中：支付贷款1965.87万元。加大旅游扶贫等扶贫项目营销力度，与王莽岭景区提升改造、太行洪谷国家森林公园、农村“四好”公路等一批政府重大投资项目达成合作意向。

【风险防控】 2018年，中国农业发展银行晋城市分行落实新增不良贷款清收处置，起草不良贷款清收处置预案，持续跟踪监测企业情况。推动地方政府债务清理整改，重点关注自营性贷款风险防控和其他风险监控。开展案件防控，层层签订《案件防控目标责任书》，落实案防职责；开展安全保卫检查、案防风险排查、银行业案件防控工作专项调查、印章检查等，及时消除案件风险隐患；按照《2018年案防工作计划》，落实案防教育工作，通报系统内近年来发生的案件，提高案件警示教育力度。

【信贷管理】 2018年，中国农业发展银行晋城市分行印发《2018年信贷队伍建设年活动任务分解明细表》《2018年信贷队伍建设年活动培训方案》等文件；多次组织信贷技术知识和管理教育培训，开展评级授信资格准入考试，推广“身边老师传帮带”，实行一对一帮带引导机制。做好CM2006系统日常管理工作，按月进行CM2006系统数据质量考评。完成贷款划转、科目调整、上报、数据变更表以及系统项目贷款模式、评级模块升级补录工作。规范征信管理工作，开展人民银行二代征信系统试运行工作。规范贷后报告和例会规程，强化贷后管理工作。

（冯　雪）

·交通银行晋城分行·

【概述】 2018年，交通银行晋城分行贯彻落实总行“三增三降”，以实现自身高质量发展为目标，推进党建工作与经营管理融合，围绕“1+3”考核体系助推发展，提升经营管理能力和服务管理水平，加强风险管控，增强队伍士气，夯实高质量发展基础。

【主要指标】 2018年，交通银行晋城分行人民币资产总额128.07亿元，较年初增加0.24亿元。人民币大口径存款余额123.01亿元，较年初增加1.52亿元，增长1.25%。人民币各项存款余额115.15亿元，较年初增加1.72亿元，增长1.51%。其中，人民币对公存款余额75.56亿元，较年初下降0.59亿元，减少0.77%；人民币储蓄存款余额39.99亿元，较年初增加2.32亿元，增长6.16%。人民币同业存款余额7.46亿元，较年初减少0.2亿元，减少2.61%。人民币各项贷款余额74.69亿元，较年初增加0.07亿元，增长0.09%。全年实现经营利润2.22亿元，经济利润1.41亿元。其中，经济利润完成交通银行山西省分行任务106.56%。不良贷款余额降至0.02亿元，不良率降至0.03%，实现“双降”。

【客户拓展】 2018年，交通银行晋城分行拓宽客户资源。对公客户方面。大客户部制改革取得成效，大客户部上收客户24户，管理存款余额31.57亿元，贷款余额16.97亿元；拓展新客户、新项目，新开账户4户，新客户增存1.3亿元，新增对公高价值客户3户。国际业务快速发展，以“做结算、做交易、做流量”为指导，面向进出口重点企业、跨国公司开展营销，办理进口代付等多项业务，国内信用证发生量5.5亿元，国际客户动户完成29户。印发《关于开展同业客户激活提升活动的通知》，将睡眠户在全行范围内重新认领；加强对周边同业客户拜访，寻求业务突破点。人民币同业存款及日均增量1.997亿元，机构业务有效客户完成12户。做好普惠金融小微“两增”贷款余额1.28亿元，较年初增长0.24亿元，小微贷款增长23.08%；小微企业贷款户数178户，较年初净增122户，完成小微贷款“两增”目标。

零售客户方面。发展品牌客户，加强客户“名单制”管理，实行客户分层分类分级，针对目标客户进行“资产提升”与“丰富配置”，达标私银客户较年初净增19户，沃德客户较年初净增397户。发展有效活跃客户，落实零售客户发展计划和绩效考核方案，下发“五缺一”名单精准营销邀约客户到店，通过强化厅堂一体化管理，提升厅堂营销成功率，有效活跃客户净增21159户。

【“三降”工作】 2018年，交通银行晋城分行风险成本较预算降低1414.23万元，经济资本成本较预算降低2688.33万元，营运成本同比压降829.5万元。拨备回归压降风险成本，现金收回山煤晋城公司全部7380万元银承垫款及1701万元垫款欠息，回归拨备1024万元。减少拨备及经济资本占用，借助各种会议传达客户评级重要性，关注影响客户PD评级变动因素，关注存款资金变动。严把审核关，避免评级下迁情况发生。压降营运成本，在费用支出管理上做到“严格预算，优化结构，集中管理，严格审批，加强评估”，全年撤除离行自助7处，迁址2处，压降营业网点面积867平方米，全年租赁费压降130余万元。

【风险管控】 2018年，交通银行晋城分行提升专业化清收处置能力，开展不良资产集中清收处置工作。加强重点客户风险管控，现金收回山煤晋城公司全部9081万元银承垫款本息，清收天泰集团全年利息1148万元，公路局晋城分局全年利息4511万元。加强内控管理，制定《交通银行晋城分行内控管理考核评价实施细则(2018年)》，按月召开内控例会，按季召开内控管理委员会，加强部门间信息交流。开展整治银行业市场乱象工作，对照8个方面22个要点，开展自评估、自查工作，按时向晋城银保监分局报送自评估报告、自查报告和阶段性工作报告；接受成都审计监督分局常规内控计，检查留存底稿34份，制定可行方案，按照行动方案开展整改问责。加强案件防控，开展案防自评估工作，召开案防警示教育大会，注重案防的常态化教育，提高案防风险意识；从信贷业务、票据业务、会计结算业务、员工异常行为等方面开展自查；开展“长剑2018”案防特别行动专项排查。

【金融宣传】 2018年，交通银行晋城分行开展“金融消费者权益日”“普及金融知识，守住‘钱袋子’”“金融知识万里行”“金融知识普及月”“金融知识进万家”宣传教育活动。通过集中日宣传、媒体宣传、特色宣传等走进社区、休闲广场、商场、超市、特殊教育学校，向广大群众讲解和普及金融知识。

(逯　璐)

·晋城银行·

【概述】 2018年，晋城银行执行“做社区型草根银行、做数据化零售银行”发展战略，以“商业银行+投资银行+互联网银行”全新发展模式，用“数据决策”思维，推动全行战略发展。全行资产总额818.37亿元，负债总额757.06亿元。营业收入实现27.99亿元，较上年增加11亿元，增长64.74%；实现拨备前利润16.97亿元，较上年增加8.12亿元，增长91.75%；实现净利润5.12亿元。各项指标发展良好。

【业务拓展】 2018年，晋城银行资源持续向小微金融、普惠金融、农村金融、消费金融倾斜，部分业务单元发展迅速。借助互联网人工智能技术，探索全金融服务手段。推出以“惠存钱、大额存单、结构性存款”为拳头的核心负债类产品，以“微义贷、房抵贷、白领通、美团贷”为主的覆盖家庭消费、小微企业、农村等领域信贷业务，探索“互联网+”的获客模式。新核心项目群上线，打通柜面、手机银行、网上银行、微信银行、直销银行等多渠道金融服务，实现线上线下全覆盖的战略布局。

【业务创新】 2018年，晋城银行零售板块以“数据+科技”作为驱动，提升零售发展新动能；产业金融板块通过与互联网公司合作，创新运行“美团贷”互联网信贷业务，建立自主性线上风控体系，提升数据化零售银行能力；交易银行板块申请北交所债券融资计划牌照并承销发行1.5亿元债券，推动向“精客户、精业务”方向迈进；国际业务落地，办理首笔外汇账户业务，晋城银行步入本外币一体化经营新阶段。

【金融活动】 2018年1月18日，晋城银行在债券市场投资策略论坛暨中债优秀成员表彰大会上获“优秀金融债发行人”称号；6月7日，晋城银行在晋城市金融工作暨金融支持转型升级推进会上获“支持地方经济转型升级发展突出贡献奖”；8月17日，晋城银行举行第四届“慈善亲情助学”捐助活动，为31名寒门学子分别捐助5000元助学金；9月16日，晋城银行在2018中国银行家论坛暨2018中国商业银行竞争力评价报告发布会上获“最佳文化建设城商行”；10月25日，第十一届全国城商行内刊交流会评奖晋城银行内刊《晋城银行》及《渥美》分别获“最佳策划”及“最佳美编”奖。

（薛　婷）

·晋城市农村信用社·

【概述】 2018年，晋城市农村信用社坚持稳中求进工作总基调，加强内控管理，提升队伍素质，各项业务总体运行平稳。沁水农商银行挂牌开业，全市农信社基本完成银行化改革目标。

【主要指标】 截至2018年底，晋城市农村信用社资产总额676.93亿元，较年初增长52.41亿元，同比增长8.39%。各项存款余额543.71亿元，较年初增加42.36亿元，同比增长8.45%；各项贷款余额229.97亿元，较年初增加29.43亿元，同比增长14.68%。实现收入34.38亿元，同比增收2.69亿元，同比增长8.48%；实现利润11.83亿元，同比增加1.01亿元，同比增长9.38%。资本充足率12.82%，较年初增长1.11个百分点；拨备覆盖率210.48%，较年初增长106.95个百分点；拨贷比5.32%，较年初增长0.35个百分点；不良贷款率降至2.53%，较年初下降2.27个百分点。

【存款业务】 2018年，晋城市农村信用社实施以零售业务为主体的差异化存款营销策略，时点余额由年初501.35亿元提升至550.48亿元；以账户营销为重点，坚持“扩户增量”零售战略，加大小额存款和储蓄存款增存力度，增强稳定系数，低成本存款较年初净增7亿元。截至2018年底，市场份额较年初提高0.05个百分点。

【贷款业务】 2018年，晋城市农村信用社各项贷款余额229.97亿元，1000万元（含）以下贷款余额103.59亿元，占比45.04%，较年初（49.74）下降4.7%。其中500万元（含）以下贷款96.18亿元，占比41.82%，较年初（36.21）增长5.61%；存贷比42.29%，较年初（40）提升2.29个百分点。贷款户数由年初34249户提高到54739户，净增20490户。其中授信1000万元以下（含）小微企业贷款净增户数较年初净增6307户。

【不良资产清收】 2018年8月，晋城市农村信用社执行不良贷款清降调度机制，按周召开不良贷款调度会；制定《晋城市农村信用社2018年后5个月不良贷款清收实施方案》和《晋城市农村信用社不良贷款清降工作督导方案》，对不良贷款清收进度实行日报制，每旬对不良贷款清降情况考核，每月对不良贷款清降情况通报。截至2018年底，清收处置不良贷款2.02亿元。

【银行卡业务】 2018年，晋城市农村信用社加强农信银行卡品牌建设，推进代缴费业务。截至11月末，全市上线代缴费业务29项，其中燃气业务2项、自来水业务2项、暖气业务5项、物业业务12项、学费业务8项，代缴费业务交易56676笔，金额1.02亿元。推动居民健康卡及社保卡项目，完成56万余户城镇居民健康卡预开户及数据推送工作。

【智慧银行建设】 2018年，晋城市农村信用社上线运营智能机具36台。其中智慧柜员机28台（晋城农商行23台、泽州农商行3台、陵川联社2台),现金快柜5台(晋城农商行3台、泽州农商行2台),现金快窗3台(晋城农商行1台、泽州农商行2台)。

【金融扶贫】 2018年,晋城市农村信用社召开金融助推脱贫攻坚工作会议和金融精准扶贫工作推进会,与各县级行社签订目标责任书,对扶贫任务督导;组织专人对扶贫工作推动、作风建设及个人精准扶贫贷款检查,规范扶贫小额信贷,加强风险防控;开展扶贫领域作风问题专项治理,制定《晋城市农村信用社扶贫领域作风问题专项治理实施方案》,对专项治理工作制度落实情况、扶贫政策贯彻落实情况、脱贫攻坚工作落实情况、扶贫贷款资金管理情况等方面自查和督查。

(张 建)

保险业务

【概述】 2018年,晋城市保险行业协会创新工作方式方法,以服务地方经济和社会发展为目的,以完善保险市场体系、扩大保险服务领域为目标,发挥协会"自律、服务、维权、协调、交流、宣传"作用,各项工作顺利推进。市政府授予晋城市保险行业协会"支持地方经济发展优质服务奖"、市司法局授予晋城市保险纠纷人民调解委员会"2017年度全市规范化人民调解委员会"称号。

【保险业务】 2018年,晋城市总保费收入52.73亿元,同比增长9.49%。其中,财产险总保费收入14.49亿元,同比增长10.36%;人身险总保费收入38.24亿元,同比增长9.16%。全市赔付总额达22.61亿元,同比增长13.28%。其中,财产险赔款总额达6.24亿元,同比增长6.78%。人身险赔付金额为16.37亿元(包括各类满期金、给付金),同比增长15.97%。

【保险自律检查】 2018年,晋城市保险行业协会开展"3·15"总经理接待日工作情况检查、车险理赔服务质量检查评价工作检查、人身险自律检查工作和整治市场乱象督导检查等,对检查中发现的问题通报和限期整改。针对行业非正常满期给付与集中退保风险等开展保险行业风险排查,组成2个督导组,对全市32家保险公司乱象整治工作督导。与市总工会金融工委联合开展星级柜面复审及评选活动。

【保险市场调研】 2018年,晋城市保险行业协会组织开展全市雨雪低温冰冻灾害调研,了解受灾严重的苹果、梨、核桃等特色农作物的承保、理赔情况,召开专项会议,要求承保农业险的保险公司排查受灾情况,开通理赔服务绿色通道,做好受灾地区服务工作。针对保险公司业务发展中遇到的困难调研,组织签署《晋城市保险行业机动车辆保险规范经营承诺书(2018版)》。对全市城乡居民大病保险办理情况、大病保险承办情况、保险扶贫工作开展情况调研,协调政府部门加大政策支持力度,引导保险公司开展保险扶贫工作,解决贫困人口因大额医疗费用"因病致贫、因病返贫"问题。

【保险纠纷调处】 2018年,晋城市保险纠纷人民调解委员会受理各类保险纠纷案件1580件,化解1510件,化解率为95.56%,涉案金额4581.84万元。其中,保险公司内部受理案件1494件,化解1472件,涉案金额4225.19万元;受理来电来访案件38件,涉案金额59.99万元;受理人民调解案件13件,调解13件,涉案金额54.06万元;诉调对接案件35件,调解27件,涉案金额242.6万元。9月获泽州县人民法院聘为特邀调解组织。

【保险快处快赔服务】 2018年,晋城市快处快赔中心受理案件934件,涉及车辆1935辆,估损金额397.3万元。清明节、端午节、"五一"劳动节、"十一"国庆节期间,晋城市保险行业协会在长晋高速公路与晋阳高速公路设立节假日高速公路快处快赔服务站,协助高速交警、路政部门处理高速公路交通事故。与交警部门联合推出"警保联动"服务模式,实现职能互补、优势互补、资源共享目标。9月29日,与市公安局交警支队在凤西广场举办全市"警保联动、服务群众"启动仪式;11月6日,与泽州县公安局交警大队举办泽州县"警保联动、服务群众"启动仪式。

【保险宣传】 2018年,晋城市保

险行业协会开展“反保险欺诈”“防范非法集资”“金融知识普及月”等宣传活动。“3·15”期间，参加晋城新闻广播《百姓热线·纠风台》栏目，解读购买保险应注意事项、保险理赔应注意事项等问题，为保险消费者答疑解惑。“7·8”期间，编纂《晋城保险业2017年典型理赔案例》，在《太行日报》刊登。普法教育宣传期间，参加市普法办和市人大常委会法治委员会组织的全市普法知识竞赛，获小组第五名。

（刘　洁）

保险机构

·中国人民财产保险晋城市分公司·

【概述】 2018年，中国人民财产保险晋城市分公司实现保费收入7亿元，同比增长13.69%；市场份额48.37%，同比上升1.41个百分点；属地纳税6540万元。晋城市人民政府授予其支持地方经济发展“优秀保险公司”称号。

【理赔服务】 2018年，中国人民财产保险晋城市分公司累计支付赔款金额3.54亿元。全险种综合赔付率56.91%，在全省系统中排名第二。其中：车险赔付率49.14%，排名第一，商业非车险赔付率49.30%，排名第九；万元以下赔案理赔周期7.36天，排名第五，万元以下车险理赔周期7.73天，排名第一，万元以下非车险理赔周期1.34天，排名第一。在全省系统理赔质量综合考核中排名第四名。

【增值服务】 2018年，中国人民财产保险晋城市分公司推广系统先进“南京模式”，推出“空中120，生命速救援”“警保联动”“家自车救援”“理赔夜市”“市区主干道巡查”等多项特色增值服务。

【精准扶贫】 2018年，中国人民财产保险晋城市分公司与陵川县人民政府签订“政融保”金融扶贫项目合作协议，首次授信额度3000万元，支农融资取得阶段性进展；在全省开办扶贫综合保险，为陵川县9779户、26519个建档立卡贫困人口的农房、丧葬、农业保险提供风险保障；开办地方特色农险保障，为陵川县6444个种植户、12461亩种植地提供价格保障。

【助力小微企业】 2018年，中国人民财产保险晋城市分公司协助中小企业解决“融资难，融资贵”等难题。推广中小企业贷款保证保险，为小微企业提供增信，协助其获得银行贷款共计2549万元；开办“五位一体”扶贫小额信贷保证保险，累计为29家实施主体的8232万元银行贷款提供风险保障；推出人保助贷险产品，为个人、个体工商户经营者和小企业主提供增信，累计承保679笔，涉及贷款金额5439.4万元。

【保障民生】 2018年，中国人民财产保险晋城市分公司承保门诊统筹保险，为泽州县、陵川县63万余名参保群众提供门诊统筹保险服务，在全国系统尚属首例；优化保险服务，连续4年承保晋城市城乡居民大病保险；加快赔案处理，全年建档立卡贫困人口补充医疗保险赔付金额139.37万元，赔付率36.01%；大病保险赔付金额3738.67万元，赔付率86.75%。

（王宏庆）

·中国人寿保险晋城市分公司·

【概述】 2018年，中国人寿保险晋城市分公司履行央企责任，发挥保险在风险保障方面优势，被人力资源和社会保障部、中国保险监督管理委员会授予“全国保险系统先进集体”；山西省金融系统授予“山西省金融系统五一劳动奖状”；山西省总工会金融工作委员会授予“山西省人身保险公司5A级服务柜面”和集体三等功。

【主要指标】 2018年，中国人寿保险晋城市分公司所属10个县级公司、10个机关部室，在编员工280人，销售队伍4324人。实现保费收入13.56亿元，同比增长4.33%，市场份额占35.46%。处理理赔案件18152件，累计赔付金额1.01亿元。

【政保合作】 2018年，中国人寿保险晋城市分公司与政府相关部门合作承办晋城市城乡居民大病保险项目，赔付7039件，累计赔付金额0.43亿元。减轻人民群众大病医疗费用负担，促进政府主导与市场机制作用结合。

【经济服务】 2018年,中国人寿集团公司与山西省政府签署的战略合作框架协议引进项目在晋城落地。11月29日,国寿财富作为投资顾问,与晋煤集团合作的债权产品设立,拓宽企业融资渠道,降低融资成本,服务经济发展。

(陈立新)

·太平洋财产保险晋城中心支公司·

【概述】 2018年,太平洋财产保险晋城中心支公司完成保费收入11897.13万元,同比增长14.56%。其中车险保费收入9877.24万元,同比增长15.01%;非车非农险保费收入1634.26万元,同比增长11.06%;农险保费收入385.63万元,同比增长18.48%。市场份额为8.21%,位列晋城市财产险市场第三位。总体经营效益保持稳定、较好水平。

【业务拓展】 2018年,太平洋财产保险晋城中心支公司坚持以市场为主导,采取灵活有效措施,实现业务发展。车险方面,实施积极、差异化跟单费用政策,从费用政策、激励机制、销售竞赛、营销方案等多方面入手,严控业务品质,推动车险整体业务发展。非车险方面,在巩固和维护主要险种、重点客户业务的基础上,加大对分散型险种和平台险种的拓展工作,非营运驾乘人员意外险、诉讼财产保全责任险及环责险业务取得进展,宣导推广新产品"太健康·百万全家桶""悦·元保"业务。农险方面,加强与政府部门、农户的联系,在沁水端氏、阳城固隆、泽州下村设立三农保险服务站,建立农村协保员队伍,取得农险业务突破。小麦种植保险保费收入30.77万元,玉米种植保险保费收入66.56万元,能繁母猪保费收入33.56万元,森林保险保费收入252万元。

【理赔管理】 2018年,太平洋财产保险晋城中心支公司坚持以"赔的快、赔的准"为目标,强化内部管理,完善案件质量考核办法,加强过程监督检查,在总公司质检团队万元以下车险案件质检中,晋城中心支公司质检率为百分之百,未发生一起虚假事故。加强案件时效考核,缩短结案周期,提升结案速度。开展理赔助推业务发展活动,走进车商、团车客户、重大客户和寿险职场,倾听客户所需、所想,讲解理赔专业知识,宣导服务特色,提供防灾防损支持,解决客户在风险保障中遇到的困难与问题,增强客户黏度,助力各项业务发展。

(韩国良)

·太平洋人寿保险晋城中心支公司·

【概述】 2018年,太平洋人寿保险晋城中心支公司总标保96859.88万元,同比下降3932.54万元,下降3.9%;个险标保95210.33万元,个险标保达成率94.4%;总保费81013.73万元,同比增加6704.83万元,增长9%。

【个险业务】 2018年,太平洋人寿保险晋城中心支公司占晋城寿险市场份额比29.22%,个险营销新保占据市场第2位,市场份额下降0.23%。

【团险业务】 2018年,太平洋人寿保险晋城中心支公司团险业务实现标保1560.9万元,短险保费收入1308.21万元,同比增长11.2%。其中短期意外险保费收入1245.94万元,同比增长10.2%;短期健康险保费收入62.27万元,同比增长34.78%。

(李　琳)

教育

【概述】 2018年，晋城市教育局以深化教育改革为主线，推进各类教育统筹发展。全市学前三年毛入园率94.6%，义务教育巩固率97.02%，高中阶段毛入学率96.2%，高于全省平均水平；高考二本B类以上达线人数达7700人，达线率40%；北京大学、清华大学录取人数33人，连续多年位居全省第二。

【教育改革】 2018年，晋城市教育局启动学前教育城乡一体化改革试点，出台试点工作实施方案，全市学前教育城乡一体化改革和高平市幼儿园教师队伍培养和补充机制改革稳步推进。推进义务教育一体化改革，召开全市推进城乡义务教育一体化改革工作汇报会，在市区义务教育阶段组建11个办学集团，推进集团化办学。开展职业教育现代学徒制改革试点，晋城职业技术学院“智能制造专业群”、市中等专业学校“汽车运用与维修专业”、陵川县职业中学校“焊接应用技术专业”入选首批省级现代学徒制试点项目。

【重点项目】 2018年，晋城市农村寄宿制学校后勤保障实现全覆盖。从春季学期起，农村义务教育阶段寄宿制学校每50名寄宿生配备1名厨师和1名生活管理员，所需资金由市、县两级财政按比例分担，市县两级共下达资金2162.7万元，惠及后勤人员1335人、农村寄宿制学生33386人。东南新区学校项目可研批复，凤城中学高中部主体建筑完工，综合实践基地二期室外工程基本完工，晋城中专实验实训组团项目推进。

【专项整治】 2018年，晋城市教育局推进中小学生课外负担重、“择校热”、农村“空壳学校”等突出问题整治。开展校外培训机构专项治理行动，整治校外培训机构773个；按照市政府办公厅《关于进一步规范市区义务教育阶段学校招生入学工作的意见》，召开市区义务教育阶段学校招生入学工作推进会，实施阳光电脑均衡编班，减少择校现象；对部分农村“空壳学校”撤销合并和产权确认，确保闲置校舍优先用于教育等农村公益事业。

【资助政策】 2018年，晋城市教育局完成学前幼儿资助、普通高中助学金、中职学生助学金发放工作，全年资助各级学生35902人，其中建档立卡等家庭经济困难学生9718人，发放资助金5084万元；受理生源地贷款工作合同22490份，贷款金额14528万元；普通高中免学费、中职学校免学费、中职免住宿费等各项资金足额及时拨付到校。

【学前教育】 2018年，晋城市新建改建幼儿园6所，对16所普惠性民办园逐园检查认定，在高平市、阳城县开展大片区联片教研活动。全省学前教育三期行动计划推进会在高平市召开，高平市经验做法在《中国教育报》头版报道。

【义务教育】 2018年，晋城市教育局推进义务教育均衡发展，城区、高平市、陵川县完成消除大班额工作获省教育厅通报表扬，市区义务教育阶段学校设立办学行为固定观察点，其他学校实施流动观察。

【高中教育】 2018年，晋城市教育局制定《晋城市高中阶段教育优质提升计划(2017—2020年)》，与各县(市、区)政府签订《高中阶段教育优质提升备忘录》，完成13所普通高中学校的办学条件市级评估验收。优化整合高中教育资源，泽州县周村中学、犁川中学，陵川县平城中学、附城中学、礼义中学等5所农村高中停止招生。推进普通高中生涯规划教育、选课走班、学生综合素质评价等新高考试点工作。

【职业教育】 2018年，晋城市推进职业教育产教融合，举办全市第四届职业教育活动周和第十二届中职技能大赛，对职业院校合作办学情况开展摸底调查和案例征集工作，组建成立光机电职业教育集团。

【成人教育】 2018年，晋城市推进成人教育规范发展，完成2017年度民办学校年检工作，市属民办教育机构年检通过58个；开展民办高中违规招生专项治理，规范民办高中办学行为；完成社区教育培训83万人次，农村实用技术培训任务35万人次，创建学习型组织897个。

【特殊教育】 2018年，晋城市启动实施第二期特殊教育提升计划，对统计在案的未入学残疾儿童少年入学安置，邀请德国特殊教育专家到晋城市开展为期半个月的项目援助与合作交流培训。

【教师队伍建设】 2018年，晋城市教育局联合北京师范大学、上海师范大学、上海金山区教育局等，先后开展各级各类专业培训20余期，培训校长教师人数近万人次。制定《晋城市校长教师专业发展提升项目行动计划(2018—2020年)》，组建小学语文、初中语文、初中英语、高中语文、高中数学、高中英语6个名师培养工作站。组织参加新时代基础教育创新发展论坛，选派41名教育管理干部到上海市金山区教育局及部分学校开展影子学习和跟岗进修；组织全市100名高中学校校长及教学骨干到浙江考察高考综合改革，到江苏省南通市参加基础教育教研工作考察学习；71名政府督学到成都市参加教育督导考察学习培训，到贵州省考察学习智慧教育和教育信息化建设。推进教师轮岗交流工作，全年交流轮岗校长64人、教师874人。出台市部分学校公开引进高层次人才方案。

【现代学校制度建设】 2018年，晋城市实施以“改革管理方式、改革教学模式，提高管理水平、提高教学质量，建立现代学校制度”为目标的学校治理能力提升行动，召开深化教育综合改革推进会暨学校治理能力提升行动启动会，出台《关于加强现代学校制度建设提升学校治理能力的实施意见》，市直19所学校围绕“章程制度建设”“教职工岗位聘任制”“家校合作共育”等10个重点项目开展试点探索，各县(市、区)教育局和辖区学校均启动学校治理能力提升行动，初步形成现代化学校制度体系。

(张剑锋)

·太原科技大学晋城校区·

【概述】 2018年，太原科技大学晋城校区以“创建文明城市、建设文明校园”为契机，营造积极向上的校园文化氛围；推动校区综合改革，完善校区管理体制，优化校区学科布局；改革人才培养模式，引进高层次人才，尝试开放办学、协同发展的新路径；加强校园综合治理，维护校园安全稳定，打造平安和谐美丽校园。

【专业建设】 2018年，太原科技大学晋城校区围绕晋城市装备制造、冶铸、煤层气、全域旅游、现代服务业、光机电等重点发展产业，依托主校优势学科，布局学科专业，设置专业14个。

【校企合作】 2018年5月15日，太原科技大学晋城校区与山西蓝焰煤层气集团有限公司、晋城市质量技术监督检验测试所(国家煤层气质量监督检验中心)共同组建成立“煤系气资源与协同开发产学研联合实验室”。6月，与山西利普利拓煤机部件制造有限公司签署产学研合作协议，在人才培养、科研成果转化、实习就业等方面开展全方位合作；联合晋城市科技局，组织20多家铸造企业成立产业技术创新战略联盟和产业研究院，承接地方科研项目3项，申报山西省重点项目2项；与主校区一起申报“山西省互联网+3D打印协同创新中心”项目；与山西国控集团、南京中科煜宸激光技术有限公司联合建设的“激光—3D打印智能制造应用技术中心”项目——增材制造创业中心晋城校区3D打印中心投入使用。9月，确定晋煤集团凤凰山矿为校区实习教学基地。

【校区建设】 2018年，太原科技大学晋城校区研究生公寓14号、15号楼竣工，进行外围施工和室内家具采购工作。10月，学生公寓二期工程开工建设。工程训练中心、图文信息中心等项目开始制定建设方案。

【教学科研】 2018年，太原科技大学晋城校区先后建成铸造实验室、安全工程实验室、能源化学工程实验室、制药工程实验室。与泽州县政府签署招才引智战略合作协议，在战略互动、工匠打造、科技研发、人才培养等方面开展全方位合作。

（郝 芸）

·晋城职业技术学院·

【概述】 2018年，晋城职业技术学院贯彻全国教育大会精神和党的教育方针，落实立德树人根本任务，成功申报省级优质高等职业院校、骨干专业和现代学徒制试点三个项目，主动承担中德合作和光机电产业两大市委、市政府重点工程，各项工作取得成效。获市综治委评为“综合治理优秀单位”，获“全国全民阅读先进单位”“省级文明校园”称号。

【专业建设】 2018年，晋城职业技术学院与德国国际合作机构(GIZ)合作，成立晋城市中德企业家培训中心。响应市政府发展光机电产业战略举措，牵头成立晋城市光机电职业教育集团，新申报光电制造与应用技术专业、工业机器人、大数据技术应用等5个专业。机械制造与自动化、计算机应用技术、会计3个专业定为省级骨干专业建设项目。

【社会服务】 2018年，晋城职业技术学院参与晋城市全民技能提升工程，共培训6期187人。心理咨询中心为全市各单位提供心理健康咨询3000多人次。以“双百工程”为平台，与企业合作开展横向课题研究，帮助企业培训工人，解决技术难题，获经费资助17万元。牵头成立晋城市女教授协会、晋城市博士协会、晋城市高校科学技术协会，构筑人才交流、创新、发展平台。与企业合作开展横向课题4个。

【教学质量】 2018年，晋城职业技术学院制订《课堂教学行为规范》和《教学事故认定及处理办法》，强化教学责任意识，规范教学行为，严肃教学纪律。改革考核办法，实行成绩预警制度。在院系两级教学督查基础上，运用“新媒体+大学生、家长、社会”模式对教学质量监督，推进教学诊断与改进工作，构建院、系、班、社会全方位教学质量监控保障体系。

【双创大赛】 2018年，晋城职业技术学院参加第四届“互联网+”双创大赛，获省级二等奖1项、三等奖3项、优秀奖1项和优秀组织奖；参加第二届中华职业教育双创大赛，获得优秀组织奖、一等奖、三等奖各1项。“煤层气井水处理设备研制”以山西省第一名的成绩参加全国决赛，总分排名并列第7，获高职组银奖、最佳创意奖，指导教师获得“优秀指导教师”称号。

【课题研究】 2018年，晋城职业技术学院结项课题21个，立项课题39个，其中省级课题5个、市级课题7个、横向课题4个，实现横向课题零的突破。

【教师队伍建设】 2018年，晋城职业技术学院成立教师工作部，推动师德建设常态化、长效化。选派121名教师参加省培国培，到企业顶岗学习，提高专业实践能力。外聘教师42人。举办学院第二届辅导员职业能力大赛，推荐1名辅导员参加山西省第六届辅导员职业能力大赛，获金奖。

【学生管理】 2018年，晋城职业

技术学院调整思想政治工作领导组,建立学院大思政暨意识形态联席会议制度。印发《课程思政教学改革试点方案》,挖掘各类课程思政教育资源,推动各类课程与思政课程同向同行。修订学院学生管理制度23个,出台学生综合素质测评办法和实施共青团“第二课堂成绩单”方案,对学生学习、生活及社会实践全方位考核,对学生成长成才全面评价。加强学生干部管理,开设学生干部能力提升选修课24学时。

【技能大赛】 2018年,晋城职业技术学院新增实习实训室设备1048.9万元,确保实训课应开尽开。承担3项全省职业技能大赛,获优秀组织奖;参加全国技能大赛,获得二等奖2项,三等奖7项;参加全省技能大赛,获一等奖7项,二等奖14项,三等奖13项,优秀组织奖1项;举办学院第六届职业技能大赛,设35个赛项,1806人参加,716人获奖。

【招生就业】 2018年,晋城职业技术学院与13所高中阶段学校签订校校合作协议,与9所中职学校签订三二分段培养协议。全年招收新生2099人。利用“互联网+”技术,建立精准推送就业服务机制,举办就业推介会和专场招聘会20余场,与300多家用人单位,达成就业意向5000多人次。专升本班87人参加培训,47人达线,达线率超50%。

【校园文化】 2018年,晋城职业技术学院启动校史馆建设,完成校歌创作,公演音乐剧《青春变奏曲》。举办“职院大讲堂”7期。在学院微信公众号开辟“为你读书”“悦读职院”2个线上栏目。5月至12月,举办校园文化艺术节,成为有创新、有特色、有品位、有影响的校园文化品牌。

(马建新)

·晋城市中等专业学校·

【概述】 2018年,晋城市中等专业学校以开展“育名师、树典型、强师能,强化师德师风建设”竞赛活动为契机,加强队伍素质建设,提升教育教学水平;突出自主管理,培育学生素养,夯实学生发展基础;利用专业优势,发挥职业教育服务社会功能,各项工作取得新成绩。5月23日,省教育厅认定为全省“管理五星级学校”。12月24日,教育部等三部委确定为“国家中等职业教育改革发展示范学校”。

【师德建设】 2018年,晋城市中等专业学校与全体教师签订《师德师风承诺书》。9月4日至7日,组织全体教职工在市委党校开展师德师风暨教师能力提升专题培训。开展“育名师、树典型、强师能师德师风建设”竞赛活动,第一轮评选出教师73名。

【教师培训】 2018年,晋城市中等专业学校组织教师参加国家级培训56人次,省、市级培训53人次。邀请全国德育专家余国良、翁孝川,台湾学者戴长熙、陶世谛等10余位专家授课,提升教师能力。

【教学改革】 2018年,晋城市中等专业学校推进系部教研、年级教研、学科教研有机融合,畅通教师之间、学科之间、年级之间沟通渠道。汽修系教师程静将“有温度的教育”渗透教学过程中,改变传统批改作业方式,以学生喜闻乐见的卡通形象取代“查”“阅”或“优”“良”等简单评价。研发系教师张向霞的英语课,改变过去读单词、写单词、翻译课文的传统教学模式,将学生分成若干小组进行游戏对抗,游戏结束后进行点评,调动学生学英语的积极性。

【技能比赛】 2018年,晋城市中等专业学校获得晋城市技能大赛九连冠。参加省级技能大赛,获一等奖7个、二等奖14个、三等奖16个,其中会计电算化项目获全省第一名,沙盘模拟经营项目获全省第二名。参加全国技能大赛,网络搭建项目获团体三等奖;参加全国中职会计技能百强邀请赛,获团体二等奖;参加科云杯全国职业院校财会职业能力网络大赛,获两项团体三等奖。

【素养教育】 2018年,晋城市中等专业学校组织学生开展经典诵读和硬笔书法练习活动。汽修系举办“谷雨”知识竞赛8场。信息系为学生挑选300多本文学、励志、营销、专业等方面的课外书籍,动员每个学生自愿购买一本,自行保管、轮流借阅,计算机1801、

1802班学生建立"隐形图书室"2个。参加全省文明风采大赛,获一等奖5个,二等奖7个,三等奖15个。4月18日,组织参加晋城市中小学运动会"放飞青春,同心共筑中国梦"开幕式,500名学生表演《蓝色畅想》团体操。为110名学生举行18岁成人礼,组织20多名志愿者到白云老年公寓开展志愿活动,开展"新时代好少年""习近平讲故事""传承红色基因,向国旗敬礼"等主题教育活动,提高学生综合素养。对口升学位于全市中职学校榜首,近百人被本科院校录取,录取率35%以上,高于全省中职学校的平均水平。

【平安校园建设】 2018年,晋城市中等专业学校利用开学、"5·12""11·9"等特殊时间节点,组织学生开展专题演练活动,普及火灾、溺水、地震等避险常识和逃生技能。结合安全生产月,组织开展"生命至上,安全发展"签名活动;联合市道路运输管理局志愿者在客运中心举行主题宣传活动;组织学生前往交警一大队参观交通事故图片展。5月31日,协助市人民检察院举办"检察开放日"暨预防校园欺凌法治进校园活动。6月26日,举办"青少年毒品预防教育'6·27'工程全省巡回宣讲"——携手蓝丝带,禁毒校园行活动。9月19日,开展"远离黑恶势力、法治进校园"活动。12月,开展"学宪法、讲宪法""安全教育周""做自己的首席安全官"等主题活动。

【社会服务】 2018年9月,晋城市中等专业学校教师胡进带领中餐班学生走进晋城电视台《共晋养生餐》栏目;承办"品味·晋城2018年餐饮业创新创业大赛"沁水、陵川、泽州专场。10月,协助"晋城好味道"栏目在城区东关社区、黄华街社区、金华社区拍摄节目4场。12月,在市电视台参加"品味·晋城2018年餐饮业创业创新大赛"总决赛录制。汽修系与城区科协合作开展"科普进校园"活动,凤鸣小学100多名学生到学校参观KUKA实训室和新能源实训室,观看无人机表演,了解新能源汽车和无人机的发展趋势。

(梁满亮)

·晋城广播电视大学·

【概述】 2018年,晋城广播电视大学探索项目招生路径,学历教育办学规模扩大;坚持多领域尝试,非学历教育工作取得新突破;实施教师基本能力提升计划和农村干部学历提升工程,各项工作取得新成绩。

【招生工作】 2018年,晋城广播电视大学主动对接乡村振兴战略,在泽州县和阳城县北留镇试点基础上,率先在全省电大系统启动"一村一名农民大学生培养计划",实现"农村干部学历提升工程"县区全覆盖。春秋两季,共招收农村干部学员1445人,其中支村两委主干422人,中共党员949人。总在籍学员人数3554人,学历教育招生规模从全省11所分校中最低跃升至全省第三。省委组织部、省教育厅、省财政厅联合印发《关于实施"农村干部学历提升工程"的通知》,推广该校办学经验。

【非学历教育】 2018年,晋城广播电视大学以"市民生活大讲堂"为平台,推出小学生实践教育、青年创业、高中考填报志愿、晋城乡土建筑游学、红十字急救、经典诵读、健康知识专题讲座等9期主题活动,参与市民5000余人次。组织15批9064人次的全市中小学校长教师培训;承办晋城市首届教师艺术节书法美术摄影作品展和首届教师艺术节合唱展演。

【教师培训】 2018年4月至6月,晋城广播电视大学实施教师基本能力提升计划。55位教师参加由国家开放大学科研管理处举办的"网络教育从业人员培训",学习《网络教育管理》《在线课程设计》《学生支持服务》3门课程,全部获得国家开放大学和英国开放大学颁发的网络教育从业人员培训结业证书。

(宋丽云)

·晋城一中·

【概述】 2018年,晋城一中多举并措,从严从实,加强师德师风建设,开展课堂教学改革,推进素质教育,各项工作均取得新成绩。晋城一中获省教育系统"先进集体和市直文明单位"称号,第四届全国教师合唱节银奖;1118人次在市、省和全国各级各类比赛、评比中获奖。

【高考成绩】 2018年,晋城一中高考成绩取得新突破,19人被清华大学、北京大学录取,全校文理科600分以上353人,一本达线率85.4%。清华大学、北京大学、中国人民大学、上海交大、浙江大学、南京大学等15所大学授予其"优质生源基地校"称号,《山西日报》《山西青年报》《山西晚报》等媒体专题报道,30多所省内省外学校到学校参观交流。

【校际帮扶活动】 2018年,晋城一中开展校际帮扶活动,派出教师12批80余人次到沁水中学、泽州二中培训、上课、交流。提升课堂教学质量,多方位、多层次、多渠道开展音体美、社会实践和各种社团活动。举办五十华里千人远足活动,开展白马绿道沿线社会实践纪实活动,提升学生关注自然、关注社会的情感。举办校园开放日,展示自信、进取、开放、文明的姿态和坚守"立德树人"的初心。

【平安校园建设】 2018年,晋城一中对全体师生进行安全、法制等教育,强化安全意识,提升安全防范能力。联合交警、城管等部门治理校门外小商小贩,确保校园安静、安全。加强校园环境建设和文化建设,开展节约型校园建设活动,推进学生良好行为习惯养成教育,打造安全、稳定、和谐、温馨的教育教学环境。

(薛满中)

科 技

【概述】 2018年,晋城市科技局实施创新驱动战略,服务全市高质量转型发展,在科技成果转化、创新平台建设、自主创新能力提升方面取得新突破。全市研究与试验发展(R&D)经费投入12.1亿元,占GDP的1.05%,排名全省第三位;沁水县、城区进入全省县域前10位。全市高新技术企业营业收入超200亿元,净利润达到22亿元。

【科技创新】 2018年,晋城市出台《支持科技创新的若干政策》,涵盖8个方面21条科技创新激励政策,市本级2018年支持科技创新奖励资金1581万元。培育创新型企业,全市国家级高新技术企业49家,涵盖新能源、新材料、生物医药等新兴产业8大领域;新增省级科技型中小企业35家、民营科技企业25家,70家企业进入市级高新技术企业培育库。推进创新型城市创建工作,成立国家级创新型城市创建工作领导小组。新认定省级科普基地8家,累计11家。组织8家企业参加第七届中国创新创业大赛,1个项目获得山西赛区决赛二等奖,1个项目获得优秀奖。

【科技研究】 2018年,晋城市奖励城区、泽州县、沁水县和晋城市金菲机电有限公司等10家企业研发创新资金300万元。山西瑞亚力生物科技公司"IVD核心原料"山西省重点实验室获省科技厅立项,支持资金100万元;太原科大晋城校区与兰焰煤层气、市质检所设立"煤层气资源与协同开发"联合实验室。全市拥有省级以上重点实验室和工程技术中心5个,其中国家级重点实验室1个。山西长征动力"纯电动车用高能量电芯及电池系统研发"和晋城煤业集团"煤层气低产井增产技术研发"等重点研发项目入选山西省科技重大专项。出台《晋城市科技创新券实施细则(试行)》,7家中小企业兑现创新券30万元。

【科技研发基地建设】 2018年,晋城市科技局加快市级科技研发基地(科技企业孵化器)建设,完成设计概算调整批复,总投资调增到3.56亿元;孵化器大楼、中试车间、专家公寓、员工宿舍主体完工。支持社会资金建设众创空间和科技孵化器,建成国家级"星创天地"1个,省级科技企业孵化器和众创空间3个。全市省级以上"科技孵化器""众创空间"和"星创天地"共15家,其中国家级"众创空间"1家、"星创天地"3家,各类科技孵化场地面积超过6.8万平方米,入驻企业和创业团队650个。

【科技成果转化】 2018年,晋城市鼓励企业开展技术合同交易,全年累计完成技术合同交易登记265项,交易额13.82亿元。加强科技成果转化平台建设,组织10家企业申报山西省科技成果转化示范企业和示范基地,开通山西省科技成果转化和知识产权交易服务平台晋城子平台。全市有效发明专利拥有量451件，每万人发明专利拥有量1.93件。

【科技扶贫】 2018年，晋城市科技局组织实施省级农村技术承包计划6项；选派省市县三级科技人员37名，在陵川县、沁水县实施“三区”人才计划项目6项。根据《晋城市人民政府办公厅关于农村地区分布式光伏发电项目财政补贴的实施意见》，对上年第二批补贴项目核查，下达补贴资金4000万元，帮助2000余户贫困户脱贫。开展农村实用技术培训，邀请专家和科技特派员，在阳城县、陵川县开展中药材种植、果蔬栽培等技术培训。

（王 刚）

科技研究

【概述】 2018年，晋城市科学技术研究所主动对接高等院校，发挥专业和人才优势，强化科学研究，通过“产学研”结合等多种形式，加强调研，深入基层，联合企业实施科技创新项目，为全市科技进步和经济转型发展提供服务。

【科技创新项目】 2018年，晋城市科学技术研究所利用晋城市拥有丰富优质无烟风化煤的优势，与晋城市炬欣生物科技有限公司合作开发医用高纯度腐殖酸钠项目。利用晋城市蚕桑产业优势，与阳城永丰源制丝有限公司合作开发鲜蚕蛹功能食品项目。利用晋城市高品质真丝和新型化学纤维交织面料，开发新型真丝交织面料及制品。

【科技交流】 2018年，晋城市科学技术研究所组织科研人员到中国农科院蚕研所，商谈引进“华康3号”新型抗病蚕品种；到南京峡谷能源科技有限公司，商谈引进推广煤化工企业节能循环新技术。考察中国丹阳艾科卡特催化有限公司尾气净化技术，协商引进5G手机用背板材料开发项目。与晋岳文化旅游开发公司合作，对接西南大学，协商筹建蚕桑院士工作站事宜。6月，邀请浙江大学教授、著名蚕病防治专家鲁兴盟到晋城讲学，培训120多名蚕桑技术人员。

【科技服务】 2018年8月至9月，晋城市科学技术研究所受市食药监局委托，编制《晋城市功能食品产业发展规划（2018—2020）》，为市委、市政府制定食品行业发展规划提供决策参考。

（杨学峰）

气 象

【概述】 2018年，晋城市气象局推进气象改革，加强现代化建设，健全气象观测网络，提升气象灾害预警信号质量，开展特色农业气象服务、专业气象服务，加大防雷安全监管力度，完成各项工作任务。获晋城市政府表彰为“2017年度全市环保工作先进集体”，获市年度目标责任考核领导组授予“促进晋城经济社会发展贡献奖”；市直工委授予局党支部“先进党组织”称号。

【气象观测】 2018年，晋城市国家级自动站观测设备稳定运行率100%；重大天气和重大活动服务期间设备业务可用性100%。国家级自动站、区域站观测资料业务可用性分别为100%、96%；MDOS质控反馈率100%；农业气象测报完成工作基数7932个，错情率为零；自动土壤水分测报质量错情率为零；环境气象观测业务正常运行，气溶胶质量浓度、反应性气体和温室气体观测资料可用性达到相关要求。城镇天气预报、国家级自动站、区域站、GNSS/MET、酸雨、自动土壤水分、大气成分、国家天气站等信息资料传输及时率分别为100%、99.96%、99.42%、99.54%、100%、99.73%、99.64%、98.83%。

【气象预报】 2018年，晋城市暴雨（雪）、大风、大雾、雷电等各类气象灾害预警信号预警准确性（TS）分别为70.8%、36.3%、46.4%、83.4%，预警时间提前量分别为155.19分钟、264.8分钟、71.7分钟、20.19分钟。6月22日，省、市、县一体化短时临近天气预报预警业务系统上线运行。

【气象服务】 2018年，晋城市气象部门制作发布决策气象服务产品501期、为农气象服务产品391

期、专业气象服务产品820期、人影简报2期；召开重要天气预报新闻发布会6次；通过广播、电视、报纸、手机短信、政务微博、微信公众号、预警大喇叭等渠道向社会公众发布预报服务产品14544份，受众5923691人次；向全省公共气象服务产品库共享市级服务产品1442份，全省各市排名第二。开展春耕春播、夏收夏种、秋收秋种以及面向新型农业经营主体的直通式服务。成立晋城市专业气象服务台，按照“立足本地，辐射周边，明确方向，体现特色”的工作要求，重点开展旅游、中药材、大黄梨等专业气象服务。开展春节、国庆等重大节假日，市县“两会”、高考、中考、第三届国际徒步大赛等重要社会活动的气象服务工作。

【气象应急预警】 2018年，晋城市气象局启动气象灾害应急响应4次、重污染天气应急响应13次。参加政府组织的应急演练10余次。全市共发布各类预警信号465次、重污染天气预警13次、地质灾害气象风险预警29次、城市内涝气象风险预警15次；制作重大天气过程服务分析评价报告3份。优化预警信息服务对象信息及发布策略，开展全市突发事件预警信息发布业务安全运行综合整治月活动。

【气象改革】 2018年，晋城市气象局推进企业投资项目试行承诺制、实行无审批管理工作，对涉及气象部门的“防雷装置设计审核”，完成相关材料上报工作。对部门内启用的“升放无人驾驶自由气球、系留气球资质认定和活动审批管理系统”“雷电防护装置设计审核和竣工验收审批管理系统”涉及的市、县气象局管理人员进行充分授权，指导市、县气象局相关人员做好“外网申报，内网审批”相关工作。

【气象安全监管】 2018年，晋城市气象局加大对全市防雷安全监管工作力度，建立相关台账，通过气象行政监管系统，对全市227家防雷安全重点单位（企业）“双随机”抽查，检查对象主要为易燃易爆危化品场所、矿区等企事业单位，检查内容包括防雷安全巡检记录、防雷检测报告、雷电防护安全制度和应急预案等有关资料。共抽查91家，其中合格单位83家，下发限期整改通知书2家，停产6家。

【气象人工作业】 2018年，晋城市共布设新型自动化火箭发射架11部、远程控制增雨烟炉设备6部，建设标准化火箭固定作业点10个、流动火箭作业点6个。组织市、县实施火箭增雨作业34站次，发射WR-98火箭弹64枚、烟炉作业燃放烟条251根。

【气象科研】 2018年，晋城市气象局完成上年山西省气象局面上项目《晋城市云地闪活动与气象要素的相关性研究》，承担2018年省气象局青年基金项目《基于小波分析的晋城气候变化特征研究》、面上项目《晋城市大雾天气的气候特征分析及预报研究》，申报2019年省气象局科研项目6个（重点项目1个，面上项目4个，青年基金项目1个），争取省地震局面上项目1项；申报2019年中国气象局预报员专项项目1项。与市国土局共同设立2018年科研经费7万元，用于地质灾害监测预警等研究。

（王建民）

地　震

【概述】 2018年，晋城市地震局加强组织领导和工作部署，完善地震监测预报手段，做好震害预防工作，开展地震应急演练，加大地震宣传和地震服务力度，完成防震减灾工作目标任务。

【地震监测预报】 2018年，晋城市地震局下发年度震情跟踪工作方案，加大台网投入和管理力度，信息节点连通率99.99％，监测台网运行率99.6%，形变台（省级台）运行率98%，电磁波台网（省级）运行率98%。承办省地震局在晋城市举办的全省台网观测质量评比会议，晋城市台网运行率获全省第一。参加在河北邯郸召开的第56届、山东菏泽召开的57届晋冀鲁豫联防区会商会和全省地震趋势会商会等会议。按规定完成周会商、月会商和会商意见上报工作。坚持异常零报告制度，报送率100%。实施《山西省地震烈度速报与预警工程》晋城区项目，完成晋城市范围内72个基本站、10个强震台和12个示范学校选址工作。

【地震宣传】 2018年，晋城市地震局以汶川地震10周年为契机，开展系列宣传活动：①参加市减灾委组织的“5·12”防灾减灾日集体宣传活动，向群众发放防震减灾主题宣传包等资料；②组织全体党员干部到帮扶村陵川县夺火乡碾帮水村开展防震减灾科普宣传活动；③开放市防震减灾科普基地，接待陵川县地震局、晋城市绿丝带协会、晋城一中等单位参观；④与晋城市绿丝带协会举办“学雷锋志愿服务”——防震减灾知识宣传；⑤组织县区开展包括学校应急演练、平安中国、书法比赛等宣传；⑥与市教育局协作，选拔高中组、初中组两个队参加国家地震局组织的防震减灾知识电视竞赛山西地区预选赛，高中组获得全省第二名；⑦开展“7·28”防震减灾系列宣传活动。

【地震服务】 2018年，晋城市地震局为编制《晋城市城市总体规划（2018—2025）》提供专题材料50余份。配合泽州县政府开展转型项目选址工作，提供晋获断裂带相关图纸。跟进晋阳高速公路改扩建、机场建设等重点项目，提供防震减灾相关服务。

【示范创建】 2018年，晋城市地震局会同市教育局下发《关于认定市级防震减灾科普示范学校的通知》，认定凤台中学等6所学校为上年市级防震减灾科普示范学校；申报泽州县南村镇初级中学校等6所学校为2018年省级防震减灾示范学校。与市民政局联合下发防灾减灾示范社区创建文件，把防震减灾示范社区建设统一到防灾减灾示范社区建设中。配合省联合验收组对城区康乐社区创建国家级防震减灾示范社区初步验收。

【法治建设】 2018年，晋城市地震局通过行政执法主体及行政执法证件注册审核。组织参加山西省2018年度宪法知识考试和年度法学在线学习、公共知识考试。制定2018年法治工作要点，更新领导组名单，明确法治建设第一责任人工作清单。推进“放管服效”改革，参加涉企信息归集公示工作。推进互联网＋政务服务平台建设。

【地震应急】 2018年，晋城市防震减灾领导组下发《关于开展2018年地震应急准备和抗震设防工作自查的通知》，市防震减灾成员单位和各县（市、区）政府开展地震应急准备监督检查和重点部位隐患排查。完善市级地震应急指挥系统，保障应急通信和视频会议互联互通，卫星电话和视频会议联调联通率均为100%。推进应急避难场所建设，对泽州公园、玉龙潭公园、百松园、文体宫、前进路游园、儿童公园、七星广场等避难场所指示牌进行排查更换。加强应急物资储备，收集《晋城市地震灾区工业生产恢复联动方案》《晋城市煤电油运综合协调应急预案》《晋城市市级医药准备储备调度应急预案》等文件，明确应急物质储备归口管理和库存底数。9月21日，配合省地震局开展全省地震系统应急演练，市县两级地震系统及“三网一员”（地震宏观观测网、地震灾情速报网、防震减灾宣传网和防震减灾助理员）人员参加演练。

（李省会）

文 化

【概述】 2018年，晋城市文化局按照市委、市政府工作部署，落实文化工作总体要求，推动全市文化、体育、新闻出版、广播影视工作又好又快发展，完成年度目标任务。

【主题宣传】 2018年，晋城市电影公司开展“2018欢庆春节元宵节‘牢记新使命，放映新时代’主题电影放映展”活动，放映电影2000余场；开展“红色电影国防教育”活动，放映国防教育影片10余场。广播电视台开办《寻根炎帝·梦回高平》《聚焦重点工程、助力转型升级》《劳动光荣，创造伟大》《文明在行动》《新春走基层》《壮阔东方潮、奋进新时代——庆祝改革开放40年》《新时代、新气象、新作为》《大家想、大家说、大家干》《着力整治群众身边腐败问题》《整治“双违”在行动》《扫黑除恶活动》等主题专栏，太行日报社、晋城广电网开办“晋城的事大家想大家说大家干、众‘智’成城”网络专题栏目。

【艺术创作】 2018年，晋城市文化局创作情景剧、微电影、小品、小戏等作品21个。其中，小戏《一念之间》《房》代表山西省参加“中国·桐乡小戏艺术邀请展”，获优秀展演剧目、优秀导演、优秀编剧、优秀作曲、优秀演员、优秀组织奖6项大奖。大型新编上党梆子历史剧《郝经》演出9场，完成第五稿修改。大型上党梆子现代戏《太行娘亲》参加央视新年戏曲晚会录制，在国家大剧院演出2场，获省文化和旅游厅推荐参加第十二届中国艺术节。本土原创微电影《七彩梦》获第六届亚洲微电影艺术节“好作品奖”。国家艺术基金资助项目——合唱《打酸枣》巡演8场。市美术馆组织参加省文化厅主办的《黄河之魂·长城博览·大美太行美术作品展》，13幅国画、油画作品获奖。组织国家艺术基金2018年度传播推广项目——上党中古代墓志拓片及临摹、题跋巡回展览。

【竞技体育】 2018年，晋城市文化局组织参加全国体育赛事7项（次），获得金牌12枚、银牌6枚、铜牌6枚。运动员杨畅参加第十八届亚运会，获得400米个人混合泳第五名、200米个人混合泳第六名。参加山西省第十五届运动会，获得金牌30枚、银牌25枚、铜牌47枚，金牌总数位列全省第五名，获体育道德风尚奖。举办“全国围棋之乡”围棋分站赛，山西省第十五届省运会跳水比赛，“中国·高平后羿杯”全国射箭挑战赛，晋城市第六届农民运动会、第六届“凝心聚力·争先竞逐”机关系列体育大赛，第30届全市中小学生田径运动会，全市足球、篮球、羽毛球、体育舞蹈等常规赛事。全年，举办市级竞赛60项次，参赛人数达到2万人次；县级竞赛100项次，参赛人数达到3万人次。

【公共文化服务体系建设】 2018年，晋城市文化局开展国家公共文化服务体系示范区创建活动，召开动员大会，制定工作规划，分解创建任务，市政府与各县（市、区）政府、市直有关单位签订创建责任书。市文化艺术中心工程开工，包括大剧院、群艺馆项目。举办晋城市庆祝改革开放40周年群众文化系列活动暨“2018年中国梦·劳动美——放歌新时代 唱响新征程”消夏文艺晚会100场、百姓合唱大讲堂36场、“悦乐音乐会”3场。推进泽州县、阳城县、沁水县图书馆和文化馆试点建设。开展全市农村文化志愿服务活动。挖掘弘扬围棋文化，申报“中国围棋之乡”。推动群众体育事业发展，获国家体育总局评为“2013—2016年度群众体育先进单位”。申报中央体育彩票公益金资助项目3个（城区白马寺步道、陵川西溪步道、陵川县城南体育公园），争取资金180万元。申报中央专项彩票公益金290万元。

【文化活动】 2018年，晋城市文化局承办晋城市春节、元宵节社会文化活动和央视“魅力中国城”竞演活动，举办晋城市第13届“凤鸣春晓——赵树理戏剧奖”优秀剧目展演暨文化惠民参演资格评比活动、“在太行山上”百人大合唱暨山西省庆祝改革开放40周年群众文化系列活动（晋城分会场）开幕式、六一专场文艺晚会、首届“盛世国乐·筝韵天下——中国古筝日（晋城）”、纪念改革开放40周年暨欢度中秋国庆和重阳节经典戏曲展演、山西民歌专场、歌舞晚会专场活动。组织参加山西省庆祝改革开放40周年群众文化系列活动，获得各类奖项59个，其中，市群艺馆选送的小品《抢车位》、曲艺《心的呼唤》分获山西省音乐舞蹈戏剧曲艺大赛戏剧类、曲艺类第一名，入选全国“群星奖”初选；市文化局获优秀组织单位。

【全民阅读活动】 2018年，晋城市文化局组织开展“4·23世界读书日”暨“书香城市·文化晋城”全民阅读活动，包括图书捐赠、“送书助读”七进、“经典诵读马拉松”、阅读之星评选、“阅读，与法同行”4·23党员联系志愿者街头宣传、街区24小时自助图书馆宣传及图书推荐推广等活动。组织开展“绿书签”进校园宣传活动，发放“绿书签”2万个。市图书馆向农家书屋、社区书屋、军（警）营、机关、企业、中小学等近20家基层组织赠送图书2万余册。

【新闻出版】 2018年，晋城市文化局组织开展“侵权盗版及非法出版物集中销毁暨4·26知识产权宣传周活动”，销毁各类侵权盗版及非法出版物3035册，发放宣传彩页、手册、宣传海报3000余份，接受群众咨询100余次。在市区广场和社区等人员密集场所发布LED大屏公益广告700余次，在晋城电视台播放公益广告宣传片160余次，在《太行日报》刊登公益广告7条4个版面，在党政机关、大中小学校、各类企业等公共活动场所张贴宣传海报500余张。开展打击网络侵权盗版“剑网2018”专项行动，监测巡查各类网站327家（次）、微信公众号130余家（次），清理色情网页链接6980个、涉军涉政链接1741条、其他有害类信息4137条。完成政府机关正版化软件升级工作和农家书屋出版物补充更新工作。

【文化惠民工程】 2018年，晋城市文化部门免费送戏下乡870场，放映农村公益电影27384场、寄宿制学校爱国主义教育影片1512场，举办“新时代太行文艺轻骑兵”演出7场、周末大剧场48场、百姓大舞台（消夏晚会）100场、非遗展演进广场（社区）29场、“三下乡”2场、文化低保81场。市美术馆主（承）办各级各类展览33场，参观人数达14万人；开展“福到万家、情暖心间”新春送春联活动，为群众书写春联上千幅。市群艺馆举办免费开放培训班60次，培训2000余人；举办全民健身系列活动等市级群体活动33项（次），参赛群众达2.6万人次；组织250余人参加省第十五届运动会4个组别群体项目比赛，获团体项目一等奖10个、二等奖9个、三等奖6个，个人第一名6个、第二名7个、第三名4个；举办晋城市基层文艺骨干暨第十三届文化馆（站）辅导员培训班，培训骨干200余人；举办2018年第一期晋城市二级社会体育指导员培训班，培训86人；开展20周岁至59周岁商业服务业人员免费国民体质监测活动，监测样本1596个。

【非遗演艺进景区】 2018年，晋城市文化局开展非遗演艺进景区工作，印发《晋城市加快推进演艺、非物质文化遗产进景区实施办法的通知》。截至2018年底，全市AAAA级以上（含AAAA）景区累计演出非遗节目2566场次，覆盖率达87%，超过省定指标7个百分点。

【文化创意产品推广】 2018年，晋城市文化局与焦作市文广局达成文化产业进入中原市场交流合作框架协议，举办晋焦两地文化创意产品展销活动。推进文化重点项目和园区建设，确定年度重点文化产业项目26个，组织相关企业开展非物质文化遗产产品及旅游商品宣传、展示、展销活动，推荐相关企业参加省级文化产业政策培训班、特色文化产业人才能力提升培训班、文化产业市场主体培育“四项工程”专题培训班、贫困县文化产业专题培训班和第十四届深圳国际文化产业博览会、第十三届中国北京文化创意产业博览会。

【文体产业】 2018年，晋城市政府出台《关于加快发展健身休闲产业的实施意见》。市歌舞剧院商业演出46场。新增影城2家、荧屏7块、座位655个。全市印刷企业达86家，出版物发行单位达182家。体育彩票累计销售2.77亿元，同比增长6.87%，全省排名第五。

【文化市场管理】 2018年，晋城市文化局承接山西省体育局、新闻广播局下放行政审批事项各1项，精简取消其他权力4项。优化行政审批流程，开展上门服务和全程指导，清理规范证照年检和中介服务机构。全市文化市场转型升级率达80%，承办全省文化市场转型升级暨综合执法改革工作推进会。完成全市互联网上网服务场所“文网卫士”监控软件安装。开展二次非法销售、安装、使用卫星地面接收设施专项整治行动，出动执法检查人员2914人次、车辆805车次，收缴卫星接收机59台，发放各类宣传单1.3万份。开展打击治理“黑广播”违法犯罪和集中整治违规设置使用调频广播电台专项行动，查处案件1起。开展文化市场专项整治行动，出动执法人员6002人次，检查各类经营场所2394家，发现各类违法行为和安全隐患60余条，办理案件50件，取缔无证经营娱乐场所2家，查处接纳未成年人网吧3家。市文化市场行政综合执法大队参加全省文化市场综合执法技能竞赛，获团体三等奖、执法程序规范团体二等奖。

【非物质文化遗产保护】 2018年，晋城市文化局组织参加首届山西省非物质文化遗产博览会“大美太行”系列活动，获优秀组织奖等奖项17个。开展省域国家级文化生态保护实验区建设，拟定《晋东南文化生态保护实验区规划纲要》。申报2018年国家非物质文化遗产保护中央专项资金300万元、国家级非遗传承人群普及培训补助资金2万/人。新增国家级非遗代表性传承人5名。举办2018年“文化和自然遗产日”活动。泽州四弦书参加天津全国非遗曲艺周活动。完成上党梆子经典、优秀传统音像资料收集和数字化修复、整理，其中视频资料16盘、音频资料129盘。国家级非遗传承人张爱珍被评选为全国非物质文化遗产保护工作先进个人。高平绣活、潞绸织造技艺入选第一批国家传统工艺振兴目录。实施乡村文化记忆工程，全市55个乡镇开展试点建设，陵川县、阳城县开展县级示范基地建设，建成城区夏匠家风展馆和泽州县草地铺知青展馆2个村级特色文化记忆展厅。开展晋城市老城区历史建筑文化课题研究，形成《继承老城文脉，再造古晋辉煌》研究报告。制作《非遗晋城》专题片7集。

【扫黄打非】 2018年，晋城市文化局以“护苗、清源、秋风、固边、净网”五大专项行动为重点，组织市级专项检查8次、县级检查200余次，出动执法人员620人次，累计检查市场经营单位668家次，责令整改违法违规经营行为13处，驱离非法出版物摊点（游商）24个，收缴各类非法出版物730余册，收缴盗版压缩音像制品188盘，查处有害网络信息3900余条、网吧淫秽色情信息9040条，查办案件8起。推进“扫黄打非”进基层工作，城区、高平市、沁水县所有乡镇（街道）建立联络站、行政村建立信息点，泽州县、阳城县、陵川县所有乡镇（街道）建立联络站、1000人以上行政村建立信息点。加强基层站点规范化标准化建设，高平市、沁水县完成50%，其余县区完成20%；申报第二批全国“扫黄打非”进基层示范点1个；市文化局业务科室负责人表彰为全国“扫黄打非”先进个人。

（武敏宏）

新闻传媒

【概述】 2018年，晋城市新闻传媒集团强化思想理论建设、抓好舆论宣传引导、践行社会主义核心价值观，坚持创新发展，主动担当作为，组织策划系列主题宣传报道活动，为全市改革发展营造浓厚舆论氛围。

【主题宣传】 2018年，晋城市新闻传媒集团在晋城广播电视台、《太行日报》等阵地，开设《习近平新时代中国特色社会主义思想——新时代、新气象、新作为》等专栏，刊发《我市全面深化改革激活“一池春水”》《我市医卫体制改革取得重大突破》等稿件40多篇；开设《党的十九大报告学习辅导一日一题》《新时代晋城讲习快车》等专栏，把中共十九大精神传递到基层一线。组织开展“晋城的事大家想大家说大家干众‘智’成城”大讨论，开设大讨论专栏，累计刊发相关稿件100多篇，采访对象涵盖各县（市、区）委书记、市直各单位负责人、机关干部、企业家、普通群众等群体。

【“两会”专题报道】 2018年，山西省“两会”期间，晋城市新闻传媒集团派出报道组，开设《聚焦省“两会”》专栏，全程报道省“两会”情况，及晋城市代表团履职建言情况。围绕全市经济发展、民生保障、脱贫攻坚、生态环境、重点工程、双拥等方面，开设《坚决打赢整治“双违”攻坚战》《坚决打赢精准脱贫攻坚战》《庆祝改革开放40周年·晋城辉煌巨变》等专栏，组织策划“第二届海峡两岸神农炎帝文化旅游招商系列活动”“晋城跨省城际公交开通”“聚焦重点工程建设”等系列报道活动。

【本土文化宣传】 2018年，春节、元宵节期间，晋城市新闻传媒集团承办协办多项社会文化活动，其中《记忆中的年》《晋城年俗》《晋城人的老照片》等全媒体文化产品，通过线上征集、线下展览的方式，吸引数万名晋城人观展。元宵节、清明节和端午节期间，围绕贯彻落实中共十九大精神和文明城市创建，举办“品味书香阅读文明——新时代晋城书享荟”活动3期。开设《改革开放40年·我的大院我的家》栏目，通过文字、图片、视频等方式，在报纸、新媒体公众号、晋城新闻网等平台同时刊发，讲述大院中普通人的生活变迁，反映改革开放40年来晋城经济社会发生的深刻变革。

【公益宣传】 2018年，晋城市新闻传媒集团制作、刊发、播出社会主义核心价值观、脱贫攻坚、森林防火、国家版权日、禁毒宣传、军校招生宣传、诚信纳税、卫生城市宣传、环保宣传、庆祝改革开放40年、“我们的节日”系列、“讲文明树新风”系列、文明城市系列、晋城市农民丰收节、扫黑除恶、经济普查、推广普通话等公益广告300多条。其中，《太行日报》发布公益广告152条（次），《太行晚报》发布公益广告143条（次），占到整个广告发布量的1/3以上；高速路擎天柱广告柱和市区阅报栏等户外广告平台实现公益广告全覆盖。

【外宣工作】 2018年，晋城市新闻传媒集团在国家级、省级媒体发稿898条，其中报纸发稿19条、电视发稿511条、广播发稿308条。组织参加山西新闻奖、山西省广播电视奖、山西省优秀网络节目评选、亚洲微电影艺术节、全国公益节目推选、山西省电视艺术奖、宣传晋城好新闻奖等评选活动，20余件作品获省级以上奖项，20余件作品获“宣传晋城好新闻奖”。其中，“两省三地城际公交开通全媒体同步直播”和“体验魅力中国城·百名网媒总编太行古堡行”采访活动专题获特别贡献奖。

（程　才）

上党戏剧研究

【概述】 2018年，晋城市上党戏剧研究院以党建统领业务，坚持“二为”（文艺为人民服务、为社会主义服务）方向、“双百”（百花齐放、百家争鸣）方针，守正创新，发挥理论研究阵地作用，突出研究成果转化实践，各项工作稳步推进，获得2016—2018年市直文明单位称号。

【艺术创作】 2018年，晋城市上党戏剧研究院以“上党戏剧的保护传承与创新发展”为宗旨，创作大型现代戏《长江支队》《青山归来》《三里湾PK十里店》，大型曲艺剧本《王不当的担当》，中型情景剧《太行花木兰》。创作小戏小品30多部，其中小戏《一念之间》《房》参加中国剧协桐乡小戏展，获优秀编剧、优秀导演、优秀展演剧目、优秀音乐唱腔设计、优秀演员、组织奖六项大奖；小戏《新四郎探母》入选中国剧协第九届中华颂优秀小戏小品展演；小品《拯救》入选中国剧协张家港小戏小品冬训班；微电影《回村》获全省首届社会主义核心价值观主题微电影三等奖、全省电教片观摩展演二等奖、晋城市电教片观摩展演特等奖；数来宝《抗战阅兵两英豪》获全省非遗展演优秀奖；小品《抢车位》在晋城春晚演出，获全省非遗展演一等奖；独幕剧《荆轲刺秦之后》入围清华大学校园首届优秀剧目；哑剧《尽在不言中》参加全国“伶人王中王”演出。创作《孔子回车》《陪伴》《爱怨都是情》《扶心》《调解》《路魂》等剧目。

【戏曲研究】 2018年，晋城市上党戏剧研究院编纂《上党戏剧》刊物2期，宣传党对文艺工作的方针政策及文艺工作最新动态，搭建全市文艺工作者学习、交流、展示平台，研究和传承上党梆子。组织创研人员到沁水窦庄、高平良户、阳城北留采风，丰富现实题材作品素材。撰写评论、理论研究性文章12篇，其中上党梆子《打龙袍》移植剧目分析评论文章《只留清气满乾坤》在《戏友》发表，《寻找、传承、创新》在《晋城文化研究》发表，《丹楹刻桷，泽古芳华》在《文化学刊》发表，《一生只为舞台醉》在《晋城文化研究》发表。舞美人员的手捏戏曲彩塑作品《十八送》《断桥》获山西省第五届山西工艺美术博览会银奖，《三关排宴》作品入选第五届山西艺博会冬季工艺美术精品展。

【非物质文化遗产保护】 2018年，晋城市上党戏剧研究院组织编纂《上党梆子志》，完成初稿160余万字。举办上党梆子“非遗”研讨会，召开马正瑞《粉墨人生》发布会。编纂《戏剧研究与评论文选》。完成上党梆子、上党落子、秧歌等音像资料修复及数字化处理工作，含录像带20盘、录音带173盘（上党梆子29盘、上党落子74盘、秧歌14盘、曲牌及其他11盘）。整理上党落子剧本，初选46本（单本剧37本、连本剧4剧9本），备选21本，共计60万字。

【承办活动】 2018年，晋城市上党戏剧研究院承办第13届“凤鸣春晓——赵树理戏剧奖”优秀剧目展演，11个剧团11台戏参展，引入长治戏曲《江姐》参演，搭建艺术交流平台。承办全省首届非遗博览会——“梨园新秀”山西省青年戏曲演员展演活动。

（杨　姣）

卫生和计划生育

【概述】 2018年，晋城市卫生和计划生育委员会深化县乡医疗卫生机构一体化改革和公立医院综合改革，补齐优质医疗资源不足和基层基础相对薄弱短板，攻克国家卫生城市复审工程和健康扶贫工程，促进卫生与计生工作、基本医疗卫生与基本公共卫生深度融合，多措并举促发展，服务百姓惠民生，全市卫生健康事业取得成效。

【县乡医疗卫生机构一体化改革】 2018年，晋城市六县（市、区）医疗集团完成党政班子、医保打包付费、法人注册登记、管理业务运营和人事薪酬制度改革等任务。全市深化医改工作全省评估97.5分，位列全省第一。市、县两级投入资金8100万元，分步、分期推动信息化建设，建立分级诊疗、远程会诊、家庭医生签约、公共卫生服务、健康管理、绩效考核、医疗保险等系统，实现检查检验结果查询、推送与互认、移动支付、门诊患者诊间结算等功能。

【公立医院综合改革】 2018年，晋城市开展现代医院管理制度章程试点工作，晋城市人民医院等6家医院完成申报。推进公立医院绩效考核和人事薪酬制度改革试点工作，出台《关于开展公立医院薪酬制度改革试点工作的实施办法》《晋城市城市公立医院绩效考核方案（试行）》等，引导公立医院自觉加强管理、提升服务质量、规范服务行为。印发《关于做好2018年控制公立医院医疗费用不合理增长工作的通知》，明确市、县两级医疗机构医疗费用增长目标，控制医疗费用不合理增长。加强临床路径管理，全市实施临床路径管理的病例数占城市公立医院出院病例总数的66.24%，超额完成省定任务。落实基本药物制度，调整充实基本药物配送企业，制定急救药品、短缺药品采购使用办法，对基本药物供应企业实行动态考核。巩固药品采购供应“两票制”（药品从药厂卖到一级经销商开一次发票，经销商卖到医院再开一次发票），全市22家公立医院90%以上医用耗材和体外诊断试剂实现网上阳光采购。

【医疗救治】 2018年，晋城市开展香港健康快车光明行活动，免费救治1227名白内障患者。加强医联体和专科联盟建设，晋城市人民医院、晋城大医院分别与基层12家和20家二级及以下基层医疗机构组成医联体，形成基层首诊、双向转诊、急慢分治、上下联动的分级诊疗模式。晋城大医院牵头成立“晋城市骨科专科联盟”“晋城市皮肤性病专科联盟”。引进美国山西总商会医药项目，在质子中心、干细胞治疗、生殖中心、医疗器械物流园区、影像中心建设等方面对接。

推出晋城市急性脑卒中溶栓地图，并在全省首家发布急性胸痛急救地图。其中急性胸痛急救地图属。全市7家急性脑卒中溶栓医院、2家通过国家认证的标准版胸痛中心、1家通过国家认证的基层版胸痛中心、2家在建的基层版胸痛中心以及全市26家医疗机构共同组成晋城胸痛区域联合体，形成覆盖全市的心脑血管疾病快速救治网络。

【中医药服务】 2018年，晋城市推广中医药服务，提升基层中医药服务能力，建设基层中医馆14个，高平市创建省级基层中医药工作先进单位。7月1日，举办全市“中医中药中国行·中医药健康你我他”2018年中医药健康文化大型主题活动，推广中医药法、中医药知识素养和中医药服务。

【基层医疗服务】 2018年，晋城市各县（市、区）采取函授学习、临床进修、参加专题讲座等方式，开展基本医疗卫生机构管理人员岗位培训、基本医疗技术人员业务培训、医护人员培训、乡村医生培训、基本公共卫生培训、乡镇卫生院卫生技术人员进修培训等教育，提高基层卫生人员专业素质。加强乡村医生后备力量培养，持续开展农村订单定向中专以上医学生免费培养项目，扩充乡村医生队伍，完善基层医疗卫生机构服务模式，提升基层医疗卫生机构服务质量和服务水平。

【国家卫生城市复审】 2018年，晋城市召开全市卫计系统迎国卫复审工作会议、建成区旱厕改造会议、农贸市场整治会议等10余次专题会议，开展10余次专项督查和经常性督导检查，下发整改通知100余份，限期整改问题。通过国家卫生城市复审，保持“国家卫生城市”称号。

【健康扶贫】 2018年，晋城市卫计部门围绕“精准到户、精准到人、精准到病”目标，采取政府推动、县乡联动、政策促动等综合措施，通过家庭医生签约服务、先诊疗后付费、“一站式”结算等举措，全市需救治建档立卡贫困患者14373人，入院救治或签约13878人，整体救治比例达99.73%，实现建档立卡贫困人口和计划生育特殊家庭应签尽签目标。

【计划生育】 2018年，晋城市推进全面两孩政策落实配套措施，落实计划生育“一票否决”制度，审核拟提拔人员203人，评优评先、提党入职人员67人，评优单位8家。城区创建为省级计划生育优质服务先进单位。落实奖励政策，为143419人（户）奖励扶助资金10011.67万元，为238户计生特殊家庭发放慰问金20余万元。推进流动人口卫生计生均等化服务，泽州县卫计局被评为全国流动人口动态监测调查优秀单位。落实《关于加快推进母婴设施建设的实施方案》，全市公共场所母婴设施配置率达到76.6%。

【妇幼服务】 2018年，晋城市出台《关于为怀孕妇女提供免费产前筛查与诊断服务实施方案》，全市共筛查17388例。实施育龄妇女增补叶酸、农村妇女宫颈癌、乳腺癌检查、免费孕前优生健康检查等重大公共卫生项目。创建省级规范化乡级妇女儿童保健门诊7家。市、县两级建立危重孕产妇与新生儿管理服务和临床救治中心。落实三级预防措施,提高再生育夫妇孕前优生检查比例,做到应检尽检;规范产前筛查与诊断服务流程,减少出生缺陷发生。

【基本公共卫生服务】 2018年,晋城市卫计部门围绕“保基本、强基层、建机制”总体要求,以“促均等化”为主线,以提升项目质量为核心,按照《国家基本公共卫生服务规范(第三版)》标准推进落实,获得2018年度山西省基本公共卫生服务考核第一名。

【医养结合】 2018年,晋城市政府出台《关于推进医疗卫生与养老服务相结合的实施意见》,将医养结合纳入年度目标管理责任制考核。全市100%的三级综合医院、63%的二级综合医院开设老年病科,96%以上的基层医疗机构开设老年人优先挂号、优先就医等绿色通道。晋城市白云同德医院和陵川县人民医院确定为医养结合工作试点医院,泽州县大东沟镇峪南村和犁川镇水城村确定为省级试点村,城区西上庄服务社区评选为“红十字福寿安康养老服务基地”。

【疾病防控和食品安全风险监测】 2018年,晋城市卫计部门开展艾滋病、结核病等传染病和高血压、糖尿病、肿瘤等重点慢性病防治工作,严防新发传染病输入。传染病网络直报工作全省排名第一,常规免疫报告完整率、二类疫苗接种报告完整率均达到100%。全市创建92个健康支持性环境,倡导健康生活方式。食品中化学污染物和有害因素监测工作覆盖率达100%,样品采集率为110.4%。

【综合监管】 2018年,晋城市卫计部门开展打击非法行医、迎接国家卫生城市复审等工作,完成国家“双随机一公开”(在监管过程中随机抽取检查对象,随机选派执法检查人员,抽查情况及查处结果及时向社会公开)抽查任务,实行全过程执法记录和自由裁量基准制度。全市各类被监督单位监督检查覆盖率达100%,查处行政处罚案件243件,罚款489554元。全市执行国家“双随机一公开”抽查任务645家,完结率均为100%。市劳动竞赛委员会授予市卫生监督所“五一劳动奖状”。

(王燕芝)

·晋城市人民医院·

【概述】 2018年,晋城市人民医院年门急诊量56.1万人次,较上年增长13.7%.其中急诊6.8万人次,增长19.3%;出院病人35660人次,增长10.6%;住院手术与操作15601人次,增长16.7%;住院手术7519台,增长15%,三、四级手术占比近60%;出院患者平均住院日10.35天,下降0.21天;病床使用率98.1%,临床路径入径例数19477例,入径率72.73%,覆盖率54.62%,完成18797例,完成率96.51%,占全部出院病人的52.71%;全年药占比29.37%,下降1.89%,医疗总费用、门诊、住院次均费用、耗占比、医疗服务收入占比、医务人员支出占比等医改核心指标均处于合理区间。被省委宣传部、省文明办联合命名为第一批省级“社会主义核心价值观建设示范点”“省级学雷锋志愿服务站”,获市级“精神文明单位”。产科获晋城市“十大杰出女子班组”称号。内分泌风湿免疫科护士郭蓓蕾入选“感动山西”十大人物候选人,消化内科主任张爱国获晋城市“五一劳动奖章”,儿科副护士长裴娟获晋城市“五一巾帼标兵”“十大杰出女职工”,心内科特需病区护士长杨育霞获晋城市“五一巾帼标兵”。

【“五大中心”建设】 2018年,晋城市人民医院着力抓好“五大中心”建设。

胸痛中心。成立山西省胸痛中心联盟·晋城区域中心,组建晋城胸痛区域联合体,累计接诊急性胸痛患者900余例,共行CAG+PCI超240例;全省率先发布急性胸痛急救地图,获“中国房颤中心建设单位”称号。心内科晋升为晋城地区临床学科中唯一的省级医学重点学科,心内科电生理团队完成全市首例希氏束起搏手术和左室间隔面(夺获左束支)起搏手术。

卒中中心。在晋城地区首家获国家脑防委授予“高级卒中中心建设单位”称号，中国卒中学会授予“综合卒中中心”称号；率先发布急性脑卒中溶栓地图，当选省神经内科联盟副理事长单位，成为省卒中学会、卒中中心联盟晋城地区牵头单位和河南省人民医院智慧医联体帕金森病、脑炎联盟单位。共接诊急性脑梗死400余例、溶栓50余例。

危重孕产妇救治中心。提升危重孕产妇抢救成功率和早产高危儿存活率，收治危重患者258人次，抢救成功率100%；开展三、四级手术545例，占比68.3%；与介入放射科合作开展凶险性前置胎盘、剖宫产术中暂时性腹主动脉球囊阻断术，开展羊膜腔灌注等新技术新项目，参与国家级课题2项；新增产科二病区。

危重新生儿救治中心。扩展新生儿病区空间，成立新生儿无陪病房，收治危重新生儿654人次，抢救成功率99.38%。加入河南省儿科医疗联盟，制定新生儿突发事件应急预案。

创伤中心。组建创伤救治领导组、技术组，明确救治时间和流程，累计启动运行10余次，收治创伤病例50余例。

【项目建设】 2018年，晋城市人民医院加快项目建设，兰花集团北岩分院项目11月13日开始营业，老年医学科、全科医疗科迁入，院本部各科室专家定期坐诊，满足市区西北片区群众诊疗需求。全科医生临床培养基地和3号住院病房加层项目竣工验收，新增病床230张，学术报告厅和部分楼层完成改造并投入使用，一号住院楼(原外科住院楼)病区改造、手术室扩建、外挂电梯项目基本完工。市医院易址扩建项目完成可行性研究报告批复，总体规模控制在19.1万平方米，总投资控制在16.4亿元，资金拟采用PPP模式；市政府原则通过项目实施方案，授权市人民医院为项目政府方出资代表，初步设计通过专家论证。

【医疗服务】 2018年，晋城市人民医院落实新一轮《改善医疗服务行动计划》，加入国家神经系统疾病临床研究中心(北京天坛医院)神经系统疾病专科联盟、国家老年疾病临床医学研究中心(湖南湘雅医院)老年病专科联盟、国家呼吸临床研究中心(中日医院)呼吸专科医联体和慢阻肺联盟，被授予“中国食管胃静脉曲张诊治规范基地”；进入以河南省人民医院为核心的“互联智慧分级诊疗体系”，成为北京儿童医院集团——河南儿科医疗联盟成员单位；21个科室与山西省人民医院、山医大一院等省级医院建立专科联盟。跨省首次直升机运送危重病人，邀请世界盆底协会主席和欧洲结直肠、盆底疾病协会主席两位世界知名专家到院进行学术交流。年预约挂号率33.45%，比上年增长22.11%，患者通过公众号或APP挂号，实现直接候诊、等号就诊。为全市城乡低保对象、五保户和建档立卡贫困户等三类特殊贫困患者提供免费挂号服务。公开招募门诊志愿者26名，提供志愿服务374小时。实现辅助检查、门诊处置、药品等费用微信扫码、支付宝扫码等线上支付功能。引进全省首台全数字网络架构飞利浦3.0T磁共振；新增数字胃肠机、口腔CT等大中型设备12台；新装影像科室自助胶片打印机。

【医疗质量】 2018年，晋城市人民医院落实医疗质量管理办法，修订涉及医疗质量和安全的核心制度，加强临床路径管理，开展合理用药点评和病历点评，规范诊疗行为。修订“护理质量标准”28项、工作制度101项、工作职责47项、应急预案35项，补充完善护理常规、操作流程31项；18个科室开展延续性护理服务，解决房颤波形识别等疑难问题52个，成立专科小组7个，申报科研课题5个、新技术3项，组建静脉治疗MDT团队。李育芳获评为省护理学会“2018年度优秀会员”，成熙熙获全省第二届手术室护理实践指南授课比赛二等奖，吴韶芬在省护理人员消化内镜清洗消毒技术竞赛中获二等奖。开展健康讲座、病友联谊会等45次，受益群众达上万人次；与媒体合作开展健康讲座36场。

【医保管理】 2018年，晋城市人民医院修订《医保考核方案及标准细则(2018版)》，开展医保查房，“单病种管理”软件上线，推进医保支付方式改革，启动基本医疗保险特殊药品门诊报销，医保出院患者首次突破3万人次；将次均费用超上年度三倍以上患者列为特殊病种，不计入总额协议，保障急危重症患者得以救治。

【人才培养】 2018年，晋城市人民医院共接受实习生100名，其中山西医学院实习生29名、长治医学院实习生31名。完成长治医学院36人临床理论带教任务。住培教学获肯定，在全省12家专业住培基地中，是唯一一家3批次结业考试中理论考试通过率为100%的教学大纲基地。组织骨干教师外出参加SP(标准化病人)培训，举办院内SP讲座，开展SP演练。举办首届临床技能大赛、首届护理用品创新大赛，评选全院首届"十佳医师"。秦中胜等4名专家入选全省"三晋英才"支持计划年度支持对象，确定为拔尖骨干人才；牛东升获第一届省青年医师奖；侯志云等10名专家入选首届"晋城名医"30人名单；潘三葱、段广斌获"晋城市第四届医师奖"。

【科研教学】 2018年，晋城市人民医院引入"中国医院知识仓库系列全文数据库"信息检索系统，借助科教管理平台举办49项学术讲座，其中国家级继续医学教育项目1项、省级学术活动7项。举办第六届太行心血管病论坛、脑血管病手术与介入治疗新进展研讨会、非传染性肝病诊疗新进展研讨会等国家级、省级继续教育项目。全院发表论文120篇，其中SCI论文2篇、核心期刊5篇、中华论文10篇、统计源期刊9篇，CSCD论文4篇。

【对口支援】 2018年，晋城市人民医院对口支援陵川县医疗集团、泽州县医疗集团、城区医疗集团，分别签订医疗联合体建设目标责任书，累计派出对口支援医疗人员49人次，涵盖10多个专业领域，开展带教手术90例、病例讨论200余次、新技术新业务35项、学术讲座130余次、教学查房500余次、业务培训200余次。

（赵　波）

·晋城大医院·

【概述】 2018年，晋城大医院年门诊量62.3万人次，同比减少9.2万人次，降低12.9%；出院3.5万人次，同比增加1940人次，增长5.8%；完成住院手术1.2万台，同比增加1027台，增长9.3%；手术与操作1.5万人次，同比增加678人次，增长4.81%；平均住院天数10.7天，同比减少0.4天。患者满意度为98.5%。医疗事故为零。11月，通过三甲医院周期性复审。

【科室设置调整】 2018年，晋城大医院对科室设置科学合理调整，全院开放床位由1100张增加到1235张。整合南区社区服务中心和疾控中心资源，建成社区中心；体检中心更名为健康管理科，将单纯的体检工作向体检前后延伸，进行健康干预和管理，开展个体化体检业务；成立骨科五病区(手足外科)；整合原核磁、CT、放射科、介入科、核医学科资源，成立大影像科；心内科、呼吸内科增加监护病床，呼吸内科更名为呼吸与危重症医学科，麻醉科更名为麻醉与围手术期医学科，重组成立肿瘤综合治疗病区、康复综合治疗病区；增设运营管理部和医疗质量控制部，加强绩效管理、市场开发和医疗质量管理与监控工作。

【医疗合作】 2018年4月18日，"晋城市紧急医疗救援中心(120)·晋城大医院站"揭牌，晋城大医院作为核心站点医院加入到晋城市紧急医疗救援序列。7月21日，与山西医科大学签署共建山西医科大学直属晋城大医院(山西医科大学第十二临床医院)合作协议。10月23日，与郑州大学第一附属医院达成合作协议。12月，经国家药品不良反应监测中心认定，成为国家药品不良反应监测哨点联盟成员单位。通过中国胸痛中心检查和认证，骨科成立晋城市首家数字骨科暨3D医学研究实验室，心内科成为国家首批房颤中心建设单位。成立晋城大医院卒中中心、晋城市创伤救治中心、伤口(创面)治疗中心、尿石症诊治中心、乳腺疾病诊疗中心、整形美容中心。牵头成立专科联盟2个，以副理事长单位加入的专科联盟21个。

【学科建设】 2018年，晋城大医院矿山事故创伤医疗救治山西省科技创新团队由省级培育团队升级为省级重点创新团队；医学影像与核医学科由省市共建重点学科升级为省级重点学科;普外科由省市共建重点学科升级为省级重点建设学科;心胸外科、肾内科、肿瘤科、产科获评为晋城市市级重点学科,市级重点专科达到27个。

【科研教学】 2018年,晋城大医院获批山西省自然科学基金面上项目1项、山西省卫健委科研课题5项,集团科技项目12项;获得省部级科技进步奖2项,国内领先水平以上的省部级鉴定成果6项。在省级以上期刊发表论文80余篇。开展"科研教学活动月"学术活动。举办继续医学教育学术会议25次,其中国家级学术会议2次、省级4次、市级19次。招收住院医师规范化培训学员70名,其中外单位24名。完成国家城市癌症早诊早治项目。

【信息化建设】 2018年3月26日,晋城大医院与腾讯公司签署"互联网+生态医院"合作协议,成为"腾讯觅影"系统落户山西的首家医院,也是省内首家合作的人工智能医学示范基地。接入专业版PACS系统,通过整合各检查科室的信息流,实现集中预约管理,提高科室人员和设备利用率。搭建万方数据知识服务平台,启用大医学搜索服务平台,拓宽职工学习途径。门诊人工收费窗口实现微信、支付宝缴费,小型自助系统投入使用,患者可以通过身份证、社保卡以及微信支付实现自助预约、挂号、缴款、住院押金缴纳以及报告结果查询。在微信公众号开通院内导航服务。

【应急保障】 2018年,晋城大医院参加晋城市重大突发事件应急演练和晋城市党纪教育基地组织的医疗救援应急演练,对驻地工作人员进行心肺复苏等急救技术培训。承办晋煤集团"安全生产活动月安全教育培训班"。组织多部门、多科室进行院内突发事件综合应急演练。修订《晋城大医院应急预案(2018年版)》,整理应急物资储备库,统一装箱管理。春节期间,到城区司徒小镇进行医疗保障,派出急救小分队65人次,诊治患者34人。全年救治工伤64人次。

【对口支援】 2018年,晋城大医院派出78名医护人员分赴对口支援医院,接诊门诊患者8717人次,急诊患者850人次,开展手术759台次,教学查房303次;会诊及疑难病例讨论442人次,健康体检259人次,学术讲座203次;业务培训124次,手术示教61例。8月2日,7个临床科室的22位医务人员到岢岚县开展大型义诊活动,为宋家沟乡马跑泉村200余名村民免费测量血压、发放常用口服药物,对常见病、慢性病初步筛查、诊断。

(董晋利)

·晋城市中心血站·

【概述】 2018年,晋城市中心血站围绕年度工作要点,完善无偿献血机制体制,强化血液质量,狠抓精细化管理,保障全市各医疗单位临床急救用血需要和安全。国家卫健委等三部委联合授予晋城市"全国无偿献血先进城市奖",国家卫计委办公厅等三部门授予市中心血站献血服务一科"全国表现突出采血班组"称号。

【无偿献血宣传活动】 2018年,晋城市中心血站在市区各社区、文昌街、人民广场等人流密集场所设置无偿献血宣传栏,49个乡镇制作无偿献血墙体广告100余块,《太行日报》《太行晚报》开辟专栏刊登献血公益广告。在《健康生活报》等媒体刊登无偿献血典型事迹39篇,编纂《晋城献血》12期。晋城献血网等媒体发布无偿献血信息75篇,晋城电视台、晋城人民广播电台定期播放无偿献血公益广告。开展"血站开放日"活动4次,1000余人现场参观。在晋城广播电台健康广播频道,开展为期4天的无偿献血知识讲解和互动。"6·14世界献血者日"期间,开展"为他人着想、捐献热血、分享生命"无偿献血宣传周活动。9月30日,在城区凤西广场开展"众志成城二十载,热血汇聚中华情"主题宣传活动。新增团体献血单位3家,团体献血单位增加到14家,人数达1191人。

【献血队伍扩大】 2018年,晋城市中心血站强化血源招募,"五支队伍"扩大。固定献血队伍,全市固定献血者达到15366人次,占无偿献血总人数的64.3%,超过国家无偿献血先进城市标准14个百分点。单采成分献血队伍,增加微信招募方式，发展单采献血者355人，单采献血者达到1632人；采集血小板1306人2556个治疗量，比上年增加938个治疗量，增长58%。稀有血型献血队伍，新发展RH(D)阴性献血者41人，RH(D)阴性献血者队伍达到691人，全年采集Rh(D)阴性血4.8万毫升。应急献血后备队伍，与晋煤集团、富士康工业园区、宏圣集团等团体单位签订应急献血协议书，应急献血队伍达到1200余人。志愿服务队伍，12名志愿者受到国家级表彰，其中2人获"终身荣誉奖"，"终身荣誉奖"获得者达到6人，累计有128名志愿者受到星级表彰。

【临床用血管理】 2018年，晋城市中心血站对8个储血点和市直民营用血机构重新核查认定；各县(市、区)对辖区内用血医院进行认定，总认定具有临床用血资格的医疗机构达到61家。全年向临床供应去白全血124个治疗单位，去白悬浮红44283个治疗单位，洗涤红细胞252个治疗单位，解冻红细胞4个治疗单位，单采血小板2510个治疗单位，冷沉淀3324个治疗单位，血浆236.58万毫升。向临床供应RH(D)阴性红细胞235个治疗单位，单采血小板13个治疗单位。全年送血797次，安全行程3万余千米。其中：市区送血433次，高平送血129次，阳城送血121次，陵川送血51次，沁水送血36次，实际送血率占到总供血量的75%以上。解决临床输血中出现的血型鉴定及抗体筛选、配血等方面问题，交叉配血14例，抗-D筛查2例，血型鉴定7例，抗体筛查2例。

【用血返还报销】 2018年，晋城市中心血站共为342名献血者及其直系亲属报销用血返还资金33.7万元，为8名献血者及其直系亲属报销异地用血返还资金0.48万元。

【血液质量管理】 2018年，晋城市中心血站开展全自动血型检测，投资380余万元，引进检测流水线。为实验室配备全自动血型分析仪、全自动酶免检测系统，实现血型全自动检测，减少人为差错，缩短检测时限，保证血型检测准确率。

开展核酸检测。投资264万元，集中采购核酸试剂，对全部血液(包括机采血小板)覆盖检测，共检测血液标本25172份，其中核酸联检阳性49例，鉴别HBV21例。

开展实验室室间考评。参加卫生部临检中心采供血系统血液检验室间质评3次，核酸室间质评2次，血型室间质评2次，全血细胞计数2次，全部合格；参加省临检中心采供血系统血液检验室间质评2次，全血细胞计数2次，血型室间质评1次，核酸室间质评1次，全部合格。

改进质量体系，加强过程管控。4月至6月，修改完善质量手册。11月8日至13日，采取业务和职能交叉审查方式对过程和关键控制点进行内部审核。全年，对263袋血液制剂进行质量抽检，检测各项指标结果均符合《全血及成分血质量要求》，总合格率为100%，各类产品抽检合格率均大于75%；抽检原辅材料82次、试剂抽检209次，均符合规定要求；开展环境工艺卫生检测563次、关键设备等检测1181次，均符合规定要求。质量控制100%覆盖采供血全过程。

【血站依法执业】 2018年10月18日，晋城市中心血站通过山西省卫健委第7周期执业资格验收。10月24日，取得新"血站执业许可证"。10月25日，通过市卫计委卫生监督检查。11月27日，通过省卫生监督所卫生监督检查。

【采供血工作】 2018年，晋城市中心血站采全血23866人次，采集红细胞47631个治疗单位，比上年增长11%，达到9520千克。采集血小板2556个治疗单位，比上年增长58%。向太原、晋中等市供红细胞2252U、血浆37.6万毫升，机采血小板4个治疗单位。

(贾庆朝)

疾病防控

【概述】 2018年，晋城市疾病预防控制部门突出健康主题，坚持预防为主，落实防控举措，疾病防控重点工作实现新突破。参加全国第三届"万步有约"职业人群健走激励大奖赛，晋城市疾病预防控制中心获山西赛区优秀组织奖，高平市获国家级省内优秀健走示范区奖、山西省健走二等奖；晋城市疾病预防控制中心作为山西省疾控系统代表（全省3家），参加全国食品安全风险监测技术机构内部质控规范性评价；在2018年山西省国家基本公共卫生服务项目考核中，晋城市排名市级第一，泽州县排名县级第二。

【疫苗接种】 2018年，晋城市常规免疫接种一类疫苗49万剂，二类疫苗16万剂。常规免疫报告完整率、二类疫苗接种报告完整率均达到100%。IPV疫苗补种29648剂，补种率为97.28%。各乡镇各类疫苗接种率均达90%以上。全年报告AEFI病例125例，以县为单位报告覆盖率为100%；AFP病例、疑似麻疹病例、乙型肝炎、乙脑疑似病例、腮腺炎和甲肝病例监测均达到国家要求监测指标，无风疹病例报告，无暴发疫情。六县（市、区）均实现儿童预防接种信息微机管理，新建预防接种档案和儿童出生登记信息系统使用录入率为100%。

【传染病 结核病 艾滋病防控】 2018年，晋城市网报法定传染病25种13239例，报告发病率为570.42/10万；病死11例，死亡率为0.47/10万，病死率为0.08%。流感监测哨点医院流感样病例全部及时报告，未发生重大传染病暴发或流行。全年登记活动性肺结核患者727例，肺结核发病率控制在31.6/10万；肺结核患者病原学阳性率为30.6%；耐多药肺结核高危人群耐药筛查率、病原学阳性肺结核患者密切接触者筛查率和肺结核患者规范管理率均为100%；肺结核患者成功治疗率为95.2%；艾滋病感染者中结核病筛查率为99.3%，市级耐多药结核病定点医院开展耐多药结核病诊治工作，实验室开展传统药敏检查和分子生物学检查，县级全部开展痰培养。全年报告艾滋病病毒感染者和艾滋病病人70例，比上年同期下降13.6%，死亡15例，全市累计检测HIV抗体360527人次，完成检测任务的156.8%。

【慢性病 地方病防控】 2018年，晋城市高血压患者健康管理数、2型糖尿病健康管理数、65岁以上老年人体检人数均达到指标要求。全市共报告死亡病例13199例，粗死亡率为5.70‰，死亡报告率居全省第一。阳城县创建国家级慢性病综合防控示范区，高平市、城区创建省级慢性病综合防控示范区。全市布鲁氏菌病共发生33例，各县（市、区）均按要求建立病人档案。碘缺乏病病情监测儿童尿碘及盐碘检测各完成1200份，孕妇尿碘及盐碘检测各600份；完成泽州、高平两县10个乡镇400名8岁至10岁儿童甲状腺B超检查；完成血检任务1246份；完成大骨节病病区75例老病人的全面诊断核实以及全市重点地方病现症病人个案调查。

【消毒和病媒生物防控】 2018年，晋城市疾控中心按照全国病媒生物监测方案要求放诱蚊灯480灯次，放苍蝇笼96笼次，放鼠夹子6000余夹次，放粘蟑纸720张次；开展蜱虫监测1次，布旗2500米，共监测到游离蜱444只；监测动物5只，监测到寄生蜱69只。对市辖区16家医疗、托幼机构的消毒情况抽查检测，共采集样品114份，合格率达93%。完成国家卫生城市复审和香港健康快车晋城光明行活动的病媒消杀任务。

【食品安全风险和食源性疾病监测】 2018年，晋城市实现食品污染物和有害因素监测布点全覆盖，样品采集率110.4%，样品检测完成率106.9%，检测数据未发现超标，未检出违禁药物。采集检验食源性致病菌监测样品150份，样品采集率110%，检测任务完成率103.1%；阳性菌株检出率达15%，阳性菌株复核准确率达100%。全市累计食源性疾病病例监测报告病例信息1236例，其中7所A类哨点医院均超额完成任务，C类25家哨点医院监测和食源性疾病监测县乡村一体化试点工作开展率100%。

【疾病卫生检测】 2018年，晋城市疾控中心完成流感核酸检测和病毒分离、住院严重急性呼吸道感染病例监测（SARI）的PCR检测、手足口病核酸检测、麻疹检测、风疹检测、HIV自愿咨询检测（VCT）、艾滋病确证样品检测、艾滋病CD4检测、布病血清学检测、乙型脑炎病毒抗体IgM检测、疟疾检测、免疫规划疫苗针对传染病血清抗体水平检测等任务，各项检测合计4000余人（份），11400余项次。完成国家食品安全风险监测、城市饮用水、农村饮用水水质卫生监测、国家农村环境卫生监测和公共场所健康危害因素卫生监测等国家项目监测任务。参加国家认监委和国家、省、市专项实验室能力验证考核，结果均为满意。举办两场全省食品安全风险监测化学污染物及有害因素风险监测实验室操作现场培训。完成晋城市卫生监督所2018年城市水质监测抽检计划、公共场所抽检、城市“双随机”样品、市（区）卫生监督所委托“双随机”公共场所检测等监督监测，以及市级和五县（区）“水龙头”水质信息公开水质卫生监测工作。

【安全质量管理】 2018年，晋城市疾控中心共受理各类样品829份，审核发放报告3000余份，年度出具报告及时率≥95%，报告质量合格率为100%，报告一般差错率≤2%，客户满意度100%。加强检验全过程及人、机、法、料、环等要素的内部质控，完成内部质控项目13个，参加国家、省、市组织的能力验证4次7个项目，以及国家食品安全风险监测中心组织的实验室内部质控规范性评价工作。编写《质量手册》《程序文件》，推进质量管理体系建设，完成上年食品安全风险监测质量管理工作、检验检测机构资质认定报表和国家认监委监督自查报表。

【卫生应急】 2018年，晋城市疾控中心审核报告突发公共卫生事件相关信息377起。落实防汛抗旱卫生应急工作责任，开展汛期卫生应急培训、演练和风险评估。强化督导和应急值守工作，举办全市卫生应急管理暨突发急性传染病应急处置培训班。下发《关于规范突发事件公共卫生风险评估工作有关事宜的通知》，成立风险评估专家组，开展专题风险评估3次，经专家组研讨形成专题风险评估报告。

【职业病监测调查】 2018年，晋城市重点职业病监测覆盖6县（市、区），收集职业病危害项目申报表310余份，收集职业病病人工伤保险待遇落实情况64人次，编写《晋城市2018年重点职业病监测与职业健康风险评估报告》。开展学生常见病、传染病防治工作，对全市中小学校及托幼机构进行抽查及督导检查。开展儿童、青少年近视调查，抽检调查学生4615人。开展公共场所健康危害因素监测，监测各类样品1200余份。开展公共场所基本情况调查，调查公共场所从业人员健康情况283人。

（段雁芳）

爱卫工作

【概述】 2018年，晋城市爱国卫生系统围绕迎国家卫生城市复审和创国家卫生城镇主题，集中开展专项整治，城乡环境卫生整治行动各项指标任务基本完成，继续保持“国家卫生城市”称号。

【国家卫生城市复审】 2018年6月4日，晋城市委、市政府召开创建全国文明城市、迎接国家卫生城市复审动员会，安排部署迎复审工作。投资103万元，开展巩固国家卫生城市宣传活动，发放迎国家卫生城市复审倡议书31万余份、病媒生物防制资料1.2万份、改厕资料1.1万份。投资9.82亿元，开工新建改建中原街、新市街、凤东街、金建街、景西路南沿、黄华街南沿、白水街西沿7条街道；投资2.73亿元，续建祥云街、后书院街、塔东街、太行南路、山门街5条道路。投资7983万元，完成泽州路、凤台街、黄华街机动车道罩面，部分基础改造，绿化带设施更换工程；完成道路补坑4.55万平方米，道路基础处理9050余平方米，人行道维护2.44万平方米，疏通管道1.87万米，市政设施完好率达85%以上。9月下旬，晋城市通过全国爱卫办专家组复审，继续保持“国家卫生城市”称号。

【国家卫生城镇创建】 2018年，晋城市委、市政府提出在2020年前全域创建“国家卫生县城、城市”，沁水县、阳城县、陵川县提出创建国家卫生县城申请；泽州县巴公镇、大阳镇、金村镇、南岭乡、川底乡，高平市马村镇、三甲镇，阳城县北留镇、西河乡等9个乡镇提出创建国家卫生乡镇申请。各城镇对照国家标准，结合当地实际，组织相关单位集中开展各具特色的综合整治行动，推进国家卫生城镇创建工作。

【农村户厕改造】 2018年，晋城市爱国卫生部门组织户厕改建专业技术人员培训，利用爱国卫生月、世界厕所日等活动开展改厕宣传，印发农村户厕改建工作方案，向各县(市、区)政府下达改厕指标任务。7月初，迎接全省农村改厕问题大排查，按照督查反馈意见，完成2013—2017年6731座问题厕所整改任务。组织开展农村厕所摸排工作，制定《2018年农村户厕建设改造实施方案》，将1万套农村户厕改造任务分配至各县(市、区)，其中泽州县4000套、高平市3000套、阳城县1000套、陵川县1000套、沁水县1000套。年底，完成农村户厕改建3088座。

【城乡环境卫生整洁行动】 2018年，晋城市印发《晋城市城乡环境卫生整洁行动方案》，起草《卫生乡村建设专项行动实施方案(2018—2020年)》，以治乱、治垃圾、治污水、治面源污染等为重点，集中开展城乡环境综合整治行动。治"乱"方面，共整治32879处1250004.1平方米，其中拆除违建384处27942平方米，拆除残墙断壁、废弃建筑623处73206.5平方米，腾退土地78处92280.5平方米，还绿土地109处151276平方米；治"垃圾"方面，整治堆放点32780处、处理垃圾183468.39吨、160425.5平方米；治"污水"方面，整治2885处、污水减排量36519.27吨、整治污染面积275335平方米；治"农业面源污染"方面，排查规模养殖场是否配套建设粪污处理设施2057处，其中整改1097处，关闭190处，处理病死动物18978头。推进乡村清洁工程，全市配备清扫保洁人员12110名、各级监管人员1868名，各乡(镇)环卫站(中心)负责对清扫保洁人员统一管理、落实工资。加大公路及公路建筑控制区管理力度，净化县乡公路周边环境，基本实现县道"田路分家""路宅分家"。推进农村安全饮水工程，全市平均集中供水率达99.8%，供水保证率达95%，水质合格率达95.8%，自来水普及率达98.2%。

【爱国卫生月活动】 2018年4月16日，晋城市组织市食药局、市工商局、市住建局、市环保局、市卫生监督所和城区、泽州县环卫队近400人，在凤西广场举办晋城市第30个爱国卫生月活动启动仪式，开展爱国卫生月主题宣传活动。市爱卫会下发《晋城市第30个爱国卫生月活动方案》《巩固国家卫生城市倡议书》，现场向群众发放整洁行动、农村改厕、健康知识、疾病预防、食品安全、城市管理等资料。各县(市、区)均组织开展爱国卫生月主题宣传活动。

【环境卫生综合整治】 2018年，晋城市区累计投入资金2000余万元，出动人员4650人次、车辆2300余台(次)，整治卫生死角2000余处，清除积存垃圾1000余吨；制止私搭乱建行为300余起，拆除违章建筑45处，取缔占道经营2351处；整治五小门店1万余家次，清理小广告、条幅5000余处，下达整改通知书3000余份，整改率达到90%以上。

【食品安全监管】 2018年，晋城市食药部门集中开展"放心肉菜示范超市"创建、"明厨亮灶"质量提升、餐饮食品安全示范创建等行动，分15个组，对城区范围内的19条主干道、6个集贸市场、2个餐饮集中区包干到人，责任到岗；各食药监管站、社区信息员协同配合，负责其他区域的食品安全检查，完成迎复审食品安全指标任务。市卫生监督所组织召开医疗机构、公共场所迎复审动员会，对管辖范围内的单位进行拉网式检查，保证市区重点场所卫生、规范、达标经营。

【病媒生物防制】 2018年4月，晋城市召开病媒生物防制培训会议，下拨专项经费45.43万元，向城区、泽州县、晋城经济技术开发区和市直单位下发灭鼠毒饵盒2万余个，督促各公共场所、社区小区完善防鼠设施，采购下发毒鼠药品，集中开展灭鼠行动。6月下旬、9月中旬，分别聘请专业消杀公司集中开展市区蚊蝇消杀行动，降低市区病媒生物密度。

【城市旱厕改造】 2018年，晋城市集中改造城市旱厕和地坑垃圾收集设施。投资3500余万元，完成公厕建设验收75座，拆除公共旱厕、户用旱厕和单位旱厕597

座。投资100余万元,改造地坑垃圾收集设施62座,更换街头果皮箱1000余个。

【空中线缆整治】 2018年6月,晋城市卫计委组织市移动、联通、电信、广电、电力等5家线路公司集中开展空中线缆整治行动,各线路公司分片分区,自筹资金清理整治街巷、社区乱拉乱挂杂乱线缆,捆束沿墙跨街混乱线缆。

【集贸市场整治】 2018年,晋城市工商局制定市场整治工作方案,按照以奖代补方式下发补助资金56万元,完善市场基础设施。清理整顿无证无照经营,督促市场主办方做好环境卫生整治工作。整治期间,共出动车辆100余辆次、人员480余人次,检查相关经营户1000余户次,规范集贸市场及场内经营主体100余个,清理店外店103户,新办营业执照4个,督促亮证经营70余户,指导市场建立健全相关制度和设施20余次,下达督办卡20余份。

【市容整治】 2018年,晋城市住建(执法)局以整治市区乱摆摊点、乱搭乱建、乱扔乱倒、乱贴乱画、乱拉乱挂、乱堆杂物等为主要内容,重点整治主次干道、背街小巷、学校周边、集贸市场、建筑工地等重点区域"脏乱差"现象,健全城市环境卫生长效管理机制。市交警部门采取宣传教育和严管重罚相结合方式,通过广播、电视、报纸等媒体,向群众宣传交通秩序整治要求,集中警力查处车辆乱停乱放等交通违法行为,规范市区交通秩序。

(李建军)

干净整洁的市容市貌　　(来源:晋城在线)

社会生活

民　政

【概述】　2018年，晋城市民政局贯彻落实全国、全省民政工作会议精神，围绕市委、市政府的决策部署，按照“补短板、求突破、争创新”工作思路，在政策创制、机制完善、设施建设和规范管理方面综合施策，各项工作取得发展。

【城乡低保】　2018年1月1日起，晋城市城市低保每人每月平均提高31元，农村低保每人每月平均提高37元。提标后，城市低保平均标准达到每人每年6756元，农村低保平均标准达到每人每年4120元。全市共保障城市低保对象6388户11049人，累计支出救助资金3006.3万元；共保障农村低保对象32221户41665人，累计支出救助资金7429.6万元。

【社会救助】　2018年，晋城市对农村低保家庭中的老年人、未成年人、重度残疾人、重病患者等特殊困难对象，按照不低于当地低保标准的5%至10%的比例提高救助水平。全市共保障特困供养对象6854人（其中分散供养对象4824人、集中供养对象2030人），累计救助支出2112.7万元；医疗救助12462人次，救助支出1741.7万元；临时救助4490人次，累计支出876.5万元，救助水平为每户2512元。开展低保扶贫行动，为全市建档立卡贫困户缴纳城乡居民基本医疗保险；为属于省定24类重特大疾病晚期患者，给予每人一次5000元大病救助，共救助14人，发放救助金7万元。

【防灾救灾】　2018年，晋城市民政局推进防灾减灾救灾体制机制改革，印发《晋城市综合防灾减灾规划（2016—2020年）》，草拟《关于推进防灾减灾救灾体制机制改革的实施意见》，建立健全综合防灾减灾救灾体系，提升综合防灾减灾救灾能力。开展2018年至2019年冬春需救助情况统计工作。开展以“行动起来，减轻身边的灾害风险”为主题的“5·12”防灾减灾日宣传活动，提升全民防灾减灾意识和自救互救技能。全年全市发生灾情7次，受灾人口300549人；农作物受灾面积29057.8公顷，成灾面积22721.4公顷，绝收面积20.8公顷；倒塌房屋7户22间，造成直接经济损失17509.28万元。共下拨市级自然灾害生活救助资金60万元。

【行政区划调整】　2018年，晋城市民政局创新开展行政区划调整工作，成立行政区划调整工作领导小组，邀请中国行政区划与区域发展促进会专家组，对全市的行政区划调整调研和论证。向市政府提交《晋城市行政区划调整申请报告》《晋城市行政区划调整社会稳定风险评估报告》，完成前期工作。

【日间照料中心建设】　2018年，晋城市委、市政府将新建60个农村老年人日间照料中心列入为民办实事项目。2月，市民政局下达建设任务和行动方案。4月，确定上报省民政厅名单，并下拨省、市补助资金600万元。截至2018年底,60个农村老年人日间照料中心全部完工。

【养老服务】 2018年5月9日,民政部、财政部联合下发《关于确定第三批中央财政支持开展居家和社区养老服务改革试点地区的通知》,晋城市确定为居家和社区养老服务改革试点市,获中央财政扶持。市民政局通过专题调研和征求意见,形成《晋城市居家和社区养老服务改革试点工作方案》。开展养老院服务质量提升工程专项行动,市民政局组织召开专项部署会,下发市级行动方案。各县(市、区)对照《养老院服务质量指南》115项指标对辖区内养老机构进行全面核查,对48项管理服务类指标和7项设施设备类指标进行重点核对,对存在问题的养老机构责令其限期整改,55项基础指标达标率为90%。举办养老护理员培训班2期,培训护理员180余名,提升养老护理员的整体水平。

【社会福利】 2018年,晋城市民政局开展"孤弃儿童养育情况大排查活动",加强孤残儿童的关爱保护力度,下拨孤儿基本生活补助资金167万元,保障全市散居孤儿的基本生活。开展访贫问寒走访慰问活动,发放慰问金19.4万元,为符合条件的困难残疾人发放生活补贴677.31万元。全年完成各类福彩销售2.1亿元。

【基层治理】 2018年,晋城市民政局加强基层治理体系建设,草拟《关于加强和完善城乡社区治理的实施意见》《加强乡镇政府服务能力建设的实施办法》。指导全市村、社区开展赋码管理系统信息比对工作,2120个村民委员会、149个居民委员会共发出证书1800多套,在全省率先完成信息比对工作。推进"三社联动"工作,各县(市、区)选择5个城乡社区开展"三社联动"工作,建设3个农村标准社区。下拨城市社区活动场所和公益性服务设施建设提档升级扶持资金527万元。印发《关于晋城市开展撤并行政村工作的实施方案》,在全市总结推广阳城县撤并行政村试点工作经验。截至2018年底,阳城县撤并行政村41个,泽州县撤并行政村30个。推进国有企业社区管理职能移交工作,涉及国企剥离社区管理职能的城区、泽州县、高平市、阳城县按计划开始移交。

【优抚安置】 2018年,晋城市民政局落实优抚安置政策,兑现部分优抚对象抚恤补助和一至四级残疾军人护理费标准提高政策,下拨优抚对象抚恤补助资金6036.3万元,下拨医疗补助资金621.4元,为全市970多名60周岁农村籍退役士兵足额发放生活补助。开展2018年残疾军人评残及部分参试人员体检工作,完成2017年度符合安排工作条件的退役士兵安置扫尾工作,33名符合政府安排工作条件的退役士兵全部上岗。对2018年度符合政府安排工作条件的60名退役士兵档案进行审核。以春节、"八一"等节假为契机,开展多种形式的双拥慰问活动,密切军民关系;开展"9·30"烈士纪念日公祭活动,弘扬烈士精神。牵头开展"部分军队退役人员走访慰问排查疏导活动"和"季末清零"活动,对军队退役人员特别是生活困难重点人员进行走访慰问,为41名下岗失业退役军人补缴养老保险金233万元,为6名下岗失业退役军人补缴医疗保险金15万元。

【地名普查和市县联检】 2018年,晋城市完成全国第二次地名普查省级验收,通过率达到100%,获省地名普查办通报表扬。对市区街路指示牌清洗维护,维护街路牌490余块,补充更换泽州路等13条街路名牌81块。印发《关于规范市区地名公共服务工作机制的通知》,推动市区地名公共服务机制改革,明确自2019年1月1日起,市区范围内的地名公共服务相关业务由城区民政局承接。推进界线联检工作,完成晋城临汾市界联检,开展泽州高平、阳城沁水县界联检工作。

【社会事务管理】 2018年,晋城市民政局下发《关于进一步加强业务主管单位对所属社会组织依法监管的通知》《关于重申重大事项报告备案的通知》,依法加强对社会组织的监管,开展社会组织年度报告工作。开展打击非法社会组织工作,取缔非法社会组织7家,列入社会组织异常活动、严重失信名录18家。加强社会组织党的建设,中共晋城市社会组织综

贷款政策享受等方面，了解吉利尔潞绸织造、绿洲纺织、星月食品、红萍服饰等7家民品生产企业的情况，上报省宗教局。

【事务管理】 2018年，晋城市民族宗教事务局规范清真食品市场经营管理秩序，春节、中秋节、开斋节等节日，对全市清真食品监督检查，稳妥处理涉及“清真食品”问题，维护少数民族合法权益。

【民族宗教政策宣传】 2018年6月5日，晋城市民族宗教事务局组织市级五大爱国宗教团体开展宗教中国化方向座谈研讨会，向全市宗教界发出国旗、宪法和法律法规、社会主义核心价值观、中华优秀传统文化“四进”宗教活动场所活动倡议，9月10日在城区基督教堂举办启动仪式。开展“民族宗教政策法规宣传学习月”活动，倡议全市宗教界学习宪法、宗教事务条例。9月16日，组织宗教干部和宗教代表人士到井冈山举办为期5天的“回顾革命传统、凝聚思想共识”培训班。

【宗教团体建设】 2018年，晋城市民族宗教事务局把加强宗教团体建设作为宗教工作的重点，与各宗教团体、民族宗教界代表人士座谈。推动宗教团体班子建设、队伍建设和人才培训等工作。11月、12月，协助市基督教三自爱国运动委员会、市基督教协会和市佛教协会完成换届工作。

【宗教执法】 2018年，晋城市开展全市民族宗教领域扫黑除恶专项斗争，采取印发应知应会手册、公告、宣传条幅、传单、手机短信等形式，对全市宗教活动场所实现全覆盖。严格宗教活动场所审批手续，增加对信教群众政治面貌审查环节，杜绝中共党员参与宗教活动。取缔基督教非法聚会点2处。

【民族团结创建】 2018年12月4日，晋城市召开2018年民族团结进步创建活动推进会，各县（市、区）少数民族聚居村（社区）、少数民族企业代表进行经验交流发言，参观陵川县附城村民族特色商业步行街。

【慈善周活动】 2018年9月下旬，晋城市民族宗教事务局举办以“尊老敬老”为主题的“宗教慈善周”活动，发动五大爱国宗教团体慰问市福利院的孤寡老人，发挥宗教慈善作用。

【和谐寺观创建】 2018年，晋城市民族宗教事务局开展以“学习”为主题的和谐寺观创建活动，提升宗教活动场所的自我管理水平。指导宗教团体和场所建立健全各项管理制度，规范场所人、财、物和档案管理。

（刘　晓）

老龄工作

【概述】 2018年，晋城市老龄办围绕建设美丽晋城高质量转型发展目标，应对人口老龄化发展趋势，加强基层老年协会建设，维护老年人合法权益，丰富老年人精神文化生活，推进老龄工作和老龄事业健康发展。

【老龄工作会议】 2018年4月28日，晋城市政府召开全市老龄工作暨开展民生领域腐败和不正之风专项整治安排部署会议。会议表彰先进，签订目标责任书，对全年老龄工作安排和部署。

【老龄发展规划】 2018年，晋城市出台《关于开展老年人照顾服务工作的实施意见》。市老龄办开展《晋城市“十三五”老龄事业发展规划》中期评估，下发《晋城市“十三五”老龄事业发展规划主要任务分工方案》《关于开展晋城市“十三五”老龄事业发展规划中期评估的通知》，通过各成员单位和六县（市、区）自查，召开中期评估座谈会、实地评估检查等方式，形成《晋城市“十三五”老龄事业发展规划中期评估报告》。

【基层老年协会建设】 2018年5月，晋城市老龄办组成复查组，对六县（市、区）2016年验收的3个乡镇（街道）“一中心”（为老服务中心）和16个村（社区）老年协会规范化建设情况抽选复查。围绕基层老年协会建设、养老服务、维护老年人合法权益等开展调研，上报省老龄办调研报告2篇。12月，对六县（市、区）2018年全市基层老年协会规范化建设和乡镇“一中心”建设情况验收，验收“一中心”3个，村级老年协会15个。

【“关爱银龄·助老御险”工作】 2018年7月11日至12日，晋城市老龄办与市人寿保险公司联合召开全市“关爱银龄·助老御险”工作推进暨《中华人民共和国老年人权益保障法》培训会议。六县（市、区）老龄办主任、人寿保险支公司负责人参加会议。安排部署2018年工作，表彰8家先进单位。截至2018年底，全市参保人数59065人，参保金额217.46万元。

【老年人权益维护】 2018年，晋城市老龄办贯彻落实《山西省实施〈中华人民共和国老年人权益保障法〉办法》和《晋城市人民政府办公厅关于贯彻落实山西省实施〈中华人民共和国老年人权益保障法〉办法的实施意见》，督促相关职能部门为老年人提供社会优待服务。9月20日，对市公交公司、市人民医院、城区司徒小镇、泽州县珏山景区落实老年人优待政策、权益保障情况督查调研。市公交总公司为65周岁以上老年人免费累计办理“敬老IC卡”8万张，全市65周岁及以上老年人实现免收普通门诊费、免费进入旅游景区、免费乘坐市内公交车。

【尊老金发放】 2018年，晋城市老龄办开展2018年度90—99周岁高龄老人尊老金和特困老人救助金申报审核发放工作。下发《关于做好2018年度全市90—99周岁高龄老人尊老金申报工作的通知》和《关于在重阳节期间开展特困老人救助活动的通知》，为2662名90—99周岁高龄老人发放尊老金638.88万元，537名特困老人发放特困救助金20万元。六县（市、区）开展80—89岁、百岁以上老人尊老金、特困救助金的申报、审核、发放工作。全市发放尊老金2755万元、特困金85万元。

【银龄行动】 2018年5月，晋城市老龄办开展第十期“银龄行动”暨开发式扶贫助老活动。在城区、陵川县、沁水县投资12万元，用于为老服务、中药材种植、养殖业和蔬菜种植，由市、县、乡、村老龄组织签发项目运作、资金管理、技术指导、救助对象、收益分配协议书。

【“敬老月”活动】 2018年9月28日，晋城市政府召开2018年“敬老月”活动启动大会，老龄工作负责人、参加合唱比赛的老年人等700余人参加会议。敬老月期间共开展6项活动：①应对人口老龄化主题宣讲活动；②惠老政策落实行动；③为老志愿服务行动；④文化惠老行动；⑤走访慰问送温暖行动；⑥老年人经验传承活动。

【老龄工作宣传】 2018年，晋城市老龄办开展《中华人民共和国老年人权益保障法》和山西省实施办法宣传，发放《老年人权益保障法及安全知识手册》等资料4000余册（份）。编印《晋城老龄工作信息》12期，登载全市老龄工作信息及动态200余条。“晋城老龄信息网”全年发布老龄信息、政策法规、工作通知、专题调研等500余条（篇）。编印《晋城老龄》2期1000册。

【人口老龄化教育】 2018年11月6日，晋城市人口老龄化国情教育专题讲座分别在市委党校和市老年大学举行，市委党校秋季主体班学员、市老龄办干部职工、六县（市、区）老龄办主任及业务骨干，市老年大学学员、市委老干部局干部职工等200余人参加，省社会科学院人口研究中心主任、山西医药卫生体制改革研究中心主任谭克俭作《老龄化社会与养老问题》讲座。

【老年文体活动】 2018年5月18日，晋城市老龄办与市委老干部局、市文化局、市老体协在市体育场共同举办“晋城市首届老年文体艺术节”，包括老年书画、摄影、门球、乒乓球、台球、象棋、模特、广场舞、合唱、朗诵10项活动。10月14日，与市委宣传部、文明办、老干局等共同举办“我们的节日——重阳节”新时代晋城书享荟活动，弘扬中华民族尊老敬老传统美德，营造尊老、孝老、敬老社会氛围。

（刘国红）

新任市级领导

范兆森 男，汉族，1968年10月出生，山西泽州人，中央党校大学学历，1990年5月加入中国共产党，1987年9月参加工作。

1987年9月至1991年6月任泽州县李寨乡团委书记、党委秘书；1991年6月至1995年12月任泽州县委办公室秘书科副科长；1995年12月至1997年3月任泽州县陈沟乡副乡长(其间：1996年9月至1998年7月在中国社科院工业经济系企业管理专业学习)；1997年3月至1999年3月任泽州县委宣传部副部长兼泽州报社总编；1999年3月至2000年11月任市委组织部组织指导科副科长、正科级组织员；2000年11月至2006年5月任高平市政府副市长(其间：2003年8月至2005年12月在中央党校法律专业学习)；2006年5月至2011年5月任阳城县委常委、纪委书记；2011年5月至2011年6月任沁水县委副书记、代县长；2011年6月至2014年3月任沁水县委副书记、县长；2014年3月至2014年7月任沁水县委书记、县长；2014年7月至2016年7月任沁水县委书记；2016年7月至2018年10月任高平市委书记；2018年10月任晋城市委常委，晋城经济技术开发区党工委书记、管委会主任。

尹红岩 男，汉族，1960年2月生，山西平顺人，中央党校研究生学历，1993年12月加入中国共产党，1977年9月参加工作，现任晋城市人大常委会党组成员，晋城市七届人大常委会副主任。

1977年9月至1982年9月在平顺县北社中学任教；1982年9月至1984年9月在长治师范读书；1984年9月至1985年3月在平顺职业中学任教；1985年3月至1985年5月在晋东南行署教育局工作；1985年5月至1990年7月在市教育局工作；1990年7月至1995年7月任市教育局招办副主任；1995年7月至1997年11月任市教育局招办主任；1997年11月至1999年7月任市教委副处级督学；1999年7月至2001年12月任市教委副处级督学、党组成员、教工委委员；2001年12月至2007年5月任市教育局副局长、党组成员；2007年5月至2008年12月任市委副秘书长；2008年12月至2011年9月任市委副秘书长、市委督查室主任(兼)；2011年9月至2011年10月任市教育局党委书记、提名局长；2011年10月至2016年10月任市教育局局长、党委书记；2016年10月至2016年11月任市政府党组成员、办公厅党组书记，提名市政府秘书长、办公厅主任(兼)；2016年11月至2018年9月任市政府秘书长、党组成员，市政府办公厅党组书记、办公厅主任(兼)；2018年9月至2018年12月任市人大党组成员；2018年12月至2019年2月任市人大党组成员，提名市人大常委会副主任；2019年2月当选为晋城市七届人大常委会副主任。

武健鹏 男，汉族，1971年3月出生，山西武乡人，经济学博士，

1992年6月加入中国共产党，1996年7月参加工作，现任晋城市人民政府副市长。

1989年9月至1993年7月在山西财经大学学习；1993年9月至1996年7月在北京商学院商业经济专业学习；1996年7月至1998年8月任山西经济管理学院教师；1998年8月至1999年8月任省政府办公厅研究室干部；1999年8月至2000年8月任省政府办公厅研究室主任科员；2000年8月至2004年12月任省政府办公厅秘书三处副处长；2004年12月至2007年7月任省政府办公厅秘书四处副处长；2007年7月至2010年5月任省政府办公厅督查处处长；2010年5月至2011年11月任省政府办公厅督查室主任(其间：2008年9月至2012年6月山西财经大学政治经济学专业博士)；2011年11月至2014年1月任省政府办公厅办公室主任；2014年1月至2018年11月任省政府办公厅党组成员、副主任；2018年11月至2018年12月任晋城市委委员、提名为晋城市副市长人选；2018年12月任晋城市委委员、晋城市副市长。

劳模人物(含集体)

2018年晋城市获全国五一劳动奖名单

陈程丽　山西皇城相府文化旅游有限公司

2018年晋城市获全国工人先锋号名单(集体)

山西兰花集团莒山煤矿有限公司综掘队

2018年晋城市获山西省五一劳动奖状名单(集体)

陵川县国家税务局

高平市长平中学

晋城市浩翔控股集团有限公司

2018年晋城市获山西省五一劳动奖章名单

韦全军　晋煤集团成庄矿综采三队队长

董沁樑　沁和能源集团有限公司侯村煤矿工人

靳　晋　国网山西省电力公司晋城供电公司工人

孙晋泉　泽州县冶、铸、加协会工程师

靳文莲　陵川县盲人曲艺队副队长

袁　敏　中国工商银行晋城泽州路支行行长

李海霞　高平市第三中学教师

王　锐　晋城市无线电管理局工程师

李进才　晋城市城区南街金华社区支部书记

原培丰　阳城县龙丰养鸡农民专业合作社社长

阮守志　晋城市地税局稽查局局长

柴慧青　晋城市龙韵实业有限公司总经理

闫玉喜　富晋精密工业(晋城)有限公司工会主席

黄贵庭　山西兰花煤炭实业集团有限公司副总经理

2018年晋城市获山西省工人先锋号名单(集体)

沁水新奥清洁能源有限公司设备维修班

晋煤集团技术研究院有限公司联邦技术开发分公司

兰花集团东峰煤矿有限公司综掘一队

阳城国际发电有限责任公司维护二部保护班

晋城市热力有限公司2×300兆瓦热电联供中继泵站

2018年晋城市五一劳动奖状名单(集体)

山西利普利拓煤机部件制造有限公司

泽州农村商业银行股份有限公司

泽州天泰西陈庄煤业有限公司

高平市泫氏铸管有限公司

高平神农炎帝文化旅游开发有限公司

阳城县国家税务局

山西优煤易购信息科技有限公司

晋城市鸿生化工有限公司

沁水县人民法院

沁水新奥清洁能源有限公司

晋城蓝焰煤业股份有限公司凤凰山矿

晋城无烟煤矿业集团有限责任公司总医院

兰花(集团)房地产开发有限公司

晋城市卫生监督所

晋城市农业委员会

晋城市道路运输管理局

晋城市五金机电商会

国网山西省电力公司阳城县供电公司

山西煤炭运销集团野川煤业有限公司

天巨重工机械有限公司

2018年晋城市五一劳动奖章名单

蔡卫利　晋城市黑龙潭农业开发有限公司农民工

郭永文　城区住房保障和城乡建设管理局房屋征收与补偿管理办公室主任

郭田峰　晋城市星河学校教师

许瑞鸿　城区纪委监委党风政风监督室主任

周　杰　晋城市金建集团投资有限公司项目部经理

程宏斌　晋城市恒光热力有限公司总经理

贺爱军　泽州县财政局党组书记、局长

赵建宏　大阳古镇旅游开发股份有限公司规划设计师

田利平　晋城市高都镇东元庆小学校教师

陈建军　晋城福盛钢铁有限公司动力厂工人

申小东　泽州县大箕镇孔庄村党支部书记

孔培卷　泽州县南村镇冶底村村委主任

秦静香　泽州县大东沟镇人民政府综治办干事

张　起　泽州县绿成林果专业合作社理事

贺　静　泽州县总工会组宣部部长

牛　枫　泽州县广播电视台新闻部副主任

温永忠　泽州县国家税务局党组书记、局长

宋晋梅　高平市人民剧团副团长

苏晋波　高平科兴前和煤业有限公司调度室主任

张水昌　高平市中医医院心脑科主任

王卫勇　高平市南城办事处瓦窑头村党支部书记

秦通明　高平市原村乡良户村村委主任

吴　丹　高平市第一中学教师

杜振江　高平市第三中学教师

苏秋珍　高平市长平中学副校长

胡　凯　山西凯勇养殖有限公司董事长

邵　峰　高平市公安局食品药品犯罪侦查大队大队长

梁乔太　阳城县总工会党组书记、常务副主席

秦锋亮　阳城县国土资源局工会主席

姚　辉　国网阳城县供电公司高级工程师

任　瑾　晋城市地方税务局直属四分局综合科副科长

曹乐会　山西合屯页农产品开发有限公司总经理

白田红　阳城阳泰集团竹林山煤业有限公司机电主管

郭军社　阳城县古硒绿源农场负责人

张鹏飞　阳城县演礼乡栅村村党支部书记、村委主任

赵爱琴　阳城县第二小学教师

郭晚平　阳城县旭东商贸有限公司总经理

闫怀德　国网陵川县供电公司营销部主任

赵　婷　陵川县摩卡饰界饰品有限公司总经理

王　现　陵川县妇幼保健计划生育服务中心主任

申国平　陵川县第一中学教师

许雪梅　陵川县乡土人家农业综合开发公司董事长

王建伟　陵川县医疗保险管理中心党支部书记

董秀平　沁水县土沃乡政府副乡长

苏小东　北京城建七建设工程有限公司沁水分公司项目负责人

李应华　山西成友工矿有限公司工会主席

陈　霞　沁水县龙港镇卫生院护士

任向军　沁水县郑村镇赵庄村党支部书记

赵新建　山西龙渠食品饮料有限公司总经理

侯琦琦　沁水县第二中学驻柿庄镇大端村工作队队长

姚春兰　沁水县财政局农业股股长

李晋亮　晋煤华昱煤化工有限责任公司技术人员

宁新荣　晋煤集团总医院主任医师

李建斌　晋城宇光实业公司工人

晋新林　晋城兴唐煤业有限公司董事长、总经理

靳建中　晋煤集团驻武乡县大有乡王庄沟村第一书记

陈晋亮　晋煤集团秘书局政研室主任

车明彦　晋城海斯制药有限公司工人

罗拥军　晋煤集团装备物资分公司工人

关恩科　兰花集团东峰煤矿有限公司工会主席

司鑫炎　兰花科创唐安煤矿分公司经理

袁志刚　兰花科创公司秘书处主任

张　翔　兰花同宝煤业有限公司党总支书记

郅卫国　兰花煤化工有限责任公司生产处处长

韩永红　兰花科创大阳煤矿分公司环保科科长

张　楠　兰花集团公司财务处资金管理科科长

崔小守　晋城市水务局办公室主任

常生华　晋城市实验小学办公室主任

张爱国　晋城市人民医院消化内科主任

韩贝贝　中国人寿财产保险股份有限公司晋城市支公司员工

张卫庆　晋城路桥建设有限公司总经理

刘东伟　晋城市公用事业建设局前期科负责人

樊　昊　晋城市建筑工程质量监督站市政二室副主任

李爱玲　晋城市幸福老年养护中心负责人

王丽丽　晋城市工商局注册科负责人

王沁虎　晋城市地方税务局规费科科长

常沁军　中国铁塔股份有限公司晋城分公司党支部书记、总经理

杨天举　晋城经济技术开发区国内投资服务中心三级主办

陆淼磊　通三建裕成建设有限公司金城山水项目经理

杨肖峰　山西合聚工贸集团有限公司党总支书记、董事长

李建喜　晋城市直工委机关工会主席

李俊杰　晋城交通运输执法局纪检委副书记

侯　帅　晋城市公安局交警支队直属三大队中队长

赵国平　晋城市公安局北石店分局纪检委副书记

杨锦华　晋城市困难职工帮扶(大病互助)中心科员

李斌红　晋城市私营企业工会联合会经审委主任

牛新娥　晋城市源通商贸有限公司农民工

金建瑞　晋城市金佰园商贸有限公司运营主管

柴慧萍　晋城阳太控股集团有限公司董事长

金治华　国网晋城供电公司配电运检室主管

马　安　国网晋城供电公司调度控制中心主任

李　超　煤炭运销集团晋城有限公司总会计师

牛建国　煤炭运销集团晋城阳城有限公司总会计师

赵　伟　山西天巨重工机械有限公司煤机分公司技术中心主任

孟国基　中铁隧道局集团太焦铁路TJXQ－1标项目经理

王　刚　山西天泽煤化工集团股份公司煤气化厂合成车间主任

李向杰　阳城国际发电有限责任公司电气专业副主管

袁忠平　晋城富士康行政服务中心经理

王　峰　晋城富士康光机电采购处经理

刘　洋　晋城富士康自动化设备开发处课长

2018年晋城市工人先锋号名单(集体)

晋城市凤展购物广场有限公司凤展超市

全企云商电子商务产业园有限公司产业园

城区交通运输局道路工程项目部

晋煤集团泽州天安海天煤业有限公司调度室

山西天地王坡煤业有限公司综掘一队

泽州天泰锦辰煤业有限公司牛天红班组

泽州县金秋铸造有限责任公司烧结组

高平科兴牛山煤业有限公司综采二队

高平市红旗商场有限责任公司生活广场超市防损组

高平市供电公司营业班

山西兴高能源股份有限公司脱硫工段

阳城县旭东商贸有限公司家电部

阳城县人民医院普外、泌尿、肛肠外科

阳城县人力资源和社会保障局工会办公室

阳城阳泰集团白沟煤业有限公司采煤队

中电投陵川新能源发电有限责任公司安全生产班组

邮政储蓄银行陵川县支行营业部

陵川县金峰工贸有限公司反应炉造型车间

沁水县扶贫开发中心办公室

沁水县兰金瓦斯发电有限公司维修班

沁水县农村信用合作联社营业部

晋煤集团铁路运输分公司车务段运行三队

晋城宏圣建筑工程公司矿建安装分公司长平项目部矿建三队生产一班

晋煤集团装备物资分公司护卫队

兰花科创新材料分公司检修中心

兰花科创伯方煤矿分公司综采一队

兰花丹峰化工股份有限公司机修班

晋城职业技术学院民用工程与商务管理系

晋城市公共交通总公司修理三厂

晋城汽车运输有限公司汇晋科贸有限公司

晋城市自来水有限公司制水二分公司

晋城市竞成食品有限公司速冻、熟肉加工车间

中国电信晋城分公司凤台东街营业厅

山西省宏图建设集团有限公司玉珑湾工程项目部

晋城市公安局出入境管理局

晋城市北斗工贸有限公司安全生产小组

晋城供电公司检修公司变电运检室变电运维二班

山西煤炭运销集团裕兴煤业有限公司综采队一班

阳城国际发电有限责任公司维护一部汽机二班

晋城富士康华中塑模制造处模具开发课

（市总工会）

区县概览

城　区

中共区委书记　王学忠
区人大常委会主任　宋春生
区人民政府区长　王文全
区政协主席　晋　昕

【概述】 晋城市城区位于晋城市中心，地理坐标为北纬35°24′55″～35°35′45″，东经112°45′10″～112°55′08″。总面积142.59平方千米，南北长17.5千米，东西宽15.4千米，占晋城市辖区总面积的1.55%。四周与泽州县7个乡镇毗邻，东邻金村镇；西接东沟镇、川底乡；南连南村镇、大箕镇；北接巴公镇、高都镇。2018年底，辖北石店1个镇，东街、西街、南街、北街、钟家庄、西上庄、晋城经济技术开发区7个街道；设84个社区委员会，62个村民委员会。常住人口500845人，同比增加4556人；户籍总人口396850人，同比增加6514人。人口出生率11.8‰；死亡率2.6‰；自然增长率9.1‰；人口性别比101.53。

城区区位优越，交通便捷。双轨电气化太焦铁路贯穿南北，有铁路专用线10多条。晋(城)阳(城)、晋(城)焦(作)、长(治)晋(城)、晋(城)济(源)高速公路，在境内交会；207国道、太(原)洛(阳)、晋(城)韩(城)、晋(城)陵(川)、晋(城)张(路口)、晋(城)辉(县)等干线公路，纵横交织。

旅游业是城区的新兴产业。境内有省级森林公园白马寺山森林公园；省级文物保护单位2处，市级文物保护单位5处，区级文物保护单位26处；省级生态文明村洞头生态旅游村；省级科普教育基地1个，市级科普教育基地6个；市级爱国主义教育基地4个。主要旅游景点有司徒小镇、白马寺山森林公园、洞头生态旅游景区、泽州公园、吴王山森林公园、凤凰岭森林公园、玉龙潭公园、文笔峰塔、怀覃会馆、程颢书院等。

【综合经济】 2018年，晋城市城区生产总值实现325.49亿元，同比增长14.4%。其中，第一产业增加值6579万元，下降4.9%，占生产总值的0.2%；第二产业增加值102.53亿元，增长22.0%，占生产总值的31.5%；第三产业增加值222.30亿元，增长10.7%，占生产总值的68.3%。第二产业中，工业增加值77.90亿元，增长25.2%，占生产总值的23.9%；建筑业增加值25.28亿元，增长10.0%，占生产总值的7.8%。第三产业中，交通运输、仓储和邮政业增加值28.80亿元，增长8.9%；金融业增加值41.15亿元，增长10.3%；房地产业增加值15.60亿元，下降2.2%；住宿和餐饮业增加值16.47亿元，增长6.2%；批发和零售业增加值28.39亿元，增长3.5%；其他服务业增加值91.18亿元，增长18.7%。人均地区生产总值65285元。

全区财政总收入38.21亿元，同比增收4.60亿元，增长13.7%；其中，国税系统收入19.37亿元，增收8500万元，增长4.6%；地税系统收入17.70亿元，增收3.66亿元，增长26.1%；财政系统收入1.14亿元，增收822万元，增长7.8%。一般公共预算收入8.29亿元，同比增收7904万元，增长10.5%。一般公共预算支出21.12亿元，同比增支6.44亿元，增长43.8%。其中，教育支出增长18.3%，社会保障和就业支出增长33.0%，医疗卫生和计划生育支出增长6.5%，一般公共服务支出增长6.2%，文化体育与传媒支出增长31.8%，科学技术支出与上一年持平。居民消费价格同比上涨2.2%，其中，食品烟酒类价格上涨1.9%。

全区城镇新增就业8029人，创业带动就业2105人。

【现代农业】 2018年，晋城市城区农作物总种植面积26927亩，同比增加2658亩，增长10.95%。其中，粮食种植面积24433亩，增加2218亩；蔬菜种植面积1823亩，减少231亩；药材种植面积32亩，增加21亩；油料种植面积597亩，增加396亩。在粮食种植面积中，小麦种植面积17534亩，减少180亩；豆类种植面积2091亩，增加1463亩；玉米种植面积4128亩，增加732亩；谷类种植面积381亩，增加209亩。粮食总产量6613吨，同比减少670吨，减产9.2%。其中，夏粮小麦4353吨，减产20.7%；秋粮2260吨，增产25.8%。

全区肉类总产量851吨，同比增长5.8%。其中，猪肉产量645吨，增长28.0%；牛肉产量51吨，下降16.4%；羊肉产量91吨，下降24.2%。年末生猪存栏7551头，增长60%；生猪出栏8076头，增长27.6%。禽蛋产量842吨，下降26.7%。

全区农业机械总动力14269千瓦，同比下降21.1%。

围绕农业增效，推动农业与全域旅游、文化产业等融合发展，牛山黑龙潭文化园、摩登大地农庄、南掩民俗文化园、景熙农业示范园等探索多元化、特色化发展新路径。

【工业和建筑业】 2018年，加快北石店园区建设进度，推进海斯药业、新华线缆、中盛建材、坡底煤业和盛德车业等项目转型。全区有规模以上工业企业22家，完成增加值12.01亿元，同比增长18.8%；完成总产值47.37亿元，增长21.8%；完成销售产值45.81亿元，增长19.3%。规模以上工业实现主营业务收入46.41亿元，同比增长19.9%；实现利润总额6557万元，同比下降35.7%。二轻集体企业实现利税总额3120万元，下降7.7%。

年末全区具有资质等级的总承包和专业承包建筑业企业58家；签订合同额92.50亿元，增长15.9%；完成总产值45.57亿元，增长44.2%。房屋建筑施工面积221.30万平方米，增长8.7%；竣工产值32.91亿元，增长12.9%。

【民营经济】 2018年，晋城市城区召开支持民营企业发展会议，出台《关于支持民营经济发展的实施意见》，建立区领导联系民营企业制度，成立区中小企业服务中心和区民营企业投诉中心，实施“123”成长计划，构建“一总三分两支”企业资源库体系，88家企业入库，绿洁环保、智恒达工贸、巨德型材、祥达物业4家企业被认定为省级“专精特新”企业。全区民营经济总产值6.83亿元，同比增长21.3%；增加值65.31亿元，增长4.0%；营业收入195.99亿元，增长2.6%；利税总额19.22亿元，增长8.5%。其中：民营企业总产值6.83亿元，同比增长21.3%；增加值44.64亿元，增长4.4%；营业收入134.17亿元，增长1.0%；利税总额13.03亿元，增长7.6%。

【固定资产投资】 2018年，晋城市城区固定资产投资104.89亿元，同比增长10.3%。按三次产业分，第一产业投资1800万元，下降97.2%；第二产业投资5.68亿元，增长51.3%；第三产业投资99.03亿元，增长16.5%。房地产开发投资49.04亿元，同比增长9.5%。其中，住宅投资37.91亿元，增长8.7%；办公楼投资8737万元，增长2.3倍；商业营业用房投资3.49亿元，下降35.0%。

【现代服务业】 2018年，城区聚焦服务业发展，培育壮大商贸物流、金融服务和大数据产业。商贸物流业对接国内外知名品牌，优化产业布局，引进吾悦广场、王府井百货等项目。凤展、兰花城、圣亚等传统商贸企业转型升级，发展新零售新业态新模式等体验式、个性化消费。晋盛、晋运、瑞康粮油等物流企业加快向现代化、规范化、品牌化转型；电子商务产业园二期招商运营，远中供应链物流项目完成主体工程。金融服务业围绕创建“国家级资源型经济转型发展金融改革创新试验区”,推动金融与实体经济深度融合,提升企业直接融资比重,增强金融服务实体经济能力。对接“一带一路”、京津冀协同发展、中原经济区等国家战略,承接产业转移,扩大对外交流。大华二期、富鑫广场、瑜园老年公寓、华谊兄弟星剧场等项目加快推进;汇邦现代城商业广场、集酷文化小镇等项目运营良好。

【交通运输】 2018年,晋城市城区货物运输量303万吨,同比下降26.8%,货物运输周转量51500万吨千米,下降27.0%;旅客运输量1180万人次,增长5.7%,旅客周转量55665万人千米,增长0.9%。全区规模以上交通运输、仓储和邮政业14家,实现营业收入29.4亿元,增长5.9%;实现利润6.8亿元,增长65.7%。

【邮电】 2018年,晋城市城区完成邮电业务总量63.4亿元。其中,邮政业务总量0.5亿元,完成邮政函件业务200.8万件,包裹业务0.1万件,快递业务40.4万件;快递业务收入206.0万元。电信业务总量62.8亿元,其中,移动业务总量34.0亿元,联通业务总量28.8亿元。

【旅游】 2018年,晋城市城区有旅游经营机构24个,接待国内游客1349.0万人次,国内旅游收入119.7亿元;接待境外游客0.3万人次,外汇收入178.9万美元。司徒小镇打造民俗文化旅游升级版,全年接待游客300万人次,实现营业收入8500万元。

【城市建设】 2018年,晋城市城区启动老城更新与保护工程,一期工程总投资45.2亿元,完成1575户、30万平方米征补任务,完成率96.4%。启动以“两街”“两路”“两河”“两园”“两会”为主的老城基础设施建设工程。加快棚户区(“城中村”)改造步伐,启动51个棚户区(“城中村”)改造计划。推进西北片区改造工程,片区路网成型,推进政府投资、“城中村”改造、企业改造、市场开发四大类重点项目。推进城市扩容提质,完成新市西街、中原街改造暨综合管廊、畅安北路、国道342改线、晋城东高速收费站迁址等12项市政工程11万平方米的征补任务,景西北路、书院东街、百灵街通车。

【环境建设】 2018年,晋城市城区推进生态工程建设,市区10条黑臭水体治理基本完成,北石店河河道治理加快推进,启动长23.78千米的生态廊道建设工程。“禁煤区”面积同比增加58.7平方千米,达到95平方千米,完成7479户居民冬季清洁取暖改造任务;取缔10家散乱污企业,17家堆场、4家储煤场完成全封闭改造,26家工业企业完成无组织排放治理改造,179家单位完成挥发性有机物(VOCs)治理与管控。探索建立环保网格化监管体系,全区共划分一级网格1个,二级网格8个,三级网格146个,四级网格789个,五级网格1338个;建立环保网格化指挥中心和多级微信指挥平台,实现环境污染问题及时发现、及时整治。

【社会事业】 2018年,晋城市城区补齐民生短板,教科文卫等各项社会事业长足发展。花园小学、颐翠小学、北石店中心幼儿园投入使用;东王台小学、西城小学、东南学校等教育重点工程推进。区医疗集团内部改革深入开展,北石店中心卫生院加快建设。实施“厕所革命”,投资4000余万元,新(改)建市区公厕120座。全面推进城市社区居民养老服务,创新推广“幸福汇”模式。

全区财政性教育投入4.5亿元,占财政总支出的21.2%。全区有普通中学32所,招生10971人,在校生34875人,毕业生11538人,教职工3459人;职业中学6所,招生1990人,在校生6101人,毕业生2846人,教职工516人;小学62所,招生6460人,在校生35766人,毕业生6237人,教职工2064人;幼儿园75所,招生8017人,在园幼儿17242人,毕业幼儿6050人,教职工2205人。组织实施各类科技项目6项,投资总额105万元;区级科学技术支出856万元。

全区有公共图书馆1个,藏书9.8万册;文化馆1个,组织文艺活动和培训67次;艺术表演团体1个,演出场次385场,观众人数达70万人次;广播电视台1个,自制作电视节目117小时。有线电视覆盖率100%。书店系统总发行图书507.6万册，图书发行总值8853.8万元。全区有卫生机构111个，开放床位648张，从业人员1532人，各种医疗器械127台。

全区有体育机构1个，举办运动会4次，参会运动员达5000余人次。

【社会保障】 2018年，晋城市城区城镇居民人均可支配收入34350元，增长6.9%。全区参加城镇职工基本养老保险40333人，同比增加8574人。城乡居民养老保险70216人，同比增加8724人。参加城镇职工基本医疗保险24292人，同比增加2031人。参加城乡居民基本医疗保险177850人，同比增加23645人，参保率达99.8%。参加失业保险20681人，同比增加1118人。城乡低保标准分别提高到每人每月570元和350元，开工建设保障性安居住房4680套，为982户住房困难家庭发放廉租住房补贴。年末，全区城镇低保人数4918人，同比减少65人；发放城镇低保金3304.7万元，同比增加196.8万元。农村低保人数1423人，减少78人；发放农村低保金755.6万元，增加63.8万元。

【深化改革】 2018年，晋城市城区制定出台年度《改革工作要点》，明确8大类、40项改革任务。推进重点领域改革，北石店新型城镇化试点改革、国资国企改革、财税体制改革、医疗卫生一体化改革、教育领域综合改革等进展顺利。推进"放管服效"改革，推行企业投资项目承诺制改革试点，精简行政审批事项92项。推进农村(社区)集体产权制度改革，全区117个涉改农村(社区)全部完成集体经济股份制改造，清产核资总额约70亿元，确认集体经济组织成员10.8万人。

(杨　盼)

泽州县

中共泽州县委书记	高喜全
县人大常委会主任	靳水生
县人民政府县长	高喜全(兼)*
	张　军(代)
县政协主席	李正根

【概述】 泽州县位于太行山南端、山西省东南部。史称"河东屏翰，冀南雄镇"。地理坐标为北纬35°12′～35°42′，东经112°31′～113°14′。地域分布在晋城市城区四周，东连陵川县，西接阳城县、沁水县，北靠高平市，南与河南省的辉县、修武、博爱、沁阳、济源等市、县毗邻。总面积2024.4平方千米，占晋城市总面积的21.3%，占山西省总面积的1.2%。

境内地貌以山地、丘陵为主，山地、丘陵、平川面积之比为6:3:1。最高点为西北部的武神山主峰，海拔1346.6米，最低点为东南丹河出口处的三姑泉，海拔296米。相对高差1050.6米。全县平均海拔650～1000米。境内主要河流有沁河、丹河，均属黄河水系。年平均气温10℃左右，大陆性季风气候明显。无霜期192.6天。年降水量618.3毫米，但年际、月际间降水量的相对变率较大。日照时数为2580小时，日照率67%。

境内自然资源丰富，尤以"煤铁"为最。全县煤炭地质储量为44亿吨，铁矿石储量5亿吨，硫铁矿、铝矾土、石灰石、大理石、银、铜、锰、石膏等储量也很丰富。全县水资源总量为2.814亿立方米，属相对富水区。全县年末耕地保有量为76.74万亩。封山育林面积8.1万亩。全县省级自然保护区1个，自然保护区面积93775.1公顷。全县林木绿化覆盖率达到50.56%，森林覆盖率达到36.84%。野生动植物不但种类繁多，而且较为珍贵。其中，属国家二、三类保护的珍稀动物有猕猴、大壁虎；属国家保护的植物有青檀木等。

泽州县辖14个镇、3个乡，即下村、大东沟、周村、南村、北义城、大箕、柳树口、山河、犁川、晋庙铺、金村、高都、巴公、大阳镇，川底、李寨、南岭乡。全县共有629个行政村，1088个自然村。2018年底，全县常住人口为495993人，其中农业人口252443人，非农业人口243550人。人口以汉族为主，回族次之，另外还有蒙古族、满族、朝鲜族、布依族、苗族、白族、土家族、壮族等少数民族。

2018年，泽州县获"全国产粮大县""全国产油大县""中国铸造产业集群县""四好农村路省级示范县”“全省人口和计划生育工作目标管理责任制考核先进县”“省级双拥模范县”等称号。金村新区稳步推进，完成总规，启动控规、详规编制，县委、县政府搬迁至府城街001号，“有县无城”的历史宣告终结。出台乡村振兴战略实施意见，川底、高都两个农林文旅康产业融合发展试点起步，巴公国家级装备制造小镇进展顺利，大阳镇被确定为省级特色小镇。深入开展“百村示范、千村整治”行动，创建2个省级、4个市级美丽宜居示范村，32个村获批国家级传统古村落，12个乡镇实现环卫作业智能化管理，城乡面貌焕然一新。

【综合经济】 2018年，泽州县生产总值完成279.5亿元，同比增长5.2%，总量预计跻身全省十强。其中：第一产业增加值完成12.6亿元，下降1.6%，占生产总值的比重为4.5%；第二产业增加值完成177.6亿元，增长4.9%，占生产总值的比重为63.5%，其中：工业实现增加值170.9亿元，增长4.7%；第三产业增加值完成89.3亿元，增长7%，占生产总值的比重为32%。

2018年，泽州县一般公共预算收入完成19.21亿元，连续两年保持20%以上的增幅，总量位居全市第一；固定资产投资完成83.2亿元，同比增长10.6%，高于全省平均水平。社会消费品零售总额同比增长7.5%，完成44.5亿元；全年居民人均可支配收入22875元，增长8%。按常住地分，城镇居民人均可支配收入33393元，增长6.8%；农村居民人均可支配收入15211元，增长8.1%。

2018年，泽州县人均地区生产总值56433元，按2018年平均汇率计算达到8528美元。全县公共财政预算收入19.2亿元，增长25.9%，增收3.9亿元。税收收入12.4亿元，增长16.8%，其中：国内增值税、企业所得税、个人所得税、资源税和城建税共计完成税收10.4亿元，增长13.3%。公共财政预算支出35.2亿元，增长19.7%，增支5.8亿元。其中：教育支出5.8亿元，增长2.9%；社会保障和就业支出4.3亿元，增长23.8%；医疗卫生与计划生育支出4.8亿元，增长10.8%；农林水支出6.3亿元，增长32.1%。民生支出占全县公共财政预算支出的比重为66.9%。

2018年，泽州县城镇新增就业7355人，失业人员实现再就业人数达到816人，就业困难人员实现再就业264人。年末城镇登记失业率为0.59%。

【农业】 2018年，泽州县农作物种植面积52971.3公顷，同比减少4917.1公顷。其中：粮食种植面积50296.9公顷，减少5168.4公顷；油料种植面积381.5公顷，增加127.8公顷；棉花种植面积2.7公顷，减少0.2公顷。在粮食种植面积中，玉米种植面积5492.7公顷，减少672公顷；小麦种植面积28940.58公顷，减少532.5公顷。

2018年，粮食总产量18.8万吨，同比减少4.3万吨，同比减产18.6%。其中，夏粮11.3万吨，减产22.1%；秋粮7.5万吨，减产12.74%。棉花产量3吨，同比增长87.5%；油料产量607吨，同比增长47%；药材产量1469吨，同比增长303.7%；蔬菜产量60053吨，同比增长－11.2%；水果产量11223吨，同比增长－38.6%。完成造林面积133公顷，增长5.7%；经济林面积16公顷，下降97.6%。肉类总产量52645吨，同比增长1.8%。其中，猪、牛、羊肉分别增长1.9%、−2.7%和7.1%；奶类总产量49吨，同比下降80.4%；禽蛋总产量21482吨，增长3.2%；水产品产量560吨，减少9.7%。泽州县农业机械总动力18.4万千瓦，增长1.7%。机械耕地面积46370公顷，下降6.2%；机械播种面积43460公顷，增长3.5%；机械收获面积33950公顷，下降5.1%。全县农机服务收入4360万元，其中：农机作业服务收入1308万元。

【工业和建筑业】 2018年，泽州县规模以上工业企业52家。规模以上工业增加值完成159.7亿元，同比增长4.5%。分行业看：煤炭行业增加值增长4.5%，非煤行业增加值同比持平。其中：化肥行业下降15.3%，冶铸行业下降0.2%，装备制造行业下降4.4%，电力行业增长21.4%。原煤产量2914.8万吨，增长7.8%；化肥折纯量133.9万吨，下降14.9%；生铁产量364.3万吨，下降3.4%；粗钢产量349.7万吨，下降0.6%；钢材产量345.1万吨，下降1.3%；水泥产量71.8万吨，增长3.5%；发电量完成27.8亿千瓦时，增长13.4%。规模以上工业实现主营业务收入436.4亿元，同比增长12.4%；工业企业实现利润60.3亿元，同比增长37.2%；实现利税107亿元，同比增长29.1%。

2018年，泽州县全社会建筑业实现增加值73893万元，增长10%。年末全县具有资质等级总承包建筑业企业9家，完成总产值938064万元，同比增长42.8%。

【园区经济】 2018年，泽州县产业园区攻坚起势，列支3500万元财政资金，撬动1.2亿元社会投资，南村绿色智能铸造创新产业园加速推进，土地平整1274亩，21家企业入驻、5家生产运营；全力化解拆迁难、进地难，晋钢智造科技产业园奠基开工，晋钢大道改造完成。产业转型加快推进，天安朝阳、盈盛等5座煤矿投产，华昱煤制油试生产，华电风电一期主体完工，段河瓦斯、晶耀光伏并网发电，中国青年城进展顺利，蓝远快递物流园开工建设。

【金融贸易】 2018年，泽州县社会消费品零售总额44.5亿元，增长7.5%。按经营地统计，城镇消费品零售额27.5亿元，增长4.3%；乡村消费品零售额16.9亿元，增长13.1%。按消费形态统计，商品零售额40.2亿元，增长7.6%；餐饮收入额4.3亿元，增长6.6%。海关进出口总额16.22亿元，增长15.1%。其中，出口完成8369万元，增长28.5%；进口完成15.38亿元，增长14.4%。金融机构各项存款余额251.3亿元，比年初增加22.9亿元，增长10%。各项贷款余额98.6亿元，比年初增加10.4亿元，增长11.8%。

【保险】 2018年，泽州县保费收入19930.8万元，同比增长4.2%。其中，寿险业务保费收入8913.4万元，下降10.8%；健康险业务保费收入2820.8万元，增长75.4%；意外险业务保费收入298.4万元，下降17.1%；财产险业务保费收入7898.2万元，增长10.2%。全年支付各类赔款及给付5087.8万元，增长14.4%。

【交通邮电】 2018年，泽州县公路线路里程2490千米，其中高速公路134千米。公路密度123.1千米/百平方千米。

全年全县完成邮电业务总量19261万元。其中，邮政业务总量1265万元；电信业务总量17996万元。农村固定电话用户2.2万户，移动电话用户35.5万户，全县接入用户数9万户。

【旅游】 2018年，泽州县共有旅游景区(点)6处，其中：AAAA级景区1个，AAA级景区3个。共有星级饭店2家，其中：四星级2家。共有“农家乐”374家。全年接待游客1294.5万人次，其中：海外旅游接待游客0.3万人次。实现旅游总收入119.2亿元，其中：海外旅游创汇188.5万美元。全域旅游精彩纷呈，举办《谁不说俺泽州好》第二季、第三届文化旅游节等节庆活动，全年旅游总收入和接待游客人数均创历史新高。

【教育科技】 2018年，泽州县共有各级各类学校171所，同比减少9所。在各类学校中，有高中学校4所，高职中学2所，初中中学31所，小学131所，教师进修学校1所，特殊教育学校1年。年末全县共有各级各类在校学生人数43273人，同比减少3686人；全年各级各类学校招生数13838人，同比减少286人；毕业生数14203人，同比减少659人；年末全县教职工人数4503人。小学学龄儿童入学率100%；小学和初中升学率均达100%。

2018年，泽州县共申请各类专利76件。其中：发明专利申请量31件，实用新型专利44件；有效发明专利拥有量34件。财政支持科技研发资金2615万元，兴达变速箱套筒达到世界领先水平，金秋公司主持制定球墨井盖、算子国家标准，华明纳米、合聚水泥被认定为国家级高新技术企业，5家企业被认定为省级“专精特新”企业，6家企业被认定为省级“四新”企业。

【文化】 2018年，泽州县共有艺术表演团体7个，新创作首演剧目1个，上演剧目45个，演出场次2550余场，收入520万元，其中：剧团2个，上演剧目25个，演出场次505场，收入405万元；曲艺队1个，上演剧目20个，演出场次570余场，收入3.4万元。公共文化馆1个，公共图书馆1个，乡镇文化站17个，村级农家书屋590个，共藏书约113万册。广播电台1座,电视台1座。有线电视用户4万户。其中,接收数字信号用户3万户。电视人口综合覆盖率100%。有线电视入户率99%。

【体育】 2018年,泽州县举办各级各类体育赛事10余次,参加运动会运动员人数5000余人。运动员在市级以上重大比赛中获金、银、铜牌分别为14枚、3枚、3枚。全民健身活动更加形式多样,全年全县体育锻炼标准达标人数38万人。

【卫生】 2018年,泽州县共有卫生机构(含诊所)730个,其中县医院1个、县妇幼保健院1个,疾病预防控制中心(防疫站)1个,卫生监督所1个,乡镇卫生院26个,村级卫生所645个,个体诊所55个。全县共有床位数2257张,卫生技术人员1991人,其中执业医师和执业助理医师850人,注册护士647人。县乡村三级医疗机构达标率为100%,新型农村合作医疗参合率99.86%。

【社会保障】 2018年,泽州县参加城镇职工基本养老保险45237人,同比末增加1550人;参加城乡居民基本养老保险303194人,增加5421人;参加城镇职工基本医疗保险37061人,增加1239人;全县实现城乡居民基本医疗制度整合并轨,参加城乡居民基本医疗保险412053人,增加774人;参加失业保险24440人,增加372人;参加工伤保险66452人,增加3251人;参加生育保险28900人,增加400人。城镇基本社会保障覆盖率99.5%,其中:城乡居民养老保险覆盖率100%,企业养老保险覆盖率99.4%;城乡居民医疗保险覆盖率100%,生育保险覆盖率100%,失业保险覆盖率99.1%。城镇低保人数904人,保障户数803户;农村低保人数7703人,保障户数5079户。

【生态建设】 2018年,泽州县省级自然保护区1个,自然保护区面积93775.1公顷。全县林木绿化覆盖率50.56%,森林覆盖率36.85%。全年空气质量综合指数6.51,同比下降2.8%;细颗粒物(PM2.5)浓度为57微克/立方米,同比下降8.1%。全年环境空气质量二级以上天数206天,重污染天数16天。

【社会事业】 2018年,泽州县巴公、金村幼儿园投入使用,5所学校获评"教育部国防教育特色校";国家基本公共卫生服务考核全省第二,被省政府授予"人口和计划生育工作目标管理责任制考核先进县";巴公镇南山村被司法部、民政部授予"全国民主法治示范村"。全力实施精准脱贫,2018年减贫1314户2895人,建档立卡贫困村全部退出,提前完成"十三五"961户2830人的异地搬迁任务。煤层气用户覆盖42.5%的行政村,集中供热惠及群众3.3万余户,新建旅游厕所数量位居全市第一,投入车辆112台,开通92条公交线路,率先在全省实现镇村一元公交全覆盖;新改造提升417千米"四好农村路",新建20个农村老年人日间照料中心,解决2万人饮水安全,新增集中供气3212户、集中供暖20万平方米,送戏、送文化下乡270场。

(张　静)

高平市

中共高平市委书记	范兆森*
市人大常委会主任	张志刚
市人民政府市长	邹树琦*
市人民政府代市长	原　健
市政协主席	李培安

【概述】 高平市位于晋城市北部。地理坐标为北纬35°39′~35°59′、东经112°42′~113°09′。东至铁佛岭与陵川县接壤,南至界牌岭与泽州县毗邻,西至老马岭与沁水县交界,西北至丹朱岭与长治市长子县为邻,东北至金泉山与长治市长治县相接。东西长41千米,南北宽37千米,境域总面积980.3平方千米。境内矿产资源主要有煤、铁、坩土、铝土、硫黄、石灰石等。含煤面积271平方千米,地质储量约为161亿吨,已探明储量30亿吨。铁矿储量约1.8亿吨,硫黄储量约为5.5亿吨。2018年,全市辖9镇4乡3个街道。常住人口497025人,人口自然增长率为3.67‰。

高平是中华民族人文始祖炎帝的故里,中国历史上长平之战的发生地,太行太岳革命老区和"煤铁之乡""黄梨之乡""生猪之乡”和“上党梆子戏剧之乡”。高平春秋时称泫氏，战国时称长平，北魏至今称高平。传说远古时期，炎帝神农在此播五谷、创耒耜、教稼穑、尝百草、兴医药、疗疾伤、开肺、制陶器，开创了华夏文明。发现的东庙遗址、李家庄遗址等，证明早在旧石器晚期这里就有人类繁衍生息。

高平历为兵家必争之地，战国时期的秦赵长平之战，悲惨壮烈；五胡十六国时期的晋汉长平之战，血雨腥风；周世宗高平大捷，威震天下。高平是革命老区，抗日战争时期，朱德、彭德怀、左权、徐海东、黄克诚等老一辈无产阶级革命家在此战斗，取得胜利。

市境地处交通枢纽，太（原）澳（门）高速公路、国道207线、省道长（治）晋（城）线和太（原）焦（作）铁路南北纵贯，省道坪曲线东西横越，交通便利。

【综合经济】 2018年，高平经济建设由“疲”转“兴”，全年地区生产总值完成240亿元，同比增长4.7%；规模以上工业增加值增长4%；固定资产投资完成76.2亿元，增长10%；社会消费品零售总额完成70.2亿元，增长9.6%；一般公共预算收入完成19.2亿元，增长30%；城乡居民人均可支配收入分别完成32202元、14177元，增长6.5%、8.5%。

【产业转型】 2018年，高平市煤炭先进产能占比达70.7%，高于全省平均水平13.7个百分点。在晋城率先获批省级开发区，“三化三制”改革迈出步伐。民营经济增加值占GDP的52%，撑起“半壁江山”。开展转型项目建设年活动，实施“一纲十目”重点工程186项，非煤项目投资增长54.3%，传统制造业增长11.6%，战略性新兴产业增长40.6%，服务业增长6.8%，转型势能正在集聚释放。

【农业】 2018年，高平市粮食总产量2.4亿千克，农产品加工企业销售收入30.1亿元。香菇菌棒卖到日韩，吉利尔潞绸远销欧洲，晋宝绿珍粉条出口澳大利亚，生猪、黄梨、富硒红薯等特色农产品走出山西、享誉全国。以野川镇为龙头的“1+2+30”农林文旅康试点建设全面启动。425个村完成清产核资，土地确权登记颁证发证率晋城市第一。

【城乡建设】 2018年，高平市精卫路北段等5条道路竣工通车，“四好农村路”建成156千米，太行一号国家风景道（高平段）全线开工，太焦高铁建设进展顺利。老城区“双供”启动实施，小北庄棚改完成拆迁，市人民医院医技楼投入使用，城市第三水厂供水调试。国家级特色小镇神农镇总规初步完成，河西、原村等5个乡镇获评为省级卫生乡镇，三甲、马村获评为省级园林乡镇；38个村入选中国传统村落，打造沟北、果则沟、东吴庄等一批美丽乡村。

【生态环境】 2018年，高平市打响乡村振兴第一场硬仗，实施“6+N”农村人居环境政治，重点解决供水、供气、供暖、污水、垃圾、厕所等问题，特别是投资8.8亿元实施清洁取暖改造，4个月新增供暖能力300万平方米，惠及143个村、30493户、13万人。抓好环保督察问题整改，谋划实施“五大行动、三年攻坚”，实行环保网格化管理，城乡共治，气水共治，工业源、农业源、生活源、移动源共治，立体性解决环保问题。空气质量综合指数排名从1月份全省116名升至12月份的67名，前移49名；冬防期间二氧化硫（SO_2）指数较上年下降190微克/立方米，在晋城降幅最大。城市第二生活污水处理厂、河西马村永禄3个乡镇污水处理站、南部“两河”湿地和小东仓河截污管网建成投运，丹河出境断面水质20年来首次达标，扭转连续受罚5760万元的被动局面，连续5个月获奖补资金600万元。

【民生事业】 2018年，高平市财政86%以上支出用于保障和改善民生。完成12个贫困村、3195户、8909人脱贫攻坚任务。高考二本B类以上达线率首次突破50%，高平一中达线率96.7%、处于全省领先水平，清华、北大录取6人，连续7年不断线、稳居晋城六县区第一。中国美院高平实验教学研究所在开化寺挂牌成立。城镇登记失业率低于控制目标2.8个百分点，医保、低保、社会救助等各类保障实现应保尽保。安全生产形势总体平稳，扫黑除恶专项斗争成效明显，“七五”普法工作推进，信访形势好转，建宁被确定为全省枫桥经验示范点，连续三年被评定为省级平安市。

（牛　彬）

阳城县

中共县委书记　窦三马
县人大常委会主任　张保国
县人民政府县长　史小林
县政协主席　田龙社

【概述】　阳城县位于晋城市西南部，地处太行、太岳、中条山三山之间。地理坐标为北纬35°12′30″～35°41′12″、东经112°01′02″～112°37′28″。东沿樊山、华阳山、沁河与泽州县搭界，西以云蒙山与运城市垣曲县相连，南以大岭头、原山、鳌背山与河南省济源市毗邻，从西到北，有东岩根、梁树腰、地棚岭、皇岩底、险坪、柿树凹、后韩山、大安头与沁水县接壤。南北长约54千米，东西宽约53千米，县域面积1918平方千米，下辖17个乡（镇），426个行政村。年末，常住人口394501人，男性196609人，女性197892人，男女性别比为99.35（女性=100）。城镇常住人口191755人，乡村常住人口202746人，城镇人口比重48.61%。人口出生率8.62‰，死亡率6.66‰，自然增长率1.96‰。公安部门户籍登记总户数167384户，总人口383106人。

阳城古称濩泽，历史悠久，文化源远流长。唐至清末县内130多人中进士。有明万历吏部尚书王国光、天启工部尚书白所知、南明吏部尚书张慎言，清康熙文渊阁大学士兼吏部尚书陈廷敬、雍正初的文华殿大学士兼吏部尚书田从典，还有世称“天下第一清官”的明成化佥都御史杨继宗及南宋著名画家萧照、清代著名数学家张敦仁。抗日战争时期，阳城是晋豫边革命根据地的中心，朱德、彭德怀、邓小平、徐向前等老一辈革命家曾在此战斗、生活。1946年至1949年，太岳行署进驻阳城，阳城成为太岳区中心。

主要山脉南部有析城山、云蒙山、小尖山、鳌背山、大乐岭、凤山岭、老虎岭、指柱山，西部、北部有仙翁山、白龙山、黄龙山等。沁河是境内最大的河流，其次为南大河、芦苇河、涧河。

境内交通发达。侯月铁路穿越县境，阳翼高速、晋阳高速、阳济、陵沁、阳垣等出境公路构成交通网。

阳城工业以煤炭产业为支撑，形成以安阳工业集中发展区、北留工业园区、芹池煤化工园区、演礼工业园区为主导的“1+4”的工业强县的产业格局；亚洲最大的火力发电厂——阳城电厂位于境内。旅游业发展较快，主要有国家AAAAA级旅游景区皇城相府，国家AAAA级旅游景区蟒河风景区、亚高山草甸析城山景区。

【综合经济】　2018年，阳城县实现生产总值237.50亿元。第一产业实现增加值8.58亿元，增长0.6%；第二产业实现增加值145.73亿元，增长7.0%；第三产业实现增加值83.19亿元，增长7.3%。全年人均生产总值60262元，按2018年平均汇率折算为9107美元，比上年增加1556美元。

社会消费品零售总额50.50亿元。批发、零售贸易业零售额39.47亿元，住宿、餐饮业零售额11.03亿元。外贸进出口总额1.17亿元，进口405万元，出口1.13亿元，进出口差额（出口减进口）1.09亿元。

【农业】　2018年，阳城县耕地保有量3.86万公顷。粮食种植面积29299公顷，夏粮播种面积7426公顷，秋粮播种面积21873公顷。全年粮食产量142895吨，增产1.4%，夏粮产量31473吨，减产11.5%；秋粮产量111422吨，增产5.7%。棉花播种面积5.3公顷，总产量5.4吨，比上年减产8.5%。油料播种面积1323公顷，总产量2152吨，比上年增产22.0%。蔬菜播种面积959公顷，总产量48367吨，比上年增产16.6%。水果总产量4058吨，比上年减产8.5%。坚果总产量1919吨，比上年减产75.3%。造林面积267公顷，四旁（零星）植树110万株，年末封山育林面积4133公顷。牛存栏1421头，猪存栏135611头，羊存栏48723只，鸡存栏261.9万只。肉类总产量19865吨。禽蛋总产量31070吨。蚕茧总产量1108吨。有效灌溉面积9902公顷，节水灌溉面积5769公顷。全年化肥施用量（实物量）25686吨。农用薄膜使用量13.6吨。农药使用量108.6吨。

【工业和建筑业】　2018年，阳城县工业增加值完成138.83亿元。规模以上企业生产原煤1638.1万吨，洗煤976.6万吨，煤层气15934.9万立方米；食醋17509吨；纱4824吨；布998万米；氮肥19.9万吨；水泥59.6万吨；瓷质砖2599.3万平方米；陶质砖615万平方米；发电量195.3亿千瓦时。规模以上工业企业实现主营业务收入213.21亿元，比上年增长21.6%，实现利税53.29亿元，比上年增长26.1%，实现利润28.67亿元。煤炭企业实现主营业务收入129.71亿元，实现利税49.43亿元，实现利润27.53亿元；电力企业实现主营业务收入54.89亿元，实现利税4.67亿元，实现利润2.76亿元。

全年建筑业实现增加值7.03亿元。阳城县具有资质等级的总承包和专业承包建筑业企业11家，完成总产值1.70亿元；房屋建筑施工面积53424平方米。

【固定资产投资】 2018年，阳城县完成固定资产投资84.46亿元。其中基础设施投资36.49亿元，增长10.1%；民间固定资产投资37.94亿元，增长36.8%。按产业分：第一产业投资3.42亿元；第二产业投资31.88亿元；第三产业投资49.16亿元。在第二产业中，工业投资31.88亿元，其中，煤炭工业投资11.63亿元，非煤产业投资20.24亿元；传统产业(煤炭、焦炭、冶金、电力)投资15.66亿元，非传统产业投资16.22亿元。房地产开发投资3.79亿元，其中住宅投资3.28亿元。房屋施工面积65.51万平方米，房屋新开工面积6.11万平方米，商品房销售面积7.68万平方米。

【能源生产】 2018年，阳城县一次能源生产折标准煤1201.7万吨，二次能源生产折标准煤1118.9万吨。全年销售煤炭962.3万吨。向省外输送电力178.6亿千瓦时。全社会用电总量41.9亿千瓦时，第一产业用电0.2亿千瓦时；第二产业用电38.1亿千瓦时，其中工业用电37.7亿千瓦时；第三产业用电2.0亿千瓦时。城乡居民生活用电1.6亿千瓦时。

【交通邮电】 2018年，阳城县公路货运总量2230万吨。公路货物周转量75350万吨千米。公路旅客运输总量2079万人次。公路旅客周转量71500万人千米。完成邮政业务总量2949万元，下降0.7%。订销报纸693万份，订销杂志15万份，快递业务量11万件，发送信件2万件。全年电信业务总量21400万元。阳城县固定电话用户19000户；移动电话用户36.3万部，增加2.3万部；计算机互联网用户88000户，减少17296户。

【财政收支】 2018年，阳城县完成财政总收入44.56亿元，增长28.4%；完成公共财政预算收入16.63亿元。公共财政预算支出29.68亿元，其中农林水事务支出4.66亿元，教育支出5.16亿元，科技支出3345万元，医疗卫生与计划生育支出3.56亿元，文化体育与传媒支出7812万元，社会保障和就业支出4.43亿元，节能环保支出1.17亿元。

【金融保险】 2018年，阳城县金融机构各项人民币存款余额225.77亿元，比年初增加21.19亿元。住户存款余额161.07亿元，比年初增加14.32亿元。金融机构各项贷款余额102.04亿元，比年初增加21.10亿元。

保费收入7.43亿元。财产险保费收入1.38亿元，人身险保费收入6.05亿元。

【教育科技】 2018年，阳城县普通中学26所，在校学生16691人，教职工2087人；职业高级中学2所，在校学生1924人，教职工199人；小学64所，在校学生13817人，教职工1657人；幼儿园106所，在园幼儿6987人，教职工505人；成人中等专业学校1所，教职工16人。2018年高考阳城一中一本达线率52.5%，其中7人被北大、清华录取，再创历史新高。中考总均分、总及格率继续保持全市第一。

阳城县科技研发专项资金支持引导科技研发、科技创新、成果转化等项目共30项，研发经费855万元。争取市级科技创新项目4项共113.9万元。新增高新技术企业3家。发明专利申请量57件，有效发明专利拥有量45件。

【文化】 2018年，阳城县共有文化馆1个，公共图书馆1个，青少年活动中心分馆1个，文物博物馆1个，档案馆1个，电视台1座。全年各类文艺演出400余场。放映农村公益电影5544场，农村寄宿制中小学电影279场。组织了优秀传统剧目展演、元宵节街头文艺表演活动。举办了阳城国际陶瓷博览交易会开幕式文艺演出和现场文艺演出。皇城相府景区和天官王府景区举办“非遗”、演艺进景区活动共计1317场。

【体育卫生】 2018年，阳城县举行“全民健身日”启动仪式暨万人长跑活动。组织参加晋城市第六届农民运动会。举办了“悠然阳城·康养圣地”为主题的第三届“北京国际山地徒步大会”和2018阳城绿道山地半程马拉松赛。

2018年阳城县乡村共有医疗卫生机构624个，卫生技术人员2816人(乡村医生601人、医师748人、助理医师149人)，床位2137张。村级卫生所达标率99%。

【生态环境】 2018年，阳城县城市绿化覆盖率45.5%，绿地率40.5%，人均公园绿地面积12.6平方米。县城空气质量二级以上天数229天。全年环境空气综合质量指数5.52。细颗粒物(PM2.5)年均浓度为49微克/立方米。

城市供水普及率97%，供气普及率98%，集中供热普及率91%，再生水利用率7%，生活垃圾无害化处理率100%，污水处理率97%。

【社会保障】 2018年，阳城县非私营单位从业人员46576人，其中在岗职工人数44625人。城镇新增就业10655人，城镇登记失业率1.18%。阳城县非私营单位在岗职工平均工资61048元。居民人均可支配收入20349元，其中城镇居民人均可支配收入29629元；人均生活消费支出16183元；农村居民人均可支配收入13326元；人均生活消费支出11238元。企业职工基本养老保险参保45469人，机关事业养老保险参保15466人，城乡居民养老保险参保208758人，城镇职工医疗保险参保48492人，城乡居民基本医疗保险参保307945人，生育保险参保37200人，工伤保险参保70209人，失业保险参保30224人。全年共发放各类社会保险待遇101792万元。

(梁　星)

陵川县

中共陵川县委书记 胡晓刚
县人大常委会主任 张江龙
县人民政府县长 任彩虹
县政协主席 郎在陵

【概述】 陵川县位于晋城市东北部。地理坐标为北纬35°25′～35°54′4″、东经113°1′30″～113°37″。东、南分别与河南省辉县市、修武县交界，西与泽州县、高平市相连，北与长治市长治县、壶关县毗邻。东西长53.2千米，南北宽52.8千米，全县总面积1751平方千米。2018年，全县共辖7镇5乡，312个行政村，7个居民社区。户籍总户数91443户，户籍总人口253353人，增加554人。年末全县常住人口237099人，比上年末增加581人。其中，城镇人口102991人，乡村人口134108人。全年出生人口2163，人口出生率9.13‰；死亡人口1582人，死亡率6.68‰；自然增长率2.45‰。性别比103.6(以女性人口为100)。按常住人口计算，城镇化率43.4%。

境内万峰环列，沟壑纵横，较大的山峰有70余座。地形东北高、西南低，板山海拔最高1791.9米，甘河海拔最低628米。河流分丹河和卫河两个流域，分别属于黄河和海河两大水系。

境内属大陆性季风气候区，气候特别凉爽，年平均气温为7℃～9℃，年平均降水量700～1000毫米。日照时数平均为2380～2730小时。

境内矿产资源丰富，矿种主要有煤、铁、硫、铝、黏土、大理石、硅石等。全县水资源总量为62872.62万立方米，是山西省水资源较丰富的地区之一。

陵川县人杰地灵。古代著名人物有金代武氏三状元、金代教育家元好问老师郝天挺、元朝国信使郝经等。现代人物有中共山西省委原第一书记卫恒、作家韩文洲、电影《上甘岭》编剧崔家俊等。国家级文物保护单位有西溪二仙庙、小会岭二仙庙、崔府君庙、白玉宫、玉皇庙、寺润三教堂、南神头二仙庙、玉泉东岳庙、南吉祥寺、北吉祥寺、三圣瑞现塔、崇安寺、龙岩寺等，省级文物保护单位有南庙宫、南召文庙、千佛造像碑等。主要风景名胜区有王莽岭、棋子山、黄围山、西溪风景区。

【综合经济】 2018年，陵川县地

区生产总值完成41.5亿元，按可比价计算，同比增长0.1%。其中，第一产业增加值完成5.3亿元，下降2.3%，占生产总值比重为12.8%；第二产业增加值完成9.9亿元，下降6.8%，占生产总值比重为23.8%；第三产业增加值完成26.3亿元，增长4.2%，占生产总值比重为63.4%。第三产业中，批发零售业增加值完成1.98亿元，增长4.3%；交通运输仓储业增加值完成4.3亿元，增长11%；住宿餐饮业增加值完成0.88亿元，增长3.2%；金融业增加值完成3亿元，下降5.1%；房地产业增加值完成2.4亿元，增长5.6%；其他服务业增加值完成13.6亿元，增长4.0%。按常住人口计算，2018年全县人均地区生产总值17514元，增长5.2%；按2018年平均汇率计算达到2610美元，增长5.9%。

财政总收入完成3.74亿元，增长19.3%。其中增值税1.66亿元；企业所得税5226万元；资源税5182万元；个人所得税878万元；城市维护建设税502万元。一般公共预算收入完成1.66亿元，增长10.5%。一般公共预算支出达到19.71亿元，增长8.9%，其中：一般公共服务支出增长5.0%，公共安全支出增长8.3%，教育支出下降8.3%，节能环保支出下降40.6%，科学技术支出持平，社会保障支出下降10.1%，医疗卫生与计划生育支出增长2%，城乡社区支出增长4.2倍。

【农业】 2018年，陵川县农作物播种面积2.23万公顷。其中：粮食种植面积1.97万公顷，较上年减少723.6公顷；其中，玉米种植面积1.70万公顷，小麦种植面积48.2公顷。粮食总产量9.61万吨，减产10.4%。其中，夏粮产量255.7吨，减产46.3%；秋粮9.59万吨，减产10.4%。油料产量589.1吨，减产19.9%；药材产量3800吨，增产11%；水果产量1889.9吨，减产33.7%；干果391.6吨；减产57.4%；蔬菜产量3.42万吨，减产6.6%。

肉类总产量1.38万吨，下降4.1%。其中，猪肉产量1.12万吨，下降4.3%；牛肉产量30.6吨，下降10%；羊肉产量557吨，下降7.8%。年末生猪存栏133303头、增长15.8%，生猪出栏148452头、下降5.2%；牛存栏888头、增长20.8%，牛出栏229头、下降8.4%；羊存栏37808只、下降22.4%，羊出栏36971只、下降7.9%；禽存栏102.8万只、降11.2%，禽出栏138.4万只，下降6.4%。禽肉产量1910吨，增长1%；兔肉产量32.4吨，下降62.7%；禽蛋总产量11420吨，增长1.3%；蚕茧总产量6吨，增长22.5%。

森林面积139万亩，森林覆盖率54.35%。完成造林面积246.7公顷，四旁植树65万株，育苗面积333.3公顷，其中新增育苗面积66.7公顷。

农业机械总动力5.02万千瓦，同比增长8.7%。机械耕地面积完成1.68万公顷，增长6.6%；机械播种面积完成1.35万公顷，增长0.8%；机械收获面积完成9825公顷，增长0.6%。全年农机服务总收入4620万元，其中农机作业服务收入3010万元。

【工业和建筑业】 2018年，陵川县规模以上工业15个，当年培育“小升规”企业数量5个，净增4个。全年规模以上工业增加值下降15%，其中：国有控股企业下降12.1%，非公有制企业下降52.7%；分轻重工业看，轻工业下降7.2%，重工业下降15%。

规模以上工业企业实现主营业务收入12.24亿元，下降18.2%。其中：煤炭行业5.13亿元，下降20.3%；化工行业1.80亿元，增长41.9%；非金属矿物制品业3.22亿元，增长1.6%；冶炼行业8807.9万元，下降65%；金属制品业1832.9万元，下降11.2%；电力、热力生产和供应业5612万元，增长34.3%。规模以上工业企业实现利税3.40亿元，下降10.9%；实现利润1.92亿元，下降7.5%。

民营经济增加值完成19.8亿元，同比下降1.5%；总产值完成61.4亿元，同比下降1.3%；营业收入达到51.9亿元，下降1.1%。

建筑业增加值完成3.9亿元，同比增长0.1%。年末全县具有资质等级的总承包和专业承包建筑业企业共有2家，完成总产值6854万元，下降22.3%；竣工产值2848万元，下降66.2%。

【固定资产投资】 2018年，陵川县完成固定资产投资22.5亿元，同比增长13.1%。其中，第一产业1.17亿元，同比下降69.6%；第二产业10.47亿元，同比增长9%；第三产业10.83亿元,同比增长68.6%。在建固定资产投资项目74个。其中5000万元以上项目24个,比2017年同期增加8个,累计完成投资16.26亿元,占全县固定资产投资的比重72.4%。

【能源】 2018年,陵川县向省外运输煤炭87.93万吨,增长38.9%;外运煤炭占原煤产量的49.6%。全社会用电量3.86亿千瓦时,同比下降9.7%。其中线损825万千瓦时,全社会有效用电3.78亿千瓦时。根据用电用途,行业用电3.17亿千瓦时,占84%;城乡居民生活用电6027万千瓦时,占16%。从行业用电看,第一产业用电1364万千瓦时,占全部用电量4.3%;第二产业用电2.37亿千瓦时,占全部用电量74.8%;第三产业用电6903万千瓦时,占全部用电量21.7%。冬季清洁取暖完成6299户。其中,"煤改气"完成5028户,"煤改电"完成203户,集中供热新增1068户。

【国内贸易】 2018年,陵川县限额以上的贸易业共21个,其中批发零售业17个,住宿餐饮业4个。全年社会消费品零售总额20.5亿元,同比增长9.3%。分地域看,城镇13.54亿元,占66.1%,同比增长9.4%;乡村6.93亿元,占33.9%,同比增长9%。分消费形态看,餐饮收入完成2.44亿元,占11.9%,增长3.1%;商品零售完成18.03亿元,占88.1%,增长10.2%。在限额以上批发和零售业零售额中,粮油食品类增长7.1%,饮料类下降10.1%,烟酒类增长0.7%,服装鞋帽、针、纺织类增长12.7%,化妆品类下降7.8%,金银珠宝类增长5.7倍,日用品类下降4.37%,五金电器类下降17%,体育娱乐用品类下降52.7 %,中西药品类增长10.7%,文化办公用品类增长3%,煤炭及制品类增长11.9%,机电产品及设备类下降63.3%,汽车类增长97.9%,其他类下降72.4%。

【交通邮电】 2018年,陵川县公路通车里程达到1673.5千米。其中高速44.5千米,国道135千米,省道30千米,县道199.7千米,乡村道1264.3千米。

邮政业务总量完成1724万元,增长1.9%;电信业务总量完成1.14亿元,下降0.8%。全县移动电话用户20.7万户,增加1.6万户,增长7.7%;宽带接入用户55974户,增加7174户,增长12.8%。交通运输、仓储和邮政业增加值完成4.3亿元,增长11%。

【旅游】 2018年,陵川县旅游企业个数25个,接待旅游人数481万人次,增长6.9%;旅游总收入实现20.74亿元,增长25.9%。

【金融保险】 2018年,陵川县金融机构各项存款余额96.88亿元,比年初增加4.37亿元,增长4.7%。其中:住户储蓄存款余额71.71亿元,比年初增加45.53亿元,增长6.8%;年末各项贷款余额25.53亿元,比年初减少10.04亿元,下降28.2%。

保险费收入1.83亿元,同比增长42%。其中,人身险保费完成1.38亿元,车辆险保费完成2929万元,财产险保费完成530万元,其他险保费完成1097万元。全年支付各类赔款支出2505万元,同比下降8.9%。其中,人身险给付支出532万元,下降16.8%。

【教育科技】 2018年,陵川县共有各级各类学校111所,其中,中学17所,小学58所,幼儿园及其他36个;全县教学点共有44个。共有各级各类在校学生29588人,其中,高中在校生5067人,高中毕业生1840人;初中在校生7498人,初中毕业生2567人;小学在校生11694人,小学毕业生2194人;在园幼儿5329人。年末,共有教职工2975人,其中,专任教师2435人,教辅人员269人,其他人员271人。专任教师中,大学本科以上学历达到1682人,占69.1%;大专以上学历达到2219人,占91.1%。年末社会及其他办学624人。

科技三项经费支出300万元,占年度目标300万元的100%,同比下降65.8%。科技项目立项数18项(其中:省级3项、县级15项),完成科技项目数71项(其中:省级2项、县级69项),获得国家有效发明专利19项。至2018年底,陵川县具有初级以上专业技术职称的人员3254人,其中,高级职称228人、中级职称1091人、初级职称1935人。

【文化卫生体育】 2018年,陵川县共有1个县级文化馆,12个乡镇文化站；1个公共图书馆，总藏书量6.8万册；1个文物馆，藏品件数13084件；2个电影院，17个公益电影放映队，全年放映收入1806万元。

年末，全县共有各级医疗卫生机构393个，开放床位984张，卫生从业人员1316人，执业医师250人，每千人拥有病床4.15张，每千人拥有医生数1.05人。村卫生室375个，覆盖率99.2%，县、乡、村三级医疗机构达标率94.4%。儿童“七苗”全程接种率以乡镇为单位均达到99%。碘盐覆盖率96%、合格碘盐食用率92.5%，碘盐合格率94.2%，各种地方病有效控制。

年末，全县拥有室内体育场馆2个，公共体育场1个，各级裁判员46人，各级举办运动会17次。

【社会保障】 2018年，陵川县基本养老保险参保人数156135人，基金收入完成28367万元。其中，城镇职工参保22433人，基金征收完成27088万元；城乡居民基本养老保险参保133702人，基金征收完成1279万元。基本医疗保险参保人数237016人，基金征收完成10091万元。其中，城镇职工参保16338人，基金征收完成4756万元；城乡居民参保220678人，基金征收完成5335万元。工伤保险参保人数21016人，基金征收完成510万元。失业保险参保人数8840人，基金征收完成262.7万元。

年末，城镇低保人数879人，同比减少146人，全年城镇保障资金发放626.9万元；农村低保人数5293人，同比减少753人，全年农村保障资金发放2513.8万元。农村集中供养“五保户”413人；分散供养“五保户”1464人。

年末，全县各类社会福利收养单位6个，床位560张，收养各类人员443人。全年享受伤残抚恤金人数1874人；享受定期补助人数1667人。优待对象户数156户，优待总金额296.3万元。全年安置1个残疾人就业。

【生态环境】 2018年，陵川县耕地保有量47.99万亩。自然保护区23565.2公顷。县城集中供热普及率92%；建成区绿化覆盖率39.97%。县区环境空气质量二级以上天数239天，空气质量优良比例65.7%，同比增长1.7个百分点；PM2.5年均浓度下降率39%，下降2个百分点；大气环境综合污染指数为4.95，下降0.43个百分点。平均气温为9.6℃，年降水量562.2毫米，年内最大积雪深度11厘米，年无霜期170天，年日照百分率55%。

【安全生产】 2018年，陵川县共发生各类事故83起，较2017年增加23起，增长38.3%；死亡28人，死亡人数与2017年持平。83起事故中，其中7起为安全生产事故，死亡8人；76起为道路交通事故，死亡20人。每亿元地区生产值生产安全事故死亡率19.28%，较省控目标(8.5%)高10.78个百分点。

(焦国锋)

沁水县

中共沁水县委书记 原光辉
县人大常委会主任 郭沁林
县人民政府县长 侯贵宝
县政协主席 张桂春

【概述】 沁水县位于晋城市西南部。地理坐标为北纬35°23′48″～36°04′03″、东经111°56′02″～112°47′20″。东连高平市、泽州县，西接临汾市翼城县、运城市垣曲县，南邻阳城县，北靠长治市长子县，临汾市安泽县、浮山县。地形东西长，南北窄。东西长约150千米，南北宽约55千米。地势西高东低，最高处西南舜王坪海拔2358米，最低处东南尉迟村沁河出境处海拔520米，相差1838米。行政区划总面积2676.6平方千米。2018年，辖7镇7乡，242个建制村，9个社区。

年末，全县户籍人口202168人，比上年年末减少500人，其中城镇人口72352人，乡村人口129816人。全县常住人口217643人，比上年末增加1031人，其中城镇人口97209人，乡村人口120434人。全年全县出生人口1957人，人口出生率为9.01‰；死亡人口926人，死亡率为4.26‰，自然增长率为4.75‰。男女人口性别比为104.76(以女性人口为100)。

境内自然资源丰富，其中煤炭和煤层气储量最大。全县含煤面积2421.9平方千米，占全县总面积的90.5%，煤炭地质总储量

265.25亿吨，年产原煤2905.8万吨（包括基建工程煤28.9万吨）。煤层气资源沁水盆地储量6.85万亿立方米，县域境内储量6000亿立方米，是国内最大的煤层气开发利用基地和第一个国家级煤层气高技术产业化示范基地。全县林地面积17.98万公顷，森林覆盖率48.63%。有野生植物400余种，属国家重点保护的植物11种。野生动物220余种，属国家重点保护的珍稀动物26种。位于县城西南部的历山是国家级自然保护区，被誉为“山西动植物宝库”。

沁水县人杰地灵，文化底蕴深厚。古有著名的画家荆浩、散曲家常伦，今有人民作家赵树理、作曲家乔谷、儿童文学家靳兵煊。

沁水历史悠久。历山脚下发掘有“下川遗址”，证明早在2.3万年到1.6万年前就有人类在这里繁衍生息。舜耕历山的动人传说源远流长。周文王第十六子被封于此，是为原伯，史称原伯故城。春秋战国时置端氏城，三家分晋时“徙晋君以端氏”。秦汉时置端氏县。东汉别置沁水县，沁水之名始于此。境内有武安村战国古寨、河头村汉墓群、柳氏民居、湘峪古城、窦庄夫人城等人文景观。

沁水交通便利。晋（城）侯（马）高速公路穿越境内东西，侯（马）月（山）铁路西连同蒲线，东接太（原）焦（作）线。高（平）沁（水）高速公路通车运营。村村通水泥路。通信网络覆盖全境。

沁水是革命老区，抗日战争时期，晋豫特委、太岳区党委、太岳行署、太岳军区、抗日军政大学第七分校、决死三纵队和八路军23个正规团相继进驻沁水。刘少奇、朱德、彭德怀、邓小平、徐向前、陈赓、王震等老一辈革命家曾在这里生活战斗。上党战役最后一战的桃川战斗就发生在境内。

2014年，被联合国地名专家组认定为“千年古县”，成为全省第五个“千年古县”；曾获全国“六五”普法中期先进县、国家级生态示范县、中国绿色名县、中国低碳旅游县、中国最具投资潜力特色示范县、全国无公害农产品标志推广与监管示范县、全国绿化模范县、中国美丽乡村建设示范县、中国生态魅力县、全国林业生态保护先进县、地质灾害防治高标准十有县，山西省文化强县、全省文明创建先进县、省级平安县、全省双拥模范县、全省增加农民收入先进县、林业生态建设先进县、省级卫生县城等称号。2018年获“全国十佳生态文明城市、2018—2020年创建周期全国文明城市提名城市”称号，被省住房和城乡建设厅推荐为“2018年国家园林县城候选县市”。

【综合经济】 2018年，沁水县生产总值228.7亿元，按可比价格计算，比上年增长6.2%。其中，第一产业增加值8.0亿元，增长3.1%；第二产业增加值162.8亿元，增长6.3%；第三产业增加值57.9亿元，增长6.4%。三次产业占GDP的比重由上年的3.3∶69.7∶27.0调整为3.5∶71.2∶25.3。第三产业中，金融业增加值7.6亿元，增长1.8%；交通运输、仓储邮政业增加值11.6亿元，增长5.4%；批发和零售业增加值4.1亿元，增长3.8%；住宿和餐饮业增加值4.3亿元，增长4.9%；营利性服务业增加值6.7亿元，增长5.2%。按常住人口计算，人均地区生产总值10.54万元。

财政总收入50.0亿元，增长38.2%。其中，增值税6.3亿元，增长34.8%；企业所得税2.1亿元，增长178.0%；个人所得税0.2亿元，增长18.2%；资源税2.2亿元，增长20.1%。一般公共预算收入完成16.5亿元，增长29.6%。其中，税收收入13.2亿元，增长27.0%。一般公共预算支出24.1亿元，增长17.1%。其中，科学技术支出增长43.6%，教育支出下降0.3%，城乡社区支出增长111.5%，交通运输支出增长40.1%，社会保障和就业支出增长16.0%，文化体育与传媒支出增长4.5%，医疗卫生与计划生育支出增长0.8%，节能环保支出增长44.5%。

城镇新增就业5217人。转移农村劳动力4301人。年末城镇登记失业率为1.3%。

【农业】 2018年，沁水县完成农业总产值14.41亿元，按可比价格计算，比上年增长4.5%。其中，种植业总产值7.01亿元，增长2.8%；林业总产值7389万元，增长6.3%；牧业总产值6.16亿元，增长6.1%；渔业总产值2160万元，增长4.2%；农林牧渔服务业总产值2835.7万元，增长5.9%。

农作物播种面积39.15万亩，增长1.8%。其中，粮食作物播种面积35.47万亩，增长0.2%。粮食作物中，小麦播种面积2.45万亩，下降7.3%；玉米播种面积28.62万亩，增长2.1%。粮食总产量13.38万吨，增长5.1%。其中，小麦产量5881.2吨，减产8.2%；玉米产量12.09万吨，增长7.4%。粮食亩产量377公斤，增长4.8%。年末全县设施农业大棚2174个，同比增加201个，增长10.2%。其中，蔬菜播种面积2637亩，下降0.2%，产量9901.6吨，增长10.5%；食用菌产量1893.9吨，增长73.7%。

年末，全县大牲畜存栏152头，增长56.7%。猪存栏55806头，增长18.0%；牛存栏1992头，下降13.2%；羊存栏134376只，下降21.9%；禽存栏2455666只，增长25.2%；羊群饲养量312466只，下降15.5%；肉类总产量22700.2吨，增长26.4%；禽蛋产量3765吨，下降9.9%；蚕茧产量482.5吨，下降4.4%。

年末，全县农业机械总动力10.45万千瓦，下降3.9%。机械耕地面积1.93万公顷，下降7.8%；机械播种面积1.57万公顷，下降6.7%；机械收获面积1.37万公顷，下降7.1%。全县农机服务收入5020万元，下降0.2%。

全年义务植树70万株；营造林985.25公顷；连翘灌木林提质增效综合改培2000亩；核桃干果经济林提质增效综合管理8000亩；新发展油用牡丹等特色经济林1500余亩；改善人居环境村庄绿化4个。

【工业】 2018年，沁水县规模以上工业企业44家，完成增加值143.0亿元，增长6.1%；其中，煤炭行业增加值84.5亿元，增长2.4%；煤层气行业增加值44.2亿元，增长1.5%。共完成总产值306.9亿元，增长26.5%；实现利税125.4亿元，增长47.7%；其中，煤炭行业总产值185.8亿元，增长24.7%；实现利税90.7亿元，增长35.7%；煤层气行业总产值72.1亿元，增长17.3%；实现利税31.2亿元，增长104.3%；完成销售产值292.1亿元，增长21.1%；实现利润82.0亿元，增长70.6%；税金总额43.3亿元，增长17.8%。

规模以上工业企业综合能源消费量135.28万吨标准煤，增长8.32%；规模以上工业单位总产值能耗为0.44吨标准煤/万元，下降14.38%；规模以上工业单位增加值能耗为1.11吨标准煤/万元，增长2.06%；规模以上工业企业工业用电量20.43亿千瓦时，增长5.68%。原煤产量2905.8万吨(包括基建工程煤28.9万吨)，增长7.5%；洗煤860.4万吨，增长9.1%；煤层气利用量34.7亿立方米，增长7.9%；煤层气液化量76.8万吨，增长0.4%；发电量15.49亿千瓦时，增长4.9%；焦炭18.8万吨，增长11.4%；生铁2.4万吨，下降40.5%；水泥1475吨，增长7275.0%。

民营企业实现增加值71.1亿元，增长7.2%；出口产品交货值3133万元，下降21.2%；实现营业收入144.7亿元，增长7.6%；利润总额34.6亿元，增长3.1%；上缴税金15.0亿元，增长11.1%。其中，民营工业总产值108.8亿元，增长5.3%；民营工业增加值51.5亿元，增长4.5%。

【建筑业】 2018年，沁水县具有资质等级的建筑业企业11家，完成建筑业总产值1.64亿元，增长16.3%；其中，建筑工程、安装工程和其他工程分别完成1.23亿元、0.31亿元和0.09亿元。签订合同额1.87亿元，下降0.5%；其中，2018年新签合同额1.69亿元，下降0.59%。建筑施工面积4.94万平方米，下降1.2%；房屋建筑竣工面积4.19万平方米，增长10.3%；房屋竣工价值完成0.63亿元，增长8.62%。

【固定资产投资】 2018年，沁水县固定资产投资完成62.5亿元，增长10.3%。其中，国有及国有控股投资34.0亿元，增长65.8%；民间投资21.7亿元，下降34.1%。

在固定资产投资中，第一产业投资1.7亿元，下降86.5%；第二产业投资40.1亿元，增长61.9%；第三产业投资20.8亿元，增长5.8%。在第二产业中，工业行业投资40.1亿元，增长61.9%。

房地产开发计划总投资131411万元，下降15.4%。实际完成投资2.52亿元，下降35.9%。按工程用途分，住宅投资2亿元，下降38.1%；办公楼投资18万元，下降88.0%；商业营业用房投资4873万元，下降8.2%；其他投资339万元，下降78.6%。完成商品房销售面积9.60万平方米，增长16.7%。全县在库项目147个。其中，5000

万元以上项目53个,计划总投资313.7亿元,2018年完成投资49.0亿元,占全县固定资产投资的比重为78.3%。

【市场贸易】 2018年,沁水县社会消费品零售总额26.5亿元,增长9.8%。其中,城镇消费15.8亿元,增长9.9%;乡村消费10.7亿元,增长9.8%。分行业看,批发业零售额4.3亿元,增长37.4%;零售业零售额17.5亿元,增长7.5%;住宿业零售额0.8亿元,下降15.0%;餐饮业零售额3.9亿元,增长3.1%。

在限额以上商品零售额中,通信器材类、粮油食品饮料烟酒类、文化办公用品类和机电产品及设备类分别实现零售额225.5万元、10657.6万元、77.8万元和973.9万元,同比分别增长1.5%、9.4%、26.3%和67.8%;服装鞋帽纺织品类、化妆品类、家用电器音像器材类和汽车类分别实现零售额2546.0万元、302.6万元、741.3万元和322.3万元,同比分别下降7.4%、13.1%、0.7%和17.4%。

签约招商引资项目53个,总投资259.02亿元,完成市目标的119.9%;开工项目24个,总投资106.22亿元,其中当年签约当年开工23个,当年签约项目开工率43.40%;当年签约项目到位资金13.35亿元。

【交通邮电】 2018年,沁水县公路通车里程1541.2千米,其中高速公路77.3千米;载货汽车1540辆,其中,普通载货汽车载重量13906吨位;公路干线3条126.8千米,公路支线71条854.8千米,桥梁229座33330.5米;全年公路养护里程1541.2千米。

2018年,沁水县邮政局(所)20处,邮政路线44条,邮政单程总长度1127.5千米。全年完成邮政业务总量1703.6万元,比上年减少282.7万元,下降14.2%;其中,国内函件38.9万件,特快专递30.1万件,订销报纸464.9万份,订销杂志13.2万份。有通信基站数1391座,其中,新联通公司508座,移动公司729座,电信股份有限公司154座。移动电话客户236383户,增加26785户,增长12.8%;其中,4G客户153515户,增加25031户,增长19.5%;互联网客户62288户,增加2436户,增长4.1%。全年完成通信业务总量13987.6万元,比上年增加333.6万元,增长2.4%。

【金融保险】 2018年,沁水县金融机构人民币各项存款余额127.1亿元,较年初增加9.9亿元,增长8.4%;其中,年末住户存款余额80.5亿元,较年初增加6.2亿元,增长8.3%;金融机构人民币各项贷款余额47.1亿元,较年初减少3.2亿元,下降6.4%。

保险行业实现业务总收入9240万元,下降12.0%。其中,财产保险业务收入2515万元,增长9.2%;人身保险业务收入6725万元,下降17.9%。支付各类赔款及给付2311万元,增长10.3%。其中,财产险赔款971万元,增长22.3%;人身险赔款及给付1340万元,增长3.0%。

【科学教育】 2018年,沁水县下拨市级光伏发电补贴资金297.5万元,补贴项目560项;向省科技厅申报3项三区"人才"科技人员专项计划,3个项目均在实施中;开展科普宣传,展示各类宣传版面30块,发放各类科技宣传资料2万余份,科技咨询700余人次,开放科普基地2个。

2018年,沁水县有各级各类学校79所,其中,幼儿园26所,小学37所,初中11所,高中3所,职业学校1所,特殊教育学校1所。在校学生21594人,其中,义务教育阶段学生数13865人,在园幼儿3871人。参加高考1460人,二本B类以上达线776人,在考生比上年减少472人的情况下,达线率同比提高7.8个百分点。考取985、211大学人数149人,比上年增加24人,其中1人被北大录取。

【文化体育】 2018年,沁水县有群众文化馆1个,公共图书馆1个,文史博物馆1个,宣传文化中心1个,老年活动中心1个,青少年活动中心1个,全民健身中心1个,县级剧团1个,电影发行放映公司1个,乡镇综合文化站14个;有农村电影放映队11支,业余文艺演出团体4家;有国家级非物质文化遗产项目3项,省级项目8项,市级18项,县级55项。

文化扶贫下乡演出17场,"新时代太行文艺轻骑兵送文化下乡"15场,讲习快车文艺演出6场,农村公益电影放映2904场,文化低保戏演出125场，免费送戏下乡30场；组织开展春节、元宵节期间传统民间文艺展演、彩车巡游、民间吹打乐擂台赛、非物质文化遗产展、小剧小品小戏展演等“两节”社会文化活动；举办第二届山西沁水赵树理文化旅游嘉年华开闭幕式和“如画沁水之民俗荟萃”“如画沁水之百花世界”“如画沁水之跑动山水”“如画沁水之声色鼓韵”“如画沁水之最美家乡”7大板块共34项系列活动；举办第二届半程马拉松赛、城市羽毛球邀请赛、全国职工乒乓球大奖赛、篮球联赛、第四届青少年乒乓球比赛、中国足球民间争霸赛山西沁水海选赛五人制足球比赛、中国象棋比赛等如画沁水系列赛事。

【广播电视】 2018年，沁水县有广播电视台1个，调频发射台和转播台1座，调频发射功率4千瓦，广播覆盖率97%；电视转播发射台1座，电视发射功率0.6千瓦，电视覆盖率达98.5%；有线电视用户4.8万户，其中，数字电视用户3.4万户；全年制作播发《沁水新闻》244期；沁水电视台在央视发稿2条、省电视台发稿23条、市电视台发稿320条、沁水电台在市电台播发稿件近300条。

【卫生】 2018年，沁水县有各级医疗卫生机构349个，医院和卫生院床位740张，卫生专业技术人员649人，每千人拥有病床3.40张，每千人拥有医生数2.98人。村卫生室覆盖率100%，县乡村三级医疗机构达标率100%。

【人民生活】 2018年，沁水县城镇居民人均可支配收入28590元，增长6.8%；人均消费性支出17772元，增长13.0%。农村居民人均可支配收入11964元，增长8.9%；人均生活消费支出12279元，增长51.8%。城镇和农村居民恩格尔系数（即食品消费支出占生活消费支出的比重）分别为20.5%和18.0%，分别比上年下降4.2和9.8个百分点。

每百户城镇居民对家用汽车、摩托车、电冰箱（柜）、洗衣机、空调、彩色电视机、移动电话等耐用消费品拥有量分别为60辆、36辆、94台、100台、48台、110台、260部；每百户农村居民对家用汽车、摩托车、电冰箱（柜）、洗衣机、空调、彩色电视机、移动电话等耐用消费品拥有量分别为22辆、70辆、60台、97台、22台、102台、245部。

【社会保障】 2018年，沁水县城乡基本养老保险参保150355人，征缴基本养老保险基金43839万元。其中，机关事业单位职工、企业职工和城乡居民分别参保10162人、22914人和117279人，基本养老保险基金分别征缴14112万元、28299万元和1428万元；城乡基本医疗保险参保193006人，其中，城镇职工28419人，城乡居民164587人；征缴保险基金15197万元，其中，城镇职工12234万元，城乡居民2963万元；失业保险、工伤保险和生育保险分别参保18791人、40002人和26146人，保险金分别征缴1241万元、1383万元和668万元。

全年发放基本养老金4.04亿元，其中，为3714名机关事业单位离退休人员发放待遇2.04亿元，为4552名企业离退休职工发放待遇1.48亿元，为34486名60周岁以上农村老人发放待遇5202万元；发放医疗保险待遇1.3亿元，其中，为参保职工支付门诊费用、住院费用7545万元，为18125人次城乡居民共结报门诊统筹及住院补偿基金5427万元。

【民政事务】 2018年，沁水县城乡低保对象2705户3387人，发放资金1440.73万元。其中，城市低保对象187户287人，标准由月515元提高到月550元，提标幅度6.8%，发放城市低保金172.25万元；农村低保对象2518户3100人，标准由年3500元提高到年3960元，提标幅度13.1%，发放农村低保金1268.48万元。

全年下拨救灾资金15万元，救助受灾群众572人。救助流浪乞讨、困境未成年人员443人次，护送返乡30人次，滞站流浪乞讨精神康复治疗13人。源头帮扶建档立卡户困境未成年140余人，发放帮扶爱心包140余份。为14名孤儿社会化发放基本生活费12.97万元。办理婚姻登记1961对，补录婚姻登记信息档案21552对。对登记在册的63家社会组织下达年检通知，参检率69.8%。

【生态环境】 2018年，沁水县空气质量二级以上天数250天，比上年减少62天；全年空气综合质量指数4.65,环境空气质量达到二级标准;全年列入市级考核的4项主要污染物减排指标全部控制在市控目标之内;饮用水源地水质达标率100%;实施清洁生产工程,涉重金属和涉危险废物企业清洁生产审核率100%。

【城乡建设】 2018年,沁水县组织完成县城城隍庙及周边棚户区改造初设、勘察及部分拆迁工作;梅杏剧院、游泳馆,完成社会资本方招标,进行基础施工;南山城市道路(一期)完成10万立方米土石方工程;小岭公租房市政道路配套,完成路面铺油、管网铺设等工作,达到通车条件;站前路、南外环道路完成部分前期工作。

完成县城梅苑、杏园、小岭易地扶贫安置点基础设施配套工程;教育园区公租房、桃园小区限价房完工,庙沟限价房北区3~9号楼分配入住,南区1~2号楼主体完工;丁香园商品房项目进行地基施工;柳庄花园商品房开工建设;改造梅河、杏河污水管网5千米,新建路建筑外立面完成提升改造,县城210家商铺统一更换门头广告牌匾;杏园排洪渠完成治理;定都供热站投入运行,小岭供热站具备供热条件,新建、改建供气管网11.4千米,完成清洁能源改造2304户,新增燃气用户1800户,新增供热面积35万平方米。

【安全生产】 2018年,沁水县发生各类安全生产事故21起,同比增加3起,上升16.7%,事故死亡11人,同比减少3人,下降21.4%。其中,发生道路交通事故20起,死亡10人,道路施工机械伤害事故1起,死亡1人,其他行业领域无安全生产事故。亿元GDP生产安全事故死亡率0.0481。

【设立沁水经济技术开发区】 2018年10月17日,山西省政府召开第14次常务会议,正式同意设立沁水经济技术开发区。该区位于沁水县东南部,主要涉及嘉峰镇、端氏镇、胡底乡,总面积16.03平方千米,其中核心区面积9平方千米,起步区3.17平方千米;规划总面积内煤层气片区4.47平方千米,煤层气装备制造和工程服务新材料片区11.56平方千米。四至范围是:东至旧沁高线蒲池至端氏段、端润路以东约600米;南至嘉峰镇殷庄村;西至固县河杏林至端氏段、沁河端氏至嘉峰段;北至端氏镇杏林村。

【沁水县退出贫困县】 2018年,按照中共中央办公厅、国务院办公厅《关于建立贫困退出机制的意见》及中共山西省委办公厅、山西省人民政府办公厅《关于山西省贫困退出实施办法》有关规定,经县级申请、市级初审、省级部门评价,省级第三方评估检查,整改专项检查和社会公示,沁水县等12个省定贫困县均达到贫困县退出的相关指标,符合贫困县退出标准,退出贫困县。

【太行洪谷国家森林公园】 2018年5月,山西太行洪谷国家森林公园通过省林业厅组织的专家评审,并报国家林草局进行审核备案。森林公园由太行洪谷片区、山辿岩片区和龙岗片区三部分组成,规划总面积2032.39公顷,10年期规划总投资约2.8亿元。

(张丽霞)

晋城市中级人民法院工作报告(节选)

——2019年2月26日在晋城市第七届人民代表大会第五次会议上

晋城市中级人民法院院长　于昌明

2018年工作回顾

2018年,全市法院以习近平新时代中国特色社会主义思想为指导,深入贯彻落实党的十九大精神和习近平总书记视察山西重要讲话精神,在市委的坚强领导下,在市人大及其常委会的有力监督下,在政府、政协及社会各界的关心支持下,各项工作取得新进展,实现新突破,完成了年初确定的主要预期目标。市中院受理案件5084件,办结4974件,结案率97.84%。全市法院受理案件30733件,其中刑事案件3472件、民商事案件17103件、行政案件492件、执行案件9666件,办结29710件,结案率96.67%,在全省各市排名第一,审判执行质效继续保持全省法院第一方阵,为我市群众安全感和执法满意度取得"七连冠"贡献了法院力量。

一、认真履行刑事审判职能,全力维护国家安全和社会稳定

依法惩治刑事犯罪。审结一审刑事案件1901件,判处罪犯2474人。依法严惩危害国家安全、公共安全、食品药品安全犯罪和故意杀人、抢劫、绑架等严重暴力犯罪,对283人判处五年有期徒刑以上刑罚。严惩毒品犯罪,审结贩卖、运输毒品等犯罪案件68件。全力配合、对接监察体制改革,对腐败犯罪始终保持高压态势,审结贪污贿赂、渎职等犯罪案件36件。严厉打击"非访"犯罪活动,对构成寻衅滋事罪的11名上访人依法追究刑事责任,坚决维护正常信访秩序。加强涉未成年人案件审判,完善心理辅导帮教、轻罪记录封存等机制,积极开展法治宣传进校园活动,未成年人犯罪案件数量连续3年下降。坚持宽严相济,对1874人判处三年以下有期徒刑,对77人免予刑事处罚。坚持罪刑法定、疑罪从无,对1名公诉案件被告人和5名自诉案件被告人依法宣告无罪,确保惩治犯罪与保障人权相统一。

深入开展扫黑除恶专项斗争。把专项斗争作为一项重大政治任务,认真贯彻依法严惩方针,坚决维护人民群众生命健康和财产安全。全年受理把持农村基层政权、"套路贷""市霸"等涉黑涉恶犯罪案件42件319人,审结29案215人,其中判处五年以上有期徒刑53人。制定被告人立功审查指导意见和取保候审、监视居住强制措施适用指导意见,严把事实认定关、法律适用关,对2名涉恶案件被告人的立功未予认定,对未在押的27名涉黑涉恶案件被告人予以收押。充分运用资格刑和财产刑,斩断黑恶分子将手再次伸向政治领域的机会,铲除黑恶

势力经济基础，在已判处的215人中，1人被剥夺政治权利终身并处没收个人全部财产，2人被剥夺政治权利5年，118人被判处罚金759.5万元。制定强迫交易罪、开设赌场罪、故意毁坏财物罪量刑指导意见，统一认定标准，确保罪刑相称、罚当其罪。

提升减刑假释办案质效。严格审查减刑假释案件财产性判项履行情况，服刑罪犯主动履行财产性判项成为常态，有效解决财产性判项“空判”问题，维护刑事裁判的权威性。全年审结减刑案件998件，涉及财产性判项856人，全部或部分履行826人，主动履行率96.5%，履行金额234.36万元，同比提升22.86%。把罪犯狱内消费作为其改造态度的考量因素，对消费情况进行全程监督，强化罪犯“服刑不是享受、吃苦才是改造”的思想。积极推进假释工作，全年共对29名服刑罪犯准予假释。择取已获假释人员以“五见面”方式进行回访，帮助罪犯在社区矫正下逐步融入社会。市中院减刑假释工作走在全省法院前列，经验做法被《人民法院报》推广。

二、主动服务工作大局，保障美丽晋城高质量转型发展

服务供给侧结构性改革。加大破产审判力度，受理破产及强制清算案件31件，用法治化手段化解过剩产能，助推经济提质增效；制定执转破工作流程，完善执行和破产衔接机制，办理执转破案件9件，涉及执行案件187件，涉案金额13.8亿元，执转破工作走在全省前列。推进知识产权审判“三合一”工作，发挥司法保护主导作用，审结知识产权案件267件，同比增长468%，促进大众创业、万众创新。出台依法保护产权、依法保护企业家合法权益、依法保障民营经济健康发展三个实施意见，打破所有制思想束缚，牢固树立平等保护司法理念。审结侵害企业出资人权益、损害股东利益等纠纷案件46件，审结物权纠纷案件695件，审结各类合同案件8685件，发挥司法裁判规制引领作用，营造保护企业家干事创业的法治环境。

围绕打好“三大攻坚战”履职尽责。审结金融借款、保险、证券等案件1007件，涉案金额7.92亿元，依法保护金融债权，支持和保障金融服务实体经济。审结民间借贷案件2887件，涉案金额18.4亿元，规范民间融资行为。审结非法吸收公众存款、集资诈骗等犯罪案件19件，涉案金额3.35亿元，防范化解金融风险。审结破坏环境资源犯罪案件22件，会同市人民检察院出台办理民事、行政公益诉讼案件实施意见，服务保障污染防治攻坚战和美丽晋城建设。依法审理涉及扶贫、贫困地区产业发展等案件58件。市中院派出优秀干警到扶贫村担任第一书记，扎实推进脱贫攻坚各项工作，被沁水县委、县政府评为“脱贫攻坚优秀市直驻村帮扶单位”。

深入推动法治政府建设。加大司法监督力度，保障行政相对人合法权益。审结土地房屋行政征收、食品药品监督管理、劳动和社会保障等一审行政案件238件。强化对行政行为合法性的审查，行政机关败诉的案件28件，占11.76%。推动行政争议实质性化解，以当事人主动撤诉方式解决行政争议51件，占21.42%。对存在轻微程序违法但不实际影响相对人、利害关系人合法权益的行政行为，依法确认违法，但不撤销行政行为，保障行政管理有效进行。通过发布行政审判白皮书、典型案例等方式，加强司法与行政良性互动，助推法治政府建设，我市行政审判白皮书获省高院肯定，有2件案例入选省高院发布的行政审判十大案例，另有1件案例入选最高人民法院行政审判指导案例。

三、深入践行为民宗旨，积极回应人民群众司法新需求

保障民生权益，让司法更有温度。深入推进家事审判方式改革，审结婚姻家庭、遗产继承等案件3286件，其中，调解1213件，撤诉590件，调撤率54.87%，维护婚姻家庭和谐稳定；发出人身安全保护令5份，为家庭暴力受害者撑起法律保护伞。审结财产权属确认、侵权损害赔偿等案件1982件，审结农村土地承包经营权、宅基地使用权等案件145件，审结劳动争议案件539件，依法维护人民群众合法权益。加强司法救助，全市法院为当事人发放司法救助金363.12万元，帮助无法获得有效赔偿的受害人摆脱生活困境，为当事人减免诉讼费253.36万元，确保生活困难的群众打得起官司。

推行多元化解，让纠纷解决更便捷。完善诉调对接“6+N”工作法，全年受理诉前调解案件3835件，同比增长88.64%，调解成功1955件，调解率51%。加强与晋城仲裁委对接，建立信息反馈、依法监督等4项工作机制，有效化解房地产领域一大批群体性纠纷。联合市司法局开展律师参与矛盾化解工作，在诉讼服务中心和信访部门设立律师工作室，与市律协多次召开座谈会，提出14项具体措施，推进职业共同体建设，充分发挥律师在化解社会矛盾中的专业优势、职业优势。积极推进裁判文书改革，阳城县人民法院对劳动争议等六类案件探索推行“表格式”判决书，让裁判文书更加直观。持续推进“简案快审”，全年适用简易程序审理案件11735件，简易程序适用率全省第一，案件审理平均用时由74天降至46天，纠纷化解进一步提速。

推进司法公开，让正义经得起“围观”。裁判文书互联网公开26947份，除调解书和涉及国家秘密、商业秘密、个人隐私等案件外，做到应公开尽公开。大力推进庭审直播工作，全年网络直播庭审5035件，同比增长近5倍，观看量超过10万人次的案件20件，有5名法官入选全省庭审直播优秀法官，沁水县人民法院1件案件入选全国最受关注直播案件。加大执行公开力度，全年网络直播执行行动10次，观看量超过800万人次。拓宽司法公开渠道，与市新闻传媒集团合办《法院在线》栏目，深度报道发生在群众身边的典型案例，向社会传递法治正能量，收视率在新闻频道稳居第三；将微博、微信、网站、抖音作为司法公开的重要平台，市中院官方微博、微信始终处于全省前列，其中11月份在全国3000多家中基层法院分别位列第11名、13名，官方抖音发布的短视频单条观看量超过4000万人次。召开新闻发布会8次，邀请人大代表、广电小记者等参加法院开放日活动，构建更加开放、动态、透明、便民的“阳光司法”机制，让群众看得见、感受得到司法的进步。

四、持续加大攻坚力度，决战决胜“基本解决执行难”

全市法院把“基本解决执行难”作为“一把手”工程，围绕“四个发力”，以前所未有的意志和举措，攻坚决胜“基本解决执行难”收官战，全年受理执行案件9666件，执行到位金额13.6亿元，实际执行到位率高出全省平均数9.2个百分点，实际执结率高出全省平均数10个百分点，基本解决执行难“四个90%、一个80%”的核心指标全部完成，我市作为五家法院之一代表山西接受第三方评估。

在执行体制上发力。紧紧依靠党委统揽全局、协调各方的领导作用，全市“党委领导、政法委协调、人大监督、政府支持、法院主办、部门配合、社会参与”的综合治理大格局有效形成。着力完善两级法院“三统一”执行工作体制，坚持关联案件立案检索、专项活动统一部署、重大案件集中调度，市中院提级、协同基层法院执行486件，各基层法院之间交叉执行460件，该做法受到上级法院的充分肯定，解决执行难的强大合力有效形成。全面推进执行指挥中心实体化运行，强化指挥中心与团队办案对接，执行攻坚“智慧枢纽”有效形成。

在执行机制上发力。建立“分段集约执行”工作机制，案件受理后由集中查控团队负责线上财产查控和线下房产、车辆查控等工作，查控后仍然不能执结的案件移交法官执行。通过集约化管理、流程化作业、团队化实施，工作效率明显提升，有18%的案件在集中查控阶段即执行完毕，有15%的案件得以部分执行，全年执行完毕案件平均用时71天，同比减少44天。完善执行案件评估、网络司法拍卖工作机制，财产变现效率有效提升，全年进行网络拍卖537次，成交额1.06亿元，同比分别增长539%、138%，为当事人节省佣金430万元，其中聚龙苑七套房产最终拍出980万元的总价，溢价率43%。确定专门合议庭审查执行异议、复议案件，推进审判权与执行权相分离，强化对执行实施行为的监督，促进执行规范化。完善“终本案件”财产信息定期查询机制，2016年以来，对发现新的财产线索恢复执行案件2912件，执结2869件，提高人民群众对执行工作的获得感。

在执行方法上发力。突出执行的强制性，用足用活执行措施。加大失信曝光力度，全年累计公开失信被执行人信息6177人次，在全市公交车车载视频，在广场、社区、乡镇大屏，在酒店、住宅小区、写字楼电梯屏等多渠道曝光失信被执行人，增加失信成本，强化心理震慑。加大限制消费力度，全年限制6755人次购买机票，限制1461人次购买动车、高铁票。加大拒执行为打击力度，全年拘留失信被执行人167人次，移送拒执侦查21案22人，已判处拒执罪4案4人，形成强大执行威慑，共有2991人迫于压力主动履行法定义务。全市法院系统加大失信惩戒力度破解执行难入选“晋城市改革开放四十周年民主法治十大业绩”。

在执行队伍上发力。坚持理念先行，组织执行理念大讨论，形成“审判讲理，执行讲力；审判讲中立，执行讲站位；审判讲独立，执行讲合力；审判讲被动，执行讲主动；审判讲质证，执行讲查证；审判讲判断，执行讲发现；审判讲公正，执行讲效率；审判讲不告不理，执行讲主动作为”的八大执行理念，解放干警思想，把握审判执行规律，排除畏难情绪，为做好执行工作奠定了坚实思想基础。按照不低于在编干警15%的比例配备执行力量，配强员额法官，从其他庭室调配76名干警增强执行力量，通过劳务派遣方式招聘执行辅警68人，将车辆、装备、经费保障向执行工作倾斜，举全市法院之力破解执行难。

五、着力深化司法改革，提高司法质量、效率、公信力

全面落实司法责任制。深入推进审判权运行机制改革，保障法官的办案主体地位，落实“谁审理、谁裁判”。专业法官会议顺畅运行，审委会制度改革不断深化。全市法院审委会讨论案件343件，同比下降29%，讨论审理指南、总结审判经验等38次，同比提升35%。在质效通报、类案指引下，98.33%的案件由主审法官或合议庭自行定案。全年当庭宣判案件6775件，同比提升65.61%。坚持有序放权和有效监督相统一，加强案件质量评查、办案责任倒查，制定院庭长监督管理案件实施细则，对院庭长监督管理的案件范围、监督程序、监督方式等进行了明确，做到监督不缺位、到位不越位，保障审判权依法规范公正高效运行。

统筹推进其他各项改革。推进人员分类改革，充实审判辅助人员，配齐配强团队力量，实现70%以上人员向办案一线集中。推进陪审制度改革，认真落实人民陪审员法，积极配合司法行政机关做好新一轮人民陪审员选任工作，充分保障人民群众参与司法的广泛性、公平性。推进以审判为中心的刑事诉讼制度改革，召开庭前会议65次，传唤证人出庭作证112人次，通知侦查人员出庭18人次，鉴定人员出庭7人次，保证庭审在查明事实、认定证据、保护诉权、公正裁判中发挥决定性作用。推进涉诉信访改革，强化源头治理、过程预警、末端监督，推行院领导接访纪要制度，加强信访案件终结工作，将上访十余年的温某某信访案层报最高人民法院依法终结，并移交其户籍地政府稳控，构建法治信访，全市法院来访人次同比下降28.6%，信访工作逐步实现了由“堵”到“疏”，再到“治”的转变。推进“类案专审”改革，市中院将交通事故责任纠纷等四类案件确定专门合议庭审理，总结制定类案审理指南，促进裁判尺度统一。推进诚信诉讼建设，严厉打击虚假诉讼，依法对4名当事人作出处罚并予以公开曝光，对涉嫌虚假诉讼罪的2案启动侦查程序，决不让法庭成为虚假诉讼的竞技场。

加快推进智慧法院建设。在市委、市政府大力支持下，市中院审判法庭建设取得积极进展，目前已完成勘察、设计招投标程序。全市法院新建科技法庭26个，科技法庭覆盖率达95%以上，电子卷宗同步生成率99.79%，为推进庭审网络直播和全流程网上办案奠定了基础。加强审判管理信息化，实现案件办理审限预警、动态监督，适时通报，全市法院月度结案率始终排在全省前三，结案均衡度显著提升。积极打造“互联网+”诉讼服务体系，大力推进“最多跑一次”改革，全年网上预约立案609件，通过当事人预留的银行账户主动退费2514.46万元，推出微信、支付宝交纳诉讼费服务，启用“一案一账户”执行案款系统，实现被执行人履行案款到账后由系统自动发放至申请人账户，切实减轻了当事人的问累、跑累。

六、深入推进全面从严治党，努力打造过硬法院队伍

全面加强党的建设。把党的政治建设摆在首位，坚持用习近平新时代中国特色社会主义思想武

装头脑、指导实践、推动工作，教育引导干警树牢“四个意识”，坚定“四个自信”，坚决做到“两个维护”。严格执行向市委请示报告重大事项制度，切实把党的绝对领导贯彻到法院工作各方面、全过程。坚持“党务就是第一业务”，把管党治党责任牢牢扛在肩上。优化党支部设置，实行“支部建在团队、小组建在庭处”模式，所有中层干部均担任党支部委员，所有党小组长均由部门负责人担任，从人的角度解决了党建与业务“两张皮”的问题。坚持体制融合、部署融合、推进融合、考核融合、用人融合，推动党建与业务同向发力。出台全面从严治党主体责任清单，有效解决了主体责任落实过程中的“中梗阻”问题。全市法院党建工作受到了省高院和市委的表彰，在党建引领下，各项工作呈现良好发展势头。全年有19个集体、28名个人受到省级以上表彰，沁水县人民法院荣获“全国法院文化建设先进单位”称号，泽州县人民法院荣获“全国法院家事审判工作先进集体”称号，市中院连续两年被评为“全国法院司法宣传先进单位”。

着力提升履职能力。充分发挥市委党校法院分校作用，实现政治教育、党务业务培训常态化。加大培训投入，2018年的培训经费比2017年增长2倍，比2016年增长了5倍。选派干警到最高人民法院第四巡回法庭、人民法院新闻传媒总社、省高院跟班学习，邀请最高人民法院资深法官等专家来我市授课，安排干警外出集中培训，全年组织培训16次，参训干警2000余人次，提升了法院队伍的司法能力和综合素质。连续两年开展办案能手、庭审规范、优秀裁判文书等“九个一”大比武活动，让比武成为专业能力提升的倍增器。坚持“调研是更高层次的审判”，全市法院5项调研成果分别荣获省高院重点课题一等奖1个、三等奖2个、优秀奖2个，市中院还首次承担了最高法院年度重大调研课题并顺利通过专家验收，我市法院连续两年获省高院调研工作优秀组织奖。

持之以恒正风肃纪。聚焦42种行为表现，扎实推进队伍集中整肃专项活动，认真开展“以案为鉴、筑牢防线”专题警示教育活动，不断改进纪律作风。持续推进制度建设，2018年修订或制定制度46项，全面夯实司法规范化基础。市中院成立督导组，先后三次对各基层法院开展包括党的建设、重点工作、作风纪律等在内的综合督导检查，及时发现和解决问题。明确纪委监委驻法院纪检监察组组长列席审委会，全力支持驻院纪检监察组履行监督责任。深化运用监督执纪“四种形态”，强化责任追究，全市全年约谈44人，诫勉谈话4人，给予行政警告处分2人，党内警告处分1人，让纪律真正成为“带电的高压线”。

保障干警合法权益。出台关爱干警身心健康、保障干警正当权益实施意见，建立加班调休、年度体检、心理干预、不实举报澄清等13项工作制度。在党委政府支持下，解决了历史原因形成的自收自支事业人员拖欠工资保险问题。采取劳务派遣方式，规范和保障了编外用工人员的工资保险待遇。注重荣誉奖励正向激励。加强机关工会工作，保障干警正常节日福利，积极开展文体活动，充分发挥工会在维护干警权益方面的作用，让广大干警安身、安心、安业。

主动接受各界监督。接受市人大及其常委会的监督，向市人大常委会专题报告司法改革工作情况，根据审议意见改进工作。接受政协民主监督，主动通报工作，听取意见建议。认真办理人大代表建议12件、政协委员提案7件，邀请各级人大代表、政协委员旁听庭审、见证执行900余人次。接受检察机关法律监督，依法办理抗诉案件和检察建议。连续两年在人大代表、政协委员、律师、当事人中开展满意度测评工作，自觉接受社会各界监督。通过主动接受监督，让广大干警习惯在受监督的环境下工作。

在肯定成绩的同时，我们清醒地认识到，全市法院工作还存在一些问题和困难：一是司法理念、司法能力与新时代形势发展和人民群众需求相比还有不小差距，有的案件存在法律适用不统一、类案不同判、久拖不决等问题。二是司法作风、司法形象有待改进，少数干警群众观念不强，作风不正，甚至出现违纪违法问题，队伍从严管理需要进一步加强。三是司法体制综合配套改革有待进一步推进，信息化建设仍然较为滞后，破解执行难长效机制有待进一步健全完善。四是人案矛盾非常突出,全市法院受案数量在全省排名第七,但员额法官人均结案169.77件,在全省排名第三,基层法院法官断档问题严重,法官加班加点、超负荷工作成为常态,身心状况令人担忧。对这些问题和困难,我们将在社会各界支持下千方百计加以解决。

2019年工作安排

2019年,全市法院将坚持以习近平新时代中国特色社会主义思想为指导,全面贯彻党的十九大和习近平总书记视察山西重要讲话精神,认真落实中央、省委、市委政法工作会议精神,按照市委七届六次全会暨经济工作会议的部署要求,紧紧围绕"努力让人民群众在每一个司法案件中感受到公平正义"工作目标,始终坚持党对法院工作的绝对领导,坚持以人民为中心的发展思想,坚持稳字当头、稳中求进,坚持精学、实做、创优的工作作风,保持全市法院整体工作走在全省法院前列,为新时代美丽晋城高质量转型发展取得新成果提供有力司法服务和保障。

围绕总体要求,重点抓好以下工作:

一、全面贯彻新时代党的建设总要求,在打造过硬法院队伍上更进一步

以政治建设为统领,按照"五个过硬"要求,推进法院队伍革命化、正规化、专业化、职业化建设。

一要认真落实《中国共产党政法工作条例》,始终坚持党对法院工作的绝对领导,扎实开展"不忘初心、牢记使命"主题教育和"改革创新、奋发有为"大讨论活动,严格落实意识形态工作责任制,确保人民法院工作正确政治方向。二要围绕"抓党建带队建促审判强执行树形象",认真开展"党支部工作规范化建设年"活动,继续实施党支部星级创建工程,推动党建工作与审判执行政务工作深度融合。三要加强法院文化建设和文明创建工作,大力推进市中院审判法庭建设,加大对基层法院特别是派出法庭的指导和支持力度,进一步提升基层司法水平。四要继续抓好已有制度的落实及修订完善工作,继续实行重点任务"挂图作战"工作模式,继续开展"大培训、大调研、大比武"活动,久久为功、善作善成,全面提升干警的法律政策运用能力、防控风险能力、群众工作能力、科技应用能力、舆论引导能力。五要开展"纪律作风整顿年"活动,以"严纪律、强作风、树正气"为主要内容,严格落实全面从严治党"两个责任"和"一岗双责",深入推进党风廉政建设和司法作风建设,坚决守牢公正司法底线,努力建设忠诚干净担当的法院队伍。

二、坚持围绕大局履职尽责,在保障经济社会持续健康发展上更进一步

按照市委提出的"主攻三大目标,打赢三大攻坚,补齐三个短板,干好三件大事,守住三条底线"的要求,聚焦"十项重点工作",积极提供司法服务和保障。

一要认真贯彻总体国家安全观,依法严惩各类刑事犯罪,组织精兵强将,打好扫黑除恶专项斗争的"审判仗",促进平安建设,维护社会稳定。二要强化破产案件规范化审理,推进破产管理人制度改革,完善府院沟通协调联动机制,挽救危困企业,实现市场出清,为经济转型升级"加油"。三要加大知识产权侵权违法行为惩治力度,建立完善惩罚性赔偿制度,遏制和威慑知识产权侵权行为,激励和保护科技创新。四要继续加强产权司法保护,依法保护民营企业合法权益,不断优化公平公正、开放透明的法治化营商环境。五要完善环境资源审判机制,依法严惩污染环境犯罪,完善环境公益诉讼制度,服务生态环境保护大局。六要推进行政机关负责人出庭应诉工作,监督和支持行政机关依法行政,促进行政机关"放管服效"改革措施落地见效。

三、坚持以人民为中心的发展思想,在满足群众多元司法需求上更进一步

牢牢坚持司法为民、公正司法,促进人民群众有更多、更直接、更实在的获得感。

一要继续推进家事审判改革,妥善审理教育、就业、医疗、住房、扶贫等领域案件,加强司法救助,进一步织密民生司法保障网。二要继续推进司法公开,确保审判权、执行权始终在阳光下运行,努力让人民群众在更公开、更透明的司法环境下感受到实实在在的公平正义。三要继续推进智慧法院建设,扎实推进电子卷宗随案同步生成及深度应用,

晋城市人民检察院工作报告（节选）

——2019年2月26日在晋城市第七届人民代表大会第五次会议上

晋城市人民检察院检察长　张世荣

2018年主要工作情况

2018年，在市委和省人民检察院的坚强领导下，在市人大及其常委会的有力监督下，全市检察机关坚持以习近平新时代中国特色社会主义思想为指导，深入贯彻党的十九大和习近平总书记视察山西重要讲话精神，全面贯彻省委、市委和省人民检察院决策部署，认真执行市七届人大四次会议决议，讲政治、顾大局、谋发展、重自强，围绕建设“先行区”“领跑者”“桥头堡”三大目标，充分履行法律监督职能，扎实做好各项检察工作，为新时代美丽晋城高质量转型发展实现良好开局做出了积极贡献。

一、围绕全市中心工作履行职责，为我市经济社会健康发展营造良好法治环境

市人民检察院出台《晋城市检察机关服务和保障本市国民经济和社会发展“十三五”规划纲要实施意见》，并制定38项具体措施落实该“实施意见”。成立8个重点工程项目法治保障小组，开展实地调研、走访座谈16次，为我市重点工程项目顺利实施提供良好法律服务，有效助推了新时代美丽晋

充分运用信息化手段提升审判质效和诉讼服务水平。四要继续推进虚假诉讼防范和制裁工作，坚决维护诚信诉讼秩序。五要继续推进“谁执法谁普法”责任制落实，充分发挥公正裁判的教育引领作用，大力弘扬社会主义核心价值观，让全社会充满正气、正义。

四、弘扬创新精神，在深化改革、健全审判机制上更进一步

坚决把改革进行到底，进一步研究解决影响案件质量和效率的体制机制问题。

一要成立瑕错案件评审委员会，建立对发回、改判、信访、再审四类案件的通报、评查及追责机制，推动“谁裁判、谁负责”落准落细落实。二要按照新组建的立案信访、刑事、民事、行政、执行、政务、监察七大团队，完善市中院团队化管理新模式，3月底前完成基层法院内设机构改革。三要深入推进以审判为中心的刑事诉讼制度改革，加强与监察、公诉、侦查、司法行政机关的协调配合、依法制约，共同维护司法公正。四要完善民事审判多层次诉讼体系，让案件繁简分流、轻重分离、快慢分道，优化资源配置，提高司法效率。五要全面推进“类案专审”，打造专家法官，实现类案同判，提升司法公信。六要坚持创新发展新时代“枫桥经验”，完善多元化纠纷解决机制，扩大“6+N”诉调对接范围，促进矛盾纠纷多渠道化解，推进社会治理现代化。

五、巩固“基本解决执行难”成果，在推动执行工作长远发展上更进一步

围绕“一性三统五化”要求，保持执行工作高水平运行，向“切实解决执行难”更高目标迈进。

一要进一步完善综合治理执行难工作格局，加快推进执行信息化建设，推动各项联合惩戒措施落地落实，让惩戒制度长出“尖牙利齿”。二要持续推进执行指挥中心实体化、标准化、规范化、精细化运行，完善“分段集约执行”工作机制，提升执行办案质效。三要持续推进执行规范化建设，用“制度铁笼”“数据铁笼”约束执行行为，有效避免各类消极执行、选择性执行、乱执行等问题。四要统筹考虑执行工作实际需要，稳定执行人力配备与资源配套，加强教育培训和监督管理，提升执行队伍专业化水平。五要强化执行公开，加大宣传力度，引导公众客观、正确认识“执行难”，推动全社会进一步形成理解支持执行工作的浓厚氛围。

城高质量转型发展实现良好开局。

一是以高度的政治自觉扎实开展扫黑除恶专项斗争。坚决贯彻习近平总书记指示要求和党中央决策部署，切实强化责任担当，全力推进扫黑除恶专项斗争。坚持依法严惩方针，始终把确保办案质量摆在首位，严把案件事实关、证据关、程序关和法律适用关。坚持及时介入侦查，积极引导侦查机关收集、固定和完善证据。坚持依法快捕快诉，着力提高办案效率，推动专项斗争不断取得重要战果。坚持做好深挖彻查工作，积极参与综合治理，切实搞好宣传发动。批准逮捕黑恶势力犯罪案件83件360人，提起公诉47件327人；摸排、受理和移送涉黑涉恶线索111件；监督公安机关立案4件6人，纠正漏捕14人，追诉漏犯3人、漏罪94人，书面纠正侦查活动违法12件；向公安机关和金融等部门发出检察建议16件。泽州县人民检察院及时介入程某等26人恶势力团伙犯罪案件的侦查并积极引导取证，公安机关移送审查起诉后用时仅34天就完成审查起诉并提起公诉，该案入选最高人民检察院扫黑除恶专项斗争典型案例。

二是着力维护全市社会大局稳定。批准逮捕各类刑事犯罪案件787件1344人，案件数、人数同比分别上升25.3%、49.8%；提起公诉1815件2600人，案件数、人数同比分别上升18.01%、22.93%，为我市在全省群众安全感和执法满意度第三方调查中连续第七年获得第一名贡献了检察力量。深入开展反分裂反渗透反邪教斗争、打击涉枪涉爆犯罪专项行动、禁毒人民战争三年攻坚战，分别批准逮捕4件27人、5件5人、74件129人。陵川县人民检察院对我市建市以来贩毒数量最大的张某某等23人依法批准逮捕，市人民检察院将该案依法提起公诉，有力打击了毒品犯罪活动。依法惩处故意杀人、绑架、强奸、放火等严重暴力犯罪，批准逮捕32件32人，提起公诉37件43人。严厉打击抢劫、抢夺、盗窃、诈骗等多发性侵财犯罪，批准逮捕286件382人，提起公诉362件461人。

三是扎实做好检察环节社会治安综合治理工作。全面落实宽严相济刑事政策，着眼于教育、感化、挽救，对犯罪情节轻微、社会危害性较小的犯罪嫌疑人，依法不批准逮捕168人，不起诉85人。认真贯彻新时代“枫桥经验”，积极化解社会矛盾，全市两级检察院院领导接待来访124人次；认真落实刑事申诉案件公开审查要求，依法对2件刑事申诉案件进行公开审查，切实维护申诉人合法权益；出台《民事检察监督案件和解息诉工作制度》，通过释法说理促成42件民事申诉案件和解息诉。认真开展核查纠正监外执行罪犯脱管漏管工作，我市该项工作在全省年度考核中排名第二。持续监督纠正违法暂予监外执行，对提请不当的，监督纠正2人；对裁定或者决定不当的，监督纠正1人。

四是依法保障和促进民营经济发展，支持和服务企业家创新创业。认真贯彻习近平总书记在民营企业座谈会上的重要讲话和全省、全市支持民营企业发展大会精神，出台市人民检察院支持服务保障民营企业发展“10条”意见，开展“送法进企业”活动17次。扎实开展支持和服务企业家创新创业营造良好法治环境专项活动，批准逮捕破坏金融管理秩序、扰乱市场秩序等犯罪30件65人，提起公诉47件116人。在司法办案过程中正确把握法律政策界限，准确区分罪与非罪，依法保护企业和企业家人身权、财产权和生产经营权。泽州县人民检察院经依法审查，认定某民营企业法定代表人毋某某的行为不构成合同诈骗罪，依法对其作出不起诉决定，该案入选全省检察机关支持和服务企业家创新创业营造良好法治环境专项活动典型案例。

二、坚持以人民为中心的发展思想，倾力做好民生检察工作，不断增强人民群众获得感、幸福感、安全感

认真践行“人民检察为人民”的根本宗旨，扎实做好各项民生检察工作，努力为人民群众提供更多更优质的法治产品、检察产品。

一是全力服务打好“三大攻坚战”。积极参与防范化解重大风险，批准逮捕信用卡诈骗、贷款诈骗等金融诈骗犯罪6件6人，提起公诉11件12人。高平市人民检察院对通过在银行自动取款机上安装监控设备盗取他人信用卡信息实施犯罪的崔某某等3人依法提起公诉，看好群众“钱袋子”，取得了良好社会效果，该案被评为全省检察机关十大精品

公诉案件之一。着力保障精准脱贫，扎实开展整治群众身边腐败问题工作，起诉贪污、挪用扶贫资金等扶贫领域职务犯罪6件8人。深度参与污染防治，持续开展打击破坏生态环境违法犯罪专项行动，起诉破坏环境资源犯罪15件29人。城区人民检察院对全市首例非法收购、运输、出售国家二级重点保护野生动物的李某某等4人依法提起公诉，该案入选全省检察机关打击破坏生态环境违法犯罪专项行动典型案例。大力开展污染防治公益诉讼检察工作，办理生态环境和资源保护领域公益诉讼案件124件，督促相关部门清理被污染水域173亩，保护耕地16亩，整治造成环境污染的企业10家。沁水县人民检察院针对多家煤层气生产企业违法排放废水造成环境污染的问题，认真开展调查，依法向有关行政机关发出诉前检察建议，推动全县4家煤层气生产企业投资3000余万元建设标准化井场排采水池，有效保护了生态环境。

二是积极服务和保障民生。开展危害食品药品安全犯罪专项立案监督活动，批准逮捕危害食品药品安全犯罪6件8人，提起公诉26件39人。开展保障“千家万户舌尖上的安全”公益诉讼专项活动，办理食品药品安全领域公益诉讼案件43件，督促解决网络食品经营不规范问题25个、养殖场泔水饲喂等违法问题8个、学校周边食品经营不规范场所3个，取缔制售有毒有害食品摊点2个。推行“最多跑一次”改革，建成“12309检察服务中心”，实行“一站式”便民服务，受理控告申诉326件次，为律师提供阅卷服务487件次。

三是切实维护弱势群体合法权益。加大对农民工等弱势群体合法权益司法保护力度，支持起诉96件，依法办理拒不支付劳动报酬犯罪案件11件11人，帮助212名农民工追回劳动报酬176万元。为50名生活确有困难的刑事被害人或者其近亲属发放国家司法救助金67.24万元，薛某某等4人、王某某等2人申请国家司法救助案等2件案件入选全省检察机关司法救助十大典型案例。泽州县人民检察院为焦某某过失致人重伤一案的一级伤残被害人李某申请国家司法救助金7.04万元，帮助其渡过了难关，体现了司法人文关怀。加强未成年人司法保护工作，依法批准逮捕故意伤害、猥亵儿童等犯罪11件13人，提起公诉11件18人，对54名涉案未成年人进行心理疏导或者提供法律援助。开展以“预防校园欺凌”“远离黑恶势力”等为主题的法治进校园宣讲活动75场，与“935”交通广播电台联合制作“未检直播室”节目76期，助力未成年人成长，讲好检察故事。积极开展涉罪未成年人观护帮教工作，对作出不批准逮捕、附条件不起诉决定的16名涉罪未成年人进行了观护帮教。

三、做强做优法律监督主责主业，努力让人民群众在每一个司法案件中感受到公平正义

坚持以司法办案为中心，全力做好刑事检察、民事检察、行政检察、公益诉讼检察等工作，法律监督质效明显提升。

一是刑事检察监督取得新成绩。充分履行立案监督和侦查活动监督职责，监督公安机关立案35件59人、撤案17件，纠正侦查活动违法415件，纠正漏捕30人，纠正漏犯41人。构建以抗诉为中心的刑事审判监督格局，提出抗诉39件，改判13件，发回重审7件，纠正审判活动违法56件。全面加强刑事执行检察监督，纠正各类刑事执行违法1439件，办理羁押必要性审查案件74件。扎实开展监督维护在押人员合法权益专项活动，发出纠正违法通知书131件，提出检察建议2件。持续推进财产刑执行检察监督活动，纠正财产刑执行违法40件。

二是民事和行政检察监督取得新成效。以加强对公权力的监督为核心，努力构建多元化民事、行政检察监督格局。对不服法院生效裁判案件提出抗诉4件，提请抗诉13件，提出再审检察建议3件。对审判活动违法提出监督意见25件，法院采纳25件，采纳率100%。受理执行活动违法监督案件52件，提出监督意见29件，采纳30件(含上年积案1件)，采纳率100%。

三是公益诉讼检察工作扎实有效开展。认真贯彻落实市委、市政府《关于支持检察机关开展公益诉讼工作的意见》和市人大常委会《关于加强检察机关公益诉讼工作的决定》，坚持把“双赢多赢共赢”理念贯穿公益诉讼检察工作全过程，共办理公益诉讼案件204件，发出诉前检察建议190件，98%

的行政公益诉讼案件在发出检察建议后，有关行政机关积极落实检察建议，依法履职到位。向法院提起公益诉讼20件，法院审结15件，判决支持率100%。通过开展公益诉讼检察工作，督促收回欠缴的国有土地使用权出让金5000余万元，收回国有财产价值1046万元。阳城县人民检察院依法办理了某会计师事务所侵占国有财产行政公益诉讼案，收回建筑面积1100平方米的办公楼和租金37万余元，该案入选全省检察机关行政公益诉讼十大典型案例。

四、持续深化改革，着力推动创新，不断释放检察工作活力

认真贯彻省委、市委“改革绝不能落后”的要求，坚持以改革促发展，以创新求突破。

一是积极配合做好深化国家监察体制改革工作。认真学习贯彻监察法和新修订的刑事诉讼法，强化“法法衔接”机制建设，推动制度优势向治理效能转化。受理监察机关移送审查起诉案件51件73人，提前熟悉案情33件49人，决定逮捕21件26人，提起公诉45件60人。市人民检察院和有关县级检察院对晋商银行原副行长栗某某受贿、行贿案等3起省检察院交办、指定管辖的职务犯罪案件依法提起公诉。

二是不断深化司法体制综合配套改革。全面落实“谁办案谁负责、谁决定谁负责”的司法责任制，建立入额院领导、部门负责人办案情况定期通报制度，全市两级检察院院领导办理案件1977件。认真组织开展员额检察官补充遴选工作，择优遴选了24名员额检察官(待批)。扎实做好检察人员分类管理工作，市人民检察院为24名检察官助理确定了等级。

三是切实加大工作创新力度。大力推广、深度应用智能辅助办案系统、量刑建议辅助系统等信息化建设成果，司法办案的效率大幅度提升。通过“两微一端”发布检察工作信息2000余条，检务公开更加及时。市人民检察院在全省检察工作推进会上就信息化建设和建设成果的应用进行了经验交流。持续推进“树立品牌、打造亮点”活动，形成了市人民检察院党支部规范化建设、案件流程监控和信息公开、泽州县人民检察院以诉讼化方式办理审查逮捕案件、高平市人民检察院涉黑涉恶犯罪案件全部由入额院领导办理、阳城县人民检察院司法办案精细化管理等一批检察工作品牌和亮点。

五、坚持把政治建设摆在首位，努力建设政治过硬、本领高强的新时代检察队伍

深入学习贯彻习近平新时代中国特色社会主义思想和党的十九大精神，以政治建设为统领，持续推进我市检察机关党的建设和队伍建设。

一是实施“政治统领”工程。扎实开展深入贯彻习近平新时代中国特色社会主义思想“大学习、大调研、大落实、大提升”活动，教育引导检察人员树牢“四个意识”，坚定“四个自信”，做到“两个维护”，确保检察工作正确的政治方向。坚持党对检察工作的绝对领导，认真落实党中央、省委、市委和省人民检察院党组重大决策部署，向市委、省人民检察院党组、市委政法委报告扫黑除恶专项斗争、公益诉讼检察、巡视整改、队伍集中整肃等重要工作20余次。

二是实施“党建引领”工程。以“三基建设”为抓手，切实加强基层党组织建设，全市检察机关开展“不忘初心、坚定理想信念”等主题党日活动63次，领导干部上讲台专题授课56次，基层党组织组织力明显增强，政治功能有效发挥。扎实做好巡视整改工作，针对省人民检察院党组第三巡视组反馈的26个问题，制定了45项整改措施，已完成整改44项，剩余1项正在顺利推进，整改工作得到省人民检察院充分肯定。

三是实施“素能提升”工程。深化“大练兵、大比武、大培训”活动，检察人员履职能力有效提升，在全省检察机关公诉、刑事执行、未成年人等检察业务竞赛中，有4人获得“业务标兵(尖子)”称号，5人被评为“业务能手”。检察机关代表队在我市宪法及相关法律知识竞赛中获得三等奖。切实加强干部队伍建设，市人民检察院选拔任用了26名科级干部，机关干事创业的氛围更加浓厚。

四是实施“作风锤炼”工程。扎实开展彻底肃清腐败流毒影响工作、检察队伍集中整肃专项活动、集中警示教育活动，出台了《关于加强党员领导

干部“八小时以外”行为监督管理的意见》，针对重要会议开展会风会纪督察10次，机关纪律作风状况进一步好转。

一年来，全市检察机关主动接受人大监督和政协民主监督，向同级人大及其常委会报告工作32次，办理代表建议43件，邀请人大代表、政协委员视察工作18次、参与案件评查203件。及时向政协和民主党派、无党派人士通报工作情况。市人民检察院邀请人大代表、政协委员、人民监督员和新闻媒体代表参加检察开放日等活动3次，召开新闻发布会3次，进一步密切了与人民群众的联系。

一年来，全市检察机关共有21个集体、36名个人受到省级以上表彰，市人民检察院继续保持了“全国文明单位”称号，被省委宣传部、省文明办命名为全省“第一批社会主义核心价值观建设示范点”，被省人民检察院表彰为“全省检察机关‘两学一做’先进集体”，获得“全省检察机关党建工作创新奖”，阳城县人民检察院被最高人民检察院、人力资源和社会保障部表彰为“全国模范检察院”。

在看到工作成绩的同时，我们也清醒地认识到，我市检察工作还存在一些问题。一是学习贯彻习近平新时代中国特色社会主义思想和党的十九大精神、习近平总书记视察山西重要讲话精神不够深入，在入脑入心、学以致用上做得还不够。二是对人民群众日益增长的民主、法治、公平、正义、安全、环境等方面的新要求研究不深入，为推进新时代美丽晋城高质量转型发展提供法律服务和司法保障的针对性和实效性还不够强。三是检察机关法律监督职能履行得还不够充分，民事、行政检察监督的力度还需要进一步加大。四是检察人员素质能力还不完全适应新时代检察工作创新发展的需要，专业型、复合型人才较为缺乏。五是全面从严治党、全面从严治检主体责任落实还不够到位，少数党员领导干部对落实全面从严治党、全面从严治检主体责任主动思考不多，投入精力不足。对以上问题，我们将在今后的工作中采取有效措施，认真加以解决。

2019年工作安排

2019年是中华人民共和国成立70周年，是全面建成小康社会关键之年，做好各项检察工作至关重要。今年全市检察工作的总体要求是：以习近平新时代中国特色社会主义思想为指导，深入贯彻党的十九大和习近平总书记视察山西重要讲话精神，全面贯彻中央政法工作会议、全国检察长会议、省委政法工作会议、全省检察长会议、市委七届六次全会暨经济工作会议部署，在市委和省人民检察院的坚强领导下，认真执行本次会议决议，坚持以人民为中心的发展思想，坚持“讲政治、顾大局、谋发展、重自强”的总体要求，坚持落实、稳进、提升工作总基调，改革创新、奋发有为，着力推动法律监督工作全面、协调、充分发展，坚决履行好维护国家政治安全、确保社会大局稳定、促进社会公平正义、保障人民安居乐业的神圣职责，为推动新时代美丽晋城高质量转型发展取得新成果提供良好法律服务和有力司法保障。重点要抓好以下6个方面工作。

一、把政治建设摆在首位，坚持党对检察工作的绝对领导，确保检察工作正确的政治方向

始终坚持党对检察工作的绝对领导，持续推进深入贯彻习近平新时代中国特色社会主义思想“大学习、大调研、大落实、大提升”活动，教育引导检察人员树牢“四个意识”，坚定“四个自信”，做到“两个维护”。坚决贯彻党的基本理论、基本路线、基本方略，扎实开展“不忘初心、牢记使命”主题教育，积极开展“改革创新、奋发有为”大讨论，进一步引深“晋城的事，大家想、大家说、大家干”，努力营造解放思想、对标一流、改革创新、奋发有为的良好氛围。认真学习贯彻《中国共产党政法工作条例》，创造性落实党中央、省委、市委和省人民检察院党组重大决策部署。严格执行请示报告制度，主动向市委和省人民检察院党组报告重要事项。坚持以人民为中心的发展思想，不断深化依法治国实践，确保检察事业始终沿着正确方向前进。

二、切实履行围绕中心、服务大局政治责任，充分发挥检察机关职能作用，努力为人民群众提供更多更优质的法治产品、检察产品

紧紧围绕市委提出的“主攻三大目标、打赢三大攻坚、补齐三大短板、干好三件大事、守住三条底线”的部署要求，进一步落实《晋城市检察机关服务

和保障本市国民经济和社会发展"十三五"规划纲要实施意见》,聚焦"十项重点工作",创优发展环境。

一是着力服务打好"三大攻坚战"。积极投身打击非法集资犯罪专项行动,配合有关部门做好依法追缴、涉案资产处置等工作。严厉打击危害农村稳定、破坏农业生产和侵害农民利益的犯罪,为乡村振兴提供有力司法保障。围绕实现"蓝天碧水"目标和助力美丽晋城建设,严厉惩处破坏生态环境和资源犯罪,积极开展生态环境和资源保护领域公益诉讼检察工作。二是依法惩治影响开发区建设发展、城区改造、新区建设的犯罪,为高质量转型发展营造良好法治环境。全力服务"深化转型项目建设年"活动,加强对涉及重点项目建设债务纠纷、劳动争议、工伤赔偿等案件的审判和执行活动监督。三是创优营商环境。严厉打击集资诈骗、非法吸收公众存款、网络传销等经济犯罪,着力维护市场秩序。持续加大产权司法保护力度,严厉打击侵犯企业产权犯罪。全面落实市人民检察院支持服务保障民营企业发展"10条"意见,牢固树立谦抑、审慎、善意、文明、规范办案理念,平等保护各类市场主体合法权益。对涉及企业的案件,慎重采取逮捕、查封、扣押强制措施,最大限度减少司法办案对企业生产经营可能造成的影响。

三、坚决维护国家政治安全和社会大局稳定,推进更高水平平安晋城建设

认真贯彻总体国家安全观,增强忧患意识,强化斗争精神,提高斗争本领,充分发挥打击、预防、监督、教育、保护职能,确保社会和谐稳定和人民安居乐业。

一是深入开展扫黑除恶专项斗争。按照中央、省委、市委、省人民检察院统一部署,以严惩黑恶势力犯罪为重点任务,以深挖彻查"保护伞"为主攻方向,以推动综合治理为着力点,扎实推进扫黑除恶专项斗争向纵深发展。坚持"有黑扫黑、有恶除恶、有乱治乱",以专项斗争为牵引,依法惩处危害社会秩序犯罪,营造安全稳定的社会环境。二是严厉打击危害国家安全和社会稳定的犯罪。持续推进反分裂反渗透反恐怖反邪教反间谍斗争,积极参与打击非法宗教、打击"法轮功""全能神"等邪教组织、打击政治谣言和有害信息等专项行动。依法妥善处理涉及人数众多的集资诈骗、非法吸收公众存款、传销、拒不支付劳动报酬等案件,切实维护社会大局稳定。三是积极参与社会治理体系现代化建设。认真贯彻新时代"枫桥经验",妥善化解检察环节矛盾纠纷,最大限度减少社会对抗。

四、坚持以司法办案为中心,推动法律监督工作全面、协调、充分发展

恪守国家法律监督机关的宪法定位,坚持在办案中监督、在监督中办案,真正实现双赢、多赢、共赢。

一是做优刑事检察工作。全面做好刑事立案、侦查、审判、执行法律监督工作,严厉打击犯罪,依法保障人权。全面落实"捕诉一体"办案新模式,同一案件的审查逮捕、审查起诉、出庭支持公诉工作由一名主办检察官或者一个检察官办案组全程负责、一办到底,切实发挥"捕诉一体"新机制在提高办案质量和效率方面的优势。认真落实认罪认罚从宽制度,对犯罪嫌疑人、被告人自愿如实供述自己的罪行,对指控的犯罪事实没有异议,同意量刑建议并签署具结书的,依法从宽处理。二是做强民事、行政检察工作。综合运用抗诉、再审检察建议、检察建议等多种监督手段,努力实现裁判结果监督、审判人员违法行为监督和执行监督全面均衡发展。三是进一步做好公益诉讼检察工作。深入贯彻市委、市政府《关于支持检察机关开展公益诉讼工作的意见》和市人大常委会《关于加强检察机关公益诉讼工作的决定》,重点办理生态环境和资源保护、食品药品安全领域公益诉讼案件。认真履行好诉前程序,促进检察建议有效落实。对检察建议发出后因种种原因未能落实的,在党委领导、政府支持下,负责任地向法院提起公益诉讼,努力做到办理一案、警示一片。

五、弘扬改革创新精神,不断提高检察工作创新力

全面贯彻最高人民检察院《2018—2022年检察改革工作规划》,推动改革再深入,创新再发力,工作再落实。

关于晋城市2018年国民经济和社会发展计划执行情况与2019年国民经济和社会发展计划草案的报告(节选)

——2019年2月25日在晋城市第七届人民代表大会第五次会议上

晋城市发展和改革委员会主任　邹树琦

一、2018年国民经济和社会发展计划执行情况

2018年，全市上下在市委、市政府的坚强领导下，以习近平新时代中国特色社会主义思想为指导，全面贯彻党的十九大和十九届二中、三中全会精神，坚持稳中求进工作总基调，坚持新发展理念，主动对标对表高质量转型发展要求，扎实落实市委七届四次全会暨经济工作会议各项部署，紧紧围绕打赢三大攻坚战和“三大目标”，统筹推进稳增长、促改革、调结构、惠民生、防风险，着力做好“六稳”工作，各项工作均取得重大进展和明显成效，计划

一是继续配合做好国家监察体制改革工作。深入贯彻监察法，主动与监察机关协调沟通，完善检察机关与监察机关办案协调衔接机制，确保“法法衔接”工作高效、顺畅。二是全面深化司法体制综合配套改革。坚持扁平化管理与专业化建设相结合，积极推进全市检察机关内设机构改革，确保改革任务于今年3月底前基本完成。全面落实“谁办案谁负责、谁决定谁负责”的司法责任制。完善以能力和实绩为核心的员额检察官考核评价机制，健全退出、增补和惩戒工作机制。进一步落实与单独职务序列相配套的检察人员政治、生活待遇保障制度。三是着力强化检察信息化建设成果的应用。坚持边建设、边应用、边完善，加大已有信息化建设成果应用的力度，不断提升应用能力和水平。四是深入推进“树立品牌、打造亮点”活动。按照“任务目标化、目标项目化、项目责任化”要求，不断把活动引向深入，努力形成一批叫得响的工作品牌和工作亮点。

六、加强检察机关党的建设和队伍建设，为争创新时代一流检察工作业绩提供组织保障

以“革命化、正规化、专业化、职业化”为目标，不断加强检察机关队伍建设，着力打造一支对党忠诚、司法为民、敢于担当、清正廉洁的新时代检察队伍。

一是全面提升检察机关党的建设工作水平。坚持以政治建设为统领，严格执行新形势下党内政治生活若干准则，营造干事创业、风清气正的良好政治生态。把建设过硬党支部作为推进全面从严治党、全面从严治检向基层延伸的重要抓手，认真学习贯彻《中国共产党支部工作条例(试行)》，扎实开展党员先锋岗、主题党日、文明创建、志愿服务等活动。二是不断加强领导班子建设。严格执行党组议事规则和决策程序，全面落实党组理论学习中心组学习制度。严格落实民主集中制，不断提高领导班子工作制度化、规范化、程序化水平。加强县级检察院领导干部培养选拔力度，优化班子年龄结构，提高班子凝聚力、战斗力。三是着力加强检察业务建设。把专业化建设摆在重要位置，突出实战、实用、实效导向，充分运用“中检网院”“检答网”等平台，通过高校委培等方式，加强对检察人员的分层次、分类别、分岗位培训。深化“大练兵、大比武、大培训”活动，坚持“案子怎么办，兵就怎么练”，提升检察人员履职能力和工作水平。四是切实加强纪律作风建设。巩固和拓展落实“中央八项”规定及其实施细则精神成果，以整治形式主义和官僚主义为重点，持之以恒反对“四风”。认真履行管党治党政治责任，坚持失职必究、问责必严，对发生严重违纪违法问题的，严格实行“一案双查”。深化系统内巡察工作，推动形成系统内巡察与检务督察联动的监督格局。

执行情况总体良好。

(一)经济运行稳中向好,发展质量效益明显提升

2018年,面对错综复杂的外部环境和艰巨繁重的改革发展任务,认真贯彻落实国家、省各项政策措施,结合晋城实际,积极采取"三稳一加大"举措,深入实施创新驱动、转型升级战略,不断完善"3+5"政策体系,全市经济实现U形反转,经济运行低位开局、稳步回升、稳中向好、好中提质,新时代美丽晋城高质量转型发展实现良好开局。

> **专栏1:"3+5"政策体系**
>
> 三大发展政策:企业投资项目承诺制实施细则、大众创业万众创新激发内生动力意见、农林文旅康产业融合发展试点意见。
>
> 五大产业体系:装备制造业、铸造业、煤层气、全域旅游、现代服务业。

经济发展稳中向好。2018年,地区生产总值完成1351.9亿元,同比增长7.4%,比上年提高1.3个百分点,比一季度(0.5%)、上半年(4.5%)、三季度(4.9%)分别加快6.9个、2.9个和2.5个百分点,超全国、全省0.8和0.7个百分点,全年步入合理区间,增速在全省排第2位。第一产业增长0.3%,第二产业增长7.2%,第三产业增长8.5%,三次产业结构进一步调整为3.6:53.1:43.3。

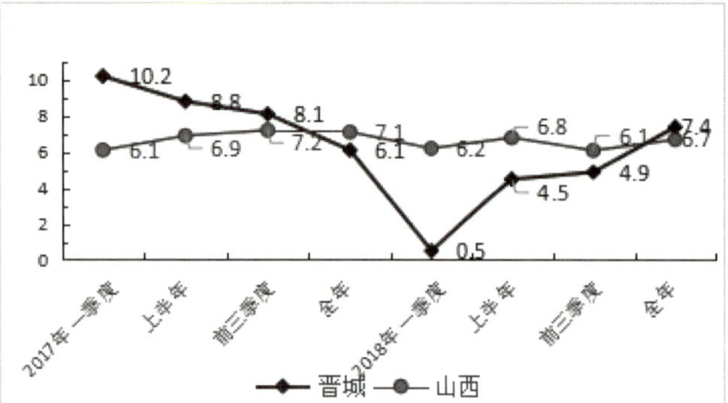

图1:地区生产总值增速(%)

工业质量效益持续改善。全市规模以上工业增加值同比增长7%,比2017年提高1.5个百分点,高出全省平均水平2.9个百分点,增速为近5年最高水平。计算机、通信和其他电子设备制造业、医药制造业等高技术制造业增速明显高于规模以上工业整体增长水平。全年非煤工业占规上工业比重提高到34.3%,规模不断呈现扩大态势,增加值同比增长11.8%。规上工业企业实现利税338.7亿元,增长30.2%。

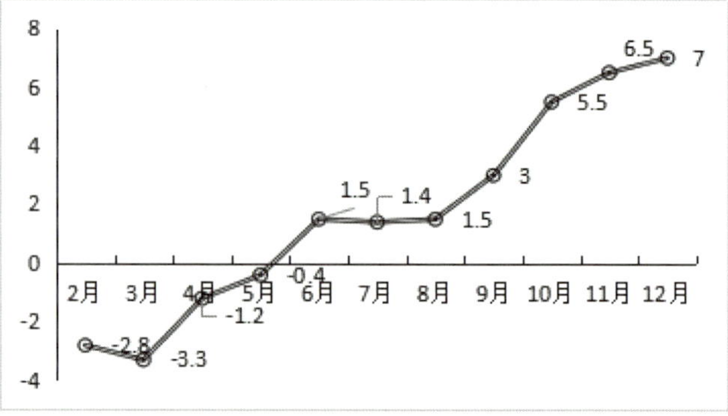

图2:规上工业增加值累计增速(%)

投资结构持续优化。在全国固定资产投资增速持续下滑、金融趋紧的条件下,全市上下狠抓转型项目建设,扎实开展各项专题行动,强化多轮专项督导,有力扭转了前三季度投资大幅下降的局面,从10月份起实现首次转正。2018年,全市固定资产投资完成473.8亿元,同比增长10%,比2017年提升3.7个百分点,高出全省平均水平4.3个百分点。其中,工业技改投资同比增长84.6%,增势显著;第三产业投资增长20.0%,高于全部投资增速10个百分点;转型项目投资286.3亿元,占全部投资60.4%。

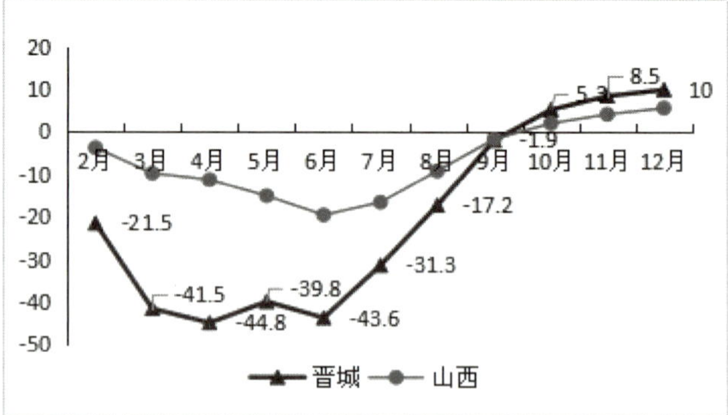

图3:固定资产投资累计增速(%)

市场消费较快增长。积极开展促消费活动,有力推动消费升级,增强消费对经济的基础性作用。社会消费品零售总额保持平稳较快增长,年内各季度累计增速均保持在9%以上,全年完成452.8亿元,同比增长9.6%，比上年提高2.1个百分点，高出全省平均水平1.4个百分点，增速排全省第1位。推动电商新业态快速成长，全市建成电子商务村级服务站点1680家。"互联网+消费"发展进一步加快，批发零售业网上零售额同比增长23.9%。

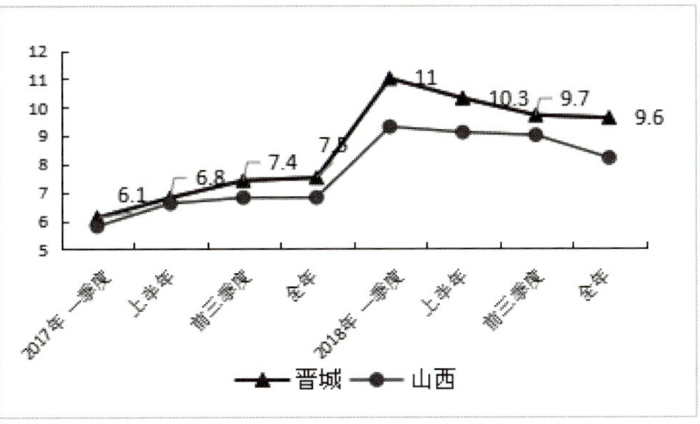

图4:社会消费品零售总额增速(%)

就业形势稳定向好。大力推进全民技能提升工程，完成全市培训3.96万人。积极开展创业培训，在第三届"中国创翼"创业创新大赛山西赛区选拔赛中，我市8个创业项目获奖，位居全省第二。2018年，全市城镇新增就业人数4.53万人，超全年目标13.4个百分点；农村劳动力转移就业2.85万人，超全年目标24.1个百分点；城镇登记失业率控制在1.44%，低于年度控制目标2.76个百分点，低于2017年0.3个百分点。全市就业形势总体稳定。

居民收入水平不断提高。全市居民人均可支配收入23855元，比2017年增收1816元，增长8.2%，增速比上年提高1.1个百分点，高出全省平均水平0.5个百分点。其中，农村居民人均可支配收入13566元，增长8.4%，比城镇居民人均可支配收入增速高出1.7个百分点。城乡居民收入比由2017年的2.41下降为2.37，收入差距继续缩小。

(二)深入推进供给侧结构性改革，经济结构持续优化

"三去一降一补"成效明显。2018年，全市上下全力落实去产能、去库存、去杠杆、降成本、补短板五大任务，着力提升供给体系质量。去产能方面，化解钢铁产能85万吨，退出煤炭产能240万吨/年，4座煤矿全部关闭验收。去库存方面，全市商品房销售面积80万平方米，同比下降36.9%；工业产成品存货周转天数6.4天，同比减少0.2天。去杠杆方面，全年规上工业企业资产负债率为63.2%，同比降低5.1个百分点。降成本方面，三次下调一般工商业电价，累计降价幅度6.64分/度，累计为一般工商业用户减负4539万元；停征行政事业性收费5项，减轻群众负担300余万元；清理规范电网和转供电环节收费，为企业用户减负233万元。全市规模以上工业企业每百元主营业务收入中的成本同比减少2.8元，每百元主营业务收入中的费用同比减少0.7元。补短板方面，城乡基础建设不断加强，减贫任务圆满完成。

新兴产业加快发展。煤层气、装备制造业、光机电、生物制药、战略性新兴产业、高技术产业分别同比增长11.9%、31.3%、62.2%、56.9%、22.8%、58.2%。制造业占工业增加值比重19%，占比提高0.3个百分点。光机电产业，筹备设立"50亿+10亿"的光机电产业发展基金，研究出台了"1+N"政策体系，组建了光机电职业教育集团，孵化器、加速器、中试车间、专家公寓等配套设施基本建成。富士康智能手机和光机电项目新增产值30亿元，全年总产值达到130亿元，增长25%以上。

专栏2:"1+N"政策体系

涉及资本金融扶持、投资奖励、经营奖励、能源补贴、人才奖励等各个方面。设立了不低于10亿元的专项资金，支持光机电产业发展；设立了总规模20亿元的产业引导基金，用于企业股权投资、创业投资等；设立了1亿元的风险补偿资金池，成立了融资担保公司。

装备制造产业，中船重工项目累计完成投资6.83亿元，一期项目基本完工，101#、102#厂房投入使用，风电制动器、爆破阀生产线建成投产，二期工程开始建设，全年产值近10亿元。清慧轨道交通项目总投资21.2亿元，全年累计完成投资6.9亿元，2#、3#、7#厂房主体已完工，附属设施正在有序建设中。大数据产业，编制完成《晋城市大数据发展规划纲要(2018—2020年)》。积极加强与阿里巴巴集团合

作,着力打造中等智能城市全国样板。重点抓好中电智云大数据产业园和华为云计算中心项目建设。

专栏3:大数据发展规划纲要

《纲要》规划期限为2018—2020年,建设全市统一的大数据云平台和政务统一服务平台;积极推动大数据在公共安全、智能交通、社会信用、政务服务等重点领域的应用;将大数据作为驱动经济增长和社会进步的重要基础和战略资源,逐步推进大数据产业在城市管理、智慧物流、全域旅游、医疗卫生、工农业生产、安全生产、政务办公等领域的应用。

传统产业改造升级步伐加快。重点推进32个亿元以上工业转型项目,2018年开工率96.9%,完成投资48亿元,占年度计划的68.3%。加大技术改造,争取省级技术改造专项资金1.46亿元。传统产业技术水平明显提升。列入省级企业技术创新重点项目计划12个,列入省级智能制造试点企业项目1个。通过省级技术中心认定企业2户。积极推进铸造产业园区化、集群化、清洁化发展。泽州县南村绿色智能产业园一期基础设施建设完成,入驻企业21家,二期工程全面展开,三期建设积极规划。晋钢集团智能铸造科技产业园开工建设。山西建筑产业现代化晋东南园区建成投产。积极培育特色产业基地和创新型企业,晋城经济技术开发区成功获批省级新型工业化优势产业示范基地,南村铸造产业基地申报省级新型工业化特色产业示范基地。全力推动工业化、信息化"两化"融合,国家级"两化"融合管理体系贯标试点企业4户,省级"两化"融合示范企业4户。积极推动工业企业绿色发展,9个资源综合利用、清洁生产和绿色制造推广项目全部开工。晋钢集团铁路专用线开工建设,北留周村工业园区铁路专用线进展顺利。

现代服务业加快发展。加快推进现代金融、现代物流、大数据为主的现代服务业发展。2018年服务业增加值增长8.5%,拉动GDP增长3.5个百分点,对GDP贡献率为47.6%。着力打造区域物流集散地,全省首个快递专业类物流园区——蓝远物流园区开工建设,苗匠物流园区建成。怀覃里特色商业街投入使用,义乌国际商贸城、兰花国际物流园区二期顺利推进,司徒小镇明清文化街、皇城相府明清商业文化街、大阳古镇民俗风情文化街被认定为"山西省特色商业街"。

全域旅游全力推进。全域旅游规划编制完成,全力打造太行风光、古堡文化、农耕文化三大旅游品牌。随着首列京津冀"晋城太行康养号"专列和晋城至郑州、焦作、长治等跨省城际公交的开通,以及国际旅游交易活动大平台、《魅力中国城》、"晋城有礼"文化旅游商品创意设计大赛、旅游节庆等活动的开展,旅游市场持续升温。全市累计接待国内旅游者人数6079.7万人次,同比增长25.4%,国内旅游收入556.8亿元,同比增长25.4%;实现旅游总收入557.3亿元,同比增长25.4%。在全国叫响"晋善·晋美·晋城"名片,被评为"十佳魅力城市"和"中国最佳避暑旅游城市"。太行一号国家风景道在全省率先开工建设,有序推进王莽岭、皇城相府、珏山、炎帝陵、太行洪谷等大景区建设。华谊兄弟星剧场文旅融合发展创新项目落户晋城,剧本文创、概念性建筑设计方案已定稿。全面启动太行古堡群世界文化遗产申报工作。

(三)打造能源革命排头兵,现代能源体系建设加快推进

煤炭先进产能进一步提升。坚定不移走煤炭"减、优、绿"之路,累计建成一级安全生产标准化煤矿26座,建成特级安全高效矿井37座。全市先进产能达到7110万吨/年,占全市生产煤矿产能的66.2%。完成里必、东大等19座重组整合建设矿井产能置换,累计置换产能1464万吨。

煤层气产业健康发展。加大与中财办、国家能源局对接力度,积极推进"一区三基地一中心"建设。2018年全市总钻井数累计8733口,总投运井数累计6986口;完成煤层气抽采量33.85亿立方米,同比增长8.1%;利用量31.64亿立方米,同比增长11.5%,利用率达93.5%。加快煤层气管网互联互通,打通美中能源至李庄首站,新增西气东输管线输气能力100万立方米;高平至陵川管线打通,阳城陶瓷园区管网建成通气;南村工业园区管网正在建设中。建成投运7个煤层气液化项目,煤层气产业总产值首次突破100亿元,应急保供能力大幅提升。

促进新能源提质。全市纳入国家规模指标的6万千瓦光伏电站全部实现并网发电;中电投陵川风岭山一期10万千瓦风电项目并网发电。截至2018年底,风力发电项目开工在建4个,核准未开工3个,核准未开工以及开工未建成规模共计55万千瓦。全市累计建成瓦斯发电厂42座,装机容量52.9万千瓦,其中寺河瓦斯发电厂总装机12万千瓦,是目前全球最大的瓦斯发电项目。全市年利用矿井瓦斯6亿立方米,年均发电量达到28亿千瓦时,稳居全国第一。

加强电力供应建设。编制完成《城市电网可靠性提升工程建设规划(2018—2025年)》。建立线损异常治理闭环机制,2018年线损率2.1%,综合线损率全省最低。核准批复晋城东500千伏、泽州周村220千伏等工程,完成太焦高铁晋城东牵引站220千伏供电工程可研设计。

(四)攻坚推进转型项目年建设,有效投资不断扩大

加强项目谋划和储备。坚持把项目谋划和建设作为"转型项目建设年"的重中之重,持续做好服务项目"最后一公里"工作。建立完善"建设项目库""项目储备库"两个总库和储备项目增补退出机制,开辟储备项目"绿色通道"。全市建设项目库833个项目,年度计划投资633.2亿元,占固定资产投资比重的133.6%;储备项目895个,总投资额3962亿元,达到2017年全市固定资产投资实际完成额的9.2倍。

狠抓转型项目建设年。制定了转型项目建设年工作方案和督查(检查)方案,全面落实六项机制,扎实推进转型项目年建设。开展"前期手续集中办理"活动,先后为271个项目完善了立项、规划、土地、环评等手续办理。开展"集中开工月"和"进工地、到一线、解难题"活动,深入晋煤华煜、美中能源、国道G342晋城市过境段改线等项目现场,对建设中存在的征拆、手续、土地、环保、渣土运输等问题,召开协调会议,有力地推进了项目建设。

推进重点工程建设。继续实施领导包联重点工程制度。市四大班子26名领导对年初拟定的省市重点工程实施全覆盖包联,组织县(市、区)政府和相关市直部门以及部分重点企业主要负责人进行公开承诺,形成了全市上下抓项目、推项目的工作格局。同时开展了重点工程观摩活动,通过自评、互评和点评,促进了项目建设和工作落实。全年72项重点工程,完成投资232.6亿元,完成率106.3%,占全年固定资产投资比重的49.1%。

专栏4:"转型项目建设年"六项机制

投资项目并联审批机制;相关职能部门责任机制;项目化管理机制;协调调度机制;市、县联动机制;监督考核机制。

(五)深入实施创新驱动发展战略,引领新动能稳步发展

大力实施创新驱动战略。积极推进创新型城市创建工作,出台了支持科技创新和"双创"相关政策。省级以上科技企业孵化器、众创空间、"星创天地"总数达15家,省级以上重点试验室和工程技术中心5个。全市国家级高新技术企业达到49家。晋城经济技术开发区被认定为省级双创示范基地和新型工业化产业示范基地。国家煤层气产品质量监督检验中心(山西)通过验收,煤层气资源与协同开发产学研联合实验室挂牌成立。清慧制造被认定为"国家地方联合工程研究中心"。强化高层次人才培育,推荐5人次申报国家、省科技创新创业、新兴产业领军、中青年科技创新领军人才。

科技创新成果转化加快。积极鼓励企业开展技术合同交易,全年技术合同交易登记265项,交易额13.82亿元,超年度目标30%。加强科技成果转化平台建设,开通了山西省科技成果转化和知识产权交易服务平台晋城子平台。促进专利成果形成,全市有效发明专利拥有量451件,每万人发明专利拥有量1.9件。全市企业引进先进装备80台(套),投资额1.02亿元。

民营经济发展加快。召开全市企业家大会,出台大力发展民营经济系列政策文件。启动实施"236"行动,重点支持54个民营企业转型项目,兑现奖励资金1434万元。扎实推进“小升规”计划,新培育“小升规”企业26户,兑现奖励1320万元。设立5000万元财政性风险补偿资金,共为188家小微企业授信1亿多元。新登记市场主体25597户,同比增长12%。晋城市被列为全省民营经济改革发展示范市。

(六)持续深化重点领域改革,发展活力动力不断增强

国资国企改革稳步推进。国有资本投资运营公司组建运营,积极探索建立出资企业负责人经营业绩考核制度。有序推进G342晋城过境段改线等重点项目融资、收购北留周村工业园区铁路专用线股权、推动出资企业改革重组等工作。积极推进兰花集团混改,王莽岭景区与文旅集团战略合作进入实质性阶段。启动天泽集团上市,加快推进前期工作。顺利推进43家企业分类改革。圆满完成驻市央企、省企“三供一业”分离移交任务。全省第一个市级新闻传媒集团挂牌成立。顺利完成市公交公司整体改制重组。

“放管服效”持续深化。扎实推进企业投资项目承诺制改革,备案类项目全面实行承诺制。高平市相对集中行政许可权改革省级试点推进顺利,在全省率先成立审批局,实现“一枚印章管审批”。

专栏5:一枚印章管审批

将市场准入、投资建设两大领域涉及的许可事项全部统一划入行政审批局,由行政审批局依法履行审批职责。实现流程再造,重点推行“一窗受理、合并审查、集约审批、一站办结”的审批模式。

“五统一”事项办理

统一清单告知,统一平台办理,统一流程再造,统一多图联审,统一收费管理。

扎实推进“五统一”事项办理,全市进入承诺制改革试点项目达155个。大力推进减证便民专项行动,行政审批事项前置申请材料大幅精简,动态调整了18个部门117项权责清单事项,行政审批事项前置材料精简41%。新建市级政务服务中心全面启用,审批事项入驻率达到98%,基本实现“应进必进”。“3545”专项改革均提前完成省定目标任务,不动产登记工作走在全国前列。启动“证照分离”等多项商事制度改革,全市新登记市场主体大幅增长。深化“效能革命”,逐步理顺抓落实的体制机制,深化拓展“13710”督办制度,全面推行第三方评估,行政效率效能不断提升。

专栏6:“3545”专项行动

1.新开办企业3个工作日内完成营业执照的办理和税务信息的补录。

2.房产类不动产登记除首次登记外,变更登记、转移登记、更正登记、异议登记、抵押权登记承诺时间为5个工作日;注销登记、预告登记承诺时间为3个工作日;补(换)证承诺时间为2个工作日;查封登记、租赁备案为当即办理。

3.严格落实企业投资项目“五统一”办理模式,实现项目单位在立项(核准、备案)后45个工作日内获得施工许可证的目标(听证、论证、招标、拍卖、检验、检测、检疫、鉴定和专家评审等程序所需时间除外)。

开发区改革创新取得积极进展。开发区建设走在全省前列。编制完成晋城经济技术开发区“一区四园”总体规划和起步区控制性详细规划,收储土地5000亩,基础设施和标准化厂房建设进展顺利。高平、沁水、阳城3个省级开发区获批,全市基本实现一县一开发区,开发区面积增加到230平方公里。

金融改革创新推进。加快国家级资源型经济转型发展金融改革创新试验区建设,在全国首次创立信用贷款互助机制,188户会员企业获得银行授信1.05亿元,172户企业用信8576.4万元。不断完善机构创新产品,新引入晋中银行和紫金保险,设立恒基融通小贷公司,沁水农商行挂牌,陵川农信社改制进入初验阶段。鼓励金融机构开展金融创新,推出云税贷、账户云贷、诚信贷等小微企业贷款产品。充分利用BOT、BT、股权融资等多种工具,进一步发挥财政资金作用,吸引社会资本200多亿元。

医药卫生体制改革持续深化。县乡医疗卫生机构一体化改革走在全省前列。六县(市、区)全部实行医保打包付费制度。有效推进公立医院综合改革,继续巩固全面取消以药补医改革成果,有效控制医疗费用不合理增长。经国家复审,晋城市继续保持国家卫生城市荣誉。积极推动高平、阳城、沁水、陵川筹备申报创建国家卫生县城工作。

社会信用体系建设扎实推进。市级信用信息共享平台顺利推进,平台框架搭建工作初步完成。加强政务诚信建设,分两批对全市51个政府机构失信案件进行专项治理,46个案件退出失信被执行人名单,退出率90%,居全省第三。全面加强企业诚信建设,通过第三方机构对我市天然气等5个领域企业进行信用综合评价,对20家差评企业进行约谈。政务信息系统整合共享工作有序推进。推进大数据平台建设工作,政务信息共享平台建设基本完成。

(七)积极扩大对外开放,对外经济发展水平稳步提升

开放通道全力构建。高铁方面,2018年,太焦高铁晋城市境内完成投资20.4亿元,超年度计划20%。超前谋划将晋城东站、高平东站分别扩容至2万平方米和1万平方米,同步推进站前广场、快速通道等配套工程建设。机场方面,晋城民用机场成功列入国家民用运输机场建设"十三五"中期调整规划。机场选址各项前期工作全部完成,相关文件及资料报请民航局审查,机场前期研究工作提前展开。晋城民航机场公司注册成立正式挂牌。泽州柳泉通用机场取得规划选址、土地预审等前期手续。阳城明旭通用机场正在编制可行性研究报告,空域手续在做进一步沟通报批。公路方面,阳蟒高速进展顺利。"太行一号国家风景道"、国道342改线等工程开工建设。

招商引资力度加大。积极创新招商方式和模式,提高招商引资项目质量,招商引资活动扎实有效。举办和组织参加了司徒小镇"新时代海外侨胞、台湾同胞山西·晋城经贸文化交流合作恳谈会"、晋城—上海招商引资推荐对接会、晋城市(深圳)光机电产业推介、2018中国(太原)国际能源产业博览会等活动。全年招商引资签约项目263个,当年签约当年开工144个,开工率为54.8%,当年开工到位资金107.3亿元。

区域合作不断加强。主动对接"一带一路"拓展国际新市场,拓宽外向型经济发展新路径。制定了市场准入、财税政策支持、人才引进和优化投资环境等方面相关政策措施。晋城市兰花与河南保税物流中心开展了全方位合作。积极推动我市商贸物流融入中原经济商圈,参与产业分工,强化产业协作。2018年新增外商投资企业1家,实际利用外资额2.84亿美元,境外投资129.6万美元。

(八)持续推进乡村振兴战略,城乡发展更趋协调

乡村振兴战略扎实推进。高质量编制完成我市乡村振兴战略总体规划(2018—2022年)和"5+1"专项规划。重点加快农林文旅康产业融合发展,确定6个试点乡镇和12个典型村先行先试,集中项目资金投向,完成年度投资8.5亿元,铺开各类项目200余个,初步构建起一二三产业融合发展的雏形。持续改善农村人居环境,启动实施三年行动计划。抓好美丽宜居示范村创建,6个省级、20个市级美丽宜居示范村和2个省级美丽宜居示范集中连片进展顺利。建成"四好农村路"1303公里。全市农村土地承包经营权确权登记颁证基本完成,率先通过省确权办整市验收。农村集体产权制度顺利推进,93.9%和96.6%的村分别完成清产核资和身份确认。泽州农地入市改革走在全国前列,全市农地入市达到1786.4亩。

农业基础不断夯实。实施粮食丰收工程,全年粮食总产8.3亿公斤。大力发展有机旱作农业,成功申报省级"一县两片"有机旱作农业示范区,创建市级有机旱作农业示范片6个。完成粮食功能区划定135.5万亩,进度全省第一。加快发展特色功能产业,沁水刺槐蜜获省农产品市级区域公用品牌。皇城相府蜜酒、晋苑桑叶茶获省功能农产品品牌。全市农产品513龙头企业销售收入85.4亿元,同比增长7%;500万元以上龙头企业销售收入41.6亿元,同比增长14.7%。加强"三品一标"农产品认证,认证绿色、有机、无公害企业64家,面积30.9万亩,产品122个，成功申报1个农产品地理标志。

城市品质全面提升。一是坚持规划引领。全面启动城市总体规划（2018—2035）修编工作，完成美丽晋城战略规划和海绵城市专项规划，城市设计试点工作被住建部作为典型经验向全国推广。二是加快老城区建设。老城更新与保护工程全面启动，回迁安置前期工作基本完成，27条“三通”道路工程加快推进，18条建成通车，凤台街、泽州路和黄华街路面改造高标准完成。新启动了一批城中村（棚户区）改造前期工作。三是加快推进金村新区建设，完成10平方公里核心区控制性规划和5平方公里城市设计，5条骨干道路开工新建，6项公共服务设施项目完成前期。四是实现市域公交一体化，开通市县城际公交和旅游公交，实现市区到县城公交同城相连、市区到全市AAA级以上景区旅游公交一站直通。五是加强城市管理，深入开展“双违”整治和“三洗六见一红旗”行动，国家卫生城市和森林城市通过复审，全国文明城市创建工作扎实推进。

城镇化建设持续推进。省级以上特色小镇总数居全省第一。巴公、北石店镇列入第二批、第三批国家级新型城镇化综合试点，全省5个试点晋城占2个。润城、巴公、神农分别列入第一批、第二批国家级特色小镇试点。2018年全市常住人口户籍城镇化率为59.88%，比上年提高0.84个百分点。启动行政区划调整工作，编制完成区划调整申请和社会稳定风险评估报告。

（九）践行生态优先发展战略，绿色发展积极推进

积极争取国家环保政策。我市成功列入北方地区清洁取暖城市试点，争取中央财政奖补资金15亿元，全市新增清洁取暖改造居民7.5万户。将禁煤区面积扩展到109平方公里，对禁煤区散煤和燃煤设施坚决实施“双清零”。开展环城污染企业搬迁，严格货运车辆限行管控和高排放非道路移动机械禁用，加快推进绿色运输示范区建设。

加大环境整治力度。全面整改落实中央及省环保督察组反馈问题，环保督察整治基本到位。加大大气污染防治力度。围绕“减煤”“治污”“控车”“降尘”，大力实施“十大攻坚战”。对179家企业严格落实错峰生产措施。加快推进“公转铁”。全天禁止重、中型货车在主城区通行，重污染天气实施机动车限行管控措施。2018年11月、12月，在“2+26”通道城市中，我市环境空气质量改善幅度连续排名第一。全市环境空气质量综合指数同比下降11.6%，$PM_{2.5}$和SO_2两项指标均超额完成省定目标。做好水污染防治。严格落实“河长制”“河湖警长制”，集中式饮用水源地水质100%达标。一、二、三类水体断面达标率全省第一。高平、泽州等一批污水处理厂建成完工。加大张峰水库饮用水源保护力度，科学评估城镇集中式水源地环境状况，初步建立群众饮水安全保障体系。持续推进土壤污染防治。出台土壤污染防治2018年行动计划，启动了污染状况详查，建立了污染地块动态清单和联动监管机制。加快推进重金属污染防治，完成了涉重企业摸底排查。

加强生态文明建设。不断完善生态保护补偿机制和生态文明考核机制。研究出台了《关于健全生态保护补偿机制的实施意见》和《晋城市生态文明建设目标评价考核办法》，有效推动全市生态文明建设。陵川生态文化旅游示范区可研方案上报省政府。全市新增城市绿地面积63万平方米，完成营造林2.32万亩，中幼林抚育2.8万亩，生态环境持续改善。

国家低碳城市试点和创建循环经济示范市积极推进。开展了晋城市2011—2016年温室气体排放清单、2025碳排放达峰路线图研究、控制温室气体排放实施方案编制等工作，晋城市被授予2016年度控制温室气体排放“优秀”等次。发布的《办公楼的低碳族》公益微电影转载播放量超1万余次。根据《晋城市循环经济实施方案》的建设评价要求，对晋城市所涉及的64个支撑项目和九类67项指标、9项特色指标完成情况进行了深入调研和计算评估。

（十）持续保障和改善民生，人民群众福祉不断增进

民生投入持续加大。坚持以人民为中心的发展思想，持续加大民生领域投入力度。2018年全市公共财政用于民生八项支出达187.4亿元，占一般公共预算支出的82.1%。入选“中国地级市民生发展100强”。

脱贫攻坚强力推进。陵川、沁水两县按期脱贫摘帽，首批实现整市脱贫。产业扶贫方面，继续推进“八大产业”增收工程，安排产业扶贫项目62个，带动7883户增收受益。易地扶贫搬迁方面，完成搬迁3044人，规划建设的7个集中安置点全部建成，并分房到户，完成省下达年度任务。金融扶贫方面，全市发放金融扶贫小额信贷1.87亿元。生态扶贫方面，实施林业生态建设“五个一批”项目，支持31个扶贫造林专业合作社参与生态治理项目，教育扶贫方面，对四类建档立卡学生资助全覆盖，资助建档立卡家庭学生5371人。社会兜底保障方面，53.5%贫困人口享受低保、“五保”政策。

公共服务供给明显加强。教育综合改革全面推开，启动市区义务教育集团化办学改革，组建11个办学集团，农村寄宿制学校后勤保障实现全覆盖。学前教育城乡一体化试点稳步推进。拟新建的东南新区学校规划设计方案正在修改完善，凤城中学高中部、中小学综合实践基地基本完工。晋城中专工程进展顺利。医疗卫生机构一体化改革扎实推进，深化医改工作和基本公共卫生考核全省第一。获创建“平安医院先进市”“全国无偿献血先进市”。市医院易址扩建项目通过PPP模式加快推进。全面启动国家公共文化服务体系示范区创建工作。成功申报了全国第三批居家和社区养老服务改革试点市。市文化艺术中心工程全面开工。

社会保障水平逐步提高。养老、医疗、失业、工伤、生育保险参保人数均超额完成年度目标任务。城乡居民大病保险制度逐步完善。在全省率先完成基本医疗保险制度整合，实现全国异地就医费用即时结算，基本公共卫生考核全省排名第一。晋煤集团医疗和生育保险纳入全市社会统筹。失业保险金标准每人每月再增230元，高出全省平均水平40元。

民生工程进展顺利。采煤沉陷区综合治理搬迁安置工作走在全省前列，综合排名位居全省第三，连续四年位居全省前列，被省采煤沉陷区综合治理领导小组授予搬迁安置先进市称号，争取上级专项资金2.32亿元。保障性住房建设有序推进，完善住房保障“1+5”政策体系。全市城镇棚户区住房改造新开工6873套，基本建成2330套。城镇保障性安居工程完成投资25.94亿元。做好煤层气迎峰度冬供应保障工作。制定出台天然气(煤层气)迎峰度冬保供应急预案，提前谋划，统筹协调，为全市乃至全省居民冬季温暖过冬提供了坚强保障。

各类风险得到积极应对。严守不发生重大生产安全事故的底线，积极开展安全生产专项整治，防范和化解重大风险，安全生产创历史最高水平。积极防控金融风险。加强油气长输管道保护和新能源安全监管，建立双防双控数据管理平台，全年未发生一起安全事故。加强农产品质量安全，农产品抽检合格率96.8%，连续多年未发生农产品质量安全事故。坚决抓好非洲猪瘟疫情防控工作。做好2018年春节市场优惠供应，安排资金546万元用于市区优惠供应，稳价效果明显。市场价格运行平稳，全年CPI涨幅控制在2.2%。强化市场价格监测，全市市场物价呈温和上涨势头。畅通价格举报渠道，2018年度受理处置的价格咨询、价格举报投诉案件全部办结。

从2018年计划指标执行情况看，年初《计划报告》提出的主要预期指标全部完成或超额完成年度目标任务，约束性指标中除空气质量优良天数比例未达目标外，其余指标均较好完成年度目标。面对经济低位开局、环保倒逼、外部环境错综复杂三大压力，取得这样的成绩，实属来之不易。这是全面贯彻党的十九大精神和习总书记视察山西重要讲话精神的结果，是市委、市政府紧密结合晋城实际，创造性推动落实中央和省委省政府各项决策部署的结果，更是全市上下坚持转型发展，采取“三稳一加大”举措，改革创新，攻坚克难，努力奋斗的结果，应当倍加珍惜。

专栏7:“三稳一加大”

稳农业，持续加大农业基础设施建设，大力发展设施农业，扩大有机旱作农业。

稳工业，集中反映在稳煤炭、稳煤层气、稳装备制造。

稳三产，主要抓旅游、抓流通商贸、抓金融。

一加大:加大固定资产投资力度。

在肯定成绩的同时，我们也要清醒地认识到，我市发展仍面临不少困难和挑战。一是经济发展稳步增长、持续向好的基础还不够牢固，结构性、体制性、素质性矛盾仍未得到根本性解决。二是改革相对滞后，发展不平衡不充分问题还比较突出，民营经济发展活力不足，创新创业氛围还不浓厚。三是产业转型步伐不快，新旧动能接续转换任务艰巨。四是推进高质量转型发展还存在一些制约和短板。促进有效供给的市场机制有待完善，要素配置不够优化。城乡基础设施、公共服务、生态环境等方面还有一定差距。对于这些问题，我们一定要高度重视，进一步采取有力措施，切实予以解决。

二、2019年经济社会发展的总体要求和主要目标

（一）总体要求

以习近平新时代中国特色社会主义思想为指导，全面贯彻党的十九大和十九届二中、三中全会精神，统筹推进"五位一体"总体布局，协调推进"四个全面"战略布局，深入贯彻习近平总书记视察山西重要讲话精神，认真落实中央及省委、省政府重大决策部署，在市委坚强领导下，坚持稳中求进工作总基调，坚持新发展理念，坚持把供改和综改相结合作为经济工作主线，贯彻"巩固、增强、提升、畅通"八字方针，进一步稳就业、稳金融、稳外贸、稳外资、稳投资、稳预期，扎实开展"改革创新、奋发有为"大讨论，按照"主攻三大目标，打赢三大攻坚，补齐三大短板，干好三件大事，守住三条底线"的要求，解放思想、凝聚共识、先行先试，加快推动新时代美丽晋城高质量转型发展取得新成果，为全面建成小康社会收官打下决定性基础，以优异成绩迎接中华人民共和国成立70周年。

（二）主要目标

按照上述总体要求，统筹考虑我市经济社会发展面临的外部环境和阶段性特征，综合考虑需要与可能，当前与长远，速度与质量，按照科学合理、实事求是的原则，2019年我市经济社会发展主要目标安排如下：

——经济保持平稳增长。地区生产总值增长6.5%左右。主要考虑：一是考虑到和全市"十三五"规划目标的衔接，确保实现"十三五"目标。二是考虑到实现"三大目标"，山西大发展、晋城要先行的需要。三是保持一定增速也是确保全市财政收入、稳定就业的需要。四是为全市经济结构调整、高质量转型发展预留空间。

——有效需求持续扩大。全社会固定资产投资增长7%左右，主要考虑到今年随着市级政府性固定资产投资、争取上级资金力度加大，尤其是"铁公机"、金村新区、"1+3"项目、老城改造等重大项目加快推进，对全市投资的拉动作用将明显增加。社会消费品零售总额增长7.5%，主要考虑今年经济发展持续向好、城乡居民收入稳步增长等积极因素，消费有基础和条件延续近年来持续增长的态势。

——就业质量明显提高。城镇新增就业4.53万人，城镇调查失业率、城镇登记失业率分别控制在6.5%和4.2%以内。主要考虑是落实国家稳就业的要求和经济增长对就业的拉动作用，充分体现以人民为中心的发展思想和民生为先、就业为本的执政理念，有利于稳定预期和增强发展信心。

——价格水平保持稳定。居民消费价格涨幅控制在3%左右。

——生态环境持续优化。资源节约方面，万元地区生产总值能耗降幅、万元地区生产总值用水量降幅完成省下达的任务；万元地区生产总值二氧化碳排放量下降4%。环境质量方面，空气质量优良天数比例、细颗粒物（PM2.5）浓度下降比例等指标和二氧化硫、化学需氧量、氨氮、氮氧化物4项主要污染物减排指标，完成省下达年度目标任务。达到或好于Ⅲ类水体比例77.78%、消除劣Ⅴ类水体。

——民生福祉全面提升。城镇、农村居民人均可支配收入分别增长6.5%和6.5%以上，主要考虑居民收入增长与经济增长同步、农村居民收入增长快于城镇居民的要求。城镇棚户区住房改造数量4103套。

三、2019年经济社会发展的主要任务

按照市委七届六次全会暨经济工作会议部署，贯彻落实好"巩固、增强、提升、畅通"八字方针，进一步稳就业、稳金融、稳外贸、稳外资、稳投资、稳预期，紧紧围绕5个"三"工作部署，聚焦"十项重点工

作”,把握重点、力求突破,全力推进高质量转型发展各项工作。

专栏8:五个“三”

主攻“三大目标”,即,争做转型综改示范区的先行区、能源革命排头兵的领跑者、对外开放新高地的桥头堡。

打赢三大攻坚,即,打赢精准脱贫攻坚战、打赢污染防治攻坚战、打赢化解风险攻坚战。

补齐三大短板,即,补齐交通、民生、开发区短板。

干好三件大事,即,城区改造、新区建设、乡村振兴。

守住三条底线,即,安全生产、社会稳控、反腐倡廉。

(一)强化政策研究和运行调控,推动经济平稳健康发展

贯彻落实好国家、省一系列方针政策和决策部署,围绕稳增长、调结构、促改革等重大问题,加大政策研究和运行调控力度,切实增强推动全市高质量转型发展的能力。

加强重大问题研究和政策储备。紧紧围绕市委、市政府的重大战略。找准经济社会发展中的难点、堵点、痛点问题,充分借鉴全国其他地方的先进经验,深入研究一批重大问题,形成一批有价值、能落地的研究成果。积极做好推动高质量发展实施意见的制定和国家煤层气产业发展综合改革实验区政策研究。

加强经济运行的监测。不断完善全市经济运行分析联席会议制度,加强对经济运行的分析,定期召开全市经济运行联席会议,建立健全经济运行的监控指数和指标体系,加强价格和消费监测和分析,及时了解市场动向和经济发展趋势。同时,要不定期的就关系全市经济社会发展全局的难点、热点问题进行深入调研,加强宏观经济监测预警。

加大经济运行的调控。要善于观大势、谋大局,牢牢把握经济工作主动权,把市委、市政府的决策部署方案化、具体化、任务化。高度关注中美经贸摩擦对我市的传导效应,及时提出针对性的对策建议。认真落实减税降费各项政策措施,加强煤电油气运等要素保障,降低企业成本,支持实体经济发展。扶持引导战略性新兴产业和高技术产业做大做强,对事关民生的弱势产业进行扶持。加强银企对接,建立完善产业发展基金和储备机制,及时保障企业资金需求。认真落实省委、省政府支持民营经济发展“30条”,把支持民营经济与高质量转型发展一同谋划、一体推进,切实提高民营企业竞争力。充分发挥政府投资引导作用,补齐重大基础设施和重大民生项目短板。围绕居民吃穿用住行和服务消费升级方向,突破深层次体制机制障碍,适应分层次多样性消费需求,培育中高端消费市场,形成发展势头良好、带动力强的消费新增长点。加强与煤层气生产企业的沟通衔接,千方百计增加资源供应,多举措做好煤层气保供工作。

切实提高政策执行力。全市上下要解放思想,改革创新,凝聚共识,充分发挥各部门职能作用,纵向上下主动对接、主动指导,横向左右主动协调、主动沟通,拧成一股绳、汇成一股劲,把政策机遇用足、用活、用好,统筹做好全局性、跨行业、跨领域的政策执行工作。要完善督导机制,明确任务落实的时间点、路线图、任务书,按节点全力推进。要强化政策评估,做好营商环境评估和各类规划计划的年度评估,确保全市政策执行不走样、不打折扣。

(二)深入推进供给侧结构性改革,着力构建现代产业体系

全面落实供给侧改革重点任务,坚持培育新兴产业与提升传统产业并进,重点抓好“3+5”政策体系的落地和实施,着力提升我市产业发展整体素质和竞争力。

持续深化能源革命。煤炭产业,坚定不移走煤炭“减”“优”“绿”之路,加大先进产能建设。积极探索煤基新材料的研发和发展。煤层气产业,全力争创全国煤层气“一区三基地一中心”。抓住煤层气开发利用支持政策,推进总投资152亿元的5个项目建设,力争产能增加到70亿立方米。谋划建设一批煤层气勘探开发项目及输气管网和储气设施。煤化工产业,以清洁生产技术改造为抓手,延伸产业链条,促进传统煤化工向精细煤化工转型,重点抓好巴公园区煤化工“造气岛”建设。电力产业,加快电力配网智能化发展,大力提升配电网的自动化水平。实施农网改造升级工程,提升电网供电保障能力。加快电网前期工作,满足电网灵活运行及市场供电需求。新能源,大力推进风能、太阳能、生物质能能源开发,打造新能源全产业链。抓好陵川中电投、沁水国电投、泽州华电等风电项目和兰能玉溪、金驹胡底等瓦斯发电项目。争取沁水县、泽州县列入国家光伏领跑者基地建设规划。

全面推进先进制造业高质量发展。光机电,利用好“50+10”亿元的产业基金,着力培育光机电一体化的产业集聚区,重点推动富士康光学镜头和光通信连接的企业入驻光机电产业园。煤机装备,重点抓好金鼎煤机、江淮重工、天巨重工等企业,发展成套煤机装备制造。新能源装备,加快中船重工新能源装备产业园二期和长征动力三元锂电池项目一期建设。轨道交通装备,重点推动清慧年产5000万件轨道交通新型材料结构件项目一期投产。冶铸业,加快推进南村绿色智能铸造创新产业园二期和晋钢集团智能铸造科技产业园一期工程。陶瓷业,推动阳城陶瓷行业培育自有品牌,发展中高档建筑陶瓷和日用陶瓷。丝麻纺织,以绿洲大麻纺织智能化生产线项目建设为龙头,推动丝麻纺织行业上档升级。

做强做大现代服务业。大力发展以商贸物流业、金融业、大数据产业和全域旅游为主的现代服务业,提高三产占比。商贸物流业,着力打造中东部地区现代物流节点城市,谋划一批物流项目,重点抓好兰花、蓝远、义乌国际商贸城等物流园区建设和苗匠物流园区招商运营工作。大数据产业,以打造中等智能城市全国样板为目标,深化与阿里巴巴集团的合作,加快实施“1183”工程。推动中电智云大数据产业园和华为云计算中心项目一期完工、投入运营。金融服务业,创新完善政银企常态化对接机制,重点支持五大产业发展,制定实施金融支持农林文旅康产业融合发展试点建设行动计划,深化小微企业金融服务,健全完善小微企业信用贷款风险互助补偿机制。推进金改创新试验区建设,推进符合我市产业特色的创新性融资产品。研究推动省级层面设立富士康产业发展基金、市级层面设立光机电产业发展和农林文旅康产业发展子基金。全域旅游,以重点景区为牵引,推进陵川王莽岭、阳城皇城相府、泽州珏山等景区体制机制改革。推进太行一号国家风景道建设,完善基础设施,续建244公里。加快司徒小镇花车巡游演绎体验项目和华谊兄弟星剧场项目建设。大力推进智慧旅游,实现“一部手机游晋城”。组建晋城市文旅投融资平台。

专栏9:实施“1183”工程

“1”:1个政务大数据中心;

“1”:1个政务统一服务平台;

“8”:城市管理、物流、旅游、医疗、工业、农业、公安、安监8个领域示范行业应用;

“3”:建设信用晋城、智能便民服务、智能政务办公3个领航应用。

积极培育产业集群。以培育产业集聚区为重要抓手,积极谋划、培育、建设一批产业关联度大、带动性强的转型项目。做好工业、服务业、高新技术产业集聚区申报工作。出台相关配套措施,推动要素链、创新链、供应链、产业链多链融合,全力推进南村绿色智能铸造创新产业园、陵川县礼杨新型工业产业、陵川县平城生物化工产业、城区司徒小镇现代服务业和高平炎帝文化产业等5个集聚区的建设。

(三)切实发挥投资和消费的关键作用,不断激发内需活力

以深化转型项目建设年为抓手,充分发挥投资对经济发展的关键性作用和消费基础性作用,推动有效需求协同发力,促进经济平稳健康发展。

持续扩大有效投资。坚持把深化转型项目建设年作为经济工作的重中之重,扩大投资规模,优化投资结构。一是把准重点投资方向。着眼增强高质量发展后劲,聚焦产业转型增动能、基础设施补短板两个板块,实施一批打基础、利长远、补短板、增动能的新项目、大项目、好项目。全年重点推进320个亿元以上重大项目，年内完成投资496亿元。二是扎实推进重点工程建设。继续实施市县两级四大班子领导联系重点工程项目制度，重点开展前期手续办理、项目集中开工、“进工地、到一线、解难题”、项目集中竣工、“在建重点工程无障碍施工专项行动”等专项行动。深化拓展延伸重点工程“13710”信息督办，建立问题台账，高质高效推进60项重点工程建设。三是加大资金争取力度。要紧紧抓住国家加大中西部基础设施建设机遇，主动反映我市诉求，在“铁公机”“岸港网”上争取更多的政策、项目和资金支持。同时积极争取政府新增债券额度，申报国家和省技术改造专项资金，引导社会资本投资重大项目建设。四是激发民间投资活力。认真落实支持民间投资的有关政策措施，放宽民间投资准入，对民间投资进入资源开发、交通、市政等领域，除另有规定外一律取消最低注册资本、股比结构等限制。开展民营资本准入障碍专项清理行动。有序推进PPP模式，引导社会资本投资教育、健康医疗、养老等公共服务领域。

专栏10:2019年重点工程情况

2019年，初步确定省市重点工程建设项目60项，总投资1073.4亿元，计划完成投资208.9亿元。其中：省级重点工程10项，总投资342.1亿元，年度计划投资47.7亿元；市级重点工程50项，总投资731.3亿元，年度计划投资161.2亿元。产业转型33项，总投资574亿元，年度计划投资78.8亿元，占比37.7%；基础设施19项，总投资452.9亿元，年度计划投资116.1亿元，占比55.6%；公用设施8项，总投资46.5亿元，年度计划投资14亿元，占比6.7%。

充分释放消费潜力。把消费作为经济发展的内生动力，作为高质量发展、高品质生活的关键环节，作为一项长期战略举措。出台关于完善促进消费体制机制的具体实施方案，积极发展信息消费和养老、健身、家政等服务消费，大力发展实物消费和服务消费。以满足群众高档次、高品质、个性化、专业化、定制化的需求为出发点，谋划一批生产性服务业和生活性服务业，吸引更多的人流、物流、信息流汇集到晋城，逐步打造晋东南区域消费高地。

稳定出口贸易。积极应对中美贸易摩擦，以山西品牌“丝路行”“品牌行”“网上行”为载体，全面对接“一带一路”，提高晋城市产品的国际市场占有率。充分发挥晋城市兰花保税物流中心对外开放平台的功能和作用，积极培育发展跨境电商，促进传统产业转型升级。积极培育壮大外贸主体，启动实施对外贸易主体培育三年行动计划。培育壮大外贸龙头企业，不断提升出口产品质量，努力实现外贸进出口总额增速不低于全省平均水平。

(四)大力实施创新驱动，有效提升区域创新能力

不断完善创新政策体系，优化创新生态，加大科技创新力度，提升我市区域创新能力。

深化创新驱动发展战略。制定出台《晋城市支持科技创新的若干政策实施细则》，推动政策全面落实。引导鼓励企业开展创新研发活动，促进企业提高技术创新能力，新培育一批高新技术企业、科技型中小企业、民营科技型企业，围绕五大产业，着力实施一批重点科技创新项目，支持企业开展关键技术研发及集成应用、转化重大科技成果。鼓励企业与高校、科研院所建立联合实验室研发中心。实施高技术企业五年倍增计划，力争新增国家级高新技术企业3家，省级及以上重点实验室和工程技术中心1个。

搭建创业创新平台。鼓励骨干企业、科研机构、重点行业建设创新创业平台，大力支持社会资本建设省级以上科技孵化器、众创空间、星创天地等创新创业平台。联合共建晋城纳米光机电产业研究中心、光机电研究生培训基地、晋城市产业技术研究院等。

加大招才引智力度。强化招才引智，落实有关人才政策，积极引进和培育高层次科技创新人才。充分发挥职业教育集团作用，支持大专院校开设光机电、大数据、全域旅游等专业，培养本土实用型人才。加快技能大师工作室建设，推行新型学徒制。

(五)攻坚推进关键领域改革，持续增强转型活力

加大以改革促转型力度，坚持先行先试，不断增强转型发展活力。

持续推进"放管服效"改革。全面推行相对集中行政许可权改革，市县两级组建行政审批局，实现"一个部门、一颗印章"管审批。引深企业投资项目承诺制改革，实施"承诺制+关联审批""承诺制+标准地""容缺受理"等。巩固深化"3545"专项改革，大幅压减企业开办和注销、不动产登记、工程建设领域项目审批时间。全面推开"证照分离""多证合一"改革，大力推进"照后减证"，加强"双随机一公开"日常监管。建设一体化在线政务服务平台，实现市县级政务服务事项90%以上网上办理。深化公共资源交易领域市场化改革。积极开展营商环境自我评价。

加快开发区改革创新。加快开发区整合扩区进度，稳步推进陵川省级开发区申报工作。扎实推进"三化三制"改革，组建开发区"管委会+公司"管理模式，建立一级财政，实行独立核算。晋城开发区实现"一区四园"统一管理、统一规划、统一政策。聚焦主导产业深度对接发达地区、重点企业，开展精准招商。推动开发区行政审批"瘦身"、服务效率提速，确保入区企业"办事不出区"。

深化国企国资改革。启动第二批14户市属国有企业改革工作，实现市属国有企业深化改革全覆盖。推动市国投运营公司，围绕"四个平台"做好资本运作、资产管理、股权管理等工作。加大国企混改和专业化重组，加快推动兰花集团转型、天泽集团上市。适时整合公益类国有企业，探索设立公益类国有资本投资运营公司。推进国有企业混合所有制改革，推动经营类国有资本向优势领域集聚，向专业化方向重组。基本完成国有企业剥离办社会职能任务。

抓好价格领域改革。建立健全农业水价、天然气（煤层气）产供储销价格、国有景区门票价格形成机制。做好政府定价经营服务性收费目录清单动态管理。推动居民和非居民用气价格并轨。做好我市主要产品价格监测分析，加大成本调查和监审力度，贯彻落实政府定价成本监审办法，重点加强对自然垄断环节、重要公共服务领域的成本监审。

支持民营经济发展。全面落实省委、省政府支持民管经济发展"30条"政策举措。以创建全省民营经济发展改革示范市为抓手，着力消除民营企业在准入许可、经营运行、招投标等方面的不公平待遇。依法保护企业家人身和财产安全，专项治理政府部门、大型国有企业拖欠民营企业资金问题。完善领导干部联系民营企业制度，健全企业家参与涉企政策制定机制，着力构建新型政商关系。扎实推进"236"行动和"小升规"企业培育工作。建立"236"行动问题台账和沟通协调机制，扎实推进民营企业转型项目。重点培育"小升规"企业30家。继续抓好服务业"小上限"企业。启动实施企业家队伍素质提升"421"计划。加强与德国国际合作机构合作，重点培训100名企业家。

加快诚信体系建设。完成市级信用信息共享平台建设，打破信息孤岛，实现与省、县及市直有关部门的互联互通，进一步提升我市社会信用体系建设整体水平。创新信用信息采集方式，努力实现社会主体信用信息全覆盖。建立和完善"红黑榜"激励和约束机制，在办理行政审批、公共服务等过程中提高守信收益和失信成本。积极探索信用信息社会化应用，加强诚信文化建设，形成线上线下信用机制有机融合，争取我市进入国家信用示范市。

（六）持续扩大对外开放，增强开放经济发展新优势

认真研究融入国家重大战略的政策、举措、路径，加强区域间的合作共赢，不断提升对内对外开放水平，努力拓展我市转型发展新空间。

构建立体化开放通道。加快建设立体联网、内外联通、多式联运的现代综合交通运输体系，补齐交通短板。铁路方面，加大协调推进力度，重点抓好太焦高铁建设，协调做好呼南高铁、晋城—运城客专及晋煤外运铁路等前期工作。开工建设国睿运通物流公司、晋钢智造科技园等5条"公转铁"专用线，推动嘉南铁路恢复开工。公路方面，加快推进国道342改线工程，力争国道207线新房洼至省界瓶颈路段改造工程年内完工，国道207线陵川—长治一级公路改造工程、省道阳济线重载交通示范改造工程全线开工，争取东南环高速年内开工、西南环高速年内完成前期，做好阳城—运城、沁水—安泽高速前期工作，协调推进陵川王莽岭—新乡、阳城蟒河—济源两条出省高速公路建设。机场方面，加快推进机场审批等前期工作，完成机场场址报批、军地协议签订，力争年底完成机场预可研批复，并报批可研。高标准谋划布局空港新区，以园区建设推动机场建设。做实阳城、泽州通用机场前期工作，争取年内开工建设。加快推进高平、陵川、沁水通用机场取得实质性进展，努力争创全省通用航空示范区。大力推进"岸港网"建设。

努力搭建开放平台。紧抓国家战略机遇，积极融入"一带一路"、全面对接京津冀协同发展区，加快融入中原经济区，推动上党城市群一体化发展。做好与世界银行能源领域战略合作协议前期准备工作，加大对接力度，积极谋划项目，争取更多项目纳入合作协议。重点做好300公里半径范围内周边城市的联系对接，主动做好与郑州、洛阳、西安、邯郸等城市的合作交流。加强与长三角、珠三角和粤港澳大湾区合作，主动承接一批项目落地我市。继续做好中国（山西）自贸区晋城片区的申报设立工作，促进兰花保税物流中心与河南保税物流中心全方位合作，推动全市进出口企业组团融入"一带一路"战略。利用太行古堡、六福客栈、李家宗族等平台，扩大对外交流。

推进招商引资提质增效。紧紧围绕五大产业的精准招商，坚持"系统定向精准"理念，全面提升招商引资质量和效益。一是突出产业链招商。以主导产业为招商重点，紧扣全省招商图谱和我市招商地图，在建链、补链和强链上求突破。二是突出专业化招商。改革招商队伍管理体制和薪酬制度，优化设置各县（市、区）和开发区驻外招商办事处、产业招商小分队，全力打造专业化招商队伍。三是突出社会化招商。持续实施"晋商晋才回乡创业创新"工程，精心组织好中国女企业家高峰论坛等活动，积极探索运用以商招商、委托招商、乡情亲情同学情招商等多种方式，调动各类资源，扩大招商成效。办好第四届海峡两岸神农炎帝文化旅游招商系列活动。

（七）大力实施乡村振兴战略，促进区域协同发展

加大乡村振兴，优化空间布局，全面增强中心城市辐射带动作用，构建统筹机制，提高发展的整体性和协同性。

深入推进乡村振兴战略。一是全面实施乡村振兴规划，用足用好政策，建好项目库，谋划一批农业产业发展的重点项目，确保乡村振兴工作落到实处，见到实效。二是推进农林文旅康产业融合发展。按照"提质扩面"总要求，在巩固提升2018年6个乡镇和12个特色村的基础上，设立农林文旅康产业融合发展基金，集中再抓6个市级试点片区和一批特色试点村。三是大力发展特色现代农业。积极推广功能农业和有机旱作农业，创建11个市级有机旱作农业示范片，完成粮食功能区划定任务。加强"三品一标"农产品认证，培塑3个以上区域功能农业品牌。加快培育农业产业化龙头企业，亿元以上企业达到13家，力争农产品加工销售收入增长7%。四是持续推进农村环境整治。认真开展农村人居环境整治三年行动，开展"拆违治乱、垃圾治理、污水治理、厕所革命、卫生乡村"五大专项行动。扎实推进泽州县省级和沁水县市级改善农村人居环境示范县建设。新（改）建"四好农村路"990公里。抓好农村饮水安全条件改善。五是全面深化农村改革。完善农村承包地"三权分置"制度。稳妥推进农村宅基地制度改革。扎实推进农村集体产权制度改革，完成清产核资、成员身份认定和股权量化。深入推进农村三块地改革试点，积极探索"三变"改革路径，激发农村发展活力。

聚焦提升城市品质。一是推进老城更新与保护。完成东西大街、景德路、景忠路等道路建设及南大街立面改造任务；启动实施景德桥公园、景忠桥公园、东滩会、西滩会景观改造和东河、西河景观整治；统筹推进文庙巷、青龙巷和南谷洞等历史文化街巷提升改造。积极推进棚户区和城中村改造。二是加快金村新区建设。统筹推进高铁东站站前广场、丹河快线"1+3"以及片区基础设施建设。做好高铁东站周边可视山体绿化、确保路网框架开工建设。全面推进空港新区建设，制定空港新区规划方案（总规、控规），确定机场大道选址，完成初设批复，并开工建设，同时启动机场周边村庄搬迁工作。三是加强城市扩容提质。加快"三通"工程建设，畅安路北延、景西南路南延、金匠街西延等21条道路通车或具备通车条件。加快推进中原街

改造及综合管廊建设等PPP项目。推进城市“双修”工程，重点对文博路、红星街等6条道路和22条小街巷实施改造和修补。加快实施“三源”工程，完成张峰水库引水主体工程，开工建设第三水厂项目，完成新气源项目；开工建设阳城电厂至市区集中供热热网工程。主城区新建10座人行天桥，购置110台新能源纯电动公交车，对124个公交站牌进行智能化改造。四是提升精细化管理水平。深化城市管理执法体制改革。加大“双违”整治力度。以创建全国文明城市为统领，巩固“三洗六见一红旗”行动成果，不断提升城市品质。

加快推动区域协调发展。建立健全区域合作、区域帮扶、利益补偿、公共服务均衡的区域协调发展机制，强化区域基本公共服务统筹合作，促进基本公共服务均等化。推动城市综合交通、信息、能源等基础设施向农村延伸。统筹推进县域经济特色化、差异化发展。加快推进区划调整改革。扎实推进润城、巴公、神农3个国家级特色小镇和大阳、北留、端氏、嘉峰4个省级特色小镇建设。

(八)加强生态文明建设，提升绿色发展水平

认真践行“绿水青山就是金山银山”的理念，坚持环保倒逼转型，加快形成绿色生产方式和生活方式，不断提升绿色发展水平。

打赢污染防治攻坚战。一是精准防治大气污染。加快市区周边10公里范围内冶铸、煤化工企业关停搬迁、退城入园、提档升级。编制完成清洁取暖改造三年规划，推动清洁取暖和散煤代替由建成区向农村扩展。推进大宗货物及中长距离货物运输“公转铁”。严格落实建筑扬尘“六个百分之百”要求，全面推进建筑工地绿色施工。全面完成“冬防”目标。加快推进中石化油库搬迁。压紧压实网格化环境监管责任。二是精准防治水污染。强力推进丹、沁两河水环境综合整治。严格落实“河长制”、“河湖警长制”，统筹推进“五水同治”。加大重点河流流域化工企业管控力度，实行排放日总量控制，重点抓好晋煤天溪、华昱煤化工等一批重点企业废水零排放改造工程。统一规划建设重点乡镇污水处理设施，巩固黑臭水体综合整治成果，扎实推进市区“清水复流”工程。三是精准防治土壤污染。加快受污染地块治理修复，全面完成土壤污染状况详查。扎实开展农业面源污染防治和农田残膜治理试点工作。

专栏11：落实“六个百分之百”

确保建筑工地周边围挡、物料堆放覆盖、土方开挖湿作业、路面硬化、出入车辆清洗、渣土车辆密闭运输全部到位。

大力发展低碳循环经济。要积极开展创建循环经济示范市指标体系的评估和完善，大力支持园区循环化改造，研究出台政策措施，重点支持园区基础设施和公共服务平台建设，努力争创国家级循环经济示范市。持续推进国家级低碳试点市建设，积极筹备晋城低碳发展论坛。

提升生态环境建设水平。重点加大对全市煤矸石、粉煤灰的综合治理力度，统筹建设循环高效的工业固体废物综合处置利用项目。争创国家级大宗固体废弃物综合利用基地。严守生态保护红线，完成国省营造林2.21万亩，中幼林抚育0.65万亩。持续推进环城生态和城市绿道建设，努力形成连续不断的“景观廊道观光带”，建成文昌游园等4个游园工程建设，开工建设时家岭公园和凤台公园，持续抓好新建城市道路绿化美化。

健全生态文明体制机制。制定出台2019年推进生态文明建设和生态文明体制改革行动计划。健全资源有偿使用制度，鼓励发展节能环保产业，开展自然资源开发使用成本评估。学习芮城等四个国家生态文明先行示范区经验。继续做好生态文明目标考核工作，不折不扣落实好环保督察整改任务“回头看”。

(九)持续加力民生改善，不断增强人民福祉

坚持以人民为中心的发展思想，从群众反映最强烈最突出最紧迫的问题着手，加强和改善民生，切实抓好各项民生重点工作，努力使人民群众在共建共享中的获得感幸福感不断增强。

精准脱贫攻坚。落实好打赢脱贫攻坚战三年行动实施意见，坚持摘帽不摘责任、不摘政策、不摘帮扶、不摘监管，紧盯“两不愁三保障”目标，进一步巩固脱贫成效。一是增强贫困村自我发展能力，实施产业扶贫、贫困村整村提升工程。二是实施“1+5”脱贫综合保险，兜住建档立卡贫困人口收入底线，保障建档立卡贫困人口不返贫。三是继续做好干部驻村帮扶、金融扶贫、教育扶贫、社会保障兜底等政策落实，确保精准脱贫工作力度不减、标准不变。四是坚持贫困村提升与乡村振兴同步推进，抓住我市作为全省农林文旅康示范市的有利时机，把政策、项目、资金、人才等要素向贫困村集中的地区集聚。

积极促进创业就业。持续推进全民技能提升工程建设，全年培训人员不少于2.8万人。举办全市创业大赛，促进全市创业企业与全国资金、技术、团队对接，深入开展“创业孵化服务月”“创业项目坐诊日”“创业项目巡诊”等系列活动，提升初创企业成功率。采取企业内部消化、劳务输出、公益性岗位托底等方法，做好高校毕业生、去产能职工、农村劳动力、退役军人、就业困难人员等重点人群的就业工作，确保全市就业总体稳定。

深化社会保障制度改革。继续推行全民参保计划。充分发挥保险杠杆作用，继续阶段性降低企业职工养老保险、失业保险、工伤保险三项保险费率，帮助企业减轻负担。适度提高城乡居民基础养老金标准。

健全基本公共服务体系。深入推进义务教育城乡一体化改革，出台扶持民办幼儿园发展优惠政策。推动凤城中学高中部投入使用，太原科技大学晋城校区学生宿舍楼（二期）年内建成，完成晋城中专整体搬迁，在南岭爱物学校筹建晋城一中分校。纵深推进健康晋城建设，全面落实医改重点任务，提升医疗服务质量。全力推进市医院易址扩建开工。积极开展全国居家和社区养老服务改革试点工作。全力创建国家公共文化服务体系示范区，承办好第二届全国青年运动会有关项目。加快推进市民广场和文化艺术中心工程建设。加强文创产品开发，推动太行古堡群申遗。

做好粮食安全和物资储备工作。持续做好粮食安全市长责任制考核，完善物资储备管理体制机制，统筹粮食和战略应急物资储备管理，切实增强国家粮食安全和战略应急储备安全保障能力。一是全力保障全市粮食安全。要加快推进粮食收储制度和储备管理制度改革，提高依法管粮管储水平，督导承储企业完成市级储备粮轮换。二是抓好粮库智能化升级改造。实施粮食仓储设施维修和提升改造项目，完成我市粮库智能化升级改造项目，逐步实现统一、开放、多元、兼容的粮库智能化和粮食流通主要业务环节的信息化管理。三是保障重要应急物资储备安全。加强重要物资储备库建设，认真做好各类储备物资和预算的接收工作，加强应急物资日常管理，确保数量真实、质量良好。

持之以恒抓好安全生产和社会稳定。坚决贯彻总体国家安全观。切实增强责任感、使命感，提高风险防控能力。毫不放松抓好煤矿、危险化学品、交通运输等重点行业和重点领域的安全生产，坚决杜绝重特大安全生产事故发生。加强食品药品安全监管，抓好非洲猪瘟疫情防控工作。强化应急管理保障和应急处置，继续完善农产品质量安全可追溯平台，争取更多基地和产品联网运行，积极防范化解重大风险隐患。继续抓好“大棚房”问题专项清理整治行动。加快推进“雪亮工程”建设，持续推动扫黑除恶专项斗争向纵深发展，维护社会和谐稳定。

关于2018年全市和市本级预算执行情况与2019年全市和市本级预算草案的报告(节选)

——2019年2月25日在晋城市第七届人民代表大会第五次会议上

晋城市财政局局长　崔国炜

一、2018年预算执行情况

2018年,全市上下以习近平新时代中国特色社会主义思想为指导,在市委的坚强领导下,坚持稳中求进工作总基调,坚持转型发展主旋律,全面贯彻市委七届四次、五次全会精神,认真落实市七届人大四次会议有关决议,全力打好三大攻坚战,着力解决发展不平衡不充分问题,全市经济社会持续向好发展。与此同时,全市财政部门强化收入管理,优化支出结构,深化财政改革,保障和改善民生,预算执行总体较好,财政改革发展各项工作扎实推进。

(一)落实市人代会预算决议情况

1.支持打好三大攻坚战。防范和化解政府债务风险。为强化政府债务风险防控工作,建立规范的举债融资机制,研究制定了《晋城市债务化解方案》《晋城市化解政府隐性债务实施方案》《新增政府债务限额分配管理暂行办法》,确保政府性债务规模合理、风险可控、使用规范,截至2018年年底,我市地方政府债务余额控制在财政部下达的债务限额之内,市本级和6个县(市、区)的各项债务指标都未超过警戒线。全力保障脱贫攻坚。继续保持扶贫专项资金"双增长",2018年市财政安排扶贫专项资金3981万元,比上年增长28.7%,增加888万元。对标"两不愁三保障"脱贫标准,全力支持实施农村义务教育寄宿生补助、贫困高中生发放助学金、"雨露计划"等教育扶贫政策。认真落实贫困户医疗救助、住院费用兜底封顶、基本医疗保险缴费全免等健康扶贫政策。融资8.1亿元有效保障了全市易地扶贫搬迁工作顺利进行。积极支持贫困县建设"四好农村路"。继续支持特色农业产业扶贫、光伏扶贫,进一步规范完善扶贫小额信贷,加大就业扶贫、生态扶贫力度。积极支持贫困县统筹整合涉农资金实施精准扶贫,陵川县、沁水县两县共统筹整合资金2.2亿元。大力支持污染防治。积极争取北方地区冬季清洁取暖试点城市中央补助资金5亿元,支持冬季清洁取暖改造、禁煤区集中供热全覆盖等项目实施。投入1亿元用于环境监测执法仪器购置、环境监测、执法工作。投入0.7亿元用于我市第二次全国污染源普查、乡镇(办事处)空气质量监测站建设运行、固体废物处置等项目。投入4亿元支持年度总量减排、重点行业污染防治、机动车污染防治、市区扬尘污染防治等大气污染防治任务。投入1.3亿元支持城市黑臭水体整治、重点流域水污染防治、饮用水水源地环境保护、生活污水处理等水污染防治任务。保障丹河人工湿地和巴公河人工湿地运行。

2.不断深化财政改革。一是积极推进市以下财政事权和支出责任划分改革。出台《晋城市推进市以下财政事权和支出责任划分改革实施方案》,明确了各县(市、区)、各部门工作职责、任务以及改革推进的时间表、路线图。制定《晋城市基本公共服务领域市级与县(市、区)共同财政事权和支出责任划分改革方案》,对基本公共服务领域26项市与县(市、区)共同财政事权与支出责任事项进行了明确和划分。二是全面推进预算绩效管理改革。将所有使用财政资金项目及部门整体支出纳入市级预算绩效目标申报审核范围。全面启动预算绩效跟踪监控,对纳入预算管理的1009个项目支出下达绩效跟踪监控任务,对重点100个项目进行绩效跟踪,涉及预算金额28.4亿元。2018年财政部对全国1891个县开展的县级财政管理绩效综合评价中,全省唯一进入全国前200名的县为我市陵川县,全省8

个县进入全国前500名我市占3个，共获得奖励资金3142万元，其中陵川县2042万元、阳城县600万元、泽州县500万元。三是稳步推进国库集中支付电子化改革。将公共财政资金纳入电子化改革范围，经过需求采集、环境搭建以及多轮联调测试和容错测试，实现电子化支付业务全覆盖，成为全省首个实现国库集中支付电子化管理的地级市。四是持续推进政府和社会资本合作。上报财政部14个PPP项目，太行一号国家旅游风景道工程、中原街改造及地下综合管廊道路工程和阳城县城市综合管廊道路工程等三个项目入选第五批省级PPP示范项目，总投资77.7亿元，共获得省级奖补资金800万元，名列11个地市的第2名。五是深入推进预决算信息公开。细化预决算信息公开内容，预决算支出按功能分类全部细化到项级科目，按经济分类一般公共预算支出细化到款级科目。按照时限要求及时公开市本级政府预决算、市直各部门预决算，实现公开覆盖面100%。按照"用户友好发布""一站式服务"的原则，在政府和财政门户网站设置财政预决算信息公开专栏，提高预算信息的可获得性。

3.全面规范财政管理。一是积极组织财政收入。加强对全市经济趋势的分析和预判，增强组织收入的预见性。继续支持做好营改增改革，加强对重点税源和重点税种的动态监控，提高组织收入的主动性。二是调整优化支出结构。严格硬化预算约束，确保2018年一般性支出、"三公"经费支出保持"零增长"。加快预算执行动态监控系统建设，市本级和7个县本级均建立监控机制，79个乡级中有42个已建立监控机制，对202.6亿元的资金进行监控。三是大力盘活存量资金。按照国务院办公厅《关于进一步做好盘活财政存量资金工作的通知》和财政部《关于加强地方预算执行管理激活财政存量资金的通知》精神，市本级对部门结转结余资金进行了清理，共收回资金3.1亿元，统筹用于民生等重点项目支出，2018年底结转结余在部门的存量资金比上年下降28.1%。四是加强市级预算单位银行账户及资金安全管理。对市直预算单位银行账户及资金运行情况进行专项检查，查堵资金安全管理漏洞，制定《关于进一步规范社保专户资金存放管理的通知》《市级社会保险基金竞争性存放管理暂行办法》，对13.8亿元社会保险基金的存放进行公开招标，确保财政资金安全运行。五是加强政府采购管理。2018年共备案当年项目计划1212个，备案金额11.3亿元。积极开展政府采购网上商城试点工作，2018年入驻供应商365家，完成网上商城采购887笔，节资224万元，节资率17.4%。六是加强财政投资评审工作。2018年累计评审预决算项目105个，评审金额20.6亿元，审定金额19.6亿元，核减资金1亿元，审减率4.7%。

4.着力支持转型综改。一是切实减轻企业负担。落实降低增值税税率政策，返还部分企业增值税期末留抵税款，落实小微企业增值税、企业所得税税收优惠政策。落实增值税退税政策办理增值税退税1.9亿元。严格执行降费政策，先后停征排污费，降低残疾人就业保障金征收标准等涉及金额0.6亿元。二是支持开发区建设。出台《改革完善财政管理体制 促进县城经济转型发展的意见》，加大对开发区财政奖励力度，2030年前，市级财政对开发区税收收入增量市级分成部分按100%奖励，用于开发区建设发展。2018年共兑现奖励资金1.7亿元。同时协调完成开发区剥离移交社会事务工作，市财政列入补助基数1280万元用于城区与开发区完成社会事务移交剥离工作。三是支持转型综改项目建设。设立1亿元工业发展专项资金，支持工业转型发展、工业园区建设及国家、省级技术中心建设项目。投入0.8亿元用于产业转型升级发展基金首期政府出资。建立小微企业信用贷款风险互助补偿机制，安排风险补偿资金0.2亿元缓解小微企业融资难问题。四是积极申报国际金融组织和外国政府贷款。向省财政厅申请的晋城市绿色低碳产业融合发展示范项目和美丽乡村建设示范项目已列入山西省推荐的亚行贷款备选库。

5.倾力保障和改善民生。认真落实市委关于"财力再紧张，民生支出一分钱不能少"的要求，加大财政投入力度，全年民生支出达187.4亿元，占一般公共预算支出的82.1%。在教育方面，投入0.7亿元建立健全学前幼儿到大学新生的资助体系，着力帮助家庭经济困难学生完成学业。投入0.4亿元为全市普通高中、中职学生免除学费,为中职学生免除住宿费。投入2.8亿元推进全市各类学校维修改造、教学设备购置,确保城乡义务教育学校正常运行。在社会保障方面,投入各项社保专项资金27.9亿元,确保全市5.6万名城乡低保、6900名五保老人、560多名孤儿以及近1.8万名重点优抚对象生活补助资金的及时到位。投入1.9亿元保障全市6500多名公益性岗位、1000多名就业困难人员岗位补贴和社保补贴的刚性支出。将我市城乡居民基本养老保险基础养老金平均水平由每人每月105元提高至每人每月128元。支持全市2400多名残疾人进行康复治疗和600多名残疾人实现创业就业。在医疗卫生方面,投入7.1亿元将城乡居民医疗保险财政补助标准提高到人均490元以上。投入1亿元将基本公共卫生服务的补助标准由人均50元提高到人均55元。在住房保障方面,投入保障性安居工程专项资金3.5亿元,用于向符合条件的在市场租赁住房的城镇低收入住房保障家庭发放住房补贴、城市棚户区改造项目的扶持。在支持农业方面,投入支农专项资金2.1亿元用于加快乡村振兴、林业生态发展步伐和改善农村人居环境等。投入0.8亿元用于村级公益事业一事一议财政奖补。投入0.6亿元用于支持美丽乡村建设、村集体经济发展和农村综合改革试点项目。

在看到成绩的同时,我们也清醒地认识到,财政运行和管理中还存在许多矛盾和问题:财政发展不平衡不充分的矛盾依然突出,我市产业结构过度依赖二产、依赖于煤炭,税收收入的60%以上由煤炭行业提供;财政持续稳定增收基础不牢固,收支平衡依然面临较大压力;预算编制有待进一步细化,一些领域资金沉淀和使用碎片化问题仍需改进;资金使用效益不高的情况依然存在,加强财政绩效管理十分紧迫;个别县区债务风险特别是隐性债务风险不可小视等等。我们必须进一步加大财政改革力度,花力气解决和克服这些矛盾和问题。

(二)2018年预算收支情况

1.2018年全市预算收支情况

(1)全市一般公共预算

全市一般公共预算收入完成125.3亿元,为预算的115.5%,比上年增长23.6%。其中市本级40.4亿元,增长22.2%;各县(市、区)完成情况为:泽州县19.2亿元,高平市19.2亿元,阳城县16.6亿元,沁水县16.5亿元,城区8.3亿元,开发区3.4亿元,陵川县1.7亿元;增长速度分别为:高平市30%,沁水县29.6%,泽州县25.9%,阳城县24.2%,城区10.5%,陵川县10.5%,开发区8.1%。

支出预算在年度执行过程中根据省财政厅追加专项指标及《预算法》有关规定作了相应变动:一是将省追加专项指标按规定顺加到了有关科目;二是报经各级人大常委会批准,增加了政府债券支出;三是将办理省、市、县(市、区)财政结算事项财力变动按规定作了相应账务处理;四是市、县两级根据预算管理有关规定和预算调整方案核减当年不需执行的预算指标和增加调入资金等,对年度预算做出了相应变动。全市一般公共预算支出预算由人代会通过的166亿元变动为229.1亿元,全年执行228.5亿元,为变动预算的99.7%,比上年增长28.1%,其中市本级57.6亿元,增长49.4%,支出增幅较大主要一是2017年超收收入5.7亿元,按照《预算法》要求全部建立预算稳定调节基金安排2018年支出,二是2018年市本级争取的地方政府债券增加3.9亿元所致;各县(市、区)一般公共预算支出情况为:泽州县35.2亿元,高平市34.2亿元,阳城县29.7亿元,沁水县24.1亿元,城区21亿元,陵川县19.7亿元,开发区6.8亿元;增长速度分别为:开发区45.7%,城区43.3%,高平市23.6%,阳城县20%,泽州县19.7%,沁水县17.1%,陵川县8.9%。

全市一般公共预算收入125.3亿元,加上级补助收入86.7亿元、债务转贷收入19.8亿元、调入预算稳定调节基金13.8亿元、调入资金8.4亿元、上年结余收入1亿元,收入总计255亿元。全市一般公共预算支出228.5亿元,加上解上级支出2.2亿元、安排预算稳定调节基金19.7亿元、债务还本支出3.9亿元,支出总计254.3亿元。收支相抵,滚存结余0.7亿元,均为有专项用途资金结转下年使用。

省对晋城市转移支付86.7亿元,比上年增长21.8%。其中:返还性收入0.2亿元,与上年持平;一般性转移支付44.1亿元,增长16.4%;专项转移支付

42.3亿元，增长28.2%。市对县(市、区)转移支付80.3亿元，比上年增长17.3%。其中：返还性支出3.2亿元，与上年持平；一般性转移支付44.6亿元，增长11.5%；专项转移支付38.8亿元，增长22.9%。

(2)全市政府性基金预算

全市政府性基金收入20.7亿元，为预算的120.2%，比上年增长29.7%；加上级补助收入2亿元、债务转贷收入13.7亿元、上年结余收入1.3亿元，收入总计37.7亿元。全市政府性基金支出34.3亿元，为变动预算的99.5%，比上年增长40.1%；加调出资金2.5亿元、债务还本支出0.3亿元，支出总计37.1亿元。收支相抵，滚存结余0.6亿元。

(3)全市国有资本经营预算

全市国有资本经营收入7.9亿元，为预算的93.5%。全市国有资本经营支出3.4亿元，为变动预算的100%，加调出资金4.5亿元，支出总计7.9亿元。收支平衡，无结余。

(4)全市社会保险基金预算

全市社会保险基金收入98.5亿元，为预算的121.1%；加上级补助收入2.8亿元、下级上解收入0.4亿元、上年结余收入203.2亿元，收入总计304.9亿元。全市社会保险基金支出78.4亿元，为预算的107.1%；加补助下级支出2.8亿元、上解上级支出1.6亿元，支出总计82.8亿元。收支相抵，滚存结余222.1亿元。

(5)全市政府性债务情况

2018年省转贷我市新增政府债务规模30.7亿元，市本级留用15.1亿元，转贷各县(市、区)15.6亿元，主要用于精准脱贫、土地储备、棚户区改造、旅游公路建设、市政设施、教育文化等重点民生领域建设和支持转型综改发展。

2018年省转贷我市置换债券2.8亿元，市本级留用300万元，其余全部转贷各县(市、区)，用于置换存量政府债务，对优化政府债务期限、降低政府利息负担和防范化解财政金融风险发挥了积极作用。

2018年晋城市政府债务限额103.8亿元，年末政府债务余额93.7亿元，比政府债务限额低10.1亿元，预计全市政府债务率为36.8%，比警戒线100%低63.2个百分点。其中市本级政府债务限额46.4亿元(含开发区6.6亿元)，年末政府债务余额43.3亿元(含开发区6.5亿元)，预计债务率63.7%。

2.2018年市本级预算收支情况

(1)市本级一般公共预算

市本级一般公共预算收入完成40.4亿元，为预算的114.2%，加上级补助收入86.7亿元、下级上解收入2.6亿元、债务转贷收入19.8亿元、调入预算稳定调节基金6.3亿元、上年结余收入0.7亿元，收入总计156.5亿元。市本级一般公共预算支出57.6亿元，为变动预算的99.2%，加上解上级支出2.2亿元、补助下级支出80.3亿元、债务还本支出0.4亿元、债务转贷支出8亿元、安排预算稳定调节基金7.5亿元，支出总计156亿元。收支相抵，滚存结余0.5亿元，均为有专项用途资金结转下年使用。

主要收入项目执行情况：市本级税收收入28.9亿元，为预算的107.7%，比上年增长17.5%，其中：增值税13.2亿元，为预算的102%；企业所得税5.4亿元，为预算的121.7%；个人所得税1亿元，为预算的110.7%；资源税7.3亿元，为预算的111.9%；其他税收2.1亿元，为预算的98.6%。市本级非税收入11.5亿元，为预算的135%，增长36.2%，增幅较大主要是2017年7月停征的“建筑企业劳动保险费”按照省厅相关政策要求缴入国库，2018年累计入库历年结余的建筑企业劳动保险费3.1亿元。

主要支出项目执行情况：教育支出6.9亿元，为变动预算(下同)的100%；科学技术支出0.2亿元，为预算的100%；文化体育与传媒支出1.6亿元，为预算的100%；社会保障和就业支出3.5亿元，为预算的100%；医疗卫生与计划生育支出1.4亿元，为预算的100%；节能环保支出9.7亿元，为预算的96.8%；城乡社区支出16.2亿元，为预算的100%；农林水支出2.2亿元，为预算的96.6%；交通运输支出1.3亿元，为预算的100%；国土海洋气象等支出0.7亿元，为预算的100%；住房保障支出1.3亿元，为预算的100%；公共安全支出3.9亿元，为预算的100%。

(2)市本级政府性基金预算

市本级政府性基金收入4.5亿元，为预算的231.7%，比上年增长158.7%，增幅较大主要是国有土地使用权出让收入增长较多所致;加上级补助收入2亿元、债务转贷收入13.7亿元、上年结余收入0.4亿元,收入总计20.6亿元。市本级政府性基金支出7.2亿元,为变动预算的96.5%,比上年增长37.3%;加补助下级支出2.5亿元、债务转贷支出10.4亿元,支出总计20.1亿元。收支相抵,滚存结余0.5亿元。

(3)市本级国有资本经营预算

市本级国有资本经营收入0.8亿元,为预算的40.6%,未完成预算主要是国资国企改革正在推进过程中以及部分市直国有企业历史遗留问题等原因欠缴国有资本经营收入所致。市本级国有资本经营支出0.8亿元,为变动预算的100%。收支平衡,无结余。

(4)市本级社会保险基金预算

市本级社会保险基金收入59.6亿元,为预算的118%;加下级上解收入0.4亿元、上年结余收入140.8亿元,收入总计200.8亿元。市本级社会保险基金支出47.6亿元,为预算的108.5%;加补助下级支出2.8亿元、上解上级支出1.1亿元,支出总计51.5亿元。收支相抵,滚存结余149.3亿元。

3.2018年晋城经济技术开发区预算收支情况

晋城经济技术开发区一般公共预算收入完成3.4亿元,为预算的100%,比上年增长8.1%,加上级补助收入3.4亿元、调入预算稳定调节基金0.3亿元,收入总计7.1亿元。晋城经济技术开发区一般公共预算支出6.8亿元,为变动预算的100%,比上年增长45.7%,加上解上级支出249万元、安排预算稳定调节基金0.2亿元,支出总计7.1亿元。

晋城经济技术开发区政府性基金收入2.1亿元,为预算的51.9%,比上年下降47.2%,降幅较大主要是国有土地使用权出让收入下降较多所致。加上级补助收入0.1亿元、债务转贷收入3.6亿元、上年结余收入0.1亿元,收入总计5.9亿元。晋城经济技术开发区政府性基金支出5.8亿元,比上年增长71.5%,加上解上级支出40万元,支出总计5.8亿元。收支相抵,滚存结余0.1亿元。

(三)2018年主要支出政策实施情况

优先保障教育发展。实施全市农村义务教育寄宿制学生营养改善全覆盖工程,按照每生每天3元的标准,提高全市33448名农村寄宿制学生营养膳食标准,保障学生健康成长。按照每50名农村义务教育寄宿生配备1名厨师和1名生活管理员,后勤人员月人均1620元的工资标准,建立农村义务教育寄宿制学校后勤保障机制。继续按照普通小学每生每年600元、普通初中每生每年800元,寄宿制学校每生每年增加200元的标准安排公用经费。继续落实普通高中免学费、免学杂费政策。继续落实普通高中助学金年生均2000元标准,帮助家庭经济困难学生完成高中学业。继续执行中职学校免学费、免住宿费,中职学校助学金政策。

支持科技创新发展。对2017年度科技研发经费投入强度全市排名前十位的企业进行奖励,对2017年承担国家级、省级计划项目,获得国家、省自然科学奖、技术发明奖、科学进步奖项目,申报高新技术企业项目,申报国家级、省级孵化器、众创空间和星创天地项目等进行补贴。实施农村地区分布光伏发电项目补助政策,对光伏项目给予建设安装和发电电价补贴。支持构建具有晋城特色的科技创新体系,提升我市科技创新能力。支持科技企业孵化器等科技服务平台建设。

促进文化事业发展。支持全市公共文化服务体系示范区创建。推动农村公共文化服务体系建设专项资金整合,按照每村每年1万元的标准支持全市农村文化信息资源共享工程、农家书屋工程、农村文艺演出活动、农村体育活动、农村电影放映工程五项文化建设。继续对优秀文艺作品和文化建设工程进行奖扶。支持公益性文化场(馆)免费开放。支持开展免费送戏下乡、"周末大剧场"及百姓大舞台等公共文化惠民活动。支持开展文物古建抢救性保护及维护看护、非物质文化遗产保护及传承等工作。按照每套36元的标准继续实施"村村通"广播电视直播卫星接收设备运行维护经费补助政策。

支持社会保障就业。保障荣军康复医院、市社会福利院集中供养人员生活,支持农村敬老院、社区日间照料中心和农村日间照料中心建设。城乡居民基本养老保险基础养老金水平达到月人均128

元。城乡低保保障标准提标至人均月补助水平城市563元、农村343元。按照基本生活标准城市特困人员月人均735元、农村特困人员年人均5360元的标准，将城市三无人员等纳入了特困人员救助范围。企业退休人员基础养老金再提高5.5%，人均月增资158元。继续实行残疾人、经济困难的高龄、失能老年人等补贴制度，为困难残疾人和重度残疾人、经济困难的高龄、失能老人分别给予每人每月50元、30元和60元的生活补贴。按照每人每年2400元的标准对全市90—99岁高龄老人发放高龄补贴。为建档立卡贫困人员参加城乡居民基本养老保险代缴最低保费每人每年100元。支持实施更加积极的就业政策，扶持5个市级创业孵化基地、456个入驻基地的创业实体。建立健全城乡统筹的公共就业服务体系，实施高校毕业生就业见习补贴、五类人员职业培训补贴，促进高校毕业生、农村转移劳动力、城镇困难人员等就业。实施企业稳岗补贴用于职工生活补助、缴纳社会保险费、转岗培训、技能提升培训。提高优抚对象补助标准，保障在乡复员军人、"两参"人员、伤残军人等重点优抚对象的基本生活。对市直部分破产企业的51名下岗失业退役军人社保单位欠费进行了补缴。

促进医疗卫生事业发展。城乡居民基本医疗保险的财政补助标准，由每人每年450元增加到490元，缓解了167万城乡居民看病难问题。建立贫困人口医疗商业补充保险制度，按照每人负担保险缴费50元的标准，将未纳入建档立卡贫困人口的低保和特困供养人员纳入医疗商业补充保险范围。继续支持重大公共卫生项目建设，支持基层医疗卫生机构和村卫生室实施基本药物制度。实施城市公立医院综合改革，取消药品加成收入。人均基本公共卫生服务经费标准由50元提高到55元。继续实施计划生育政策补贴，村级计划生育工作人员工资报酬补贴每人每月120元，对农村领证独生子女父母、退二孩指标独生子女家庭等进行奖补。加强乡村医生队伍建设，对在编在岗乡村医生给予每人每月800元的生活补助和每人每月30元的参保补助。

加快实施乡村振兴战略。建立涉农资金统筹整合长效机制，积极支持县级统筹涉农资金加快乡村振兴。着力扶持全市6个县(市、区)各确定1个乡镇开展农林文旅康产业融合发展试点。继续扶持畜禽养殖废弃物处理和病死猪无害化处理，大力提升畜产品及动物疫病检验检测能力，强化重大动物疫病强制免疫，积极支持非洲猪瘟应急防治，全面推开育肥猪保险试点。继续加强高标准农田建设，实施粮食产能提升工程，支持6个市级有机旱作农业示范片，加快推进粮食生产功能区划定。加大产业化龙头企业贷款贴息扶持力度，加强新型职业农民培育，加快农产品质量追溯平台和"三品一标"建设，支持举办首届"农民丰收节"，积极推进特色农业产业发展。积极改善农村人居环境，继续对美丽宜居示范村创建进行以奖代补。对全市50个森林防火远程监控点进行升级改造，持续强化森林防火和病虫害防治，支持村庄绿化、荒山绿化等造林绿化，加强森林抚育，支持完成国有林场改革。积极推进落实"河长制"，加快实施农村饮水安全巩固提升，加强重大水利工程建设，周村工业园区杜河水库提水工程投入试运行，张峰水库总干末端水池至市区饮水工程全面开工，启动书院河清水复流项目。落实农机购置补贴政策，加强农机新技术推广，提高农机社会化服务能力和水平。

二、2019年预算草案

(一)2019年财政工作总体要求、基本原则和财政政策

2019年是新中国成立70周年，是全面建成小康社会关键之年，做好今年的财政工作意义重大。2019年我市财政工作及预算安排的总体要求是：以习近平新时代中国特色社会主义思想为指导，全面贯彻党的十九大和十九届二中、三中全会精神，坚持稳中求进工作总基调，贯彻新发展理念，落实高质量发展要求，以"供改"与"综改"相结合为主线，围绕建设"先行区""领跑者""桥头堡"三大目标，实施积极财政政策，加大减税降费力度，有效减轻企业负担；调整优化支出结构，严格压缩一般性支出；支持打好"三大攻坚战"，保障转型综改和民生兜底需要；加快推进财政体制改革，全面实施预算绩效管理；加强地方政府债务管理，积极防范化解地方政府债务风险，为新时代美丽晋城高质量转型发展

提供有力支撑。

贯彻上述总体要求,在收支预算编制中坚持以下原则:一是坚持实事求是、积极稳妥的原则,收入预算与经济社会发展水平相适应,与宏观财政政策相衔接,做实财政收入。二是坚持量入为出、突出重点的原则。安排支出预算要优化支出结构兜底基本民生,政府要带头过“紧日子”,按照不低于5%的比例压减一般性支出,节省的资金用于保障基本民生,支持扶贫、教育、生态环保等重点领域。三是坚持统筹使用、效率优先的原则。加大政府性基金预算、国有资本经营预算与一般公共预算的统筹力度,集中财力保基本保战略;清理盘活财政存量资金、用好财政增量资金,全面提高财政资源配置效率。四是坚持公开透明、讲求绩效的原则。推进预算公开,扩大公开范围,细化公开内容,规范公开方式,强化社会监督,促进依法理财;强化预算绩效管理,提高财政支出的有效性。

2019年主要支出政策情况:

教育方面。继续实施全市农村义务教育寄宿制学生营养改善全覆盖工程和农村义务教育寄宿制学校后勤人员经费补贴制度。继续落实城乡义务教育学校生均公用经费基准定额标准,落实高等职业教育、中等职业教育生均拨款制度及普通高中学校生均公用经费拨款制度,继续保持特殊教育学校生均公用经费8000元的标准。进一步完善家庭经济困难学生资助政策体系,及时发放义务教育寄宿生生活补贴、中高职助学金、普通高中助学金、贫困家庭幼儿资助金,支持贫困大学生资助等工作。

科技方面。完善科技创新政策,推进全市科技创新相关工作,鼓励企业加大研发经费投入,促进科技成果转化。继续加大对科技研发基地的支持力度。加强科研项目经费和科技活动经费管理,促进形成充满活力的科技管理和运行机制,激发科研人员创新创业积极性。对建档立卡的贫苦户安装光伏发电项目予以补助。

文化旅游体育与传媒方面。继续推进全市公共文化服务体系示范区创建工作,落实各项文化惠民政策,支持我市公共文化服务体系建设,进一步提高基层公共文化服务水平。支持市图书馆、美术馆、群艺馆、体育场(馆)等公益性文化设施免费开放。继续加强对文物古迹、非物质文化遗产的保护,鼓励创造精品文化食粮,提升全市人民的精神文化生活。支持全国第二届青年运动会中游泳、射箭、击剑、跑步等项目在我市举办,支持开展2019年全国青少年围棋大赛、第四届职工运动会等文体活动。继续加大对文化产业发展、文化事业建设支持力度。继续开展文化惠民工程,对贫困村和革命老区村开展送戏、电影放映、农村电视数字化工程等工作,积极支持文化大院、乡贤讲座、戏曲进社区等活动。

社会保障和就业方面。提高城乡居民基本养老保险待遇,对65岁及以上参保城乡老年居民每月增发基础养老金5元。按不低于12个月的基础养老金标准建立全市城乡居民丧葬补助金制度。为建档立卡贫困人员参加城乡居民基本养老保险代缴最低保费每人每年100元。继续对重度残疾人、贫困残疾人和高龄失能老人进行护理补贴和生活补贴,对三无重度残疾人进行托养补助。提高孤儿基本生活补助标准,社会散居孤儿养育标准由每人每月600元提高到每人每月1000元,社会福利机构供养孤儿养育标准由每人每月1000元提高到每人每月1500元。支持残疾人康复、残疾人公益性岗位、残疾人职业培训等残疾人事业发展。继续将失业保险基金补助范围扩大到所有符合省定标准企业。继续支持城乡社会救助、农村敬老院、日间照料中心和农村互助养老服务中心建设。继续对创业孵化基地、创业培训、技能培训实施补贴,加大创业扶持力度。

卫生健康方面。对未纳入建档立卡贫困人口的低保特困供养人员实施商业医疗保险补助每人每年50元。继续支持城乡居民医疗保险制度整合,城乡居民基本医疗保险补助标准由490元提高到520元。基本公共卫生服务项目财政补助标准由每人每年55元提高到60元。完善重特大疾病医疗保险和救助制度,继续实施城乡居民大病医疗保险试点。完善大病保险和生育保险政策。继续实施计划生育奖补政策。支持艾滋病防治、农村妇女两癌检查等重大公共卫生项目实施。帮助解决重点优抚对象、离休干部和困难企业军转干部医疗保障等问题。

节能环保方面。继续支持冬季清洁取暖改造、地表水跨界断面水质考核生态补偿、大气及水监测、丹河巴公河人工湿地管护等工作。继续保障环境保护执法能力建设。继续支持全国第二次污染源普查工作。支持大气网格化建设。

农林水方面。加快推进实施乡村振兴战略,着力支持农林文旅康产业融合发展,积极促进农业产业升级。落实农村人居环境整治三年行动方案,加快补齐农村人居环境突出短板。积极应对非洲猪瘟疫情,推进畜牧粪污无害化处理利用,按照每头200元标准发放能繁母猪补贴。支持秸秆综合利用等农机新技术推广,加强农业社会化服务体系建设,加快有机旱作农业发展,继续推进高标准农田建设,稳步提升粮食产能。建立完善农业信贷担保体系,继续对农业产业化龙头企业等新型农业经营主体予以贷款贴息。加强"三品一标"建设,积极开展设施蔬菜、育肥猪、核桃等地方特色农业产业保险试点。对美丽宜居示范村进行以奖代补,全面推进农村集体产权制度改革。继续支持村庄绿化、通道绿化,建立市级生态公益林补偿机制,加强林业生态建设。加快推进农村安全饮水巩固提升,强化落实"河长制",加快市区水利重点工程建设。

脱贫攻坚方面。继续保持财政投入力度不减,全力支持打赢打好全市脱贫攻坚战三年行动。积极鼓励引导通过产业发展、就业带动等多种形式促进贫困户增收。探索脱贫保障保险增强贫困户抗风险能力。加快易地扶贫搬迁旧房拆除土地复垦进度。加强完善健康扶贫、教育扶贫等保障性扶贫政策。支持脱贫攻坚与乡村振兴相关政策有效衔接,调动激发贫困户内生动力,有效巩固脱贫攻坚成果。

(二)2019年收入预计和支出安排

1.全市收入预计和支出安排

(1)全市一般公共预算

全市一般公共预算收入安排134.1亿元,比上年增长7%;加上级补助收入48.7亿元、债务转贷收入16.3亿元、上年结余收入0.7亿元、调入预算稳定调节基金11.2亿元、调入资金2.6亿元,减上解上级支出1.8亿元、债务还本支出6.8亿元,安排一般公共预算支出205亿元,比上年预算增长23.7%。

省对晋城市转移支付预算48.7亿元,比上年增长8.1%。其中:返还性收入0.2亿元,与上年持平;一般性转移支付40.2亿元,比上年增长31.3%;专项转移支付8.3亿元,比上年下降41.5%,降幅较大主要是财政事权和支出责任划分改革中调整完善了转移支付事项,在一般性转移支付下设立共同财政事权分类分档转移支付,将改革前专项转移支付安排的基本公共服务领域共同财政事权事项统一纳入共同财政事权分类分档转移支付所致。

(2)全市政府性基金预算

全市政府性基金预算收入安排34.9亿元,加上年结余收入0.6亿元、上级补助收入0.6亿元、新增专项债券收入11.5亿元,可安排政府性基金财力为47.6亿元。按照以收定支的要求,相应安排政府性基金预算支出47.6亿元。

(3)全市国有资本经营预算

全市国有资本经营预算收入安排7亿元,加上级补助收入3亿元,按照收支平衡原则,安排国有资本经营预算支出10亿元。

(4)全市社会保险基金预算

全市社会保险基金预算收入安排90.4亿元,比上年下降8.2%,收入下降主要是考虑国家为减轻企业负担阶段性放缓社保缴费等原因。加上级补助收入6.1亿元、下级上解收入0.4亿元、上年结余收入222.1亿元,减补助下级支出3.8亿元、上解上级支出1.4亿元,安排社会保险基金预算支出83.8亿元,比上年增长14.4%。社会保险基金滚存结余预计230亿元。

上述全市预算草案为市本级代编,待县(市、区)人代会召开后,市财政局将汇总市和县(市、区)人代会批准的预算,报市人大常委会备案。

2.市本级收入预计和支出安排

(1)市本级一般公共预算

市本级一般公共预算收入安排43.3亿元,比上年增长7.1%,加上级补助收入48.9亿元、下级上解收入2.9亿元、地方政府债务收入11.3亿元、上年结余收入0.5亿元、调入预算稳定调节基金7.5亿元,减上解上级支出1.8亿元、补助下级支出46.2亿元、债券还本支出1.7亿元、债务转贷支出5亿元,安排一般公共预算支出59.7亿元,比上年预算增长32.2%,增幅较大主要今年地方政府债券政策调整,提前下达的一般债券4.7亿元编入年初预算所致。

市对县(市、区)转移支付预算46.2亿元,比上年增长12%。其中:返还性支出3.2亿元,与上年持平;一般性转移支付支出40.6亿元,比上年增长28.3%;专项转移支付支出8.8亿元,比上年下降31.4%,降幅较大原因同全市。

主要收入项目安排情况:税收收入32.4亿元,比上年增长12%,其中:增值税14.8亿元,增长12.2%;企业所得税6.2亿元,增长14.9%;个人所得税1亿元,下降5.7%;资源税8.2亿元,增长12.8%;其他税收2.3亿元,增长11.6%。非税收入10.9亿元,下降5.4%。

主要支出项目安排情况:教育支出7.7亿元,比上年增长7.5%;科学技术支出1.9亿元,增长83.7%,增幅较大主要是安排光伏发电项目补助资金1.7亿元所致;文化旅游体育与传媒支出3.3亿元,增长97.9%,增幅较大主要是安排王莽岭大景区建设项目资金2亿元所致;社会保障和就业支出5.8亿元,增长8.5%;卫生健康支出2亿元,增长6.1%;节能环保支出3.9亿元,增长2.7%;城乡社区支出12.6亿元,增长202.8%,增幅较大主要是省财政厅提前下达的一般债券用于安排公益性基础设施建设项目所致;农林水支出3.5亿元,增长8.8%;交通运输支出1.4亿元,增长82.3%,增幅较大主要是安排G342改线项目资本金0.4亿元、“四好农村路”补助资金0.4亿元等项目所致;资源勘探信息等支出0.7亿元,下降41.6%,降幅较大主要是上年安排有工业发展专项资金1亿元,今年未安排相应资金所致;自然资源海洋气象等支出0.7亿元,下降38.3%;住房保障支出1.3亿元,增长4%。

(2)市本级政府性基金预算

市本级政府性基金预算收入安排6.5亿元,比上年增长42.9%,增幅较大主要是考虑2019年安排土储项目预计国土出让收入增加较多等原因。加上年结余收入0.5亿元、上级补助收入0.6亿元、专项债务转贷收入11.5亿元,减补助下级支出0.1亿元、专项债务转贷支出5.6亿元、专项债务还本支出0.4亿元,安排政府性基金预算支出13亿元,比上年预算增长362.7%,增幅较大主要今年地方政府债券政策调整,提前下达的专项债券5.5亿元编入年初预算所致。

(3)市本级国有资本经营预算

市本级国有资本经营预算收入安排2亿元,比上年增长146.4%,安排国有资本经营预算支出2亿元,与上年预算持平。

(4)市本级社会保险基金预算

市本级社会保险基金预算收入安排53.4亿元,下降10.4%,减收原因同全市。加上级补助收入2.4亿元、下级上解收入0.4亿元、上年结余收入149.3亿元,减补助下级支出3.8亿元、上解上级支出1.1亿元、安排社会保险基金预算支出48.9亿元,增长11.6%。社会保险基金滚存结余预计151.7亿元。

(5)盘活存量资金情况

2019年初清理盘活以前年度安排市直部门(单位)结余资金1亿元以及收回的开发区欠款0.9亿元,共计1.9亿元全部纳入总预算统筹安排使用。

经汇总,2019年市本级行政事业单位使用财政拨款安排的“三公”经费预算4293万元,比上年预算减少319万元,下降6.9%。其中:因公出国(境)经费376万元,减少16万元,下降4.1%;公务接待费678万元,减少43万元,下降6%;公务用车购置及运行维护费3239万元,减少260万元,下降7.4%。

在市人代会召开之前,市财政对本级基本支出和参照上年同期支出数额必须支付的项目支出、上年结转支出等必要支出进行了支付。

3.晋城经济技术开发区收入预计和支出安排

晋城经济技术开发区一般公共预算收入安排3.6亿元,比上年增长7%,加上级补助收入1.1亿元、债务转贷收入1亿元、调入预算稳定调节基金0.2亿元,安排一般公共预算支出5.9亿元,比上年下降12.8%。

晋城经济技术开发区政府性基金预算收入安排3.7亿元,加上年结余0.1亿元,安排政府性基金预算支出3.8亿元。

三、全力以赴做好2019年各项财政工作

（一）强化政策资金保障，继续支持打好三大攻坚战。防范和化解政府债务风险。开好合法合规举债"前门"，积极争取扩大我市政府债务限额，严堵违法违规举债"后门"，增强地方政府债务信息透明度，防范地方政府债务风险。对政府债务风险进行评估，积极稳妥有序化解存量债务。严控隐性债务增量，加大财政约束力度，有效抑制不具有还款能力的项目建设，坚持守住不发生系统性区域性债务风险的底线。大力保障脱贫攻坚。继续增加财政扶贫资金投入力度，严格执行现行扶贫标准，重点解决好实现"两不愁三保障"面临的突出问题。深入推进涉农资金整合，完善财政扶贫资金动态监控机制，推进扶贫项目资金全过程绩效管理，精准对接资金项目和受益人口。加大扶贫资金的公开和监督检查力度，确保扶贫资金安全有效使用。推动做好脱贫攻坚与乡村振兴战略的衔接，研究解决收入水平略高于建档立卡贫困户的群体缺乏政策支持等问题。开展扶贫资金使用及整合情况的盘点评估，进行"回头看"，确保资金安全高效使用。积极支持污染防治。继续加大大气、水、土壤污染防治的投入力度。探索通过股权投资、建立基金、PPP等模式，引导传统资源型行业进行技术升级改造和参与环境治理恢复。用好"2+26"城市冬季清洁取暖试点项目专项资金。

（二）发挥财政职能作用，助力经济高质量发展。加大减税降费力度。按照国家统一部署，降低增值税税率，对小微企业和科技型初创企业实施普惠性税收减免，提高小规模纳税人起征点，全面落实个人所得税专项附加扣除政策。加快推进转型综改。落实好《关于支持转型综改示范区和开发区建设若干财政政策的通知》和《关于改革完善财政管理体制 促进县域经济转型发展的实施意见》等财政奖励政策，树立财力向转型发展集聚的政策导向，引导和带动县级提升转型发展的高度自觉和战略定力，支持开发区建设发展，激发晋城市转型动力和发展活力。支持提升科技创新能力。发挥财政资金引导示范作用，撬动更多社会资本投入产业转型、技术创新等我市经济发展薄弱环节。加大科技投入，支持科技创新基地和科技人才队伍建设。支持企业加大技改力度，探索设立技改引导资金，对企业参与重大科技专项或重点研发计划等给予补贴或奖励。

（三）深化财政制度改革，提升财政科学化水平。完善市以下财政体制。在基本公共服务领域实施市级和县（市、区）共同财政事权和支出责任划分改革，研究制定医疗卫生、生态环保、科技、住房等领域改革方案。调整完善转移支付制度，设立共同财政事权转移支付。研究建立健全转移支付激励约束机制，促进基本公共服务均等化。健全预算管理制度。深化部门预算改革，提高部门预算编制科学性，完善基本支出定员定额管理，完善项目支出分类管理，推进项目支出标准体系建设。严格落实不低于5%比例压减一般性支出要求，2019年市本级行政事业单位使用财政拨款安排的一般性支出比上年预算下降6.1%。深化政府采购制度改革，加快形成采购主体职责清晰、交易规则科学高效、监管机制健全、政策功能完备、法律制度完善、技术支撑先进的现代政府采购制度。深入抓好政府综合财务报告、国有资产报告等财政数据基础管理工作。进一步加大预决算公开力度，拓展公开内容和范围，提高支出预算和政策透明度。保障机构改革顺利完成。落实机构改革方案要求，做好机构改革涉及单位经费划转、预算调整、资产管理、债权债务移交等预算管理工作。

（四）牢固树立底线思维，着力保障和改善民生。推进实施乡村振兴战略。继续用好财政贷款贴息、融资担保等政策，扶持农业龙头企业发展。完善农村公益事业一事一议财政奖补机制，推动美丽乡村建设提档升级。促进就业创业。落实国家普惠性就业创业政策，保障就业资金稳定持续投入。支持发展公平优质教育。巩固落实城乡统一、重在农村的义务教育经费保障机制，改善乡村学校办学条件。充分重视和加强新时代教师队伍建设。提高社会保障水平。继续提高我市城乡居民基本医疗保险和基本公共卫生服务人均财政补助标准，提高低保、优抚对象、残疾军人等群体的补助

标准,兜牢困难群众基本生活底线。加强“三基建设”。在持续改善乡镇干部工作生活条件的同时,扶持壮大村集体经济,继续提高村级组织运转经费补助标准,适当提高村“两委”主干报酬标准,加快研究支持解决乡镇基层组织实际困难的具体措施,推动我市“三基建设”整体提升、全面进步。

(五)全力强化监督管理,进一步提升理财效能。扎实推进预算绩效管理。加快全方位、全过程、全覆盖的预算绩效管理体系建设,积极推动预算与绩效管理一体化。加强新增重大政策、项目预算审核和事前绩效评估,将审核和评估结果作为预算安排的重要参考依据。强化绩效目标管理,所有纳入预算管理的项目资金都要设定绩效目标。继续推进专项资金竞争性分配管理。拓展绩效评价范围,在做好重点项目绩效评价基础上,将市对县转移支付资金纳入绩效评价范围。注重评价结果反馈和应用,将绩效评价结果与预算安排和政策调整挂钩,削减低效无效资金,腾退重复错位支出,全面提升财政资源配置效率和使用效益。强化预算执行管理。健全财政资金动态监控机制,保障财政资金使用安全规范。继续对财政支出进度考核奖惩,加大结转结余资金清理力度。建立健全预算编制与结转结余资金管理相结合的机制,对存量资金较大的部门和项目,压减下年度预算规模。加强暂付款管理,严格暂付款范围、期限和审批程序,严控增量,清理消化存量。

说　明　(1)本索引以人名、地名、机构名称、活动名称、事件(事物)名称等为主题词进行检索。(2)本索引按主题词汉语拼音字母顺序排列(数字开头主题词另排序),主题词后面的数字和字母分别表示所在页码和分栏位置(a b c表示本页码左、中、右三栏)。(3)本索引主题词主要选自本年鉴正文部分,特载、专记、大事记、文献辑录以及图表、照片不在索引范围内。

D

M

T

X

市直单位撰稿人名单

吉晓琴	市文明办	韩　红	市仲裁委
李　容	市委办公室	职占昆	市公证处
上官华波	市委组织部	成利文	民革晋城市委
马永进	市委宣传部	钱红林	民盟晋城市委
赵　赫	市委统战部	韩连弟	民建晋城市委
肖瑞敏	市委政研室	李卫国	民进晋城市委
秦树兵	市编办	孙夏芳	农工党晋城市委
李　冰	市委老干局	王晓芳	九三学社晋城市委
路　馨	市信访局	郭浑庆	市总工会
李张亮	市委党校	孙　霞	团市委
王学俊	市委讲师团	李连菊	市妇联
薛长青	市委新闻中心	程晓丽	市科协
甄利娜	市委党史研究室	李群山	市工商联
张　军	市人大常委会办公室	王　敬	市文联
牛　军	市政府办公室	张　然	市侨联
毋　楠	市旅游发展委员会	赵军峰	市残联
张　磊	市统计局	王晋临	市关工委
路　飞	市机关事务管理局	苏　洁	市法学会
王蓓蓓　苏　涛	市档案局	殷建忠	市红十字会
李　娜	市地方志办	陈苏洲	市老促会
韩晓瑜	市政务大厅管理中心	张志斌	市发改委
李桂平	市信息化管理办公室	成晓冰	市国土资源局
窦历宏	市治超办	赵　斌	市审计局
赵　健	市住房公积金管理中心	尚鹏飞	市安监局
原　豆	市政府发展研究中心	刘晓丽	市工商局
李子青	市无线电管理局	张光伟	市质监局
张刘敏	市政协办公室	窦力军	市食药监局
任　利	市纪委	郭素兰	市盐业公司
酒　磊	晋城军分区	郭　瑞	市经信委
刘少峰	市人防办	崔志斌	市煤炭煤层气工业管理局
牛振忠	市双拥办	杜　鹏	晋能集团
卫鑫伟	武警晋城市支队	李海峰	国网晋城供电公司
崔志鹏	市委政法委	谢晓前	市城镇集体工业联合社
李会芳	市公安局	孔　阳	市中小企业局
李雪林	市交警支队	郝　露	市招商局
梁燕妮	市消防支队	张晶晶	晋城经济技术开发区
王　昊	市检察院	高　鹏	晋煤集团
郝文林	市中级人民法院	张建国	阳城电厂
周冯萧	市司法局	栗会兵	兰花集团

袁志刚	兰花科创	高文英	中国农业银行晋城分行
秦　飞	天泽煤化工集团	冯　雪	中国农业发展银行晋城分行
牛　坤	市农委	逯　璐	交通银行晋城分行
苗胜鹏	市农业综合开发局	薛　婷	晋城银行
姜　凯	市畜牧局	张　建	晋城市农村信用社
李　芳	市农机局	刘　洁	市保险协会
张锦龙	市林业局	王宏庆	中国人民财产保险晋城分公司
崔晓首	市水务局	陈立新	中国人寿保险晋城分公司
李　斌	市水利勘测设计院	韩国良	太平洋财产保险晋城中心支公司
张颜良	市住建局	李　琳	太平洋人寿保险晋城中心支公司
韩铜生	市规划局	张剑锋	市教育局
宋雪姣	市公用事业建设局	郝　芸	太原科技大学晋城校区
张　颜	市园林局	马建新	晋城职业技术学院
王　楠	市环保局	梁满亮	晋城市中等专业学校
魏　嘉	市交通局	宋丽云	晋城电大
元军鹏	市交通运输执法局	薛满中	晋城一中
宋永胜	市公路局	王　刚	市科技局
孙浩南	晋城汽车运输有限公司	杨学峰	市科学技术研究所
凌　艳	市邮政局	王建民	市气象局
段精婧	中国移动晋城分公司	李省会	市地震局
张培军	中国联通晋城分公司	武敏宏	市文化局
贺军民	中国电信晋城分公司	程　才	晋城市新闻传媒集团
郑承庄	市商务粮食局	杨　姣	上党戏剧研究院
王　雷	市供销社	王燕芝	市卫计委
李红霞	中石化晋城石油分公司	赵　波	市人民医院
陕旭东	市烟草专卖局	董晋利	晋城大医院
陈璟璇	市财政局	贾庆朝	晋城市中心血站
田　羽	市税务总局	段雁芳	市疾病防控中心
宋　丽	市金融办	李建军	市爱卫办
郭志卫	中国人民银行晋城市中心支行	李旭东	市民政局
郭　超	晋城银保监分局	靳海波	市人社局
白如兵	中国工商银行晋城分行	谭李军	市人才服务中心
李静莲	中国建设银行晋城分行	刘　晓	市宗教局
田家龙	中国银行晋城分行	刘国红	市老龄委

各县(市、区)撰稿人名单

杨　盼	中共城区区委党史研究室(城区地方志研究室)
张　静	中共泽州县委党史研究室(泽州县地方志研究室)
牛　彬	中共高平市委党史研究室(高平市地方志研究室)
梁　星	中共阳城县委党史研究室(阳城县地方志研究室)
焦国锋	中共陵川县委党史研究室(陵川县地方志研究室)
张丽霞	中共沁水县委党史研究室(沁水县地方志研究室)

提升基层应急能力

筑牢防灾减灾救灾的人民防线

“安全晋城”微信公众号

“安全城区”微信公众号

全民参与　关心安全

防灾减灾宣传手册

晋城市城区开发区街道办事处

晋城市城区开发区街道党工委